德国国家教育报告 [2012]

BILDUNG IN DEUTSCHLAND 2012

编译委员会主任　姜　锋

成员　陈壮鹰　毛小红

Hans-Peter Füssel　Erich Thies

译者　徐琴琴

上海外语教育出版社
外教社 SHANGHAI FOREIGN LANGUAGE EDUCATION PRESS
www.sflep.com

图书在版编目(CIP)数据

德国国家教育报告. 2012/徐琴琴译.
—上海：上海外语教育出版社，2017
ISBN 978-7-5446-4694-9

Ⅰ.①德… Ⅱ.①徐… Ⅲ.①教育事业—研究报告—德国—2012
Ⅳ.①G551.6

中国版本图书馆 CIP 数据核字(2017)第 031886 号

出版发行：**上海外语教育出版社**
　　　　　（上海外国语大学内）　邮编：200083
电　　话：021-65425300（总机）
电子邮箱：bookinfo@sflep.com.cn
网　　址：http://www.sflep.com.cn　http://www.sflep.com
项目负责：岳永红
责任编辑：岳永红
特约编辑：糜佳乐
封面设计：卞骐真

印　　刷：上海华业装璜印刷厂有限公司
开　　本：889×1194　1/16　印张 23　字数 619千字
版　　次：2017 年 6 月第 1 版　2017 年 6 月第 1 次印刷
印　　数：1 100 册

书　　号：ISBN 978-7-5446-4694-9 / G · 1528
定　　价：110.00 元
　　　　本版图书如有印装质量问题，可向本社调换

Der Bericht wurde unter Federführung des Deutschen Instituts für Internationale Pädagogische Forschung von einer Autorengruppe erstellt, deren Mitglieder den folgenden wissenschaftlichen Einrichtungen und Statistischen Ämtern angehören:

Deutsches Institut für Internationale Pädagogische Forschung *(DIPF)*, Deutsches Jugendinstitut *(DJI)*, Hochschul-Informations-System GmbH *(HIS)*, Soziologisches Forschungsinstitut an der Universität Göttingen *(SOFI)* Statistische Ämter des Bundes und der Länder *(Destatis, StLÄ)*

Autorengruppe Bildungsberichterstattung:
Prof. Dr. Horst Weishaupt *(DIPF)*, *Sprecher der Autorengruppe*
Prof. Dr. Martin Baethge *(SOFI)*
Prof. Dr. Hans-Peter Füssel *(DIPF)*
Leitender Regierungsdirektor Heinz-Werner Hetmeier *(Destatis)*
Prof. Dr. Thomas Rauschenbach *(DJI)*
Prof. Dr. Ulrike Rockmann *(StLÄ)*
Prof. Dr. Susan Seeber *(DIPF/Universität Göttingen)*
Prof. Dr. Andrä Wolter *(HIS/Humboldt-Universität zu Berlin)*

Koordination:
Dr. Karin Zimmer *(DIPF)*

Unter Mitarbeit von:
Mariana Grgic *(DJI)*
Karin Haspelhuber *(DIPF/Universität Göttingen)*
Dr. Radoslav Huth *(DIPF)*
Katrin Isermann *(DIPF)*
Dr. Christian Kerst *(HIS)*
Stefan Kühne *(DIPF)*
Dr. Holger Leerhoff *(StLÄ)*
Josefin Lotte *(DJI/Technische Universität Dortmund)*
Katja Moeck *(DIPF)*
Daniela Nold *(Destatis)*
Veronika Philipps *(SOFI)*
Prof. Dr. Klaus Rehkämper *(StLÄ)*
Rosa Scherer *(DIPF)*
Dr. Matthias Schilling *(DJI/Technische Universität Dortmund)*
Christoph Schneider *(Destatis)*
Dr. Mareike Tarazona *(DIPF)*
Silvia Vogel *(Destatis)*
Markus Wieck *(SOFI)*

Aus den beteiligten Einrichtungen haben außerdem mitgearbeitet:
DIPF:
Torsten Dietze
Prof. Dr. Hans Döbert
Dr. Nina Jude
Thomas Kemper
Prof. Dr. Eckhard Klieme
Dr. Rabea Krätschmer-Hahn
PD Dr. Johannes Naumann
Dr. Alexandra Schwarz
Kristina Tillmann
Dr. Ivo Züchner

Destatis und StLÄ:
Doris Baals-Weinlich
Thomas Baumann
Pia Brugger
Andreas Büdinger
Dr. Nicole Buschle
Harald Eichstädt
Thomas Feuerstein
Hans-Werner Freitag
Rotraud Kellers
Sascha Krieger
Christiane Krüger-Hemmer
Bettina Link
Dr. Peter Lohauß
Hanna Lutsch
Ricarda Nauenburg
Jürgen Paffhausen
Matthias Racky
Alexander Scharnagel
Ulrike Schedding-Kleis
Gerhard Schmidt
Prof. Dr. Jörg-Peter Schräpler
Frank Schüller
Andreas Schulz
Marco Threin
Elfriede Wambach
Thomas Weise
Dr. Rainer Wolf

DJI (einschließlich Forschungsverbund DJI/ Technische Universität Dortmund):
Prof. Dr. Bernhard Kalicki
Andrea Lisker
Dr. Kirsten Fuchs-Rechlin

HIS:
Daniel Buck
Frank Dölle
Judith Grützmacher
Dr. Christoph Heine
Dr. Ulrich Heublein
Wolfgang Isserstedt
Markus Lörz
Dr. Elke Middendorff
Dr. Andreas Ortenburger
Murat Özkilic
Heiko Quast
Benedikt Tondera
Andreas Woisch

SOFI:
Sarah Darge

Darüber hinaus wurden durch Sonderauswertungen Beiträge geleistet:
vom Bundesinstitut für Berufsbildung (BIBB), Bonn
Christian Gerhards
Ralf-Olaf Granath
Stefan Koscheck
Dr. Sabine Mohr
Klaus Troltsch

vom Deutschen Institut für Erwachsenenbildung (DIE), Bonn
Hella Huntemann

vom Institut für Arbeitsmarkt- und Berufsforschung (IAB), Nürnberg
Prof. Dr. Lutz Bellmann

vom Sekretariat der Ständigen Konferenz der Kultusminister der Länder in der Bundesrepublik Deutschland (KMK)
Dr. Marco Mundelius
Andrea Schwermer

von TNS Infratest Sozialforschung, München
Frauke Bilger

vom Zentrum für Europäische Wirtschaftsforschung GmbH (ZEW)
Arne Jonas Warnke

vom Zentrum für Kulturforschung GmbH
Prof. Dr. Susanne Keuchel

sowie von:
Prof. Dr. Timo Ehmke *(Leuphana Universität Lüneburg)*

Lektorat:
Gabriele Baron
Ingrid Boderke
Beate Bröstl

序　言

德国被认为是哲学王国和教育强国,德国人一直为此感到骄傲。然而,本世纪初,德国中学生在国际学生评估项目(PISA)中表现平平,这猛烈打击了德国人的教育自信,引起全社会的担忧和反思。德国政界和教育界亟须对德国整体教育状况进行把脉,以找到问题的症结所在。国家教育政策的实证研究得到前所未有的重视。

对现状达成共识,是改变现状的前提。2006 年 8 月生效的德国基本法修正案第91b 条第二款规定,"联邦和各联邦州可以基于确定教育事业绩效能力的国际比较达成协议,在相关报告及其推介方面进行合作",改变了德国联邦和各州以往分散搜集教育数据、编制教育报告的做法,赋予联邦与各州在部分教育领域开展合作的权力,为联邦和各州就共同编制教育报告提供法律依据。

2006 年,德国联邦教育科研部与各州文化教育部长联席会议共同成立独立的国家教育报告编制小组,其职责是将各类教育报告进行整合,编制国家教育报告。编制小组由德国国际教育研究中心(DIPF)牵头,组员来自德国国际教育研究中心、德国青年研究所(DJI)、德国高校和科学研究中心(DZHW)、德国高校信息系统(HIS)、哥廷根大学社会学研究中心(SOFI)以及联邦和各州统计部门(Destatis und StaLä)等机构。他们在汇总和分析联邦和各州所提供的官方数据的基础上,撰写德国国家教育报告。初稿由教育各界专家鉴定,并提出修改意见,最终由德国联邦教育科研部和各州文化教育部长联席会议共同发布。

《德国国家教育报告》每两年发布一次,既有纸质版,又有电子版,还有用英文编撰的缩略版。电子版免费公开,公众可在德国联邦教育科研部等网站下载。该报告对德国教育各领域进行全方位的扫描和研究。全书共分 9 部分:A 和 B 部分为导入章节,总体介绍德国教育所处的社会和经济环境,并以跨教育领域的方式展示德国教育体制的状况及其在国际对比中的情况;C 至 G 部分依次论述早期儿童教育、中小学教育、职业教育、高等教育和成人继续教育诸方面,并用旁注的形式,以对比视角展示各教育阶段的最新情况;H 部分为重要专题栏目,主要是针对热点教育话题开展深入的跨领域分析研究;I 部分则对德国教育的成果进行总结性研究。

《德国国家教育报告》以各个指标和基于客观事实的数据为基础,以问题为导向分析德国教育,旨在把握德国教育体系的绩效,及时发现教育体系中存在的问题,为教育决策提供依据，以提高德国教育质量为最终目的。此外，其编撰方法对我国编撰各类教育报告同样具有一定的借鉴意义。该报告以教育三大目标之间的关系为导向：个人调节能力、社会参与和机会均等以及人力资源；以一套标准化方案为基础，遵循一种在统计数据基础上论证德国教育体制核心发展参数的指标方案。每部教育报告均有统一的章节结构、指标体系以及图片和表格的呈现方式。

《德国国家教育报告》既有全面、完整且权威的数据，又有科学、专业且具备批判性的分析。因此，该报告是我们了解德国教育事业的核心参考信息源，是我们研究德国教育、开展比较教育学等领域的研究无法绕开的一手权威资料。《德国国家教育报告》的编译对我们了解德国教育经验和做法，促进中德教育交流，增强彼此理解都将起到最为直接的作用。

2014年10月，上海外国语大学在我国教育主管部门、德国国际教育研究所等机构的支持下，成立德国教育科学政策信息研究中心。该中心的主要任务在于全方位、多角度聚焦德国教育政策，对德国教育的历史与当下的发展动态进行深入系统的研究，以期为国内教育界思考我国教育所面临的问题提供一些参考和借鉴。2017年2月，上海外国语大学经教育部批准成立中德人文交流研究中心，对我国与德国的人文交流开展全方位综合研究，其中教育是中德人文交流机制下的核心领域之一。经《德国国家教育报告》撰稿人之一——汉斯-彼得·福赛尔教授联系，上海外国语大学德国教育科学政策信息研究中心与中德人文交流研究中心共同组织专业力量编译《德国国家教育报告》。

上海外语教育出版社高度重视《德国国家教育报告》系列图书的编辑出版工作。在时间紧、任务重的情况下，编辑们为本系列图书的顺利出版付出了智慧与辛劳，在此深表谢意！本系列图书主要由青年学者翻译而成，肯定存在诸多不足之处，恳请读者批评指正！

《德国国家教育报告》编译委员会

2017年5月

前　言

由联邦与各州共同资助的《德国国家教育报告(2012)》是继 2006、2008 和 2010 年后的第四次全面详实的总结分析,整体呈现德国教育事业,囊括内容从婴幼儿学前教育、教养和培养直至成人不同形式的继续教育,也包括涉及非形式教育和非正规学习的教育进程。

本报告由编写组和其他同事共同制订完成。编写组的责任成员属于下列科学机构和统计部门:德国国际教育研究中心(DIPF)、德国青年研究所(DJI)、德国高校信息系统(HIS)、哥廷根大学社会学研究中心(SOFI)以及联邦和各州统计部门(Destatis und StLÄ)。

编写组对本报告共同负责,其保持科学独立性并在调控组的协调下制定报告,调控组是为联邦和各州协力"确定教育事业较之国际的能力在相关报告和介绍中"(基本法第 91 条 b 第 2 项)而设立。Dr. Jürgen Baumert 教授任主席的一个科学顾问组向调控组提供意见,并与这两个小组的合作使编写组的工作富有成果。

大量科学家通过对每一章的专家鉴定、批评意见和具体的帮助为编写组提供了支持。在此尤为感谢 Dr. Harmut Ditton 教授(慕尼黑大学)和 Dr. Hc. Rainer Lehmann 教授(柏林洪堡大学)。

在本报告的特别研究主题"不同人生阶段的文化/音美教育"中,特别是 Dr. Karl Ermert 教授(沃尔芬比特尔)、Dr. Susanne Keuchel 教授(圣奥古斯丁文化研究中心)和 Dr. Eckhart Liebau 教授(埃尔朗根—纽伦堡大学)从专家的角度给予了编写组极大的支持。

编写组对审稿人 Gabriele Baron 表示感谢,并特别感谢 Katrin Isermann 和 Katja Moeck 为本报告撰写提供的全程帮助。

编写组向全体参与者表示感谢,因参与人数众多,在此恕不一一致谢。

编写组

美因河畔,法兰克福、柏林

2012 年 5 月

徐琴琴　译

目　录

阅读指南

边栏显示短小中
心信息

每一板块的核心内容在相应文本段落旁的左右侧（边栏）以彩色文本框突出显示。

文段中利用图示法解释相应插图。

例：图 B2－3 指 B 章（德国教育基本信息）第二段文字（教育参与）中的第三张图。

图片下方给出图中所引数据的相应表格。表格大多在报告末尾的附录中，以"A"标明。

例：表 B2－5A 是指表格附录中 B 章（德国教育基本信息）第二小节文字（教育参与）所配的第五份表格。

由于教育报告所引数据较多，大部分表格和图片并未在附录中显示，详见主页 www.bildungsbericht.de。结尾以"web"标示，如（表 B2－9web）。

主页 www.bildungsbericht.de 中不仅有国家教育报告全部表格的电子版，还可查阅教育报告撰写的后续计划信息。

文段中出现Ⓜ表示"概念注释"，在每节末尾总结方法上和概念上的注释。只有在特殊情况下才会在文段中出现方法和数据技术注释。

Ⓜ**概念注释**

词汇表

毕业生/肄业生（普通教育）/肄业生（职业教育和高等教育）

普通教育领域中，完成并获得普通中学及以上文凭者称为毕业生；肄业生（普通教育）是指完成全时制义务教育后未取得普通中学或更高级学历而离开普通教育学校者。其中也包括获得促进学校特殊文凭的青少年。

职业教育领域中，成功完成学业的人称为毕业生。未获得学校或职业教育文凭的中途退学者称为肄业生（职业教育和高等教育）。尽管他们可能已经通过补修获得了普通中学文凭。

高等教育领域中，成功完成学业并获得高等教育文凭的称为毕业生。高等教育肄业生是指未获得高校文凭就退学的大学生，更换专业和/或学校后取得学历的不属于肄业生。

AES

成人教育调查

AID：A

成长在德国：日常世界（德国青年研究所调查）

ALLBUS

社会科学民意普查

外国人

非德国国籍者

BA

联邦劳动局

BAföG

联邦个人教育促进法（联邦教育促进法）

BBiG

职业教育法

BIBB

联邦职业教育研究所

BMBF

联邦教育和研究部

BSW

继续教育报告体系

CVTS

持续性职业培训调查（欧洲范围内针对企业职业继续教育的调查）

DIE

德国成人教育研究所

DIW

德国经济研究所

DSW

德国大学生服务中心

EU‑15/EU‑19/EU‑27

欧盟。数字表示相应的欧盟吸收新成员国的情况（EU‑15：2004 年 5 月 1 日前的成员国，即比利时、丹麦、德国、芬兰、法国、希腊、爱尔兰、意大利、卢森堡、荷兰、奥地利、葡萄牙、瑞典、西班牙和英国；EU‑19：EU‑15 成员国及波兰、斯洛伐克共和国、捷克共和国和匈牙利）。

目前欧盟有 27 个国家（EU‑19 成员国及保加利亚、爱沙尼亚、拉脱维亚、立陶宛、马耳他、罗马尼亚、斯洛文尼亚和塞浦路斯）。

EU‑SILC

欧盟收入及生活条件数据统计

ILO 概念下的从业状况

国际劳工组织（ILO）的劳动力概念是计量从业状况的标准化概念。

从业者是指 15 岁以上、在报告时间段内为工资或者其他报酬从事一种（职业）活动至少 1 小时，或处于劳动关系中独立从事一种职业或农业或从事自由职业的人。从事社会保障规定中的零散工作以及处于一种形式上的、暂时未从事的劳动关系中的人，也属于从业者。

失业者是指 15 岁至 75 岁以下无职业、过去四周主动争取工作职位且两周内获得一份工作的人员。失业者也包括立即接下来三个月内才获得一份工作的未就业者。

未就业者是指没有从事或寻找以报酬为目的的活动的人。

形式教育

形式教育是指在教育和培训机构中进行的获得国家承认学历的教育。

私立承办方

教育机构可由公立承办方或私立承办方建立。公立承办方主要是各州和乡镇；私立承办方可以是团体、协会、宗教组织和个人。私立承办机构也受国家监管，可按照州法规定获得公共财政补贴。

G8 或 G9

八年制文理中学(G8)或九年制文理中学(G9)

HISEI

国际职业社会经济地位指数(ISEI)将人员按其职业的培训时长、收入及社会威望分类,并按等级排列。在确定社会经济地位时,将其父母的最高职业社会经济地位指数(HISEI)归入每人的现有分析中。通过 HISEI 四分位数的构成可形成下列地位群组:较低(0%至25%以下、最低 HISEI 值),中等(25%至50%以下及50%至75%以下、中等数值),较高(75%至100%、最高数值)。

HwO

手工业条例

IAB

劳动力市场与职业研究所

IEA

国际教育成就评价协会

IGLU/PIRLS

国际小学阅读研究/国际阅读素养进步研究

ILO 定义

参见 ILO 概念下的从业状况

非正式学习

非正式学习是指日常生活中非教学安排的学习,并不总被学习者视为拓宽知识和能力的渠道。

ISCED

国际教育标准分类(参见表1)

Jg.

年级

KiföG

对幼托机构和保育机构中三岁以下儿童的促进法律(儿童促进法)

KMK

文教部长联席会议(德国各州文教部长常务联席会议)

MediKuS

年轻人的传媒、文化和体育(德国青年研究所和德国国际教育研究中心的全面研究)

移民背景

有移民背景的人是指其本人或父母于1949年以后迁入德国,不考虑其现持国籍。

在此以广义的移民概念为基础，即除此人的法定状态（德国人/外国人）以外，也考虑个人迁移状况（第一代）和家庭移民经历（第二代）。由于教育报告的大部分数据来源不允许按此定义划分，对有偏差的操作会在相应位置给予说明。

MINT 学科/专业

MINT 包含数学、信息学、自然科学与技术专业。

非形式教育

除教育和培训机构之外所进行的普通教育和职业教育为非形式教育，无法获得公认学历。

OECD

经济合作与发展组织

PISA

国际学生评估项目

SOEP

社会经济调查

SGB

社会福利法典

社会经济地位

由于国际职业社会经济地位指数在国际上利用广泛，且可作为教育报告的数据来源，所以关于个人社会经济地位的表述绝大部分以该指数为基础（参见 HISEI）。对有偏差的操作会在相应位置给予说明。

StAG

本报告中的国籍法是指联邦法律公报第 III 部分、分章号 102－1 公布的修订版，通过 2011 年 11 月 22 日法律（联邦法律公报第 III 部分第 2258 页）第 2 条有所修改。

TIMSS

国际数学与科学趋势研究

UN

联合国

全时等量（VZÄ）

将非全时换算为全时工作量的相对计量单位

表1　国家教育途径及机构与 ISCED 97 的对应关系

"国际教育标准分类"(ISCED 97)等级	德国教育途径和机构("教育规划")
ISCED 0：学前教育阶段	幼儿园、学前班、学校幼儿园
ISCED 1：初等教育阶段	小学、一体化综合中学(1—4 年级)、私立华德福学校(1—4 年级)、促进学校(1—4 年级)
ISCED 2：中等教育第一阶段 2A 为升入 ISCED 3A 或 3B 学校做准备的项目 ・普通教育型	普通中学、不受学校类型限制的定向阶段、实科中学、促进学校(5—10 年级)、多种教育途径的学校类型、文理中学(5—9/10 年级)[1]、一体化综合中学(5—9/10 年级)[1]、私立华德福学校(5—10 年级)、普通中学夜校、实科中学夜校、职业提高学校、职业专科学校的普通教育途径或者为没有培训合同的职业学校学生完成义务教育或获得第二级教育第一阶段文凭所设的教育途径
2B 职业准备/职业项目 ・职业准备型 ・为升入 ISCED 3B 做准备的职业项目 2C 无法升入 ISCED 3，而是为直接进入劳动力市场做准备的项目	职业准备教育途径(在职业专科学校、职业预备年、或为没有培训合同的职业学校学生所设) — —
ISCED 3：中等教育第二阶段 3A 为升入 ISCED 5A 做准备的项目 ・普通教育型	文理中学(高级阶段)[1]、一体化综合中学(高级阶段)[1]、私立华德福学校(11—13 年级)、促进学校(11—13 年级)、专科高中(两年制)、专科文理中学、职业专科学校(可获得大学就学资格)
3B 为升入 ISCED 5B 做准备的项目 ・职业型	等同于第一年见习期的职业基础教育项目(在职业专科学校、职业基础教育学年)、职业学校(双元制)、可获得完全资格的职业文凭的职业专科学校(不含卫生职业、社会公益职业、教育工作培训)、卫生职业一年制项目(在职业专科学校或卫生学校)
3C 无法升入 ISCED 5，而是为直接进入劳动力市场或 ISCED 3 或 4 做准备的项目	中级公务员候补人员的培训
ISCED 4：中等教育以上，非高等教育 4A 为升入 ISCED 5A 做准备的项目	文理中学夜校、补习学校、专科高中(一年制)、职业/技术高中、普通教育型和职业教育型项目的组合(ISCED 3A 与 3B) ・获得大学就学资格，之后进入职业学校(双元制) ・获得大学就学资格，之后进入可获得职业文凭的职业学校 ・进入职业学校(双元制)，之后获得大学就学资格 ・进入可获得职业文凭的职业学校，之后获得大学就学资格 ・同时获得大学就学资格和职业文凭(在职业专科学校、部分在专科文理中学)
4B 为升入 ISCED 5B 做准备的项目	两种职业教育项目的组合(ISCED 3B) ・进入职业学校(双元制)，之后进入可获得职业文凭的职业专科学校 ・进入可获得职业文凭的职业专科学校，之后进入职业学校(双元制) ・先后接受双元制体系中的两种职业教育 ・职业学校(双元制)间的转学生
4C 无法升入 ISCED 5，而是为直接进入劳动力市场做准备的项目	—

（续表）

"国际教育标准分类" （ISCED 97）等级	德国教育途径和机构（"教育规划"）
ISCED 5：高等教育第一阶段 5A 5B	大学、师范高校、神学高校、艺术高校、应用技术大学[2] 专科学校、专科学院（巴伐利亚）、职业学院、管理应用技术大学、（职业专科学校或卫生学校的）卫生职业、社会公益职业或教育工作培训的两/三年制项目
ISCED 6：高等教育第二阶段	博士学习
无法归入上述等级的项目	主要是在促进学校无法归入教育领域的智力不全的学生

1）文理中学的八年制教育途径（G8）和一体化综合中学从 10 年级（入门阶段）的三年高级阶段开始

2）2008/2009 年起包含巴登—符腾堡双元制应用技术大学（以前：ISCED 5B 所指出的职业学院）

德国教育体系一览表

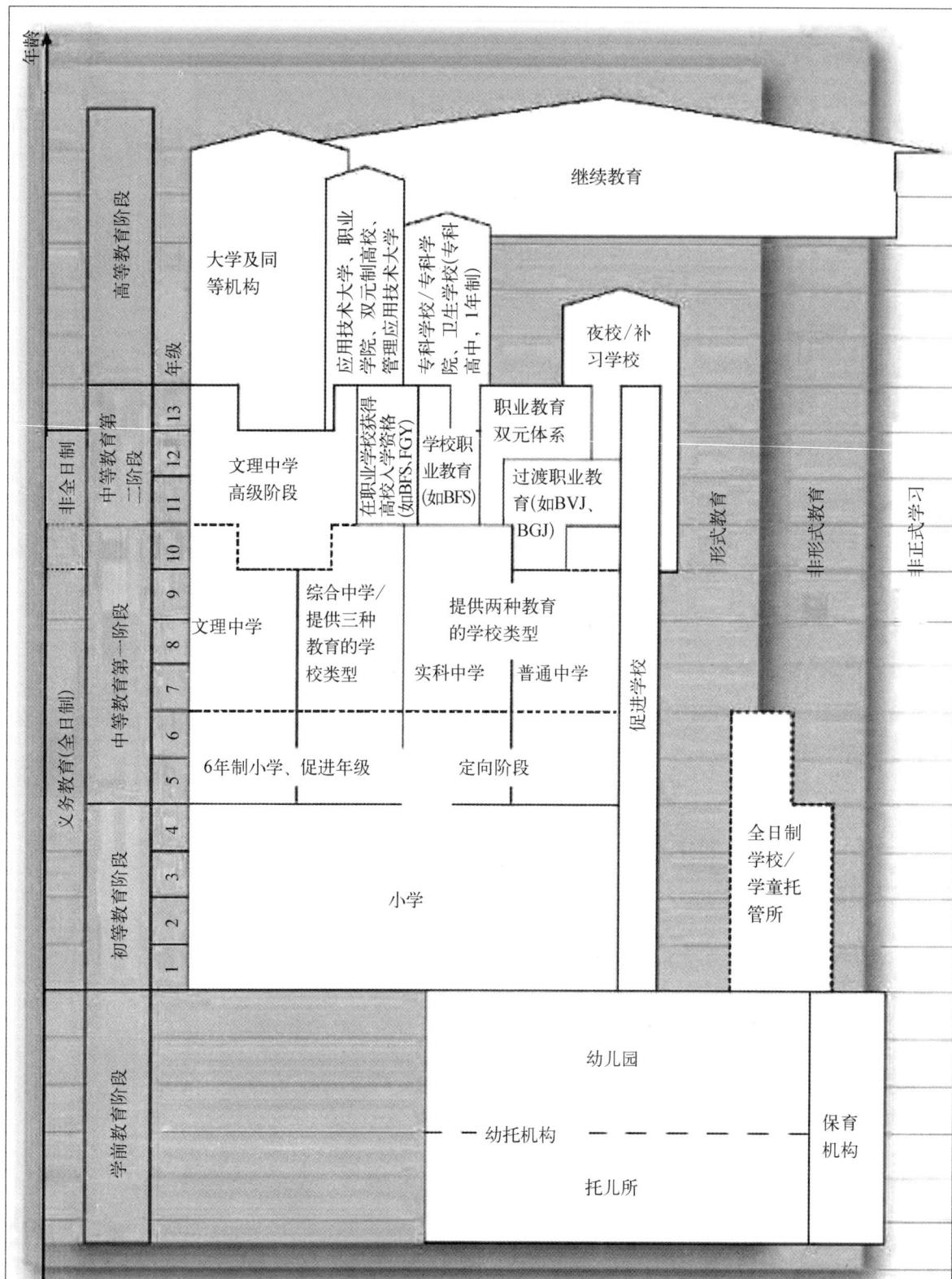

年龄

教育阶段		年级		

高等教育阶段

大学及同等机构

应用技术大学、职业学院，双元制应用技术大学、管理应用技术大学

专科学校/专科学院、卫生学校(专科高中，1年制)

夜校/补习学校

继续教育

中等教育第二阶段

13	文理中学高级阶段	在职业学校获得高校入学资格(如BFS、FGY)	学校职业教育(如BFS)	职业教育双元体系
12				
11			过渡职业教育(如BVJ、BGJ)	
10				

中等教育第一阶段

9	文理中学	综合中学/提供三种教育的学校类型	提供两种教育的学校类型	促进学校
8				
7			实科中学　普通中学	
6	6年制小学、促进年级		定向阶段	
5				

初等教育阶段

4	小学			
3				全日制学校/学童托管所
2				
1				

学前教育阶段

幼儿园

幼托机构

托儿所

保育机构

义务教育(全日制)

非全日制

义务教育(全日制)

形式式教育　非形式式教育　非正式学习

地名缩写

州

BW	巴登—符腾堡
BY	巴伐利亚
BE	柏林
BB	勃兰登堡
HB	不来梅
HH	汉堡
HE	黑森
MV	梅克伦堡—前波莫瑞
NI	下萨克森
NW	北莱茵—威斯特法伦
RP	莱茵兰—普法尔茨
SL	萨尔
SN	萨克森
ST	萨克森—安哈特
SH	石勒苏益格—荷尔斯泰因
TH	图林根

州组

WFL	旧联邦州/德国西部非市州（BW、BY、HE、NI、NW、RP、SL、SH）
OFL	新联邦州/德国东部非市州（BB、MV、SN、ST、TH）
STA	市州（BE、HB、HH）
D/Dtl.	德国（全部联邦区域）
W	旧联邦州/德国西部（WFL、HB、HH）
O	新联邦州/德国东部（OFL、BE）

国家

AUS	澳大利亚
AUT	奥地利
BEL	比利时
BUL	保加利亚
CAN	加拿大
CAN(O)	加拿大（安大略省）
CAN(Q)	加拿大（魁北克省）
CHE	瑞士
CZE	捷克共和国
DEU	德国
DNK	丹麦
ENG	英格兰
EST	爱沙尼亚
ESP	西班牙
FIN	芬兰
FRA	法国
GRC	希腊
HUN	匈牙利
IRL	爱尔兰
ISL	冰岛
ISR	以色列
ITA	意大利
JPN	日本
KOR	韩国
LAT	拉脱维亚
LTU	立陶宛
LUX	卢森堡
MEX	墨西哥
NLD	荷兰
NOR	挪威
NZL	新西兰
POL	波兰
PRT	葡萄牙
ROU	罗马尼亚
SCO	苏格兰
SVK	斯洛伐克共和国
SVN	斯洛文尼亚
SWE	瑞典
TUR	土耳其
UKM	英国
USA	美国

机构名称缩写

普通教育学校	
AGY	文理中学夜校
AHS	普通中学夜校
ARS	实科中学夜校
EOS	扩展高中(原东德)
FÖ	促进学校
FWS	私立华德福学校
GR	小学
GY	文理中学
HS	普通中学
IGS	一体化综合中学
KGS	合作式综合中学
KO	补习学校
OS	不受学校类型限制的定向阶段
POS	综合性科技高中(原东德)
RS	实科中学
SKG	学校幼儿园
SMBG	提供多种教育的学校类型
VK	学前班

职业教育学校	
BAS	职业提高学校
BFS	职业专科学校
BGJ	职业基础教育年
BOS/TOS	职业高中/技术高中
BS	职业学校
BVJ	职业预备年
FA	专科学院
FGY	专科/职业文理中学
FOS	专科高中
FS	专科学校
SdG	卫生学校

高等学校	
U	大学(包括综合性高校、艺术类高校、师范高校、神学高校)
FH	应用技术大学

导　论

　　《德国国家教育报告(2012)》第四次全面呈现了德国教育事业的现状。该报告囊括了各个人生阶段的教育过程,展现了德国教育体系从幼儿教育至成人继续教育所有领域所取得的成就,指出了主要问题和所面临的挑战,为德国教育领域决策的制定提供了依据。本报告以其较广的涉猎面能为所有对教育政策、教育管理和教育实践感兴趣的人提供帮助。同时,它所整合的内容也为公众及研究和培训领域提供了重要信息。

　　本报告主要将德国作为一个整体来考察,将其发展与其他国家进行比较,但也会尽可能地涉及新旧联邦州甚至不同联邦州和地区之间的情况。它提供了德国教育的概貌,但对联邦州和地区之间的差异情况的介绍并不十分详细。同时,本报告以重要的发展方向和未来的挑战为导向,提供便于调控的信息,可为政策的制定和管理以及公众讨论提供依据。

教育报告作为全面教育监控的组成部分

　　教育监控是一种在国际中得到承认并能够使用的方式,目的在于提供可持续报道的、有数据支撑的教育事业相关信息。通过考察框架条件、发展情况以及教育过程的结果和收益,将这些信息进行系统处理,以期能够为政策调控做好准备。2006 年,联邦德国各州文教部长联席会议(KMK)针对中小学领域通过了“教育监控总战略”。该战略的重点主要有:德国参与国际性学校的成绩调查(PISA,TIMSS,IGLU),在全德范围内审查教育标准以及对各教育标准进行比较。联邦以及各州共同的国家教育报告也是这一战略的组成部分。基本法第 91b 条第二款的规定也再一次体现出了这一战略的重要性。

　　同时,本教育报告参照的各联邦州和各地区的教育报告也越来越多,虽然两者的空间视角不同,但都可作为教育行政方面的信息来源。

本教育报告的基本纲要

　　德国国家教育报告的纲要主要包含三个基本点:
- 本教育报告以教育三大目标之间的关系为导向:**个人调节能力、社会参与和机会均等以及人力资源**。个人调节能力包括个人能力、个人行为和与周边的关系,自主规划以及设计自我人生和社会共同体中的生活。教育事业对人力资源方面的贡献在于,其既能保障和发展劳动力的数量和质量,也能向受教育者传授能力,使其能够获得一份符合个人兴趣和能力的工作。通过对教育机构在社会参与和机会均等方面的促进,能够抵制由社会出生、性别、国籍或种族带来的歧视。

- 尽管教育领域和教育等级十分多样,但在"**终生教育**"这一主旨的引导下,本报告既考察机构教育提供者的教育内容和质量,也考察个人对这些机构的利用情况。目前,从终生教育这一角度出发还无法得出非常完备的结果,因为现有数据不足以支撑个人教育历程的重构。

- 教育报告中,"指标考察"的形式贯穿所有教育领域。尽管这一方式存在一定的局限性,但已经是能够系统地、可重复地并可靠地呈现信息的最佳方式。但这并不意味着那些不能够直接通过客观事实而获得的角度对于教育事业来说就不重要。指标选定的主要标准有:国家和国际的教育目标(衡量基准)、所选主题与教育政策调控之间的相关性、教育发展的现有研究成果和教育过程中的单个阶段以及数据的可用性和说服力。

本教育报告的基本认识为:以问题为导向对德国的教育进行分析,以各个指标和基于客观事实的数据为基础,不给出任何评价。以问题为导向是指,将教育事业中对于行政和公众而言较为敏感的部分透明化,指出问题所在以及目前和未来所面临的挑战,而并非给出一些政治决策上的建议。

本教育报告的结构

本教育报告遵循了2006至2010年三本双年度教育报告的纲要,使用了一样的结构和指标称谓,并延续了许多之前报告中呈现的内容和判断,也包括图片和表格的呈现方式。同时,2012年的教育报告也增加了一些重要的考察指标和信息,使内容更加丰富。这里并不打算详细介绍德国国家教育报告的结构和指标:读者一方面可以通过往期的教育报告(2008年)的导论获取相应信息,另一方面也可用通过访问以下网址获得:www.bildungsbericht.de。

面向新的发展并对此进行分析是每一卷教育报告的任务:指出随着教育事业发展而改变的视角;适用于教育报告基本纲要的新数据来源能够带来新的或者更加深入的结论。这点同样适用于2012年的教育报告。比如:本报告在相关数据的支持下对家庭教育过程进行了初探,并通过对中小学生的时间使用情况调查为公众讨论提供了一些新问题;第一次对教育机构和教育地点的发展以及高校资金来源进行了独立报告。因此,考察指标的顺序与前几期报告相比有所变化。从这方面来看,本报告也体现了一定的灵活性,除了常规的核心考察指标外还可以收入一些变换的补充指标,并对其进行长期考察。这些指标应能够将教育报告的连续性和主题变换与特定角度的替换性深入考察相结合。

德国教育报告建立在庞大的数据源之上,其中包括所有的统计局数据,并且有独立的职业教育统计数据作为补充,其中包括针对单个教育领域的调查结果,如:针对大学生的

HIS调查,以及国际性的数据,如：成人教育调查(AES)和欧洲社会调查(ESS)。

每一期教育报告均会包含一个特别主题,并对此进行深入的分析,主要目的在于：着眼于教育体系的基本问题,以存在的问题为导向,通过跨教育领域的方式来呈现相关内容。2012年教育报告深入分析的特别主题为"不同人生阶段的文化/音美教育",并首次在教育报告中对这个处于边缘的主题给予特别关注,因为公众讨论一直聚焦于核心课程和能力。虽然,在考察和处理这一主题过程中发现,现有数据和数据质量都无法全面支撑和满足教育报告的要求,但通过使用一些特别调查结果也可以提供德国文化教育领域的概貌,且这些考察结果也可以为教育政策评价和制定提供参考。同时,考察结果也表明,有必要对该领域进行持续的观察和分析。但这一要求有赖于高质量的数据支持。

国家教育报告的考察指标应包含相关教育领域以客观事实为基础的信息,定期进行重新调查并由此得出历时变化情况以及一些全德范围内的情况说明,或者——有可能的话——各州的特别情况或者州与州之间的比较情况,甚至一些国际间的比较情况。就所选的考察指标而言,还会按照下列分类进行比较得出差异：社会经济背景、移民背景、性别、年龄和地区(新旧联邦州或市州、联邦州、特定地区分类),也会包含国际间比较;此外,还会按照时间顺序进行考察。

为了将有数据支持的延续性和现实实效性要求相结合,考察进行过程如下：

- 就单个指标来说,如果还没有数据能够支持其发展状况,本报告将提供一些与其发展相关的方面,并通过语境化使其明了。
- 与前几期报告不同的是,本报告每一章以新增的"前景"这一小结收尾。这一部分即便无法得出有数据支持的结论,也会再次提及本章重点和最新发展。
- 本报告除了涉及之前教育报告中已有的结论和发展趋势外,特别关注新出现的一些变化。

教育报告未来的研究和发展任务

综上所述,这第四期教育报告中,通过一些指标的考察还无法呈现某些教育领域的发展,所以持续不断地改善教育报告的数据来源基础显得更为重要。今后教育报告的进一步发展应从保障不同时间段中数据的延续性和可比性这一前提出发,即便统计数据和调查方式发生了变化;同时还应考虑到迄今为止尚未全面和深入探究的领域。

例如,在今后教育报告的内容组成中[1]应更清晰地展现个人教育过程。2008年教育报告的特别主题关注教育系统内部各个阶段的过渡以及教育系统向劳动力市场的过渡,指出了一些新的重点。今后,由德国研究协会和联邦政府共同支持的国家教育调查小组会继续开拓新的领域。我们可以期待,通过一些可用的纵向数据,各教育领域之间以及学员人生

---

[1]　Baethge, M./Flüssel, H.-P./Hetmeier, H.-W./Rauschenbach, T./Rockmann, U./Seeber, S./Weishaupt, H./Wolter, A. (Hrsg.) (2011), Vertiefende Studien zu ausgewählten Aspekten der Indikatorenentwicklung für den nationalen Bildungsbericht. - Bonn, Berlin.

阶段中的教育前景能够得以更清晰地呈现。此外,教育报告还需继续对社会经济身份、移民背景和教育参与及教育成就之间的联系给予特别关注。

"德国教育报告"已成为各联邦州教育报告的参考,越来越多的单个乡镇的教育报告也以此为样本。因此可以说,该教育报告的任务已远远超出它自己设定的直接目标,从各个管理层面为德国教育监控机制的发展提供了很多启示。不同行政管理层教育报告的制定不仅能使乡镇教育报告的结果更轻松地纳入社会总体发展关系,而且地方性的分析结果还能更加细致地描述其获得国家承认的发展和影响。由此又可以为教育政策的发展调控赢得更多的共识。同时,制定教育报告这项工作的普及也能清楚地表明教育政策制定者在不同数据源支持的信息基础和所采取措施的影响这两方面表现出的日益增长的兴趣。

重要成果概览

与往期的教育报告一样，2012 年教育报告的目标是展现德国教育事业各方面的发展情况、取得的进步和存在的问题。以指标为依托的分析为教育政策的执行可能和执行需求提供了依据，遵循并包含了制定教育报告的基本准则，并通过强调最新趋势对其有所发展延伸。

鉴于公众讨论的焦点越来越局限于（学校）核心课程这一现状，本报告的特别主题章节——"不同人生阶段的文化/音美教育"——第一次从文化/音美这一特别的教育领域出发，以期使该领域获得更多的关注。资助方、文教部长联席会议、联邦教育和研究部以及本教育报告的制定小组希望通过对这一特别主题的分析，凸显文化教育在人生不同阶段中所具有的广泛意义。

以下问题设置对 2012 年教育报告的成果具有引导作用：

- 德国教育的基本框架条件发生了哪些变化？
- 为教育提供的人力、物资和经济资源方面取得了哪些进展？
- 在教育过程方面体现了哪些发展趋势？
- 就教育所取得的成果和收益来看，可以得出哪些结论？

人口发展和就业体系持续不断的结构变化一直以来都是制定教育报告需要考虑的背景。在 2006、2008 和 2010 年这几期报告中已经出现过的特别主题——移民、教育阶段内部过渡、职业教育与就业之间的过渡——也会在必要的时候在本报告中提及。

教育的框架条件

- **持续变化的人口结构**：就总体人口来看，出生人口数量持续走低，同时老龄人口数量继续增长，教育机构应对这些变化作出反应。年轻人口中，有移民背景的人口比例持续上升也带来了新的挑战，特别是对学前教育机构、中小学和职业学校。

- **女性从业人口有所增长，但非全时就业的比例较高**：2010 年，67% 的已婚女性、80% 的同居女性以及 72% 的单身女性处于从业状态，这一比例相比 2006 年明显上升。相比较而言，孩子年龄在 3 岁以下的女性往往处于非就业状态，而当她们最小的孩子 3 岁且上幼儿园时（通常情况下），其就业率则明显上升。相比没有孩子的女性，母亲们从事非全时工作的比例更高，且通常并非自身所愿。

- **特别项目使教育支出超比例增长**：根据教育预算，2010 年教育支出上升至 1 723 亿欧元(2009 年为 1 646 亿欧元)，其占国内生产总值的比例从 6.9% 上升至 7%，且国民生产总值上升了 3.9%。这一发展主要得益于未来投资法和其他一些特别项目。但在特别项目结束后，教育事业充足的资金也还应继续得到保障。

- **教育事业存在较大的职员替换和职员补充需求**：鉴于目前教育机构人员的年龄结构以及计划和必需扩容的情况，未来几年该领域存在较大的人员缺口。目前，所有教育机构中 38% 工作人员的年龄不低于 50 岁，在中小学的教师中这一比例为 48%。在未来 15 年内，找到接替这些工作的新鲜血液是教育事业面临的一个持续而重大的挑战。此外，还有因扩容而产生的职员需求。自 2013 年 8 月，1 至 2 岁幼儿的幼托席位享有权生效之日起，幼儿教育这一领域的专业人员需求量势必也会增加。

教育机构和教育参与情况

- **人口发展作为教育基础设施建设的考虑依据**：1998 至 2010 年，新联邦州的普通教育学校数量下降了 39%，而就全德范围来看，幼儿教育和高等教育领域的教育机构数量却在增长。未来几年的主要任务是：教育基础设施结构应与不同地区的人口发展状况与变化了的教育行为相适应，并提供合适的教育内容。

- **非公立教育机构的数量增长**：自 1998 年以来，非公立教育机构的数量增加了四分之一。大部分的幼儿教育一直以来主要是由非公立机构(慈善性质的或商业性质的)承担。在过去十年中，非公立的普通教育学校数量增长近 1 200 所(占 1998 年数量的 53%)。特别值得注意的是，非公立小学的数量从 314 所增长到 791 所(是 1998 的 1.52 倍)。且这些非公立教育机构的学生数量也增长迅速，在高校领域，学生数量在较低基数上增长了两倍多。

- **3 岁以下孩子上幼托机构比例增长**：如今，全德范围 3 岁以下孩子上幼托机构的参与比例为 25%，旧联邦州为 20%，新联邦州为 47%。自 2013 年 8 月生效的 1 至 2 岁幼儿的幼托席位享有权要求各乡镇、联邦州和联邦继续提供能够满足人民需求的教育资源，也包括"缩小不同社会群体间的差距"这一要求，因为 3 岁以下具有移民背景的孩子参与幼托所教育的比例仅为 14%，相对较少。

- **3 至 6 岁孩子上幼儿园或者幼托机构已成常态**：学前儿童的教育虽然是自愿的，但参与幼托和幼儿教育的儿童比例已达 94%。如今，大部分有移民背景的儿童也参与到了幼儿早教中，但想要去除现存参与差异仍是一项重要任务。

- **幼托机构中，不说德语的孩子有被隔离的趋势**：在家不说德语的孩子中，有三分之一上幼儿园，其中 50% 的小孩在幼儿园也不说德语。这对机构在提高孩子日常语言能力方面提出了更高的要求，同时也面临着需要特别师资的挑战。

- **直接进入特殊学校的学龄儿童比例居高不下，存在较大的地区差异**：2003 至 2009 年，直接进入特殊学校的学龄儿童比例从 3% 上升至 3.7%。2010 年首次有所回落，但与

2003 年相比增长了 3.4%。在不来梅、石勒苏益格—荷尔斯泰因和图林根,学龄儿童需要进入特殊学校机构的比例不到 2%,而在巴登—符腾堡和巴伐利亚州,这一比例却超过 4%。

- **有特殊教育促进需求的学生融入比例虽然增长了一倍,但大部分联邦州的特殊学校学员数量却未减少**:从 2000 至 2010 年,在其他普通教育学校上课的、有特殊教育促进需求的学生比例从 14% 上升至 29%。仅在少数联邦州,特殊学校的学生数量有所下降。

- **全日制学校的继续推行丰富和扩展了学校教育的内容供应**:目前,全日制学校的数量已超半数,但大部分为开放式形式。义务式全日制学校特别能够通过补充课程在平衡社会差异方面做出贡献,在文化/音美教育领域亦是如此。本报告的特别主题章节将会对此进行探讨。

- **青少年和成年早期的教育参与率继续上升,但不同移民背景人群之间还存在显著差异**:2005 年以来,16 至 29 岁、具有移民背景的青年和成年早期的教育参与率持续增长,且接近相应无移民背景人群的水平。但是,来自土耳其和曾是德国劳工输入国的移民参与率却明显低于其他移民。

- **职业教育的新生数量虽已下降,但职业教育供应还存在短板**:因人口发展而带来的职业教育新生数量的下降缓和了职业教育市场岗位供需紧张的状况。但因为一直以来的需求,几乎所有较大类型的职业群以及大部分的职业介绍所所在地区都存在供应短缺的问题。就个别地区和职业而言还会出现找不到相关职业接班人的情况(目前在一些地区,食品加工行业、餐饮住宿行业和建筑行业就存在这一现象,特别是新联邦州地区)。

- **在职业教育中,处于教育劣势人员的状况仍令人堪忧**:在 2011 年,还有约 30 万青年进入职业教育过渡体系。与之前一样,在西德进入过渡体系的学员主要是最高获得普通中学毕业证的青年和有移民背景的青年。这两类人员的就业状况和机会还未得到改善。此外,过渡教育体系的新学员数量虽然下降了 7.6 万人(2011 年相比 2008 年),但其占所有过渡学员的比例却高达三分之一。

- **高校新生数量显著增长**:受两届学生同时参加文理中学结业考试以及取消义务兵役的影响,大学新生数量超过了高校政策的目标值,而且可以预计,该数量会一直居高不下。

- **继续教育参与率未增长**:尽管科学研究证明继续教育十分重要,且其重要性在政治领域的呼声也较高,但在过去十年中,较大年龄者和低学历者的参与情况虽然稍有好转,但总体继续教育的参与率却一直保持稳定。

教育过程

- **婴幼儿时期,家庭教育与幼托机构教育的结合度得到增强**:在人生初期,家庭是教育先锋地。据家长们表述,46% 的家长会经常与小孩进行一些与教育相关的活动,仅 8% 的家长很少这么做。早教机构提供的教育内容也增加了家长和孩子在一起的时间。

但幼托机构和家庭教育之间的联系紧密度还有待加强。

- **家庭条件困难仍是阻碍教育成功的一大问题:** 鉴于孩子家庭状况与其取得的学校成绩之间的紧密联系,孩子的家庭成长条件显得尤为重要。过去几年中,情况尽管有明显的改善,但仍有 29% 的儿童和青年在父母教育水平不高的家庭、经济条件较差的家庭以及处于社会困境的家庭中成长起来,且不同联邦州之间存在显著差异。同时受到上述三大风险威胁的孩子比例为 3%。

- **花在教育上的时间支配越来越灵活:** 可以观察到的一个趋势是,教育时间的支配越来越趋于灵活。在中小学领域,政策的改变带来了更多的选择可能性(如:入学的时间),且还存在可以自己选择学年持续时间的可能性(如:文理中学的 8 年制和 9 年制学业)。一部分学生因为延期而在中学逗留较长时间,但最后还是未能获得毕业证书或者仅取得较低水平的毕业等级。

- **进入完全合格职业教育阶段的学员平均年龄已上升至 19.5 岁:** 首要原因并不是具备高校入学资格的新学员数量,而是最高获得普通中学毕业证的青年要达到进入这一阶段的标准需经历较长的过渡期。他们进入完全合格职业教育阶段的年龄超过平均值。

- **教育过程中的学业中断和留级现象揭示了教育系统存在的薄弱点:** 学业中断和留级对相关学生来说意味着必须重新规划自己的方向。在学校领域,留级生的数量持续下降。职业教育中的非连续性职业教育过程(解约)说明,职业教育提供的培训内容与个人和企业对培训的要求不匹配。在职业教育的前两年,双元制培训体系中五分之一的新学员会遇到这一问题,在个别职业中这一比例甚至高达三分之一。大学学业的中断率也一直是高等教育系统的一个问题,特别在工程和自然科学类专业尤为明显。大学生对学业质量的评价褒贬不一,且带有矛盾的情感,受诟病较多的是学业组织这一方面。

教育成果

- **语言促进的必要性和家庭语言之间的联系:** 通常会建议家庭语言非德语的孩子参加语言促进项目。此举意在强调幼托机构开设一般的语言促进内容的意义,且能够使孩子较早地参与到教育中来。

- **中小学生的阅读能力提升,但阅读能力较弱人群的比例仍居高不下:** 尽管中小学生的阅读能力明显得到了提升,但阅读能力较弱人群的比例较高,为 19%。这一比例人群中,有移民背景的和来自社会经济条件较低家庭孩子的比例超过了平均水平。

- **尽管未能获得中学毕业证的学生比例有所回落,但阅读能力较弱的青年占该人群的比例仍较高:** 普通中学未能毕业的学生数量有所下降,在所有学校类型中均是如此:2010 年该类人群在同龄人中所占的比例为 6.5%,而阅读能力较弱人群的比例高出两倍。由此可见,有相当一部分青年在中学毕业之际仅具备基础的阅读能力。

- **学生的中学教育背景水平越来越高:** 2010 年,34% 的中学毕业生具备普通的高校入学资格,15% 获得专业相关的高校入学资格。第二毕业类型中学教育水平的提升起到了推波助澜的作用,许多学生通过第二毕业类型来改善第一毕业类型。

- **整体教育水平的提高主要归功于女性取得的教育成就**:30 至 35 岁高校毕业的女性比例为 23%,略高于同年龄段男性(22%)。
- **未获得学校毕业证和职业毕业证的公民比例仍较高**:2010 年,30 至 35 岁男性中这一比例为 17.5%。这一年龄段与 60 至 65 岁人群进行比较可以得出,男性低年龄组中无职业毕业证的比例比高年龄组高出 6 个百分点,但女性低年龄组却比高年龄组低 7 个百分点。

教育收益

- **随着学校教育水平和职业教育水平的提升,教育收益也得到增长**:就业率随着教育背景的提升而上升,月收入增加,失业风险降低。教育水平的提升也给社会参与带来了正面影响。因为各类组织的参与者、致力于社会事务的人员数以及参政人数也随着人们教育水平的提高而得到了增长。
- **较大一部分青年存在难以融入劳动力市场的问题——新联邦州尤为明显**:2010 年,德国的青年失业率明显低于经合组织国家的平均水平以及其他大部分欧洲国家,但还是有个别职业教育毕业的群体无法顺利进入劳动力市场,主要体现在无法找到专业对口的职业。特别是在新联邦州,有半数职业教育的毕业生在三年之后还从事专业不对口的工作。这点表明,职业教育和劳动力市场的衔接存在问题,而这一问题又反作用于职业教育的吸引力,从而会导致新联邦州的经济形势更加严峻。
- **高校毕业生能够顺利步入职场和劳动力市场**:在过去几年,高校毕业生的数量虽然呈上升趋势,但他们向职场和劳动力市场的过渡过程总体顺利。无业状态的情况较少,历时也较短,专业不对口的比例也相对较低。从长期来看,大学毕业后的部分入职条件得到了平衡。但仍需进一步调查的是,获得学士学位的毕业生在就业体系中是否能够获得与传统毕业方式毕业的学生相似的地位。许多大学生对本科毕业生的市场价值还存有疑虑。
- **继续教育的收益缺乏清晰度**:继续教育所取得的成就和收益仍难以清楚地呈现。大部分参与继续教育的人员没有获得相应的证书,且无法在劳动力市场中有效地显现他们的继续教育成果。

特别主题"不同人生阶段的文化/音美教育"中的重要调查成果

- **不同人生阶段的人群都对文化/音美教育有着广泛的兴趣**:在孩子幼儿时期,几乎所有父母都会以共同参与的方式,不同程度和不同侧重点地对孩子在文化/音美教育方面进行启发。在较早学龄期,约 90% 的孩子在音美方面表现活跃,且在较晚学龄期和成年初期仅轻微回落。直到成年时期，参与文化活动的比例才明显下降，且有许多人从"主动参与型"（30%的受访者一直到退休都保持在这一类型中）转向了"接受型"文化活动（约半数属于这一类型）。

- **随着年龄的增长，不同方向的艺术兴趣开始显现：**对许多孩子来说，音乐往往是他们接触艺术形式的开始，且大多以课堂授课的方式进行。随着年龄的增长，他们对文化/音美方面的兴趣点转向新的艺术表现方式，遍及艺术美学领域的各个方面。同时，网络也越来越受到大家的青睐。

- **青年后期则和成年早期大多通过非正式方式实现他们的艺术兴趣——新媒体的作用越来越重要：**这部分人群的音美活动主要是在自己组织的私人范围内进行，如朋友和熟人圈子。新媒体的使用既为处理艺术美学表现形式带来了新的方式，也对艺术产品的普及、信息分享和交流产生了非凡意义。

- **除社会差异外，父母在艺术方面的兴趣也会影响孩子的音美活动：**孩子音美活动的水平等级虽然会因父母教育水平的差异而不同，但父母自身是否在艺术方面表现比较活跃这一点影响更大，后者的积极影响部分抵消前者的消极影响。

- **所有不同的社会群体中，"主动参与型"的音美文化活动比"接受型"文化活动更受欢迎：**较为引人注意的是，与"接受型"文化活动相比，在不同年龄群体的"主动参与型"活动无法明显看出社会选择机制的作用。有移民背景的儿童和青年从事音乐活动的比例高于相同社会背景下无移民背景的儿童和青年。

- **非形式机构对人们获得艺术美学经验作出了重要贡献：**文化教育机构（如：音乐和艺术学校）、文化/青年机构、各种联盟、联合会、协会和团体，以及合唱团和业余乐团提供了丰富多彩的文化/音美教育活动。在儿童和青少年时期，这些机构对孩子在艺术、表演和音乐方面发挥的作用大于形式教育机构。

- **音美科目的授课条件在不同学校类型间存在较大差异：**在中等教育第一阶段中，从总体上来看，促进学校和普通中学学生的社会和民族背景与其他学校类型的学生存在较大差异，而其他学校类型的相关设施配备会更好，这点体现出了在文化/音美教育中存在不同的社会机会结构。

- **师资的培养应包含一个重要的任务：不论孩子获得的家庭促进状况如何，为了其身份和个性的发展，所有儿童和青年都应该得到应有的基本音美教育：**为音乐艺术促进领域和相关科目提供专业又可靠的师资是文化/音美教育取得成功的保障。为此，许多机构也在多方面作出努力，以满足相关需求，如：与音美学校合作，将文化领域的专业技能应用到教育机构等。同时，这些努力也为儿童和青少年的文化/音美教育在赢得其他教育师资方面指出了一条十分有意义的道路。

- **全日制学校能够在文化/音美教育方面提供更多的课外补充活动：**特别是对那些在家庭中无法获得艺术美学促进的学生来说，全日制学校提供的丰富内容增加了他们接触不同艺术表现形式和获得艺术美学理论知识的机会，并为他们今后从事非正式和非形式艺术活动奠定了技能基础。但是，学生调查结果却未能够显示该类学生是否充分利用了所提供的机会。

- **学校和其他文化教育机构之间的合作值得注意，主要是依赖于全日制学校的推广**：文化机构的教育项目与教育机构的合作（如：博物馆和话剧社与学校的合作）产生了深远的影响。全德有八分之一的学校建立了类似的合作关系。
- **高校的艺术/艺术科学相关专业的情况较为令人满意**：过去几年中，该类专业的教授数量增长迅速，仅次于法学、经济学和社会学；师生比的配备关系也比其他大众专业更为乐观。该类专业大学名额的增加并没有给相关专业带来不利的影响，艺术和音乐学院还从中受益。鉴于该类专业中外籍学生的比例较高，所以它是德国高校中国际化程度最高的专业组之一。
- **非学术型艺术类职业吸引力较大**：这些职业属于双元制培训体系中需求过剩程度最高的职业，主要原因在于培训岗位的数量未能增加。艺术专业类型（如：音乐、时装、设计）的职业专科学校在过去十年中增长了 50%，目前该类专业的学员数量占所有职业专科学校学员的比例为 7%。

面临的主要挑战

之前所呈现的各大教育领域取得发展成就的背后也隐含了教育面貌深远的变化。这些变化势必会逐渐改变各教育机构之间的关系以及机构与参与者之间的关系，且如今也给教育政策、教育管理和其他该领域的活动家带来了挑战。

教育之路选择越来越灵活，不同教育机构间的界限也渐渐开放，因此相应的协调和调控形式也需要进行改变，这些改变不仅仅局限于政策方面。

相比前几期教育报告，本报告的调查结果更能够呈现出以下特征：教育各阶段之间严格的组织界限和教育机构清晰的功能定位越来越趋于模糊。四个教育阶段特别能够体现这种功能性的去边界化趋势：幼儿早期辅导和教育期向小学阶段的过渡；中等教育第一阶段的普通学校教育和职业教育向第二阶段的过渡；从普通学校教育向双元制和学校职业教育体系的过渡；最后是职业教育向高校学习的新过渡形式和双元制大学学习的扩展。从总体上来说，因为教育系统越来越多样化，所以各教育领域间的互不相通会越来越成为问题。

随着教育机构间界限的开放和选择教育之路灵活度的增加，对教育政策又提出了新问题。教育过程如果想要实现高效优化，且要保证多样化的教育不需要多花时间、少走弯路，我们应该有意识地对各教育机构进行协调和调控，包括：教育机构间进行系统交流，承认其他机构的同等教育成果等。这些规定的落实需要相应政策标准的出台。

但仅靠规定还远远不够，还需要各教育机构共同承担责任，且相互间应有合作关系，无论是同等阶段的不同教育领域，还是不同阶段的教育机构之间。因为教育机构与参与其中的活动家的利益联系越来越紧密，所以相关规定的确定和新的责任准则的落实十分困难。

教育机构边界的开放和教育过程的多样化为个人带来了更多的选择,同时个人也须具备规划自身教育过程的能力

　　如果教育系统继续细化,能够提供更多不同的教育道路,并达到个人的教育目标,那么教育参与者不仅需要掌握相关选择所需要的知识,而且还应具备将这些知识转化到实际有用的教育道路上的能力,因为只有这样他才能够很好地利用这些多样化的教育机会。教育过程可选性的提高以及较短的教育时间、"第二次机会"和延迟教育的实现,都需要通过促进、辅导和支持来帮助学生建立个人规划教育道路的能力。只有这样,才不会因为教育规划能力的差别而产生教育不公。特别是目前在教育机会中处于劣势的人群,他们应该优先成为个人教育规划管理的培训对象,以便改善他们的教育机会。

　　进行紧急教育规划管理培训的地方就在各教育机构中,前提是师资的能力和扮演的职业角色还有待进一步的拓展。如果教育机构能够尽快让父母和其他相关主管机关也一起参与到教育和职业咨询的工作中来,那么这项工作将会更加有效。

教育面貌的机构性质异质化和多样化需要一种不仅仅局限于教育领域的政治合作模式

　　教育机构的功能性去边界化和异质化为行政活动家创造了合作需求,过去这些活动家仅须对有限的一部分教育领域负责,比如:如果学生能够在职业教育阶段获得高校入学许可,则高校教学内容与职业教育的联系势必会得到加强,那么这两大教育领域的相关行政负责人——一方是社会合作伙伴和学校管理层,另一方是科研行政管理机构和高校管理层——之间的合作就迫在眉睫。但想要尽快并且有约束力地实现这一合作却并非易事。幼儿教育和青年教育的负责人也面临类似情况。新的学校教育方案的提出——主要是在全日制学校——可以让学生接触到学校外的学习世界。这一方式与特别章节中音美教育的非形式教育提供者的情况一样,使合作和协调过程延伸到了教育领域之外。

　　前面提到的合作需求如何在国家规定之外得以组织起来目前还无法明确。目前只在个别乡镇层面发现跨教育领域的合作萌芽,而且是建立在一个乡镇教育管理机构的背景下。显然,在进行此类活动时,认为教育政策为孤立的政策分支这样的想法是不切实际的,且无法对现有的挑战做出合适的应对。

内容上主要面临的挑战:早期幼儿教育、全日制学校的推广、为职业教育过渡体系制定新的纲要、在职业教育和高等教育体系间形成一个过渡阶段

　　除了教育体系结构转变方面的挑战外,还有四大内容上的问题亟待解决:

- 在早期幼儿教育方面,2013 年 8 月,幼儿的幼托席位享有权相关法律即将生效,所以在未来几年相关需求将会增大,除了需要扩充 3 岁以下孩子的招收名额之外,专业的师资配备和相关的教育内容提供也面临很大挑战。

- 对全日制学校的需求一直在增长,所以当务之急是务必保证该类学校的质和量。正如特别主题章节中所提及的那样,该类学校能够为学生提供特别吸引人的、接触到校外学习世界的机会,这也将给在教育领域中一直处于弱势的青年带来益处。

- 职业教育过渡体系中的学员数量下降主要是由于人口变化而引起的。就目前留在过渡体系中的 30 万青年数量而言,需要促进的青年比例却相对有所增长。为他们制定合适的职业准备内容和创造合适的培训机会显得越来越困难,但鉴于社会和经济原因,也显得越来越重要。

- 考虑到人口变化、工作中的知识要求不断提升以及追求更高学历的趋势,亟须针对职业教育和高校体系间的衔接拿出新的解决方案。这既是关于欧洲职能标准框架实施讨论中的要求,也符合双元制大学学业发展和在职人员进入高校学习的诉求。但鉴于高校较高的学生负荷量,目前这一目标还很难实现。

A 框架条件改变后的教育情况

本章引导性描述人口发展（A1）、经济发展和结构转变（A2）以及家庭形式和生活方式的转变（A3）。几十年来不断进行的社会变化对教育体系也有所影响。对于过去报告中出现过的考察指标，将以新的重点加以研究。

首先，作为人口发展和儿童数量发展的重要影响因素，将对出生率进行总体观察（A1）。对于文化水平和移民背景等状况可能的影响因素将作细致研究——其前提是不同的出生情况对教育参与者的社会结构和出身结构有明显改变。通过总体人口结构和移入人员与非移入人员的比例，可以看出有无移民背景的人口成分悬殊。

总体经济发展影响教育资源配给以及教育需求与教育供给的结构（A2）。教育支出的绝大部分费用由公共财政承担，而公共财政的增长受到金融危机阻碍。2009 至 2011 年的景气状况不仅带动经济发展，也刺激了针对教育基本设施的附加投资。高负债限制国家的行动空间，这对教育支出不无影响。因此，关注公共财政和债务发展具有特殊意义。2009年金融危机导致就业衰退，随后几年产生大量新兴就业岗位。然而，过去几年就业形势发生了变化：期限性工作和零散工作明显增加。

经济结构和职业体系的变化以及经济和社会的国际化改变了职业特征，影响着对教育体系的要求，尤其是职业教育和高校教育领域。

对孩子在教育体系中的成就有着巨大影响的家庭形式和生活方式也处于不断变化中，且不同人群和地区的这种变化不尽相同。一直以来最为流行的家庭形式——已婚父母及其孩子在同一住所——在新旧联邦州、在有无移民背景的父母中情况都有所不同。新旧联邦州差异同样明显的还有女性的职业情况。本章对于因父母没有工作、经济条件差或文化水平低而使孩子面临的一种风险处境也作了补充说明。这些指标首次实现了对有移民背景人口的单独考察。

A1 人口发展

人口的发展对教育体系的描述意义重大，能够说明教育规划所针对的重要年龄段在当前和未来的状况。因此，本章探讨对于教育和工作生活至关重要的三个人生阶段——就业前、就业阶段和退休阶段。同时，人口发展不是一个孤立的现象，而应始终放在其他社会进程中观察。移民问题的研究对教育问题也有重要意义。

长期的人口和出生率发展

有三个因素决定人口发展:出生人数、自然死亡情况以及迁移情况——包括德国内部的和跨国界的迁移。对于德国可以用一句话总结其趋势:持续上升的预期寿命与持续降低的出生人数导致居民人数的降低和社会老龄化(图 A1 - 1)。外国人口迁入至今不能抵消这一效应:迁移差额在 2008、2009 年甚至呈逆差,2010 年又以近 12.8 万人差额呈顺差(表 A1 - 7web)。迁入人口的文化水平差异较大^M:2010 年由欧盟 27 国新迁入的 20—24 岁的人口中,71.5%具有中等或较高文化水平,而同年龄段中,具备该文化水平的土耳其迁入人口仅为 35.5%(表 A1 - 8web)。

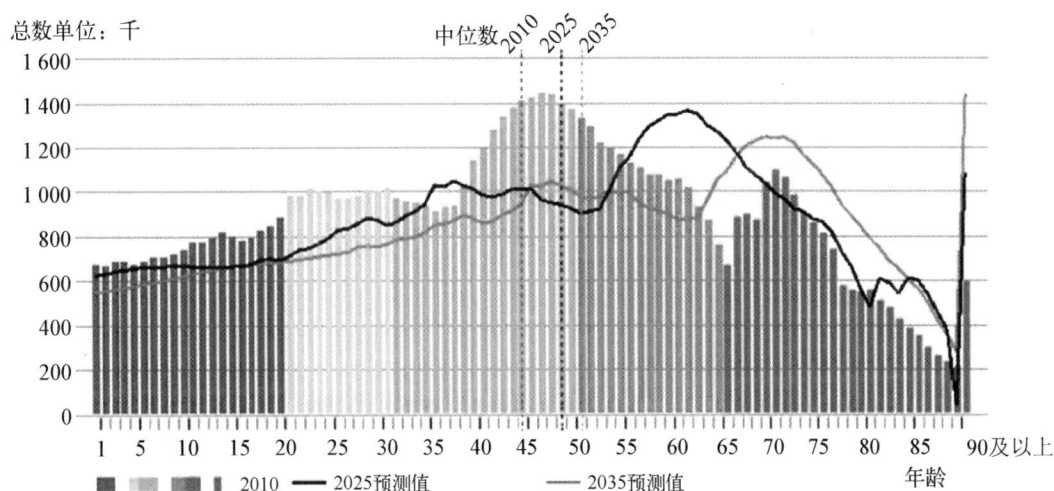

图 A1 - 1　德国 2010 年人口结构及 2025、2035 年各年龄预测结果(总数单位:千)

解读示例:约 1 010 000 位 2010 年 30 岁的人在 2025 年(深线所示)时为 45 岁,他们的总数将降至约 980 000 人。十年后,即 2035 年(浅线所示),972 000 人能活到 55 岁。人口中位数在 2010 年位于 44/45 岁,即 50%的人口为 45 岁及以上。这一平均值将在未来几年升高;2025 年将达到 48/49 岁,2035 年为 50/51 岁。

来源:联邦及各州统计局,人口统计,第 12 次人口预测^M

→表 A1 - 6web

2010 年德国 19%的人口有移民背景^M。有移民背景的年轻人在同龄人口中的比重明显大幅增加。目前,在 24 岁人群中该比重约为 23%,而 1 岁以下该比重已达 35%。有移民背景的人口中仅约半数人(45%)为外籍人员。受限于 2000 年制定的国籍自决权规定^M,这一比重继续减小,因为许多在德国出生、父母为外籍人员的儿童获得德国国籍。按照这一规则,目前 10 岁以下有移民背景的人口中,约 15%是德国人,17%持外国国籍,68%为其他移民背景的德国人。10 岁至 20 岁这一年龄段中,却有 36.5%有移民背景的人口为外国国籍(表 A1 - 1A,表 A1 - 9web)。

为使人口总数(不考虑迁移效应)保持恒定,每位妇女的总生育量^M应保持在 2.1 个孩子,即所谓的"维持生存量水平"^M。德国以低于每位妇女 1.4 个孩子的相对稳定的生产量,已经超过 40 年没有达到这一数值。伴随日后人口数量的降低,这将导致绝对出生率的减少,因为潜在母亲的数额在不断减少:1985 年尚有 81.4 万新生儿记录在册,2010 年还有 67.8 万,而 2035 年预计只有 54.7 万(表 A1 - 2A)。

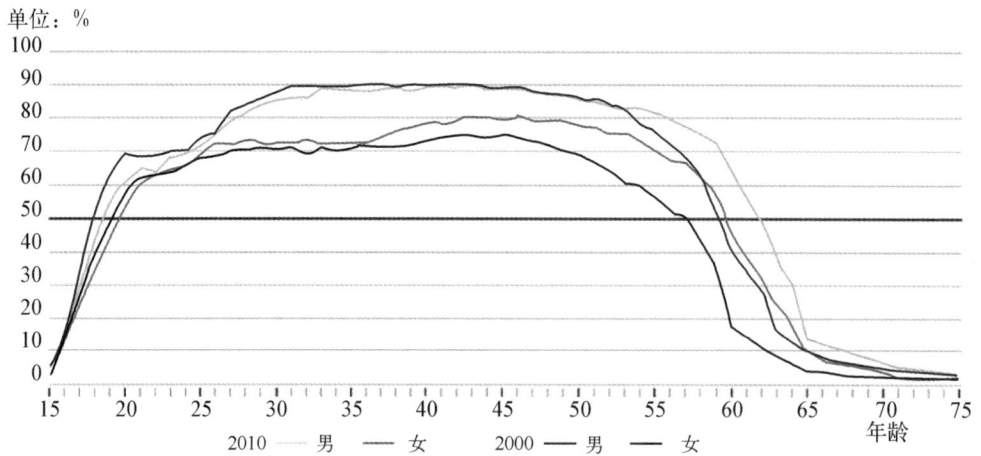

图 A1‑2　2000、2010 年不同年龄和性别的从业者比例(单位：%)

来源：联邦及各州统计局,2000、2010 年微型人口普查　　　　　　　　　　　→表 A1‑4A

初次生育时间取决于文化水平

（教育）行动指向的生活经历和家庭计划明显受到影响：2008 年,近 1/5 的 26 岁女性已具高校学历,但其中只有近 11% 已有一个孩子。相反,具有中等教育学历的同龄女性中 28% 已为人母,低教育学历的则有 67%。29 至 30 岁间约一半中等文化水平的女性已为人母,较高文化水平的女性 32 至 33 岁才能达到这一比例。低文化水平的女性在 24 岁就已达到这一比例(表 A1‑3A)。

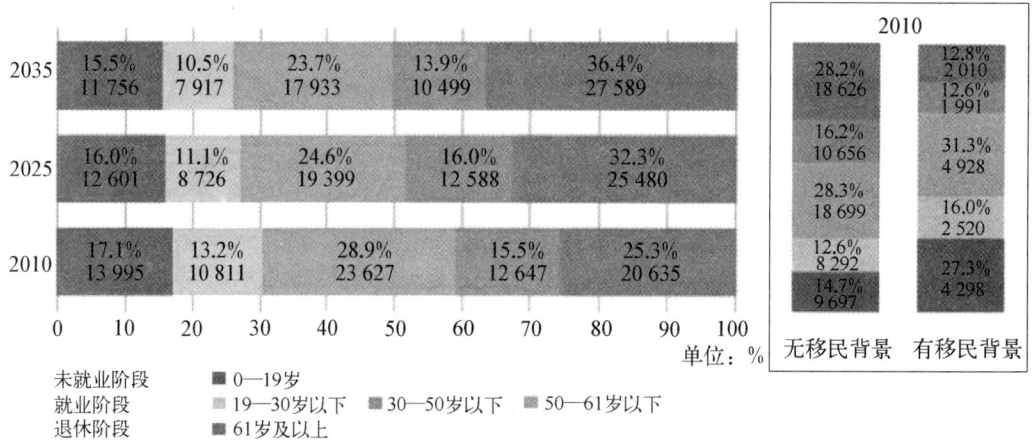

未就业阶段　■ 0—19岁
就业阶段　□ 19—30岁以下　■ 30—50岁以下　■ 50—61岁以下
退休阶段　■ 61岁及以上

图 A1‑3　2010、2025 和 2035 年总人口及 2010 年不同移民身份的各年龄段比例

来源：联邦及各州统计局,2010 年微型人口普查,第 12 次人口预测　　　　　　→表 A1‑5A

从业结构和年龄结构

就业阶段结束时间仍明显早于法定退休年龄,但可以看出就业年限增长趋势

人口预测明确显示,未来几年年轻人将越来越少,老年人数增长。就业阶段是指同一年龄人口中至少 50% 就业的时段;2010 年以 19 岁为其年龄下限,60 岁为上限。男性(19—61 岁)的就业阶段比女性(20—59 岁)早一年开始、晚两年结束。相对于 2000 年两性的上限而言,现在的就业时间明显增长。约 26 至 42 岁的女性就业率较低,因为这是组建家庭的阶段;其就业总额也有所下降(图 A1‑2,表 A1‑4A,A3)。

　　到 2035 年,处于未就业阶段者(19 岁以下)不论在总体数量上还是在所占比例上都会有所下降。相较于实践得出的界限,未就业阶段的人数在 2010 年还占总人口数(约 1 400 万人)的 17.1%,到 2035 年就只占 15.5% 了(减少 200 万人)。而与之相反,处于退休阶段(61 岁及以上)的人口数从目前占总人口数的 25.3%(205 万人)上升到 36.4%(增加 700 万人),即增长 11%。若要使 2035 年的就业者数量像 2010 年一样多,那么就业阶段要在起始年龄不变的情况下——假设框架条件也都不变——推迟 7 年结束,例如就业年龄段从 19 岁覆盖到 67 岁(图 A1 - 3,表 A1 - 5A)。

　　有趣的是按照移民背景体现出来的区别:2010 年,没有移民背景的人中有 28.2% 处于退休阶段,几乎是未就业阶段人数(14.7%)的两倍。而有移民背景的人的情况完全不同:未就业阶段的人数占 27.3%,比退休阶段人数(12.8%)的两倍还多(表 A1 - 5A)。

Ⓜ概念注释

　　人口预测:联邦数据统计局根据各州提供的数据所作出的人口预测描述了未来的人口规模和人口结构。它考虑到了未来由于每个因素发展所能引起的不同可能性。这里报告的第 12 次人口预测的数字是基于 1 - W1 可能性的基础上。关于可能性和框架条件的进一步信息参见 Hetmeier, H./Schräpler, J.- P./Schulz, A. (2010): Bildungsvorausberechnung. Methodenbeschreibung und Ergebnisse - Wiesbaden。

　　移民背景:此定义由微型人口普查得来,其将"所有 1949 年后迁入联邦德国现有领域的、所有在德国出生的外国人,以及所有在德国以德国人身份出生、父母至少一方为迁入者或在德国出生的外国人"归入有移民背景的人(联邦统计,2010):《人口和就业,有移民背景的人口,2009 年微型人口普查结果》,威斯巴登,第 6 页)。有第一代移民背景的人本身由外国迁入德国,因而有自己的移民经历。他们在德国出生的孩子没有这种意义上的移民经历,因而具有第二代移民背景。

　　文化水平:不同之处在于:
ISCED 0 - 2:较低文化水平:基础教育,义务教育毕业。
ISCED 3 - 4:中等文化水平:职业教育,后学校教育,获得进入 ISCED 5 的资格。
ISCED 5 - 6:较高文化水平:继续进行的(专科)高校教育,获博士学位。

　　国籍自决权规定:《德国国籍法》第 4 条第 3 段:"……若外国父母一方在德国合法居住八年以上,其在德国出生的孩子获得德国国籍……"基于出生地原则或通过加入国籍(《德国国籍法》第 40 条 b)获得德国国籍的人必须最晚在年满 23 岁时决定选择德国或他国国籍。尽管这类人到那时为止已暂时拥有双重国籍,但在几乎所有统计中都算作德国公民。

　　总生育量:对所有 15 至 50 岁的妇女的孩子数量所得平均累计值。是指一位女性的生育行为若与其他 15 至 50 岁女性相同,她在其一生中必须达到的孩子数量。最终值包括所有 1960 年前出生、即至少 50 岁的人。

A2 经济发展和结构转变

　　国家的财政状况、经济发展情况和向服务型社会的结构转变构成的重要框架条件对教育事业的资源配置起着多重影响,且由此产生对教育事业培训功能的要求。同以往的教育报告一样,这里也将对经济发展以及国家财政的情况进行概述,首次探讨职业形式随时间变化的转变。本文将表明较低和较高文化水平的人在这些职业形式上的差异。

经济发展

危机后德国经济
复苏

　　2009 年的危机衰退过后,2010 年国内生产总值(BIP)再次上升,大约达到 2008 年水平
(图 A2-1)。2011 年国内生产总值再度上升。联邦、各州以及乡镇的经济复苏计划对此都
有所贡献。根据未来投资法案,2009 至 2011 年以来有额外的 87 亿欧元用于教育事业。

指数 2005=100

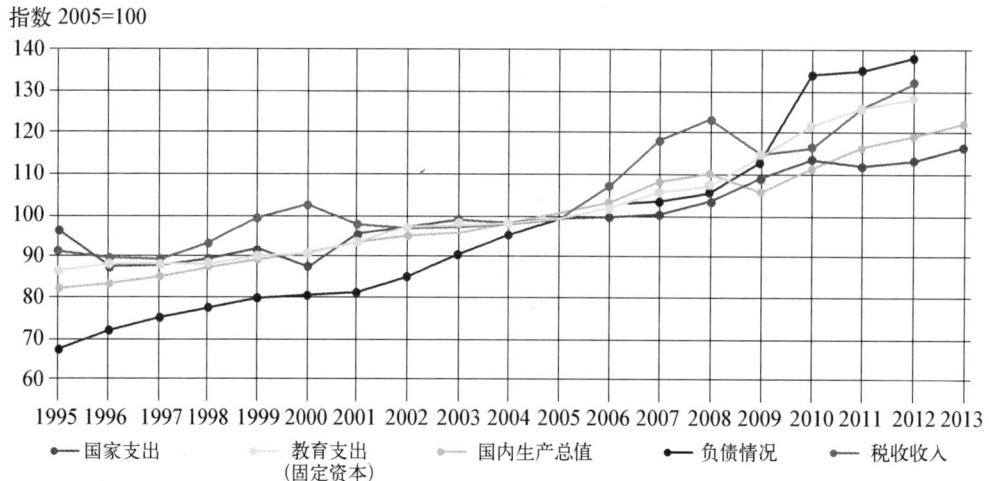

图 A2-1　1995 至 2010 年国民经济指数发展

来源:联邦及各州统计局,国民经济总核算

　　德国在经济能力方面始终存在着显著的新旧联邦州差距(表 A2-3web):2010 年,新
联邦州各州的国民经济总核算显示其人均国民生产总值为 23 462 欧元,而旧联邦州各州的
数值是 32 340 欧元。

　　联邦和各州财政支出、按照经济复苏计划联邦和各州的附加教育支出ⓜ以及 2009 年
BIP 下降,促使 BIP 中用于教育、研究和科学的支出比重明显上升。2008 年用于教育、研究
和科学的支出比重在 8.6%,2009 年和 2010 年分别达到 9.5%(国家教育预算限额,参
见 B3)。

　　通过就业市场政策手段,试图抵抗经济危机对就业市场的影响,并保持在较高的就业
水平。对短期工作的需求在 2011 年继续减少。按照联邦劳动局初步估计,短期工作者数
量年平均约 15 万人,而 2010 年为 50 万人。2011 年失业情况也因有利的经济复苏框架条
件继续减少,年平均失业者约 3 000 万人。2009 年失业率ⓜ增至 8.1%,2011 年为 7.1%,低
于 2008 年水平(表 A2-1A)。

国家财政的经济状况

教育支出的五分
之四由国家财政
提供

　　德国整个教育支出的五分之四是由国家财政提供的(参见 B3)。因此,关于国家财政
状况的信息对于评估教育政策在经济方面的回旋余地十分重要。所有的领域算在内,国家
的总支出(净支出)在 2000 年和 2008 年之间增长了 10%(表 A2-4web)。

　　若将净支出与国家财政经济数据区别开来,那么 2008 年国家财政尽管用于教育支出的
数额上升,但占总支出的份额 8.9%却低于前一年的数值(9.0%)(图 A2-2,表 A2-4web)。

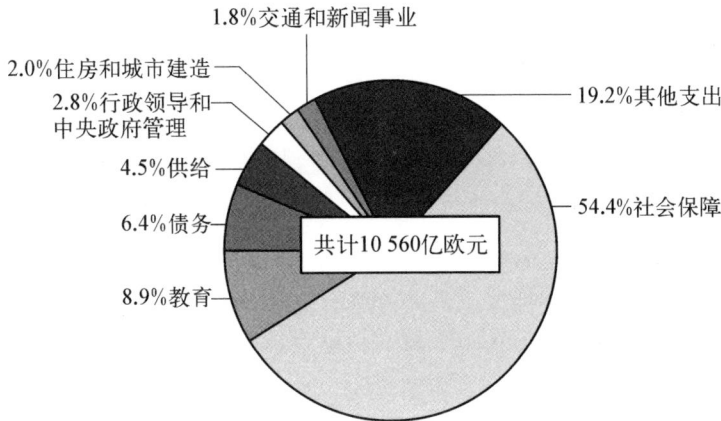

图 A2－2　2008 年国家财政预算[Ⓜ]总结构*（单位：%）

* 净支出

来源：联邦及各州统计局，2008 年公共财政预算计算结果　　→表 A2－4web

其原因在于国家在其他领域的总支出大幅增加。较高支出尤其在于金融市场稳定基金（SoFFin）。

用于金融市场稳定的支出也极大加剧了 2010 年国家财政债务增加。2010 年末该债务超过 2 万亿（较之前一年增加 2 379 亿）。　　**金融市场稳定支出增加使债务增加**

2012 年的税收收入票面价值再次上升（表 A2－2A）。然而在未来几年中，债务还本付息以及付给退休公务员的退休金将会是一个很重的负担。1995 年至 2010 年间，由于支付退休金及债务利息造成的国家财政负担共增加了约 18%（表 A2－5web）。各州的财政负担增加大约为 53%。其中一个重要部分是支付退休教师的退休金。

长期来看，保障性费用的支出和利息支付将会比现在更严重地限制国家财政的施展空间。这在未来会对教育预算造成怎样的影响现在还无法预计。

向服务型和知识型社会的结构转变

之前的教育报告中所描述的德国国民经济向服务型和知识型社会的结构转变过程继续进行（表 A2－6web）。1995 年，62% 的从业者从事服务业，而 2010 年这一比例为 71%（表 A2－7web）。由于女性总体更常从事服务业，这一发展主要加强了女性在就业市场的位置。尤其在对人服务业，女性比例明显高于男性。与之相反，男性更常从事科学和信息类工作。　　**结构发展强化女性在就业市场的位置**

由于结构转变、技术进步及经济和社会国际化，几乎在所有部门和职业领域的工作领域和对从业者的要求都有变化。随着手工能力失去意义，在服务型和知识型社会，对诸如分析思考、交际能力和解决问题的能力有更高的要求。职业教育/培训体系必须对此有所反应。在科学和信息类工作中具有高级技能的从业者比例高达 66%。2010 年对人服务业中高技能者则仅占 28%。具有高级技能的女性尤其在科学和信息类工作中所占比重自 1995 年起明显上升（1995：53%，2010：61%），而男性的相应比例甚至略微下降（1995：71%，2010：69%；参见 F4）。技术进步增强了良好的初级培训和终身继续培训的必要性，以满足就业市场全球化的要求。

就业形式转变

非典型就业增加　　　　不同时代的就业是经济发展的重要风向标。然而必须对这个风向标与就业条件和形式的转变一同考察。非全时工作者、期限性工作者、从事零散工作者以及临时工作者(非典型工作者ⓜ)极大地促进了就业者数量的增加(图 A2-3,表 A2-8web)。就业者总数自2004 年到 2010 年增长了 260 万,达到 3 500 万人。而同时前面所提到的非典型工作者人数增长 170 万,达到 780 万,这种就业形式占总增长量的 67%。2010 年 22% 的就业者从事兼职、期限性工作、零散工作或者临时工作。这种工作形式的增加主要归因于临时和期限性工作的增加。这两种工作形式在企业中用于灵活应对经济景气和经济危机。相较于总体公共事业,教育领域中从事期限性工作的人员比例较高——其中主要是较低年龄层(参见 B2)。

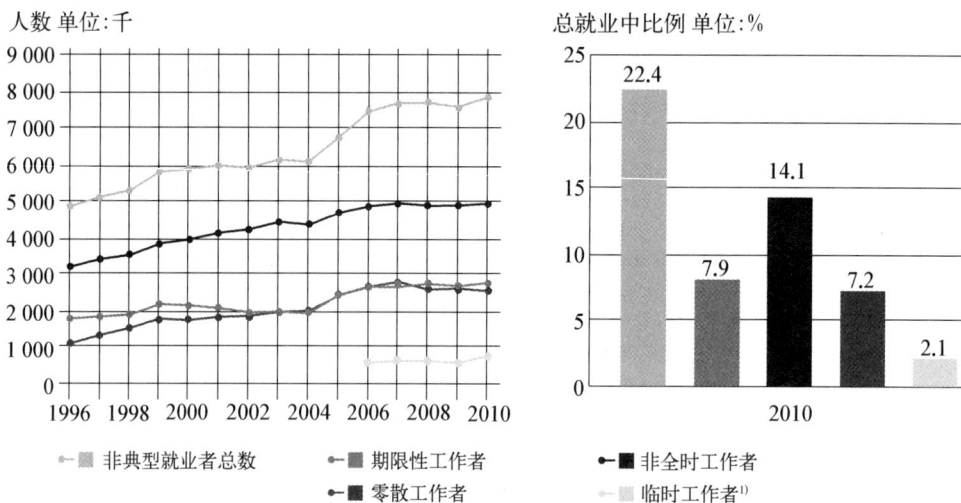

图 A2-3　1996—2010 年非典型就业形式的就业情况发展(人数)及 2010 年非典型就业者在全部就业者中的比例(单位: %)

1) 临时工作者数据自 2006 年起才可用

来源:联邦和各州统计部门,微型人口普查　　　　　　　　　　　　　　　→表 A2-8web

　　　非典型就业者在总体就业者中的比例随技能的增加而降低:技能较低的从业者在上述就业形式中占 38%,而高级技能者仅占 15%。

ⓜ**概念注释**

教育支出:参见 B3。

失业率:失业率是失业者在所有从业人群(非独立从业人员、自由职业者、家庭成员助手)中的比例。失业者是指年满 65 岁以前的谋职者,没有或每周不足 15 小时从事工作活动,非学生、大学生或者职业继续培训参加者,非丧失工作能力的病人,非养老金领取者,能够作为雇员立即参与工作。失业者必须在其主管劳动部门登记。

净支出:净支出表示单个法人或各单位从自己的收入渠道根据支付原则而进行的支出。净支出是指各级政府根据这样的支付原则减去其他公共财政获得的资金后,余下的用于完成各项任务的资金。该任务领域直接获得的收入(例如幼儿园的收费)不会被减少。

　　国家财政: 国家财政包含联邦,各州、乡镇、乡镇联合会,为完成共同任务而临时组建的联合会,社会保障单位,联邦劳动局以及联邦和各州的特种基金的各项财政。报告中描述的是净支出(总支出除去各分项财政之间的支付往来)。

　　非典型就业者: 此处是指非全时工作者、期限性工作者、从事零散工作者和临时工作者。需要注意的是分类并不明确,即一个人可能属于多种类型。此外在阐释时需要注意,就业形式也在部分程度由个人原因自主选择,例如为了协调家庭和职业而成为非全时工作者。

A3 家庭形式和生活形式的转变

　　孩子成功的教育经历很重要的一个因素在于其社会和家庭环境:这是之后教育成果的基石。因此有必要详细观察家庭形式和生活形式ᴹ的发展以及家庭和职业的协调。

生活形式

　　2010 年德国有近一半人口——旧联邦州 51%,新联邦州 43%——以家庭的形式生活,即成年人和未成年的孩子生活在一起。自 2006 年以来,这一比例在新联邦州下降 2.4 个百分点,比旧联邦州降幅更大。这与人口老龄化也有关系(A1,图 A3 - 1,表 A3 - 1A)。有孩子的夫妇比例在过去 4 年里尽管下降了近 3 个百分点,但仍以 38% 成为最为广泛采用的生活形式。有移民背景的人口也对此有所促进,因为他们中超过一半(56%)以这种形式生活,然而这一比例在过去几年也下降了 3 个百分点。

有孩子的家庭变少…有移民背景的人口也是如此

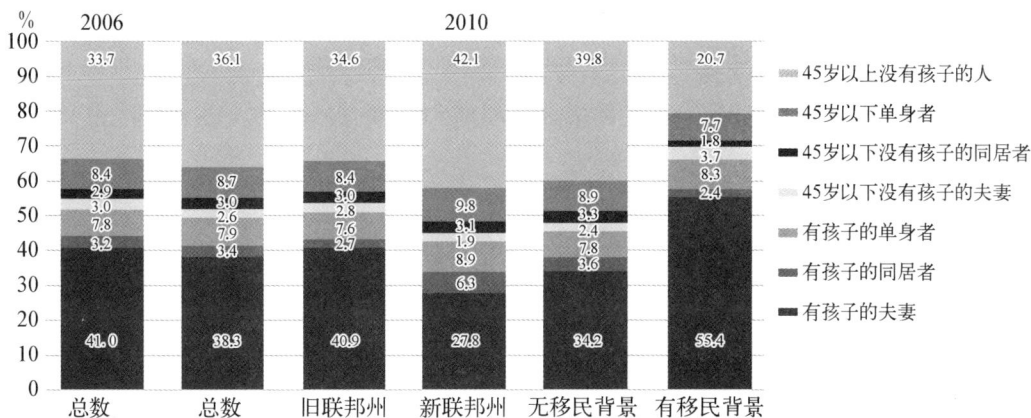

图 A3 - 1　2006 和 2010 年不同生活形式的德国人口(单位:%)

来源:联邦及各州统计局,微型人口普查　　　　　　　　　　　　　　→表 A3 - 1A

　　53% 第一代有移民背景的女性,即有自身移民经历的与孩子们一起住。仅仅由父母获得移民背景的女性中这一比例为 55%,无移民背景的为 41%。在孩子数量上也有类似的关联:29% 有自身移民经历的女性与两个或以上孩子住在一起,相反,仅由父母获得移民背景的女性这一比例为 32%。无移民背景的这一比例 19% 明显更低(表 A3 - 4web)。

有移民背景的女性更常与孩子住在一起

家庭形式与就业

越来越多母亲就业,在部分时间制和全时制工作方面有明显地域差异

　　女性的就业参与度在 2006 至 2010 年明显增加,同时男性的就业参与度继续保持高水平。按照女性的生活状况——尤其在家庭中与孩子同住——有着不同的发展。家中没有孩子的女性在所有年龄段都比有孩子的女性更多从事全时工作(表 A3 - 5web)。若最小的孩子低于 3 岁,将更多使用休假机会;其中一个原因可能是父母金的引入(参见 C1)。最小的孩子为 3 到 6 岁的女性,就业率大幅增长;新联邦州这一比例甚至超过同年没有孩子的女性,后者多非全时性工作。当孩子到学龄时,非全时性工作和全时制工作基本上没有差异。在旧联邦州有这一年龄段孩子的女性多从事非全时性工作(图 A3 - 2,表 A3 - 6web)。

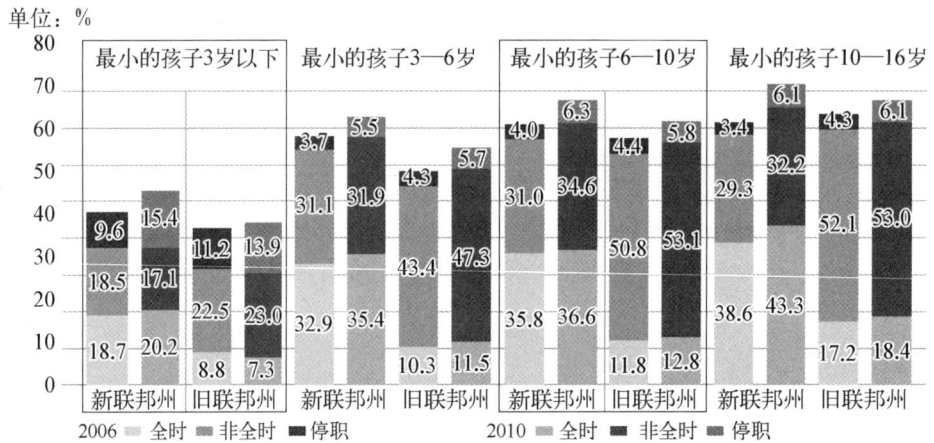

图 A3 - 2　2006、2010 年新旧联邦州就业女性的最小孩子年龄和就业方式(单位:%)

来源:联邦及各州统计局,微型人口普查　　　　　　　　　　　　　　　→表 A3 - 6web

　　女性就业情况随孩子数量的增长而减少。有一个或两个孩子的女性与没有孩子的女性其就业率大致相同,但明显更多地从事非全时性工作。有三个孩子的女性中有一半就业,只有五分之一从事全时制工作(表 A3 - 2A)。

以全时制工作代替非全时性工作的愿望在新联邦州常不能实现

令人满意的就业框架条件通常不存在

　　在旧联邦州,孩子低于 15 岁的母亲中超过五分之一因个人或家庭原因暂时从事非全时性工作。在新联邦州仅一半女性表示会这样做。此外,尽管这里全时制工作比例较高,但几乎每三位母亲中就有一位欲求一份全时制工作而不达(表 A3 - 7web)。

　　能够符合家庭需要、又具个性化的工作时间安排通常并不存在:有 15 岁以下孩子的女性中,只有 40%声称可以灵活安排工作的起止时间。仅一半可以因为个人或家庭原因推迟工作时间。三分之一的女性和超过一半的男性无法找到为低于 15 岁的孩子提供的令其满意的照料机构(参见 C2)。全天上班的母亲的处境尤其困难,但单亲家长和有就业意愿的未就业者也觉得自己受到了歧视(表 A3 - 8web)。[①]

来自危机状态家庭的孩子

　　在德国,家庭生活关系、教育参与和技能习得紧密相连。家庭的一些结构特点——教

---

① 对此也可参见 BMFSFJ(2011):"家长与学龄儿童的协调状况"。出自:家庭研究观察 25。

育水平、社会经济状况、就业参与——构成孩子教育和发展过程的框架条件。由此引出三种危机类型(表 A3 - 3A)。

　　父母文化水平不高是指父母双方都没有完成中等教育第二阶段或均未毕业于一个相应的职业培训等级(至少 ISCED 3)。父母文化水平较低的孩子所占比例在减少,占将近 12%。单亲家长和有移民背景的父母通常文化水平较低。自 2005 年以来有移民背景的父母情况明显改善。这里状况因移民背景而不同:来自土耳其或非欧洲国家的父母有 40%—50% 文化水平低,而来自大多数欧盟国家的父母其文化水平与德国平均情况无明显差异(表 A3 - 3A)。

父母文化水平较低的孩子所占比例减少

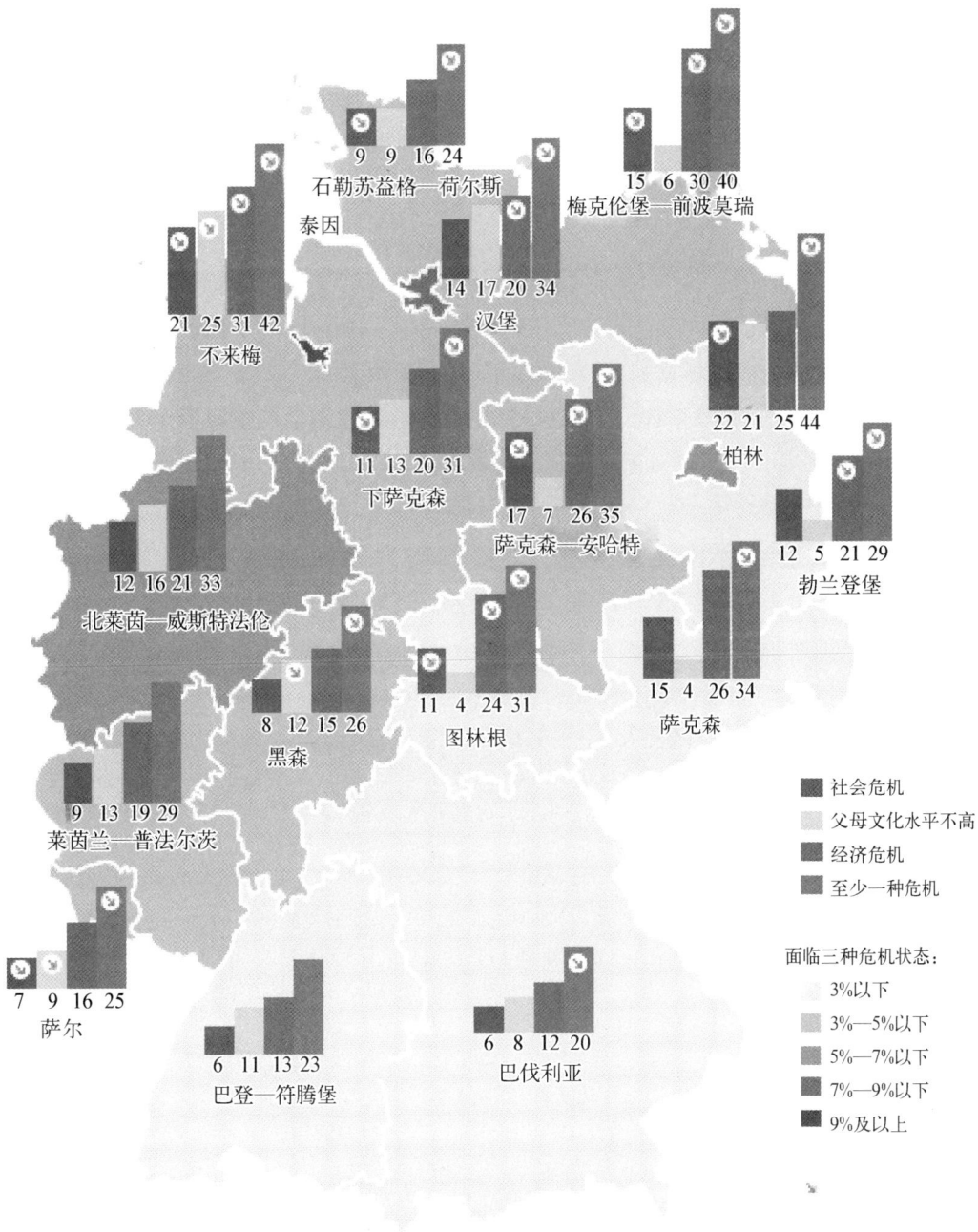

9 9 16 24
石勒苏益格—荷尔斯泰因

15 6 30 40
梅克伦堡—前波莫瑞

14 17 20 34
汉堡

21 25 31 42
不来梅

11 13 20 31
下萨克森

22 21 25 44
柏林

17 7 26 35
萨克森—安哈特

12 5 21 29
勃兰登堡

12 16 21 33
北莱茵—威斯特法伦

8 12 15 26
黑森

11 4 24 31
图林根

15 4 26 34
萨克森

9 13 19 29
莱茵兰—普法尔茨

7 9 16 25
萨尔

6 11 13 23
巴登—符腾堡

6 8 12 20
巴伐利亚

■ 社会危机
▨ 父母文化水平不高
■ 经济危机
■ 至少一种危机

面临三种危机状态:
3%以下
3%—5%以下
5%—7%以下
7%—9%以下
9%及以上

图 A3 - 3　2010 年各州 18 岁以下人群所面临的危机状态(单位:%)

来源:联邦及各州统计局,微型人口普查　　　　　　　　　　　　→表 A3 - 9web

社会危机是指父母双方均无工作。就业可以通过进入社会关系网而为家庭打开获取公共生活资源的通道,例如资助、表彰、能够找到培训和工作名额的关系。

10%的孩子因父母无业而处于危机处境

当下有三分之二的孩子的双亲都处于就业状态,10%为双亲都不就业。尤其是超过三分之一出自单亲家庭的孩子的家长是没有工作的。出自有移民背景家庭的孩子以15%的比例,比德国平均情况更经常面临社会危机处境(表A3 - 3A)。

遭受贫困的孩子比例继续持高

收入低于平均等值收入的60%的贫困线Ⓜ水平的家庭面临经济危机。2010年面临经济危机的孩子占18%。单亲家庭的孩子以38%的比例更容易陷入这种危机处境(参见I)。有移民背景的孩子中这一比例也高达30%,父母来自土耳其或非欧盟国家的孩子中,该比例甚至为大约40%(表A3 - 3A)。

在同时面临三种危机的家庭中成长的孩子,其所占比例自2005年以来持续减少,到2010年占3%。单亲家庭中面临三种危机的孩子比例更高,达到11%—12%。在有移民背景的孩子中7%的数值相对较高。29%的孩子面临至少一种危机处境——比2005年低4个百分点。在有移民背景的人群中48%的比例明显更多,而这已是在过去5年下降了6个百分点之后的状况。

有土耳其出身的家庭尽管明显好转,但尤为经常处于危机处境

有土耳其出身的孩子尤其严重地遭遇危机处境。这些孩子中71%至少陷入一种危机,12%陷入全部危机处境。尽管如此,相较2005年仍能看出明显好转:面临一种和全部三种危机处境的孩子比例分别降低了5个和3个百分点。这一发展主要源于父母知识水平的大幅改善,涉及2010年52%有土耳其出身的孩子,比5年前60%的比例有了大幅下降(表A3 - 3A)。

在地域层面上也呈积极趋势:在过去5年所有州的所有危机处境比例都有所下降,尽管地域间仍有较大差异(图A3 - 3A,表A3 - 9web)。

Ⓜ概念注释

家庭形式和生活形式:根据微型人口普查中的定义,"生活形式"是个总概念。"家庭形式"在这里指的是与孩子共同生活的所有形式:带着孩子的夫妻、同居者和单亲家长。其他的生活形式还有夫妻(没有孩子)、同居者(没有孩子)和(无家室)独居生活者。这里不考虑超出家庭形式以外的父母—孩子的关系以及各自家庭独立的情侣关系。

贫困线:这里的收入,考虑的是等值化家庭收入。一个家庭的收入是指所有家庭成员个人净收入的总和。等值化家庭收入涉及到一个计算值,它使得不同大小和组成形式的家庭的收入之间具有可比性。这里使用的是经合组织标准,第一成年人的比重是1,其他成年人以及14岁以上孩子的比重是0.5,14岁以下孩子的比重是0.3。如果家庭收入少于等值化家庭收入中位数的60%,那么该家庭便处于贫困线以下。

前景

增长的预期寿命和下降的出生率从长远来看导致了人口减少和社会老龄化问题。这一发展导致的结果是,接受教育的孩子越来越少。渐渐地,低出生率的那拨人进入中学、大学和职业培训阶段。虽然成年人可参与的教育活动有所增多，然而教育参与者的数量总体明显下降。

长期来看，处于有就业能力年龄段的人数将会明显减少：出生率较高的那拨人到了退休的年纪，而出生率低的那拨人无法平衡就业者人数的缺失。目前的趋势是，老年人的工作年限被延长，表现在退休条件可能继续改变，导致整个就业阶段继续拉长。

带孩子的女性，尤其在旧联邦州，主要从事非全时性工作。基于现有框架条件尚无法预见实现全时制工作的可能性。继续改善工作条件的灵活性和孩子的照料机构，可能增多全时制工作和增长非全时性工作的工作时长。

持续延长的就业阶段意味着，就业者必须更长时间地继续深造，对此提供相应的培训和继续教育变得更加重要。与获得技能相关的关键"人才流失"，经常用来表述受过良好教育的德国人移居国外而对德国经济环境造成消极影响。至今尚无数据体现这一现象的总体情况。

在过去的 5 年里我们看到，与教育相关的三种危机都得到了缓解。然而整体来看还是有很多单亲家庭的孩子和移民家庭的孩子面临着危机，而他们之间的情况也因地域不同而有明显差异。可以看出，移民背景本身并不是危机，而是在这个群体中经常出现的经济、社会和教育方面的困难构成了危机状态。鉴于迁入人口通常没有职业教育结业，2012 年 4 月 1 日起实施了职业资格考核条例。

德国已经走出 2009 年经济危机的影响。国内生产总值 2010 年再次上升，处于 2008 年水平；2011 年也延续了这一积极趋势。之所以能够发生这样的转变，得益于国家的经济复苏计划，而教育也从该计划中获益良多：根据未来投资法案，自 2009 年以来有额外的 87 亿欧元被用于教育事业。

联邦和各州决议的"债务刹车"对教育支出所产生的影响尚无法预见，"债务刹车"规定了联邦和各州的财政今后应基本脱离信用贷款。这项规定已经被写入宪法。而作为过渡时期的一项规定，联邦到 2015 年，各州到 2019 年仍有执行上的一些偏差。

在对就业条件和形式领域发展的观察中发现，所谓的非典型就业持续增多。失业率由 2009 年的 8.1% 降至 2011 年的 7.1%，就业人数增长的一大部分源于非典型就业的增多。临时工作和期限性工作是企业应对经济危机的适当举措——但在接下来的几年要注意这些非典型就业形式将如何发展。

B 德国教育的基本信息

由于教育过程存在于所有的人生阶段、不同的教育领域以及在教育设施之外，本章首先就关于对教育领域有决定性意义的方面，阐述对整个教育事业意义重大的一些事实。联系之前的报告，将给出关于教育职工、教育支出、教育参与以及公民的教育水平的基本信息。为了揭示这些结构特征的变化，考察指标中加入了新的重点。此外首次将德国教育机构的结构发展情况进行图示。因为基本设施的框架条件以及教育资源的分配和安排影响着教育参与的可能性。这些板块不仅观察教育领域之间的对比，而且尽可能地进行国际对比。

教育机构的新考察指标（B1）给出德国教育机构结构的发展总览。通过教育机构的建立、关闭或合并，以及新结构改革使教育资源适应变化的教育行为及人口发展。因此主要讨论教育机构的大小、总数和资助者随时间的变化情况，并呈现不同地区的发展情况。

人员和财政资源的配备对于教育过程在教育机构中如何安排有着至关重要的作用。

教育人员的年龄、性别和工作范围的全领域信息将按时间顺序进行对比（B2）。为了找出教育人员的特点，也对公立学校人员与全体从业人员的结构特点进行了对比。由此得出教育业从业人员数量的变化与全体从业人员的对比以及不同职业类型的对比。

用于教育领域的财政资源尤其影响学习环境和教育过程的安排。教育支出（B3）这一考察指标展示了不同时间教育业的财政配备以及不同出资方（公共财政、私营企业、非盈利机构、私人财政）对教育经费的贡献。F章节中还对高校资金进行了考察（参见 F2）。

目前对教育资源的需求在教育参与度（B4）这一考察指标下进行分析。教育参与的发展决定了日后的技能人员和毕业生供给。这里将指出不同人群和年龄群对教育资源利用的不同情况，即哪些人群还与教育过程有更紧密的联系。

最后在文化水平（B5）这一部分阐述已经实现的教育过程的结果。对已获得的普通或职业类学历进行观察。还探讨了阅读和书写能力较低的人员情况。文化水平相当于表示了社会可以利用哪些人力资源。

B1 教育机构

本小节的中心内容在于教育基础设施的发展，首先讨论的是每个教育领域中教育机构[Ⓜ]的数量、规模和承办方。为了论证教育参与和教育成果的不同，本小节也会讨论教育资源在不同地区的结构变化。

　　过去几年,各州、乡镇和私人承办方,即教会、社会福利以及工商业承办方,通过教育机构的建立、关闭或合并以及结构改革使教育资源适应变化了的教育行为及人口发展。教育机构的可利用性一方面影响了个人教育行为,另一方面也影响了地区乃至整个社会的发展。教育参与者越年轻,教育资源的可利用性对教育参与类型就越重要。但是地区供应仅对年轻成年人的职业或学校地点选择来说是一个重要因素。

德国各承办方提供的教育资源的结构

　　2010 年德国有 1 680 万教育参与者使用实体教育领域的近 9.5 万教育机构。与此同时,2010 年比 1998 年少了大约 4 000 家教育机构(表 B1－1A,表 B1－3web)。由于 3 岁以下儿童的教育资源的扩建,初等教育领域机构数量增加,而中小学学生数量的下降和学校结构的改革导致大量学校关闭。在高校领域机构数量反而通过新建或改造自 1998 年增加 95 所(其中大部分是应用技术大学),达 558 所。

教育机构总数回落…

　　在大量的城市和乡镇,公共教育资源由于私人承办的提供而增加或者部分替换。私立教育机构在机构总量中的比例因教育领域而不同(表 B1－3web,表 B1－4web,表 B1－5web)。初等教育领域中大多数日托机构为私立,而中小学和高校中大部分为公立。

　　私立教育机构的成立以及个人的就读出于不同的动机。在中小学领域重要的经常是靠近居住点的教育资源、承办方的教育理念、宗教或世界观的影响或者国际化的定位。在高校领域设立私立教育机构,比如双元制高校,可以将培训项目与(未来)雇主所要求的资质相结合。

　　在旧联邦州,托儿所传统上大部分是由教会或者其他私人承办方运营。在新联邦州,一半以上托儿所为私立。

　　在过去 12 年里,所有教育领域中的私立教育机构数量都有所增长(表 B1－1A),其中

私立教育机构	1998/99	2010/11	1998/99和2010/11年教育参与者数量变化(单位：%)
高校	81	176	+214.7
职业教育学校	1.619	2.038	+46.2
普通教育学校	2.206	3.373	+35.5
幼托机构	28.116	34.378	+16.9
总计	32.022	39.965	+26.3
公立教育机构			
高校	382	382	+18.5
职业教育学校	6.980	6.830	+0.4
普通教育学校	40.121	31.113	−15.7
幼托机构	20.087	17.106	−19.4
总计	67.570	55.431	−9.5

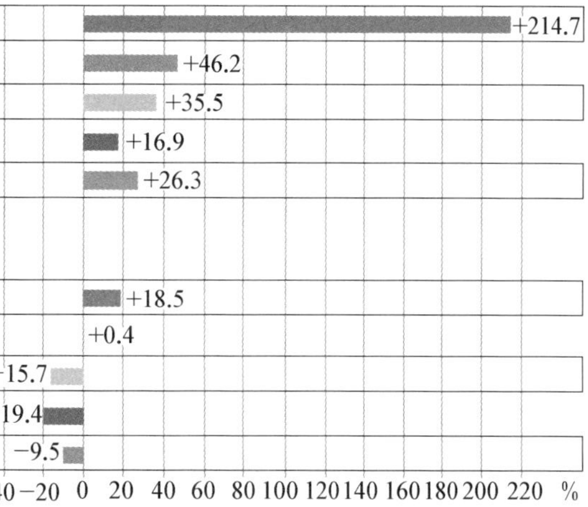

−40−20 0 20 40 60 80 100 120 140 160 180 200 220 ％

图 B1－1　1998/99 和 2010/11 年不同教育领域和承办方类型的教育机构和教育参与者数量变化

来源:联邦及各州统计局,儿童与青少年援助统计,学校统计,高校统计

→表 B1－4web,表 B1－5web,表 B1－6web,表 B1－9web

…同时私立教育
机构数量增加

高校和普通教育学校的增长尤其迅猛。公立教育机构的数量除了高校领域外在所有教育领域都有回落。参与人数也呈类似发展趋势。

在统一前，新联邦州几乎所有教育机构都是公立的。私立教育机构数量自 1998 年增长近 80%，同时期私立普通教育学校几乎翻了两番（表 B1－5web，参见 D1），同时公立教育机构总数明显减少（表 B1－4web）。公立教育机构中新联邦州的教育参与者，尤其在统一后人口发展的背景下，几乎减半（表 B1－6web）。

私立机构通常较小

私立机构通常比公立机构小（表 B1－2A，表 B1－7web，表 B1－8web）。42%的教育机构为私立，却只拥有近 18%的教育参与者（表 B1－5web，表 B1－9web）。

人口发展和教育资源地域差异

对于各州和乡镇来说，鉴于人口发展、社会导向以及初等领域和学校领域私立资源的增加，要在大范围内确保高水平的教育机会是一个巨大的挑战。尤其在基础教育领域许多教育机构必须关闭。

由于人口发展中小学校减少

2010/11 年度，在新联邦州的非市州登记注册的有 5 526 所普通教育学校，比 1998/99 年度（9 025 所）减少 39%（表 B1－3web）。同时每个中小学的平均学生人数从 209 人减少到 182 人（表 B1－2A，表 B1－7web，表 B1－8web）。学生人数比学校数量的降幅更大。为了在离住处近的地方上学，人们更愿意选择小一点的学校。

纵观全部教育领域，随着 18 岁以下人口减少，教育机构由 16 008 所减少到 12 098 所，降幅超 30%（表 B1－10web，表 B1－11web，表 B1－12web）。仅新联邦州区域就有 71 个县遇到这种情况。在人口锐减的区县，不仅机构数量大幅减少，每所学校的学生数也同时在下降。

乡村地区每所中小学的学生数量更少

教育基本设施在地域层面的差别和变化十分明显（图 B1－2A，表 B1－13web，表 B1－14web，表 B1－15web）。在区域归类[M]中被归为"核心城市"或者"密集周边"的地区，除初等教育领域外，更经常设立私立机构。反之，这也说明绝大部分乡村地区比人口密集地区的选择可能性更小。过去 12 年里，除核心城市和人口密集地区以外，高校只有零星分布。差异尤其关乎学生数量减少。在人口减少的 12 年里，乡村地区的普通教育学校也随之减少。尽管有学校关闭，这些地区每所学校的学生数不仅明显低于联邦平均值，且还在降低。

按照教育预测，学生数量在未来几年还会继续减少。德国中等教育第一阶段至 2015 年学生数共降低 8.5%，至 2025 年降低 18%。因此预计未来几年教育情况将继续变化。

[M]概念注释

教育机构：这里考虑的是官方教育体制中的教育机构：托儿所、普通教育学校、职业学校以及高校；私立教育机构是指由教会、社会福利组织以及工商业组织承办的教育机构，这些教育机构皆参照各领域自身的标准进行界定和区分。其中的基础教育领域在学校组织形式上尤其受到各州的地方性规定的影响（比如组织单位、分校、多种学校类型在一所学校内的整合程度以及管理单位）。有多个校区的高校被多次计数。不算继续教育机构和非正式的学习场地。

区域归类：区域归类以联邦建筑规划局下属的建筑、城市和空间研究所划分的住宅区结构类型为基础。按照城市—周边关系可总结为四种区域类型：核心城市、密集周边、乡村周边、乡村地区。

B2 教育领域工作者

教育领域工作者ⓜ对于教育过程的有效实施、学生能力的培养、学历的获得以及教育质量的保障和教育系统的发展都有着重要意义。教育领域工作者的情况统计ⓜ是指把教育领域工作者按照从业方式、年龄、性别和工作范畴进行统计,并进行跨领域比较(参见 C4、D4)。

各教育机构的工作人员情况总览

2010 年有 210 万人在托儿所、普通教育学校、职业学校和高校中从事教育行业(表 B2‑1A),占所有在职人员总数的 5.5%。2010 年,被研究教育领域中 21% 从业人员无教育或科研职责(表 B2‑3A)。这一比例在高校领域为最高,达 45%,主要在于高校医院的护理人员。自 2006 年起教育业从业人员比例有所上升(2006 年:197 万,2010 年:215 万)。若只考虑人口影响因素和政策通过的改建措施,教育与科研人员总数按照教育预测至 2025 年将下降约 6%(表 B2‑4web)。鉴于预计基础教育学校人员将会减少,托儿所和儿童照料机构的人员需求将会上升(参见 C4)。按照教育预测,由于大学生人数增加而条件不变,高校教学和科研人员需求将至少增长到 2015 年(参见 F1)。

托儿所、中小学和高校的从业人员总数上升至 210 万

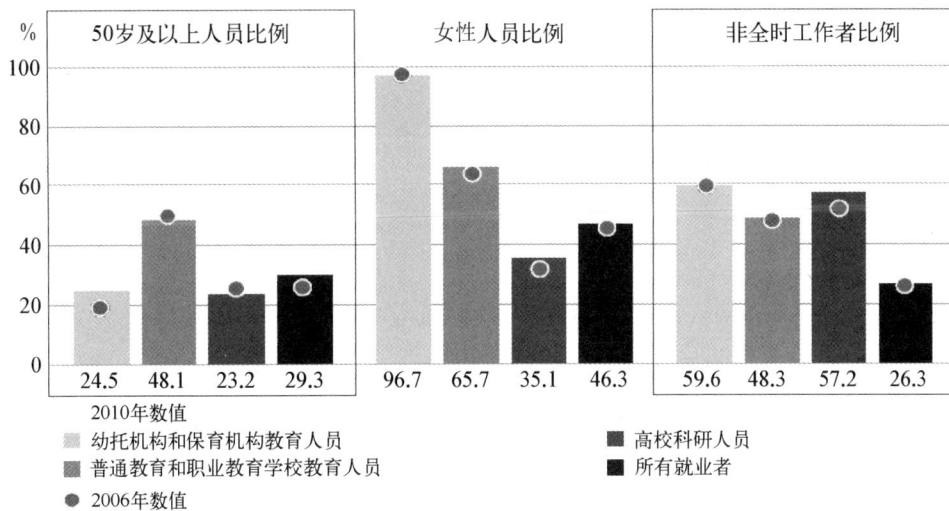

图 B2‑1   2006 和 2010 年教育和科研人员结构与所有就业者对比

来源:联邦及各州统计局,教育人员统计,微型人口普查   → 表 B2‑2A,表 B2‑3A,表 B2‑7web

教学以及科研人员的年龄结构

50 岁及 50 岁以上的教育和科研人员比例自 2006 年来几乎保持在 38%(表 B2‑2A)。这一比例仍然明显高于该年龄层在全部就业人员中的比例(29%),后者在同时期内增长了近 4 个百分点(图 B2‑1)。年龄结构在教育领域间的差异极大(图 B2‑2)。主要在普通教育学校和职业学校未来几年的替补需求很大,因为这里近一半教育力量为 50 岁及 50 岁以

教育领域间年龄结构差异较大,中小学人员替补需求继续偏高

上。在儿童日托机构,50 岁及 50 岁以上的教育人员比例为 25%,明显较低。然而未来几年在所有州的年长年龄层比例将明显上升。在高校领域,相较于全部从业人员,50 岁及 50 岁以上人员比例为 23%,明显较少。年轻的博士生和科研工作者导致高校领域年轻人比例较高。然而 2010 年 53%的教授年龄大于 50 岁。与国际比较,德国是教育领域 50 岁及 50 岁以上人员比例最高的国家之一(表 B2－5web),主要原因在于初等教育和中等教育领域中这类人员比例较高。

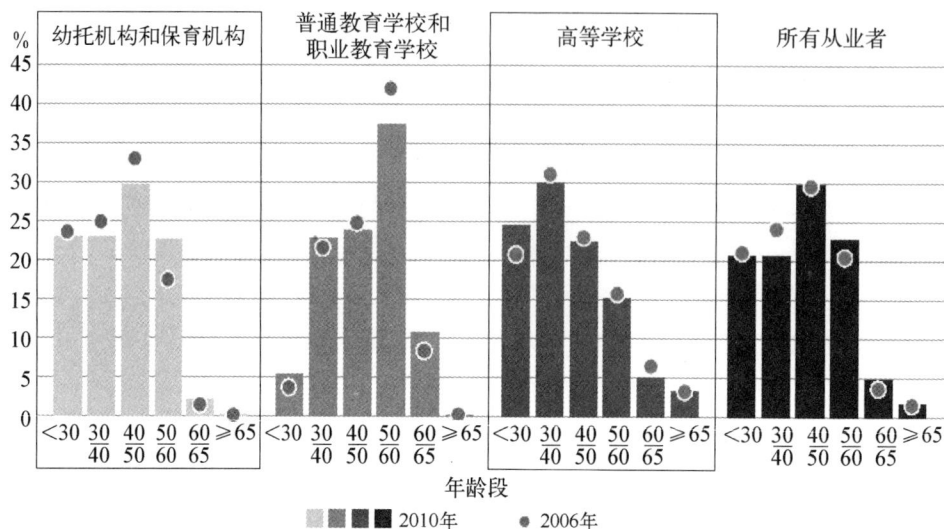

图 B2－2　2006 年及 2010 年教育和科研人员与所有从业者的年龄结构对比

来源:联邦及各州统计局,教育人员统计,微型人口普查

教学和科研人员的性别情况

教育参与者越年轻,女性在教育人员中比例越高

在所观察的教育领域中,女性在教育和科研人员中比例(68%)明显高于在所有从业者中的比例(46%)(图 B2－1,表 B2－3A)。在这方面各教育领域差异明显:初级教育领域中几乎只有女性从事教育(97%),而高校女性科研人员仅占 35%。然而高校女性员工比例在过去几年有所增长,尽管如此,德国仍属于国际上高等教育女性科研人员比例最少的国家(表 B2－6web)。国际上也有德国这种模式:教育参与者越年轻,女性在教育人员中比例越高。

教学和科研人员的工作范畴

教育业中兼职工作比例是所有从业者中比例的两倍

教育机构中兼职的教育和科研人员占 53%,是所有工作人员中比例(26%)的两倍(表 B2－7web)。所有教育领域的兼职工作者比例均高于全体就业人员中的比例(图 B2－1)。值得注意的是,兼职工作一部分也有领域特有的原因。新联邦州中小学生人数减少使得兼职工作者增加。高校中由于第三方经费科研的增加(参见 F2)以及为助推科学新生力量(博士职位),期限性兼职职位增多。家庭和职业的统一以及其他个人问题也是从事兼职工作的重要原因(参见 A3)。与国际比较,德国是兼职教育工作人员比例最高的国家之一(表 B2－8web)。

公立学校教育人员从业情况

　　2010 年有近 440 万人就业于公立学校(表 B2 - 9web)。教育业是人员密集行业——从业者中 30% 在托儿机构、普通教育学校和职业学校以及高校工作。过去几年公立学校人员增长主要源于教育事业人员招收。然而不再是无期限职位,而几乎只是有时间期限的工作行为。2010 年限时合同在全体公共事业中占 12%,教育行业占 15%。其中年轻人在整体教育领域中明显增多。高校这一比例遥遥领先,2010 年 47% 的从业者为期限性工作(2002 年:33%)。高校领域这一增长也与第三方经费科研的增长(参见 F2)以及科研限时合同法有关,科研限时合同法于 2007 年通过,规定期限性科研工作行为。期限性工作合同时效较短,许多短于一年。

基于限时合同的教育人员增加

Ⓜ概念注释

　　教育领域工作者:教育领域工作者指的是教育单位中的从业人员,既包括教师和科研人员,也包括其他工作人员。教师和科研人员包括托儿所的看护人员(尚处于职业培训阶段的除外)、普通教育学校的老师以及高校的科研和艺术类工作者。其他工作人员包括托儿所的管理人员、行政人员、后勤人员和技术人员、中等和基础教育学校的工作人员,以及高校的管理和技术人员(处于职业培训阶段的除外)。

　　教育领域工作者的情况统计:教育领域工作者的情况统计涵盖所有教育领域工作者的信息,信息不重叠。目前的数据包括托儿所、普通教育学校和职业学校、卫生学校、高校(包括高校医院)的工作人员以及看护人员。这里的信息是由德国儿童和青少年福利救济事业数据、普通教育学校数据、高校数据、公立学校人员数据以及德国文化部长联席会议提供的数据汇聚而成。

B3 教育支出

　　教育支出Ⓜ指的是供教育系统支配的经费,它的高低对教育状况有重要意义。教育和科研的支出在很大程度上影响着个人、社会以及经济的发展(参见 A2)。因此,将资金合理地分配至各教育领域以改善教育事业的资源配置以及联邦、各州、乡镇和私立机构的经济资助一直是教育政策讨论的重要方面。

教育支出情况总览

　　教育支出在预算中指的是对教育和科研的费用支出Ⓜ,其还被进一步细分成各教育领域的预算。根据观察层面的不同,所占国内生产总值(BIP)比例也不同(图 B3 - 3A)。

　　德国 2009 年为教育和科研支出 2 248 亿欧元(上一年为 2 142 亿),其中 1 646 亿欧元用于教育。目前预计 2010 年的教育支出为 1 723 亿欧元。

　　2009 年教育和科研占国内生产总值比例为 9.5%,高于 1995 年(8.8%)(表 B3 - 1A,表 B3 - 2A)。2009 年受金融危机影响,经济发展情况较上一年下滑,而教育支出则受惠于未来投资法和其他特殊计划而上涨。由此教育支出在国内生产总值中所占比例上升到 6.9%(2010 年:7.0%)。

教育和科研支出占国内生产总值 9.5%

各教育领域的教育支出

从教育领域来看,教育支出的大部分流向基础教育领域(图 B3－1,表 B3－1A)。2009年投到基础教育中的资金是 575 亿欧元,用于职业教育的支出(不计专业学校、专业学院、第三级教育领域的卫生学校、企业内部支出)是 80 亿欧元,对学前教育的投入是 150 亿欧元,对高校(参见 F2)和其他高等教育机构的投入是 303 亿欧元。2009 年联邦劳动局、劳动部和社会上用于继续教育的支出为 35 亿欧元(表 B3－3web)。同年业余大学支出为 10 亿欧元。

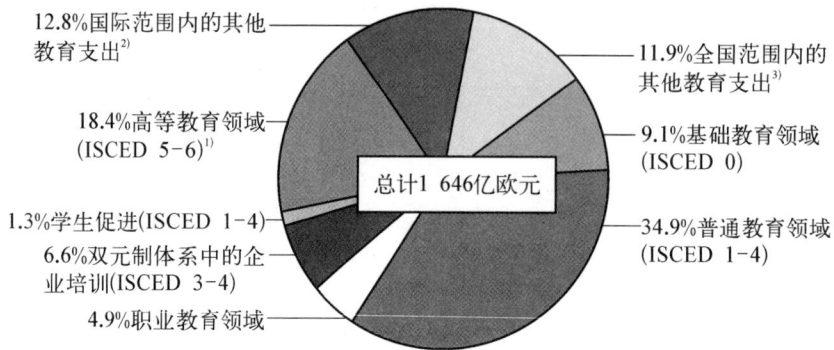

图 B3－1   2009 年各教育领域的教育支出*

＊注解参看表 B3－A
1) 包含高校的研究支出
2) 中等职位的公务员培训、公共管理服务、大学研讨会、用于学习用品的私人支出、辅导及相关、处于 ISCED 教育中的教育参与者促进
3) 企业继续教育、托儿所和托管所、教师进修、民办高校、职业继续教育促进
来源:联邦及各州统计局、2009 年教育预算

相较于 2008 年、2009 年和 2010 年所有教育领域的支出均有上升趋势。

按照出资方统计的教育支出

五分之四的教育支出由公共财政提供

德国的基础教育领域和高校领域主要由公共财政来支持。传统上,私人财政、非盈利组织和企业对学前教育、职业教育和继续教育的资助度更高。

2009 年,教育总支出的五分之四源自联邦、各州和乡镇,剩余的五分之一源自私人、非盈利机构和企业以及国外资助(图 B3－2,表 B3－1A)。分配到所有教育领域的资金中有 12% 是联邦资助的,有 52% 来自各州,14% 来自地方乡镇。乡镇资助主要在学前教育领域起重要作用。中小学校和高校主要由国家资助,而职业教育和继续教育则主要受到私人赞助。

对每位受教育者的支出

对每位受教育者ⓜ每年的支出因教育机构的不同而差异悬殊。2009 年全国平均为一位高级中学学生花费约 6 200 欧元,一位小学生为 4 800 欧元(表 B3－4web)。需要注意的是,每个领域中对每位受教育者的支出会受各自的教师工资结构、师生比例、课程时长、照

%

	基础教育领域	普通教育领域	职业教育领域[1]	高等教育领域	继续教育及其他	总计
国外	29.8	2.9	42.8	1.7	35.9	0.3
私人领域[2]		14.3		15.4		20.8
乡镇	40.2	80.6	11.2	0.5 / 65.5	16.6	14.4
各州			27.6		24.1	52.4
联邦	30.0	2.2	18.5	17.0	23.4	12.1

联邦　各州　乡镇　私人领域[2]　国外

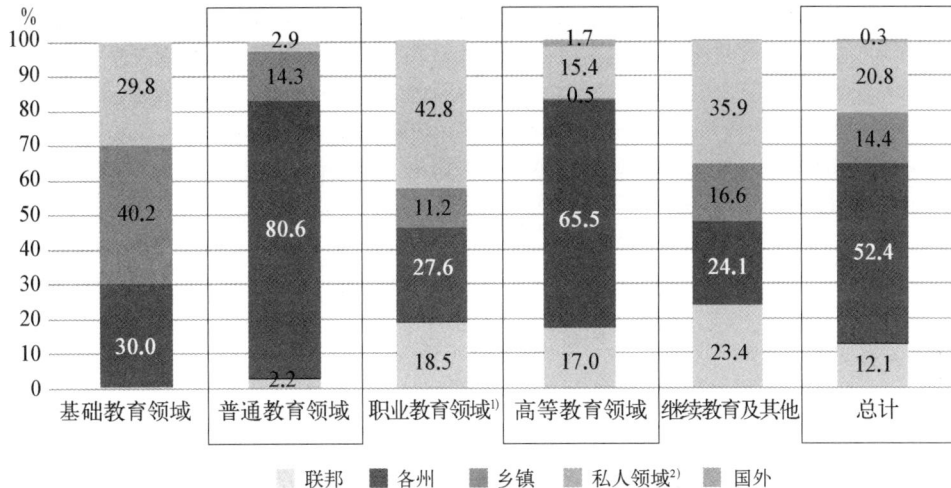

图 B3 - 2　2009 年不同教育领域的教育支出资助情况（在总支出中所占百分比）*

* 注解参看表 B3 - 1A
1）包含双元制体系
2）私人财政、企业、非盈利性私人机构
来源：联邦及各州统计局，2009 年教育预算

管范畴以及教学人员的不同职责和受教育者人数发展的影响。

受人口发展以及教育和财政政策影响，对公立学校每个学生的支出按照当时的物价由 1995 年的 4 300 欧元涨至 2009 年的 5 500 欧元（表 B3 - 5web）。以稳定物价计算，对每个学生的支出在旧联邦州区域上升 10%，新联邦州区则足足上升 44%。新联邦州上涨的主要原因在于，支出减少的比例低于学生人数增长的比例。

对公立学校每个学生的支出明显上升

国际间的资金支出情况对比

按照国家教育预算，2009 年教育机构支出（按照经合组织限定）占国内生产总值比例预计为 5.3%（国内生产总值比例限定参见表 B3 - 3A）。当前与经合组织国家教育资金的对比数据取自 2008 年。较之经济发展情况，2008 年德国对教育机构的支出占国内生产总值比例为 4.8%，少于其他经合组织国家（经合组织中间值 5.9%）（表 B3 - 6web）。在此需要注意，2008 年在德国 30 岁以下就读普通教育机构（如幼儿园、中小学、高校）的人数占总人口的 32%，这一比例明显低于经合组织许多其他国家（经合组织平均值 41%）。

从小学领域到高等教育领域，2008 年对每个受教育者的绝对教育支出额为 9 100 美元，略高于经合组织平均值（8 800 美元）（表 B3 - 7web）。然而，其中各教育领域的情况差异还是很大的，小学和初中领域里对每位受教育者的教育支出低于经合组织平均值，而职业教育和高等教育领域中对每位受教育者的教育支出则高于经合组织平均值。

对每个受教育者的支出总额高于经合组织平均值

Ⓜ**概念注释**

教育支出：按照国民经济总核算的概念，教育支出包括人员经费（含津贴和社会保险金）、耗材开支、投资经费和公务员身份的教育领域工作者的养老社保金，不包括折旧费用、筹资支出、进修补贴、企业继续教育中学员的流失费用以及退休教育员工的供给费用。教育提升指的是联邦教育促进法奖学金、转业培训和提升学生的相关费用支出,如未直接列出,则意为该支出划给了以上几个方向。

教育和科研的预算:教育预算从整体来考察国际通用概念下的教育支出,跟本国界定(对2008年教育报告做了方法改变)的教育相关领域的支出费用一样。在教育报告中,考虑到资金往来(启动资金)的情况,对各级政府的资金有进一步阐述(详见2011年的教育财务报告)。

对每位受教育者的支出:参见表B3-4web的注释。

B4 教育参与情况

教育或者说学习可以以不同的形式、在不同的地点和不同的人生阶段进行。对于青年人来说,他们在当前人生阶段最重要的事情当数上幼儿园、小学、中学、大学或者职业培训机构,成年人的学习行为则主要在正式教育体系之外。同以往教育报告一样,这次先从年龄、性别和有无移民背景的角度对教育参与度进行介绍。此外,国际间的对比主要探讨较年轻的成年人的教育参与情况,以及在中学毕业生人数减少的情况下是否达到欧盟设定的目标值。

德国教育参与度的结构

2010/2011学年度,德国在幼儿园、普通教育、职业教育ⓜ和高校就读的人数约为1 660万(图B4-1,表B4-1A)。

受教育者总数继续减少…主要在小学和初中领域

受教育者总数的发展对于资金的运用计划和分配都至关重要。受人口影响,自2007/08年以来利用教育资源的人比1995/96年更少。2010/11年,受教育者数量创新低(表B4-2A)。而每个教育领域的受教育者总数因人口发展和教育行为的变化而有不同发展。同一时间段内,小学和初中领域人数因出生人口减少而下降,在高等教育领域则因为20世纪90年代旧联邦州出生人口增加和教育行为的变化而导致受教育者增加。过去几年,3岁以下上幼儿园的人数(表B4-3web)由于托管名额的增加而明显增加(参见C3)。入校规定、兵役制度和教育行为对各年龄段的教育参与方式都有额外影响(参见D1)。调整后的教育预测结果显示出人口发展对参与人数的影响。根据这一预测,受教育者总数预计至2025年将减少12%(表B4-4web)。对3岁以下儿童的托管名额以及高校学习名额需求量上升,而中小学人数受人口因素影响继续减少。

根据移民背景和社会出身来看教育参与度

有土耳其出身背景的人教育参与量尽管有所增加,但仍然很少

较高的教育参与度是移民人群能够融入社会的一个重要基础,因为社会的参与度和职业上的成功在很大程度上受到高水平教育的影响(参见I1、I2)。在义务教育结束前和之后一段时间,有移民背景和无移民背景人群的教育参与度比较接近(表B4-5web)。2005年起,有移民背景的人教育参与情况明显增加。尤其是在2010年,25至30岁来自欧洲国家(不含客籍劳工国)的有移民背景人员比无移民背景人员教育参与度高。尽管自2005年来

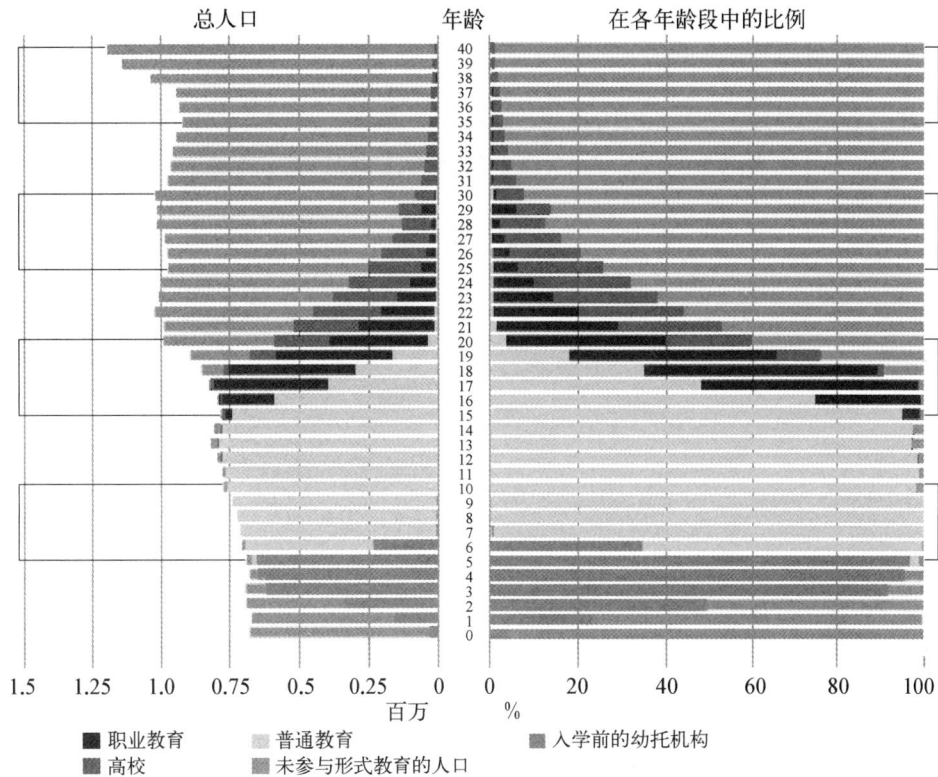

图 B4－1　2010/11 学年不同领域和年龄的人口及教育机构参与者*

* 因不同统计的计算差异而有所偏差。

来源：联邦及各州统计局，2011 年儿童和青少年福利中心数据统计，2010/11 学年学校统计，2010/11 学年高校统计

有土耳其出身背景的移民和来自其他原客籍劳工国的人员教育参与度有明显上升,但 2010 年在所有年龄段中参与度仍为最低。

国际间的教育参与度比较

　　无论在 15 至 20 岁还是 20 至 25 岁年龄段,德国年轻人教育参与度都高于国际水平(表 B4－6web)。德国 15 至 20 岁的高教育参与度源于双元职业教育体系。20 至 25 岁教

德国年轻人教育参与度高于国际平均水平

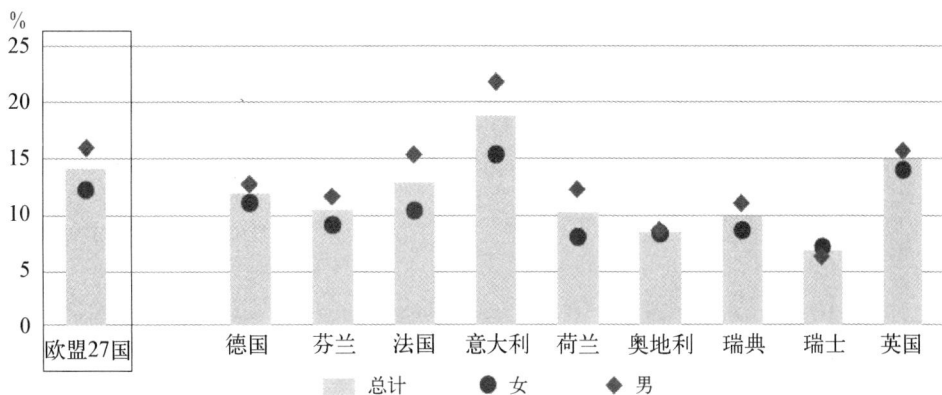

图 B4－2　2010 年个别国家过早肄业者比例,按性别分类(单位：%)

来源：欧洲统计局主页,欧洲劳动力统计　　　　　　　　　　　　　　→表 B4－7web

育参与者主要参与高校教育,这一方面在德国常常比在其他国家结束得晚。德国与荷兰等国的男女受教育情况差异不大,而大多数国家女性比男性受教育更多。

过早肄业者:德国距离欧盟目标值差距甚微

高教育参与度伴随着低比例的过早肄业者$^{\textcircled{M}}$。就其在就业市场的机会和社会参与情况来说,这些人被视为潜在的风险人群,因此欧盟在欧洲范围内实行 2020 战略$^{\textcircled{M}}$,目标为:将过早肄业者比例减少到 10%。德国 2010 年该比例为 12%(图 B4－2,表 B4－7web)。这一比例尽管低于欧盟中位值(14%),然而仍高于 2020 年应达到的目标值 10%。在德国无移民背景人员中这一比例已经达到欧洲目标 10%,而有移民背景的人员中有 30%是过早肄业者。

$^{\textcircled{M}}$概念注释

普通教育和职业教育:这里包括普通教育的各类学校以及可以获得普通教育初级文凭的职业学校(参照词汇表)。

过早肄业者:在欧盟,过早肄业者指的是 18 到 25 岁间、未持有高中文凭且未再参加培训和继续教育者(参照词汇表)。目标值由"欧洲 2020 战略"连同其他旨在提高教育水平的教育核心目标一起给出。

欧洲 2020 战略:欧洲 2020 战略是欧盟委员会为应对未来挑战而部署的战略,旨在帮助欧盟和其成员国实现高程度的就业、生产力和社会一体化。为此,欧盟制定了五方面的目标:就业、创新、教育、社会一体化进程和气候/能源,这些目标应在 2020 年实现。每个成员国都在五大方面制定了各自的目标。今后这一战略将通过具体措施在欧盟和成员国中发挥效力。

B5 公民的教育水平

高水平的公民教育是一项具有决定性的竞争因素,也是经济创新力的重要前提。本小节接下来会根据公民所获得的教育文凭来分析公民教育水平,因为教育文凭决定了能否获得继续教育、职业发展道路和社会参与的机会。

14.5%人口为功能性文盲

必须注意的是,教育文凭与能力证明只有有限的关联。按照等级研究$^{\textcircled{M}}$,有劳动能力的人口中 14.5%为功能性文盲(表 B5－5web),其中约 60%为男性(表 B5－6web)。缺乏德语阅读和书写知识的人更是经常较少获得普通教育和职业教育文凭(表 B5－7web,表 B5－8web)。例如,约五分之一功能性文盲未获得普通教育文凭,48%至多获得中学文凭。具有普通基本技能的人的特殊技能意味着职业和社会的融合以及独立经济生活方式的保障(参见 I2)。然而,所获得的教育文凭极大程度上影响踏入职业生活和工作机会。

个别年龄段的教育文凭

公民的教育水平上升

在过去的十年,公民的教育水平继续上升(表 B5－9web,表 B5－10web)。总体来看,公民的教育水平的上升主要源于女性文化水平的上升。

对三组年龄段的比较证实了这一发展,延续了 2008 和 2010 教育报告中已经提出的趋势(图 B5－1,表 B5－1A)。获大学就读资格的人占 30—35 岁人群的 41%,比在 60—65 岁人群中的比例(20%)的两倍还要高。同时,尤其要注意女性文化水平的提升。州际对比中,新联邦州无普通教育文凭人群比例最小(表 B5 - 3web)。

30—35 岁女性比同龄男性更多获得高校文凭

　　若将年轻和年老的年龄段的职业文凭进行对比,会看到持高校文凭人员所占比例上升了 7 个百分点(表 B5 - 2A)。30—35 岁年龄段首次出现女性获得高校文凭的比例高于男性(23%、22%)。这表明女性文化水平的大幅提升:持高校文凭的女性在 60—65 岁年龄段中的比例为 10%,比 30—35 岁女性中这一比例的一半还少。与之相反,30—35 岁男性较之 60—65 岁男性该比例仅高 2 个百分点。引人注意的是,30—35 岁年龄段中有大学就读资格者比例(41%)几乎是持高校文凭者比例(22%)的两倍。因而很大一部分尽管具有大学就读资格,但并未就读高校,或者没有完成学业。

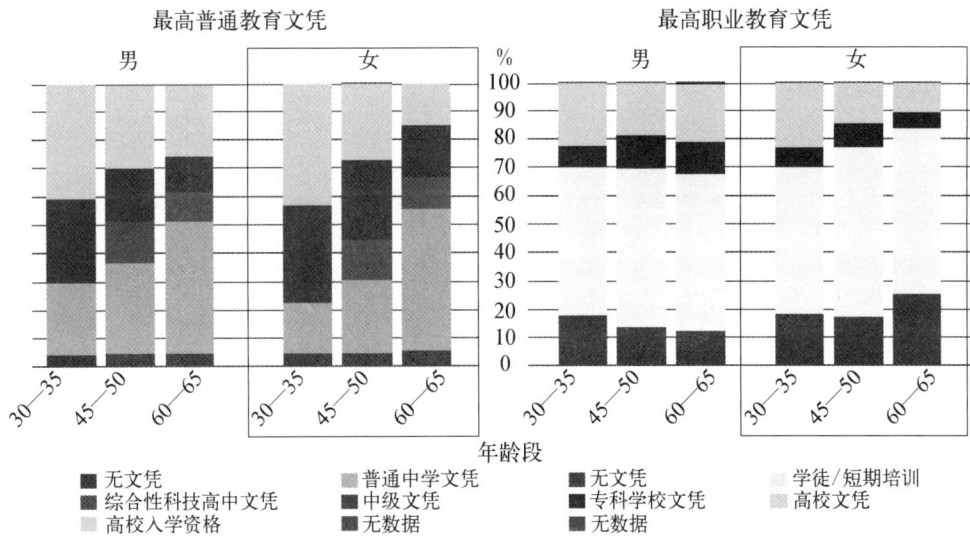

图 B5 - 1　2010 年不同年龄段和性别人口的教育文凭(单位:%)

来源:联邦及各州统计局,2010 年微型人口普查　　　　　　　　　　　　→表 B5 - 1A,表 B5 - 2A

　　30—35 岁男性和女性中无职业文凭者的比例几乎同样高。然而男性和女性不同年龄段则呈相反模式:30—35 岁女性中无职业文凭者比例较之 60—65 岁降低了近 7 个百分点,而 30—35 岁男性这一比例则增长了 6 个百分点。自 2010 年教育报告以来,30—35 岁无职业文凭的男性比例继续攀升(参见 2010 年教育报告 B3)。州际比较中,新联邦州无职业文凭人员比例最低(表 B5 - 4web,参见 E)。

无职业文凭的年轻男性比例继续上升

根据移民背景来统计的教育文凭情况

　　有移民背景的人在总人口所占比例自 2005 年以来略微上涨(表 B5 - 9web,表 B5 - 10web)。2010 年这些人普遍比无移民背景的人文化水平更低(表 B5 - 11web,表 B5 - 12web)。30—35 岁人员中只有 1.7% 的无移民背景人员没有普通教育文凭,而有移民背景人员中这一比例为 10%(表 B5 - 13web)。

30—35 岁有移民背景的人中 10% 无普通教育文凭

　　尽管这一较高比例包括所有出身地区,但是 30—35 岁土耳其裔移民最多,占 19%。自 2005 年以来,尽管这一年龄段土耳其裔女性中没有普通教育文凭的比例有所降低,但是仍有近四分之一无普通教育文凭(图 B5 - 2)。

无移民背景人员获得职业文凭的比例也高于有移民背景人员(表 B5－12web)。30—35 岁有移民背景人员中没有职业文凭的人约占 37%,比无移民背景人员中的比例高 26 个百分点。然而 2005 至 2010 年间,30—35 岁有移民背景人员情况有所改善(表 B5－10web)。尤其是这一年龄段土耳其出身的女性 2010 年获得职业文凭的比例高于 2005 年(图 B5－2)。

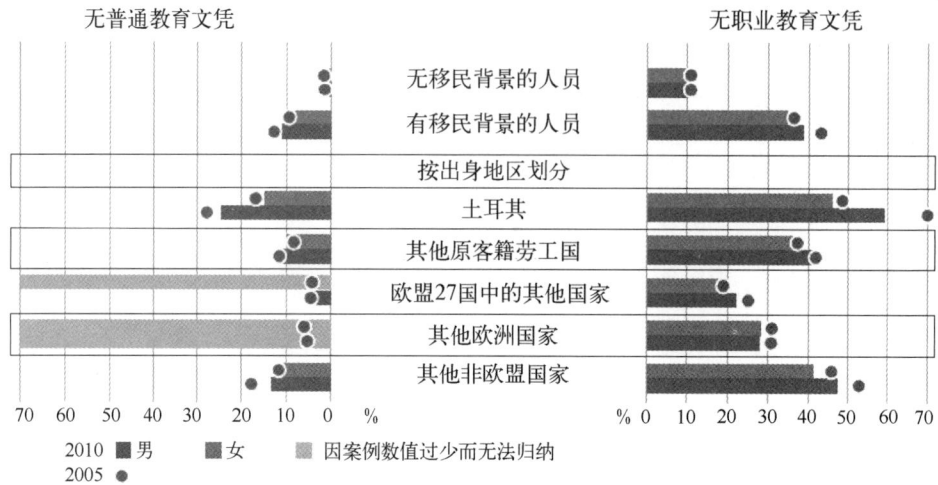

图 B5－2　2005 年和 2010 年 30 至 35 岁无普通教育或职业教育文凭的人员比例,按性别和移民背景划分

来源:联邦及各州统计局,微型人口普查　　　　　　　　　→表 B5－13web

这一积极发展的原因是在于教育系统更好的框架条件还是移民人口构成的变化(参见 A1),目前尚无定论。但可以看出,2000 至 2010 年间移民有高校文凭的人员比以往更多。2000 至 2010 年间移入的移民中 24%有高校文凭,而 1990 至 1999 年间该类移入人员仅占 12%。

教育文凭之国际比较

在欧洲 2020 战略框架下,提高 30—35 岁具有高等教育(或中等教育以上但非高等教育)文凭的人员Ⓜ比例,不仅是国家的也是欧洲的目标。2010 年,欧盟平均有 34%的 30—35 岁人员具有高等教育文凭,自 2000 年来上升了 11 个百分点(表 B5－14web)。德国该比例低于此值,为 30%,且自 2000 年来有明显小幅上升。德国该比例的上升几乎完全得益于女性的教育活动。总体来看,若要达成欧洲的 2020 目标,即 30—35 岁具有高等教育文凭者比例上升至 40%,仍需格外努力。为符合德国职业教育体系的独特意义,国家目标补充了中等教育以上但非高等教育文凭并计划比例上升为 42%。按照这一目标,2010 年该比例已达到 41%。

Ⓜ概念注释

对成人读写能力的等级研究:该研究目标在于确定德国公民的识字率。为此将对目标人员进行读写能力的标准化测试。读写能力 1 至 3 级的人员被视为功能性文盲。读写能力的确定方法参见表 B5－

5web。

30—35 岁具有高等教育（或中等教育以上但非高等教育）文凭人员：根据欧洲 2020 战略，到 2020 年 30—35 岁人员中具有高校文凭或其他高等教育文凭（ISCED 5A, ISCED 5B 和 ISCED 6）者的比例应增长到 40%。德国的国家目标把中等教育以上但非高等教育文凭（ISCED 4）也算在内，将 2020 年的目标比例设定为 42%。

前景

　　与以往的教育报告一样，本报告也介绍了人口和经济的发展、结构和政治目标的转变，以及变化的教育行为对教育事业的影响。这些发展和趋势将带来教育事业进一步的变化。

　　未来几年对教育事业的一项重要要求在于保障教育供给。包括准备好所有人都可以达到、满足其需求的教育基本设施，以及提供有充足人力和财政资源的教育体系。

　　教育基本设施（B1）适应人口发展，同时教育规划适应变化了的人口教育行为，这是未来几年的核心挑战之一。按照教育预计，至 2025 年全部教育领域内的教育参与者将减少 12%。鉴于政治目标和上涨的需求，应扩建婴幼儿教育机构和高校。而中小学领域中需要注意是否利用活动余地减少设施，或者通过其他促进措施进一步发展全日制学校，利用其他措施改善机构教育过程并提高学生的学习效果。需要认真观察人口的继续变动对教育机构的总数、规模和规划结构产生的影响，以及在人口大幅减少的区域是否能维持可以达到的教育供应，而农村年轻人的教育成果以及保护他们的教育机会都有赖于此。

　　过去几十年里，教育基本设施有了明显变化（B1）。公立机构总数减少的同时，私立教育机构的总数及其参与人数明显增长。从受教育者的角度来看，教育机会的渠道在拓宽。未来的发展将表明教育机构的多样化如何实现，在哪些地区和教育领域实现，以及对不同社会背景的个人的机会平等和教育成果将产生怎样的影响（B4，B5）。

　　除一个正在运行的基本设施外，教育系统必须有充足的财政资源，因为个人、社会和经济的发展在很大程度上受教育事业的效率影响。因此联邦和各州的政府首脑决定，至 2015 年，将全国科研支出在国内生产总值所占比重提高至 10%，并保留基于人口发展而可能产生的教育系统的少量支出。

　　为使调整教育基本设施的改革措施满足上述挑战（例如扩建全日制学校、看护 3 岁以下的儿童、扩大高校容纳力），必须提高教育支出。国内生产总值 2009 年下降的同时，投资规划和景气规划促进了科研支出在国内生产总值所占比例上升至 9.5%（B3）。达到教育领域的资金目标是未来几年所面临的一大挑战，因为基本法中规定的债务叫停、上涨的养育支出和债务还本付息将极大地限制公共财政的财政回旋余地（参见 A）。需要注意的是，未来根据政策决定幼托机构领域的私人财政收入和第一学期大学学费所得收入越低，则必须筹措越多的公共资金（参见 C2，F2）。

　　影响教育成果的另一大核心关键因素是教育机构中有专业资格的教育人员的配备情

况(B2)。如前几份报告所呈现的,由于普通教育和职业教育学校领域(参见 D4)的师资年龄结构,未来几年亟须补充人员。在婴幼儿教育、照管和培养方面以及高校领域,由于扩建原因至少到 2015 年前将需要补充教育专业人员。是否能够获得必需的专业人员,还取决于职业教育体系的重新安排以及教育类职业的吸引力。鉴于受人口影响的潜在从业人员减少、就业行为期限缩短以及低于经济发展速度的收入发展,教育领域就业将来是否还有吸引力还有待观察。若要出于教育原因增高男性专业人员的比例,增加有移民背景的人员在幼托机构和中小学的就业,还需作更多的努力。

为了提高公民的教育参与度及最终教育水平,做好提供有效的教育基本设施以及人力和财政资源的准备是基本前提。由于要求方针和措施随结构改变、技术进步和经济社会全球化而改变,有必要使公民的专业技能与此相适应(参见 A2)。欧盟的欧洲 2020 战略着重强调教育的地位,五大核心目标之一是提高公民教育水平(B5)。按照这一战略,力求在 2020 年以前将中学过早毕业生比例减少到 10%,并将 30—35 岁持高等教育文凭者比例提高至 40%。这两个目标如今不仅在德国,欧盟的平均情况(尽管有所改善)也未能达到。所观察到的公民教育水平的改善主要在于女性:年轻女性达到高等教育水平的比例更高,而同时年轻男性没有职业文凭的比例较高。因此,未来对男性教育成果的观察具有特殊意义。

提高有移民背景人员的教育水平也有利于保障社会人力资源。尽管过去几年,更多有移民背景人员获得了较高文凭,然而出身于土耳其和其他原客籍劳工国人员的教育水平仍然明显低于无移民背景人员。因人口发展,未来德国社会也将依赖于移民。过去几年里,持高等教育文凭的移民人数有所增加。基于职业技能法对在国外所获教育文凭的肯定以及消除高技能外国人就职的障碍是否能够助推这一发展还有待时间证明。

改善公民教育水平的前提是全部社会群体的高教育参与度(B4)和成功参与教育规划(B5)。尽管 30—35 岁人群中约 41%获得高校就读资格,却仅有 22%成功完成高校学业。未来是否有更多年轻人愿意接受高校教育并成功毕业,或者是否因人口和经济发展的情况而更喜欢职业教育,都需要继续观察。只有当低教育水平人群以及有移民背景者的孩子达到了高教育参与度,国家和国际政策目标在德国才会实现。这种情况下,全天照管、克服儿童危机处境(参见 A3)以及实现有效的资助计划(例如语言早教)便有着独特的意义。

C 婴幼儿时期的教育、照管及培养

　　教育、照管、培养儿童的过程从家庭开始,因此家庭对儿童的一生起着举足轻重的作用。在过去的教育报告中,儿童早期教育主要着眼于托儿所和保育机构。与此不同的是,本章首次把儿童在家庭中的学习和成长过程纳入体系(参见 C1)。虽然并未充分探讨融于日常生活的教育的诸多方面,但可以了解家长在孩子成长的最初几年中陪伴孩子的时间,而且通过对父母和孩子的调查也可以了解机构促进的利用程度。对于促进婴幼儿读写能力的家庭教育活动,本章将作重点描述。

　　近几年来,幼托机构和保育机构中对婴幼儿的教育、照管和培养有着显著变化。从教育政策相关的重要性来讲,对于 3 岁以下儿童的保育机构措施正在增强。这一方面越来越多地受到公众的关注,而 2013 年 8 月之前需要满足全国范围内这一方面的教育需求。经过过去几年的不懈努力,对于 1—2 岁儿童也应有机构看护的合法要求即将成为现实。扩充措施如何跟上持续增长的需求脚步、如何健全早期教育以及它对于专业人员的需求会产生哪些影响,这都是本章的中心议题。

　　从实施扩充措施上讲,人们把儿童早教服务的发展作为输入方来观察(参见 C2)。因此有可能出现的名额需求和到目前为止的扩充策略息息相关。此外,本章首次报道了家长为孩子进入幼托机构所交的学费,这是早教服务结构中重要的特征。

　　移民家庭中 3 岁以下儿童的教育参与情况(C3)是一项重要课题,因为这些孩子在日常生活中促进语言能力的同时,还要习得第二门语言,往往需要尽早地给予帮助。在这种背景下,把德语作为第二外语的孩子在幼托机构的分布如果过于不均,将会对教育过程的实施产生消极的影响。作为研究内容的还有,残疾儿童参与早期教育的范围以及他们在被照看的过程中融合适应的程度。

　　考虑到对于儿童早期教育和促进教育的多方期待,幼托机构和保育机构的人员资质是一个重要的结构评价标准(C4)。因此各州不同的人员配置也是研究课题之一。在这种前提下,人们必须密切关注在高等院校中新出现的早教专业以及针对明显增长的市场需求而定的人员培训政策。促进以德语为第二外语的儿童的语言能力以及残疾儿童的成长,都属于近些年来日益重要的早教任务。与此同时,通过加大对 3 岁以下儿童的教育而产生的幼教人员缺口会有多大,这一问题也愈发尖锐。

　　有关儿童入学方面(C5),将再次论述儿童入学前的语言能力和各州在提升语言标准方面所采取的措施,以说明婴幼儿教育的作用和影响。此外,还将说明孩童直接进入促进学校的情况以供讨论。

C1 家庭教育

作为社会最基本的分子和教育场所,家庭对于孩子教育生涯的走向起着重要作用。这尤其涉及童年初期,但其实对整个儿童和青少年时期都适用(参见 D5)。在家庭中人们不仅获得重要的基本能力和启蒙能力,还进行着不同的教育过程——主要是与日常生活相结合、如做游戏一般的,正是这些教育经历在长时间内极大地影响着儿童的受教动机和机会。父母给予孩子指导性的帮助,为他们开启重要的发展空间,因此会代表孩子做一些重要的受教决定。同时,除家庭以外的其他儿童早期教育机会也受到重视。父母在很大程度上影响着利用这些机会的方式和强度(参见 H1),因而家庭教育与其他教育机构是互相影响的。

家庭教育过程的机会机制

家庭活动及其产生的教育机会要求的前提是家长有时间投入。近几年来,父亲和母亲在孩子身上花费的时间数是不同的。根据 1991/92 和 2001/02 年度时间预算研究Ⓜ的数据对比显示,尽管这十年间女性从事职业活动的数量有所上升,但照管孩子的责任主要还是由母亲承担。通过父母育儿金Ⓜ统计也能明显地看出 1 岁以内儿童的育儿金走向:从总数上看,主要是母亲领取了育儿金。到目前为止,每五位领取父母育儿金的人当中只有一位是男性(表 C1－2web)。

1 岁以内儿童主要由母亲照看

若考虑需要育儿金的期限,性别差异则更加明显。如果人们把要求使用育儿金的月数统计起来,那么 2011 年有 93%的月份由母亲使用。由此可见,母亲为孩子花费了更多时间。

在儿童成长初期,家庭对孩子的深远意义一如既往:根据父母的叙述,2009 年,83%的 1 岁以下儿童和 62%的 1 岁儿童在一天中有 10 小时或更长时间由母亲照看(表 C1－3web)。在 2 岁儿童中该比例下降到 48%,3 岁时为 20%。这种发展显示出随着儿童年龄的增长,家庭以外的照管场所的重要性也在增加(C3)。但是在 1 岁以内还是有 92%,2 岁以内 66%、3 岁以内 46%的婴幼儿主要由家庭照看。几乎所有 3 岁以上的儿童都接受家庭外的早期教育,因此父母花在孩子身上的时间就减少了。

大约 62%的父母让其 2 岁以下的孩子接受早期教育,但是其中有移民背景的父母较少。

对于孩子们来说,父母本身不仅是儿童发展重要的开拓者,他们对于家庭外的教育活动来说也是举足轻重的促进者。当孩子不满 2 岁时,大约 62%的父母为了尽可能早地促进孩子的发展,会使用有组织的早教服务Ⓜ,如婴儿游泳或是有益的亲子活动(表 C1－1A)。有移民背景Ⓜ的父母以 43%的比例明显较少参加早教活动。不仅在早教机构中,在家庭中这也有可能成为障碍。

家庭内的教育活动

总体来说,较强的教育引导力…

家庭中共同的时间如何支配,哪些家庭活动会起有益作用,这些都被视为父母对孩子教育引导的表现。一些教育活动是特别重要的,如讲故事、看书、唱歌和乐器演奏(参见

H1.1)。总体来说,在这一方面可以看出家庭较强的教育引导。按照家长自己的描述,有46%经常和孩子进行与教育相关的活动[Ⓜ]。只有8%的家长指明在家里极少进行这样的活动(图C1-1),几乎不存在因儿童的年龄导致的差异。有一半家有女儿的父母会经常性地进行这些促进儿童发展的活动,而家有儿子的父母这样做的比例大约是42%。这能够表明父母在与孩子交往中的早期性别差异。

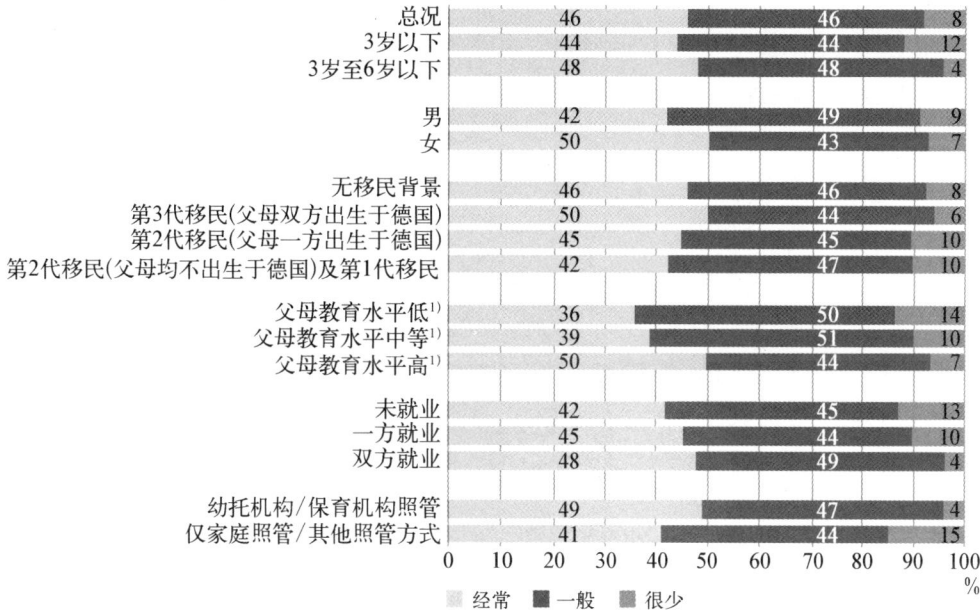

图 C1-1　2009 年 6 岁以下儿童的家庭教育活动频率,按照个人特征划分(单位:%)

1) 父母最高普通教育文凭:低=无文凭/普通中学文凭,中等=中等文凭,高=普通高校/应用技术大学入学资格

来源:DJI,AID;A[Ⓜ]2009　　　　　　　　　　　　　　　　　　　　→表C1-4web

家庭中的教育引导和家长的受教育水平紧密相连。引人注意的是,父母的职业情况对家庭教育活动程度产生较大影响。按照父母自己的描述,主要是有工作的家长愿意为促进孩子发展抽出更多时间。极少向孩子进行启蒙教育的家长多见于具有第一代或第二代移民背景的家庭。相反,第三代移民家长的家庭教育实践活动和无移民背景的家庭基本无异。

…主要出现在文化水平高的家庭和有工作的家长中

3 岁以下儿童的父母如果提前利用儿童早期教育,那么他们在家中也更倾向于和孩子进行与教育相关的活动(图 C1-1)。这意味着,即使在早教服务紧俏的背景下,具有教育意识的家庭对于 3 岁以下儿童的照管服务仍存在需求。

主要是来自有教育意识家庭的孩子接受 3 岁以下早期教育

家庭对于阅读能力的培养

语言能力的产生和对于掌握书面用语的初步能力(早期读写能力)对于儿童日后的学业成绩有着重要影响。这也属于语音学意识的范畴。通过诸如朗读、玩文字游戏、讲故事等活动,家长可以在儿童阅读能力成长的初期给予支持(参见 H1.1)。与此同时,正如在国际学生评估项目(PISA 和 IGLU)中所反复显示的那样,这也会影响儿童日后的阅读动机。按照家长自己的叙述,他们中的 57%经常和孩子进行促进阅读活动[Ⓜ](表 C1-5web)。其中 62%的女孩和 51%的男孩受到父母的促进,这也可以体现出教育行为的性别差异。有

家长的促进阅读活动体现出性别差异

意思的是小学毕业时男女生显示出不同的阅读能力。

有移民背景的儿童较少得到父母给予的阅读能力培养,以德语培养的则更少

家庭中的阅读导向受父母教育水平的影响,同时也和家中的图书数量有关系,因为这体现出一个家庭的文化氛围(表 C1 - 5web)。移民家庭对孩子的阅读能力促进较少:只有8%的家长用德语来促进孩子的阅读能力,相反如果是非德语教育,家长的比例是20%。因此这些在家中接受阅读促进较少的孩子和德语接触的机会就少,在德语语言习得的过程中得到的帮助就更少了。这对于他们日后的受教育机会有双重影响。此外有研究表明,上幼托机构超过三年的儿童也更经常得到家庭内部的促进。这也说明儿童接受早期教育和家长教育引导之间的联系。

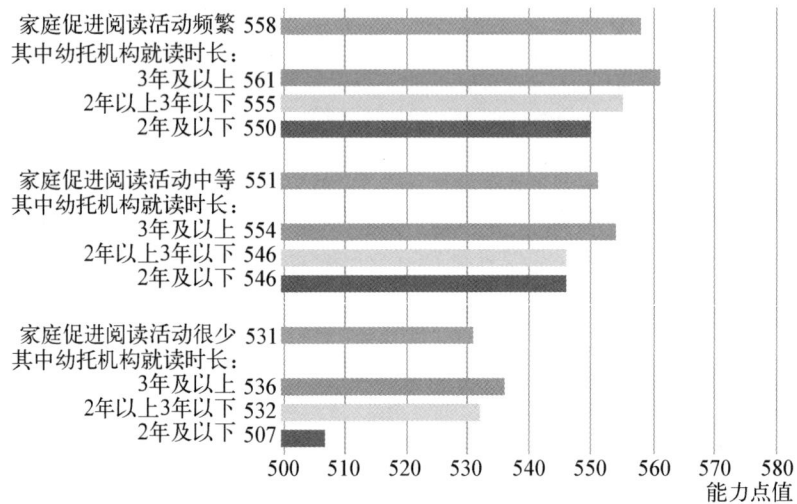

**图 C1 - 2　2006 年四年级学生阅读能力,按照学前家庭促进阅读活动* 及
幼托机构就读时长划分(单位:能力点值)**

* 针对四年级学生的父母进行调查,他们在孩子入学前进行不同阅读促进活动的频率如何。

来源: IEA, IGLU/PIRLS 2006,自己计算得出　　　　　　　　　　　→表 C1 - 6web

家庭内部对于儿童阅读能力的培养和参加早教课程都会对儿童日后的阅读能力产生积极的影响

如果把小学四年级学生的阅读能力和家庭对孩子的早期阅读引导相联系的话,人们可以得出这样的结论:这一年龄的孩子中,经常得到家庭阅读培养的孩子阅读能力明显强于受家庭培养很少的孩子(图 C1 - 2)。有可能的话将这种家庭培养延伸至整个小学阶段,这样效果会更强。尽管如此,经常得到家庭培养且已上至少三年幼托机构的孩子,与很少受到培养且就读早教照管机构最多两年的孩子,两者的能力差距悬殊。后者在小学毕业时平均低 54 个能力点值,这相当于落后了一个年级。在很少受到家庭培养的孩子中,常年就读保育机构的孩子阅读能力明显更高,这表明机构早教可能具有补充作用。

德国家庭对孩子的学前阅读培养居于较低水平

就家庭内部阅读能力培养的国际比较来看,德国低于平均水平并且落后于苏格兰和英国。在德国有57%的父母、在苏格兰和英国有83%的父母在孩子入学前经常进行阅读导向活动(图 C1 - 3A,表 C1 - 7web)。在这些国家中,孩子的入学年龄为 5 岁(参见C5),较早地引入阅读行为和较早的入学时间之间到底存在多少联系,还不得而知。与此相对,在挪威和瑞典,经常促进孩子阅读行为的父母比例不足 50%,他们孩子的入学年龄是 6 至 7 岁。

Ⓜ**概念注释**

　　时间预算研究：德国联邦统计局于 1991/92 和 2001/02 年度进行时间预算研究。研究的内容是，人们如何使用时间。其中涵盖了 24 小时的日程安排，包括工作行为和私人生活部分。

　　父母金的数据统计：自从 2007 年 1 月 1 日起，政府向母亲或父亲发放直至 12 个月或 14 个月的父母金以取代教育基金，也可向父母双方发放。父母金数据统计记录了该年发放完毕的钱款。

　　有组织的早期教育服务：早期促进教育，如布拉格亲子课程(简称 PEKiP)，婴儿母亲交流会或是婴儿游泳，都是面向带有不满周岁孩子的新晋家长的服务。这些活动的目的在于通过父母和孩子的亲子活动促进婴幼儿的早期发育，给家长们提供交流经验的机会。

　　移民背景：基于数据信息，移民背景在词典中的定义也稍有不同。它指的是孩子的父母至少有一方是在外国出生。此外，这个词还能被使用在更广泛的层面上，包括儿童具有移民背景的祖父母(第三代)、父母(包括单方，第二代)以及儿童本身(第一代)。

　　教育活动：基于父母的陈述，他们和孩子们进行的和教育相关的单项活动总结如下：(1) 绘画/做手工；(2) 朗读/讲故事；(3) 看图片书；(4) 一起弹奏乐器；(5) 一起唱歌；(6) 参加文化活动，如欣赏戏剧或参观博物馆(参见对表 C1 - 4web 的说明)。

　　AID("成长在德国"的简称)："成长在德国：日常生活"研究是由德国青少年研究所进行的调查项目，通过于 2009 年对 25 000 名 0—55 岁的人群进行电话访问、获得信息，研究儿童和青少年的成长以及德国家庭的情况和成年人的生存情况。为了更好地塑造出年轻人群的形象，咨询结果是通过年龄段来分类，因此数值存在一定的不均衡性。在教育报告中的所有分析数值都用经过加权的数据进行计算。

　　促进阅读活动：通过对四年级学生的家长进行调查，询问其在孩子入学前和孩子进行各式活动的频率情况，其中和促进阅读能力相关的单项活动总结如下：(1) 朗读图书；(2) 讲故事；(3) 唱歌；(4) 做字母游戏；(5) 做文字游戏；(6) 大声朗读招牌和标签(参见表 C1 - 5web 的注释)。

C2 婴幼儿时期的教育、照管和培养机会的供应情况

　　通过提早促进，尤其是最初的几年里，婴幼儿时期的教育、照管和培养可以给孩子创造更好的成长条件，同时也使家庭与工作的和谐统一成为可能。因而对于保育机构的各式需求也应运而生。在这种背景下，本小节将报告幼托机构和保育机构中的照管形式。通过对 3 岁以下儿童(U3)提供机会的不断完善，这些照管形式也更加多样。观察重点主要集中于 U3 -扩充(扩建 3 岁以下儿童教育)的进展、机构形式、团队形式的发展以及保育机构。此外，也首次报道了父母通过费用支付来分担幼托机构资金的情况。

照管机构的数量和种类

　　从 2006 年到 2011 年，为学龄前儿童开设的幼托机构数量增加了近 6%，2011 年大约共有 47 900 家，达到了历史最高水平(表 C2 - 1A)。在组织形式各异的幼托机构中，主要有 3 种基本形式：首先是幼儿园，任务是照管 3 岁及以上的儿童直至入学，现在 2 岁入园的儿童数量也有所增加；其次是适合所有年龄段的机构；最后是只接收不满 3 岁儿童的托儿所。不限年龄段的幼儿园数量增长得最为显著。因为它们的优势之一是对市场的实时需求反应比较灵活，其次避免了儿童满 3 周岁时再次更换上学场所的问题。

托儿所的数量达到历史新高

近几年在全德范围内,招收不满 3 岁儿童的幼托机构数量急剧增加：2011 年受照管的 3 岁以下儿童总数约为 437 400 名,比 2006 年增加约 72%（表 C2 - 5web）。因此幼托机构的承办方也产生了明显改变。值得注意的是教会承办方的情况：自 2006 年起,该承办类型的幼托机构增加了 116%。不满 3 周岁、参加教会幼托机构的儿童比例从 2006 年的 21%增加至现在的 26%。但是教会幼托机构对于 3 岁以下儿童的影响力远没有对于入园率为 42%的 3—6 岁儿童的影响力大。受人口发展因素影响,幼儿园适龄儿童的数量和相应的教育机构的数量都有极大地减少。但这种情况并不适用于所有办方,更确切地说是显示出一种转移现象：公立和教会托儿所的数量在减少,从另一方面说有利于其他承办方加入幼教市场。

通过增加对 3 岁以下儿童的照管机会,保育机构变得愈发重要。全联邦州保育人员的数量增加到 42 700 人（表 C2 - 2A）。在德国西部,虽然有超过半数的保育人员最多照护 2 个孩子,而且这种看护模式也更接近于家庭式的照看模式,但照看 4 名儿童的看护人员数量从 2006 年的 11%增加到 28%（表 C2 - 6web）。在德国东部,照看 4 个孩子甚至更多孩子的看护人员数量是以 62%占据主流。2006 至 2011 年间,临时租用房屋从事看护行业的人员数量在全德范围内增长了大约 3 700 人,达到 5 100 人,其比例从 5%增加到 12%（表 C2 - 7web）。通过招收几个儿童并在租房中从事看护活动,形成了一种类似于幼托机构小班的看护机构。

3 岁以下儿童看护市场的现状及未来

自 2013 年 8 月起,对 1—2 岁婴幼儿的照管名额要求合法化。因此首先在德国西部,人们必须大力增加面向 3 岁以下儿童的看护机会。2006 年至 2011 年间,全德范围内的幼托机构和保育机构中新增名额 23.02 万。2011 年 3 月共有 51.71 个给 3 岁以下儿童的名额被占满（表 C2 - 3A）。

到目前为止的发展措施中,有关 3 岁以下儿童群组形式的发展轨迹一直受到人们的关注。如果人们抛开定义差别和州际差别,可以总结出两种主要形式：年龄跨度较小的群组,比如仅含 3 岁以下儿童（即 1 岁和 2 岁婴幼儿）的群组；以及年龄跨度较大的群组,比如年龄跨度从 1 岁到入学前。在年龄跨度小的群组中,儿童的发展趋势较为同步,他们处于一个相似的发展阶段,因此针对群组特点所作的启蒙教育会更加容易。这种形式在德国西部 3 岁以下的儿童中增加最为明显（图 C2 - 1）。在跨度较大的儿童班级中,儿童的发展水平差距较大,因此年龄较小的儿童可以向比自己大的儿童学习。在这类群组中,3 岁以下儿童的人数增长相对较少。

至 2010 年初,基于德国青少年研究所 2005 年的研究成果可以发现,父母对于看护 3 岁以下儿童的意愿,在德国西部为 32%,在德国东部为 50%,即总体为 35%。德国青少年研究所的 2009 年“成长在德国：日常世界”调查^m数据显示,相比之前的调查产生了更多对于看护名额的需求,德国西部平均为 37%,德国东部为 51%（总体 39%）。由此看来,在德国东部差不多没有额外的需求产生,但是从最近的调查时间（2011—2013）看,为了达到德国西部 37%的目标,还需为 3 岁以下儿童创造 26.21 万个看护名额（图 C2 - 2）。

教会承办方在 3 岁以下儿童中比例增加,但在幼儿园适龄儿童中比例下降

在保育机构领域,看护 4 名甚至更多儿童的看护人员的数量在增加

3 岁以下儿童主要分布在年龄跨度小的群组中

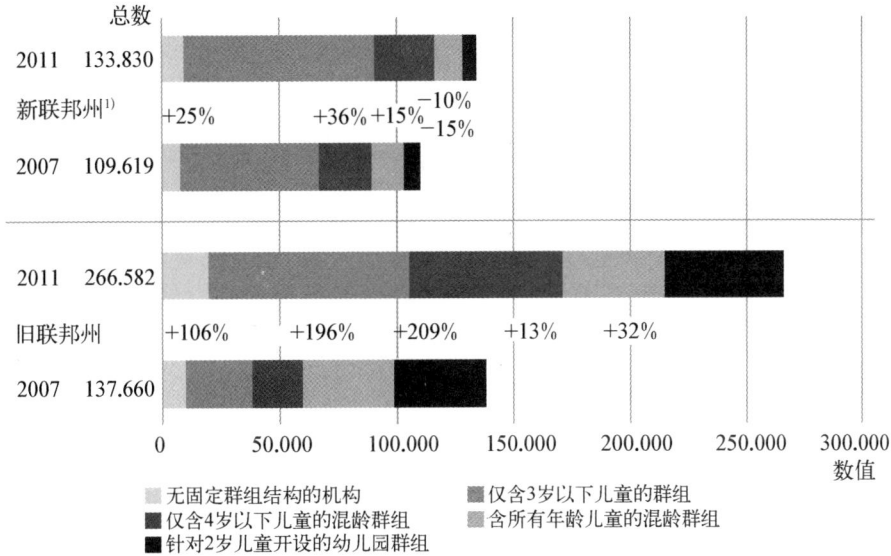

图 C2 - 1　2007 及 2011 年幼托机构中的 3 岁以下儿童,按照州组和群组形式划分

1）不含柏林

来源：联邦及各州统计局,儿童和青少年福利中心数据统计,各州统计局的研究数据中心,自己计算得出

→ 表 C2 - 4A,表 C2 - 8web

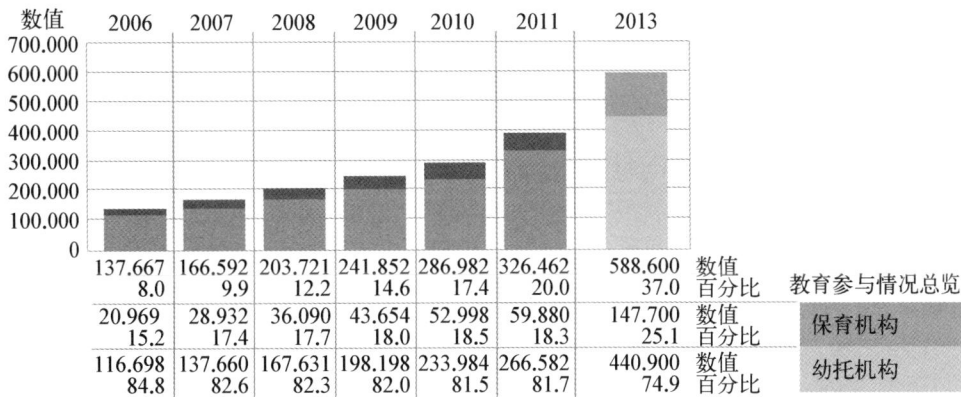

图 C2 - 2　2006—2011 年儿童照管机构的 3 岁以下儿童以及 2013 年旧联邦州预期名额需求

来源：联邦及各州统计局,儿童和青少年福利中心数据统计；人口统计,第 12 次人口预测 1 W1,自己计算得出

→ 表 C2 - 3A

　　2009 年起招收 3 岁以下儿童的保育机构扩建 30%,儿童促进法案的后续花费评估以此为基础进行。因为在 2009 年,德国西部保育机构的比例为 18%,2013 年就要在 30% 的预期目标中先达到大约 25%。在这种前提下,德国西部的幼托机构还有 17.43 万个名额缺口,保育机构为 8.78 万个。如果后者没有达到预先计划的 25%,而是各州在 2011 年所达到的份额,那相应地需要在幼托机构额外增加 3.5 万个名额。因为在近五年内,需要在幼托机构新增 14.99 万个名额,在保育机构新增 3.89 万个名额,能够明显看出各州和乡镇面临着怎样的挑战。为满足 2013 年 8 月起的合法要求,必须要加快新增名额的进程。因为各地区间的扩增情况差异很大,相应地在各青少年福利局管辖区内也有不同的行动需求。

到目前为止,为 3 岁以下儿童开设的机构数量还不够,必须加快扩建进度

父母交给幼托机构的费用

家长承担幼托机构最多 29% 的费用

不同于免费入学，按照社会福利法第Ⅷ章第 90 条，父母需要缴付给幼托机构费用。对于家长来说，保育机构一般也不是免费的，但是由于差异性无法证实其费用。据统计，家长每年共支付给幼托机构Ⓜ27 亿欧元。因此，家长群体是除各州、乡镇、教育承办方之外的又一重要经济来源。在公立幼托机构中，家长在 2010 年承担了全部运营费用的 8% 至 29%（表 C2 - 9web）。

幼儿园最后一年的免费教育政策对 5 岁儿童的教育参与几乎没有影响

为了让孩子在幼托机构接受陪护和教育，父母所交的费用数目有着极大的不同。一方面，费用受看护时长、儿童年龄段因素的影响和教育承办方而不同。另一方面，在大多数的联邦州，费用也按照家庭收入、孩子和家庭成员的数量划分社会等级Ⓜ，这样可以使儿童在接受早期教育中享受均等机会。根据德国青少年研究所的"成长在德国：日常世界"调查结果显示，这种根据社会等级对费用进行分类的方法，有助于减少不同人群的费用支出（表 C2 - 10web）。有六个联邦州不按照社会等级准则划分，而是给予部分免费政策（表 C2 - 11web）。柏林和莱茵兰—普法尔茨州已经推行了多年的免费政策，而另外四个州只是幼儿园最后一年免费。虽然这种调整可以减轻父母的经济压力，但不会额外地刺激早教需求，因为在入学前的最后一年几乎所有儿童都会上幼托机构（C3），只有在 3 岁以下儿童中可以看出效果。

Ⓜ概念注释

AID：A 请参见 C1 部分的解释

幼托机构的资金来源： 在儿童和青少年福利救济数据中对于支出和收入的记录，一般只收录公立机构的收入情况。私立机构的费用通常直接付给机构或承办方，因此一般并不直接显示在公共预算中。为了能够通过评估总收入数额，人们计算了公立机构每天 8 小时看护的平均费用，再与私立机构的八小时看护总数相乘。

父母费用分级： 按照社会福利法第Ⅷ章第 90 条，在计算父母费用时需要考虑父母的收入，不论该州对家庭特殊负债情况的规定如何。

C3 儿童在幼托机构和保育机构中的教育参与情况

增加 3 岁以下儿童的教育参与仍然是儿童早期教育的中心主题。本小节描述了不同年龄的看护服务需求，并且深入研究了 3 岁以下儿童教育参与情况的区域性和国际性差别。此外，本章还会对 3—6 岁儿童以及有移民背景的儿童和残疾儿童的教育参与情况进行说明。

3 岁以下儿童的教育参与度

德国东西部的 3 岁以下儿童教育参与率有着明显差别。2006 年到 2011 年，德国西部的教育参与率从 8% 增长到了 20%（表 C3 - 1A）。2011 年春季在德国西部共有大约 32.65 万名 3 岁以下儿童接受早期儿童教育（表 C3 - 2A）。各州之间和各州内部也存在明显差别。若从青少年管理局Ⓜ层面区分儿童的教育参与情况，2011 年德国西部儿童教育参与度一直在 7% 到 38% 之间波动（图 C3 - 2web）。比率为 10% 以下的情况较少，主要分布在北莱茵—威斯特法伦州。相对较高的儿童教育参与率出现在中等大小的大学城等，其中主要在海德堡（38%）。

在德国西部有 20% 的 3 岁以下儿童接受了儿童早期教育服务，其中体现出明显的地区差异

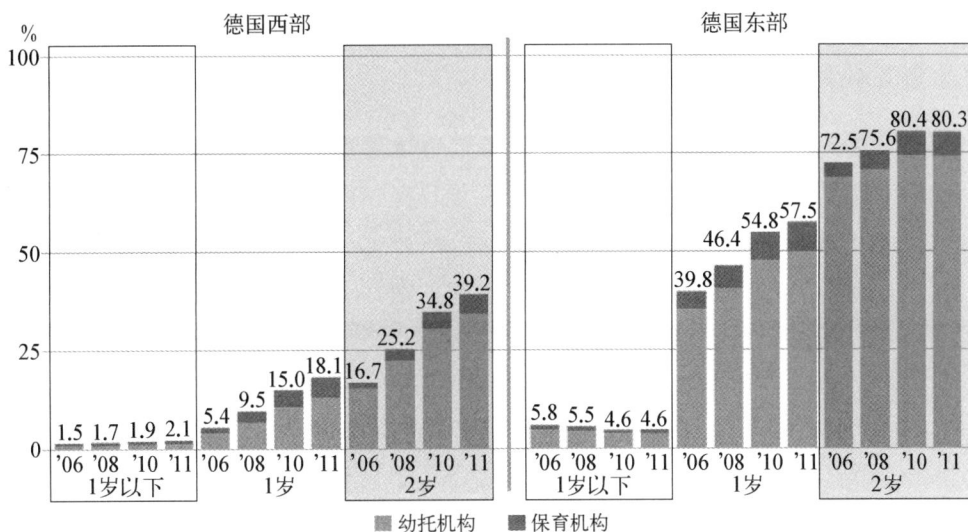

图 C3 - 1　2006、2008、2010 及 2011 年幼托机构和保育机构中 3 岁以下儿童的教育参与情况，按照州组和年龄划分（单位：%）

来源：联邦及各州统计局，2011 年儿童和青少年福利中心数据统计；人口统计，自己计算得出　　→表 C3 - 1A

2006 年到 2011 年德国东部的 3 岁以下儿童教育参与情况同样有着明显的提高。儿童教育参与率从 8% 增长到最近的 47%，体现出各个年龄段的不同发展趋势（表 C3 - 1A）。1 岁儿童中比率依旧增长，最近增长到近 58%（图 C3 - 1）。3 岁以上的儿童就读儿童照管机构在德国东部早已成规：其比例在 2010 年前明显上升，最后稳定在 80%。对 3 岁以下儿童的照管时间Ⓜ在德国东西部之间也有明显差异：德国东部大部分（72%）3 岁以下儿童是全天照管，而在德国西部该比例虽有所增长，但仍只有 39% 的儿童接受全日照料（表 C3 - 7web）。

德国东部 1 岁儿童教育参与率继续提高

增加对 3 岁以下儿童的照管服务机会，对于国内和国际的教育和家庭政策都越来越重要。2009 年在丹麦，将近四分之三的 3 岁以下儿童接受保育服务，而德国儿童的教育参与率仍然低于欧盟平均水平，多于四分之一（表 C3 - 8web）。

儿童教育参与情况仍然低于欧洲平均水平

3—6 岁儿童的教育参与情况

多年以来，几乎所有 3—6 岁的儿童都上保育机构，因此早期儿童教育成为教育图表中的固定组成部分（表 C3 - 1A）。德国 4—5 岁儿童的教育参与率超过 96%。只有德国西部 3 岁儿童的教育参与率较低，经过持续增长之后现在稳定在 87%。区域性和州际差异仍然存在。西部 3 岁儿童的教育参与率最低为不来梅的 78%，最高为莱茵兰—普法尔茨的

德国西部 3 岁儿童教育参与情况比率为 87%

96%（表 C3－9web）。个别州 3 岁儿童教育参与率低的一个原因可能是，在幼儿园招收当年将会满 3 岁的儿童在报名当时因年龄不够而无法入园。

德国东部超过 70% 的幼儿园适龄儿童受全天照管

2006 年起，就读幼儿园年龄的照管时间有了很大变化。2006 年到 2011 年，德国东部受全天照管的儿童增加了近 9 个百分点，达到了 71%，而半天和四分之三天的看护形式慢慢失去了市场（表 C3－7web）。德国西部有 30% 的 3—6 岁儿童是被全天照管的。上午和下午的看护时间几乎对等，没有午间看护。午间看护只有在德国西部的巴登—符腾堡、北莱茵—威斯特法伦和莱茵兰—普法尔茨提供。

残疾儿童的教育参与情况

在儿童保育机构中心有 3% 的 5 岁儿童获得了融入辅助

联合国残疾人权利公约要求残疾人在所有生活领域都享有平等的参与权利。对于早期儿童教育来说，残疾儿童的参与被视为更重要的目标。在早期儿童教育机构中的残疾儿童ⓜ参与情况的数据可以说明有（威胁性的）身体、精神或心理方面障碍且在早教机构接受融入辅助的儿童，以及在促进学校机构就读的儿童的情况。因身体残疾而获得保育机构融入辅助的 5 岁儿童在同龄人口中的比重超过 3%（表 C3－3A）。此外还有一些 5 岁儿童在促进学校接受教育。若将这些情况考虑进去，那么儿童教育参与率会更高。

28% 的残疾儿童是分开照料的

尽管早期儿童教育比学校教育有更多综合性照管（参见 D1），但仍有约 28% 的残疾儿童被分离在只接收残疾儿童的机构中（参见表 C3－4A），如促进学校幼儿园、学校预备机构和自称属于儿童和青少年福利中心系统且只接收残疾儿童的幼托机构。尤其是在人口密集的联邦州中这种情况更为常见（表 C3－10web）。在联合国公约背景下将建立哪些残疾儿童照管形式，以及长远来看现存州际差异是否会缩小，仍然是个未知数。

具有移民背景儿童的教育参与情况

有移民背景的 3 岁至 6 岁以下儿童的教育参与率接近常规值…

保育机构的扩增和进一步发展也服务于这样一个目标：为所有儿童创造平等的机会。这个目标意味着，以特别的方式为具有移民背景ⓜ的儿童提供培养、照管和教育，因为早期教育可以给他们创造更好的接受教育的机会。有移民背景的 3 至 6 岁以下儿童的教育参与率略有上升，德国西部该比例为 86%，接近常规值（表 C3－5A，表 C3－11web）。德国西部 3 岁以下有移民背景儿童的教育参与率为 13%——州际差别明显——明显低于非移民家庭中的儿童教育参与率（23%）。

…但种族隔离倾向依然存在

早在 2010 年的教育报告中就指出，人们一直在观察幼托机构中的种族隔离现象。仍然存在一些教育机构，其所照管儿童中超过半数在家中不讲德语。德国西部有三分之一不以德语为家庭语言的儿童分布在相应教育机构（表 C3－6A）。为了协调在语言发展方面的差异（C5），要求这些机构因高比例的非德语儿童而促进日常综合性语言。幼托机构大多模仿儿童居住环境。但是种族隔离倾向可能比居住环境造成的影响更大。

ⓜ概念注释

青少年管理局层面：青少年管理局是扩建目标的主要实施者，因此 3 岁以下儿童的教育参与情况都是由青少年管理局层面来统计、规定的。

　　照管时间：半日制看护时间为 5 个小时,3/4 天看护时间是 5—7 小时,全日制看护时间是 7 个小时以上。此外也有对于上午和下午的照管服务,但是没有午间看护,大多以 3/4 天看护的服务形式进行。

　　残疾儿童：根据儿童和青少年福利中心统计,依据社会福利法典第十二卷第 53、54 条或者社会福利法典第八卷第 35a 条,那些在幼托机构或者保育机构获得融入辅助的儿童,以及在促进学校幼儿园或者学校预备机构的儿童,他们将得到特殊照管。融入辅助不限年龄,以使具有(威胁性)残疾的人能够参与社会生活。根据不同的年龄段、残疾种类和生活领域,可以利用各种不同的融入辅助。

　　具有移民背景的儿童：此处移民背景因数据情况而与词汇表定义略有不同。2006 年以来,儿童和青少年福利中心判断儿童移民背景的依据是,父母是否至少一方出身于外国(即移入),或是否在家中主要讲德语。不考虑儿童本身的出生地或移居情况以及祖父辈的移居。因此这一概念不仅指自身有移民经历的儿童,也包括外国移民在德国生下的孩子。对其定义的确定和参与率采用微型人口普查的特别调查的结果(参见表 C3 - 5A 的解释)。

C4 婴幼儿教育领域的教职人员

　　增加为 3 岁以下儿童提供的照管机构很大程度上取决于教育工作人员的可利用情况。本小节将报道 2006 年以来的教职工人数发展趋势及其所具备的从业资质。此外,不同群组形式的人员分配也被视为早教质量的一项重要标准。从 3 岁以下儿童的潜在照管需求出发,进行 2013 年引入合法要求以前的预计人员需求模型计算。

幼托机构教职人员

　　2011 年全德范围的幼托机构有近 39.36 万名员工,比 2006 年增加了 7.63 万名教育人员(图 C4 - 1)。教育人员[M]增长 24% 主要归因于 U3 -扩充(表 C4 - 1A)。

幼托机构工作人员比 2006 年增加 24%

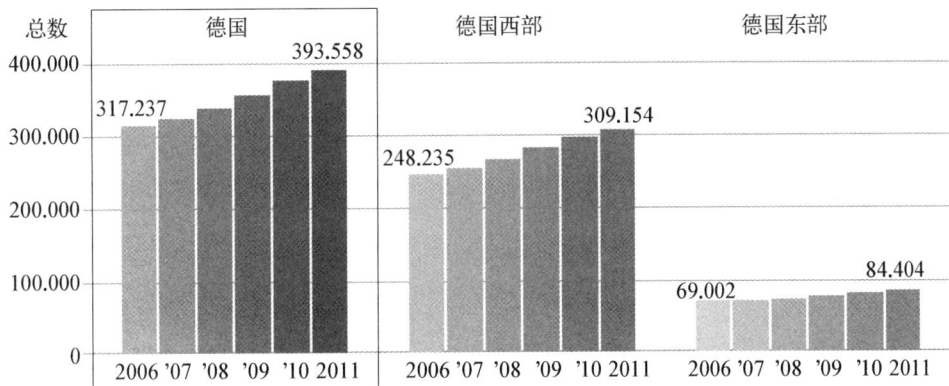

图 C4 - 1　2006—2011 年各州组幼托机构教育人员情况

来源：联邦及各州统计局,儿童和青少年福利中心数据统计,自己计算得出

→表 C4 - 1A

　　从教人员中约 40% 在幼托机构从事全职工作(表 C4 - 2A,表 C4 - 7web,表 C4 - 8web)。德国东部的全职工作比例尤为低,尽管有所增长,但仍不足三分之一。此外德国东西部的半职工作情况有明显不同：在德国东部,超过三分之一的非全职人员每周工作 32 小时,甚至更长时间,在德国西部却只有 13%。全职员工比例低的原因,一方面是由于承

40% 的教职人员是全职工作

办方的结构性制约,因为不是所有的儿童都全天入托;另一方面是就业者往往希望能以半职的形式工作。

50 岁及 50 岁以上人员的份额上升到四分之一

50 岁及 50 岁以上的从教人员比例已经上升到四分之一(表 C4-9web),但仍低于所有职业的平均水平。尽管如此,幼托机构中的儿童仍几乎仅由女性从教人员照管(表 C4-10web)。全德倡议的"让更多男士投身幼托机构"活动能否让男性比重显著增加,还有待观察。

教育人员和保育人员的资质

由高校相关专业培养的专业人员的比例依旧很少

2011 年,幼托机构中大部分员工都拥有教育资质。德国东部该类员工在所有教职人员中占 86%,而德国西部只有 67%(表 C4-3A)。在这方面,保育员以 14% 的比例拥有重要意义。在巴伐利亚州,保育员占从教人员的 39%(表 C4-11web)。自 2005 年起,高校中早教专业的设立和 U3-扩充计划同时进行。但是由于毕业人数少,早教领域中具有大学学历的专业人士的份额并没有增长。由高校相关专业培养的专业人员比例依旧微乎其微,为 3%(表 C4-12web)。

在德国西部,44% 的保育员不具备最低资质

保育员的资质往往与他们职业的专业要求不相符。德国西部这种情况尤为显著。在那里,进行过教育培训的人员仅为 32%(表 C4-4A)。这一份额在 2006 年至 2011 年涨幅甚微,但接受过 160 小时资质课程培训的保育员的份额增长明显。2011 年在德国西部,有将近 1/4 的人拥有这种最低资质,但是还有 44% 的人在不具备最低资质的情况下从事教管工作。在德国东部,这类人群的份额是 26%。保育工作对于 U3-扩充(C2)具有重要意义,在这种背景下,人们对资质水准发展的审视持批判性态度。

幼托机构的人员分配

2007 年以来幼托机构人员分配情况持续改善

除了从教人员的资质,每位专业人士看管儿童的数量对于早教质量来说也是一个重要的标准。按照儿童年龄段和群组形式的不同,照管需求和相应的人员分配[M]也会有所不同。

在只有 3 岁以下或 4 岁以下儿童的群组中,全德国范围内 1:5 的师生比最为合理(图 C4-2)。每位专业人员负责的最多儿童数量出现在为 2 岁儿童开设的幼儿园群组,其照管的 2 岁儿童少于 3 名。人们原本预期 U3-扩充计划会使每名幼师照看的儿童人数增加,但事实与此相反,2007 年以来各群组形式中的人员分配情况都有所改善(表 C4-13web)。

未来的人员需求

每年新培训的教育工作者的数目显著增加

面对保育机构不断增长的人员需求,职业专科学校、专科学校和高校中受过培训的新晋人员具有极大潜力。2009 至 2010 年间,每年新毕业的受过培训的教育人员增加了 1 900 名,达 1.8 万名。未来仍会明显增长,到 2013 年大约会有 2.4 万名已受训人员(表 C4-6A,表 C4-14web),通过培训保育员和社工的方式为幼托机构提供更多师资力量。

为了计算直至 2013 年将产生的教育人员需求[M],人们根据现有情况进行估计,即德国西部 3 岁以下儿童中的 37% 和东部的 51% 需要看护。如果保育机构能够按计划利用起新

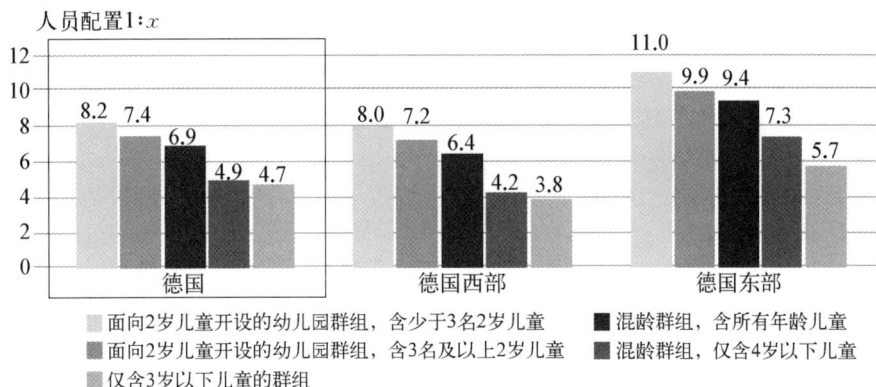

图 C4 - 2　2011 年儿童相关人员配置情况,按照含 3 岁以下儿童的群组类型和州组*划分(中位数)

* 不含柏林

来源:联邦及各州统计局,2011 年儿童和青少年福利中心数据统计;各州统计局的研究数据中心,自己计算得出

→表 C4 - 5A

增名额的 30%(C2),那么到 2013 年,德国东部将有约 4 600 名剩余专业人员,可以用于改善人员分配(表 C4 - 15web)。与此相反,在德国西部的幼托机构中,到 2013 年预计约有 12 400 名额外人员需求。这种需求无法通过可预见的培训潜在人员得以满足(需求缺口),而要通过额外的举措来弥补,比如半职工作人员增资、受过培训的专业人员经过家庭阶段后重新入职、聘用相关高校毕业生、改善工作条件等。

如果按照每位保育员照看儿童的数量来计算,预计需要 2.2—2.9 万名保育人员。如果保育机构比例在扩增时比预期的更少,那么幼托机构的人员缺口会明显上升。联邦州之间的需求缺口地域分布相当不均衡(表 C4 - 15web),各青少年管理局辖区之间的差异也较为明显,特别是在大都市中极有可能存在人员缺口。

特别是在德国西部的大城市有可能会出现人员需求缺口

Ⓜ概念注释

幼托机构中的教育人员:这里的教育人员不包含只负责小学适龄儿童的班级工作或担任管理工作的人员,2006 年以前将被免职的管理人员考虑在内。2006—2010 年被免职的管理人员已被单独计算,自 2011 年以来,第一工作领域仅包含管理工作的人员才会计算在内。和 B2 部分中幼托机构的工作人员不同的是,还在接受培训的教育人员也包含在内。

人员分配:在计算人员分配时,先合计每个群组中儿童的受看护时间,再除以每周 40 小时,从中得出全天陪护的等值数。在人员计算上也用类似的方法,即通过每周 39 小时的标准化全时等量计算。这两组数值是相互关联的。管理工作和班级综合工作的每周小时数被分摊到机构各群组中。看护残疾儿童的班级拥有更好的人员配置,不在此项分析之列。

计算将产生的人员需求:参阅 Schilling. M.(2012):2011 年 3 月至 2013 年 8 月间,保育领域的人员需求计算,网址:http://www.akjstat.tu-dortmund.de/fileadmin/Analysen/Kita/U3 - Ausbau_u_personelle_Folgend-Aktualisierung - 2012(pdf-Zugriff am 22.04.2012)

C5 幼升小的过渡情况

与小学不同的是,在幼托机构早期儿童教育的框架下,不存在标准的成绩考核以及合格证书。然而在向小学过渡的时候，幼托机构的教育和促进作用十分重要。首先语言能力上的发展最受关注，其次法律框架条件和学校组织规定（如入学规定日期或个别州实行的灵活入学阶段）影响了各州的入学情况。在入学方面和语言水平提高及语言促进方面都产生了一些变化，本小节将阐述这些变化所带来的影响。

儿童入学之前的语言能力

语言能力被视为教育过程中的关键能力。因此多年以来在 14 个联邦州中，通过全德国的语言水平调查活动对入学前 6 到 24 个月的儿童语言发展进行了研究（表 C5 - 1A，表 C5 - 6web）。2008 年至 2010 年有些联邦州进行了全国语言水平调查方法的调整，近两年则没有再引入新的调查方法。所以在 14 个州里总共使用了 17 种标准的和非标准的处理方法。这些处理方法的调查地标准尚不统一，因此可比性有限。

2008年至2010年，有语言促进需求的儿童比例在各州保持相对稳定

有语言促进需求的儿童比例由萨尔州的 13% 到市州不来梅的 42% 高低不等。若从时间角度观察有语言促进需求的儿童，可以发现 2008—2010 年间柏林、北威州和汉堡的比率相对保持稳定，通常被确定为有语言促进需求的儿童直至入学前必须参加语言促进辅导教育（表 C5 - 7web）。

25% 的男孩和 20% 的女孩有语言促进需求。家庭语言为非德语的儿童中有 39% 被推荐进行语言培训

家长问卷调查"成长在德国：日常生活"[ⓜ]的结果也向人们展示了相似的情况：在一次语言测试中，全德有接近 1/4 的 3—7 岁儿童被评定为有语言促进需求（图 C5 - 2A，表 C5 - 8web）。男孩（25%）需要推荐参加语言促进培训的比例高于女孩（20%）。父母文化水平高的孩子中有 19% 语言发展滞后，而父母文化水平较低的儿童中该比例为 38%。这表明了父母促进的重要性，但同时也暗示了如果家庭中教育气氛淡薄，儿童可能会经历发展危机（参见 C1，A3）。家庭所用语言主要对有移民背景[ⓜ]儿童的德语语言能力有较大影响。家庭语言为非德语的儿童中有 39% 必须参加语言促进培训。总的来说，这表明 3 岁至 7 岁以下儿童中超过 1/5 必须接受额外语言促进，以缩小入学时与其他儿童间的语言能力差距。这些等级差异凸显出参与提供日常综合性语言促进早教的重要性。尤其是在家中很少说德语的儿童，需要得到习得第二门语言时的支持和在德语环境的密切交流，以便适应德语为第一语言的儿童的语言水平。

提前和推迟入学

在推行提前入学的联邦州内推迟入学的儿童数量不断增加，因此在巴伐利亚州和北莱茵—威斯特法伦州的提前入学计划受到阻力

2003 年以来有 8 个联邦州提前了儿童入学的时间，下萨克森州这一过程还没有完成（图 C5 - 3A）。最低入学年龄介于柏林（入学时间最早）的 5.7 岁和没有推迟入学规定日期的州的 6.2 岁之间。过去几年入学时间的提前[ⓜ]导致 2010 年推迟入学比例继续增长到 7.5%（表 C5 - 2A）。在除柏林外入学时间最早的巴伐利亚、巴登—符腾堡和勃兰登堡，至少有 10% 的儿童推迟入学（表 C5 - 9web）。近两年在巴伐利亚州，推迟入学的儿童比重从 10.4% 增长到 21.5%，翻了一番；因此，2010 年的规定入学日期并没有如计划一样继续提前，而是因家长的接受度不高而延后（图 C5 - 3A）。更详细的分析表明，在孩子本应 6 岁前入学的家长群体中，有超过三分之二的家长决定让孩子推迟入学。北莱茵—威斯特法伦州也把原本 2011 年的提前入学计划推后到 2014 年再执行。在巴伐利亚州的各个区域内，也

有超过 20%的儿童推迟入学(图 C5 - 4web)。

　　与此相对,提前入学的比重继续下降,最终达到 4.5%,在入学时间没有提前的联邦州也是这种情况(表 C5 - 3A)。同时在柏林、萨克森和图林根有不到 2%的儿童提前入学(表 C5 - 10web)。

一些联邦州中初等教育阶段的 6 岁儿童比例轻微下降

　　通过这一发展,初等教育阶段的 6 岁儿童比例由 2003 年的 52%增长到 2010 年的61%(表 C5 - 4A),符合提前入学的教育政策计划。这些联邦州的区间范围从柏林的 90%到萨克森的 44%(表 C5 - 11web);然而在 11 个联邦州中,初等教育阶段的 6 岁儿童比例略微下降。女孩提前入学的比例仍较高,较少推迟入学(表 C5 - 12web):6 岁儿童中,64%的女孩已经上小学,而男孩该比例仅为 58%(表 C5 - 4A)。

进入促进学校学习

3.4% 的小学新生直接入读促进学校

　　至今未被重视的一点是,入学关系到第一次学校类型的分配。有些被诊断为需要特殊教育的儿童可以一到入学年龄就转到促进学校里学习。随着 2009 年联合国残疾人权利公约生效,残疾人就读规范学校的情况得以加强。2010 年,德国境内有 3.4%的儿童直接进入促进学校学习;其中有 0.6%是需要重点促进智力发展的儿童(图 C5 - 1,表 C5 - 5A)。其他方面需要重点促进的儿童所占份额目前还不得而知。

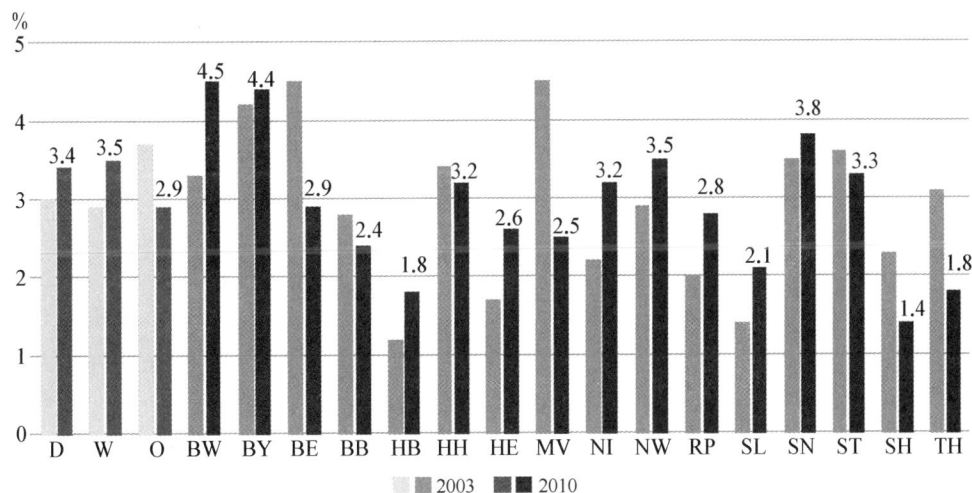

图 C5 - 1　2003 及 2010 年各州促进学校入学比例(单位:%)

来源:联邦及各州统计局,学校数据统计　　　　　　　　　　　　　　　→表 C5 - 5A

4.5% 的男孩和 2.3% 的女孩在促进学校里开始他们的学校生涯

　　4.5%的男孩和只有 2.3%的女孩直接在促进学校开始他们的学校生涯。各州分配率各有不同。在不来梅、石勒苏益格—荷尔斯泰因和图林根有不足 2%的儿童在促进学校学习,而在巴登—符腾堡和巴伐利亚该比例明显高于 4%。由于法律规定以及确定相应促进需求的不同规定和措施,直接将儿童安排进促进学校的具体实施存在差异。

　　随着时间的推移,2003 年以来就读促进学校的儿童比例有所增长(图 C5 - 1)。由于促进学校学生比例高,且毕业后没有文凭(参见 D7),需要持续关注促进学校的发展。在柏林、梅克伦堡(前波莫瑞和图林根),进入促进学校的新生比重明显下降。比重的发展与就读促进学校的框架条件改变似乎没有联系。在儿童入学很早的联邦州中，还看不出优先分配就读促进学校的现象。相关辩论是否会导致促进学校就读率下降仍未可知。

Ⓜ概念注释

成长在德国：日常生活：请参考 C1 的解释。

移民背景：此处移民背景因数据情况而与词汇表定义略有不同。包括祖父母为移民（第 3 代移民）、父母双方／一方为移民（第 2 代移民）和自己为移民的儿童（第 1 代移民）。

提前和推迟入学：各州学校数据统计中提前入学的儿童是指在该州规定日期之后出生的入学学生。在规定日期的上一年出生的入学学生在当前入学年被视为推迟入学。百分比基于所有入学情况（提前、按时、推迟、精神有困难的孩子的入学和其他孩子的入学），不含未入学情况（延期和免入学情况）。

义务教育的规定：多个联邦州提前了义务教学开始的时间（参见图 C5-3A）。大多数联邦州仍有可能让不具备入学能力的儿童延期。通常这些儿童将延迟到下一年入学。按照之前和现行的政策，出生日在规定入学日之后的儿童，可以根据家长的意愿提前报名入学。

前景

教育报告首次把这种情况考虑进来：儿童首先是在家庭中成长起来，因此家庭会给他基本的却意义深远的教育经历。目前 92% 的 1 岁以下婴幼儿、66% 的 1—2 岁儿童和 46% 的 2—3 岁儿童都仅由家庭照管。因此，重要的教育启蒙阶段首先是在家庭中进行的。此类教育包含儿童的语言、认知、社交行为发展以及文化这几个方面（参见 H）。这其中存在着社会差异：文化水平高的家长经常和孩子进行和教育相关的、能够促进阅读能力的活动——家长即便处在就业状态也仍然如此。

随后幼托机构中的公共教育、照管和培养愈发重要，比重随之增长。家长在孩子 1 岁以内就决定利用幼托机构或其他组织促进机会，家庭以此为孩子的发展付出额外投入。研究表明，就读幼托机构多年可以弥补儿童在家庭中缺少的早期教育（C1）。

这似乎是一个重要的前提条件，以通过加强措施促进所有儿童接受早教，进而及时减少儿童出身的差别。由于早教仍然为选择性利用的教育，并不能惠及所有弱势儿童（C1），因此必须努力使早教服务与所有家长达成一致，而非使家长不利用儿童早教。总之，这取决于家庭和机构在教育、照管和培养儿童方面的相互补充。因而努力提高家长的教育水平变得越来越重要，与之同样重要的还有家庭教育和机构教育的紧密结合。获得家长的协作、参与、支持、进行信息交流，都将成为幼托机构的一项重要任务。

在家庭与事业兼顾这一方面，由于工作时间不允许，家长往往要依赖合适的托管服务——这既适用于幼儿，也适用于小学生（参见 D3）。目前对 3 岁以下儿童一般为全天照管，而对幼儿园年龄段的儿童大多数进行每天最多 7 小时的照管（参见 C3）。在扩大早教规模的进程中，新设立的早教机构和课程能够满足家长们相对低的教育要求。只要机构和家长的教育理念相统一，可以充分发挥教育时间的灵活性。

近几年,早教规模有明显扩大之势。3 岁以上儿童的早教需求几乎随处可见。随着范围的增长,2 岁以上儿童的教育不言而喻地也成为其教育生涯中的一部分(C3):目前德国东部 80%的 2 岁儿童和德国西部几乎 40%的 2 岁儿童都需要照管服务——这一比率还在持续增长。大多数有移民背景的孩子也同样会在入学前接受早期教育,而 3 岁以下儿童的教育参与率较低,仅为 14%。对于将德语作为第二语言来学习的孩子,需要努力使其较早在日常生活中得到语言帮助。

在这种背景下,增加 3 岁以下儿童的教育名额显得尤其重要。在 2011 年春天,也就是引入为 1 岁和 2 岁儿童开设看护场所的合法要求之前的最后一次可行性调查中,这种符合需求的增设依然是一项巨大的挑战。此时,3 岁以下儿童中有 25%接受早期教育,德国西部为 20%,德国东部为 47%(C3)。因此,为了 2013 年 8 月以前让 37%的德国西部家长可以利用儿童早教服务,必须在 2011—2013 年间使幼托机构和/或保育机构额外增加 26.2 万个名额——这比近 5 年新增的总和还多。即使保育机构成为 3 岁以下早教扩建的重要支柱,但按照目前的发展,竭力争取的 25%份额可能仍不能实现,因而需要增加幼托机构名额来填补空缺。

总体来说,为满足教育需求,国家、联邦州和乡镇与往年相比明显加大了扩建力度。人们对于保育机构的期待明显上升,将会给其带来质的改善,使早期儿童教育继续发展在未来几年都会保持政策上的高度优先权。

各地区的保育机构照管需求各不相同,对有资质工作人员的需求也表现出分歧。尽管到 2013 年,受过培训的教育者数量有了明显增长,但某些地区的专业教育人员缺乏可能会成为 U3 -扩充的严重障碍。据预测,U3 -扩充项目额外需要 2.2 到 2.9 万名保育员,到 2013 年德国西部最少需要 1.24 万名幼托机构专业人员,新晋受训人员数量也可能无法满足这一需求(C4)。

因此尤其是在大城市,为了填补专业人员空缺而采取一些策略是有必要的。招募受过训练、但目前没有在该领域工作的专业人士,或是既要操持家务又要增加收入因而首选半职工作的专业人士。经济方面的吸引很可能会为幼托机构赢得新的工作群体。总体来看,在照管名额需求可能继续上涨的背景下,这一工作领域的吸引力将持续上扬,其中包括工作环境和教育者的薪酬。

由于对儿童早期教育的期待不断攀升,今后保育机构的质量也需要受到重视。促进儿童的语言日常使用,习得作为第二语言的德语,帮助残障儿童融入社会,与父母的共同合作,处理机构中的文化多样性以及不断增长的面向 3 岁以下儿童相关工作——这些都是近几年具有重要意义的核心工作。约四分之一的 3 岁至 7 岁儿童被列入需要提升语言能力之列,尤其是那些来自非德语家庭的孩子和父母文化水平较低的孩子(C5)。

在语言能力提升阶段和儿童早期语言促进方面各州所采取的方法始终明显不同,这就导致了与儿童沟通交往的差异性。通过哪些教育学方案可以使儿童在(第二)语言习得方面得到最有效的帮助,这从专业角度来讲一直是个未能解释清楚的问题,而这一问题由于和现实的紧密结合将处于中心位置。为了能够对不断变化的要求作出合理应对并提供高质量的教育,教育人员的定期进修势在必行,而领域专业化也是一个重要目标。受过大学教育的人员在教育领域中所占比重一直很少,而且根据预测,在大学增设早教专业对此不会有决定性的改善。虽然在保育员方面表现出较好的趋势,然而仍然有41%的从业人员没有接受过最基础的160小时专业培训课程。

与上小学不同,家长们要承担孩子在保育机构的一部分费用(C2)。这取决于各地方的具体条件,且在极不相同的范围之内又导致了极大的不均衡性。有四个州仅对幼儿园学年的最后一年实行免费政策,由于教育参与率本来就高,这一政策对于教育需求方面并未产生额外影响。资助尚未完成的U3-扩充项目(包括必要的教育质量改善),所有参与者都面临着巨大挑战,目前存在着通过儿童监护费等额外收费不能圆满完成既定目标的危险。

目前在升入小学时有3.4%的儿童直接进入促进学校学习。不同联邦州的情况也有所不同,这是由于法律上的规定或是分配标准不同引起的。有特殊教育需求的残障儿童将如何更好地融入到常规学校中,仍需进一步观察。

D 学龄期的普通教育和非形式式学习

在全球化经济、人口和社会文化挑战的背景下，关于教育业效率的社会讨论引发一种持久的变革压力，这也决定了过去几年中小学的发展。在此，重要的是致力于提高中小学质量和中小学生的成绩。除了在中小学引入教育标准和教育促进措施以外，同样重要的是教育过程和毕业机会的开放和灵活化以及扩建全日制学校。

本章将继续过去的教育报告中对学校教育发展的描述。在横向数据允许的范围内，将对学龄期的儿童和青少年的教育过程进行描述，按照不同的学生群体进行划分。以此为重点，本章将继续探讨一直以来所报道的学校体系各阶段的过渡情况(D1)和所获得的文凭(D7)。为分析上学的时间进程和同龄人的学历，在这里将首次借助微型人口普查较长的时间序列。

重新报道的关于全日制教育和照管(D3)以及青少年和年轻人的校外活动和社会活动的考察指标(D5)描述了教育过程的形态。关于中小学教育成果，除回顾自首次 PISA 研究以来中小学生的能力发展外，还将首次基于教育标准审核数据给出介绍(D6)。

在许多州，学校类型和教育过程之间的组织性联系在学校结构上有了进一步发展：提供中等教育第一阶段中两或三种教育模式的学校类型在增多。关于中小学教育的过渡和转换的分析目前还没有充足的统计信息，因此将不再对学校类型间的渗透和起伏变化进行报道。

学校的结构发展与过去几年另外两个重要的学校政策主题联系起来：私立学校的发展和学校中对病残儿童教育的发展。基于对 2009 年生效的联合国残疾人权利公约的讨论，在分析就读学校和毕业时，不再像 2010 年报告中那样对促进学校分开讲解，而是将其系统地融入其他板块(D1,D3,D7)。

本教育报告首次对学校所需时间在单独一个小节进行研究(D2)。通过关于缩短就读高级中学时长的辩论，在学时长在教育政策中也更加具有重要意义。因此除进一步进行分析(如留级)外，还将呈现关于学校就读年限和学习时间的新重点内容。

最后补充官方统计和 KMK 关于公立学校师资招聘报告的公开数据。鉴于上涨的师资补充需求，有可能对结束教师职业的时机和原因(D4)形成新的认识。与以往报告不同，本小节既包括普通教育学校的师资，也囊括职业学校师资。

D1 中小学教育体系中的供给与过渡情况

普通教育学校因学校类型和教育过程的多样性而具有优势。从报名入小学(参见 C5)

到进入中等教育第二阶段的普通教育或职业教育部分,孩子们及其父母面临一系列对未来人生道路过渡有深刻影响的决定。由于到目前为止对过渡期并无实践数据,接下来将基于各州不同学校的就读率给出目前结构安排和学生在各校的分配概况:联系以往教育报告,将首先重新统计中等教育第一阶段的学校就读率和升学率,其中尤其注意不同时间的结构变化。也将重新探究社会差异的发展情况。鉴于为接纳残障儿童而付出的更多努力,将进一步探究有多少需要病残儿童教育的学生就读促进学校或其他普通教育学校。私立小学的地域性拓展是新的重点。最后将首次联系人生前景描绘 15 至 25 岁年龄段的学校就读率发展情况。

中等教育第一阶段的学校结构发展变化

2000/01 学年,大多数联邦州在小学之后除高级中学外还有四到六种学校类型(图 D1 - 1)。2010/11 学年中等教育第一阶段的学校就读率出现一系列结构改变。

普通中学与实科中学教育模式合并的趋势

新联邦州在 20 世纪 90 年代初(勃兰登堡 2005/06 学年)已经形成多种教育模式的学校类型,不仅导向普通中学文凭,也导向中级学校文凭。在过去十年中,柏林、不来梅、汉堡、莱茵兰—普法尔茨、萨尔州和石勒苏益格—荷尔斯泰因也开始将其现有普通中学和实科中学(部分还有一体化综合中学)合并为一种有多种教育模式的学校类型。在此期间,巴登—符腾堡、巴伐利亚、黑森、下萨克森和北莱茵—威斯特法伦实现了同一学校普通中学和实科中学教育模式的教育和组织联合。除了教育政策目标、资金水平、家长的选择以外,学校结构多项性减少的趋势也受到学生数量减少的影响。过去几年,主要是国内受影响的乡镇学校由于未达到最低学生人数而无法维持(参见 B1)。

学校入学率存在持久社会差异

除普通中学和实科中学教育模式外,新时期引进的学校类型[①]还提供文理中学教育,并可设置文理中学高级阶段(表 D1 - 1A)。在大多数州仍然继续向"双柱模式"发展,这种模式是除文理中学(12 学年后毕业)外还有一种有多种教育模式即一体化综合型学校(部分在 13 学年后毕业)的学校类型。尚不能估计这些结构改革对儿童和父母的择校影响。2000/01 与 2010/11 学年学校就读率的对比显示,主要是文理中学持续增长(图 D1 - 1)。然而,若观察 2010/11 学年不同小学时期的学生情况,则一些州的文理中学升学率首次出现停滞或略有下降。

学校就读率的社会差距始终存在

如 PISA 数据所示(表 D1 - 3A),过去几年所有社会经济状态群体均从文理中学参与量的上升中受益。从时间对比来看,2000—2009 年期间 15 岁学生的学校类型分配中,所有生源的普通中学和实科中学所占比例下降,而文理中学比例更高。同时这也意味着,在学校类型的分配上始终存在较大的社会差距:2009 年,来自高社会经济水平家庭的 15 岁学生中有 61%上文理中学,而来自低社会经济水平家庭中该比例只有 16%,普通中学的就读情况则相反(5%对 27%)。

---

① 即一体化实科学校(柏林)、中学(勃兰登堡、不来梅和下萨克森一部分)、城区学校(汉堡)以及非教派学校(萨尔、石勒苏益格—荷尔斯泰因、图林根和未来的巴登—符腾堡)。

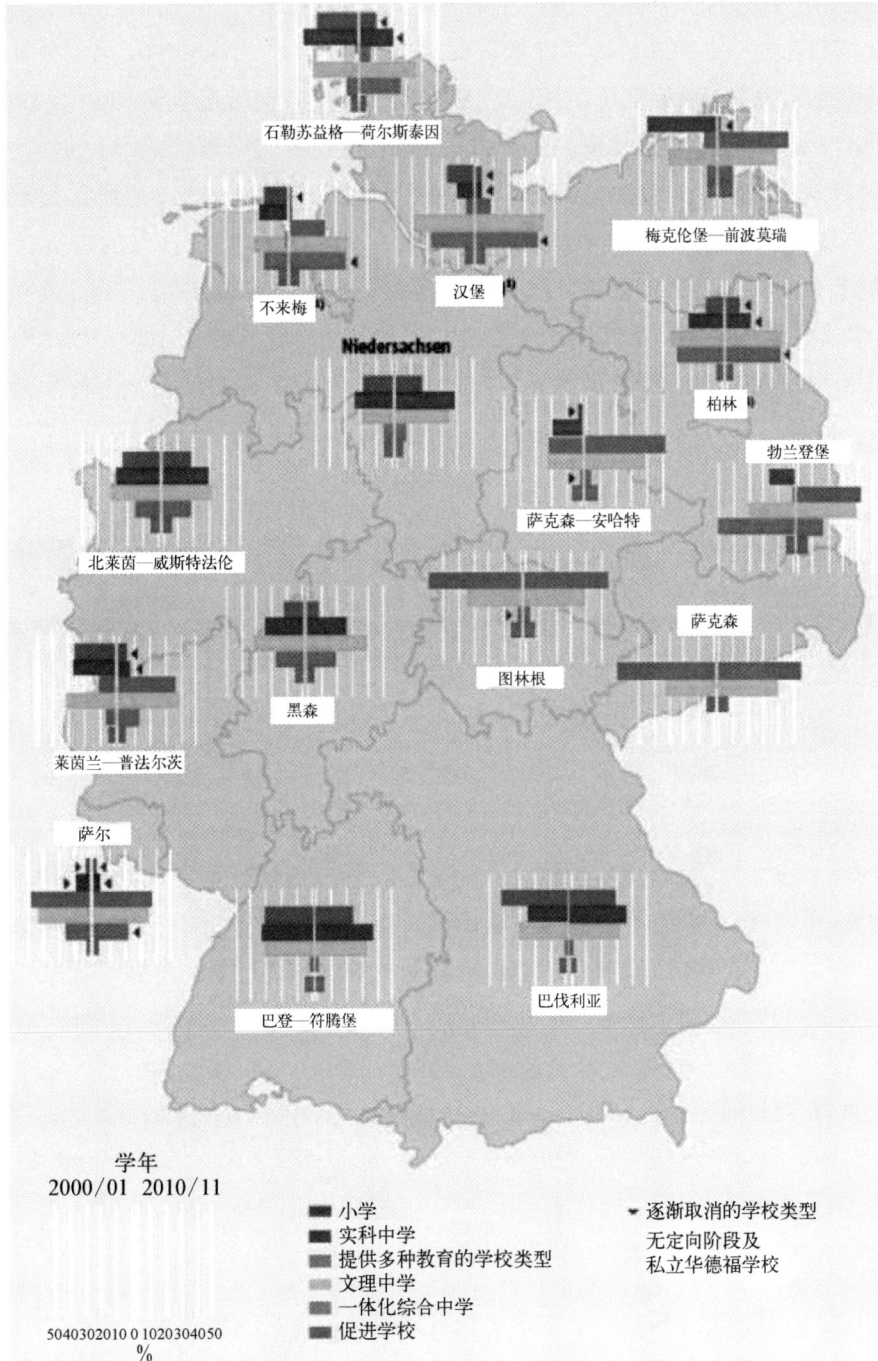

图 D1 - 1　2000/01 学年和 2010/11 学年各州学生在中等教育
第一阶段(5—10 年级)各学校类型的分布

* 柏林、勃兰登堡和梅克伦堡—前波莫瑞为 7 至 10 年级
1) 在柏林、不来梅和汉堡,提供多种教育的学校类型部分被统计为一体化综合中学。
来源:联邦及各州统计局,学校数据统计,自己计算得出　　　　　　　→表 D1 - 5wcb

特殊教育促进

2009 年生效的联合国残疾人权利公约对德国学校的特殊教育促进起到重要的推动作

尽管有特殊教育
促进需求的学生
整合率上升⋯

用,其对各州学校教育的结构安排所产生的影响尚无数据支持,到目前为止在促进学校主要实行儿童和青少年分别进行的特殊教育促进。2010/11 学年,486 564 名有特殊教育促进需求的学生中大部分就读促进学校,29%被整合入其他普通教育学校上学(表 D1‐4A)。相较 2000/01 学年,这一整合比率翻了一番。

…但促进学校就读情况并未减少

尽管 2010 年教育报告中已经表明,过去几年促进率持续增长,尤其在重点促进方面,即智力发展、情绪和社会发展以及语言方面。然而接受整合教育的有促进需求的儿童数量上升的同时,并未出现促进学校就读率下降的现象(图 D1‐2)。几乎在所有州,促进学校的学生比率以及其他普通教育学校的被整合学生的比率均有所上升。因整合率上升而导致促进学校就读率明显下降的情况只出现在石勒苏益格—荷尔斯泰因和图林根。

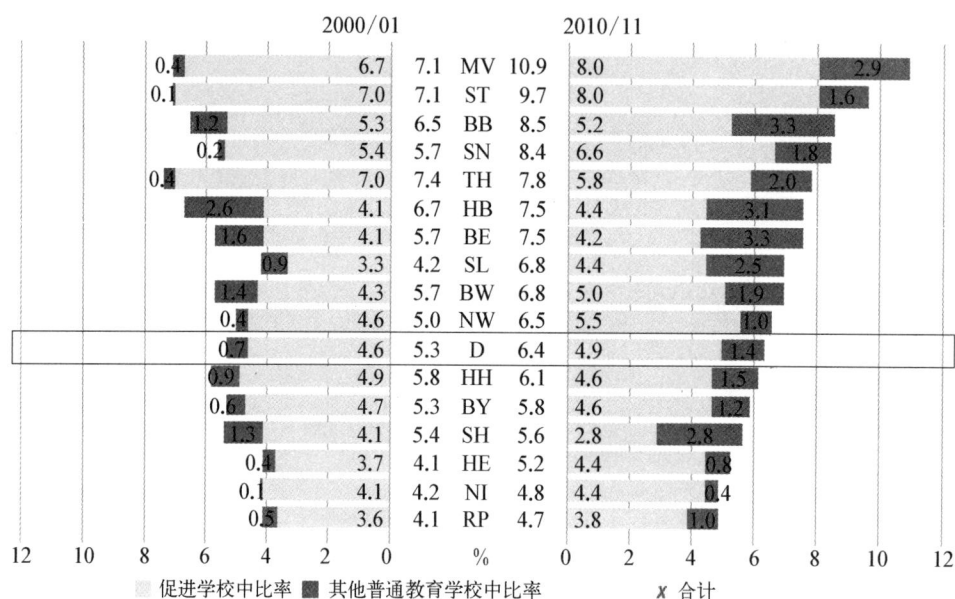

	2000/01				2010/11	
	促进学校中比率	其他普通教育学校中比率	合计	州	合计	
MV	6.7	0.4	7.1	10.9	8.0	2.9
ST	7.0	0.1	7.1	9.7	8.0	1.6
BB	5.3	1.2	6.5	8.5	5.2	3.3
SN	5.4	0.2	5.7	8.4	6.6	1.8
TH	7.0	0.4	7.4	7.8	5.8	2.0
HB	4.1	2.6	6.7	7.5	4.4	3.1
BE	4.1	1.6	5.7	7.5	4.2	3.3
SL	3.3	0.9	4.2	6.8	4.4	2.5
BW	4.3	1.4	5.7	6.8	5.0	1.9
NW	4.6	0.4	5.0	6.5	5.5	1.0
D	4.6	0.7	5.3	6.4	4.9	1.4
HH	4.9	0.9	5.8	6.1	4.6	1.5
BY	4.7	0.6	5.3	5.8	4.6	1.2
SH	4.1	1.3	5.4	5.6	2.8	2.8
HE	3.7	0.4	4.1	5.2	4.4	0.8
NI	4.1	0.1	4.2	4.8	4.4	0.4
RP	3.6	0.5	4.1	4.7	3.8	1.0

促进学校中比率　其他普通教育学校中比率　x 合计

图 D1‐2　2000/01 和 2010/11 学年各州和促进地点的特殊教育促进率(单位:%)

来源:KMK 秘书处(2010 及 2012 年),学校特殊教育促进情况　　　　→表 D1‐4A

私立学校

在这期间每十个普通教育学校中有一个为私立学校

如 B1 所示,过去十年私立普通教育学校数量明显上升。1998 年至 2010 年间由 2 277 所上升至 3 605 所。同时因人口发展减缓,公立学校数量明显减少,从而使私立学校在所有学校中所占比例由 5.2%翻番至 9.9%(表 D1‐6web);私立学校学生比例由 5.3%上升至 8.3%。

私立学校的承办方主要是教会及其相关组织(表 D1‐7web)。2010/11 学年全国私立学校中 23%由天主教教会、14.5%由新教教会承办。私立华德福学校联盟提供了 8%的重要学校资源。以当前的学校目录情况,想要将其余私立承办方系统划分不太可能,因为这涉及团体、协会、基金会或个人。其中,丹麦学校协会在石勒苏益格—荷尔斯泰因州经营了约 50 所学校,主要针对丹麦少数民族的学龄儿童。以商业为导向的公司只是个别的,主要的还是非盈利性的公益机构。

　　与其他学校类型相比,基本法要求入读私立小学需要满足附加条件,[①]以便所有社会阶层的儿童都能在同一所学校上学。值得注意的是,私立小学的数量自 1998 年起增长不止一倍。短期内来看,私立学校明显主要集中在密集中心城市,如柏林、汉堡、慕尼黑或莱比锡等(图 D1 - 3)。

私立学校主要位于密集中心城市…

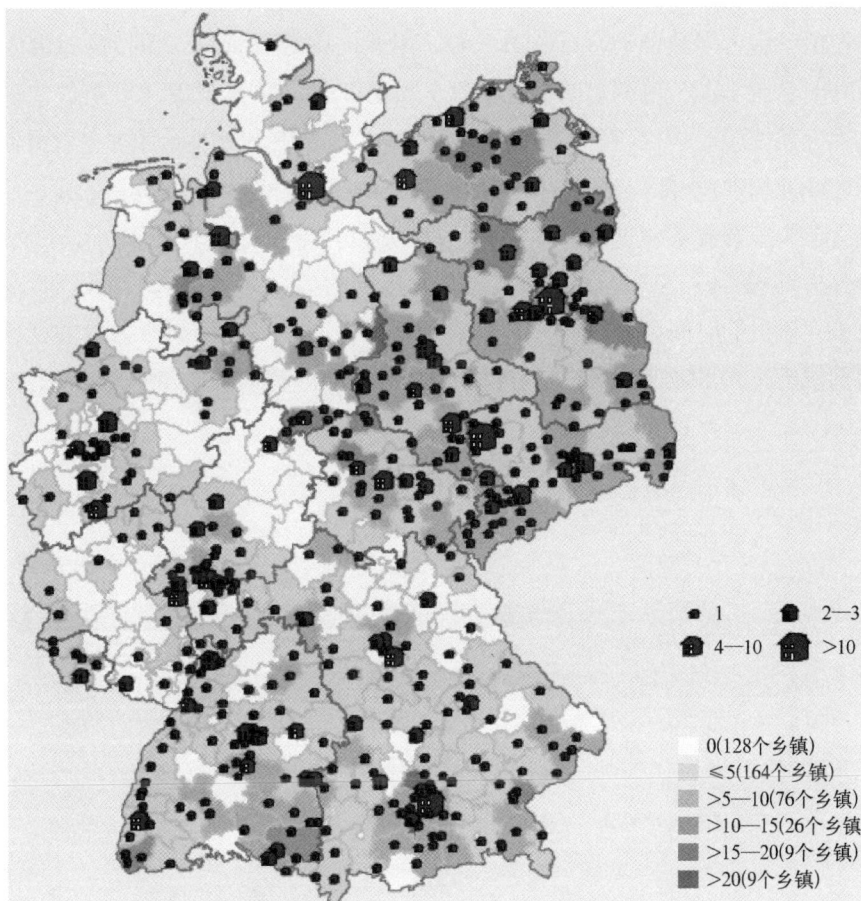

图 D1 - 3　2010 年私立小学(各乡镇学校总数)及该类学校学生的
比例(在该专区所有小学生中所占百分比)

来源:联邦及各州统计局,学校索引,自己计算得出

　　然而私立学校在新联邦州所占比重相对较大,包括农村地区。在许多乡镇就读私立小学的学生超过 10%。这些学校大部分是近十年间新创立的。1998 年尚无私立学校的德国东部 80 个乡镇中,至 2010 年有 1 至 8 个初建学校。对乡镇地区的深入分析显示,这更多涉及私立学校对公立学校的取代而非排斥影响。在国家因未超出最低学生人数而无法维持学校的地区,私立承办方承担了最基本的基础设施供应。

…然而新联邦州包括农村地区所占比重也较大

---

①　私立学校唯有教育行政机关承认其设立具有特殊教学利益时,或经儿童教育权利人之请求以之作为乡镇公学(Gemeinschaftsschule)、宗教潜修或理想实践学校(Bekenntnis-oder Weltanschauungsschule)时,而该乡镇(Gemeinde)又无此类公立学校时,准其设立(参见基本法第 7 条第 5 点)。

向中等教育第二阶段的过渡情况

之前的教育报告一再强调,由于缺乏纵向参考,只能模仿以往积累形成的机构方面的过渡模式。要想从历史发展角度分析,需要根据同龄人的教育参与情况进行微型人口普查才可得出。

进入文理中学高级阶段的学生年龄主要集中在 17和 18 岁

若跟踪调查 1985 年出生的人直至成年早期的教育参与率,则 17 岁时就读中等教育第一阶段学校的学生占多数(55%)(图 D1 - 4)。因此向中等教育第二阶段的过渡主要发生在 2003 年即 17 至 18 岁,也就是明显晚于原本预期(D2)。中等教育第一阶段之后该同龄人组中大部分就读职业学校(42%的 18 岁学生和 48%的 19 岁学生),主要是双元制职业教育框架下的职业培训,小部分进入文理中学高级阶段(33%和 31%)。其余的青少年在这个年龄时还就读中等教育第一阶段的学校(15%和 4%)。尽管在这一时间性观察中无法进行移民背景分析,但德国人和外国人的过渡过程是不同的(表 D1 - 8web)。外国青少年就读中等教育第一阶段的时间更长(D2)。他们在职业学校和文理中学高级阶段的就读率始终低于同龄德国人。19 岁时近三分之一外国青少年已不再就读于教育机构,而德国人中该比例仅为 14%。

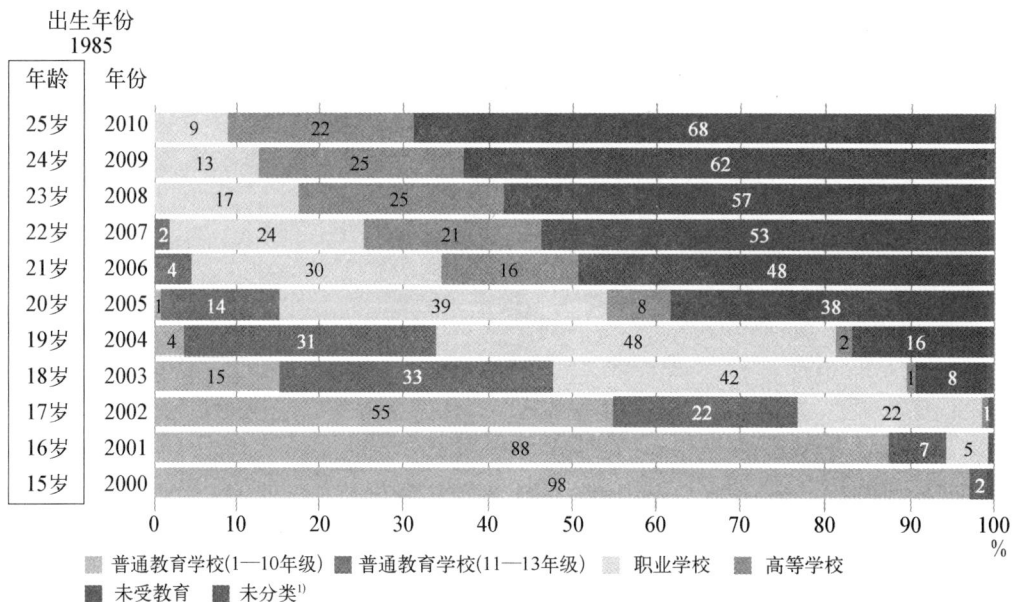

图 D1 - 4 1985 年出生者 15—25 岁间在各教育领域的教育参与情况(单位:%)

1)缺少就学及细微分类的人员数据

来源:联邦及各州统计局,2000—2010 年微型人口普查,自己计算得出   →表 D1 - 8web

ⓜ概念注释

促进率:促进率是有特殊教育促进需求的学生在有全时教育义务(1 至 10 年级和促进学校)的学生中所占百分比。

D2 中小学学业耗时

在过去几年中,在机构化教育中所耗时间问题——尤其是较之职业体系——比以往更加突出。过去几年的一些改革旨在缩短学校就读年限或延长在校时间(例如缩短文理中学时间,图 D2－3web;增加全日制教育供应,D3),除这些旨在更有效或更广泛利用在校时间资源的措施外,2010 年教育报告中已经指出其他发展。例如,越来越多的青少年因为没有达到毕业成绩或为了取得更好的毕业成绩而延长在校时间(D7)。

在这一背景下,教育报告将首次关注教育实践相关信息(参见 C5),并将从三个方面观察学业耗时:人生履历(学校生涯的持续和推迟),学年进程(课程),每周学校日常(课堂、校外和个人学习活动的耗时)。虽然可用数据并不能显示出预定时间实际上在多大程度上为有效学习时间,但是它们可以描绘出机会结构和学生群体间的机会差异。

在校时长

学生就读学校的时长取决于他们采用哪种教育模式、为何延迟(如复读)以及学生的学习进程:是否留级,或者他们的毕业成绩是否理想决定了学生的在校时长。在教育参与率的基础上确定平均上学年数[M],可以看出 1950—1970 年间出生者该数值持续增长(图 D2－1)。1950 年出生者平均上 9 年普通教育。因为义务教育时间的延长和通往中级学校以及获得高校就学资格的过渡率的增长,后来出生的人群普通教育时长增加。1960 年出生者已经为 10 年,而 1970 年出生者继续增加到 11 年,与 1980 年出生者的上学时长相同。

时间上:上学时间延长 2 年

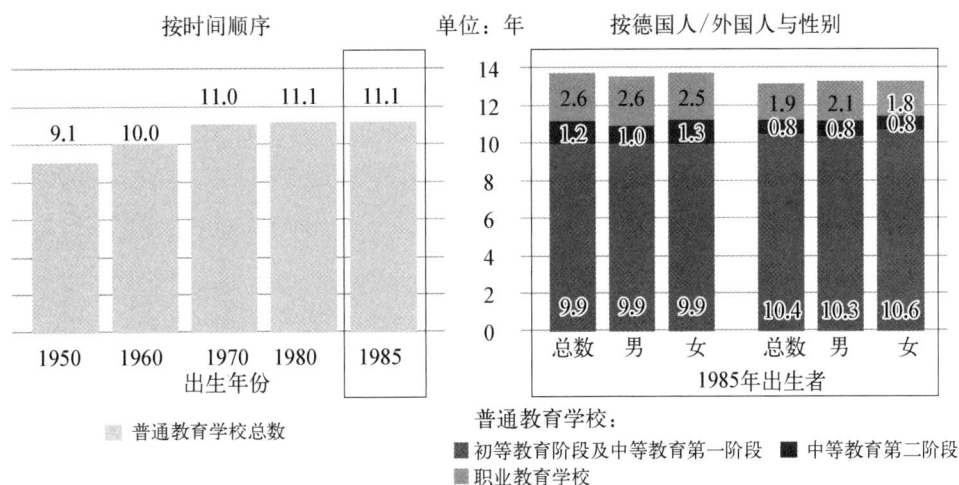

图 D2－1　1950、1960、1970、1980 及 1985 年出生者的平均就读学校年数,
按照国内外情况和性别对比(单位:年)*

* 1991 年以前的年龄相关教育参与率基础数据仅包含旧联邦州数据,自 1992 年起为全联邦数据。
来源:Köhler, H. (1990), Neue Entwicklungen des relativen Schul-und Hochschulbesuches; Köhler, H. (1978), Der relative Schul-und Hochschulbesuch in der Bundesrepublik Deutschland 1952 bis 1975;联邦及各州统计局,2004—2009 年居民教育水平,1982—2004 年教育数据显示,1991—2010 年微型人口普查,自己计算得出
→表 D2－1A,表 D2－6web

对立趋势:一方面上学时间的结构性缩短…

根据微型人口普查回顾就读时长,按照性别和国籍情况可以得出调查结果的最年轻的一代人是 1985 年出生者(图 D2－1,表 D2－6web)。这里显示出,女生比男生上普通教育学校的时间更长,起决定作用的主要是女生的文理中学就读率更高。因为除莱茵兰—普法尔茨外,所有州已将直至毕业的上学时间从 13 年缩短到 12 年(G8,图 D2－3web),未来将可以继续观察,文理中学就读时间的减少或者获得高校就学资格途径的增加,是否可以保证更长的上学时间(D1,D7)。

…另一方面因教育参与率上升而导致延时

按照国籍对比就读学校时长(图 D2－1)可以发现,外籍学生平均上学时间为 13.2 年,不像德国人就读普通教育和职业教育学校那么长时间(13.7 年)。而外籍学生这一就读时长的较大一部分是在中等教育第一阶段。他们在 1 至 10 年级因延迟(例如留级)而平均要读 10.4 年,比德国学生长半年。尽管就读普通教育学校的时间更长,但外籍学生获得有资质的文凭却更低(D7)。这一点在职业教育学校逐渐得以弥补,由此用于学校教育的时间再次得以延长。青少年在无形式继续教育的过渡体系中所花费的时间导致教育时间的继续延长(参见 E1)。

延长的学生生涯

2004/05 学年以来留级率持续下降…

之前的教育报告已经指出,很大一部分学生因留级而导致学生生涯的延长。2010/11 学年有 16.4 万学生留级(表 D2－2A)。回顾过去,留级率Ⓜ也因升级规则的变化由 2004/05 学年的 2.8%下降到当前的 2.0%。

基于 PISA 数据可以得知有多少学生在 15 岁以前留过级(表 D2－D3)。2009 年受访的 15 岁人群中有 21%的学生至少留过一次级。同龄学生在学生生涯中累计所得留级者比例是每学年留级率的数倍。值得注意的是,有些学生会在 9 年级的时候自愿留级,以便过渡到获得中级学校文凭的毕业年级,或过渡到文理中学高等阶段。留级者中有许多孩子有移民背景Ⓜ、社会经济水平低。其父母至少一方生于国外的 15 岁青少年学生生涯延长的比例为 29%,是无移民背景学生该比例(14%)的两倍。即便考虑到社会经济水平,受移民背景影响的留级比率仍有明显差异。

各州和国家的课时

在学生生涯所花费的时间,除就读总年数外,还由每学年的课程总数决定。为了得到一个各州统一的比较基础,下面将对义务教育的 1—9 年级的所有学生按照教育模式进行对比。各州当前的课时设置有着明显差距(表 D2－4A):巴伐利亚 1—4 年级为 104 最低周时Ⓜ,即平均每年级每周 26 课时,这比勃兰登堡(91 最低周时)多出 14%拟定课时。基于小学就读时间推算,这一差距意味着巴伐利亚学生多上 371 小时课程。然而勃兰登堡中等教育第一阶段更高的课时总数使这一差距在 9 年级时部分得以平衡。

年课时总数上升趋势明显…
…主要在文理中学的中等教育第一阶段

在对比 2002/03 与 2011/12 学年时值得注意的是除汉堡的小学外,所有州和教育模式的最低周时通常都有所提高。尤其是文理中学课时总数在中等教育第一阶段有较大提升。这主要受文理中学就读时间缩短的影响(G8),因为按照一份 KMK 协议,至获得学历为止的总课时数为 265 最低周时。大多州在综合中学或新成立的提供多种教育的学校类型也都提供文理教育(D1)。因为它一般至毕业前有 9 年而非 8 年,所以对于 5—9 年级比 G8 文理中学少最多 8%课时。

　　若对各国拟定课时进行对比,则对于 7 岁至 9 岁以下学生,德国的拟定课时为 1 286 小时,即每学年 642 小时、每周 17 小时,少于许多其他国家(图 D2 - 2)。9 岁至 12 岁以下及 12 岁至 15 岁以下学生的课时数接近 OECD 平均值。德国 7 岁至 15 岁以下学生的拟定课时总数总计为 6 362 小时,而 OECD 平均值为 6 734 小时。拟定课时的国家对比跨度由波兰的 4 713 小时至意大利的 8 316 小时。而各国义务教育时长也存在差异。

德国初等和中等教育学校的义务教育课时低于 OECD 平均值

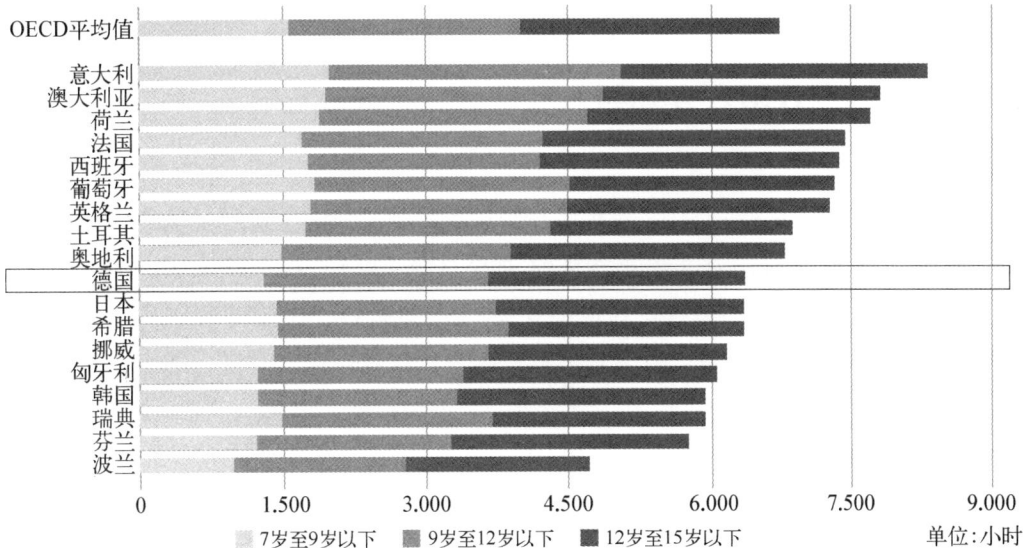

图 D2 - 2　2009 年个别国家对公立学校 7 岁至 15 岁以下学生设定的课时数(单位:小时)

来源:OECD(2011 年),教育概览,自己计算得出　　　　　　　　　　　→表 D2 - 7web

15 岁学生校内外活动所用时长

　　儿童和青少年为学校活动花费多少时间,也是在校内外如何安排时间的问题。这仅可追溯到 2006 年 PISA 研究的 OECD 特别调查,该调查将 15 岁学生的每周时间花费按照课堂内外学习活动进行了分类整理。

　　2006 年德国学生表明,每周在 PISA 核心学习领域课堂语言、数学和自然科学方面平均花费 10.6 小时用于常规学校课程(表 D2 - 5A)。然而,若每周用于这些领域的时长也包括平均 1.9 小时的校外补充或促进课程以及额外的 5.9 小时个人学习,则前面所给出时长只占 60%。仅用于 PISA 三大领域的学习时间每周共 18.4 小时,相当于一份半日制工作的时间长度。因而德国 15 岁学生稍高于 OECD 平均值(17.9 小时)。值得注意的是,通常在达到较高 PISA 能力点值的国家中,既有学习时间较多的(例如加拿大和韩国每周多于 20 小时),也有学习时间较少的(芬兰和日本每周低于 16 小时)。根据深入分析可以看出,将较高的时间比例放在常规课程上对青少年的成绩有积极影响。[①]

15 岁学生每周 40%的学习时间用于课外活动

---

① OECD (2011),Quality Time for Students — Learning in and out of school. — Paris,第 57 页。

Ⓜ**概念注释**

平均上学年数：通过算出同一年出生者在各时间(每一年龄)的相对上学率,得出总数并除以 100 得出平均上学年数(参见表 D2－1A)。

留级率：留级率是指上一学年已经读过这一年级的学生在学生总数中所占比例(不含学前班、学校幼儿园、私立华德福学校、促进学校、夜校和补习学校)。

移民背景：当父母至少一方在国外出生时,关于移民背景的定义此处按照 PISA 确定,与词汇表定义不同。

最少周时：各州学校法中规定各年级每周拟定课时数。

D3 学龄期的全日制教育和照管

改革的一个主要部分在于过去几年由传统的半日制学校向全日制学校的转变。全日制教育和照管一方面分布于不同类型的机构,如全日制学校Ⓜ或托管所Ⓜ,另一方面从家庭作业辅导直至广泛分布的课程供给和促进教育(也可参见 H2－2)。下面首先集中论述对扩建情况的补充统计。全日制教育不仅要通过给教育过程更宽广的机会结构促进教育质量的提升,还要为未得到应有教育的儿童改善学校框架条件。因此对于 15 岁学生新的重点在于研究哪些群组已获得现有教育供给。

全日制学校的数量增多

2010 年一半学校提供全日制教育

过去报告所指出的全日制学校的重建和扩建情况仍然继续。全日制运营Ⓜ的管理单位数量在 2002—2008 年期间已经从 4 951 上升到 11 825,到 2010 年再一次提高到 14 474。因此所有学校管理单位的全日制比例共计 51%(图 D3－2,表 D3－3web)。

自 2002 年起,所有学校类型全日制供应不断增长

据观察,自 2002 年起,所有学校类型都在持续增长(图 D3－1),小学和高级中学尤为明显。然而全日制学校类型仅占所有小学的 44%和文理中学的 49%,仍然低于一体化综合中学和促进学校的数值(分别为 77%和 62%)。在新的改革措施之前,一体化综合中学和促进学校中全日制学校比例已经很高。值得注意的是,2010 年提供多种教育的学校类型中全日制学校占 71%,而 2002 年才将近 20%。

大部分学校以开放式运行,即学生自愿参与全日制教育。部分义务式或义务式全日制,即教育对部分或全部学生是有义务的,主要在普通中学、有着多种教育的学校类型、一体化综合中学和促进学校中实行。

各州全日制学校的设立和参与情况

因不同的框架条件,全日制教育的学生参与率仅 28%

就各州比较来看,全日制学校的比例同往常一样普遍呈现明显增长,已超过全德国平均值,即所有学校的 51%(图 D3－2)。较之全日制学校的发展状况,全日制学校的学生比例仅 28%,明显低于全日制学校比例。起决定作用的是,一方面这种发展是逐渐且分阶段进行的,即在学校中一部分只是出现单个的全日制班级或班组。另一方面全日制学校因其

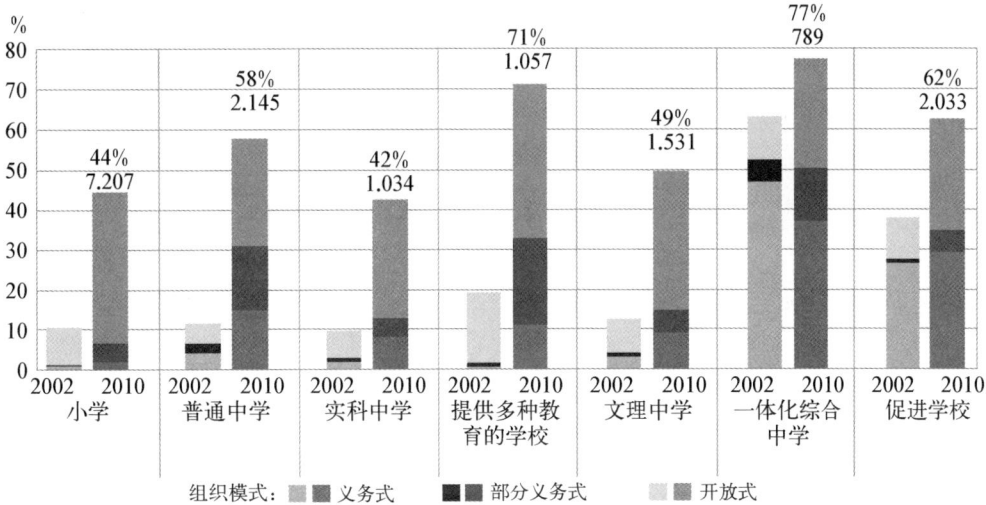

图 D3‑1   2002 年和 2010 年初等教育阶段和中等教育第一阶段中
不同学校类型和组织模式的全日制学校

来源：KMK 秘书处（2008 年及 2012 年），联邦各州全日制普通教育学校   →表 D3‑1A

组织模式而各不相同（图 D3‑1）。

全日制学校学生的社会出身

与全日制学校的发展经常一同讨论的是出身社会低层家庭的孩子是否比那些出身特权阶层的孩子受益更多。2009 年的 PISA 研究最终提供了具有代表性的数据，通过这些数据，我们可以观察到来自不同阶层的 15 岁青少年在全日制学校的分布情况（图 D3‑3，表 D3‑4web），这一年龄段的分布情况差别较小。与来自中层阶级（65％）和底层（62％）的青

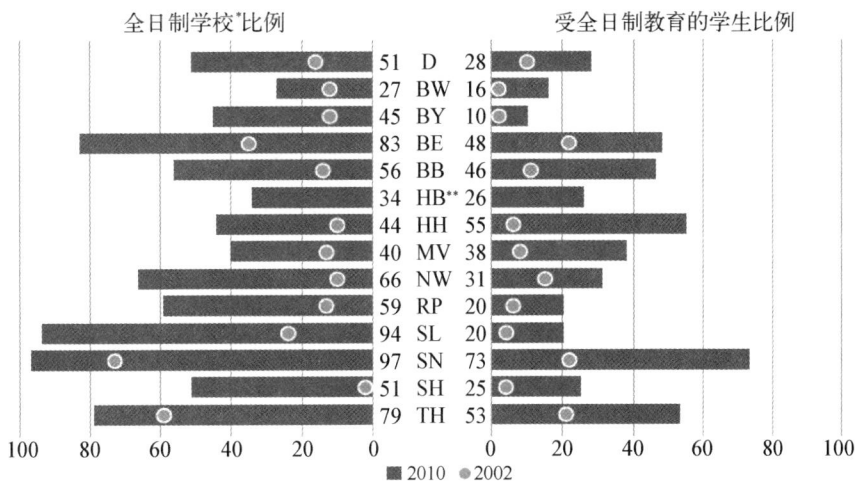

图 D3‑2   初等教育阶段和中等教育第一阶段的全日制学校* 及 2002、2010 年
各州**接受全日制教育的学生（单位：％）

* 作为学校管理单位的全日制学校
** 在不来梅（至 2008 年）、黑森、下萨克森、萨克森—安哈特，无私立全日制学校的相关数据，因而在所有学校或学生中的总比例没有意义。

来源：KMK 秘书处（2008 年及 2012 年），联邦各州全日制普通教育学校   →表 D3‑3web

不同社会经济状况的青少年参与全日制教育的情况仅有细微差别

少年相比，社会经济水平高的青少年(68%)就读于开设全日制项目的学校的比例较高。但是来自社会弱势家庭的孩子去全日制（对部分或全体学生）义务教育学校恰恰成为一种趋势：来自低社会经济水平家庭的 15 岁学生中，分别有 19% 和 4% 就读部分义务式和义务式全日制学校，而高社会地位的孩子中该比例仅分别为 14% 和 2%。这可能与全日制义务教育在不同学校类型的分布有关（图 D3-1）。低社会水平的青少年中较大一部分上普通中学、综合中学或促进学校（D1），这些学校又是所有学校类型中最经常实行部分义务式或义务式全日制学校类型。

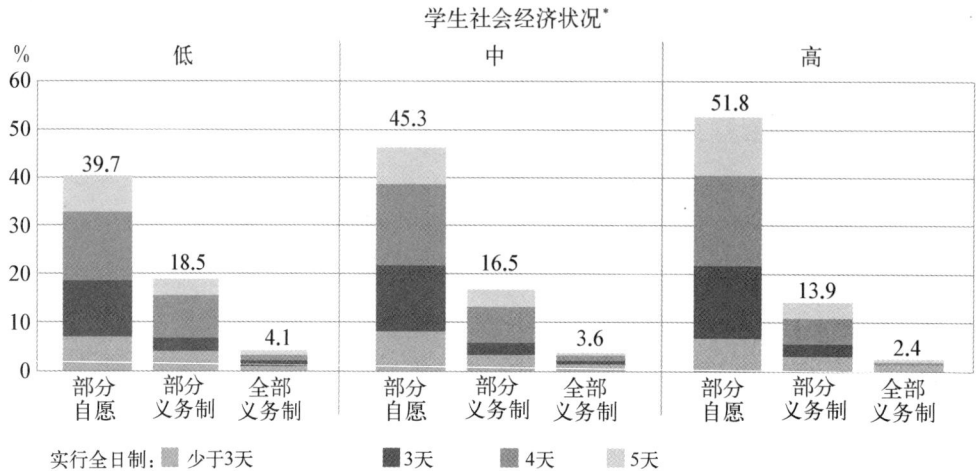

图 D3-3　全日制学校中的 15 岁学生，按照义务类型和教育频率以及社会经济状况*划分（单位：%）

* 父母的最高职业状况（HISEI 指数，参看词汇表）

来源：德国 PISA 组织，PISA 2009，自己计算得出

→表 D3-4web

托管所作为全日制教育的补充

大部分州除全日制学校外还继续发展托管所

　　除了全日制学校，由儿童和青少年福利中心机构建立的托管所也是全日制教育和照管的重要组成部分。特别是在就读小学阶段，托管所在数量上是很大的变量；在这一年龄段全联邦有 422 473 名儿童及 15% 学生利用托管所（表 D3-2A）。托管所一方面是全日制学校的独立补充项目，另一方面也是与机构合作的一种形式。尽管就读全日制小学的儿童数量急剧增长，但从 2006 年以来参加托管所的儿童也增长了近四分之一。这里体现出各州在发展对小学儿童的全日制教育和照管时的不同政策。在北莱茵—威斯特法伦州，学校里的全日制学习名额几乎被完全缩减；而托管所在巴伐利亚州和下萨克森州也出现了明显的增长。在萨克森州和勃兰登堡州这两种照管形式都有较高份额，并且形成了大量的托管所和全日制小学的合作项目。

Ⓜ概念注释

　　全日制学校：根据 KMK 的定义，全日制学校需要提供 1 周至少 3 天，每天至少 7 小时的全方面教育，这些教育必须将课内外教育有计划地联系起来，并且要为学生提供午餐。

　　托管所：托管所是一种仅针对学龄儿童的幼托机构，此外还有为那些在指定年龄的幼托机构中的儿童开设的场所也包括在内。

　　全日制学校管理单位：不论学校类型的话，有些具备多种学校类型的学校中心只作为全日制学校被统计一次（即所谓的管理单位），以避免数据的重复。

D4 中小学教职人员

　　学校和课程以及成功的教学——学习进程质量的发展和保障由教育人员[Ⓜ]的自身素质决定。其基础前提是，满足对受过科学性高校培训的专业教职人员的需求。这不仅是为了教师教育改革的长远发展，也为了在学校教育中能起到效果。同时，为了适应未来人事政策的需求，教职人员的性别构成也需注意。为了教师职业的继续发展而进行的讨论中反复出现的主题，是专业教师需求和职业活动终止的原因。工作活动的形式也需要探讨。同时，如之前的教育报告一样，还将讲述学校人事的数量发展以及不同年龄、性别、职责范围和移民情况的构成。

不同年龄、性别、职责范围和移民背景构成的师资力量

　　主职师资力量[Ⓜ]由全时工作和部分时间工作的师资组成。2002 到 2010 年，德国师资数量增加近 5 000，上升到 784 797 人。这与部分时间制师资力量的增长是有关系的（表 D4－1A）。他们在主职师资中的比例虽然从 37.4%（2002 年）上升到 39.1%（2010 年），但是在 2006 年达到 40.4%，已经超过了 2010 年的比例。这表明部分时间制师资的比率停滞在较高水平。全时师资力量中还有 120 000 余名在学校里是按小时[Ⓜ]教课的师资。

去年主要职业师资力量的数量上升

　　在国际比较中，德国与意大利一样，在初等教育和中等教育第一阶段师资中比例最大的是 50 岁以上人员，而比例最小的是 30 岁以下（表 D4－6web）。然而德国的这种情况因教师职务和性别而有所不同（图 D4－1，表 D4－3A）。通过促进学校教师资格考试的师资明显比其他职务的师资年轻。年轻师资力量中的男性比率走低（图 D4－1，表 D4－3A）。60 岁及以上的老师在男老师中占 1/6，在女老师中只占 1/11。未来几十年中，若不出现男性有目标性地赢取教师职位的情况，师资中的女性比率将继续增加。

平均男师资明显比女师资年长

　　2010 年微型人口普查数据显示，在所有学制阶段的学校体系中，有移民背景的师资比例极小，仅占 6.1%，远低于有高校文凭的其他职业中的比例（15%；表 D4－7web）。

教学工作有移民背景的师资仍然很少

教师的雇用

　　由于 50 岁以上师资比例较高（48%，表 D4－3A），目前呈现出学校教育人员替代需求也相对较高。过去几年新招师资力量也相应再次增加。过去三年平均每年新招收大约 30 000 名教师，比之前的三年多大约 5 000 人（表 D4－4A）。2011 年教师构成（全时教师）中有 4.4% 发生了替换，这明显体现出教员工作的高招收率。公共教学工作中招收的求职者数量升高，与转行入教职者数量增加有关。转行入教职者在被招收者中是一个很小的群体，只占 5%—6%（表 D4－4A）。但是按照 KMK 定义，转行者仅指未通过二级教师资格考试的教员。经过

教员工作中转行入职者仅一小部分

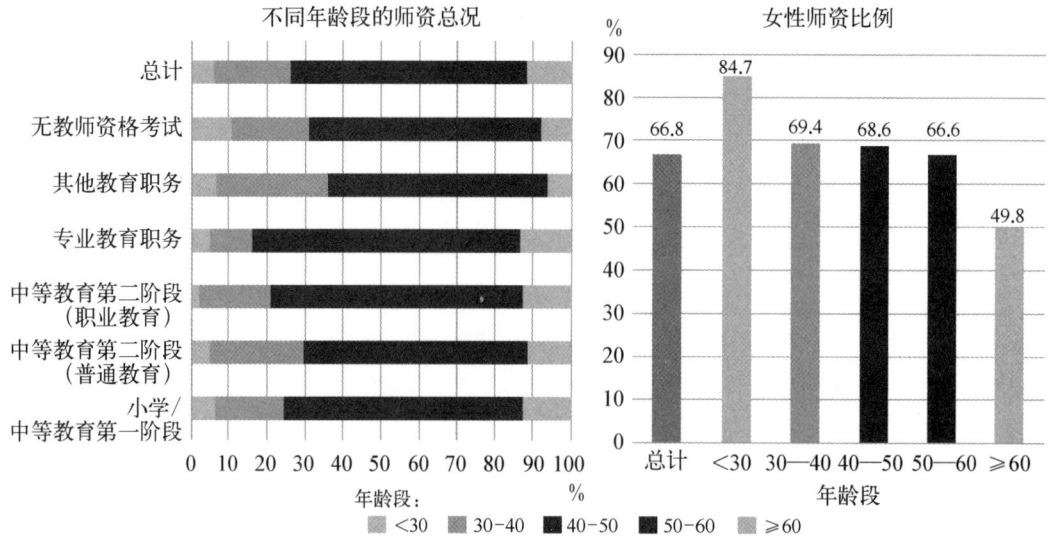

不同年龄段的师资总况

女性师资比例

图 D4-1　2010/11 学年普通教育和职业教育学校中的师资情况,按照教师
资格考试、年龄段、学校类型和性别划分(单位：%)

来源：联邦及各州统计局,2008/09 学年学校数据统计,自己计算得出　　　　　→表 D4-3A

并非指向教师职位的高校考试后便谋求教员工作的,以及在大多数州必须先完成预备期服务的被招收者,在 KMK 统计中并不算作转行入教职者,尽管其人数甚为可观。未来重要的是,对于未接受大学师范学习的求职者,将力求教师教育的改革措施对学校改革有所作用。

过去十年中,教师招收比预备期服务毕业多出 15%

在过去十年里,招收的求职者人数明显高于刚完成预备期服务的毕业者(表 D4-4A)。招收的求职者在 2001—2011 年间过往求职者比例高出 15%。因而有可能有目的性地招收通过了二级教师资格考试的求职者,以便结束专业性师资供应不足的情况。由于已往求职者的储备很快将被耗尽,将来在高校培训预备期就要重视满足专业师资需求(参见 H3.2 艺术专业相关内容)。

职业活动的结束

公务员群体中开始退休的年龄较高

在大众眼中教师是一种因职业压力增长而使更多人提前离开教员工作的职业群体。然而对公共事业被照管者的统计显示,自 2002 年以来,公务教员因无工作能力而退休的情况明显减少(图 D4-2,表 D4-8web)。同时因达到 65 岁规定年龄上限而退休的公务教员的比例上升到超过 35%。自 2007 年以来,达到规定年龄上限是最常见的退休原因。由此,教员属于平均退休年龄相对较高的公务员群体(表 D4-9web);最近几年甚至是所有公务员群体中开始退休年龄最高的。

教员开始退休的平均年龄在 1997—2010 年间增长了 1.3 岁。女性(2010 年 63.7 岁)和男性(2010 年 64.1 岁)差别并不明显。这与教师失去工作能力的情况不同。这一方面平均年龄也有所增长,涨幅甚至为 1.8 年,同时女性比男性开始无职务能力的时间平均早 2 年(2010 年分别为 57.6 岁和 59.5 岁)。

教员平均退休年龄与其他大学教师相同

微型人口普查有利于分析公务员、职员、教员和其他大学教师职业活动结束时间点的性别对比。对比的基础数据由 2010 年调查时 50 岁以上且结束职业活动的所有大学教师

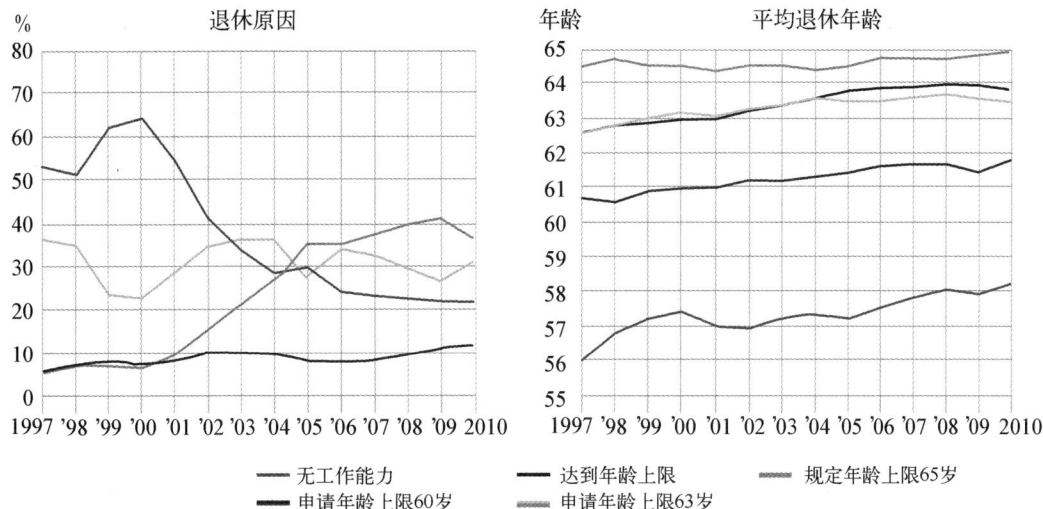

图 D4‑2　1997—2010 年各退休原因的比例及教员工作公务员平均退休年龄

来源：联邦及各州统计局，公共事业受照管者情况统计　　　　　　　　　　　　→ 表 D4‑8web

构成（表 D4‑5A）。其中对退休的有高校文凭的教员和其他大学教师之间的对比表明，教师职业对于结束职业活动的年龄影响不大。男性教员和其他男性大学教师的退休年龄中位数在 61 至 62 岁之间（平均值在 60.9 至 62.5 之间）。女性这一时间点为 59 至 61 岁之间（平均值在 59.3 至 61.4 之间）。女性比男性更早结束职业活动，因为她们更早达到法定退休年龄，并且在开始退休前放弃职业活动的比例更高。对于教员的退休开始年龄来说，职员或公务员身份影响不大。其他大学教师相较于教员，公务员更晚、职员更早开始退休。对此，受雇的其他大学教师比受雇的教员更经常在退休前结束职业活动（18% 对 11%，表 D4‑10web）这一点也有影响。

对于教员的退休开始年龄，公务员或职员身份影响不大

　　调查显示，退休主要受退休法律规定、个人生活情况和工作活动形式的影响。教员与其他大学教师在结束职业活动方面的差别只在细节方面。未考虑教员的工作范围在退休前工作的最后几年有多大程度的减少，以感觉仍能胜任职业要求。

Ⓜ 概念注释

　　教职人员：数据基础为官方学校统计可用报告。观察对象除普通教育学校（从学前班到补习学校）的教员外还有职业学校的教员。此处未考虑其他非授课教职人员。

　　主职教员：主职教员可以是全时或部分时间工作。全时工作教员为工作了全部规定义务时数（义务时数 = 授课时数 + 免去的授课时数）的人员。部分时间工作教员是个人义务时数因该州规定减少到最高为规定义务时数的 50% 的人员。

　　小时制工作教员：小时制工作教员的工作时数少于全时工作教员规定义务时数的 50%。教师职务候补人/候补官员只要独立授课，就属于小时制工作者，即便授课时数超过规定义务时数的 50%。

D5 校外学习活动

　　除学校这样的形式学习场所以外，文化/音乐审美教育、儿童和青少年工作的组织供

给、托管所、协会、教会和私人提供的教育机会中也存在多样性的教育过程(参见 H)。协会和组织群体的自愿活动基于积极参与和直接责任接管为儿童和青少年提供了补充学习机会。自愿活动者经常受到专业教育陪同,以使那些活动形式获得教育重要性。此外非形式学习环境,如:家庭和同龄者,其学习很大程度上是无计划的,这种学习是自发组织且非结构化运行的。

主要是家庭作为非形式教育环境从一开始就扮演着承担教育履历的角色(参见 C1)。它们不仅为孩子们开启进入形式和非形式教育的大门,在学校方面给予多种支持,而且自身也是重要的教育者。因此相较以往的教育报告,这里更多观察的是家庭提供了哪些学校支持功能。同时再次报告不同非形式教育场所的自由活动。

家庭对于学校学习的支持

家庭的全日教育活动促进儿童在 3—6 岁的能力发展,也是胜任学校要求的重要基础(参见 C1),而学童期的家庭支持则是通过对家庭作业和学校学习的帮助。

45%的家庭经常帮助其13—18岁以下的孩子学习

13—18 岁以下学生中约 45% 自称很经常或经常受到家庭在家庭作业方面的支持(图 D5 - 1)。此外,五分之一的学生参与校外补习课,以便在校外也有额外学习(D2)。13—16 岁以下大约一半家长陪孩子学习学校课程,而 16—18 岁以下该比例仍高于三分之一。此外,母亲的职业、家长教育水平或移民背景Ⓜ对于家庭学习支持的频率无明显影响(表 D5 - 1A)。

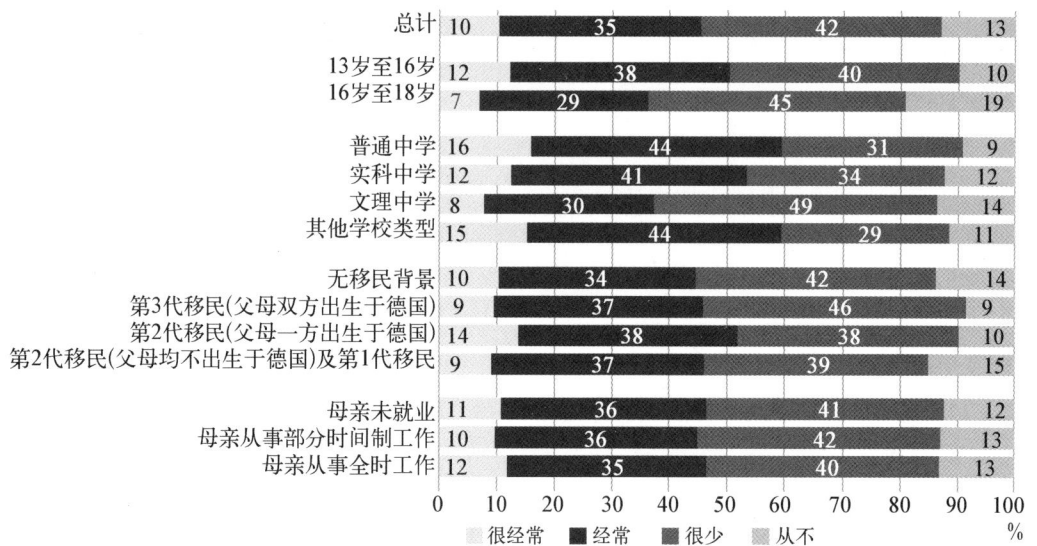

图 D5 - 1　2009 年 13 岁至 18 岁以下学生所获家庭对学校学习的支持,按个人背景特点划分(单位：%)
来源：DJI, AID, AⓂ2009
→表 D5 - 1A

普通中学青少年更经常受家庭帮助,文理中学和实科中学的青少年更经常参与补习

若观察就读学校类型,则可以明显发现,上普通中学的青少年更经常得到家庭的帮助。同时,26%的实科中学生、21%的文理中学生和仅约 14%的普通中学生获得有针对性的校外补习。这说明为了满足文理中学不断提升的成绩要求,家长们更愿意通过有组织的补习而非通过加强家庭学习来实现,然而这也可能受家长的职业影响;普通中学生更多依靠家庭内支持也可能是出于费用原因。

校内外志愿活动

志愿活动可以为年轻人提供特别的学习机会,在活动过程中他们可以自主地在校内外领域负责一定任务或担任职务。学校是参与和共同决定的重要场所。这些机会不仅指课程,还包括在全日制学校拓展的附加活动(D3)。在这里,学生们可以参与决定过程并起一定作用,并且通过承担任务学习有责任心地处理事情。13—22 岁以下的学生中有 80% 自称在学校已经承担过一次志愿任务(表 D5 - 2A)。其中可能有时间紧张的任务,也可能有小任务,可能是做班长、辅导员或者监护人,争吵调解员或者在学报工作。

此外,在校外领域,例如在社团或其他组织中,志愿活动也进一步为儿童和青少年提供有教育意义的体验空间。13—16 岁以下人员中大约 29% 在一个社团或团体中自愿承担一项任务,而 16—22 岁以下的这一比例为 26%(图 D5 - 2)。许多研究显示,随着年龄增长,参与社团和协会越来越少,但这一规律在志愿活动中并未体现。这表明,较早承担任务和职责不像单纯的活动那么容易放弃,后者与个人责任心的联系要少得多。大部分志愿活动出现于体育社团。16% 的 13—16 岁以下人员和 12% 的 16—22 岁以下人员在那里进行志愿活动,例如做青年主持人、训练员或比赛助手。

29% 的 13—16 岁以下人员、26% 的 16—22 岁以下人员参与志愿活动…

…大部分活动出现于体育社团

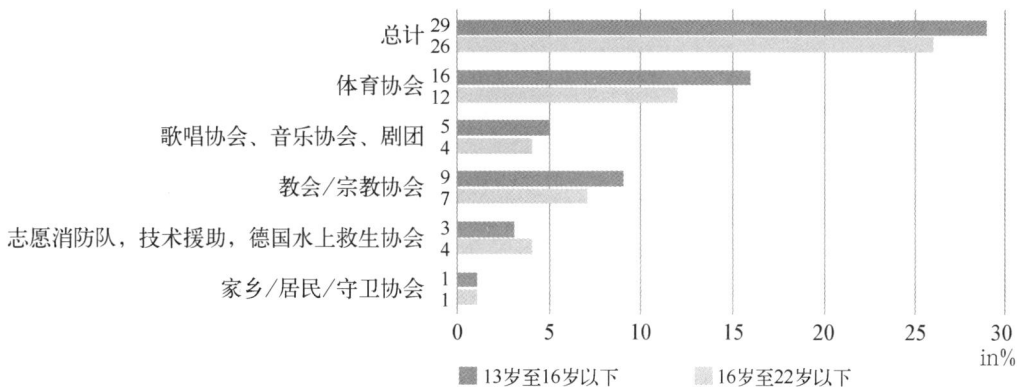

图 D5 - 2　2009 年 13 至 22 岁以下学生的志愿活动,按照组织类型和年龄段划分(单位:%)

来源:DJI, AID:A 2009　　　　　　　　　　　　　　　　　　　　　→表 D5 - 6web

志愿活动的社会人口统计特点

根据学校类型的区别体现出,82% 的文理中学生已经参与过一次学校活动(表 D5 - 2A)。这一比例在实科中学为 80%、普通中学为 70%。由此看出普通中学学生群体在学校中较少志愿参与活动。若观察青少年在社团和其他组织的志愿活动,可以看出,30% 13—16 岁以下文化水平较高的青少年和 22% 同龄文化水平较低的青少年承担任务或职责(表 D5 - 3A)。

13—16 岁以下有移民背景的人员中,尤其是父母双方出生于外国的青少年(第一、二代)中,仅有 19% 承担志愿任务或职责(表 D5 - 3A)。志愿活动者的比例比无移民背景青少年低 10 个百分点。有趣的是,13—16 岁以下、有移民背景、父母至少一方出生于德国的青少年(第二、三代)参与志愿活动的情况几乎完全相同。迄今为止的研究显示,有移民背

自己或父母双方出生于外国的青少年更少参与志愿活动

景的青少年参与活动更少,这并不适用于所有 13—16 岁有移民背景的青少年。相反,移民背景在参与志愿活动中体现出更明显的区别是在 16—22 岁青少年。这与人生阶段可能改变生活状况有关,例如较早过渡到培训和职业中,将导致放弃志愿活动。

参与志愿服务

志愿服务参与者总数达到新高

志愿服务Ⓜ是主要针对年轻人的法律规定的志愿活动形式。这一名誉性活动的特点在于,通过在日常活动中承担责任如同通过陪同课程一样获得学习机会。为了激励志愿活动,在终止兵役义务和民事服役的同时,不仅新建立了联邦志愿服务组织(BFD)和国际青年志愿服务组织(IJFD),同时也明显扩大了传统的青年志愿服务组织(FSJ、FÖJ)。由此在 FSJ、FÖJ、IJFD、BFD 和面向世界项目中活动的年轻人目前大约为 7 万人,所占比例达到新的高峰。10 年前大约 2% 相应年龄的青少年进行志愿服务,而目前大约为 7%。通常一年的志愿活动似乎越来越成为年轻人一次重要的人生经历。

至今有 72% 的联邦志愿服务参与者低于 27 岁,其中多数为年轻男性

新建立的联邦志愿服务组织出色之处在于,它不仅指向 16—28 岁人群,而且也向年龄更大的人开放。自 2011 年 7 月以来,大约 3.5 万人从事了通常持续 12 个月的联邦志愿服务(表 D5 - 4A)。尽管 BFD 原则上面向所有年龄层,但是至今大约 72% 的活动者低于 27 岁。18 岁以下人员中,女性活动者以 58% 的比例高于男性活动者(42%)。然而在 18 至 27 岁之间年龄群中则相反:年轻男性以 57% 的比例明显更多参与联邦志愿服务(表 D5 - 5A)。取消民事服役在将来能为志愿服务赢得多少年轻男性参与者,仍需拭目以待。

同时,参与志愿社会年(FSJ)和志愿生态年(FÖJ)的人数也在上涨(表 D5 - 5A):2010 年,4.3 万青少年已开始志愿社会年,2 600 名青少年开始志愿生态年。较 2002 年上涨了将近 3 万名,即 167%。2010 年 FSJ 参与者中男性比例 36% 明显低于 BFD,然而自 2006 年已经上涨了 10 个百分点(表 D5 - 7web)。而且在这一时间段中非德国出身的人员比例由 9% 上升到 11%,这表明这一群体也可被争取到志愿服务中来。若观察 FSJ 活动者的教育水平,则可以看出,有报考高校资格的人员比例在 2010 年上升到 55%,而中级学校文凭人员比例(31%)和最高达到普通中学文凭的人员比例(11%)有所下降。这无疑也归因于过去几年文凭水平的总体上升。

2010 年,大约 3 000 名年轻人开始了"面向世界"项目,该项目自 2008 年起提供在发展中国家活动的机会(表 D5 - 8web)。较之上一年,参与的年轻男性比例由 42% 下降到 34%。若观察志愿者所在工作领域,则可以看出,自 2008 年青年工作和教育领域占主导,且有重要意义。

Ⓜ概念注释

AID: A: 参见 C1 注释

移民背景: 由于数据原因,这里的移民背景与词汇表中的概念略有不同。它包括祖父母为移入人员(第 3 代)、父母一方/双方为移入人员(第 2 代)和自己为移入人员(第 1 代)的孩子。

志愿服务: 根据青年志愿服务法案(JFDG),志愿社会年(FSJ)和志愿生态年(FÖJ)指的是在德国或国外与社会、文化、生态或者教育相关的机构进行通常为期 12 个月的全职工作。其重点在于通过实践活动和承担责任进行教育。2011 年 7 月 1 日成立的联邦志愿服务组织(BFD)指向 15 岁以上人员,并向年龄更

大的志愿者开放。其适用领域与 FSJ 和 FÖJ 的相符；该服务只能在德国进行。目前尚不清楚在过渡阶段民事服役者自愿延长期限有多少包含于 BFD 数据内。FSJ、FÖJ 和 BFD 的志愿者有教育陪同。除个人照管外，他们还在 12 个月的服务中参与至少 25 天培训课。除这两个组织外，联邦经济合作与发展部门还有一个"面向世界"的项目，该项目作为学习机构尝试为年轻人赢得在发展中国家的工作。参与"面向世界"的前提是年龄在 18 至 28 岁之间，通过职业培训或高中毕业考试的普通中学或实科中学文凭。年轻人在进入之前、期间或之后至少完成 25 天培训课。此外他们可以提前或同时上语言班。

D6 认知能力

自 20 世纪 90 年代中期起，德国开始定期对在学校体系内中心连接环节处所能达到的教学效果进行研究。这场针对学校成绩的大规模研究主要涉及认知能力中对于胜任日常要求极为重要的一些能力。紧接着之前所做的教育报告，文章将以学生的阅读理解能力为重点，在 2000 年至 2009 年的国际学生评估项目的基础之上介绍德国学生能力状况的变化情况。除去对能力的研究，本小节将重新界定能力与社会经济状况、移民背景及学生性别等因素的关系。本小节新意在于对比其他学校类型重点研究高级中学（毕业后具有就读大学资格的高中）学生的能力水平发展。

为描述不同联邦州内学生的语言能力，本文引用了教育中素质发展研究所的研究结果。该研究所于 2009 年第一次考核了据教育标准规定的德英双语以及德语正字法中应具备的听说理解能力。

2000 年至 2009 年德国学生能力的发展

平均来看，2009 年国际学生评估项目（PISA）的结果同 2000 年相比在各个被测能力上均有所改善：测试结果中，德国学生的阅读能力在经济合作与发展组织（OECD）各个国家中处于平均水平（表 D6 - 1A）；数学与自然科学则高于平均水平。德国学生的能力同芬兰、韩国等拔尖国家相比差距仍然十分巨大，这一差距在各个学科内与每学年的能力增长相对应。

尽管能力改善，与国际顶尖水平仍有较大差距

阅读能力继 2000 年在国际学生评估项目（PISA）中被提出后，又在 2009 年第一次得到深入研究。关于阅读的调查结果介绍将在下文中详细展开。2009 年国际学生评估项目（PISA）将阅读能力划分为 7 个等级，以从内容上描述各种能力（表 D6 - 3web），并在此过程中尤其对阅读能力薄弱或者阅读能力极强的学生重点关注。2000 年及 2009 年，德国学生在各个能力等级上的分布表明，具备中等阅读能力学生人数增多的原因主要是出于能力等级末端的学生的评估结果有所改善（图 D6 - 4A），但关于较高的能力等级的数据并没有太大的改变。

主要是能力等级末端的学生阅读能力改善

阅读能力薄弱及阅读能力极强的学生

被鉴定为阅读能力薄弱（低于能力等级 II，表 D6 - 3web）的学生，只能完成十分简单的

1/4 的 15 岁年轻人仅有较弱的阅读能力

阅读任务。因此这些人被称作"风险人群",他们的阅读能力可能不足以应付日常及工作中的诸多情景,无法适应终身学习的要求,难以保障其完全参与社会活动。[1]

若考察德国 15 岁学生的阅读能力,即可发现,2009 年有 19% 的学生阅读能力明显薄弱,处于经济合作与发展组织(OECD)各国的平均水平(表 D6-1A)。而在 2000 年,阅读能力薄弱的青少年在国际学生评估项目(PISA)中占 23%,可见,这一比例在此期间已明显降低(图 D6-1)。值得注意的是,阅读能力薄弱的男生要远远多于女生:在所有阅读能力薄弱的学生中约有三分之二为男生(表 D6-4web,参见:学前年龄中的差距 C1)。这一结果表明,有不少比例的青少年尽管已经从学校毕业,但仍属阅读能力薄弱人群,因为 2010 年只有 6.5% 的学生没有毕业(D7)。

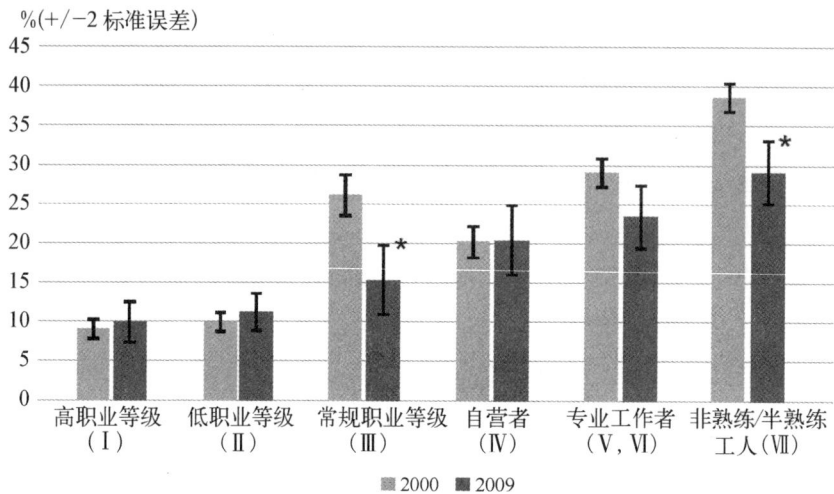

图 D6-1　2000 年和 2009 年* 阅读能力低于能力等级 Ⅱ 的 15 岁学生,按照社会经济状况(EGP 等级Ⓜ)划分

* 统计数值大量减少($p<0.05$)

来源:德国 PISA 组织(2010),PISA 2009,自行描述　　　→表 D6-2A

平均来看,具有移民背景Ⓜ的青少年在国际学生评估项目(PISA)中的能力检测结果较 2000 年以来有所提高。即便如此,具有移民背景的青少年在阅读能力薄弱群体中出现的概率仍高出无移民背景青少年两倍多(第一代移民青少年在阅读能力薄弱学生中占近 35%,第二代接近 30%,无移民背景青少年则占 14%;表 D6-5web)。

社会差距缩小,但仍然需要资助有移民背景和来自社会低层的孩子

相同的情形也表现在学生的社会经济背景同阅读能力的关系上(图 D6-1)。从 2000 年到 2009 年,家庭社会经济状况低微的学生在阅读能力薄弱的学生中所占比重尤其降低。情况明显改善的是那些父母是工人或者在常规服务行业工作的学生。另外,最低和最高等级社会群体中学生的能力差距也明显缩小了(表 D6-2A)。这些都可认定为积极的发展趋势,但父母为非熟练工人和半熟练工人的学生在阅读能力薄弱群体中所占的比例仍是父母在高职业等级工作的学生的 3 倍(表 D6-2A)。

阅读能力强的学生(能力等级 5 和 6,表 D6-3web)表现出对一个或多个文本全面、细

[1]　Ⅰ章中基于成年人研究揭示了阅读能力极为有限的人员的情况(参见 I1)。

节的理解。拥有此阅读能力的学生在德国受测验的学生中占 8%。这一数据同样与经济合作与发展组织(OECD)各国的平均值持平(表 D6-1A)。阅读能力强的学生所占比例自2000 年以来保持不变(图 D6-4A)。

阅读能力较强者比例自 2000 年未变

在阅读理解方面,成绩分配上端的性别差异比底端更显著:女学生中阅读能力强的为11%,而男学生中仅 4%(表 D6-4web)。近 3%有移民背景的学生有高阅读能力。无移民背景青少年中该比例为 9%(表 D6-5web)。这里青少年的社会经济状况差异尤其大:来自最高地位群体(高职业等级)的青少年中有 15%阅读能力强、达到阅读能力 5 级和 6 级,出身于非熟练工人和半熟练工人家庭的青少年该比例仅 3%(表 D6-2A)。

在文理中学和其他中等教育第一阶段学校类型的能力发展

在德国仍然倾向于上文理中学(D1)。2000 年 15 岁学生中有 29%上文理中学,而2009 年该比例为 34%。2000 至 2009 年 15 岁文理中学生的能力水平几乎没变。2000 年总计平均 582 能力点值,2009 年为 575 能力点值。与此相比,总览其他教育模式中的中等能力水平的统计数据有明显上扬,即从平均 445 到 458 能力点值(图 D6-2)。这在多大程度上受各州学校结构的全面改变和课程发展的影响,基于纵向数据特征尚无法确定。

文理中学尽管就读率上升,但2000—2009 年能力水平稳定,其他学校类型能力增长

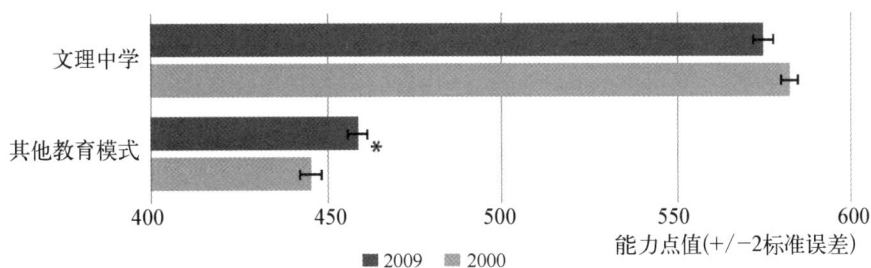

图 D6-2 2000 年、2009 年文理中学及其他普通教育模式中 15 岁学生的阅读能力(单位:能力点值)

* 统计数值大量减少(p<0.05)
来源:德国 PISA 组织(2010),PISA 2009

→表 D6-16web

中级学校文凭的德语和第一外语英语教育标准首次检验结果

为了确定各州的语言能力,2009 年首次检查了中级学校文凭的德语和第一外语英语教育标准Ⓜ。除阅读理解外,在所有州还检验了德语和英语的听力理解和德语正字法。

若观察总体(不计促进学校)的能力平均值,那么在所有州 9 年级的德语(阅读、听力、正字法)水平达到规定标准Ⓜ(表 D6-6web,表 D6-8web 至表 D6-10web),英语(阅读理解、听力理解)水平达到最低标准Ⓜ(表 D6-7web,表 D6-11web,表 D6-12web)。各州结果差异明显。各州成绩最均衡的是德语阅读理解。最高(巴伐利亚)和最低(不来梅)平均能力间的跨度大致符合一学年的能力增长。相反,在英语阅读理解和英语听力理解中跨度为一个半至两个学年。

所有调查领域的州际能力差异均较大

相较于其他州,巴伐利亚的成绩通常高于平均值;而低于德国平均值的始终是市州和勃兰登堡(图 D6-3)。此外,柏林和不来梅的全体学生中的成绩偏差通常较大(表 D6-

德语

听力平均值(单位:能力点值)

阅读平均值(单位:能力点值)

英语

听力理解平均值(单位:能力点值)

阅读理解平均值(单位:能力点值)

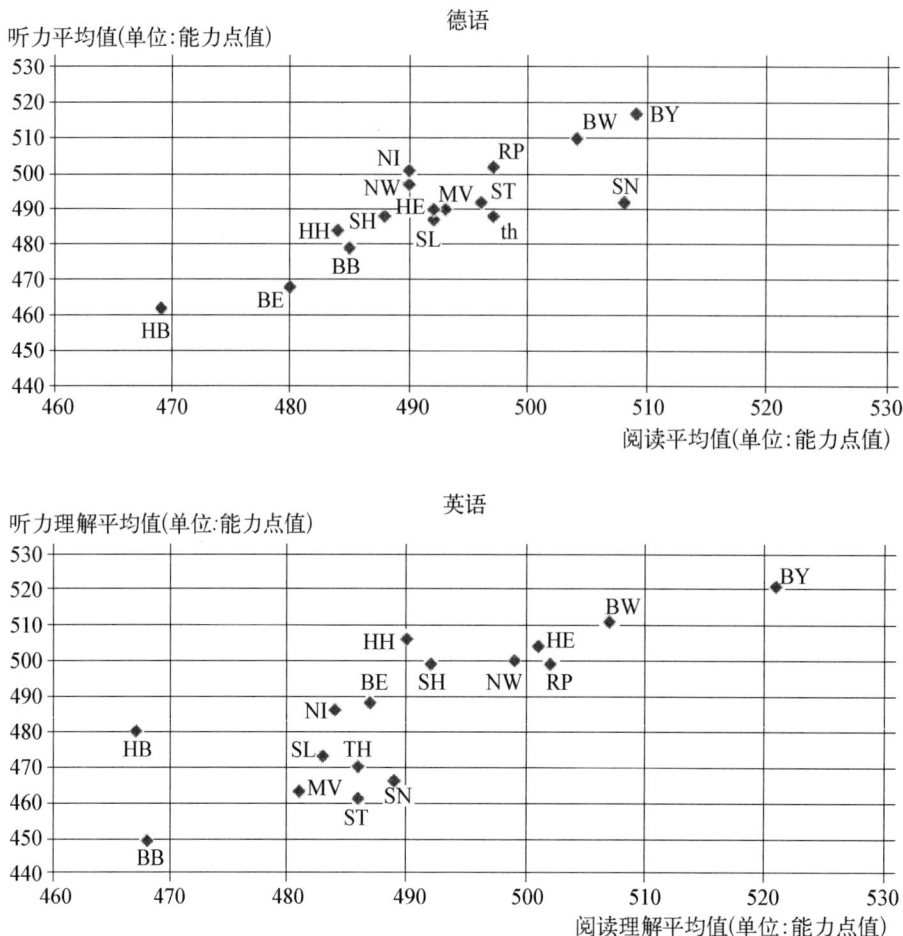

**图 D6－3　2009 年各州 9 年级学生的德语(阅读、听力)和
第一外语英语(阅读理解、听力理解)能力***

＊ 德语专业以规定标准为标准,第一外语英语以最低标准为标准。

来源:IQB,2009 年德语和第一外语英语专业(中等教育第一阶段)国家教育标准检验,自行描述

→表 D6－6web,表 D6－7web

6web,表 D6－7web)。引人注意的是,在州际对比中,东部非市州的德语成绩明显比英语成绩好,尤其体现在听力理解方面,在勃兰登堡和萨克森还体现在阅读理解上。

Ⓜ**概念注释**

　　能力等级:PISA 研究及教育标准审查的构想能够在内容方面更详细地描述学生能力,并借助能力等级归入相应能力分层。按照期待,能力被归入较高能力等级的学生能够比较低能力等级的学生解决更为复杂的任务。PISA 阅读能力的能力等级在表 D6－3web 中说明。在德语阅读、听力和正字法以及第一外语英语的阅读理解和听力理解方面的中级学校文凭教育标准能力等级在表 D6－8web 至表 D6－12web 中给出。PISA 阅读能力测试和检验教育标准的德语阅读测试在多大程度上测定出相等的或至少可比较的能力,以及能力等级模式是否相互参照,目前还是科学研究的对象。因此无法对 2000 年和 2009 年的各州结果进行对比。

　　移民背景:不同于词汇表的定义,此处基于 PISA 将有移民背景的人员定义为自己或父母在国外出生的人员。

　　EGP 分类:按照埃里克森(Erikson)、戈德索普(Goldthorpe)、波托卡雷罗(Portocarero)三位学者的理论,相似的职业、收入状况和职业地位会带来不同等级的生活机会和风险:

高职业等级（Ⅰ）：如自由学术职业、领导层职员、高层官员

低职业等级（Ⅱ）：如中层管理人员、非体力劳动的技术职员

常规职业等级（Ⅲ）：如例行公事的办公室和管理职业

自营者（Ⅳ）：有较少/没有雇员的体力职业自营者，从事非高水平职业的自由职业者

专业工作者（Ⅴ，Ⅵ）：如工头等低层技术职业

非熟练/半熟练工人（Ⅶ）：如体力劳动领域的非技术/技术职业

（参见 Baumert, J./Schümer G.（2002），Familiäre Lebensverhältnisse, Bildungsbeteiligung und Kompetenzerwerb im nationalen Vergleich. In：Deutsches PISA-Konsortium（Hrsg.），PISA 2000 — Die Länder der Bundesrepublik Deutschland im Vergleich. - Opladen，第 339 页）

中级学校文凭教育标准：KMK 于 2003 和 2004 年针对核心专业确定了小学和中等教育第一阶段结束的教育标准。2008 年和 2009 年首次对中级学校文凭的德语和第一外语（英语或法语）在阅读理解、听力理解、德语新正字法方面的教育标准达标做了检验，这是未来德国内部跨时代观察的基础。2009 年在公共学校（不含促进学校和促进学校）的 9 年级进行了州际比较。结果在于总体的平均水平并在这一方面做出报告。对所调查专业的能力进行等级划分，得出德国 500 能力点值的总平均值和 100 能力点值的标准偏差。略有不同的是，对德语阅读理解领域确定的平均值为 496 点，标准偏差为 92 点。达到教育标准的 9 年级学生是：（a）在公共学校接受教育，最终可以拿到中级学校文凭或文理中学文凭，（b）按照其教师的评估也达到标准（表 D6 - 13web 和 D6 - 14web）。这一评估适用的学生比例在各州差异明显。

最低标准和规定标准："最低标准是指所有学生至一定教育阶段应该达到的能力最低值。该标准未超出 KMK 手册中确定的能力期待，但进一步描述了中等教育第一阶段结束时的教育最低值，设定达到这一水平的学生可以借助相应支持成功融入职业初级培训。规定标准是指一定教育阶段的学生应该达到并与 KMK 相应要求一致的能力"（参见 Köller, D.（2010），Politische und inhaltliche Rahmenbedingungen bei der Setzung von Kompetenzstufen，第 36 页）

D7 中小学肄业和毕业

普通教育学校文凭是后续教育和能力发展生涯的重要前提。中等教育第一阶段结束时有机会获得普通中学文凭或更高等级的中级学校文凭。中等教育第二阶段的文凭是报考应用技术大学和普通高校的资格。

之前所有教育报告对毕业生和肄业生[Ⓜ]的总数和比例作了报告，接下来要对其中明显的变化作出总结。总结按照以下三个思路来进行：首先肄业率和毕业率体现了达到学校毕业要求的学生在其总数中的比例。其中观察的是学年末毕业或未毕业离开学校体系的所有人。因为在后续教育中获得之前没有达到的或更高资质的学校文凭的青少年也算入此列，所以将在第二步阐明哪一部分学生以哪种途径达到某一特定文凭。第三，首次将同一年龄人群教育水平直至成年早期的发展过程描述出来。

肄业率和毕业率的发展变化

若以时间顺序观察毕业率和肄业率[Ⓜ]的变化，则以往教育报告所描述的趋势仍在继续：更高资质的文凭持续攀升，而未获得普通中学文凭即离开学校的青少年越来越少（图 D7 - 1，表 D7 - 1A）。2006 年以来无普通中学文凭的肄业人数从 7.6 万下降到 5.3 万，相应

无普通中学文凭的青少年越来越少…

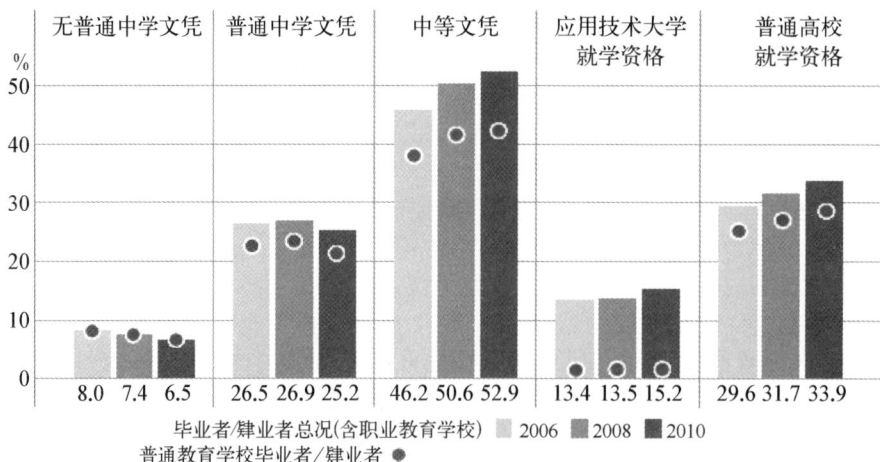

图 D7-1　2004—2010 年普通教育和职业教育学校不同文凭类型的
毕业者/肄业者(在同龄人口中所占百分比)*

* 与此前的计算方法不同,肄业者/毕业者人数不是根据相应年龄而是根据同龄人口计算(比例总和
法)。若有学生是后来补毕业的,则会出现由于时间延迟而导致的重复计数。
来源:KMK 秘书处(2012 年),2001—2010 年学校的学生、班级、教师和毕业生　　　→表 D7-1A

地同龄人口中肄业率由 8.0% 下降到 6.5%。

**…一半毕业生获
得大学入学资格**

　　过去几年中持中级学校文凭和普通高校报考资格的毕业生比例明显上升。2010 年有
一半青少年(同龄人口的 53%)获得中级学校文凭,三分之一(34%)通过毕业考试。包括获
得应用技术大学报考资格的青少年在内,获得高校入学资格的毕业生比例共计将近 50%。

**2004 年以来德国
和外籍青少年的
毕业情况并未接
近**

　　无论外籍的还是德国的青少年在毕业方面总体都呈积极发展趋势(表 D7-4web)。但
并未显示出外籍和德国青少年毕业情况相互接近。无普通中学文凭的青少年中,外籍学生
在整个时间段内超出 2.5 倍,获得普通高校入学资格的机会却始终比德国人少近 3 倍。这
证明了不对等的极大稳定性,尽管青少年的移民代和出身国已经发生了变化。

不同学校类型的毕业趋势

　　至今的教育报告显示,在过去几年中,中小学毕业文凭与某些学校类型的传统联系明显
变松了。不仅通过具有多种教育的越来越多的学校类型(D1),而且在其他学校也能获得各种
不同的中小学毕业文凭。2010 年普通中学中还只有 54% 获得普通中学文凭,实科中学仅获
得 45% 的中级学校文凭(表 D7-2A)。越来越多青少年通过具有州际特色的认证条例事
后在职业学校获得普通教育文凭。大多通过这种方式提高在普通教育学校获得的学校文
凭。在职业学校获得该类文凭的方式在所有普通中学文凭中所占比例在 2004 至 2010 年
间由 14.6% 上升到 17.8%,在所有中级学校文凭中所占比例由 16.0% 上升到 21.3%。

　　若不以毕业形式而是以学校类型分析毕业生结构,即以各学校类型的毕业特征形式,
则在获得高校入学资格方面呈现一系列延期现象(图 D7-2)。一体化综合中学和私立华
德福学校的学生越来越多以通过毕业考试的方式离开学校。而 2004 至 2010 年间,普通中
学和中等学校毕业在这方面减少高达 7 个百分点。第二教育途径的学校情况则相反。以
校外考生(非本校生但参加校内考试)的身份补回普通中学毕业或在夜校和补习学校补回

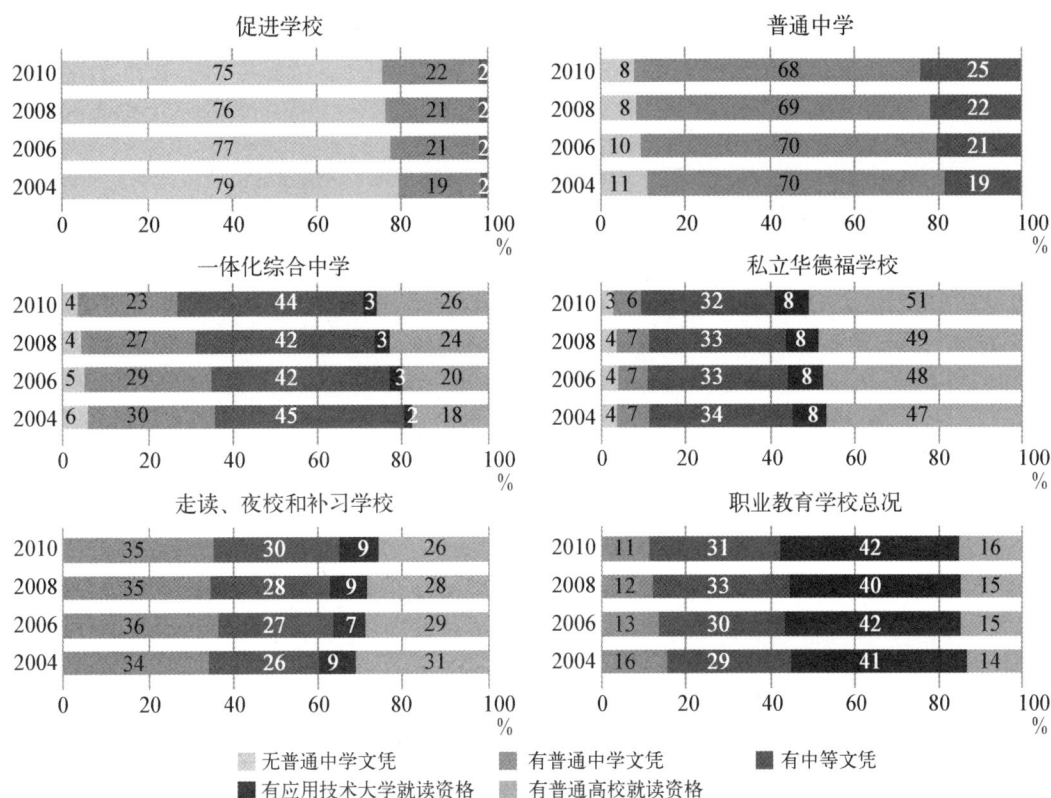

图 D7‑2　2004—2010 年个别学校类型*毕业生结构的发展变化（单位：%）

来源：联邦及各州统计局，学校数据统计，自己计算得出　　　　　　　　　　　　→表 D7‑5web

中级学校文凭的青少年份额上升。高级中学毕业生份额反而下降。

考虑到未毕业的肄业生要注意，2004 至 2010 年间所有学校类型无普通中学文凭的比例有所减少。在普通中学主要是中级学校文凭比例逐渐上升。念及总体下滑的普通中学生人数（D1），普通中学文凭明显已失去了意义。

有 75% 青少年未获得普通中学文凭便离开促进学校。然而需要注意的是，有 6 个州①并不把普通中学或更高资质的文凭拟定为学习重点；所有州都将才智发展视为促进重点。当然成功读完毕业年级后会授予促进重点的毕业证书。所有无普通中学文凭的青少年中有 47%，即近一半获得这种专门的促进学校文凭（表 D7‑3A）。

同龄人群不同时间的学校文凭

迄今仅仅涉及各学年的毕业生数据，无法给出教育过程的全景图。因此接下来的报告内容将研究同龄人群随时间推移所获的全部学校文凭。对相关人群的特定分析将基于微型人口普查联系向中等教育第二阶段（D1）的过渡和中小学学业耗时（D2）。

观察 1985 年生的人的时间顺序可明显发现，18 岁以前获得学校文凭的青少年不足一半（图 D7‑3）。那时，大部分还在上学，另有 5% 尚未毕业便已离开学校。至 25 岁该数值减少到 3%，这说明这些青少年中的一部分至少补回了普通中学文凭。25 岁前获普通中学

（右侧旁注）在此期间 1/4 普通中学毕业生以中级学校文凭离校

（右侧旁注）18 至 25 岁：未毕业青少年比例由 5% 降至 3%

----

① 即巴登—符腾堡、巴伐利亚、勃兰登堡、黑森、萨尔和石勒苏益格—荷尔斯泰因。

出生年份：1985

年龄	年份							
25岁	2010	3	19	32	11	34		
24岁	2009	3	19	33	10	34		
23岁	2008	3	20	33	9	34	1	
22岁	2007	3	21	34	7	32	2	
21岁	2006	3	21	35	6	27	1 6	
20岁	2005	3	23	35	4	15	1 18	
19岁	2004	5	22	31	2 3 4	32		
18岁	2003	5	18	23	1 16	34		
17岁	2002	2 11 9	56	22				
16岁	2001	4	88	7				

图例：
- ■ 无文凭
- ■ 普通中学文凭
- ■ 中等文凭
- ■ 就读中等教育第一阶段学校
- ■ 应用技术大学入学资格
- ■ 普通高校入学资格
- ▫ 就读中等教育第二阶段学校
- ▨ 未归类[1]

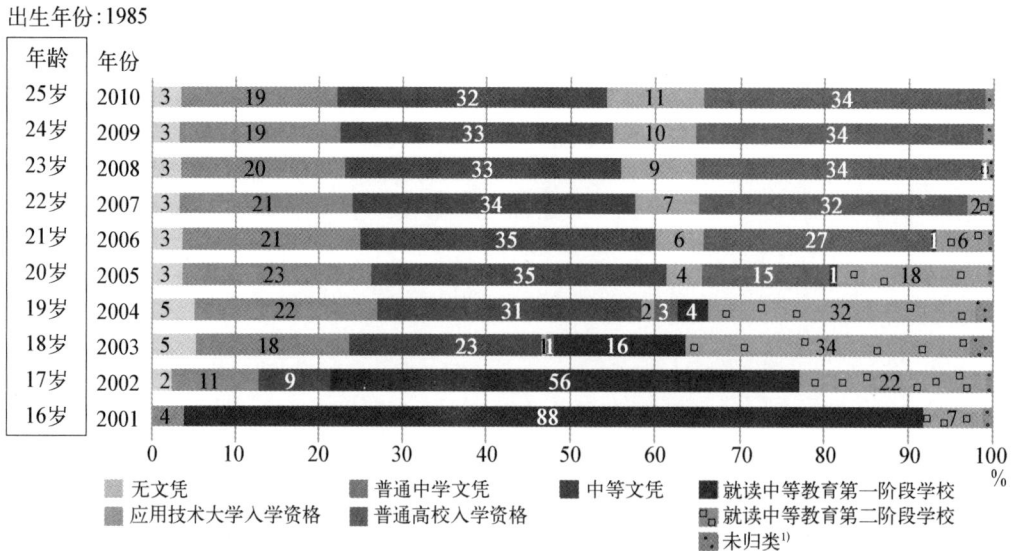

图 D7 - 3   1985 年出生者在 15—25 岁的教育水平发展情况（单位：%）

1）缺少就学及细微分类的人员数据

来源：联邦及各州统计局，2001—2010 年微型人口普查，自己计算得出   → 表 D7 - 6web

文凭和中级学校文凭以便进入应用技术大学和普通高校的人员比例下降，预示了更高的第二学历。然而，25 岁几乎一半的人具有大学就学资格，可能也与在外国获得大学就学资格的大学生移居有关（参见 F1）。

Ⓜ**概念注释**

毕业生/肄业生：注释参见词汇表：毕业

同龄人口中的毕业率/肄业率：至今为止的毕业率/肄业率是以毕业生/肄业生人数与相应年龄平均人口数相除得来，因为毕业生/肄业生的出生年份只能粗略把握。自 2012 年起大部分州都有学生当时出生年份的数据，以便能够计算同龄人口中的精确比例（比例总和法）。与以往一样，会出现由于时间延迟而导致的重复计数，如果学生是后来补毕业的，其数据会多次出现在调查的计算中。

前景

质量改善是最近几年所有州学校政策的核心。在这种背景下有两种发展方向可能决定未来教育事业的发展前景。首先，由于需求改变和人口发展趋势，近几十年的教育事业供给结构发生了巨大改变，这种情况可能还会继续，并导致进一步脱离学校类型和所获教育文凭以及教育模式的灵活化。此外不同的学校政策考量带来了教育时间发展的对立趋势。对教育过程的时间结构变化有了新的关注，在此背景下相关分析成为新的主题。

中小学体系最显著的发展是继续上涨的教育参与度和高资质学校文凭的持续增多（D7）。在此期间一个学年学生中有一半获得高校入学资格。其原因不仅仅在于文理中学扩招，还有通过学校结构措施在中等教育第一和第二阶段提高教育模式间的渗透性，并改善获取高校入学资格的机会。在这一背景下，2009PISA 研究是一项重要的成果，过去十年上涨的文理中学入学率并未带来文理中学学生成绩的下降（D6）。总体来看，平均能力水平得到了改善，男女生成绩差距缩小。

人口的进一步发展对学校提供适应教育需求将是一种挑战。在此需要特别关注新联邦州私营学校的扩充（D1）。或许极有必要进行供应结构的质量改变及加强内部学校发展的措施：

- 随着 2000 至 2009 年结构改变，至今尚未缩小中小学就读的社会差异，尤其针对外籍青少年。

- 在未来几年，有移民背景的孩子比例增加，且继续加强学校的促进措施，将带来学生整体上的改变。

- 发展学校里的特殊教育资助措施是学校结构、组织、教育方法层面的任务。虽然有特殊教育资助需求而在普通学校一起上课的学生比例增加，但根据现有数据，仅有少数州因联合国残疾人权利公约而导致资助地点的持续变化。

- 尽管学生人数减少，但高龄教员比例保持在较高水平，未来的教师供应能否得以保障仍是需要解决的问题。现有教员将在未来十年离开教育事业，因而招募充足的有专业资质的教员显然是一项紧急任务。尽管学生人数减少，但教员人数不能简单地同比减少，因为教育参与度上升，全日制学校扩建，且对学校的资助供应改善，有望增加教育职工人数。由于过去几年大量过去的教育业求职者没有经过第二次教师考试且没有接受大学师范教育便重新雇用，未来提供能适应学校类型和专业特定需求的教员的难度可能会增大。

- 私立学校就读量继续上升的原因，尤其在人口密集中心地区，根据大量实践检验的结果并非负担过重，而是与家长的社会和移民背景差异以及学校体系对成绩的特定要求有关。这可能是因为家长对公共学校体系的继续发展期待发生转变。

学校教育途径越来越多的是自主选择，教育途径的灵活化使我们的注意力也转向不同时期的教育情况。这不仅涉及授课时间的长短，也涉及学业时长和在校时长。至 9 年级的总授课时长尽管州际差别明显（D2），但是伴随文理中学时长缩短而出现的中等教育第一阶段学生所用时间在过去几年吸引了更多注意。除就读文理中学时间缩短外，所有州也都计划九年制文理中学教育模式（部分仅在职业文理中学实行）。总体来看显示出两方面的对向发展，一方面是就读时间缩短的学生群，另一方面是为留级或补修学校文凭而延长就读时间的学生。

学校文凭的发展可以看出，越来越少的青少年未拿到学校文凭就肄业或获得第一个学校文凭后再得到更高文凭——通常是在职业学校。1985 年生的学生的教育过程也证明了这一点。这种教育附加时间一方面有利于改善青少年教育水平，另一方面延长了学校就读时间。有目标地追求特定职业兴趣，在对自己的职业意向不确定的状态下作出长远的人生决定，两者都可能导向教育时间的灵活化。青少年和年轻人对志愿服务的兴趣增加可能也是原因之一（D5）。

过去十年，全日制学校的扩建推动了在校时间的延长。所有社会群体都利用这一条件为孩子提供补充课程辅导和支持。在此期间超过一半普通教育学校提供全日教育,大约超过四分之一的学生需要全日教育(D3)。以学生有义务全天出席为前提的义务型全日学校按照趋势发展更多的需顾及社会低层的需要。对于喜欢将职业活动与教育孩子联系起来的家长来说,问题可能在于:至今在小学阶段几乎没有对义务型全日学校的系统扩建,所提供的教育绝大部分局限于开放型全日学校。关于全日学校的教育规划也取决于进一步发展相关教育、培养和照管任务的理念衔接。

E 职业教育

高校层面以下的职业教育分为三大板块：双元制职业教育、学校职业教育和过渡职业教育。从学员数量上看，由企业和学校双管齐下指导的双元制职业教育是职业教育中最重要的一大领域。学校职业教育的培养重点是服务类行业的职业培训，过渡职业教育则无法培养具有合格资质的学员，仅培养学员一些不同职业所需要的预备能力，为其进一步的职业培训做好准备。这三大职业教育板块都有各自的专属机构。

与 1997 至 2007 年职业教育学员申请人数不断增长的情况相比，之后十年的职业教育申请人数将呈下降趋势。1997 至 2007 年，中学毕业生及职业教育申请者的数量一直呈上升趋势。然而，可以预见的是在接来下的十年中，最高获得中级学校毕业证的学员数量会减少（参见 2010 年教育报告 H2）。

这一新形势会影响职业教育培训岗位市场的供需比：中学毕业生在职业教育培训岗位市场中可选择面扩大，选择机会增多。然而，是否所有类型的毕业生均可受益还有待商讨，因为培训市场的要求也会相应提高，会招收具有更高教育背景的学员。另一方面也可以预见，企业会因为申请人数的减少而出现招工不足的情况。学校职业教育以及后续的从业机构中也存在相似的情况，特别是对于处在高速扩张期的医疗卫生、护理以及教育领域等行业影响较大。

鉴于变化了的新形势，职业教育的新生（E1）以及双元制职业教育中的供需关系（E2）这两部分的主要指标均需重新考察：一方面要考察职业教育体系中三大板块的学员数量之间有没有此消彼长的关系，如有，呈现的发展趋势如何。另一方面要特别需要关注的是过渡职业教育（E1）的情况。在供需关系问题上（E2），除了介绍总体关系之外，地区性特征和特定职业的关系将受到更多关注。因为这些特征关系能够为公众讨论专业人员需求及培训岗位短缺问题提供可靠依据。

对"学校职业教育水平和职业培训岗位"（2008 年度教育报告，E4）这一部分的重新考察是基于以下考量：培训市场的新形势是否对企业的选择标准和中学毕业生的优先选择产生重大影响，以至于之前中学学历与特定职业之间的相对稳定的对应关系也开始动摇（E3）。

在 2007 年新收录的独立职业教育数据统计的基础上，本报告将首次考察一个过程分析指标——非连续性培训过程，并在此基础上分析，导致非连续性培训的决定因素以及在不同职业领域这些因素如何变化（E4）。

E5 部分也体现了过程性的特征，主要分析：职业培训毕业生在培训结束后的三年中如何融入职场，是否顺利，会遇到怎样的问题。本部分将借助劳动市场与职业研究所（IAB）提供的从业人员统计数据,第一次探讨学员在职业培训结束后职业发展的连续性以及结业三年后不同职业和职业类型之间的就业质量差别。

E1 职业教育的新生及其结构发展

2010 年职业教育领域的新学员数量下降 12%

过去十年,职业培训市场的供求关系紧张:一是因为培训岗位短缺,另一方面是因为中学毕业生数量众多(至少旧联邦州至 2007 年一直如此)。但之后,这一显著特征发生明显变化:职业教育三大板块[M]新招学员的绝对数量从 2005 年的 120.1 万下降至 2010 年的 106.3 万,下降约 14 万,即 12%。下面将分析这一变化是能够缓和职业培训市场紧张供求比,从而促使历来处于不利地位的下层培训人员能够很好地融入职业培训市场,还是会引发学员荒。

与 2008 年相比,新学员数量虽下降了 19%,但过渡职业教育的学员比例仍处于四分之一至三分之一

与 2008 年报告的数据相比,双元制职业教育与过渡职业教育这两大板块的新学员绝对数量下降显著,而学校职业教育学员数量的绝对值和相对比例均有所增长。相对比例值——如 2011 年的百分比所示——是基于相比 2008 年下降了 11 万的新学员数量(图 E1-1)。与 2008 年相比,过渡职业教育体系中的新学员数量虽减少了 76 000,但是其相对比例值变化不大:在新学员中的占比在四分之一至三分之一间波动。

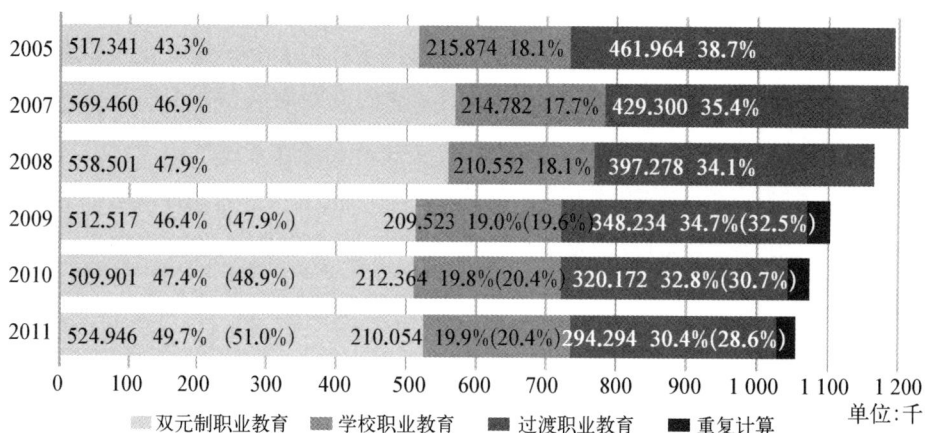

图 E1-1　2005 至 2010 年*三大职业教育板块[M]新学员的分流情况

* 2009 年起,学校数据统计与联邦就业局相关培训举措之间的重复计算可以区分开来,修正后的数据置于括号中;参见 E1 部分的概念注释以及表 E1-1A 的说明部分

来源:联邦及各州统计局;基于学校数据统计的计算结果;联邦劳动局,社会福利法典规定的部分劳动力市场政策举措的参与者构成

→表 E1-1A

学校职业教育参加职业教育法/手工业条例规定职业的培训学员数量下降

新学员的数量变化不但体现在三大板块之间,同时也体现于不同培训领域和各类培训项目之间。学校职业教育中,职业专科学校参加职业教育法/手工业条例(BBiG/HwO)中所列的职业培训的学员数量和份额下降幅度超四分之一,在职业教育法/手工业条例所列职业领域之外的职业专科学校的完全职业培训中也存在类似情况。造成这种情况的原因是,双元制职业教育培训市场的紧张供求关系开始相对缓解。[①] 增长显著的培训岗位主要

---

① 前两份报告已指出:根据联邦职业教育法的规定,当双元制职业教育板块教育市场供不应求时,学校职业教育板块中的 BBiG/HwO 职业作为暂时性的补缺提供相应的培训位置。这一规定限制了由各州提供资金支持的职业学校和职业专科学校的扩大。

为：社会工作、幼儿教育工作和医疗保健这几大职业群。相比 2000 年，学习幼儿教育的学员增长了一半，选择医疗保健护理的人数增加了三分之一（表 E1 - 8web）。而在过渡职业教育中，选择职业基础教育年和职业预备年的学员数量下降最多，占 2010 年下降总量的二分之一（表 E1 - 1A）。

不同社会身份与不同地区人员过渡至职业教育的情况

社会选择淘汰过程在各个教育阶段的过渡期都会发生。在德国，这一过程在由普通教育转向职业教育这一时期中表现尤为突出——影响因素既有前期教育水平，也包括性别、移民背景以及国籍和宗教。

职业培训岗位需求的下降，并未能缩小在完全合格职业培训中学员录取过程的巨大差异，也未能改善最高获得普通中学毕业学历青年学员的过渡期状况。

职业培训岗位需求虽下降，但就前期学历教育背景来看，三大职业教育板块的学员组成结构变化并不明显。自 2000 年以来，中级学校毕业和具备高校入学资格的学员一直是双元制职业教育中的主体，占该类培训数量的三分之二（图 E1 - 2，表 E1 - 3web，表 1 - 4web）。学员的分流情况体现了从学校向职业培训不同困难程度的过渡过程（E4），这点特别体现在过渡职业教育板块的学员组成结构中。2000 年至 2010 年，该板块中普通中学毕业和未获得普通中学毕业学历的新学员比例增长了 6 个百分点，达 73%，而中级学校毕业的新学员比例则下降了相应百分点。在学校职业教育中，超过 80% 的新学员具有较高的前期学校教育背景，且这一比例相对稳定。

双元制职业教育板块中，中级学校毕业和更高等级学校毕业的学生占主体

最高获得普通中学毕业证的学员的过渡情况未得到改善

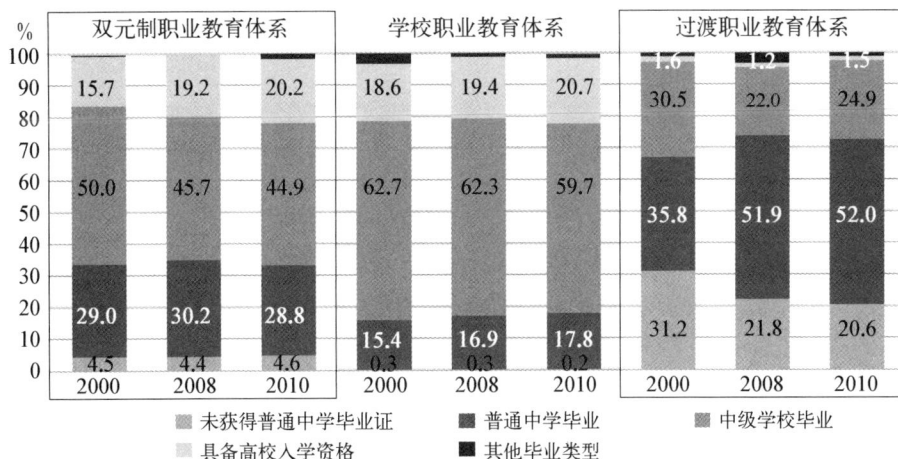

图 E1 - 2　2000 年、2008 年和 2010 年三大职业教育板块新学员的分流情况对比，按学员前期教育背景分类（单位：%）

＊ 至 2008 年过渡职业教育体系中含重复计算；2000 年含联邦就业局的附加培训项目；参见 E1 部分的概念注释以及表 E1 - 1A 的说明部分

来源：联邦统计局和各州统计局；基于学校统计数据的计算和估算；联邦就业局，参与者（调查对象）来源于部分根据劳动市场政策实施的项目，调查过程尊重了参与者在德国民法中规定的权益

→表 E1 - 3web

如果按照地区对三大职业教育板块选择青年学员的过程进行考察，则更能体现这一过程的残酷性。包含区域差异因素（市州、德国东部非市州、德国西部非市州，图 E1 - 3，表

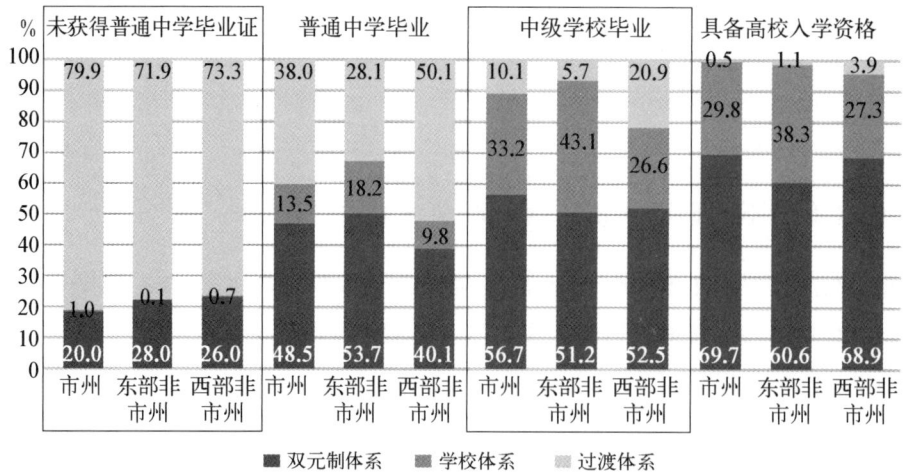

%	未获得普通中学毕业证	普通中学毕业	中级学校毕业	具备高校入学资格

图 E1－3   2010 年三大职业教育板块新学员的分流情况对比，
按地区和学员前期教育背景分类(单位：%)

* 不含其他毕业类型及毕业类型不详的学员,见 E1 部分的概念注释及表 E1－1A 的说明部分
来源：联邦及各州统计局,基于学校数据统计的计算结果;联邦劳动局,社会福利法典规定的部分劳动
力市场政策举措的参与者构成

E1－2web)的考察结果如下：

● 未获得普通中学学历的青年学员在三个地区中均很少有机会进入完全职业培训领域。
超过四分之三的学员去了过渡职业教育板块,剩下的四分之一可以在双元制职业教育
中找到培训位置,但这些学员都无缘学校职业教育。

在西部非市州地区,普通中学毕业的学员培训形势最为严峻

● 获得普通中学学历的青年学员在三大地区中的职业入门情况各不相同。对比最鲜明
的是在西部非市州：超过半数的学员先进入过渡职业教育,40%进入双元制职业教
育,近 10%进入全日制学校职业教育。相比较而言,东部非市州进入过渡职业教育学
员的份额低达 20%,在各市州地区减少 10%。

在东部各州,参加学校职业教育板块的学员比例较高

● 中级学校毕业的新学员中进入过渡职业教育和学校职业教育的份额地区差异特别明
显：在东部非市州,仅十四分之一的学员进入过渡职业教育,在西部却超过五分之一;
东部进入学校职业教育的学员份额超西部 50%(图 E1－3,表 E1－2web)。

● 在东部非市州地区具备高校入学资格的青年学员选择进入学校职业教育的比例高于
西部非市州地区。

东西各州之间存在差别,一方面是因为德国东部学员总数下降的过程起始点早于西
部,另一方面是因为东部之前建立的学校培训结构和政策比西部更强。

外籍青年在职业教育中一直处于劣势

从国籍方面来看,对外籍青年学员的不公平对待依然存在,且无论其前期教育水平如
何,与德国青年学员的不平等关系也未能改善(参见 2010 年度教育报告 E1)。这点在最高
获得普通中学学历的外籍青年学员中表现特别明显。他们中超过三分之二的学员进入过
渡职业教育体系(图 E1－5A,表 E1－5web,表 1－6web)。就个人社会参与情况和人口结
构变化中潜在劳动力保障方面来看,外籍青年学员与德籍青年学员之间的不平等关系将会
是一个长期存在的问题。

双元制职业教育中新生的年龄结构

多年来在国内和国际讨论中，认为对德国教育体系中毕业生的平均年龄过高的批评声一直存在，但大多数关注点都在普通教育和高校教育上，对职业教育鲜有提及。现在，在新的独立的职业教育数据统计基础上，按照职业和社会结构特征来分析新学员的年龄结构首次得以实现，但仅限于双元制职业教育。

2010年，进入双元制职业教育的学员平均年龄上升到了19.5岁（图E1-4）。工业和贸易行业、手工业、自由职业这些培训领域的平均年龄也在这一数据上下浮动：手工业稍低－19.1岁，工业和商业稍高－19.7岁。平均年龄值囊括了许多从普通教育到职业教育不同过渡经历的学员：普通中学和中级学校毕业之后直接进入职业教育的学员；文理中学毕业生以及（需）花较长时间在过渡阶段的学员。有人想当然地认为，进入职业教育的平均年龄应该就在普通学校学业完成之后。但这一假设只适用于具备高校入学资格的新学员（21.1岁），在前期教育水平较低的三组学员中情况正好相反：未获得普通中学学历的学员平均年龄最高（19.9），接下来是普通中学毕业的学员（19.2），然后是中级学校毕业的学员（19.0），三组学员的平均年龄均比相应的毕业年龄超出很多年限。差别最大的是最高获得普通中学学历的青年学员：他们中超过半数的人需要在过渡职业教育中逗留两年半（参见2008年度教育报告，162页）。但这只是其中一部分原因，剩下原因应该在其他耗时的过渡期适应问题上，但还缺乏相应的研究结果。

学员进入职业培训的平均年龄较高（19.5岁）

具备高校入学资格的进入职业培训系统的学员平均年龄最高，未获得普通中学毕业证的学员紧随其后

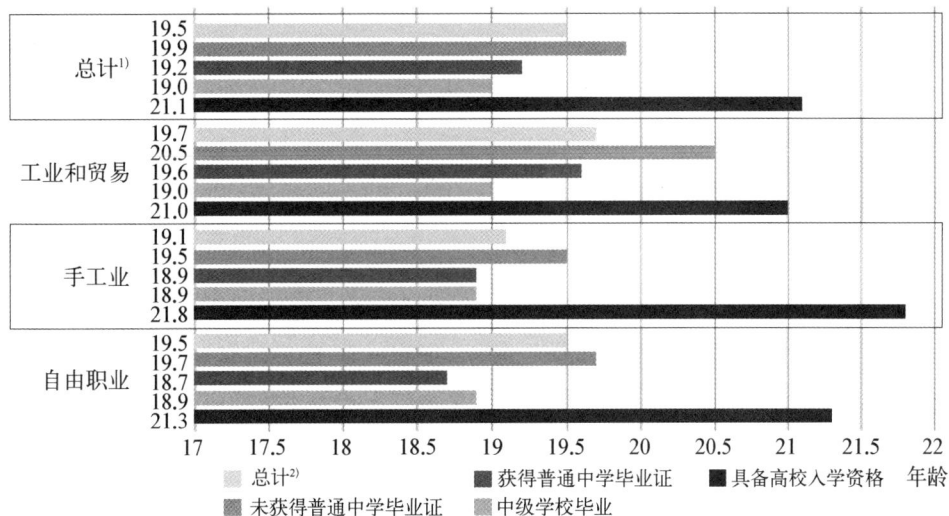

图 E1-4　2010年职业培训关系开始时培训学员的平均年龄，按学员前期教育背景*和所给出的培训领域分类（单位：%）

* 不含其他毕业类型以及无法归类的毕业类型
1）总计中包含所有新签订的培训合同和培训领域
2）总计中包含其他毕业类型以及无法归类的毕业类型
来源：联邦统计局和各州统计局，职业教育培训统计数据　　　　→表 E1-7web

认为男青年学员因为服兵役或替代役从而导致其进入职业培训的平均年龄要高于女青年学员，这种想法被证明是错误的：此设想只适用于具备高校入学资格的学员；在最高

虽然男青年学员有服兵役和替代役的义务，但他们进入职业培训的平均年龄并不高于女青年

获得普通中学学历和中级学校毕业的新学员中,男性的平均年龄稍低于女性(表 E1 - 7web)。将所有具有不同前期教育水平的新学员合在一起计算平均年龄,德国东部学员超德国西部学员半岁(表 E1 - 7web)。就最高获得普通中学学历的学员来看,东西部差距比较明显,因为在东部,职业过渡阶段的学员比例远低于西部。

职业培训新学员的最大年龄差　　年龄多样性存在于所有具备不同前期学校教育水平的新学员中。最大年龄差出现在最高获得普通中学毕业证的青年学员中(图 E1 - 6web),最小年龄差则在具备高校入学资格的新学员中。

事实上,一直到三十几岁也可以进入双元制职业教育学习。这可以视为德国双元制职业教育的一个闪光点。此外,也有一部分人在年纪较大时才开始职业培训,究其原因,并非是有意为之。最后我们还需考虑到,职业教育学员年龄层的多样化对职业教育的教学设计提出了更高的要求,特别是对于学校职业教育板块,且随着学员数量的变化,这一要求将会越来越高。

Ⓜ概念注释

职业教育板块: 职业教育的各大板块根据培养目标和学员情况进行划分。能够授予学员合格职业教育文凭的有双元制职业教育(企业,非全日制职业学校,企业外职业培训),学校职业教育(全日制学校职业教育)和公务员职业教育(中级岗位)。校外相关培训组织以及学校教育提供的一些相应培训举措属于过渡职业教育板块,其中也包含附属于其他职业教育之下,第一年学习能得获承认并作为完全资格职业教育录取条件之一的部分有资格的教育形式(参见表 E1 - 1A 的说明)。2009 年起,学校统计数据和德国联邦劳动局就职业预备年所做的统计数据不再重叠。之前的算法导致 2009 年前的过渡职业教育中每年的新学员人数约高估 3 万。

E2 双元制职业教育的供与求

供求比例仅适用于双元制体系　　在三大职业教育板块中(过渡职业教育、学校职业教育和双元制职业教育),只有在双元制职业教育中能够就供需关系做进一步考察,因为该类职业教育是基于市场组织起来的,同时也受到市场供需关系的牵制。2007 年之前,各类中学毕业生数量居高不下,而企业能提供的职业培训岗位有限,许多对职业培训感兴趣的青年学员未能获得心仪的岗位。2007 年之后,对职业培训岗位的需求开始下降,主要是因为申请人数的减少。在公众讨论中,比起青年学员培训机会的缺乏,大家更担心的是职业培训岗位配给的减少。这点也已成为过去十年职业教育政策辩论的主题。下面我们将探讨新学员数量减少与职业培训岗位短缺之间的关系。

职业培训岗位短缺现象从 2003 年至 2007 年一直存在,且在广义的需求定义[①](通常也被视为更贴近现实的定义)中,比在传统定义中更加明显(图 E2 - 1,表 E2 - 1A)。2007 年

[①]　参见:Dionisus, R./Lisse, N. /Schier, F. (Hrsg.) (2012), Beteiligung an beruflicher Bildung — Indikatoren und Quoten im Überblick. -Bonn (BIBB), S. 55.

之后,需求线(传统定义)开始缓缓下降,但广义的需求线仍明显高于供应线。图 E2-1 均画出了供和需的完整走势,供应线和需求线(传统定义)近乎平行的走势表明了目前两种情况均有可能:分别考虑地区和行业特征的话,一种情况是导致培训岗位短缺,另一种情况是培训企业招不满学员。但 2009 年以来广义供应线和广义需求线之间较大的差距表明,目前职业培训岗位的短缺仍是主要原因。

培训市场培训岗位短缺和学员短缺并存

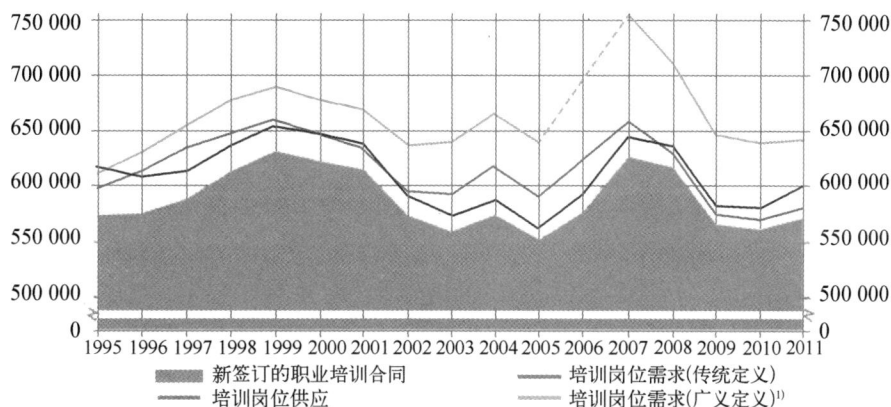

图 E2-1 1995 年至 2011 年双元制体系中签订的职业培训合同、职业岗位的供应和需求(数量)

1) 包括新签订的培训合同数量、尚未签约的申请者数量以及有进入职业培训领域的愿望但也有其他选择可能性(例如:进高一级学校继续求学,去职业培训准备班)的申请者数量(1997 年之前,最后一组人员数量只包括旧联邦州和西柏林)。

来源:德国联邦就业局关于培训市场的统计结果(不含授权的乡镇中介机构的数据),统计截止日期为 9 月 30 日;德国职业教育研究所关于至 9 月 30 日新签订职业培训合同的调查结果;自己计算得出

→ 表 E2-1A

如果将供需分开来看,我们可以发现,2009 年之后的培训岗位供应虽有所增加,但情况还不足以缓解因为经济危机导致的 2008 年至 2009 年下滑了 10% 的岗位缺口,且还比2007 年的数值低 7%。2011 年的职业培训岗位需求较 2007 年降幅较大(12%—15%),最终又回到了 2009 年的水平。

按职业类别统计的供求比例

对已选几大职业群中供求比例[M](ANR)的考察分析可反映 2011 年职业培训岗位市场的新形势:不论从传统定义还是从广义定义的供求比例来看,所有职业的培训岗位供应缺口较 2009 年均有所缩小(图 E2-2,表 E2-2A)。在一些大的培训领域情况也是如此,这些领域的供求比例比按照传统定义来看均超 100%(表 E2-3A)。表中所选的几大职业群在数量上极具代表性,能够覆盖双元制职业教育体系中超过 80% 的职业数量。

从广义定义来看大部分职业存在培训岗位不足的现象。无论是根据传统定义还是广义定义计算,在手工食品行业、酒店餐饮和厨师三大职业群中供求比例远超 100%。因为所提供的岗位超过需求量,这些行业将面临招收学员不足的问题。

2011 年也还存在大多数职业培训岗位供应不足的情况

在公共讨论中人们经常认为,青年学员太过挑剔也是职业培训岗位供应不足的原因。但这一观点无法从职业角度考察的供求比例数据中得到证实。除去之前提到的三大有富

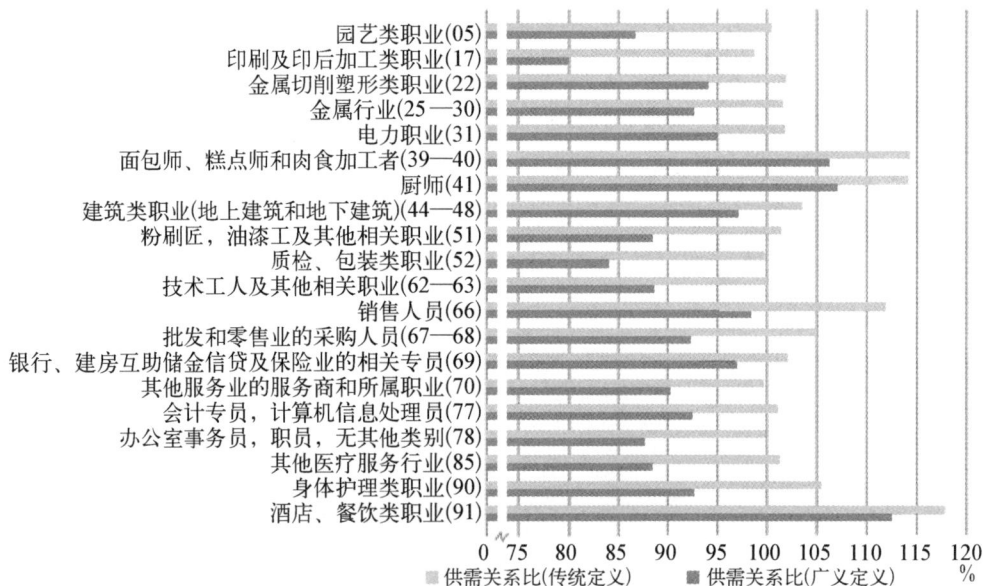

图 E2‑2　2011 年双元制体系中所选职业*的供需关系比(单位：%)

※　所选职业组根据职业分类标准(KldB 92)进行归类。表中的职业组囊括了 2011 年双元制体系中 84%的岗位需求(传统定义)。

来源：德国联邦就业局关于培训市场的统计结果(不含授权的乡镇中介机构的数据)，统计截止日期为 9 月 30 日；德国职业教育研究所关于至 9 月 30 日新签订职业培训合同的调查结果；自己计算得出　　→表 E2‑2A

培训学员人数虽减少，但许多职业的培训需求量却在增加

余岗位的职业群，在所有剩下的职业群中我们还应注意到，虽然 2011 年中学毕业生数量一直在下降，但对职业培训岗位的需求量却在增加或持平。[1]

职业教育的地区差异

培训岗位申请者数量减少的现象最早出现在德国东部

德国西部的大中城市所在地区培训岗位最紧张

培训岗位的供求比例也存在着较大的地区差异，这将导致区域供应情况中的供应紧缩。劳动市场与职业研究所(IAB)按照诸如人口密度和劳动市场等社会经济特征建模，区分出了五大地区结构类型Ⓜ(表 E2‑7web，图 E2‑3A，表 E2‑5web，表 E2‑6web)。我们按此类型进行考察，可以得出以下概貌：从广义的需求定义[2]来看，所有地区结构类型均存在职业培训岗位供应不足的现象。德国西部的Ⅱ和Ⅲ区域以超过 10%的缺口并列首位。这两个区域是拥有高失业率的大城市地区以及失业率处于平均水平的中等城市和乡村地区。调查结果显示，地区性的职业培训岗位供应紧缩最早在德国东部高失业率地区和劳动市场形势较活跃的德国西部地区出现，其余三个区域中的图形分布未能显现这一趋势。就单个区域来看：虽然不利供需比的比例从 2007 年的 98%下降到了 2011 年的 74%，但西部一些大中型中介所在区域一直存在培训岗位短缺问题(图 E2‑4A，表 E2‑6web)。

Ⓜ概念注释

供求比例(ANR)：供求比例可以反映出实际市场关系。它可以运用在双元制职业教育体系中；对于

---

[1]　身体护理和粉刷匠这两个职业群的需求量呈下降趋势。

[2]　参见 Dionisus，R./Lisse，N./Schier，F.(Hrsg.)(2012)，Beteiligung an beruflicher Bildung — Indikatoren und Quoten im Überblick.-Bonn(BIBB)，S.55.

学校职业教育体系来说则缺少相关数据。在传统定义中供应量包括,截至每年的9月30日已经签订的培训关系(新签订合同)数量和在联邦劳动局登记的空缺培训岗位数量。需求量包括,新签订合同数量和在德国联邦劳动局登记的尚未签约的申请者数量。这一方法能够系统地录入供应和需求的数量。此外还会用到一种广义的需求定义。该定义中的需求量还包括到9月30日为止,有进入完全职业培训领域的愿望但也有其他选择可能性(例如:进更高一级学校继续求学,去职业培训预备班)的申请者。中介认定未达到职业培训标准的申请者不计入在内(参见2008年度教育报告第26页);未在联邦劳动局登记的申请者和空缺培训岗位也无数据可考。虽然近年来在一些授权的乡镇中介机构也有数据可查,但为了保持纵向比较的一致性,本书没有采用该数据。在2005/2006年度报告中,联邦劳动局的业务流程和信息技术专业流程均发生了改变,因此当时的统计结果与2006年之前的数值之间无较大可比性。

职业介绍所所在地区的结构类型:在供求比例和劳动市场条件的地区性比较中用的是劳动市场和职业研究所(IAB)的给定类型。此分类是基于劳动市场状况和中介所在地空间结构中的7项指标(参见Blien,U.,Hirschenauer,F.(2005),Vergleichstypen 2005. Neufassung der Regionaltypisierung für Vergleiche zwischen Agenturbezirken,IAB-Forschungsbercht,Nr. 24)。

E3 不同行业和不同前期教育水平者的职业教育情况

尽管法律上没有规定拥有何种学校毕业证的学员可以在双元制职业教育体系中进入何种职业类型的培训岗位,但经过了一个世纪的发展,三种不同普通教育学校类型的毕业生和职业培训岗位之间已经建立起了相对稳定的分流模式:中级学校毕业或者实科中学毕业学员通常去向商业和管理类职业培训岗位,而小学毕业或者最高获得普通中学毕业证的学员主要去向手工业和工业中一些技术类型的职业培训岗位。因各类职业与不同的社会身份以及职业道路相挂钩,如此分流模式同时也体现了参与发展机会的分配不公。但前期教育水平与职业培训岗位的这种匹配关系并非呈固定模式,它将会随着科学知识的发展和市场关系的变化而变化。签约双方——职业培训岗位申请者和企业——在做选择时都会考虑到这些变化。

前期教育水平与培训职业对应程度越来越高的分流模式:不平等的参与与发展机会的标志

按学员前期教育水平和不同职业教育领域划分的职业类型

职业培训学员前期教育背景结构的转变体现了过去几十年教育普及的成果。自1995年以来,双元制职业教育的所有职业培训岗位中,中级学校毕业的学员一直都占据最大比例,约为43%(2010),其次是普通中学的毕业学员(33%)(2010)和具有高校入学资格的学员占比(21%)(图E3-3A,表E3-1A)。这一相对稳定的比例结构在新旧联邦州之间体现出了明显的地区性差异:新联邦州中级学校毕业的学员和具备高校入学资格的学员比例均高出旧联邦州几个百分点,普通中学毕业生的比例较旧联邦州则低很多(约8个百分点),未获得普通中学毕业证的学员占比则高于旧联邦州(2010年新旧联邦州分别是4.9%和2.7%)(表E3-2A)。

1995年以来,在双元制职业教育中,中级学校毕业的学生占多数

在不同的职业培训领域中,学员的前期教育水平差别巨大(图E3-1):根据2010年新签订的培训合同,在手工业、农业和家庭经济相关行业中,最高获得普通中学毕业证的学员以50%至60%的比例占主体地位(在家庭经济类中占70%至85%)。相反,工业、商业、公

参与手工业和农业相关培训岗位的学员中,最高获得普通中学毕业证的学员所占比例较大

共服务业和自由职业等领域招收的学员主要为实科中学毕业生,且具备高校入学资格的青年学员比例也超平均水平(图 E3－1,表 E3－4web)。

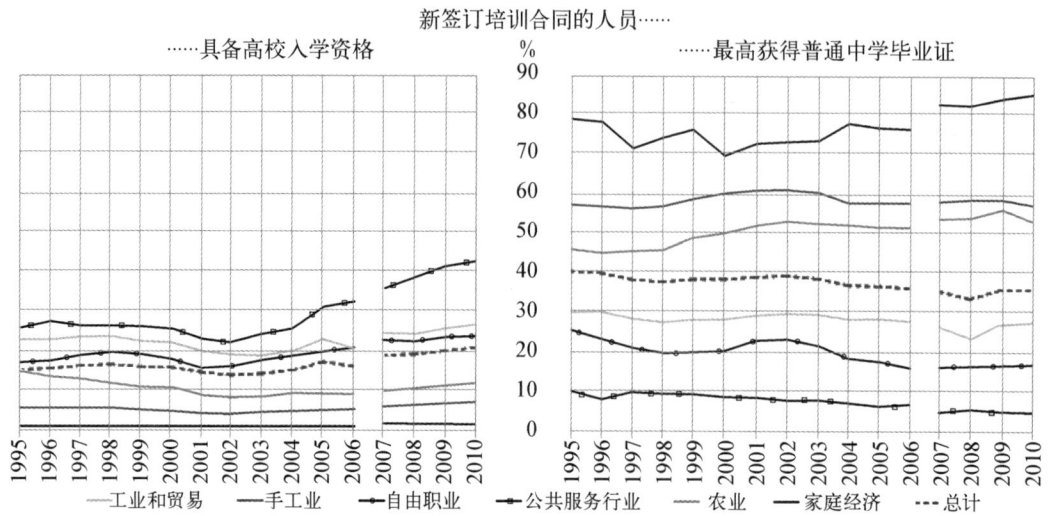

图 E3－1　1995 年至 2010 年签订的培训合同中所给出的不同前期教育背景的学员比例,按职业培训领域分类(单位:%)*

> * 2006 年及之前,只考察了部分学员的前期教育背景。因为 2006 年之后统计方式的改变,所以 2007 年及之后的统计结果跟之前的不存在较大的可比性。估算方式见表 E3－2A;培训领域不含航海业。
> 来源:联邦统计局和各州统计局,职业教育统计数据;自己估算和计算得出　　　　→表 E3－4web

按学员前期教育水平划分的职业群

按学员前期教育水平划分的四大相对稳定的职业档

　　从培训行业类别角度的考察只为按照学员前期教育水平对职业的划分[M]提供了一个依据,却远未能体现各种细微差别。如果考察那些在数量上占优势的职业培训岗位,那么教育水平这一因素的作用更为明显。双元制职业教育结构可以根据新学员的前期学校教育水平这一最重要的因素分为上下两部分:上半部分的职业类型中,最低获得中级学校毕业证的学员数量至少占 75%,而下半部分则为剩余职业类型,其中"中低档"职业群中超 60% 的新学员最高获得中级学校毕业证。本报告考察的职业类型占所有培训职业数量的比例为近六分之五(图 E3－2,E3－3A,表 3－5web)。

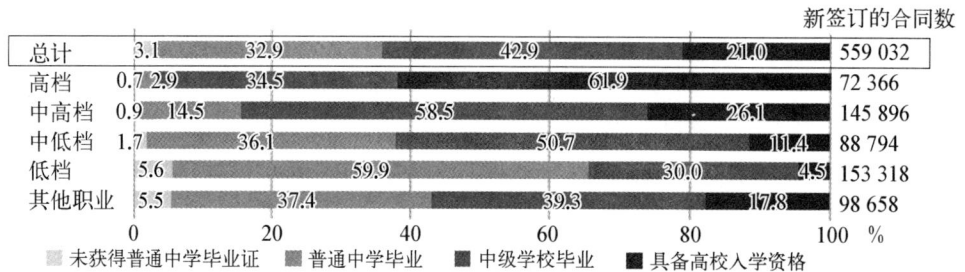

图 E3－2　2010 年新签订的培训合同,按不同职业档*和学员前期教育背景分类(单位:%)

> * 各职业档的归类参见表 E3－3A
> 来源:联邦统计局和各州统计局,职业教育统计数据;自己估算和计算得出

- 就目前的情况来看,高档职业群亦可称之为文理中学毕业生职业群。其中,大部分职业为工业与贸易领域中的商业与管理类型的岗位,女学员所占比例较大(许多职业中均超 50%)。此外,还包括在过去几十年中随着新媒体发展而兴起的职业类型。技术类职业在这一职业群中未获一席之地。具备高校入学资格的学员在这一类别的七大职业类型中占了大部分比例,而最高只获得普通中学毕业证的青年学员则非常稀少(4%)。

- 在第二大分类中(中高档),中级学校毕业的新学员成为了主体,其次是具备高校入学资格的新学员。在这一职业群的十二大职业类型中,商业和管理类型的职业再次成为主体,女学员比例也较高。但在这组类别中,电气技术人员、企业技术人员、电机技术人员、化学实验员和工厂技工这些工业与手工业领域的四大传统经典职业也占有一席之地。最高获得普通中学毕业证的学员在这一部分中的比例仅为六分之一。

- 即便是在第三大类"中低档"职业群中,中级学校毕业的新学员平均占比仍超 50%,而最高获得普通中学毕业证的新学员则不到 40%。另外还有八分之一的新学员甚至具备高校入学资格。在职业分配中,商业的和主要来自手工行业的技术类职业平分秋色。

- 第四大类,也就是"低档"职业群中的新学员人数超过 15 万,是数量上最多的一类。其中,60%为普通中学毕业生,30%为中级学校毕业的学员,具备高校入学资格的新学员所占比例极小。此外,在这一大类中,未获得普通中学毕业证的新学员所占的比例也很低(5.6%)。就职业类型来看,最多的是食品工业和建筑业中的手工类型职业。服务业中的售货员和理发师以三分之一的比例位居该职业群的榜首。

尽管从单一职业角度很难看出按照学员前期学校教育水平划分的职业结构,更多的是遵循供应方还是需求方,但过去十五年的高度稳定状态(表 E3–5web)已经说明,需求方起决定性作用。按照学员前期教育水平形成的职业结构相对于市场关系来说具有一定的稳定性。也就是说:基于不同职业要求的双元制职业教育体系可以提供不同水平等级(至少两个等级)的职业培训。按照学员前期教育水平划分的职业结构相对稳定,这点表明,尽管学员在法律上都享有平等进入双元制职业教育体系的机会,但事实上对于受教育程度较低的学员来说却困难重重。且于他们而言,想要获得学校职业教育的培训机会则更加困难。因为,在该培训板块中,只有职业教育法和手工业法规定领域内的岗位以及一年或者两年期的教育和护理类职业才向最高获得普通中学毕业证的学员开放(表 E3–6web,表 E3–7web)。

学员前期教育水平和培训职业对应关系相对稳定…

…许多培训职业对前期教育水平较低的学员来说可望而不可及

Ⓜ 概念注释

前期学校教育水平结构:2006 年之前的前期学校教育水平因素只是在部分统计数据中被考虑在内,所以这些数据与 2007 年之后的数据没有可比性。参见表 E3–2A 中的说明。

按学员的前期学校教育水平划分的职业档:三大职业群通过前期教育水平划分的模式值(最常用值)得以构成。中档职业群的再进一步划分是基于最低获得实科中学毕业证的人数比。如果这一比例最低在 75%,则被归入"中高档"。根据联邦职业教育研究所对职业谱系的规定,那些同源型的职业归在同一类。为了方便统一呈现,其他类似职业(主要是根据联邦教育法第 66 条和手工业法规第 42 条规定的康复类职业)以及数量上较少的职业划归为同一类。

E4 非连续性的职业教育过程

对学员职业培训过程的考察可获得两方面信息：一方面可以了解具有不同社会背景和前期学校教育水平的新学员的职业培训之路是否困难；另一方面可以看出培训过程的困难程度是否因职业不同及其体制条件的不同而有所区别。下面将借助 2008 年[①]双元制职业教育体系中"前 24 个月"的培训过程，对之前提及的两方面内容进行分析，以期获得以下两个问题的答案：

- 是否存在解约率特别高的特定职业群，这些职业群的学员又有哪些特征？
- 之前的教育报告中曾描述，过去十年不平等的社会性因素在向具备完全职业培训资质的过渡阶段所产生的影响。这些影响因素是否会延续到职业培训开始之后的前几年，从而导致培训关系中断？

独立的职业教育统计数据作为新的数据基础

通过 2007 年引入的独立的职业教育统计数据[M]，职业教育的动态观察首次得以实现。职业培训的最初几年的过程考察只能从培训中断的这一角度，以一次性签订职业培训合同的解约率这种方式来进行。因为在新的职业教育统计数据中未能记录被统计人员的信息，所以合同终止的具体原因（是脱离该培训体系，还是换职业或换企业等）无从知晓。但可以肯定的是，解约对于合同双方——培训企业和学员来说，体现了一种配置不当。尽管解约并不一定意味着培训终止，但这一问题仍然成为了有关培训中止率政治讨论的焦点。

不同职业教育领域与不同职业的合同解约率

手工业和自由职业中职业培训的非连续性表现最明显

从不同职业培训领域来看，几十年来的解约率呈相对稳定状态（参见 2006 年度教育报告第 264 页）：2008 年签订的培训合同中，共有 125 475 项两年内解约（约 20%），解约率较高的职业培训领域是手工业（近 25%），专业性较强的服务类自由职业（19.4%），工商业领域的解约率相对低一点（18.4%）（图 E4 - 1）。造成这一现象的原因较难解释，因为新的职业教育统计数据并未对此进行调查。

鉴于在两大解约率较高的职业培训领域中，与学员签订的大多是小型企业，再将有关培训中断的原因调查[②]考虑在内，我们将新学员的前期教育水平和影响培训连续性的问题综合起来考虑，或许能够找到答案。

除了解约率特别低的公共服务业领域，在其他所有职业培训领域中的解约率都有着相似的时间变化情况：签约后第一年解约率上升较快，特别是前四个月（试用期）

---

① 职业培训的新学员也包括 10% 的已有培训经验的青年学员，也就是这些学员曾中断过培训或者完成过一次培训（各占 5%）（表 E4 - 8web）。

② 联邦职业教育研究所 2003 年的最新一次抽样调查中给出了合同终止原因。该调查显示：2001/2002 年解约的学员中 70% 认为是企业的原因，如与师傅/培训人员/老板之间的矛盾或者对培训内容介绍不够。46% 的调查者认为是自身的原因，而三分之一（34%）的人认为是职业选择的问题（原因可以多选）。出自 Schöngen, K. (2003), Lösung von Ausbildungsverträgen — schon Ausbildungsabbruch? In: Berufsbildung in Wissenschaft und Praxis (BWP), Heft 5, S. 519.

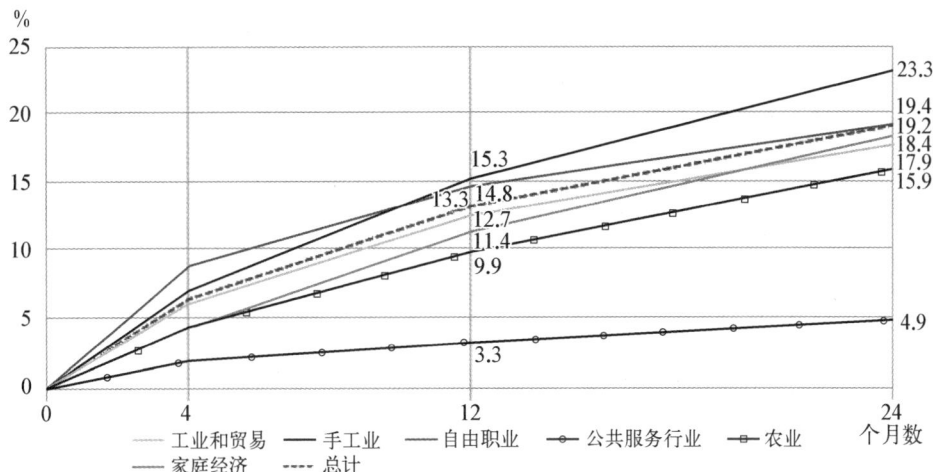

图 E4－1　2008 年新培训关系开始后 4 个月、12 个月和 24 个月之内的解约率*，按职业培训领域分类(单位：%)

　＊　4 个月、12 个月和 24 个月之间线条按直线插入法连接

　来源：联邦统计局和各州统计局，职业教育数据统计

(图 E4－1)，①且第二年的上升速度也不低。

　　因无法对每一个职业类型进行特定分析，所以我们从不同的职业培训领域挑选了 14 个数量上具有代表性的职业群进行重点考察②(表 E4－1A)。下面对其中七组(图 E4－2)进行详细分析。

不同职业／职业群之间存在较大差距

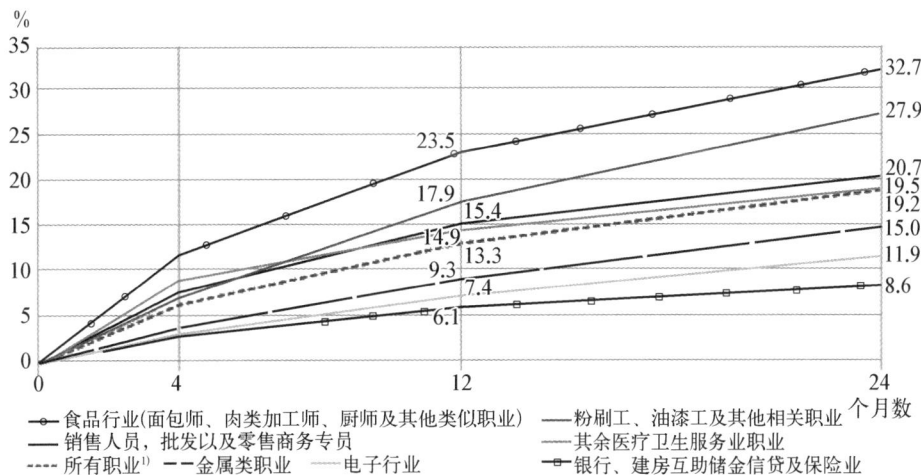

图 E4－2　2008 年新培训关系开始后 4 个月、12 个月和 24 个月之内的解约率*，按所选职业群分类(单位：%)

　＊　4 个月、12 个月和 24 个月之间线条按直线插入法连接

　1) 包括未选中的职业组

　来源：联邦统计局和各州统计局，职业教育数据统计

---

①　出于成本考虑"培训企业往往在实习期过后才会登记解约情况"(Uhly, A. (2006)，„Sturukturen und Entwicklungen im Bereich technischer Ausbildungsberufe des dualen Systems der Berufsausbildung" in：Studien zum deutschen Innovationssystem Nr. 2－2007, S. 5)，所以统计数据中前四个月的解约率比实际情况低。

②　所选取的考察对象能够代表所有解约率的四分之三(表 E4－1A)。

　　如图所示,先前的调查研究结果也同样适用于 2008 年新开始的培训关系:不同职业的解约率差别较大(图 E4‑2)。金融服务行业 24 个月内的解约率相对较低,约为 9%,而手工食品行业则比它高出近三倍。① 除上述两个极端职业群外,还有下面几大职业群类型:冶金、电子行业的解约率都明显低于所有行业的平均解约率,批发零售业的销售岗位和其余医疗卫生服务职业ᴹ的解约率稍高于平均线,而油漆粉刷类职业的解约率则接近手工食品行业。在接下来从个人因素角度对职业培训的非连续性过程进行考察时,我们仍应考虑不同行业领域对解约率的影响。

不同前期教育水平学员的合同解约率

职业培训前几年社会差异继续存在

普通中学毕业生的职业培训生涯最不稳定

　　对于最高获得普通中学毕业证的学员以及具有移民背景的学员来说,他们在向职业教育的过渡时遇到的困难也延伸到了职业培训过程中。就所有三个测算时间点来看,未获得普通中学毕业证的学员的解约率ᴹ明显高于平均值——培训期满两年后也是同样情况(图 E4‑3)。这表明,在前两年的培训过程中具有较低前期教育水平的学员的培训生涯相比具有较高前期教育水平的学员更容易受到影响。

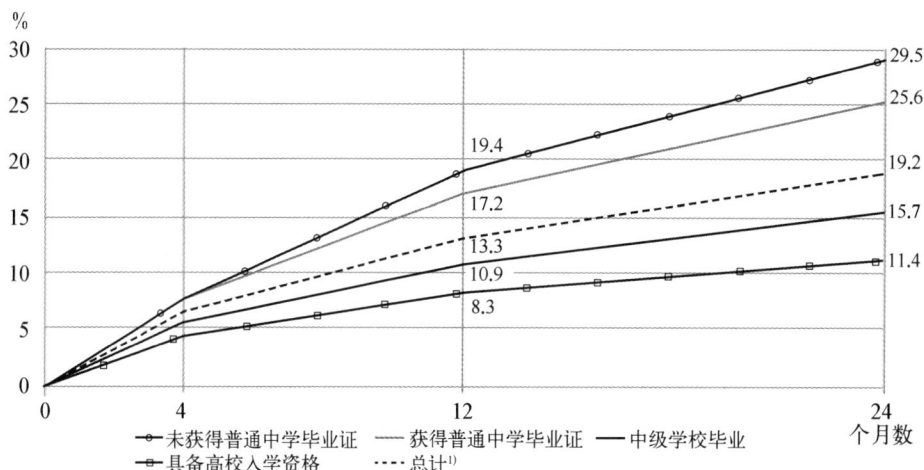

图 E4‑3　2008 年新培训关系开始后 4 个月、12 个月和 24 个月之内的
解约率*,按学员前期教育背景分类(单位:%)

＊ 4 个月、12 个月和 24 个月之间线条按直线插入法连接
1) 包括其他毕业类型和无法归类的毕业类型
来源:联邦统计局和各州统计局,职业教育数据统计

女性学员的解约率高于男性

外籍学员的解约率高于德国学员

　　从性别上来看,在未获得普通中学毕业证的学员中,女学员的解约率略低于男学员,而在其他三类不同的前期教育水平的学员中,无论是 4 个月后还是 24 个月后,女学员的解约率均高于男学员(图 E4‑4A)。

　　签约后 12 个月内,具有移民背景的学员②的解约率普遍比德国学员高出几个百分点。按前期教育水平来划分的解约率分布与德国学员相似,只是百分比稍高(表 E4‑2A)。

---

① 参见表 E4‑7web。表中可以看出,逻辑回归计算方式得出的结果中手工食品行业的解约率也非常高,这一计算方式还囊括了其他一些因素。
② 在职业教育数据统计中外国学员的移民背景未考虑在内。

从所选不同职业群统计数据中极端职业群之间的比较⒨来看,前期教育水平和解约率之间的关系随着职业类型的不同而不同(图 E4-6web,表 E4-1A,表 E4-3A)。在手工食品行业(最高解约率)中,所有不同教育背景学员组的解约率都较高,超平均水平。而在银行和保险行业的学员中情况则相反:其中,获得或未获得普通中学毕业证的学员的解约率是中级学校毕业和具备高校入学资格学员的 3 到 4 倍。在手工类职业中,所有具有不同前期教育水平学员组的解约率均较高。培训领域的机构性影响可以用来解释该行业以及手工食品行业中的高解约率现象。

曾在过渡职业教育领域逗留的学员在职业培训过程中并未显示出更高的不确定性,也未体现出更高的解约率(表 E4-4A)。原因可能有以下两点:经历过职业准备期的学员只是受到市场的排挤,虽已具备直接进入完全职业资质培训领域的能力但是先选择了进入职业准备年;也可能因为他们在职业培训期间掌握了与其他体系学员一样的职业技能。[1] 但在不同的职业准备培训项目中的学员之间也存在差距。

⒨概念注释

职业教育数据统计:所有从 2008 年开始的职业教育培训都被作为基础总数据统计在内(与合同到期日无关),包括学员因更换培训企业而发生的新的培训关系,虽然从个人角度出发这属于职业教育的延续。该统计未能剔除对学员同一年开始的两次培训关系的重复计算(比如学员已完成一种培训合同之后又签订另一培训合同)。毕业学校下面的"国外学校毕业,无法归类"这一项涉及的学员人数较少,并未囊括所有在国外获得毕业证的学员。关于这部分学员,2008 年统计时缺少相应的数据,所以在分析中未能顾及。

其余医疗卫生服务类职业:这些职业指的是医疗助理、兽医助理和牙医助理(1992 年职业分类,第 8561、8563、8564 号)。

合同解约率:这一概念指的是未到期之前合同终止数量与一个自然年内新签订的培训合同数量的比例。文中 2008 年的解约率考察了三个时间节点:4 个月后(试用期过后),12 个月之后和 24 月之后。这些时间都从培训关系建立时开始计算。

逻辑回归:影响系数指影响事件发生机率的因素,这里的事件指培训合同终止。就给出因素来考察一方(一种类型)对相关方(相关类型)的影响机会。这种影响机会定义为指数,指数高则影响可能性大,指数低则可能性小。

极端职业群之间的比较:这里指的是工业和手工业中技术类行业的最高解约率职业群和服务业中最低解约率职业群之间的比较(根据 2008 年签定培训关系之后 12 个月的统计数据)。

E5 从就业市场角度看职业教育的收效

对就业结果的考察可以衡量出职业培训对毕业学员所起的作用。前几项教育报告中通过就业状况、职业是否对口⒨和收入这几个指标来分析学员的就业经历。本小节的分析也将继续按照这几个指标进行。通过就业研究所有关综合工作经历的调查结果,本项研究

---

[1]　正在与国家职业研究小组一起,努力获取能力测定方面的纵向研究数据。

前期教育水平与解约率的关系因职业不同而不同

手工业中,任何前期教育水平的解约率均较高

解约率的高低与学员有无过渡体系的经历无关

不但可以尽可能考虑到职业培训情况，同时也将观察研究的时间扩展到了 3 年，因为这期间会出现一些重要的职业经历变化。[①]

企业接收情况、青年失业率和就业状况

培训结束后企业接收率未发生变化

总体来说，过渡到劳动市场的困难降低了，但…

进入劳动市场人数的减少带来了劳动市场供求关系的缓和，因此可以预见，学员从职业培训转向就业市场的过渡之路也会比前几年更加顺畅。企业接受率[M]（2008 年）虽变化不大（图 E5－4A），但从就业状况[M]角度来看，2006 年至 2008 年，学员在向劳动市场过渡中遇到的困难有所减少（图 E5－1）。这两年中，职业教育结束后一个月内登记为失业状态或在联邦劳动局的另一个相关指标中的学员数下降了 8 个百分点，仅占所有毕业学员[M]的五分之一。毕业后一年，失业学员人数下降了 50％，而第二年则下降幅度有限（图 E5－1）。

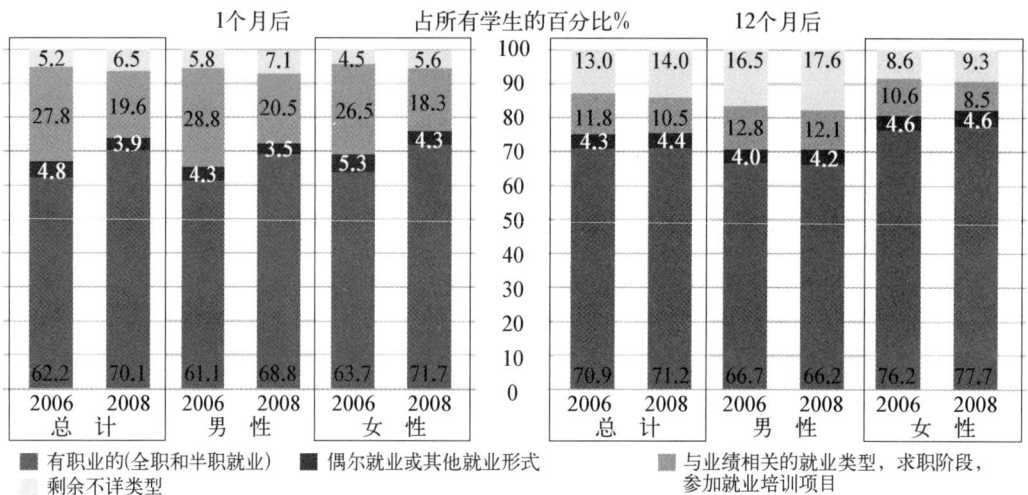

图 E5－1　2006 年和 2008 年毕业的职业教育学员毕业 1 个月和
12 个月之后的就业状况*，按性别分类（单位：%）

* 参见 E5 部分的概念解释和说明

来源：德国职业研究所，整编成册的就业经历（9.01 版本）；德国职业研究所的计算结果　→表 E5－1A，表 E5－8web

…青年失业率仍高于平均失业率，特别是男性青年

就业市场的供求关系虽开始缓和，但过去十年中的已有问题在我们观察时间段内也继续显现：2008 年的毕业学员中，男学员在一年之后失业的比例比女学员高出将近一半（43％）（表 E5－8web）。十年来（2001—2010），德国青年学员失业率一直都高于平均失业率，且总体呈上升趋势（图 E5－5A），但与其他多国比相对较低（图 E5－7web）。根据已显现的学员就业特征，男性毕业学员在就业过程中遇到的问题远大于女性。这点或许与女性在培训结束后所从事的职业大都在经济相对稳定的服务业有关，且服务业的就业率是最高的（表 E5－3A）。

三年后女性就业率高于男性

三年后，全时就业和非全时就业者的比例（下降 3%）以及失业率（下降 2%）均有所下降，但性别差距仍然存在：女性的就业率虽下降了 5%，但仍高于男性，但从事零散工作者中女性的比例有很大的提升（表 E5－3A）。

---

① 参见 Schaudock，N./Dorau，R. (2011)，Übergang von Ausbildung in Beschäftigung. In：BIBB，Datenreport zum Berufsbildungsbericht 2011.－Bonn，S. 262－276.

与就业的性别差异相比,行业间的差距则更为明显[M],甚至存在两极分化的趋势:职业教育结束一年后,某些行业的就业率远低于平均水平,而失业率则远高于平均水平,有些行业则正好相反。低就业率、高失业率的职业类型大多在手工类职业,如粉刷匠、木工、细木工、泥瓦匠、汽修工以及厨师、身体护理类职业和手工食品类职业(表 E5 - 3A)。除身体护理类职业外,在其他上述职业中,基本是最高获得普通中学毕业证的男性从业人员占多数。[①] 位于另一极的职业类型有病人看护、银行保险业的相关职业、医疗行业助理以及工业中少部分专业职业,如金属塑形员。这些岗位往往比较受欢迎。

职业对口和收入

除了符合全国普遍性认同的职业流向之外,通过对口职业[M]和收入这两方面的考察可以让大家了解职业教育培训在劳动市场的物质的和非物质认可度。在一个职业与社会和个人身份建构相挂钩的社会中,考察人们是否能找到与自己的培训经历对口的职业显得尤为重要。接下来对该项内容的考察并不是基于主观猜测,而是对学员们所学职业与毕业一年后所从事的职业之间差异的客观研究。三分之一的毕业学员在毕业一年后未能找到与培训领域相关的职业。男性比女性更难找到对口职业(不对口比例分别是 38% 和 25%,图 E5 - 6web)。女性学员中,德国学员和外国学员之间不存在差距,但男性学员中的比例显示,具有移民背景的学员更难找到对口职业(42%)。

与性别分类所显示的情况一样,职业对口和不对口的比例在过去几年的报告中鲜有提及(参见 2010 年度教育报告,第 113 页)。这两个现象不得不使我们思考职业教育岗位在供应和市场需求之间存在的结构对应关系问题,这一问题也在近几年来不同职业类型中对口职业比例的稳定性中体现出来。近期研究表明,职业对口率较高的培训岗位类型基本未变:约 90% 的医疗类和银行保险类的职业培训学员能够找到对口职业。与之相反,汽修工、粉刷匠和木匠类的职业培训学员往往找不到对口的岗位(图 E5 - 2)。与之前分析的就业状况一样,手工类和技术类职业培训岗位的男学员比服务类行业职业培训岗位的女学员更难找到对口职业。职业不对口这一问题会随着时间越来越凸显。培训结束三年后,40%的学员已不在相关领域工作,在男学员中,这一比例甚至接近 50%,女学员为三分之一(表 E5 - 2A)。

从学员在各自岗位上获得的初始工资来看,同一职业类型内和不同职业类型之间的差别都很大。与 2009 年所有新入职人员的平均工资相比,最高的专员收入(银行保险商务人员)高出 30%,而所选职业类型中最低收入类型(身体护理)则约低了一半(图 E5 - 3)。不同职业大类的收入区别:手工类的收入一般低于平均水平,而传统的工业领域的专业岗位、商务类和医疗护理行业的收入则高于平均水平。不容忽视的是,同一职业内的收入差距通常大于不同职业间的收入差距(标准差见图 E5 - 3,表 E5 - 6web)。

对于德国东部非市州的青年学员来说,职业分流状况一直以来比西部更成问题:在前面已经分析过的三大就业结果(就业状况,收入和职业对口)中,一年后以及三年后德国东部

---

① 参见教育报告编写组(2008),《2008 年教育报告》,第 18 页,比勒菲尔德(Bielefeld)。

不同行业间的劳动市场就业率存在较大差距

职业教育结束一年后,三分之一学员工作不对口

培训岗位的职业不对口是培训与需求的不相匹配的问题体现

三年后职业不对口比例上升至 40%

同一职业的平均收入差距大于不同职业之间的收入差距

德国东部学员在就业市场上处于弱势

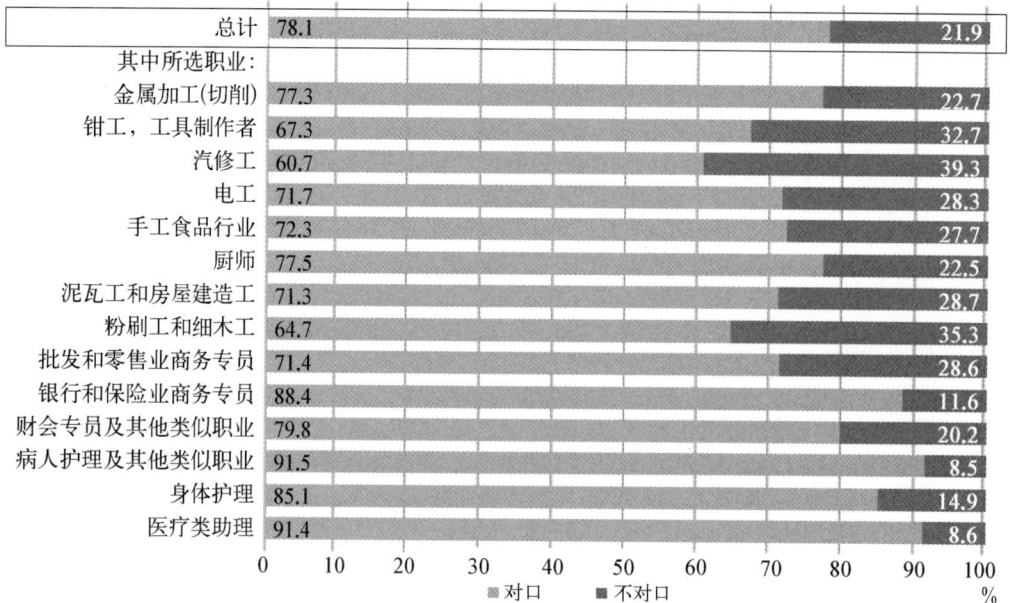

图 E5－2　2008 年毕业的职业教育培训生一年后所从事职业与所学
专业的对口程度,按所选职业组分类*(单位:%)

* 所选职业组覆盖了 299 523 名从业人员中的 173 269 人
来源:德国职业研究所,整编成册的就业经历(9.01 版本);德国职业研究所的计算结果

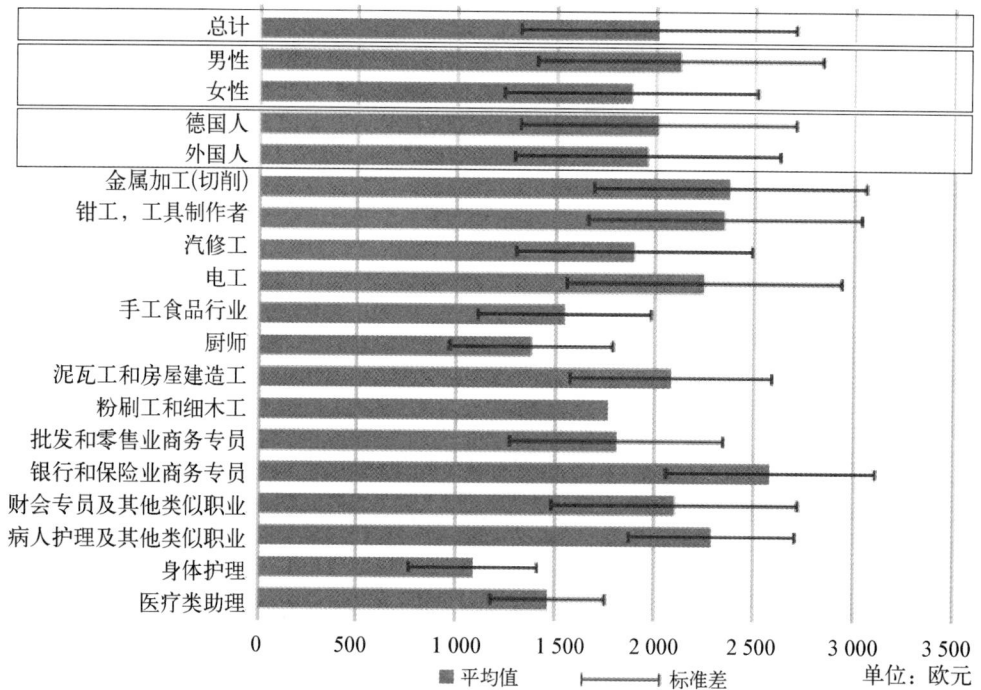

图 E5－3　2008 年毕业的全职就业职业教育培训生一年后的月总收入(平均值和标准差),
按性别、国籍和所选职业组分类*(单位:欧元)

* 所选职业组覆盖了 258 331 名全职就业人员中的 152 249 人
来源:德国职业研究所,整编成册的就业经历(9.01 版本);德国职业研究所的计算结果　　→表 E5－6web

的各项统计数据都远远落后于西部(表 E5 - 4A,表 E5 - 5A,表 E5 - 10web)。

　　这里所考察的三大就业结果在许多职业中都是紧密相关的,会带来不同的积极和消极的影响,且这些积极和消极影响间并不能互相抵消。其结果呈现的是一个相对稳固的职业结构,最底端的是手工类职业。如果职业培训岗位需求下降,这一情况将加重整个职业培训的分流负担。

Ⓜ 概念注释

　　企业接收率:就业研究所的企业调查对相关培训企业针对以下问题进行了调查:在去年毕业的培训学员中被该企业招收为正式员工的比例是多少。

　　就业情况:在一段时间内,一个学员如登记超过一项工作,则选择其中的主要劳动合同关系。主要劳动合同关系的确定主要是考虑该项工作的主次性、报酬和工作时间。最主要的信息来源是职业岗位培训的登记记录。

　　毕业学员:在综合工作经历调查中,毕业学员指的是至少有 700 天企业培训经历的人员(102 人员组),允许最多有 14 天的中断或者更换企业,毕业年龄应在 27 岁以下。

　　职业群:参见表 E5 - 3A 的说明。

　　培训对口:培训对口指的是学员所从事的职业与自身的职业岗位培训内容相吻合,主要指其毕业后的前两个工作岗位。

前景

　　十年来,职业培训市场的培训岗位短缺问题一直是职业培训政治讨论的焦点,但在过去的几年中,这一现象开始改变。培训岗位短缺问题虽未解决,但已有所缓解(E2)。原因是,2008 年以来岗位供应少量增多而培训岗位的需求量则相对减少,且根据对职业教育的预算,这一趋势在未来的十年仍将持续(参见 2010 年度教育报告,第 154 页)。到目前为止,只有少数职业培训岗位存在招不满学员的情况,这些岗位历年来都存在这一现象。但也不能排除在接下来几年中,地区性的和特定职业的学员出现短缺现象。

　　职业培训市场的这种变化形势主要是由学员人数减少而引起,但这绝不是唯一原因。我们还应考虑到学员的教育选择和偏好、职业培训岗位供应的调整以及培训市场和劳动市场中不断上升的认知需求。

　　面对不同的教育道路,越来越多的德国青年选择申请进入高等教育。这一趋势会导致高校层面以下的职业教育的潜在申请者减少,特别是经过长时间的政策性引导之后,从职业教育转向高等教育的可行性比增强。2005 至 2010 年间,通过第三教育道路(职业教育)而获得高校入学资格学员人数的增长可以说明,即便是在职业教育领域中也存在继续去高校进修的导向,尽管这一数量的绝对值还不是很多。

　　这一发展趋势可以将传统的职业教育和学术教育拉得更近,凸显两者各自的优点。如今,机构设置上已体现对这一发展趋势的支持:一方面通过增加由企业和应用技术大学联合培养的双元制专业(参见 2011 年职业教育报告的数据报告,第 276 页),目前职业教育数据统计尚未给出有关该项目的具体、系统的统计结果；另一方面则通过鼓励具备高校入学资格的学员进入双元制职业教育体系中。该类学员的比例在过去十年中增长了5个百分点(E1)，且针对该类学员的相对稳定的职业领域也已形成(E3)。

在公众讨论中有人会担心，上面提及的这一趋势将加剧职业教育(双元制)和高等教育之间的竞争。他们认为，如果学员的这一教育选择偏好继续发展下去的话，会威胁到双元制以及学校职业教育。这一想法是毫无根据的，因为他们没有认识到两大教育领域(双元制和高等教育)之间并非完全独立。如果我们脱离这种思维模式，则可以发现，这一新的发展趋势能够更好地提高职业教育中两大职业培训领域的教育质量。如今，在欧洲资格认证框架(EQR)的提议下，德国的一些议会已经开始讨论职业教育和高等教育之间的关系。

在过去十年职业培训岗位短缺的情况下，特别是政治上对培训人数的关注度开始下降之后，大家把注意力更多地放到培训质量的提升上面了，且这点也显得越来越有必要。所以，应该号召与之相关的领域——政治，社会合作伙伴、企业、职业学校、科学研究领域——今后在这方面给予更多的关注度，职业教育报告也应持续关注这点。通过本章节对职业教育的情况分析可以列出以下几个(不是所有)讨论点：降低职业培训中断率，更好地吸收现有的在职业培训中处于底层的青年学员进入职业培训，更加有效地利用时间，松动前期教育水平和职业领域划分之间的对应关系。

- 之前教育报告中的双元制职业教育体系的解约率(E4)虽不能完全等同于培训中断率，且缺少更多数据(多年的职业教育统计数据，国家受教育人群研究)，需要在接下来几年中进一步研究。但对于分析职业培训关系质量和个人对于职业培训的期待和行动方式之间的适应性问题来说，对该项指标的考察能够提供一定的依据。教育报告中的其他分析以及有针对性的调查研究也能够作为相关补充。

- 人口减少而带来的双元制职业教育体系中申请人数的减少，并没有有效地改善一直以来在职业培训市场中弱势群体的状况。2006年以来，进入职业过渡阶段的学员数量虽减少了5至6个百分点(E1)，但在所有新学员中仍约占30%，这一比例较高。2010年的数据表明，最高获得普通中学毕业证的学员和外国学员还不能直接进入完全职业教育培训：在过渡职业教育体系中，最高获得普通中学毕业证的学员数量约占四分之三，外国学员中约有一半的青年学员先进入过渡职业教育体系(德籍青年学员约三分之一)。如要改变这一状况，就需要有目的性的政策介入，在过渡阶段和入职阶段应有相应的(社会)教学设计举措，有条件的话还可以鼓励企业改变结构，用以平衡新学员之间的认知差距。此外，在普通教育阶段的最后一年可设立相应的职业入门课程和为职业作准备的课程，在过渡职业教育和企业培训期间，应为这类学员提供更多的教学和心理上的帮助和支持。鉴于以下这种情况，这些措施显得尤为重要：现在过渡职业教育体系中的学员未来会需要更多的促进措施，因为一直以来被市场所忽视的青年学员会越来越多地过渡到职业培训中。

- 对于职业培训持续性的研究，目前的关注点只在培训初期，之后的研究应扩展到培训全过程，并研究平均培训时间和按照职业群体分类的培训时间。研究显示：进入职业培训学员的平均年龄为19.5岁。我们应该看到，这一较高年龄值不仅仅是因为文理中学毕业生选择进入职业培训的人数增多,且最高获得普通中学毕业证的学员的平均年龄也超过这一平均值。这不得不让人质疑这类学员学习时间是否得到了有效利用,这点必须给予更多的关注。

- 随着劳动市场的紧缩和培训学员人数的削减,近半数的职业岗位培训对于具有较低前期教育水平的学员来说可望而不可及。要想在短时间内改变这一状态,就需要增强现存较为稳定的各个职业教育培训段之间(E3)的互通性。提高不同职业间的互通程度也对普通教育和职业教育提出了更高的要求:一方面应提高底层学员群体的认知水平;另一方面应给他们提供更具灵活性,时间上能延伸更长的培训道路。

职业培训结束后与劳动市场之间的这一衔接阶段也是检验职业教育质量的又一重要方面,同时也是吸引学员的一个重要考虑因素。为了缓和可以预见的职业供应紧缩,当务之急是消除职业教育与劳动市场需求(E5)存在的对应问题。因为这些问题在不同行业、培训领域和地区等都有不同的体现,所以除了普遍提高学员的前期教育水平之外,还应针对这些不同的问题采取不同的促进措施。

F 高等教育

高校这一机构主要通过学术教育和继续教育传授科研知识和科研能力,并通过研究产生新的知识。德国高校面临着巨大的挑战,这些挑战一方面来自高校政策改革措施和倡议,诸如"博洛尼亚进程"或者"精英卓越计划",另一方面来自其在社会培训体系中不断上升的重要性。对高校教育需求的猛增和就业市场对高技能劳动力的高需求表明,高校逐渐成为日益重要的社会培训机构。

鉴于这些发展,需要在制定高校政策时尤为注意,保证快速增长与高质量高效率之间的平衡。

F1 小节报道了当前德国大学新生人数的发展。由此重新调整了截至 2025 年的大学新生人数预计。当前对高教的需求受多重影响:低出生率年份的人口发展导致需求潜力缩小,而这种发展又与教育参与的长期增长和政策干预(如缩短中小学年限(G8)或者取消兵役)相重叠。

F2 至 F4 小节主要呈现高教体系持续发展的最重要后果。首先这一发展直接影响高校的资源需求。F2 板块首次提出高校经费主题,除科研经费外还主要关注教学支出的发展。进而提出了高等教育成果和质量在变换的条件下如何发展这一问题(F3)。由此反映出高教结构形式以及现有教学能力的高紧张性。需要考虑的参数不仅有修业年限、学习效率,还有肄业率。两者都是大学学习的重要标志。

此外,如 2010 年度教育报告中所提,也将考虑到大学生基于有代表性的调查数据对高校学习条件的判断,因为学生的观点也应在高校政策辩论中给予特别重视。

联系 2008 年度教育报告,F4 小节主要阐述第一学位毕业后进入继续教育(尤其是硕士学位)或者职业的过渡。包括本科毕业生在内的毕业生人数上升,由此延伸出的问题是,向职业(和继续教育)的过渡和职业去向是否会因此改变,又将如何改变。

人们通常担心高校毕业生的去技能化。与此相对,专业劳动力紧缺性上升(参看 2010 年度报告 H3),尤其是技能方面的劳动力。面对当前高教体系频繁的扩招和改革,对于高校毕业生向就业市场的过渡及其长期职业去向的观察是高教发展的重要试金石。

F1 高校入学与招生

当前德国高教体系面临的最重要的挑战之一是满足不断上升的高等教育需求。双届毕业生和长期继续上扬的教育参与(参看 B4)使得具有大学就读资格者不断增加。高校入学和招生的信息表明高校求学需求和负荷的发展情况。这对于调整高等教育协定是至关重要的高校政策问题。关键问题是,我们所期待的 2013 年后高校求学需求的下降是否确实减轻高校的高负荷。

在关于高教体系内巨大的差异性的辩论形势下,高校择校越来越重要。与之前的教育报告相比,此次探讨高校的不同类型更具差异性,而这也是择校的原因。再度探讨在向高校过渡时的社会选择性。

具有大学就学资格者与高校入学

过去几年获得大学就学资格[M]的年轻人人数增加;2010 年近 46 万人。同时,2000 年以来进入高校的升学率[M]先是下降,随后呈停滞状态。2004 至 2006 学年的具有大学就读资格者中,中学毕业后最初几年内开始读大学的只有大约 70%(图 F1‑1,表 F1‑1A)。直到最近几年这一比例才略有上升。

2000 年来升学率下降,但目前大学就读意愿上升

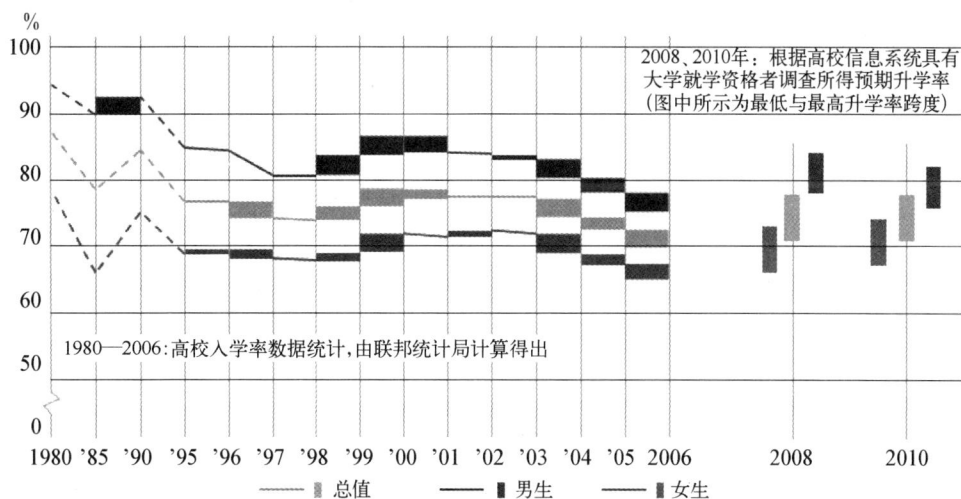

图 F1‑1　1980—2010 年具有大学就学资格的中学毕业生进入高校入学率之性别差异(单位:%)
来源:联邦与各州统计局,高校数据统计;
高校信息系统具有大学就学资格者调查　　　　　　　　　　　→表 F1‑1A

在此期间超过一半女生通过高中毕业考试或者获得应用技术大学报考资格——她们的获大学就学资格率明显高于男生(表 F1‑2A),然而决定就读大学的女生数量低于男生。女生如果获得了应用技术大学报考资格,选择大学学习的比例甚至低于三分之一。2006 年女高中毕业生的升学率为 78%,尽管已经明显升高,但仍低于男生 87% 的比率(表 F1‑1A)。

女生获大学就学资格率较高男生对其大学就学资格的利用率更高

尽管在大学就学资格者中有移民背景的学生[M]较少(参看 D7),但一旦他们获得了大学就学资格,他们对这一资格的利用率至少与没有移民背景的学生相同(表 F1‑1A)。

有移民背景的大学就学资格者升学率高

具有大学就学资格者中,中学毕业后直接进入大学学习的比例从过去以来就一直在上升。男生(37%)从过去几年以来入伍服兵役的人数就不断减少,与女生(41%)的就学情况逐渐接近(表 F1－6web)。取消兵役和民事服役加强了这一趋势。推迟就读大学的重要原因在于,想要在读大学前获得更多的人生经历、经济原因以及减少在大学和职业间选择的不确定性(表 F1－7web)。

父母的受教育情况对于大学就读决定有很大影响

在过去的教育报告中反复提到,获得大学就学资格的机会和就读大学取决于父母的受教育情况。2009 年,父母读过大学的孩子中,有 77%选择大学教育,而父母为中学毕业的孩子中只有 13%(图 F1－4A)。第一类学生显示出高度的自我复制和状态遗传,第二类学生则表明高校在多大程度上能够实现教育提升。即便青少年获得了大学就学资格,其就学可能性Ⓜ也会随父母的教育背景而不同——即便学习成绩相同(图 F1－2)。

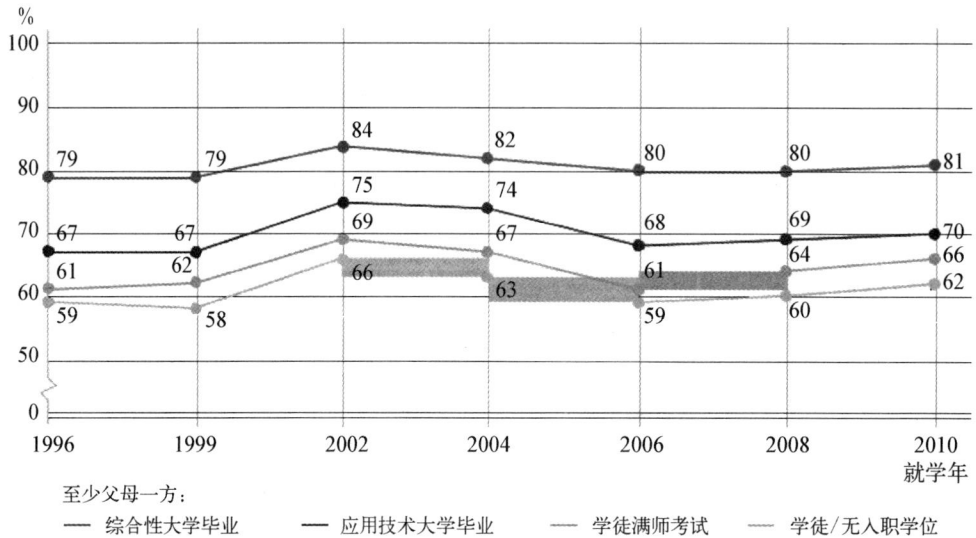

图 F1－2　1996—2010 就学年*大学就学可能性受父母入职学位影响差异(单位：%)
来源：高校信息系统具有大学就学资格者调查
→ 表 F1－8web

大学新生问卷调查显示,在选择高校时,提供感兴趣的专业课程和可利用的学习条件是优先考虑因素。仅有大约 1/3 人考虑高校排名结果;将其视为决定性因素的则更少。也有三分之二的大学新生——综合性大学和应用技术大学情况相同——将靠近家乡看作重要标准。经济原因也对此有所影响(表 F1－3A,表 F1－9web)。总体来说,高校政策辩论中用以划分高教体系不同结构的因素(如大学声望或质量)在择校过程中只起部分作用。

大学新生

大学新生人数继续大幅增长

大学新生Ⓜ人数目前受一些暂时性因素影响,比如 2011 年巴伐利亚和下萨克森双届毕业生的出现。持续上涨的教育参与度也促进其迅猛发展。2008 至 2010 年大学新生人数上升 12%之后,根据临时数据 2011 年该人数再次猛增——上升 16%至超过 51.5 万(表 F1－4A)。相较 2005 年上升了 45%。缩短中学年限的影响尚未消失,2011 年大学新生比率Ⓜ暂时达到 55%。这明显高于联邦和各州在 2008 年德累斯顿教育峰会达成的 40%的目标,接近经合组织国家平均值(表 F1－10web)。2011 年西部非市州大学新生人数上涨幅度最大(上涨 20%),市州(上涨 8%)和东部非市州(上涨 3%)则较少(表 F1－11web)。男生新生比率上升大约 13 个百分点,超过 57%,这表明取消兵役对新生比率大幅增长也有影响。

此外,大量国外外籍生源[Ⓜ](表 F1 - 12web)也推动了新生比率上升。2010 年大学新生中有七分之一是从国外到德国来读大学的。

1/7 大学新生来自国外

对 2010 年度教育报告作了更新,大学新生人数预测[Ⓜ]与德国各州文教部长联席会议(KMK)[Ⓜ]目前的预计相同,即对高校新生名额的需求至少在 2025 年前将保持高水平。尽管 2013 年后新生人数会下降,但高校求学需求预计将始终保持明显高于 2007 年后几年本来就已经很高的水平。高校的持续高负荷将一直延续到 2025 年(图 F1 - 3)。因此估计无法达到高等教育协定[Ⓜ]的目标数量,根据德国各州文教部长联席会议的预计,大约合计为 30 万高校新生名额(表 F1 - 4web)。

预计未来几年高校新生数量仍然较高

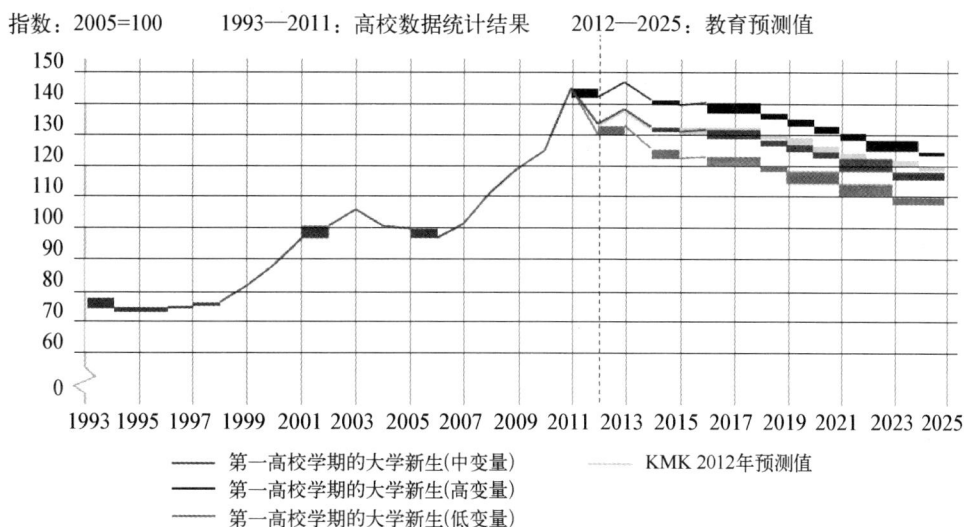

指数:2005=100　　1993—2011:高校数据统计结果　　2012—2025:教育预测值

第一高校学期的大学新生(中变量)　　KMK 2012年预测值
第一高校学期的大学新生(高变量)
第一高校学期的大学新生(低变量)

图 F1 - 3　1993 年以来大学新生人数*,2012—2025 根据预测变量所得值(指数:2005＝100)

* 第一高校学期的大学新生(高变量)包括管理应用技术大学
来源:联邦与各州统计局,2012 年教育预测;
KMK 2012—2025 年大学新生预测　　　　　　　　　　→表 F1 - 13web

为了满足全国高校的大量需求,需要区域性平衡使用高校的全部设备。主要是新联邦州由于出生率下降而使高校容纳力充足。高等教育协定相信这一选择也会被利用,由西向东的流动也将增加。2010/11 冬季学期,旧联邦州(除柏林外)的具有大学就学资格者就读新联邦州高校的人数首次多于东向西流动人数(表 F1 - 15web)。尽管如此,西东流动仍然很少。2010 年西部就学资格者中仅有 4%就读德国东部高校。

大学生西东流动仍然很少

在此期间高校学位结构改革做了尽可能的调整。应用技术大学第一学位几乎只以本科开始。2010 年,对于设有以国家考试为毕业方式的专业综合性大学有 60%大学新生就读本科专业(表 F1 - 16web)。

尽管采取措施开放高校入学,但职业教育与高等教育之间的实际渗透性仍十分受限。能够说明这一点的是没有在中学获得的大学就学资格、而是通过第三教育途径[Ⓜ]就读大学的新生比率始终很小,但 2010 年上升到 2%(表 F1 - 5A)。

通过第三教育途径就读大学者增幅轻微

2009 年,工程技术科学类的新生比率自 1993 年来首次回到 20%以上,且 2011 年继续明显上升。这一数值比最低值(2001 年 16.6%)上升了将近 6 个百分点,但还远远低于 20 世纪 80 年代高达 25%的比例(表 F1 - 17web)。

大学专业选择仍然有很强的性别特色。工程技术科学类很低的女生比例 2011 年降至 21.7%(表 F1 - 18web)。相反,语言学和文化学,目前还有医学和兽医学,有超过四分之三女生选择。

综合性大学新生不同的教学和研究特色

精英大学外籍学生和外地学生比例更高

最近几年高校风貌变得多样化,主要缘于私立应用技术大学的建立。同时差异性也更大。因此高校更多发展专业特色或者专门从事特定的学习形式(表 F1 - 19web,表 F1 - 20web)。在高等教育协定的推动下,主要加大应用技术大学的课程设置,其新生比率自 2005 年起明显上升,至今达近 40%(表 F1 - 4A)。通过精英卓越计划综合性大学的科研力度长久以来已经存在的差异性表现得更加明显。未来计划资助的九所大学的学生构成有所不同。他们不仅拥有明显高比例的国内和国外外籍生源,还有高比例的地域流动新生(表 F1 - 21web)。然而这些差别并非因精英卓越计划才出现,而是之前就已经存在。精英卓越计划所资助的高校自 2006 年以来硕士学位新生的比例也稍高于平均水平(表 F4 - 6web)。

Ⓜ概念注释

具有大学就学资格者: 具有大学就学资格者是对拿到毕业证书、已经取得高等学校入学资格(高级中学毕业证书)、限专业高校入学资格或应用技术大学入学资格的一届中学毕业生的总称。

高校入学率: 高校入学率是指一个年度的具有大学就学资格者中入学人数所占比率,不限入学时间。鉴于部分学生可能延迟入学时间,该比率以两种方法计算。按照联邦统计局的方法,是指同一年获得大学就学资格的新生人数与多年的数据总和之间取比值。这种计算方法需要 5 年后才可得出准确比率。德国高校信息系统(HIS)计算总大学就学率的方法是基于对具有大学就学资格者的有代表性的书目调查。因此这种方法包含实际和预测因素。通过这种方法可以得出接受大学教育的最低比率或核心比率(已接受或确定接受大学教育)和最高比率(核心比率加上可能接受大学教育的比率)。

有移民背景的具有大学就学资格者: 此处不同于词汇表定义,参看表 F1 - 1A 注释。

大学就学可能性: 基于多变量模型(二元逻辑回归)得出的预测值。根据父母的最高职业文凭按照性别统计、中学毕业成绩、年龄、所读中学类型以及获得大学就学资格的所在州给出升学率预测值。数据于每年中学毕业 6 个月后进行统计。

大学新生: 包括所有首次在德国高校注册的第一学期学生。

大学新生比率: 大学新生比率是指第一学期的大学新生占适龄人口的比率。每个出生年份的新生比率累计得出总的新生比率。

国内外籍生源/国外外籍生源: 在德国国内获得大学就学资格的外籍新生、在校生和毕业生称为国内外籍生源。与之对应的是在国外获得大学就学资格、赴德就读的大学生(国外外籍生源)。

大学新生人数预测(联邦统计局): 联邦统计局教育预测的中变量(参看 2010 年度教育报告 H2 注释)是在总预估时间内预测出 2010 年升学率和大学新生(不计中学获得高校入学资格、含外国获得高校入学资格的学生)。高变量是将这些预测参数按照 2010 年数值较之五年平均值的上升率上涨,预测到 2025 年之前的数值。低变量是 2015 年前的预测参数与五年平均值相接近。自 2015 年起将仅使用中间值。在所有预测参数中均已考虑取消兵役因素,即将女生入学的时间分配模式延伸到所有具有大学就学资格者中。

大学新生人数预测(德国各州文教部长联席会议): 参看 www.kmk.org/statistik/hochschule/statistischeveroeffentlichungen/vorausberechnung-der-studienanfaengerzahlen - 2012 - bis - 2025.html

高等教育协定：2007 年，德国联邦政府与各州政府共同出台了一项发展规划——《高等教育协定 2020》，借此，使高校的课程设置能配合由双届毕业生同时毕业所带来的可预见的高教需求的上涨。该协定的第一项目阶段（到 2010 年为止）目标为增加 9.1 万大学新生，已被明显超过。2009 年联邦与各州协定第二阶段，2011 年又开启第三阶段，因取消兵役而将目标调整为：至 2015 年高校再多接纳 32 万—33.5 万大学新生。

第三教育途径：通过英才考试或职业资格认证获得高校入学资格。

精英卓越计划：2005 年和 2006 年宣布启动精英卓越计划，展开对德国高校前沿研究的资助竞争。超过 5 年时间共汇集近 20 亿欧元可用资金。共 37 所高校的提案通过，其中精英大学资助层面 9 所、精英研究集群资助层面 29 所、精英研究生院资助层面 32 所。

F2 高校经费

为履行其职责，高校需要有相应的经费安排。预计至 2025 年持续走高的大学新生人数（F1）对于高校经费来说也意味着一项巨大的挑战。至于高校是否确实有充足经费这一问题，尚无法准确回答。

在教育报告中主要突出高校教学的机构经费。鉴于教学与科研的统一性也无法排除科研。最近几年，在高校资源配置方面实施了一些结构上的推进，例如促进第三方经费资助的科研。

高校不同职责领域的支出情况

2009 年高校支出（包括在职高校职工养老金的强制社会费用ⓜ和大学生服务费用支出）共计 4 130 亿欧元（图 F2-1，图 F2-3A，表 F2-1A）。其中各州和联邦政府承担 4 050 亿，教会高校和其他私立高校支出 80 亿。

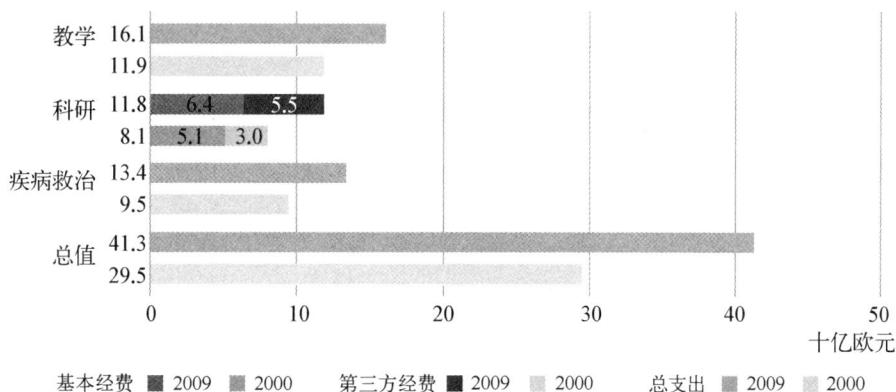

图 F2-1　2000、2009 年高校不同职责领域支出情况*（单位：十亿欧元）

* 存在截断误差

来源：联邦与各州统计局，高校数据统计　　　　　　　　　　　　　　→表 F2-1A

为了按照职责领域区分资金支出，使用切实可行的分配方式ⓜ。按照这种方式 2009 年 38.9% 的资金分摊到教学，28.6% 用于科研，32.5% 用于高校医院的疾病救治（表 F2-2A）。

大学生人数增多的情况下每个大学生的教学支出保持稳定

相较 2000 年,高校教学和科研支出票面价值上涨 39%,账面价值上涨 24%(表 F2 - 1A)。而科研支出(增加 45%)涨幅明显高于教学支出(增加 35%)。这主要缘于第三方经费资助科研的过度增长,这类科研由于精英卓越计划和公共财政科研资助政策放宽达成欧盟目标的 3%,但也受益于资金分配方式的推动。平均用于每个大学生的教学支出(在大学生人数增多的情况下)2000 至 2009 年票面价值上涨 15%,账面价值 2009 年比 2000 年高 0.9%。

高校的教学资金配置

教学资金也来自临时资金来源

随着大学生人数迅速增加(F1),高校的资金需求也在上涨,最近几年主要通过承办者更高的分摊额得以满足。还有些其他的、有期限的资助形式。尤其是高等教育协定ⓂⓂ的资金将会改善学习条件、扩大高校容纳力。鉴于新生人数迅速增长,这些暂时扩大容纳力的措施显然不够(F1)。

约 5 年前开始,一些州——目前仅还有两个州——利用学费资金补足教学资金。2009 年公立高校共获取学生费用高达 8.7 亿欧元(表 F2 - 3web)。除巴伐利亚和下萨克森外,所有的州都想在未来提供免学费第一学位。其他州如果不想让学校承担这一损失,那么这些州必须每年提供高达 6 亿欧元的补充资金。

每年每个学生7 200 欧元为持续基本经费

2009 年,高校为每个学生持续花费大约 7 200 欧元的教学科研基本经费Ⓜ(表 F2 - 4web)。2000 年大学生较少有 7 300 欧,1995 年仅 6 700 欧。包括由学生费用资助的支出,2009 年用于每个学生的资金高达 7 800 欧。如果大学生人数继续上升(F1),每个学生可利用的资源便会减少。德国每个学生的资源配置比许多其他经合组织国家都要高(表 F2 - 5web)。当然,由于科研强度、专业结构和计算特点的不同,国际间的比较存在难度。

高校教育的质量和成果与支出总额并无直接联系,尽管补充财政资金有利于改善高校教学的框架条件。还需要注意的是,教学支出因高校类型和科类差别而迥异(图 F2 - 2,表 F2 - 6web)。

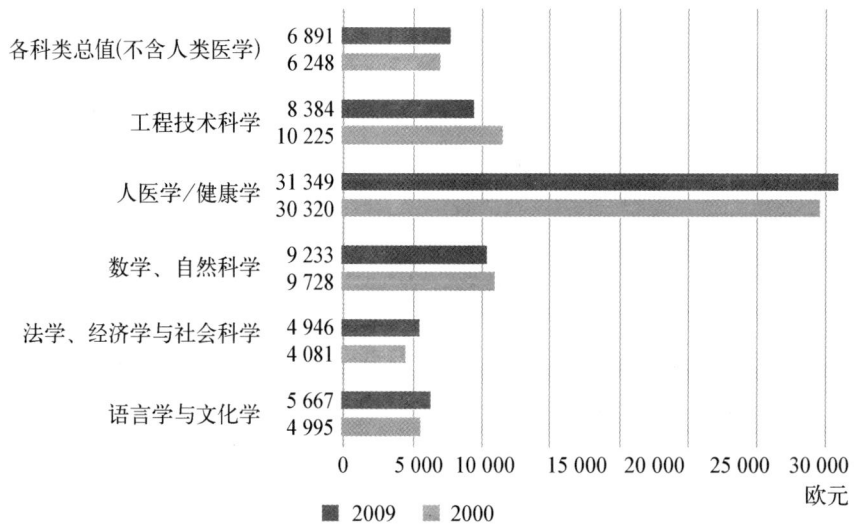

图 F2 - 2　2000、2009 年综合性大学个别科类用于每个学生的教学和科研持续基本经费(单位:欧元)

来源:联邦与各州统计局,高校数据统计　　　　　→表 F2 - 6web

　　由于应用技术大学的资金比综合性大学更多地用在教学上，扩大高校容纳力前者比后者花费更少，因此一些州着重扩大应用技术大学的高校容纳力，以满足上升的就学需求。2000—2009 年应用技术大学学生人数上升 52%，综合性大学仅上升 8%。

高校的科研资金配置

　　科研预算一部分来源于基本经费，但大部分还是通过第三方经费资助，即高校在与其他高校和科研机构竞争时所吸纳的补充资金。

　　2000 年以来第三方经费的增长明显高于承办者提供的基本资金配置。因此，在高校的科研支出中，基本经费科研比率由 2000 年的 63% 下降到 2009 年的 54%（表 F2 - 1A）。2000 年，高校从承办者每获得 1 欧，在竞争中会额外吸纳 18 欧分，2009 年这一数值已达 27 欧分（表 F2 - 7web）。同时基本经费资助的科学工作者人数减少，进而影响教学和师生比。第三方经费资助的工作人员很少从事教学，因而工作者人数上升并不能有效改善教学中的师生比。

科研的第三方经费资助日益重要

　　联邦和企业将相当大一部分第三方经费用于资助科研（表 F2 - 8web，表 F2 - 9web）。教学有 87% 来自州资助，而高校科研支出中州资助占 52%（表 F2 - 10web）。

科研的基本经费资助比例下降

私立高校经费

　　私立高校Ⓜ未来也将承担大学生费用。2009 年其学费收入——部分非教会私立高校很高——共计 3.77 亿欧元，而支出共高达 7.83 亿欧。因此，在私立高校的支出中 48% 来源于学生学费，52% 来自公共津贴、学校自有经费和第三方经费。

Ⓜ概念注释

　　强制社会费用：为了照顾到公务员的养老金，将实发公务员工资随国民经济总量附加值提高（2007 年提高 26.9%）。以此实现与事业单位人员的社会保险支出平衡，并平衡高校人员结构的差异。

　　高校支出在各职责领域的分配方法：参看表 F2 - 1A 注释。

　　高等教育协定：参看 F1 注释。

　　基本经费与固定基本经费：此处涉及承办者向高校提供的基本资助。基本经费（也即固定基本经费）的计算方法为高校总支出（也即固定支出）减去第三方经费和管理收入。这样可以将医疗和非教学科研支出基本消去。计算基本经费时未考虑大学生服务和公务员养老附加费用，津贴自 2006 年起包含在内。

　　私立高校：此概念包含教会承办的高校。

F3 学业进程、修业年限、肄业

　　与以往教育报告相同，2012 年度报告中学习效率也是一个重要部分。博洛尼亚改革所追寻的目标是，通过缩短修业年限和降低肄业率提高学习效率。目前猛增的高校负荷（F1）使这一议题更加重要。因此修业年限、肄业和学习质量再次成为本小节中心。

修业年限

本科修业年限接近标准修业年限

通过增加在标准年限内毕业的毕业生人数来缩短修业年限，这是博洛尼亚改革的一个重要目标。这一目标似乎已在第一批毕业生中实现。到本科毕业的总修业年限$^{Ⓜ}$在过去两年里保持稳定，且高度符合预先规定的标准修业年限（图 F3-1，表 F3-3web）。

毕业人数

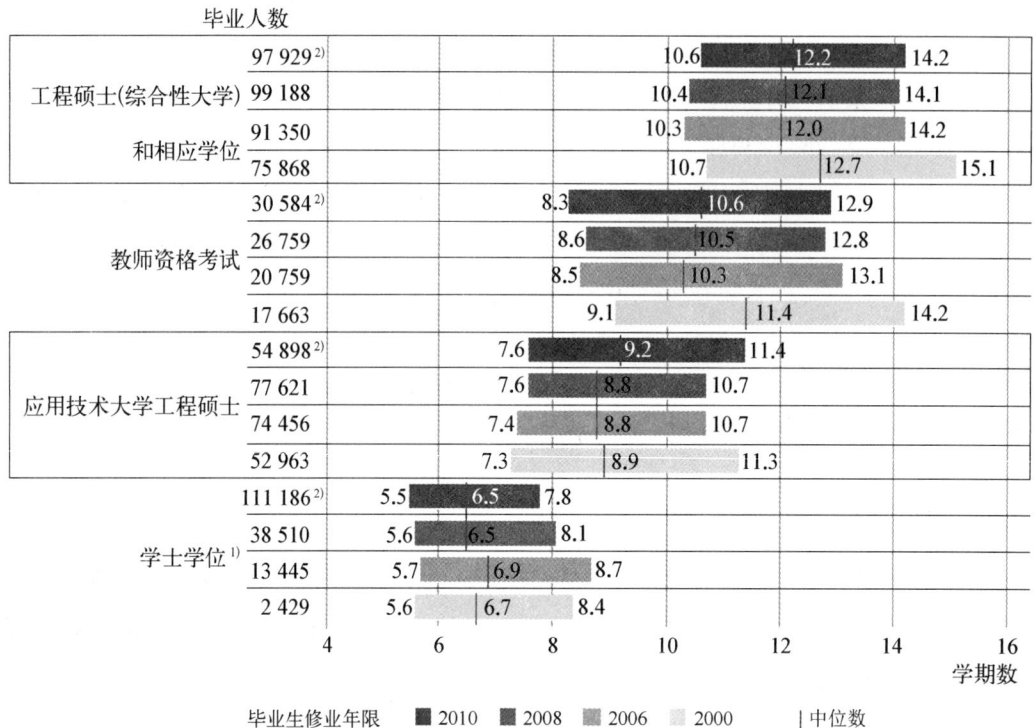

图 F3-1　2000、2006、2008、2010 年不同学位形式的总修业年限（单位：学期；中位数和四分位数$^{Ⓜ}$）$^{Ⓜ}$

1）学士学位：以本科毕业生首次超过 1 000 人的 2003 年为基准年份，而非 2000 年。
2）2010 年毕业生人数出自 2010 年 11 专业系、4.2 组高校考核。

来源：联邦与各州统计局，高校数据统计　　　　　　　　　　　　　　　　　　→表 F3-3web

本科学程的专业修业年限$^{Ⓜ}$因专业方向不同而略有差异（大约相差一个学期）。工程技术科学类专业和信息学的学业大约最长 6.5 个学期（表 F3-4web），需要注意的是，其中相对较多的学生就读应用技术大学学程，其标准修业年限为 7 或 8 个学期（表 F3-5web）。如果目前关注的就读硕士学位（F4）的高升学率继续保持的话，预计未来总修业年限将仅仅稍短于以前的修业年限。

肄业

本科阶段肄业率高——应用技术大学和综合性大学存在差异

重新建构学程是为了降低肄业率$^{Ⓜ}$。最开始的几届本科还没有达成这一目标（参看 2010 年度教育报告 F4）。新的数据分析显示，2010 年本科学程肄业率高达 28%。但其中也隐藏着综合性大学和应用技术大学的相反趋势（图 F3-2）。应用技术大学的学生更具优势，因为分级结构引入得更早，而且应用于所有专业方向。解决了初期出现的问题，如今新学程似乎运转得更好。相反，综合性大学还一直处于向第一学习阶段转变的过程，即相对

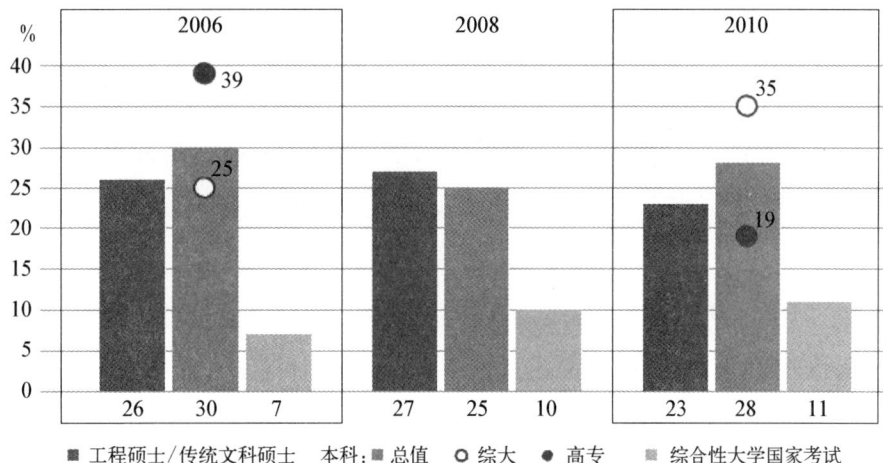

图 F3 – 2　2006、2008*、2010 年不同高校类型和学位类型的肄业率差异(单位：%)

* 2008 年只显示总值。

来源：高校信息系统 2012 年高校肄业调查　　　　　　　→表 F3 – 6web

于工程硕士学程大力缩短的阶段。

　　对以往肄业情况的调查结果证实,大多数专业方向中女生的肄业率低于男生。无论学位形式如何,工程技术科学类肄业率均高于平均水平(表 F3 – 1A)。综合性大学 MINT 专业(数学、信息学、自然科学和技术类)尤高。工程技术科学和数学专业中超过一半新生中断本科学业。这些专业方向在应用技术大学的肄业率同样以 30% 超出平均水平。

　　无论是来德国读大学的学生(国外外籍生源Ⓜ)还是国内外籍生源Ⓜ都比德国大学生更容易肄业(表 F3 – 7web)。有移民背景的具有大学就学资格者(F1)的高升学率也因此受限。

外籍大学生肄业率高于平均水平

学习质量

　　学位改革对学习质量的影响尚有争议,尤其是学习质量是一个多维的、主要根据主观评价的概念。尽管舆论对高校情况诸多争论,但就学习质量的多个方面所做的多次调查显示,大学生对学习条件的总体满意度保持在较高水平。参与问卷调查的大学生中,有一半以上对学习条件满意,大约 70% 喜欢在自己的大学学习(表 F3 – 2A)。应用技术大学学生对学习质量评价更高(图 F3 – 3)。引人注意的是应用技术大学重视教学,但专业范围大多较为狭窄。相反,综合性大学学生对学习的框架条件更为严格,例如学程建设与结构或者课程在时间和内容上的协调一致等学业安排问题。被过度要求参加活动的经济学和社会科学专业方向以及师范类学生对此有所指责(表 F3 – 2A,表 F3 – 8web)。

对学习质量满意,但对学业安排和学习条件持批判态度

Ⓜ概念注释

　　总修业年限：总修业年限包括在一所德国高校度过的所有学期(高校学期),从首次注册直到毕业注销学籍。包括可能因转专业而耽误的学期。

　　专业修业年限：专业修业年限是指在取得学位的专业所修的全部学期(专业学期),包括可能在其他专业所修的被认可的学期。

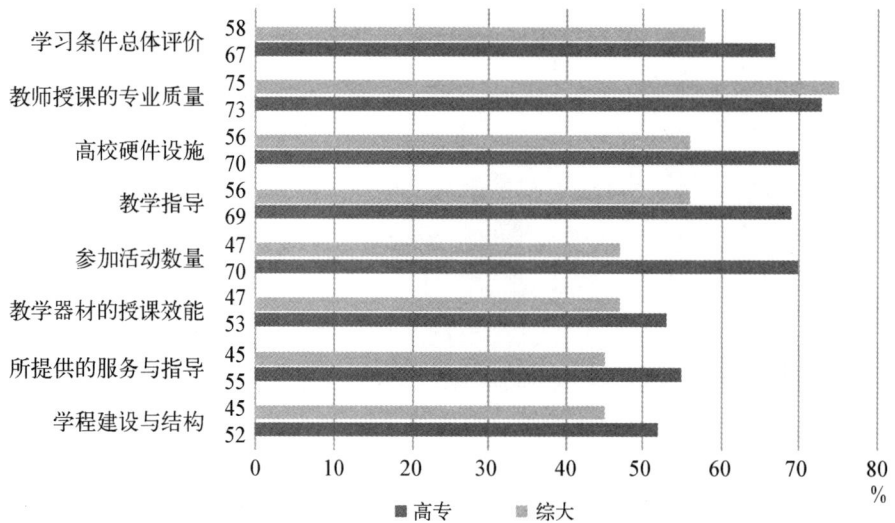

图 F3-3   2011 年不同高校类型大学生**对学习条件*的评价(单位：%)

* 采用 1—5 分表示"完全不满意"，最高值 5 分表示"非常满意"。此处显示获得 4—5 分的比例。
** 仅限本科和国家考试学程的学生
来源：AG 高校研究/高校信息系统 2011 年高校学习质量监察   →表 F3-2A

以中位数和四分位数作为修业年限的计量标准：修业年限的计量以中位数和四分位数为标准。中位数描述的是一个临界值，50%的毕业生在这个临界值以内完成了他们的学业。下四分位数给出的值是指，25%学得最快的毕业生，在该值以下就完成了学业；而上四分位数的值则说明，学得最久的 25%的毕业生在该值以上才完成学业。使用中位数和四分位数可以避免个别过长或过短的修业年限严重影响平均值。

肄业、肄业率：大学生没有完成学业而停学叫做肄业。转专业或转校的情况，只要转之后成功毕业就不算肄业。计算肄业率时，会将各级非同年入学、但本该在该年毕业的学生都算进去(www.his.de/pdf/21/20080505_his_projektbericht-studienabbruch.pdf)。

国内外籍生源/国外外籍生源：参看 F1 注释。

F4 毕业与去向

过去几年，从高校到职场的过渡成为广泛关注的话题。导致这一情况的原因有多方面。第一，毕业生人数迅速上涨，由此产生毕业生去向问题。第二，最近几年关于未来对专业劳动力的需求形成广泛热议(参看 2010 年度报告 H3)。第三，引进分级学位体制引起对本科毕业生的职业技能和就业机会的担忧。第四，学位改革使本科和硕士之间产生新的过渡，在这阶段要攻读硕士还是进入职场，需要再做决定。由此产生的问题不只是高校如何安排这种新的过渡阶段，还有高校的容纳力是否能够满足硕士学习名额的需求。

简单观察当前毕业生人数发展情况后，接下来将通过新的毕业生学习数据研究如何向硕士过渡以及毕业生进入职场有哪些经历。

毕业生数量走势

2010 年毕业生人数持续上涨的趋势仍然继续。2001 年以来，毕业生人数上涨超过

70%,毕业生率[Ⓜ]上升至 29.9%(图 F4-1,表 F4-1A);接近经合组织平均值 38%(表 F4-2A)。2010 年有近 30 万毕业生在高校取得第一学位[Ⓜ]。这种上涨主要是 2003 年以来大学新生人数猛增的结果(F1)。传统与新型学位形式的不同长度的学程同时毕业也对此有所影响。

过去新生人数多
导致毕业生人数
和毕业率上涨

毕业生人数

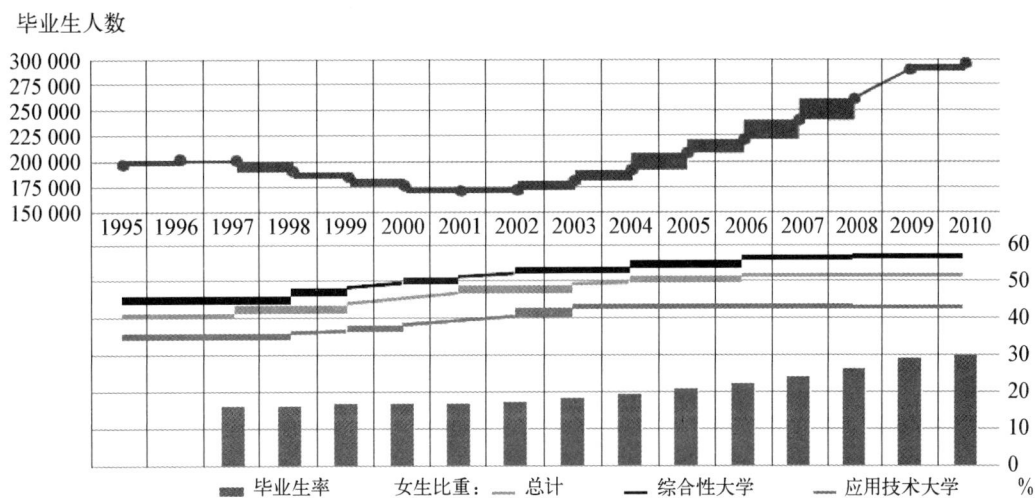

图 F4-1　第一学位毕业生人数及不同高校类型的女生比重

来源:联邦与各州统计局,高校数据统计　　　　　　　　　　→表 F4-1A,表 F4-3web

　　1995 年以来大学毕业生中女生比例上升超过 10 个百分点,2006 年以来保持在 52%左右,这比大学新生的女生比例要高(F1)。这反映出女生肄业率较低(F3)。毕业生的科类分布较之上一份教育报告保持稳定。法学、经济学和社会科学的比例最高(34.9%),MINT专业占 1/3(表 F4-4web)。

女毕业生比例超
过 50%,高于女
新生比率

　　与招生(F1)不同,毕业生要适应新的学位,不仅在德国,在其他国家这一阶段也同样还未完成(表 F4-2A)。学士学位在所有学位中总共上升到 37.7%,应用技术大学首次出现本科毕业生多于硕士毕业生(表 F4-1A)。

　　博士毕业生(医学除外)人数经过过去几年的波动之后,2010 年再次略微上扬。博士密度[Ⓜ]在过去几年鲜有变化:不考虑医学的话,综合性大学的毕业生中六分之一为成功博士毕业(表 F4-5web)。2010 年,大约 60%的博士毕业生(不计医学)出自精英卓越计划[Ⓜ]所资助的科研强校。相较其 47%的新生比重,这一比例高于平均水平(表 F4-6web)。在国际比较中,德国属于高博士密度国家(表 F4-2A)。

精英大学博士毕
业生超出平均水
平

本科升硕士

　　博洛尼亚改革的一个目标是,第一个学业阶段达成工作能力,并以具有职业技能的毕业结束。然而多次毕业生问卷调查一直表明,至今绝大部分本科毕业生留在高校。综合性大学中截至目前的本科毕业生中约四分之三选择继续深造,大多是硕士学位(表 F4-7web),且主要为本科毕业后直升(图 F4-2,表 F4-8web)。应用技术大学的本科毕业生中也仍有大约一半直接进入下一学位的深造。

向硕士学位升学
率高,主要集中
在综合性大学

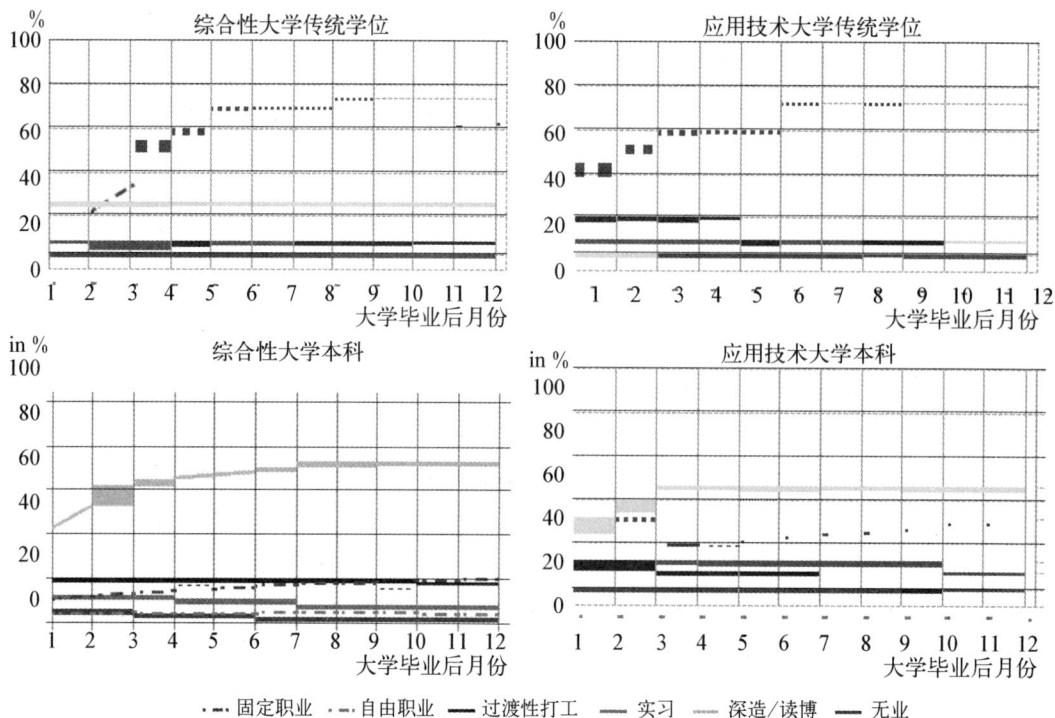

%
100
80
60
40
20
0
1 2 3 4 5 6 7 8 9 10 11 12
综合性大学传统学位
大学毕业后月份

%
100
80
60
40
20
0
1 2 3 4 5 6 7 8 9 10 11 12
应用技术大学传统学位
大学毕业后月份

in %
100
80
60
40
20
0
1 2 3 4 5 6 7 8 9 10 11 12
综合性大学本科
大学毕业后月份

in %
100
80
60
40
20
0
1 2 3 4 5 6 7 8 9 10 11 12
应用技术大学本科
大学毕业后月份

·—· 固定职业　- - 自由职业　—— 过渡性打工　—— 实习　……… 深造/读博　—— 无业

图 F4 - 2　不同高校类型与学位的 2009 届毕业生首年工作情况(单位:%)

来源:高校信息系统 2009 年毕业生问卷调查　　　　　　　　　　　　　→表 F4 - 13web

　　除了选择学术生涯、为了日后读博以外,攻读硕士学位的主要原因还在于改善就业机会和专业深度。目前社会对于本科生的职业技能不敢确定,尤其是综合性大学的本科毕业之后,因而本科学历在求职时不容易得到信任(表 F4 - 9web)。

目前硕士学习名额充足

　　目前还未出现硕士学习名额不足的问题,因而 86%(应用技术大学)和 90%(综合性大学)的本科生可以在心仪的大学就读心仪的专业(表 F4 - 10web)。对于放弃硕士学习,与学习相关的原因,如高招考条件等,仅仅是次要因素(表 F4 - 11web)。如果本科之后紧跟着硕士学习成为基本模式的话,未来几年在本科毕业生继续增加的情况下,对硕士学习名额的需求将明显增加。

向硕士过渡可能形成教育过程中新的选择阶段

　　除个人衡量外,攻读硕士还取决于特定的教育背景特点。分析显示,决定攻读硕士不仅受父母较高学历影响,与学习相关的特点,如旅居国外、作学习助手从事与专业相关的工作以及好的学习成绩也都会促进这一决定。相反,上大学前有职业经历更可能降低硕士升学率(表 F4 - 12web)。由本科向硕士过渡将使教育过程中形成新的选择阶段。

职业去向

高校毕业后很少实习

　　大学毕业后的入职情况因专业方向而不同(参看 2008 年度报告 H5.3)。过去几年里有些好的机会,经过短暂的过渡阶段(图 F4 - 2)后获得并长期从事一项职业。2010 年,持高校毕业文凭的人中失业者比例为 2.8%,明显低于其他任何技能人群,且近两年仍在下降(参看 I1,表 I1 - 1A)。尽管毕业生人数大幅增长对此毫无影响。2009 年除继续深造的本科毕业生外,毕业生人数比 2001 年多约 7 万人。然而 2009 年毕业生大军的从业情况——

高校毕业后迅速入职

尽管在全球经济危机背景下——在大多数专业方向都基本顺利(图 F4‑2)。大学毕业后参加实习的比例只在少量专业方向还值得一提(最多 10%)。高校毕业生并无时代特征。

以传统形式毕业后,绝大多数毕业生在必须要求高校文凭(例如教师或者医学)或普通文凭即可的领域工作(图 F4‑3)。至今还未有情况表明,毕业生人数的大幅增长会导致未来几年另择非技能对口工作岗位的情况增加。但这只适用于新型本科毕业的情况。这里区分的主要是大学毕业与传统方式毕业后所从事的职业:前者收入更低(表 F4‑15web)(公共职务的入编规则对此也有影响),而且更常从事要求受过职业教育的职员或较低技能水平的职位。

（右侧旁注）本科生在入职时收入更低

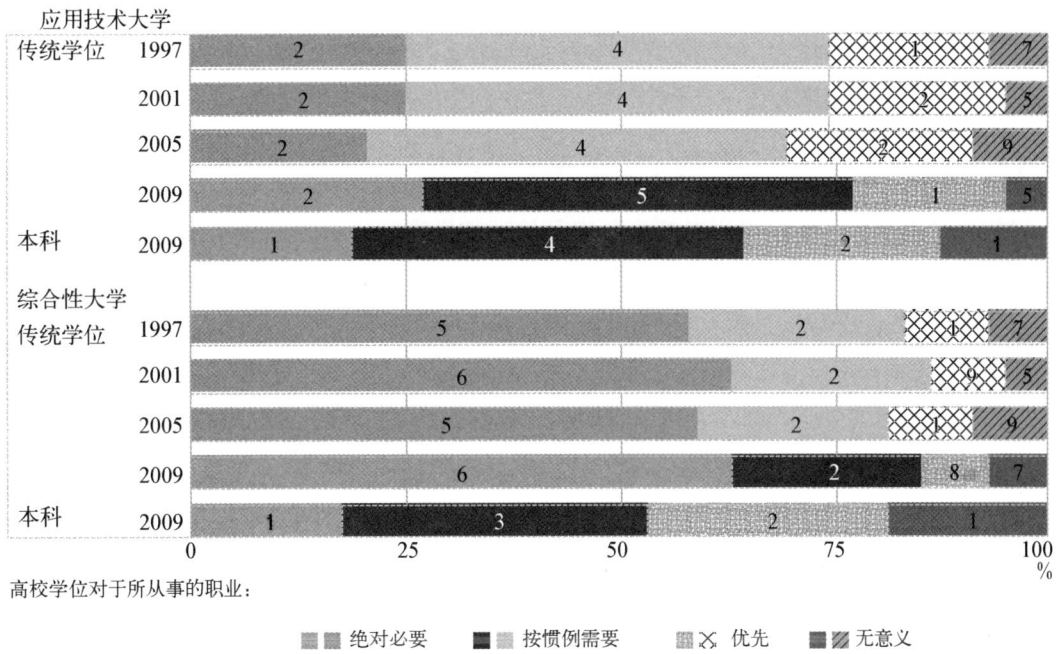

图 F4‑3　1997、2001、2005、2009 年所从事职业*对不同高校类型学位**的要求情况(单位:%)
* 参与问卷调查者对大约大学毕业一年后所从事职业的自我评价
** 传统学位是指:传统工程硕士、传统文科硕士、国家考试
来源:高校信息系统毕业生问卷调查　　→表 F4‑14web

德国高校毕业生长期拥有从事合适职业(M)的良好机会(参看 I)。如果所学专业与稍后从事的职业活动并非紧密啮合,尽管要经过较长的过渡和摸索阶段,但仍能融入职业,这与类似医学、法学或者师范等专业方向有所不同。从长远来看——毕业后 5 或 10 年内——不同的开始条件或多或少趋于相同,因此短期内的融入问题不能引申为长期去向问题(表 F4‑16web,表 F4‑17web)。专业方向间的等级差异(例如收入方面)仍然存在,尽管收入在入职后前 10 年迅速增长(表 F4‑18web)。语言学和文化学的大学毕业生中未能从事合适职业的比例很长时间内仍高于平均水平(表 F4‑16web)。

（右侧旁注）个别专业方向入职过程较长

(M)概念注释
　第一学位:第一学位在分级学程中指学士学位,在传统学程中指硕士学位或国家考试。
　毕业生率:毕业生率是指毕业生在同龄人口中的比重。计算出每个出生年份的毕业生占比后相加得出总的毕业生率(比率求和)。

博士密度：获得博士学位的人数,涉及此前 4—6 年的平均毕业生人数。

精英卓越计划：参看 F1 注释

职业对口性：许多对毕业生进行的调查,包括此次所用的高校信息系统(HIS)毕业生研究,都针对毕业生所学专业是否与其从事的职业相关(专业对口性)以及高校文凭对其所在岗位是否必要(岗位对口性)进行了调查,然后将这两部分结合起来。

前景

对德国高校体系来说最重要的挑战在于对高校教育持续的高需求,除持续上涨的教育参与度外,主要是由文理中学双届毕业生同时毕业导致的(短期内还受取消兵役和民事服役影响)(F1)。即便考虑到这些特殊因素,需求量仍高于德国科学委员会和 2008 教育峰会所定的德国大学新生率达 40%的目标。很显然高校教育的吸引力无法动摇。过去几年升学率的略微上扬证明仍有继续上升的空间。

根据预测,大学新生人数直到 2025 年都不会低于双届毕业生出现之前的水平,尽管相对于 2011—2013 年间的高峰值将会有所下降(F1)。这种发展对于高校资源和高校经费不无影响。高校经费支出和各项花销主要用于科研(F2),而教学开支则基本停滞。按照大学就学需求量的发展趋势,高等教育协定 2020 的扩建目标应该在 2015 年就已经可以实现。保证提供充足的、满足需求的学习名额仍旧是高校的一项政策任务,不仅超出截止目前的计划期限,甚至在期限之内可能显得更为紧迫。

尽管 2011 年大学新生率的跃进主要缘自前述特殊因素,而且未来几年还会下降,但是预计新生率较长时间内仍会高于初始目标值。因此高校、尤其是综合性大学的功能与意义也发生了变化,不再是社会技能体系内部的教育机构。高校已经逐渐成为典型的国民经济教育机构,国民经济不仅在第二产业,而且在第三产业也越来越以知识型职业和创新价值为基础。

总体来说,对于职业教育、高校教育和继续教育之间传统的划分界限已经越来越模糊,职业教育和高校教育的关系也必须重新界定。如果未来几年以其他途径入学的从业者大学新生比率上升,那么将加强高校作为毕生学习机构的意义。

另一方面,对高校教育的需求度的大幅增长,无论对于就业市场和职业体系还是对于专业结构、课程设置和学业安排,其影响都是无法预见的。要想不再激化职业教育与高等教育就潜在接班人的竞争状态,关键在于发展两者之间新的联系。这样除传统的学习形式外,合作或双元教育模式将同样具有重要的意义,正如职业与灵活的学习形式并行的方式一样(例如远程学习、混合学习、在职学习和半读学习)。

除这些形式的横向对比(学程和学习形式层面)外,高教体系纵向的机构对比差异更大。导致这种情况出现的不仅是新的竞争机制,还有体现高校成就的新形式。首先体现出这一点的是,在精英卓越计划中取得成功的大学对于特殊学生群体具有吸引力(例如外籍生源和地域流动性学生和博士生比例更高）。高校的纵向和横向对比一方面是面对上升的高校教育需求和更丰富的学生多样性的一种选择，另一方面当出现多重目标时，也隐藏着风险，例如科研与教学之间的权衡，以科研强校作为高校发展的主导目标模式。

高教体系的持续发展加强了高校教育的需求、质量和效率，以保障更多的人参与进来。在此显现出一种对向发展（F3）：一方面本科的修业年限固定，大部分学生在规定年限内毕业，然而硕士高升学率又延长了总修业年限；另一方面所期待的学位改革的（副）作用，即降低肄业率，尚不能预见。

学生对于学习质量相对积极的主观评价（F3）与上述论断并不矛盾。在正面评价之余还有大量的批判，在某些方面这些批判也占多数或者至少是少数中的多数。目前有近40%大学生认为德国高校的学习条件存在问题。学习条件的恶化不能引发高校容纳力持久的高负荷，这一点更加重要。相对遭到批判的是学程的建设和结构以及对高校、综合性大学的资助和指导，尤其是"热门专业"大量的学生人数。这对于高校将意味着，需为改善学习成果改建或重建适宜的资助结构。大学生的正面评价主要在于专业教学和学习的质量，而对结构和教学法的质量则持怀疑态度，尽管有（或者说恰恰因为）博洛尼亚改革。

自2000年起（2003—2006年暂时中断）新生人数的大幅增长带来毕业生人数的明显增加，尽管肄业率较高（F4）。在国际比较中，德国的毕业生率与其他经合组织国家、与经合组织平均水平的差距都已缩小。可以预见，如果本科生人数继续上涨，而不扩充硕士学位名额，那么许多本科生所追求的攻读硕士将冲击容纳上限。尽管没有攻读硕士而是进入就业市场的本科生绝大部分都成功转型，但也必须查明，他们在职业体系中是否找到与传统学位毕业生相似的职位。本科学历在就业市场上的价值对于许多大学生来说仍是没有把握的。不同于高校招生情况，学位变更尚在进行中。目前正进入职场的本科学历毕业生与传统硕士学历毕业生仍处于直接竞争关系中。这里有两种发展发生了转移：普遍上涨的毕业生人数和学位变更。截至目前，大学生就业市场似乎毫无矛盾地吸收了不断增加的毕业生。

G 成人继续教育与学习

　　虽然政治、经济和科学领域多次申明继续教育的重要性,但就 2010 年度教育报告中的继续教育章节所做的调查结果来看,继续教育还面临着供给和支出不景气以及不同参与人员组分布不均等突出的现实问题。

　　本章也将继续讨论上述问题,在更大范围内关注影响继续教育参与情况的指标(G1)和作为继续教育培训最大数量提供者的企业继续教育活动举措(G2),并提出以下问题:在个人参与和机构供应关系改变的情况下,深度讨论人口变化对继续教育的影响程度。

　　借助 2010 年关于成人教育调查(AES)的现有新数据,可以继续按照参与人员不同的社会特征对他们参与不同继续教育类型进行纵向统计(G1)。调查主要关注以下问题:面对新显现的劳动市场关系,已经相对稳定的参与学员的社会结构是否开始发生松动;目前数量较少却被视为未来极具就业潜力的人员组是否会更多地参与到继续教育中来。由于继续教育不仅仅取决于个人安排,也与机遇相关,所以这些参与数据同时也会对提供继续教育机会的机构产生影响。

　　企业提供的继续教育机会被视为满足大家明确表达和期望的技能培训需求的战略性选择。在经济危机时期,企业的继续教育有所回落,同时带来了这样一个问题:过去几年的经济好转是否带来了相反的效果(G2)。企业以特别的方式对人数变动中可能存在的技能培训紧缩做了预估,并通过相应的内部和外部的培训活动做出相应调整。借助劳动市场和职业研究所的企业研究(新的数据来源)以及联邦职业教育研究所技能培训研究所得出的数据可以解释,除了企业大小、企业继续教育供应中的传统弱点之外还有哪些因素、以怎样的方式发挥了它的影响效应(G2)。为年龄较大的从业者提供的继续教育机会是一个重点考察指标,他们就业参与度的提高也与他们对自己的专业技能维护程度相关。

　　本章的一个创新点是特别关注那些高学历人群。这类人群也是历来在继续教育中最为活跃的人群组(G3),因为高学历劳动力人群是所有继续教育人群组中需求量最大的,而且这一需求量仍将继续增长(参见 2010 年教育报告 H3 部分)。因此,需要注意以下问题:这类人群的继续教育是如何设置的,不足之处又在哪里。

　　继续教育的收效作为经常性的考察指标有它的双重意义:一方面从个人收益角度来看,它可以作为现有继续教育的检验剂;另一方面也可以促进更多人参与到继续教育中来。2010 年成人教育调查的新增调查项目及其他数据来源保障了本章节调查内容的有效性(G4)。

G1 继续教育的参与情况

　　继续教育虽然在科学和政治领域越来越受重视,但近几十年来,继续教育的参与度却有所回落或停滞不前。在过去20年中,继续教育报告体系(BSW[Ⓜ]至2007年)和成人教育调查(AES)[Ⓜ]两大数据来源就职业继续教育和普通继续教育采用了不同的调查方式,因此只能得出一个总体的继续教育参与率,该参与率覆盖所有有组织的继续教育领域。

　　继续教育参与率继90年代显著增长之后,除有微量的波动之外,到2010年都一直处于停滞状态,在42%左右(图G1-1)。过去十年,旧联邦州的参与率几乎未发生变化,相比较而言新联邦州则显示了更不稳定且显著下降的趋势(表G1-1A)。按年龄组分类的参与率显示:在调查时间段内,年龄最小组和最大组之间的差距在缩小,特别在2007至2010年间,主要原因在于50至65岁年龄组的参与率有所提高(图G1-1,表G1-1A)。导致这一现象的原因是教育扩容有关的队列效应还是其他有待进一步调查。

过去十年中,继续教育参与率处于停滞状态

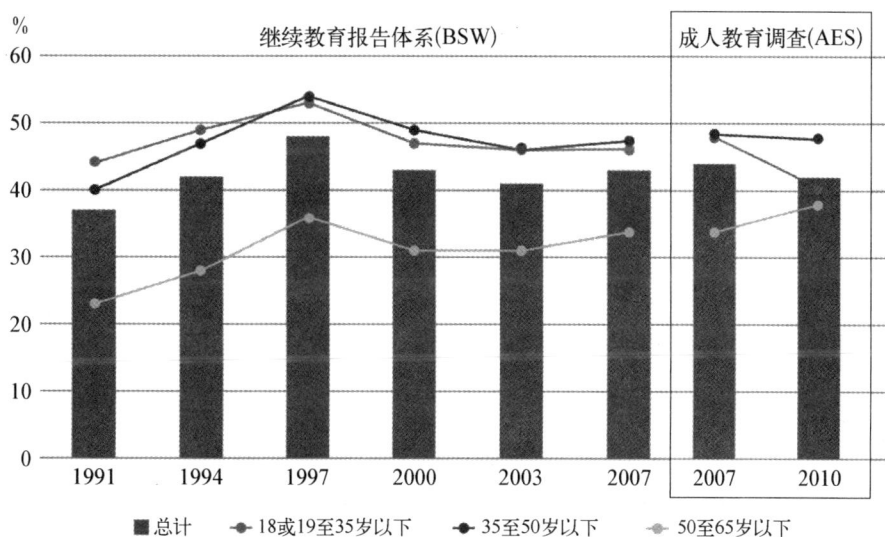

图G1-1　1991至2010年继续教育的总体参与情况,按不同年龄组分类(单位:%)

来源:TNS Infratest Sozialforschung,成人教育调查,继续教育报告体系,自己计算得出:von Rosenblatt, B./Bilger, F.(2007), Weiterbildungsverhalten in Deutschland, S. 226-229　　　→表G1-1A

　　2010年教育报告中区分了非职业导向型和职业导向型继续教育[Ⓜ],后者又分为企业职业导向型和个人职业导向型。就2007至2010年这一时间段来看,总体职业教育参与率的略微回落主要体现在企业继续教育参与率上——从29%降至26%[①](图G1-3A),而个人职业导向型和非职业导向型继续教育参与率则分别保持在12%和11%相对稳定的状态。

[①]　从就从业人员的继续教育参与率来看,企业培训的参与率从40%降至36%(表G1-5web)。

继续教育参与者的社会背景差异

在目前人口变化的背景下,继续教育参与者之间除了长期存在的年龄、性别、就业状况、职业技能水平、移民背景以及其他社会背景之间的差异外,经济原因也成为威胁潜在劳动力保障的一大因素。

2007 至 2010 年,50 至 65 岁年龄组的继续教育参与者人数虽有所增长,但跟其他年龄组相比仍处于较低水平(图 G1-2)。就从业人员参与率来看,不同年龄组之间的差距较小,但仅限于企业继续教育(其余两组与中间年龄组的百分比为 33% 对 39%——图 G1-2)。在 2010 年企业继续教育参与者总体下降的背景下,最大年龄组下降幅度最高(表 G1-5web)。在非职业导向型继续教育中可以看到最大年龄组的参与率有微量增长(表 G1-2A)。

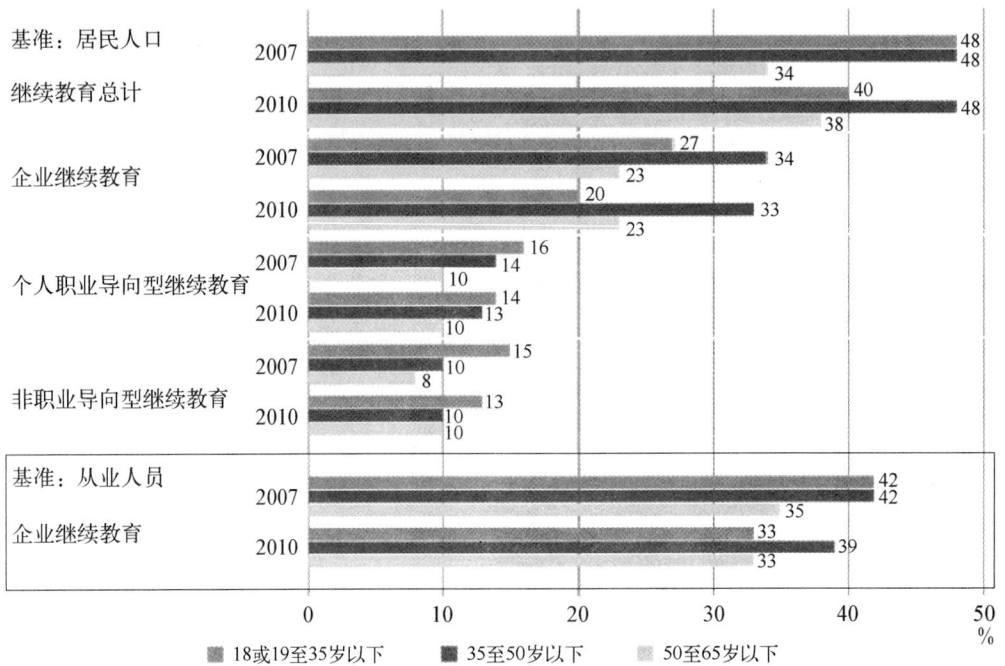

图 G1-2　2007 至 2010 年继续教育的参与情况,按继续教育类型和不同年龄组分类(单位:%)

来源:TNS Infratest Sozialforschung,成人教育调查,自己计算得出　　　　　　→表 G1-2A,表 G1-5web

与过去一样,2010 年的就业状况也对继续教育参与情况有着重要影响:2010 年从业人员的培训参与率是非从业人员的近两倍。所有年龄组都体现出了这一对比关系,最大年龄组尤为明显:从业人员和非从业人员参与培训比为 3∶1(表 G1-5web,表 G1-6web)。造成这一差距的主要原因在于企业培训的大门对非从业人员是关闭的。

就教育背景来看,2010 年,具备高校入学资格人群的培训参与率比普通教育学校毕业人员高出一倍,这一情况与往年一样(表 G1-2A)。不同教育背景人员的继续教育参与率的差别在企业继续教育中体现最为明显:2007 至 2010 年具备高校入学资格的男性学员参与率有所下降(表 G1-2A),最高获得普通中学毕业证的学员参与率远低于其他教育背景学员的参与率(表 G1-5web)。就职业培训技能水平来看,未受过职业培训人员的继续教育参与率只是具备高校入学资格人员的一半(表 G1-3A)。但如果放在一个较长的时间段内进行比较的话,未参加职业培训教育人员的继续教育参与率从 1991 年起还是有所增长的(表 G1 - 1A)。2007 至 2010 年专业从业人员的企业继续教育参与率从 40% 下降至 33%(表 G1 - 3A),基于劳动市场人员紧缩的相关讨论,这点是让人难以理解的,也是比较成问题的。

政治讨论中认为,对具有移民背景人员[Ⓜ]加强继续教育培训,能够改善德国专业劳动力紧缺的现象,但到目前为止,这一愿望还未能实现:2007 至 2010 年,具有移民背景人员的继续教育参与率总体来说停滞不前(表 G1 - 4A),且远远落后于无移民背景的人员(2010 年,无移民背景人员的参与率为 45%,但有移民背景的仅占 32%),这点主要在企业继续教育中比较明显。

专业人员的企业
继续教育参与率
有所回落

有移民背景人员
的继续教育参与
率一直处于低水
平

继续教育的耗时

在继续教育上的年平均耗时按继续教育的种类不同而有所不同:从业人员的企业继续教育平均耗时是个人职业导向型和非职业导向型继续教育人员的一半,年平均为 59 个小时(表 G1 - 7web)。个人职业导向型继续教育类型拥有最高耗时数,年平均为 131 个小时,其中贡献最大的是最年轻的男性年龄组:他们的耗时比同年龄段的女性高出三分之一,比在职男性高出二分之一(表 G1 - 7web)。

不同类型继续教
育间的耗时存在
较大差异

Ⓜ概念注释

继续教育报告体系(BSW):1979 至 2007 年,每三年一次的继续教育报告体系用来纵向考察德国 19 至 64 岁人群的继续教育情况。

成人教育调查(AES):成人教育调查是一项欧洲范围内针对终身学习的具有代表性的调查。德国的成人教育调查在 2007 年对 7 300 名 19 至 64 岁人员进行了调查,2010 年对 7 000 名 18 至 64 岁人员进行调查。到 2012 年才会有一项全欧范围内的成人教育大调查。个人继续教育参与按照过去 12 个月内参与的继续教育组织活动("非正式教育")统计。这些活动形式包括:课程、培训班、专题讨论课、讲习班、私人补课、网络授课以及单课/在岗培训。

职业导向型和非职业导向型继续教育(继续教育类型):职业导向型指的是参加继续教育人员有通过培训进入职业的强烈兴趣和愿望。企业继续教育是一种特殊的职业导向型继续教育方式,因为它完全由培训人员所在企业支付且可以在工作期间参加培训,或者是由企业安排的,所以有可能存在重复统计。2010 年成人教育调查使用了一个稍经修改的版本,可以作为企业经费筹措的一个补充准则,这样的调查结果就存在较少误差。

移民背景:数据统计中对移民背景的定义与专有名词表中的定义有所出入,这里指的是有其他国籍的、出生于其他国家或者母语非德语的人员。

G2 企业提供的继续教育

企业提供的继续教育一方面可以满足企业对员工职业素养的要求,另一方面既可以保障员工职业技能的锻炼,也能为他们的职业发展创造更多的机会,从而体现出了它的重要性。这一指标还因为以下两方面又具有了特别的时效性:第一,面对日益紧张的劳动市场人员短缺问题,可以考虑企业是否能够进一步深化它们的继续教育,让那些职业领域中的弱势群体发挥他们的作用。这些人群包括女性、具备较少职业技能的人群、有移民背景的人群还有少量的大龄从业者(G1),他们最需发掘继续教育的可能性。第二,在经济危机背景下,企业是否会因为经费或者可能引起的自身不稳定性而减少提供继续教育的机会。

劳动市场和职业研究所——企业调查^M能够为过去十年中继续教育供应的发展和企业结构间的不同特征提供研究依据,此外基于联邦职业教育研究所——职业技能调查^M的研究还能够得出企业措施的目标。

继续教育供给的发展

近年来,在继续教育中表现积极的企业比例有所下降

在继续教育中比较活跃的企业提供的继续教育持续增长:2001 年为 36%,到 2008 年达到最高点 45%(表 G2-1A)。2008 年起这一数字又逐渐回落,到 2010 年与 2009 年持平,保持在 41%。导致回落的原因可能是经济危机。[1] 但因为劳动市场人员紧缺情况的出现,可以预见,企业将会更加深入地发挥它在继续教育领域的作用。

影响企业提供继续教育的因素

不同行业的企业培训活动存在巨大差异

影响企业提供继续教育机会的两大重要因素是:企业大小和所属行业类别。2010 年,继续教育活动所占比例随企业规模由小到大呈上升趋势,从小型企业(员工数 10 人以下)的 32%到大型企业的(员工数 250 人以上)98%(表 G2-2A)。从行业角度来看,公共管理类和教育类企业中,超过四分之三的企业提供继续教育课程,但在服务业中能够提供继续教育机会的企业不足二分之一(表 G2-5web)。餐饮业以 13%排在最末。由此可见,员工参与继续教育的机会与企业大小和所属行业密切相关。

企业的收益状况和创新性是影响企业继续教育活动的重要因素

其他对企业继续教育培训活动起重要影响作用的因素是企业的收益情况和创新性:在 2010 年被评为过去一年中效益好或者非常好的企业(47%)比效益一般或者较差的企业(31%)能提供更多的继续教育机会(表 G2-6web)。企业效益对继续教育的影响在小型企业中尤为明显。从 2003 年至 2010 年,有许多创新活动的企业也比没有创新活动企业平均提供的继续教育机会更多(表 G2-7web)。2008 年,前者提供的继续教育课程比后者多出一倍(54%对 24%);2010 年,创新性较低的企业提供继续教育活动的比率上升至 36%。

企业继续教育的类型和目标

机构化和正式的继续教育形式占主导

由企业承担费用和组织参加人员的企业内部或者外部继续教育培训措施有许多不同的形式,大部分企业约有 80%的培训机会是为员工选择外部培训课程,其次是内部培训课程:在岗培训(50%)以及参加讲座和会议(50%)(图 G2-1,表 G2-3A)。借助媒体自主学习(18%)、高级社团和车间(9%)以及换岗(4%)这些方式则较少被企业采用,且不同大小企业间的采用情况存在较大差异(表 G2-8web)。

企业继续教育的目标可以理解为他们对员工职业技能的需求;同时它也能够表明企业

① 参见:Stegmaier,J. (2010),Betriebliche Aus-und Weiterbildung in der Krise. In:Berufsbildung in Wissenschaft und Praxis 6,S. 4-5.

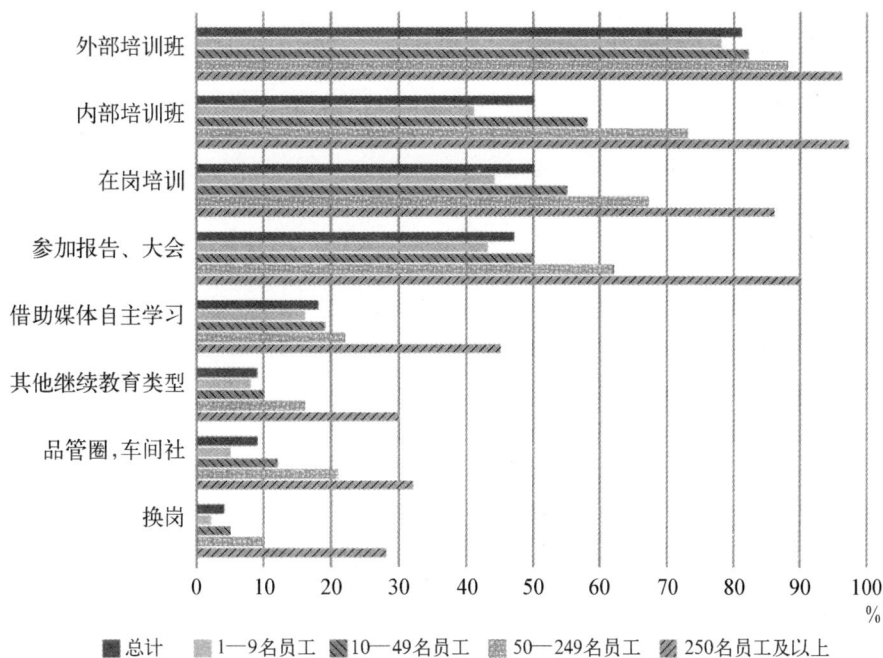

**图 G2‑1　2010 年能够提供继续教育机会的企业比，按继续
教育类型*和企业大小分类（单位：%）**

* 可能存在重复计算

来源：劳动力市场和职业调查研究所 2010 年企业调查，自己计算得出　　　　　→表 G2‑3A

继续教育类型的特别之处。联邦职业教育研究所——职业技能调查对象的调查结果不仅
印证我们对企业继续教育培训的一贯认识——超 80%在继续教育中表现较活跃的企业认
为员工的专业知识能够跟上变化了的工作流程是非常重要的（图 G2‑2），这跟日益变化的
经济形式是相适应的。按行业来看，只有加工业和其他服务行业（主要为餐饮业）认为这一
点不是特别重要（图 G2‑3A，表 G2‑9web）。让人意想不到的是，在企业继续教育目标重
要性的排位中，促进个人独立工作能力这一项以平均四分之三的比例居于第二位，交际能
力的提升以三分之二的比例居于第三位。这两方面针对的都是个人能力方面，在系统化的
专业培训中是较难获得的，而且在以人为对象的服务业以及贸易和维修行业中这类目标体
现最为明显。

交际能力和独立
工作能力为企业
培训的主要目标

　　只有不到四分之一的在继续教育中表现较为活跃的企业——不同行业间有稍许差
别——认为继续教育是获得企业内部晋升的途径之一。由此可见，这一目标只是人力资源
文化的组成部分，但不是个人系统发展的重要方式。近半数企业把健康促进视为继续教育
的一个重要目标而由此打开了新视角，丰富了传统的企业继续教育重要目标。

企业培训的重要
目标非职位晋升，
而是健康促进

为大龄从业人员提供的继续教育机会

　　虽然企业职工的老龄化正在加剧，但在 2008 年，仅有六分之一的雇有 50 岁以上员工
的企业为大龄从业人员提供企业继续教育的机会（表 G2‑4A）。小企业中能提供的只占
8%，大企业中则占 93%。按行业来看则差别较大：信贷保险业以及公共部门中约半数的
企业会给大龄员工提供继续培训机会；在加工行业和交通信息领域中能够提供继续教育的

仅大型企业和个
别行业向较大年
龄者提供继续教
育活动

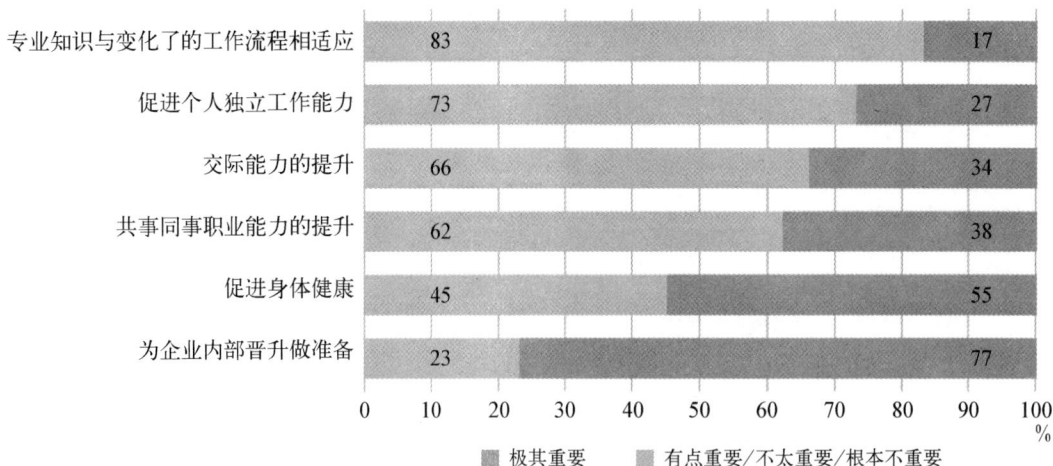

图 G2-2 2010 年在继续教育中较活跃企业的培训目标*，按重要程度分类（单位：%）

* 所提问题："就您所在的企业或者服务岗位 2010 年所采取的继续教育措施来看，您认为下列继续教育培训目标的重要性如何？"答案在给出的 5 个等级中选择（"极其重要"到"根本不重要"）

来源：联邦职业教育研究所 2011 年职业技能调查，联邦职业教育研究所的计算，自己计算得出   →表 G2-9web

在继续教育机构中针对年长者的培训课程也较少

企业所占比例明显较低（20%）；在建筑业和服务业中则更低。根据一项名为"继续教育显示器"（wbmonitor）ⓜ的调查显示：2010 年，在继续教育培训机构中能够为大龄者提供的培训机会也很少（G2-10web）。

ⓜ概念注释

　　劳动市场与职业研究所——企业调查：劳动市场与职业研究所的企业调查是一项针对雇主的极具代表性的调查问卷。每年所调查的企业数量约为 16 000。调查时间为所给出年份的前半年。

　　联邦职业教育研究所——职业技能调查：联邦职业教育研究所——职业技能和能力发展企业调查在 2011 年第一波调查中选择了 2 000 个企业，并针对其培训和继续教育活动展开调查（培训课程和其他继续教育形式，如高级社团，通过学习软件自主学习等）。参见：教育报告中联邦职业教育研究所关于企业继续教育的鉴定书（www.bibb.de/de/60854.htm）。

　　"继续教育显示器"（wbmonitor）调查："继续教育显示器"调查是联邦职业教育研究所（BIBB）和德国成人教育研究所（DIE）发起的一年一度的名义调查，对象为定期或者经常提供向公众开放的继续教育机会的组织机构。2011 年参与调查的机构为 1 700 家。

G3 高学历人员的继续教育

　　与以往的教育报告中对继续教育参与人员的社会背景进行考察不同的是，本章节接下来的调查重点是目前在继续教育中参与人数最多的群体内部之间的差别（G1）。高学历人员是许多领域中的全体职员的战略核心，他们在企业员工整体质量结构中的重要性越来越高，且随着人口数量的变化这类员工将最为紧缺（参见 2010 年度教育报告 H3），因此他们的继续教育行为显得尤为重要。

　　考察的中心问题：是什么使高学历人员ⓜ在继续教育中保持强劲的势头？是知识理论

界所认为的科学知识的日新月异带来的继续教育培训需求的增加,还是与其他学历组人员的动因一样;所有高学历人员参加继续教育活动都很活跃,还是存在因专业方向不同的区别。最后的问题是,高学历人员的继续教育活动是否与继续教育总体情况一样也受到参与人员的社会背景机制的影响,还是说他们的雄厚知识基础消解了由性别、年龄和从业状况这些因素导致的差异。

> 高学历人员在继续教育中保持活力的决定因素

　　除成人教育调查(AES)[ⓜ]之外,高校信息系统毕业生调查[ⓜ]和联邦职业教育研究所/联邦职业安全与健康研究所的从业人员调查[ⓜ]也能为进一步区分目标、主题和地点不同的继续教育活动提供信息来源,且可以按不同的大学专业和职业方向进行分析。

高学历人员中不同性别和年龄组的继续教育参与情况

　　就成人教育调查给出的 2010 年数据来看,与其他学历人员组相比,性别和年龄在高学历人员的继续教育中并未起很大影响作用。在高学历人员继续教育培训中,女性的参与率甚至高于男性(68% 对 60%,表 G3 - 1A)。在个人继续教育活动中,不管是职业导向型还是非职业导向型[ⓜ],女性的表现更为活跃,且在企业培训中,女性和男性也能保持水平相当(42% 对 44%)。① 就继续教育的时间花费来看,高学历人员中女性的耗时更多,在企业继续教育中按就业状况来看亦是如此(表 G3 - 3web)。且在该类人员的继续教育中,不同年龄梯度之间也基本无差别,只有在企业继续教育中最大年龄组的参与率明显低于五十岁以下人员(41% 对 56%,表 G3 - 4web)。

> 高学历女性在继续教育活动中表现更为活跃

　　高学历人员的继续教育学习形式并没有受到正式学习和非正式学习区别的限制。恰恰在非正式学习形式方面,高学历人员的参与率是非高学历人员的两倍(图 G3 - 4A,表 G3 - 5web),且各自选取的继续教育形式也有很大的区别:对于高学历人员来说,杂志和书籍类的读物占了很大比重,但对非高学历人员来说向家庭成员、朋友和同事学习是最主要的形式;在网络和其他电子媒体的使用方面两组人员之间的差距并不大(图 G3 - 4A)。

> 非正式继续教育中高学历人员的活跃度为其他人员的两倍

高学历人员中不同职业组和专业方向的继续教育活动

　　因为自然科学和技术领域的知识更新最频繁,所以推论与这两个专业方向相关的职业对继续教育的需求也最大。但按职业组对过去两年的继续教育活动考察结果来看,这一推论仅部分得以证实。医生的参与率遥遥领先(92%),因为该职业的特别之处在于参加继续教育是法律规定的义务。此外,老师、社会工作人员以及公共部门的学术顶尖人员以超80% 的参与率居于较高的位置(图 G3 - 1)。然后才是工程师、自然科学家以及信息学家和财会专员,此类人员的参与率在 70%,低于平均参与率。排在末尾的是服务类专员、新闻工作者、图书管理员和艺术类职业。从这些职业分类考察来看,知识发展的日新月异对高学历人员的继续教育行为的影响不及行业机构对继续教育的要求和提供的机会所带来的影响。

> 除与科学紧密相关的职业类型,公共服务中的学者为继续教育参与度最高人群

　　大学毕业后前五年,通常被视为继续教育最活跃的时期,就这段职业生涯入门期来看,

---

① 在从业人员的继续教育参与情况中也体现了这一特征(表 G3 - 4web)。

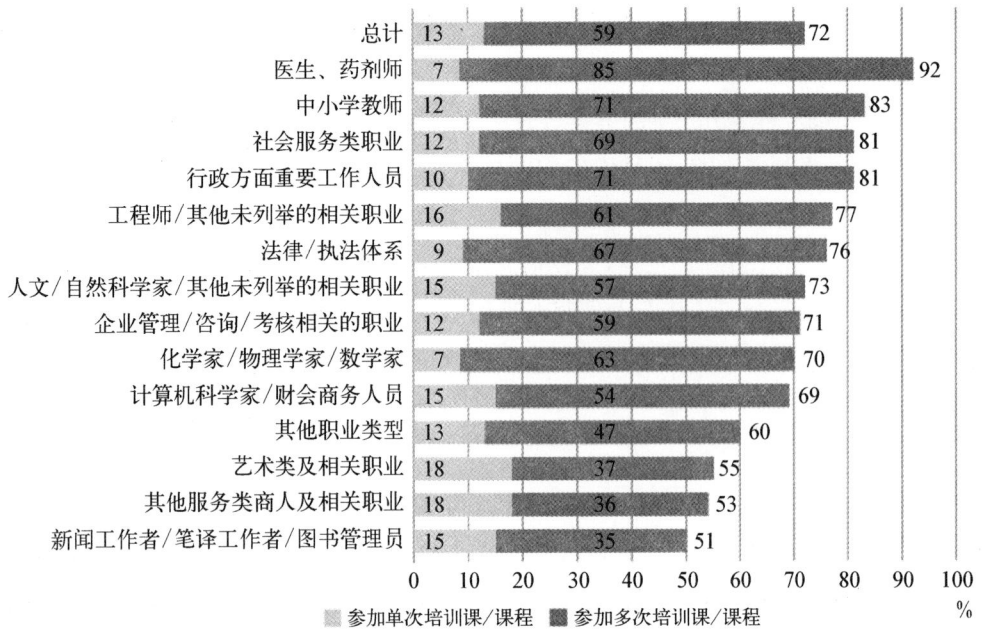

图 G3 - 1　过去两年高学历从业人员参与职业继续教育的情况,按所给职业组分类*(单位:%)

* 职业类型的分类按照 1992 年职业类型分类标准(KldB92)进行

来源:联邦职业教育研究所/联邦劳动保护和职业健康局从业人员调查,2005/2006 年度从业人员调查,自己计算得出

在高校外继续教育中高学历人员也占主导地位

继续教育总体参与率较高,超过 80%,但不同的形式和专业方向间也存在显著差距。就继续教育已提供的所有主题内容来看,大学之外的继续教育占据主体(图 G3 - 5A,表 G3 - 6web,表 G3 - 7web),即便是大学科学知识继续教育也未能成为高学历人员的继续教育活动的主体。除了自然科学类专业之外,其他学科的继续教育活动主要都在高校外进行,参与比例通常是在高校内的两倍之多(图 G3 - 2,表 G3 - 8web)。大学和应用技术大学毕业生参与高校外的继续教育的频率持平(71%对 72%)。在高校内继续教育中,大学毕业生的参与率明显高于应用技术大学毕业生的参与率(38%对 28%)。

高校内继续教育中,大学毕业生的比例高于应用技术大学毕业生

按专业方向可以把高校外的继续教育培训分成三组:第一组为参与率远远高于平均水平(71%)的专业,主要包括人类医学(90%)和心理学(85%)专业;第二组是与平均线持平的专业——机械工程、经济学和文理中学的教师;最后一组是参与率低于平均线的专业,包含数学/计算机、人文科学以及自然科学和法学等多个专业(图 G3 - 2,表 G3 - 8web)。

高校外继续教育参与情况因专业方向不同而存在巨大差异:医学较高、技术和自然科学则较低

高校内的继续教育主要以短期培训为主——主要形式有:培训班、研讨班和研讨会,以长期培训形式为辅(参与学术研究项目、继续学业深造或者参加最少为期一学期的培训班等)(图 G3 - 2)。

职业继续教育的目标

高校毕业生在毕业后前五年多样化的继续教育目标可以分为工作和就业市场导向型和大学专业能力导向型。

拓展专业和跨专业能力是继续教育的主要目标

拓展专业能力是所有目标中最重要的一项,在所有专业方向中超过 90%的调查者都选择了这一项(图 G3 - 3A)。其次是跨专业方向的能力和普通教育能力,近四分之三的高学

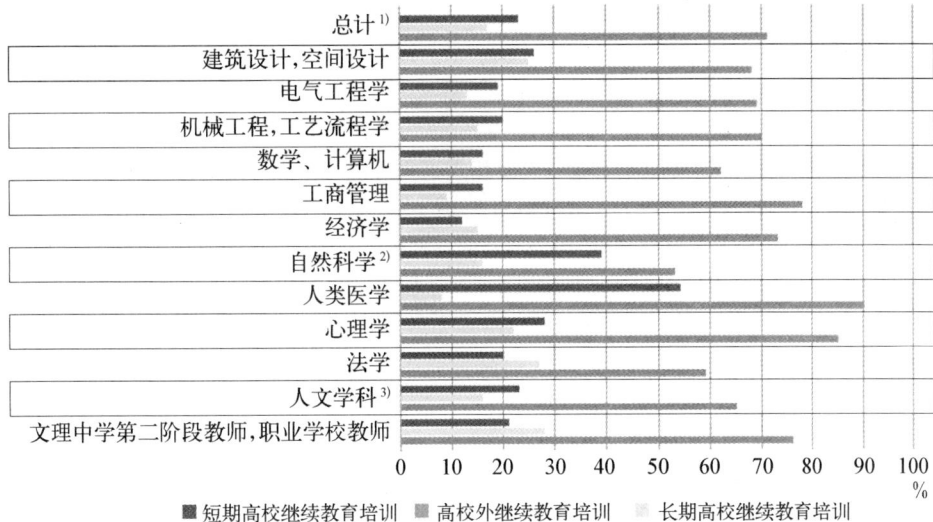

图中纵轴类别（从上到下）：
总计[1]
建筑设计,空间设计
电气工程学
机械工程,工艺流程学
数学、计算机
工商管理
经济学
自然科学[2]
人类医学
心理学
法学
人文学科[3]
文理中学第二阶段教师,职业学校教师

横轴：0　10　20　30　40　50　60　70　80　90　100 %

■ 短期高校继续教育培训　　■ 高校外继续教育培训　　□ 长期高校继续教育培训

图 G3-2　2005 届高校毕业生* 参加继续教育的情况,按专业方向和继续教育形式分类**（单位：%）

* 只包含传统的毕业类型(大学理工科硕士 Diplom U,文科硕士,国家考试,艺术类毕业,高等专科理工科硕士),不含本科(Bachelor)和硕士(Master)的分类

** 基准期：从毕业时算起；可能存在重复计算

1) 包括未在表格中列出的专业方向

2) 物理、化学、生物、地球科学、药学

3) 语言学、文化学、神学、图书馆学、哲学、历史学

来源：2012 年高校信息系统毕业生调查(2005 届毕业生的第二次调查)　　　　→表 G3-8web

历人员将它们作为高校外继续教育的目标(表 G3-2A),50% 至 60% 人员视其为高校内较长期的继续教育目标(表 G3-9web)。约三分之一的人员明确表示,高校外的继续教育相比高校内的继续教育更能弥补他们在大学学业中缺失的能力(图 G3-3A)。

在以工作和就业市场为导向的目标中,参与继续教育者为获得一个具有挑战性的工作,对所需内容方面的兴趣大于提高收入和身份地位。应用技术大学毕业生对后者的重视度高于大学毕业生。相反,更多的大学毕业生比应用技术大学毕业生更重视就业机会的拓展,且认为通过较长时间的高校继续教育更能够实现这一目标,也有约三分之一在高校完成过较长时间继续教育的高学历人员指出了这一目标(图 G3-3A)。

继续教育目标在不同专业方向和性别之间有显著的差别：男性比女性更倾向于认为高校外的继续教育更能够弥补他们在大学学业中缺失的能力(表 G3-10web)。按专业方向来看,这一目标在农业学/食品学、建筑设计、艺术理论和中小学教师专业中表现尤为明显,技术类和自然科学专业则对此强调不多(表 G3-2A)。在个别专业方向中,将能找到工作视为参加继续教育目标的人不在少数：社会学和政治学中占 32%,艺术科学专业中占 29%,心理学中占 28%,法学中占 24%(表 G3-2A),这些人员都提到了学业和劳动市场需求之间的衔接问题。这些数字表明,即便是在一些专业的高学历人员中,已经有不少人将职业继续教育视为确保和拓展从业机会的必要条件。

（边注）三分之一的高学历者认为较长时间的高校继续教育是工作保障

（边注）学业期间专业知识让人感觉不足的主要专业：农业学/食品学、建筑设计、初等和中等教育第一阶段教师和艺术科学继续教育作为确保从业机会的条件,特别是社会学和人文科学

Ⓜ **概念注释**

　高学历人员：本报告所指的高学历人员是大学、应用技术大学或者博士毕业后而获得职业资格的人

员。"非高学历人员"指其余经过或未经过职业培训的人员。

成人教育调查(AES):参见 G1 小节的概念注释

高校信息系统毕业生调查:高校信息系统毕业生调查指的是针对高校毕业生的调查,主要询问内容为他们参加继续教育的情况。这里给出的数据选取了 2005 毕业年的第二次调查,共有约 5 500 人参加。

联邦职业教育研究所(BIBB)/联邦职业安全与健康研究所(BAuA)——从业人员调查:2005/2006 年 BIBB/BAuA 从业人员调查是一项极具代表性的调查,有 20 000 名 15 岁以上的从业人员参加,由联邦职业教育研究所和联邦职业安全与健康研究所共同发起。继续教育参与率仅包括上两年参加的课程和培训班形式的继续教育。

职业导向型和非职业导向型继续教育:参见 G1 小节的概念注释

G4 继续教育的收效

因为收效的时间跨度难以确定,且某些继续教育活动可能存在的被列入考虑范围内的情况改善也较为有限,所以继续教育的收效很难检测。参与继续教育培训多样化的个人动机,如:交际需求,就很难归入收效和收益方面。

为了尽可能详细地考察继续教育的收效,本报告一方面将所获证书[ⓜ]视为参加继续教育学员能力提升的证明,且同时他们在劳动市场中也能够获得更多的优势;另一方面本报告第一次采用 2010 年成人教育调查(AES)[ⓜ]的数据对学员的收效期待和参加的继续教育活动之间的关系进行了考察,并呈现了一些具体的收效内容。[1] 此外,本小节将继续考察在数量上占绝对优势的职业继续教育类型,联邦劳动局的职业继续教育促进措施为之提供了考察劳动市场效用的明确指标。[2]

继续教育活动的证书获得情况

继续教育参加者大部分未能获得证书

与 2007 年一样,2010 年的继续教育学员在培训结束时也只有半数能够获得证书(表 G4 - 1A)。其中,只有五分之二能够取得更高效力的证书,包括证明、证书和成绩证明等。这一数字虽然较 2007 年上涨了 6 个百分点,但与往年一样,未获得书面证明而得到低效力参与证明的学员数以 59% 占据了主体地位(表 G2 - 4A)。个人职业导向型继续教育中的得证率最高,为 47%,其次是政府组织的失业者继续教育培训,这些人员是有义务拿到证书的。而企业继续教育的得证率仅为 36%(表 G4 - 2A)。

主要收益预期:通过获得更多的知识和能力提升满意度

继续教育活动的收获

在参加继续教育的学员预期收益期待榜中,希望通过获取更多的知识和能力达到个人对职业较高的满意度排在第一位(58%)(图 G4 - 1),依次往下是提高工作效率(45%)、承

---

[1] 收效范围的具体化以及将之与参与情况相关的学员期待进行的比较能够拓宽原来的收效层面并使之更精确化,这一举措明显优于旧的成人教育调查项目中对收益的主观评价,后者将评价分为四个等级("收获很多"至"完全无收获")(表 G4 - 5web)。

[2] 由于缺乏数据,未能就继续教育的普通教育收益中弥补学校教育缺失这一部分进行展开。德国业余大学统计数据显示,2010 年在"小学教育、中学学历"项目中有 135 246 人参加了培训(表 G4 - 6web),10 835 人参加了中学考试(表 G4 - 7web),但结果未记录。

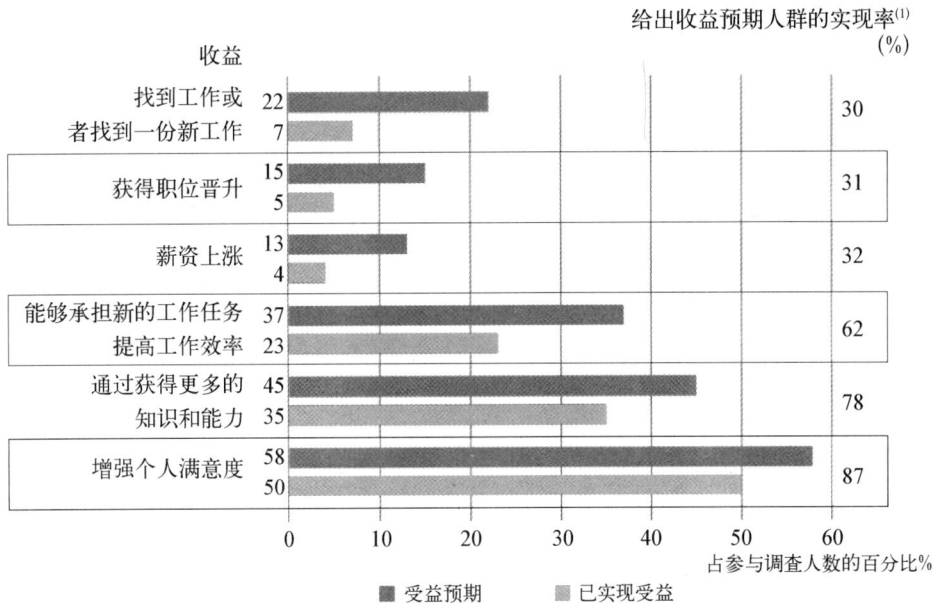

给出收益预期人群的实现率[1]
(%)

图 G4 - 1　2010 年人们对继续教育活动的收益预期和实现(单位：%)

1) 认为预期受益已经实现的参与调查人员的比率

来源：TNS Infratest Sozialforschung, 2010 年成人教育调查,自己计算得出

→ 表 G4 - 8web, 表 G4 - 9web

接新的工作任务(37%)以及找到工作岗位或新工作(22%)、晋升职位和薪资增长。但实取得的效果却与预期相反：只有约三分之一有收益期待的学员认为,参加继续教育在涨薪资、职位晋升或找(新)工作方面有成效；在与职业内容相关的收获中比例明显较高：认为达到预期收获的学员比在五分之三至五分之四之间。

参加继续教育在改善物质状况方面却收效甚微

　　性别间的区别主要体现在提高职业身份这一方面,女性的预期收益实现率明显低于男性(24% 比 37%,表 G4 - 8web)。由此可以得出如下结论：与提高物质身份相关的继续教育的预期实现效果较差,而与工作内容方面相关的预期则实现效果较好。

与男性相比,女性较少能够通过继续教育提高职业身份

公共资助的职业继续教育措施所取得的成就

　　就资金投入量来看,根据第二和第三卷德国社会法典的相关规定,由联邦劳动局实行的职业继续教育措施项目(FbW)ⓜ是公共资助的职业继续教育中投入最大的一块(B1),按资助期的长短可分为三类：6 个月以下、6 至 12 个月以下、12 个月以上。按联邦劳动局自己制定的标准,该类措施所取得的成就可以通过参加这些措施人员的再就业情况来衡量。这一衡量标准也可以视为其他就业方面取得的相关成就的基础。

　　就 1 个月后和 6 个月后的再就业效果来看,2000 至 2010 年,1 个月后和 6 个月后的再就业率ⓜ分别上升至 36% 和超 50%,同时,失业率下降至约 30%(图 G4 - 3A)。就地区来看,旧联邦州的再就业率略高于新联邦州(表 G4 - 10web)。实际地区差异与劳动市场状况ⓜ相一致：这里指的是 2010 年西部大城市地区的失业率高于东部就业岗位紧缺地区,而再就业率却明显低于该地区(42% 比 54%,表 G4 - 11web)；失业人员比率的分布也符合这一规律。

再就业率较之前有所提升,但…

…德国西部大城市地区因为失业率较高,再就业问题仍然突出

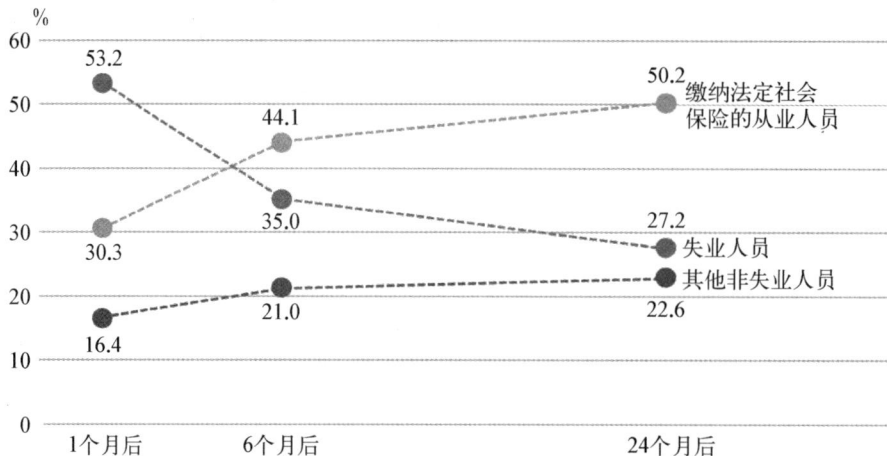

图 G4 - 2　2008 年参与促进职业继续教育项目人员在培训结束 1 个月、
6 个月和 24 个月之后的去向情况（单位：%）

来源：联邦就业局 2008 年促进政策统计数据；自己计算得出

在较长时间的继续教育项目中，年龄较长者的再就业率更高

就不同继续教育措施类型来看，再就业率的分布出人意料地平均。这意味着从期限长短体现出来的培训质量显然不是再次融入职场的决定性因素（表 G4 - 12web）。性别和年龄起了更大的影响作用：男性比女性拥有更好的机会（表 G4 - 3A）；在较长时间的继续教育类型中（超 6 个月；超 12 个月），年龄较大者占优势（表 G4 - 12web）。

培训结束两年后再就业率持续上升

如果我们将再就业的时间期限延长至两年（这一考察方式首次实现），可以发现 2008 年结束继续教育培训的人员中缴纳法定社保的再就业人员比率从 1 个月后相对较低的水平（30%）较快上涨至 6 个月后的 44%，2 年后达到 50%（图 G4 - 2）。失业人员比的曲线与之成镜像对比：1 个月后为 50%，2 年后下降至 27%。最高获得普通中学毕业证的学员和未参加过职业培训学员的再就业率明显低于其他人员（表 G4 - 4A）。

参与培训项目人员两年后的失业率是平均失业率的三倍

短期和两年后的两种考察方式虽然体现出了职业继续教育促进措施进步积极的一面，但也存在不容忽视的问题：曾经参与这些项目学员的失业人员比率是一般失业率的 3 倍，而再就业率也明显低于政府文件中（Hartz 1）（哈茨系列（1—4）是施罗德在位时期负责"劳动市场的现代化服务"（Moderne Dienstleistungen am Arbeitsmarkt）委员会的彼得·哈茨博士（Dr. Peter Hartz）亲手制定，并以他的名字命名的有关劳动就业方面的改革措施。哈茨 1 是 2002 年底这一系列改革措施的第一套方案。）对再就业比率所预设的 70% 的目标。

Ⓜ **概念注释**

证书：2010 年的成人教育调查中将参加继续教育所获证明分为两类：第一类是获得国家承认的证书、商会考试所获证书和成绩证明（含评价）；第二类是参与证明和其他类型的证明。

成人教育调查（AES）：参见 G1 小节的概念注释。

职业继续教育的促进情况（FbW）：相关数据出自 2012 年 2 月数据库关于积极促进就业措施（德国社会福利法典第三卷第四章第三条）中对于相关人员的促进和参与情况和在再就业方面取得的成绩调查（德国社会福利法典第二卷第 16 条）。关于促进措施的数据是全样本调查，包含了职业介绍所所有关于积极促进就业的情况。由于技术原因，授权的乡镇中介机构的相关促进措施信息未能包含在内。

再就业率和失业人员比率（培训后人员去向情况）：就业率指在参加相应的继续教育培训措施结束后 1 个月、6 个月和 24 个月期间可调查的完成相应继续教育培训人员中缴纳法定社会保险的再就业学员份额。失业人员比率是指在联邦劳动局登记的失业人员比率。其他非失业人员包括为在联邦劳动局登记的人员,如:公务员、个体户、处于培训期的人员或者未就业者。

　　劳动市场状况:职业中介所在地区的结构类型:参见 E2 部分的概念注释。

前景

　　十年来,虽然政府和学界都呼吁需加强继续教育,但全民总体的继续教育参与情况和参与不同类型继续教育的情况以及不同社会群体参与继续教育的差别并未有所改善,最新的数据显示也证明了这一点(G1)。按照目前的人口发展趋势来看,"无论是职业导向型还是非职业导向型的继续教育类型都未能就人口变化做好充足的准备"(参见 2010 年教育报告 H4.5)。

　　长期来看,目前虽然较大年龄和非高学历人员的继续教育参与率突破了 1997 年的最高点,稍有增长,但被视为急需开发的未来劳动市场潜在人员的继续教育参与度还是过低:低学历人员、女性、外籍劳动力以及部分较大年龄者。这一点以及主要存在于企业继续教育中不同社会背景人员参与继续教育情况差距的明显化都是不容忽视的问题。就失业者而言,在继续教育领域中占人数最多的企业继续教育的大门对其始终关闭。在非职业导向型继续教育中,该类人员的比率虽然较低,但已与从业者的参与率持平。

　　继续教育长期的裹足不前也意味着与它与它所在的经济和社会领域之间关系的僵化。这两大领域中,继续教育似乎与其他教育领域有所不同,后者在过去几十年中,不管所处环境如何,都呈现出了自己的独特发展活力和势头。即便是在普通学校教育领域也都有一些新的发展:全日制小学的出现以及中小学教育由三阶段式的划分逐步过渡到两阶段的划分。继续教育领域未有突破的原因可能在于,它对于社会发展的意义不如其他教育领域。尽管之前也有一些促进继续教育发展的要求提出,如德国教育委员会提出的将继续教育发展成教育事业的"第四支柱"的口号,但德国继续教育的身份还是一种为满足不同社会成人教育需求的补充和储备机制。

　　得出这一论断的原因可以举出很多:20 世纪 90 年代两德统一进程中出现了继续教育的井喷状态,但在十年之后,当机构转变过程结束时,又迅速下降;或者说企业继续教育与公共组织的继续教育之间存在的关于实用性、机构性和调节性继续教育功能的区分。最后还有持续至今的高校继续教育的缺席,虽然这与日新月异的知识发展状态不符。

　　所以产生了下面这个问题:这样的继续教育机构设置能否继续适应一个年龄结构不断往上走、有着日新月异的知识发展作经济支撑的社会? 或者这样的社会是否需要进行一次与现行继续教育不一样的继续教育机构改革? 回答这个问题首先需要全社会针对未来继续教育在教育体系中的作用进行一次全面讨论。如果 2013 年起,成人能力的国际评估项目能够提供国际间的比较结果,而下一本教育报告中能够对此进行分析的话,将对这样的讨论起到一定的推动作用。

　　另一个比较重要的方面是继续教育的质量。学界认为,针对个人工作经历的自主学习和计划组织并不能成为现代职业继续教育的主体。如果不对继续教育的效果和实施方式进行具有成效性的能力分析的话,对继续教育过程的质量监控就无法得出科学的论断。成人教育调查(AES)主要关于职业继续教育领域中继续教育年均耗时量(G1)的少量重要数据只能说明大家把继续教育定位为实用的适应性教育,在人数最多的企业继续教育领域最为明显,该领域的平均耗时量最低。

　　继续教育的收效(G4)也能印证这一定位方向:参与人员中只有少数获得能够证明他们在继续教育中所取得的成绩的纸质证书。这点也符合一直以来人们对继续教育的看法:学习过程具有自发性和因时因地性是继续教育的强项,而想使之标准化和证书化却很难实现。这一论据虽然很有道理,但我们也需要面对这样一个事实:在高度管制的劳动市场中,有证书证明的学习成果对于从业者在劳动市场中的保持灵活性非常重要。另外,证书也能作为所提供继续教育质量保障的一种方式。就此而言,我们不仅需要考察到目前为止实际的证书获得情况,更应该就质量保障和参与人员的就职灵活性这两个方面去考察继续教育的系统化、标准化和证书化。当然,这样的考察角度也存在一定的问题,因为自发性和新知识的传递速度会因此受到阻碍,也因为在有些领域(如中小企业中),参与人员缺乏相应的个人能力。

　　本章将高学历人员的继续教育情况作为考察指标,也第一次在报告中讨论了高校在继续教育中所起的作用。考察得出两点富有启发性的结果:第一,除少数专业,大部分专业方向的高学历人员的继续教育在高校外的培训机构进行。第二,继续教育的目标和主题除了有关专业能力外,还较多地受到劳动市场和所从事职业的影响。这点能解释高校外的教育机构受青睐的原因,但同时也说明大学和应用技术大学仅能为继续教育提供的资源有限。但另有一点待解释:选择在高校某些特定专业进行长期培训的学员中为何有20%至30%的人是因为需要弥补大学期间未能学到的知识或者欠缺的岗位前景。

　　机构相关的参与率并不能简单意味着参与的相应机构已实现提供较好的继续教育,但2010年成人教育调查显示,5%的高学历人员参与了高校继续教育。这一结果又促使我们思考高校的继续教育提供情况。以后,我们应该在这方面给予更多的关注,同时也关注:在接下来的十年中,面临着学生数量超负荷的高校如何在继续教育这一领域取得发展。

H 不同人生阶段的文化/音美教育

　　随着国际学生评估项目(PISA)等调查研究的进行,教育已成为一个更为广泛领域中公众讨论的主题。但同时也导致人们进入这一误区:似乎教育问题仅局限于普通教育的核心课程,在这些课程中,通过客观的能力测试程序可测得学生的成绩,且可以在国际上进行成绩比较。然而,在 PISA 的第一份报告中,德国学者就坚决反对这样一种臆断:认为 PISA 能够"测出现代普通教育的视界或者至少能够描绘出一份国际教学大纲的草图"①。本章节通过"不同人生阶段的文化/音美教育"②这一特别主题,将关注那些在相关教育讨论中对这一领域缺乏信心、认为这一领域的重要性次于学校核心科目的观点,特别关注这一领域在普通教育大纲中作为个人品格教育不可或缺的重要组成部分。③

　　作为教育报告的组成部分,本章内容的呈现遵循以下几项教育报告的原则:认为教育过程贯穿学员一生,它既能助个性发展也能使之与社会条件相结合;既关注形式教育的过程,同时也关注非形式教育以及可呈现的非正式的受教育过程;得出的结论是基于官方数据或者其他经得起检验的记录。因此,从本章所涉及内容来看,它并非一篇单纯的文化报告,也异于一篇儿童青年报告。

　　参考相关国际协定和其他国际文化政治委员会的观点,④本章内容遵循的教育学大纲中认为,文化/音美教育应有自己独立的教学目标。它应包括这样一种文化实践:可以使个人生活自主,开发和发展个人富于表现力的需求以及帮助其积极参加文化活动。如果一个世界中,社会、政治和经济的发展过程充斥着许多美学媒体的话,文化/音美教育将成为人们自主且批判地参与到社会和政治中去的一个重要前提。

　　强调文化教育的独立教学目标并不排除它对其他教育领域中学员认知能力的促进作用。艺术表现方式和认知能力以及教育决定之间的因果关系仍不明朗:一方面,一个家庭的文化活动和财产("文化资本")在德国似乎对青年的社会背景和认知能力之间的紧密关

① Baumert, J. /Stanat, P. /Demmrich, A. (2001), PISA 2000. Untersuchungsgegenstand, theoretische Grundlagen und Durchführung der Studie. In: Deutsches PISA - Konsortium (Hrsg.), PISA 2000. Basiskompetenz von Schülerinnen und Schülern im internationalen Vergleich. – Opladen, S. 21.

② 这一概念主要考虑到这一领域的涉及面,并不特指某一种特定的文化教育大纲。

③ 参见 2007 年 1 月 2 日文教部部长联席会议关于儿童和青年教育的建议。

④ 联合国教科文组织将文化教育定义为人权,它应遵循个人的文化兴趣,形成自己的艺术美学感知能力和评判力并参与文化生活,参见:UNESO (2006), Leitfaden für kulturelle Bildung. Schaffung kreativer Kapazitäten für das 21. Jahrhundert. – Paris. Auf nationaler Ebene: vgl. Enquete-Kommission Kultur in Deutschland (2007), Schlussarbeit. Bundestag-Drucksache 16/7000; Deutscher Kulturrat (Hrsg.) (1988, 2005, 2009), Kulturelle Bildung: Aufgaben im Wandel Ⅰ bis Ⅲ. – Berlin.

系有很大影响。① 但另一方面,学生在学校的认知能力或表现(学习动力、注意力和自制力)与艺术活动之间的因果关系确定还缺少确切的证据。②

　　与所有教育一样,音美教育的收效因人而异,且原则上其学习过程与其他教育类型一样没有终点,可伴随一生。学有所成的可能性虽主要与艺术和审美现象的学习和深入研究的过程紧密相关,但同时也需要一定的机会成分。个人的学习形式必然不同:有人积极操练,有人局限于领会感知,也可以有各自领域的特征。所以,我们在讨论该类教育的学习过程时,应该从不同的个人经验和多样化的领域特征出发,考虑到不同年龄段、不同的个人生活经历和社会关系、性别以及少数情况下地区之间的差异。尽管个人艺术活动以及与之相关的审美实践的探究对个人的受教育过程具有特别的意义,但需要注意的是,这一教育过程所获得的收益无法直接衡量。

　　从不同人生阶段的角度来看,家庭的启发和支持对开发个人艺术审美能力和兴趣的意义值得探讨。紧接着需要考察的是,幼托机构以及中小学对学生在文化/音美表现形式方面的探究是否起到支持和补充的作用。此外,还有一些非正式教育组织形式,如:青少年文化教育、协会以及校外青少年工作组以及其他年轻人表现尤为突出的社会组织。特别是私人领域中非官方文化活动的多样性、外行和业余爱好者的不同呈现以及青年文化场景,体现了人们对音美表达和不同交流形式的广泛需求,即便针对这些领域还无法系统地呈现调查结果。

　　人们越来越多地通过电子媒体特别是网络呈现文化活动是音美教育新的表达和交流形式。这一形式的交流可以不受时间和地点的限制,同时也可以理解为文化全球化和去边界化的特殊表现。特别是它可以满足于正式的、有组织的艺术文化生活之外的非正式领域的需求,同时它也为较少参与文化教育的社会群体提供了找到自己艺术表现力和融入社会的机会。

　　处理这一特别主题时遇到了许多困难,主要有:很难找到一个精确的定义性概念来界定这一领域以及它的组成部分;无法获取足够的数据信息。就这一领域的概念来看,在许多国际和国内的有关文化政策的出版物中,有一些特定的方面经常被提及。它们是:视觉艺术、音乐、舞蹈、话剧、电影、文学和新媒体(如:数字音频/图像/视频及它们的数字化处理),以及个别的建筑艺术、游戏、杂技和电脑动画等。③ 想要对他们进行界定越来越难;手工艺术和日常文化技术之间的界限也是模糊的。随着定义的不断扩大,日常生活的文化形式和社会特定人群的生活方式之间的界限越来越难以区分。

① 参见:Watermann, R. /Baumert, J. (2006), Entwicklung eines Strukturmodells zum Zusammenhang zwischen sozialer Herkunft und fachlichen und überfachlichen Kompetenzen: Befunde national und international vergleichender Analyse. In Baumert, J./Stanat, P./Watermann, R. (Hrsg.), Herkunftsbedinge Disparitäten im Bildungswesen. Vertiefende Analysen im Rahmen von PISA 2000. - Wiesbaden.
② 参见:z. B. die Metaanalysen von Schumacher, R. u. a. (2007), Macht Mozart schlau? Die Förderung kognitiver Kompetenzen durch Musik. - Bonn; Schumacher, R. u. a. (2009), Pauken mit Trompeten. Lassen sich Lernstrategien, Lernmotivation und soziale Kompetenzen auch durch Musikunterricht fördern? - Bonn.
③ 参见:Statistische Ämter des Bundes und der Länder (2008), Kulturindikatioren auf einen Blick. Ein Ländervergleich. - Wiesbaden; Bamford, A. (2nd ed., 2009), The Wow-Factor. Global research compendium on the impact oft the arts in education. - Münster; Eurydice (2009), Kunst-und Kulturerziehung an den Schulen in Europa. - Brüssel.

　　尽管如此,哪些领域是文化/音美教育中的核心是确定无疑的。本章接下来的分析主要关注:不同社会生活条件下和不同人生阶段中文化/音美教育的使用和供给形式,涉及文学作品的完成,视觉艺术和表现艺术以及音乐在其特殊领域或者跨领域的艺术形式(如:偶发艺术、行为艺术、歌剧、音乐剧)。除具有"古典"特征的艺术形式之外,还有更现代的艺术形式(如:装配、行为艺术、新媒体应用)以及独特的生活表达方式(如:诗歌汇、街头艺术)。

　　关于文化/音美教育的讨论中有一部分内容是关于其传授需要哪些必备的前提条件。在形式和非形式的教育机构中教育工作者或授课人员的专业技能需加以引导。同时,教育工作者、其他为文化领域服务训练有素的人员、艺术创作人员自身以及热心投入该领域的外行该承担什么样的任务是一个特别值得探讨的问题。

　　德国是一个具有杰出文化基础设施、文化传统和文化多样性的国家,这对文化教育领域的人员培养具有重要意义,还有常被低估的具有社会和经济意义的文化工业和文化经济。[①]**由于本章讨论主题缺少相关数据,编写组将重点进行三大特别调查,本章节结构如下:因本章的中心内容是文化教育活动,所以接下来将首先讨论这一点以及个人对文化/音美教育机会的需求(H1),以求获取该类教育的意义以及其在个人生活中的位置;第二部分介绍教育机构中在文化/音美教育方面的供给情况(H2);第三部分主要关注与艺术职业和艺术文化教育职业相关的职业培训机构(H3);由前三章得出的分析结论引出最后的前景(H4)。**

H1　个人教育活动

　　文化/音美教育作为个人和社会身份发展的有机组成部分,主要通过不同社会环境中的个人审美实践推动艺术感知、表现、塑造和表达方式的发展,同时也促成各具特色的集体经验。因此,以下的分析从生活方式和体验空间的角度来关注儿童、青少年和成人的音美活动。主要关注的是相关活动针对哪些艺术领域,对按照社会地位、文化背景、生活现状和性别来区分的不同社会群体有何意义。同时特别关注形式和非形式教学活动的学习地点和利用情况,以及在家庭和朋友、熟人圈中自发组织的和非官方的学习形式。此外,新媒体在这过程中扮演的角色也值得特别关注,因为许多新的艺术表达形式是它的结晶。

　　考察人生阶段中人们对艺术表达的兴趣与现有的供应情况和场地之间的对比关系可以了解机会结构的意义。从个人在该领域所做的努力这一角度可以预估,该类教育对不同艺术领域和多样的学习环境有何意义,不同人生阶段之间又存在哪些区别,它们(特别是教育机构)的重要性如何。主要是那些未能在家庭中获得相应经验的孩子,幼托机构和中小学应该提供相应的条件,为他们打开通往艺术殿堂的大门。还值得关注的是,不同教育领域和人生阶段间的过渡时期对文化教育活动有何影响,在哪些过渡段中按照参与者划分的选择机制起了作用。本小结将按照不同的年龄阶段和相应的社会行为空间介绍他们的音

① 参见:Lange,B./von Streit,A./Hesse,M.(2011),Kultur-und Kreativwirtschaft in Deutschland. In:Bundesinstitut für Baustadt-und Raumforschung (Hrsg.),Kultur-und Kreativwirtschaft in Stadt und Region. - Bonn,S. 1 - 17.

美活动：婴幼儿、学龄儿童和青少年、职业教育中的青年、从业者和大学生以及成人的不同阶段（就业和离职阶段）。所有年龄组的音美活动都将按"接受型"^M（如：参观名胜古迹、看话剧、参加音乐会）和"参与型"^M（如：自己演奏某一乐器）进行区分。

单个年龄段中的教育活动调查结果之间的可比性较为局限，因为它是通过不同的数据来源（调查项目）而得出。这些针对音美教育活动的调查未采用统一的问题设置模式。孩童、青年和成年初期这几个阶段的巨大差异以及不同年龄组和身份组（如：中小学生、培训生、大学生）之间积极程度的差异也可以部分归因于不同的调查方式。在 MediKuS 和 HISBUS 这两项调查^M中既有总体的活动情况，也囊括了形式教育机构内外的几大分支——音乐、视觉艺术、行为艺术——下面多样的单个活动，但在分析过程中并未考虑到时间和强度这两大因素。从总体上来看，这些不同的调查为我们提供了从婴幼儿时期到老年时期多样化的音美文化活动的概貌。

1.1 婴幼儿时期

生命刚开始几年的文化/音美教育过程具有如下特征：孩子主动地向这些领域敞开怀抱，但也需要一定的启发和激励。这一教育过程以非正式的方式开始：在婴幼儿时期，家庭是孩子音美活动的重要出发点，在文化实践与音乐、艺术和文学对生活意义方面的传授中起着重要的作用。文化扫盲过程始于家庭。

此外，此类教育自然也是幼托机构早期教育的组成部分（H2），大部分小孩 3 岁之后都会被送入这些机构（参见 C3）。因此可以说，在不同可供选择的活动类型以及不同的使用方式和文化实践形式渐渐明朗之前（H2），所有小孩都会在家庭或者幼托机构中接触到该类教育的相应内容和融入生活之中的非正式教育形式。当然，音乐和艺术学校或其他类似组织也会提供针对 6 岁以下孩子的机构教育内容。

家庭中的文化/音美活动

对幼儿来说，家庭的日常生活方式和兴趣决定了他们初期重要的文化教育体验，并对他们今后在这方面的爱好倾向起到了较大的启发和支撑作用。这一人生阶段的特点是：儿童获得的相关经验融入了日常生活中且发生时通常伴随有多个主题。这一阶段，诸如听故事或者听音乐之类的能让儿童发现新颖事物的接受型方式所能够达到的潜在教育功能远超之后的人生阶段。

音乐演奏在有移民背景的第一代和第二代家庭中很受重视

朗读和唱歌这两种方式在家庭中的意义较大：68%的父母表示，一周中会多次与孩子一起唱歌，24%的父母则会与孩子一起演奏音乐（图 H1.1 - 2A）。由此，小孩可以获得音调和节奏的最初体验，为其以后的乐感打下基础。主要是具有较高文化水平的父母表示他们经常跟孩子一起唱歌。在歌唱的同时，孩子的语言能力也游戏般地得到了锻炼。引人注意的是，与孩子一起演奏这一项在那些机构提供的文化活动中参与率不高的家庭（H1.3）中具有较高的地位：特别是有一代和二代移民小孩^M的家庭在家庭音乐活动方面显得尤为活跃（表 H1.1 - A）。其中，约三分之一的家庭表示，经常在家里玩儿童音乐；而在无移民背景家庭中这一比例仅为22%。这是否因为受各自的家乡文化的影响抑或是因为音乐语言应该给孩子传递一种文化身份还有待考证。在经济较为拮据的家庭中也可以得出类似调查结果：该类家庭相比收入较高家庭而言，与孩子一起演奏的频率更高。这点证明，那些鲜有机会参与机构性文化教育活动的家庭对演奏具有较高的兴趣，但几乎只在家庭内部尽情享受。

超过半数的家庭也比较青睐视觉艺术和创意类活动，如绘画和手工制作，它们能够激发儿童的活动能力和创造力（图 H1.1－2A）。但这些对教育起决定性作用的活动质量的区别却无法得以考察。

此外，根据6岁以下孩子父母表示，朗读在绝大部分家庭中已成为固定的日常活动（图 H1.1－2A），包括每天的睡前故事以及其他时间朗读童话故事。孩子们通过这一活动认识了叙事世界。仅有4%的父母表示，很少或从未给孩子朗读。这点在其他调查中也有提及。该项活动中也显现了父母文化程度和移民背景的影响因素：93%较高文化水平父母和82%较低文化水平的父母表示，一星期会为孩子进行多次朗读。约9%来自低教育水平家庭的孩子和8%父母双方都出生在国外（第一和第二代移民）的孩子只能享受一星期不到一次的父母朗读经历（表 H1.1－1A）。

> 阅读是家庭日常生活的固定组成部分

调查显示，在学龄前经常有机会听父母讲故事的小孩在6—9岁期间能够在课余时间自己阅读书籍的频率明显较高（图 H1.1－3A）。早期阅读能力的培养对儿童的阅读文化存在潜移默化的影响，且对孩子之后的阅读动力起了决定性作用。PISA 和 IGLU 的调查结果也证明了这一点（参见 C1）。

> 早期阅读能力的培养与之后阅读行为之间的关联

家庭外的文化/音美活动

家庭文化活动鲜少与教育目标相挂钩，而有组织的文化教育活动则恰好弥补了这一空白，因为这些为儿童提供的活动往往受教育理念的指导。但很少有家长会为处于生命初期的孩子选择这些市面上提供的且通常情况下需要付费的教育内容。

普及率最低的是"绘画"领域的各类教育，总计只有约4%的2到6岁以下的儿童选择该类（表 H1.1－2web）。而根据家长表示，早期儿童的音乐教育则有超过四分之一的同年龄段儿童参加（图 H1.1－1），男孩和女孩的参与比例分别为24%和30%。在音乐领域，典型性别的社会化模式已经在孩童时期显现（H1.2）。早期儿童参加有组织的音乐教育受父母教育水平的影响较大。33%较高水平教育的父母会选择为孩子报班学习，而仅有17%中等水平教育的父母和9%较低水平教育的父母会做此选择。这体现了此类教育活动具有较高的选择性。因为在日常生活中文化实践并未体现出如此巨大的区别，使该类教育活动的使用差距特别明显。即便父母双方都在职，送孩子去参加音乐培训的家长比例也很高（表 H1.1－2web）。特别是在幼托机构接触到机构性音美教育的小孩儿，通常也会选择参加市面上的音乐培训班。这点表明，以教育为导向的家庭通常会同时选择多样的培训方式。

> 超过四分之一的2至6岁以下小孩参加音乐早教……

> ……但是体现出了因父母教育水平不同而产生的差距

该调查同时也表明：不以教育为导向的家庭以及收入较少的家庭很少会选择该类培训课。2009年，仅13%第二卷德国社会法典涉及的家庭表示，他们2至6岁以下的孩子会参加早期儿童音乐教育。而在最高收入家庭组中，该比例达41%（图 H1.1－1）。可见，经

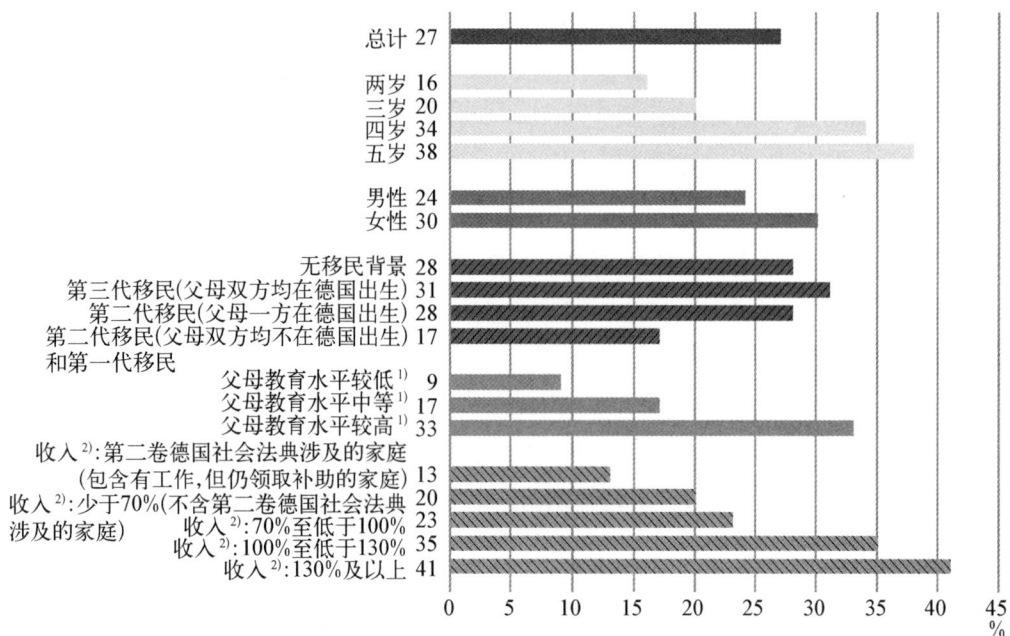

图 H1.1－1　2009 年 2 至 6 岁儿童享受音乐教育的比例，按个人特征分类（单位：%）

1）父母最高普通教育等级：较低＝最高获得普通中学毕业证，中等＝中级学校毕业，较高＝具备（高专）高校入学资格
2）家庭收入的百分比是基于等价中位收入

来源：德国青少年研究所的"成长在德国：日常世界"2009 年调查项目（DJI，AID：A⑩ 2009）　→表 H1.1－2web

父母不在德国出生的小孩家庭中虽经常演奏音乐，但不经常参加音乐早教

济和教育因素都会影响付费音乐课的参与情况。

　　至少父母一方在德国出生（第二和第三代）的儿童与无移民背景的儿童参与音乐培训课的比例不相上下，仅父母双方都不在德国出生的儿童参与率较低。但这些小孩儿在家庭演奏的频率却较高。总体来说，在文化教育的机会结构方面呈现出了不同的参与情况，在之后的人生阶段中这一情况可能会有更显著的体现。

1.2　儿童、青少年和成年早期

　　本小节主要关注以下几个问题：儿童、少年和成年早期在文化艺术领域的兴趣点和主要活动有哪些？并同时会考虑到他们不同时期相应的教育类别：中小学教育、职业教育和大学教育；他们从事该类活动的地点主要有哪些？教育机构，非形式教育和非正式教育类提供的教育内容分别起到了哪些作用？同时，还会考察新媒体在这一过程中的利用情况。

文化/音美教育活动概貌

　　与 6 岁以下儿童一样（H1.1），家庭对于 6 至 9 岁儿童在文化/音美活动方面的影响也是巨大的。绝大部分 6 至 9 岁儿童的父母表示，至少每周会与孩子一起阅读，60%的家庭会一起制作手工，约 47%的家庭会经常一起唱歌（表 H1.2－9web）。该年龄段对校外音乐课的利用情况与父母的受教育水平和家庭收入紧密相关（表 H1.2－10web）。

绝大部分 9 至 25 岁的青少年表示会定期参与一些音乐艺术活动[Ⓜ]（图 H1.2－1）。在 9 至 13 岁年龄组中积极参与者的比例最高。这部分人群中比较受欢迎的是视觉艺术类活动，如：绘画（60%）和手工制作（48%）。他们在课余时间会定期参加有组织的团体或者利用学校提供的课业之外的学习机会。约 61% 会定期参加音乐类活动，主要是演奏乐器（44%）和唱歌（27%）这两大类。虽然积极参与者人数比在更高年龄组中有所下降，但依托新媒体的创新型活动在 13 至 18 岁年龄段人群中最为普及：约 24% 的少年表示会在电脑上绘画，摄影占 19%，会定期拍摄电影或视频者的比例为 16%。13 至 18 岁年龄组中有 16% 的人会定期在课余时间写文章，约 14% 在网上写博客（表 H1.2－11web）。手工制作类的活动对该年龄群体来说已经失去了吸引力。总体来看，音乐和艺术类活动在所有年龄组中均较为普及。

9 至 25 岁人群中音乐和艺术活动较为普及

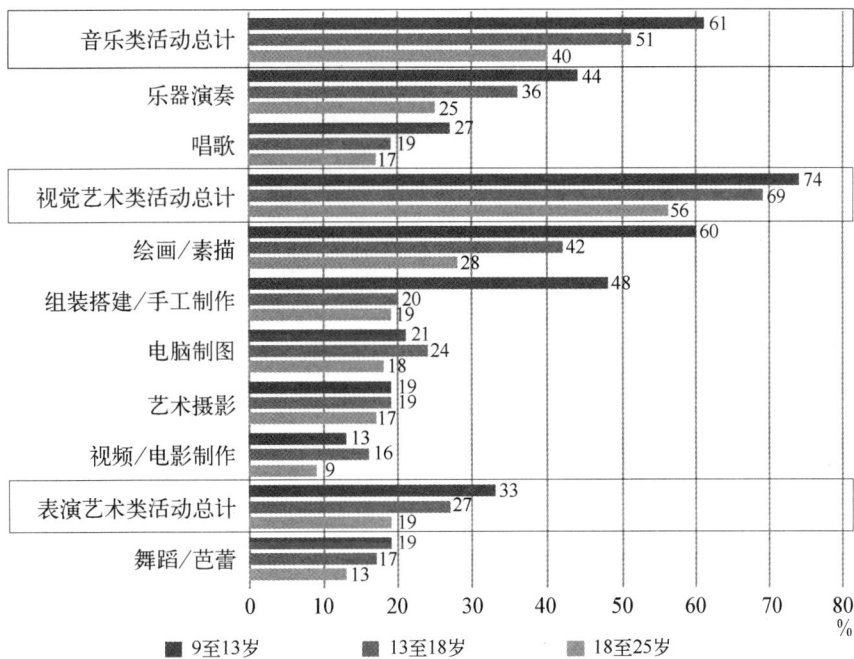

图 H1.2－1　2011 年 9 至 25 岁青少年的文化／音美活动情况，
按较受欢迎的活动类型分类[*]（单位：%）

＊ 图中选取的仅为超过 15% 以上调查者选择的活动项目。可能存在重复计算。其他活动类型的分布详见表 H1.2－1A。
来源：德国青年研究所 2011 年 Medikus 调查项目（DJI, MediKuS 2011）　　→表 H1.2－1

性别间的差异较为明显：在文化／音美领域中女生明显比男生表现更为积极（表 H1.2－12web），但其中也有一些主要是男生参加的活动，如："玩电子乐"、"DJ 音乐"以及"视频制作等"。就演奏乐器这一项来看，9 至 13 岁年龄段中，男女生比例为 37% 比 51%，这一性别差距在更高年龄段中有所缩小。

就 9 至 25 岁群体的单个活动来看，乐器演奏和话剧表演这两项活动体现出了社会经济地位的差距（表 H1.2－2A）。唱歌或玩电子乐之类的音乐活动则不受父母地位的影响，在儿童和青少年时期较为普及，诸如绘画、摄影和电影制作类的视觉艺术类活动也是相同情况。个别活动则比较受社会经济地位较低家庭的孩子青睐，如饶舌。有移民背景[Ⓜ]的孩

社会经济身份较低的儿童和青年演奏乐器或演话剧…

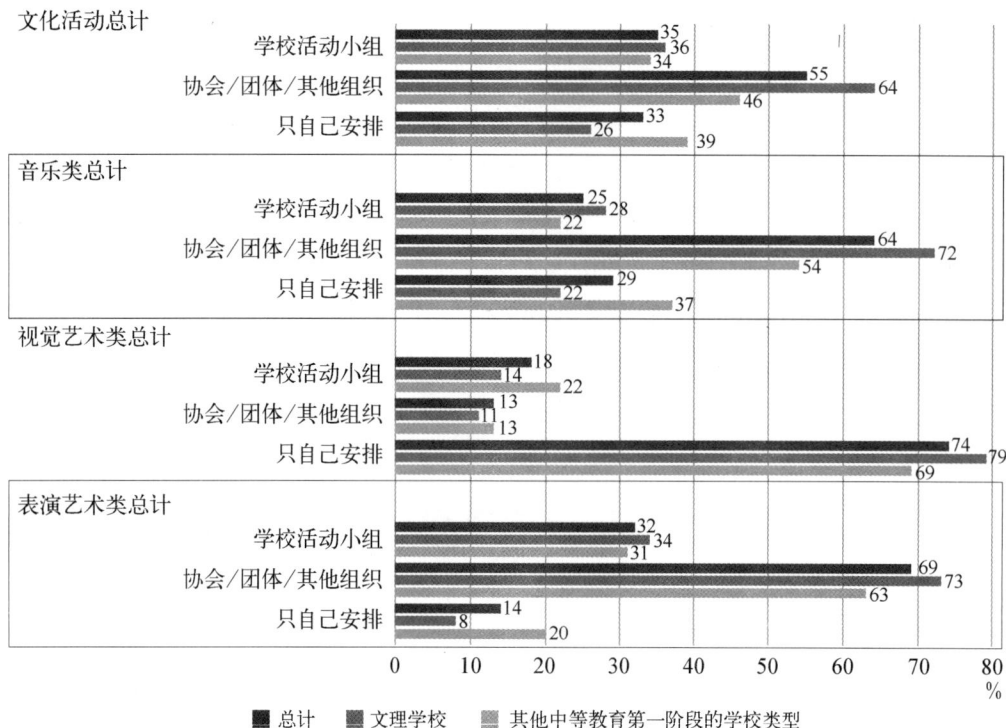

图 H1.2 - 2　2011 年普通教育学校 13 至 21 岁学生的文化/音美活动的地点，按活动种类和学校类型分类(单位：%) *

＊ 活动类型和地点可能存在重复计算

来源：德国青年研究所 2011 年 Medikus 调查项目(DJI, MediKuS 2011)　　　　　　→表 H1.2 - 14web

子与无移民背景的孩子在音乐艺术方面体现出了相同的积极性。在某些单个活动中前者的兴趣甚至更浓，如：电脑绘画以及主要在青年文化中特别流行的活动，如：涂鸦、卡拉OK 或饶舌。

　　我们把当时父母的文化活动情况与孩子的放在一起考察可以发现：除了视频制作、涂鸦、饶舌或放音乐这几项之外，几乎所有的活动都会受到父母的影响(表 H1.2 - 2A)。

…以及参加文化活动的频率较低

　　在"接受型"文化活动中，社会经济地位较低的以及/或者父母至少一方在国外出生(第一代和第二代)的 13 至 25 岁的孩子较少看话剧、音乐会或参观博物馆(表 H1.2 - 13web)。显然，"接受型"文化活动情况比"主动参与型"更容易受到社会选择条件的束缚。

中小学阶段文化/音美活动的地点

　　在有组织的活动中我们有必要区分，学校课程或培训内容之外的活动类型是在形式教育机构(比如：学校)还是在非形式教育机构(幼托所、协会、音乐学校)进行。

13 至 21 岁以下文化活动较活跃的学生中，约55％参加校外的音美社团和团体…

　　13 至 21 岁的普通教育学校的青少年在文化领域中较为活跃，他们往往是以未经组织或自己安排的方式参与音美活动(图 H1.2 - 2)。另外，他们也经常涉足校外的活动领域。13 至 21 岁积极参与文化活动的青少年中有 55％都在相应的协会、社团或者相应的活动组织中表现活跃，35％参与学校提供的课程以外的活动，33％自行安排或请私人授课。

在音乐类和视觉艺术类活动中,学生有组织地参加非形式教育领域活动(协会、校外的学校或者私教和组织)的比例高于参加校内组织的活动(表 H1.2-3A)。所有领域从总体上来看,有组织的参与方式并未随着学生年龄的增长而明显下降。

大部分有移民背景青少年的活动地点与无移民背景的青少年一样,可能存在的差别因多层效应被覆盖了(表 H1.2-4A)。重要区别主要体现在社会经济地位和性别上:女孩在非形式领域更为活跃,而男孩则更倾向于自己安排音美活动。社会经济地位较低家庭的青少年也更倾向于自己安排音美活动(表 H1.2-4A,表 H1.2-14web)。

学校除了课堂教授之外也提供多种多样的音美活动,随着全日制学校数量的增多(参见 D3),这一趋势更加明显。在全日制学校中,此类活动的内容设置会考虑到让学生尽可能多地接触新的学习内容,以促进文化/音美活动的开展。相比其他协会和组织,学校在这一点上的优势是:如果学生上全体制的课程内容,对它的需求就不会因为社会背景等原因而无法得到满足。但学校提供的活动内容还是无法抵消现存的经济地位带来的差异(表 H1.2-15web)。

德国部分青少年会将自己归入一个场景。在青少年时期,场景是团体的特殊形式,对他们的身份形成具有特别重要的意义。这些团体经常通过确立一个文化主题建立起来,其中音乐主题占多数。[①] 在 MediKuS 的问卷调查中,约 12% 的 13 至 24 岁的青少年能够指出一个让他们觉得有归属感的活动场景,其中超过半数人的活动主题为音乐方向或是一种文化表现形式(如:嘻哈、朋克)。有固定场景的青年往往有文化爱好,特别是音乐活动爱好(表 H1.2-5A)。此外,在音乐方面表现活跃且有场景归属的青年更倾向于自己安排活动,很少活跃在一些组织或协会中(表 H1.2-16web)。

互联网作为一种信息传递、交流和娱乐的媒介,为青少年带来了一项新的、独立的活动。13 至 25 岁的青少年中,超过四分之一的人会利用网络来了解音乐、艺术或文学领域的新动态(表 H1.2-17web)。将音乐、艺术和文学三大主题放在网络这个文化艺术活动地点中来考察,可以发现:网络对于在音乐领域较为活跃的青年来说尤为重要,主要是那些仅自己安排音乐活动的青年经常将自己的音乐上传到网上。总体来说,网络媒体的创新型应用还未完全得到普及。

成年早期以及职业培训阶段的文化/音美活动情况

16 至 24 岁青年参加音美活动的比例不受学业和就业状态的影响,能够总体保持在 76% 这一较高水平。中学生的比例最高(81%),既未求学也未就业人群的比例最低(69%),但这两者间的差距较小(图 H1.2-3)。在音乐活动方面,培训生和中学生或者大学生之间存在较大差距。在乐器演奏这一活动中,后者的比例比前者高出 50% 之多(表 H1.2-6A)。在表演艺术活动中,培训生和中学生的参与比例差距更加明显。从文化/音美活动的总体参与情况来看,培训生和大学生持平(74%,表 H1.2-3)。在唱歌和手工制作活动中,就业青年的参与率同样较高,但除了这两项之外,该类人群参与其他方面活动的

① 参见:Hitzler,R./Niederbacher,A.(2010),Leben in Szenen. Formen juveniler Vergemeinschaftung heute.-3. Aufl.-Wiesbaden.

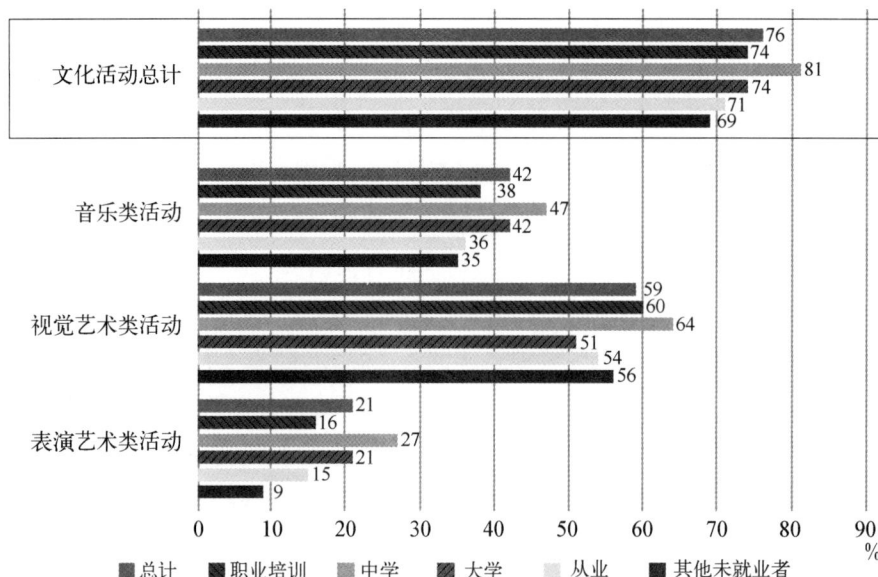

图 H1.2－3　2011 年 16 至 25 岁以下青年的文化／音美活动情况*，按活动类型、学业或就业状况分类(单位：%)

* 可能存在重复计算

来源：德国青年研究所 2011 年 Medikus 调查项目(DJI, MediKuS 2011)　　　　→表 H1.2－7A

积极性明显低于中学生、培训生和大学生(表 H1.2－6A)。

女性的积极性高于男性

　　在职业教育人群中，女性参与率也高于男性，这点不仅仅体现在总体情况中(84%比 67%)，在每一大类下面也是如此(表 H1.2－7A)。性别差异的原因很可能在于，在两种职业教育类型中，学校职业教育类参与活动的比例高于企业职业教育类，且全日制学校中近 70% 的培训生均为女生。前期学校教育对职校学生的音美活动行为影响较小。虽然，最高获得普通中学毕业证培训生的活动参与比例低于中级学校毕业的培训生，但 11% 的差距相对于总体的较高水平(74%)来说无关紧要。中级学校毕业生的培训生和具备高校入学资格的培训生之间也存在类似的差距，但是前者的比例更高。家庭的社会经济地位对该类人群参与音美活动情况也影响甚微(表 H1.2－7A)。

前期教育背景对音美活动的影响甚微

不同职业群的参与度差别在 85%和 65%之间

　　在总体约四分之三的参与率的前提下，不同职业方向的培训生之间也存在差距：医疗卫生类职业的培训生参与度最高(85%)，建筑类职业的最低(65%)(表 H1.2－7A)。造成这两者之间较大差距的原因不仅仅与职业本身有关。我们还应该看到，其中一个是典型的女性职业，另一个完全是男性职业。同时，两类培训生的前期教育水平也存在着差异。三大类音美活动在所列职业人群中的受欢迎程度虽有差距，但排序是一致的：最受欢迎的是包括绘画/素描、手工制作、视频制作和电脑绘图各种类别在内的视觉艺术类活动；其次是音乐类活动；最后又是与其他两类差距较大的表演艺术类活动。

　　"接受型"文化活动(包括参观展览/博物馆、参加音乐会/音乐活动或看话剧等)在不同群体的青少年中体现出了明显的区别。就超过四分之一至少一个月参加一次该类型文化活动的青年来看(表 H1.2－18web)，不同身份群体之间体现出了最大的区别：中学生和大学生参加文化活动的频率明显高于培训生和青年就业人员，其中，培训生最低。在培训生中，男性又低于女性。此外，无论是前期教育背景还是家庭社会经济地位都对"接受型"文化活动的参与情况影响甚微(表 H1.2-18web)。①

就文化活动的地点来看,企业和学校提供的机构性机会的重要性远不及自己组织安排和协会或其他非形式组织。同时也可以清楚地看到,企业和学校为超四分之一的培训生提供了参与音美活动的机会(表 H1.2-19web)。

诸如协会、团体等非形式教育活动对超过三分之一的企业和学校培训生的音美活动有一定帮助——对企业职业教育培训生的帮助小于对学校职业教育培训生的帮助(表 H1.2-19web),但对同龄的其他青年(上中学、大学或已就业)而言帮助更大,参与率在 40% 至 50% 之间。除表演艺术类活动外,其他所有青年组中最常见的参与方式是自己安排非正式的活动,特别是在视觉艺术活动中。

大学生的文化/音美活动情况

HISBUS 的一项大学生问卷调查Ⓜ显示,大学生对不同的音美形式表现出了广泛的兴趣。总体上,有 62% 的大学生指出自己在某一个音美领域较为活跃,视觉艺术类的活动最受欢迎,其次是音乐类和表演艺术类。就单个活动类型来看,摄影和流行乐以超过 20% 的比例排名居前(图 H1.2-4,图 H1.2-6A,表 H1.2-20web)。仅有 38% 的调查对象表示,对音美活动根本不感兴趣。但上大学之前仅四分之一的大学生未在任何一个领域有过积极表现。

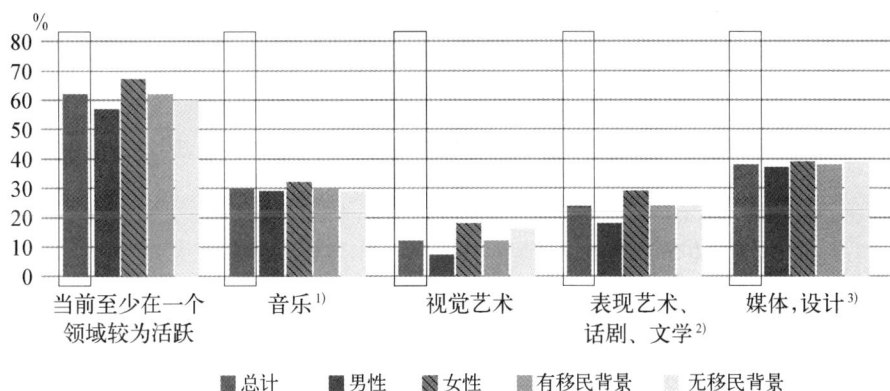

图 H1.2-4　2011 年大学生年文化/音美活动情况*,按性别和移民背景分类(单位：%)

＊ 单个活动类型按以下方式归类
1) 音乐：当代流行音乐和古典音乐,歌剧,音乐剧/轻歌剧
2) 表演艺术,话剧,文学：话剧,卡巴莱/喜剧,诗歌汇,文学
3) 媒体,设计：数码艺术,设计,电影,摄影,建筑设计,广播/电视制作
来源：2011 年 HIS,HISBUS 的大学生问卷调查　　　　→表 H1.2-21web

随着大学学业的开始,很多学生放弃了他们之前从事的音美活动(表 H1.2-8A)。40% 的学生曾在古典音乐这一项中表现活跃,而大学期间仅剩 13%。在话剧、视觉艺术、舞蹈和芭蕾这几项中也出现了类似情况。其中许多活动在中学时期由学校开设,随着中学学业的结束,大部分活动都停止了。流行乐和摄影这两项活动算是还能够以高比例保留到大

① 原因有可能是在最高职业地位的国际经济指标(HISEI)中,前两个四分位所占的数量较少。

企业提供文化教育活动对培训生吸引力不大

培训生主要自己安排音美活动

仅三分之二的大学生在艺术文化领域表现积极

摄影和流行乐是最受欢迎领域

上大学之前的活动往往难以继续

少数活动是上大
学之后才开始

学期间。只有少数活动是上大学之后才新开发的，其中最常见的是新媒体和技术的应用（设计和排版、数码艺术、摄影）这一领域，尽管它所占的比例也较低。从总体来看，大学学业和高校对开发新的音美活动的促进作用有限。

在兴趣和参与活
动中体现出了明
显的性别差异

　　大学生的音美活动是否活跃或者活跃程度如何与很多因素相关。位列第一的是专业选择；越是与专业相关的活动参与比例越高（表 H1.2－21web）。有无移民背景[M]对大学生的音美参与情况无明显影响（图 H1.2－4），但性别方面的差异在兴趣和参与活动中均有所体现（图 H1.2－4，图 H1.2－6A，表 H1.2－20web）。女性对文学、摄影、视觉艺术或舞蹈/芭蕾这些领域更感兴趣，同时在这些领域的表现也更为活跃。

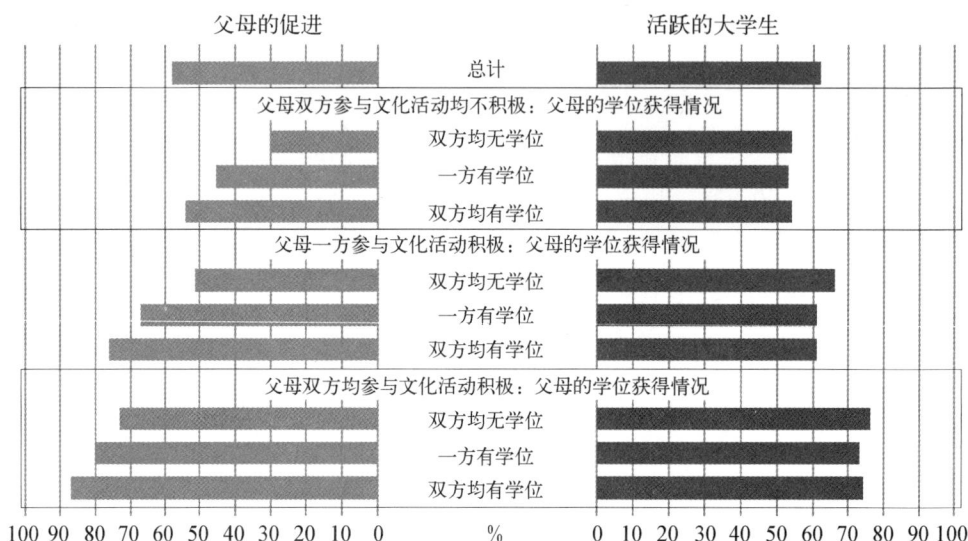

图 H1.2－5　大学生参与文化/音美活动的情况* 以及父母对其的促进** ，按父母的
教育背景和父母自身的文化活动情况分类（单位：%）

　* 根据调查者的自我表述，至少在文化/音美活动的一个领域较为活跃的学生比例
　** 调查内容为"我父母对我的文化/音美活动起到了促进作用"，选项分为 3 段，4 个等级：从 1＝"根本不是"
至 4＝"完全正确"
来源：2011 年 HIS，HISBUS 的大学生问卷调查　　　　　　→表 H1.2－23web，表 H1.2－24web

父母的文化活动
会影响孩子的兴
趣和活动

　　家长的教育水平对大学生在文化/艺术活动的兴趣培养以及参与情况也有影响（图 H1.2－5）。无论家长的教育水平如何，他们自身目前或者曾经是否积极参加音美活动对大学生后期的活动参与情况起着决定性的影响作用（表 H1.2－22web，表 H1.2－23web）。这一点抵消了一部分家长教育因素的影响，所有不同出身组的活动参与率达到近乎持平（图 H1.2－5，表 H1.2－24web）。

文化活动中电脑
和网络利用广泛

　　新媒体，特别是网络对于大学生的音美活动意义显著。有几大经常被提及的活动领域（如摄影、设计和排版、数码艺术以及部分流行音乐）因为互联网的出现在近几年经历了很大的变化，有些甚至是因互联网而生。大部分大学生参与音美活动时会使用网络（如：与人交流、获取信息或搜索资料）。约三分之一的人偶尔用电脑或只把它作为工具；五分之一的人在网络上发表他们的作品。男性使用电脑的频率高于女性（表 H1.2－25web）。

　　因为无法确定学业和非正式实践之间的界限，所以无法明确指出，高校作为大学生的音美活动基地发挥了何种作用。将这些活动融入学业框架中（如：建筑设计和平面设计），高校的地点作用才会显得重要（表 H1.2 - 26web）。学业之外的音美活动和与专业相关的活动之间的界限模糊，与学业挂钩并不仅仅局限于相关核心专业。所以，艺术历史专业、民俗专业或者环保类专业的学生都表示，在学习过程中与建筑设计联系密切。

许多大学专业与文化和艺术活动关联

　　虽然大部分大学生的音美活动都是非正式的，由自己安排或者在私人领域进行，但高校内和高校外的非形式活动也有其意义（表 H1.2 - 27web）。在某些领域（摄影、街头艺术、卡巴莱/喜剧、杂技、音乐剧），四分之三的学生只以非正式的方式进行相关活动。高校组织提供的方式和学生自发的组织仅起微弱作用。在音美领域表现比较活跃的学生对形式的、非形式的和非正式的实践地点都会使用，但同时也是有选择性的。只有少数活跃学生仅在一种组织形式里表现活跃，最受欢迎的还是非正式领域。

非正式和非正规活动地点更受青睐

　　大学生们感觉到，高校作为一个活动地对于他们的音美活动所起的作用甚微，因为他们中大部分人对于高校提供的内容不了解或无法评判（表 H1.2 - 27web），即便是文化活动方面表现活跃的同学也是如此。因此，有必要呼吁一下承担了促进大学生文化活动发展这一任务的高校和学生会，不要只想着如何开发新的活动，而是要让学生们更好地了解这些活动。

大学生对高校提供的文化活动了解较少

1.3　成人的文化/音美活动情况

　　19 至 65 岁人群总体参与音美教育活动ⓜ的比例在三分之二。就类型来看，"接受型"活动比"参与型"高一倍（59% 比 28%，图 H1.3 - 1）。因学校教育水平不同而产生的差异在两种类型中均较为明显：具备高校入学资格的成人参加文化活动的频率是最高获得普通中学毕业证成人的两倍，中级学校毕业者居中。只有五分之一的成人会将两种活动类型结合，五分之二的成人只参加"接受型"活动（表 H1.3 - 4web）。

参与率因教育水平而大不同：学者在"接受型"和"参与型"活动中均占主导

　　因普通教育背景的不同造成了参与音美活动情况在单个活动种类中不同程度的差异：参观名胜古迹这一类活动中，具备高校入学资格的人群参与率为 72%，而最高获得普通中学毕业证的人群参与率仅为三分之一（图 H1.3 - 1）。在"参与型"文化活动中，因普通教育背景不同造成的差异最主要体现在形态塑造类活动中：四分之一普通教育背景较高人群活跃在这一大类中，中级学校毕业者中为 15%，更低学业背景的仅有 8%。

　　此外还存在性别差异：总体来说，男性的参与率低于女性。在同等普通教育水平下，特别是在较低或中等普通教育背景人群中，男性相比女性更少参与观看话剧、听音乐会、参观名胜古迹等活动，在形态塑造类活动中参与率也较低（表 H1.3 - 1A）。约 44% 的女性会去看话剧、音乐会、歌剧或芭蕾，而男性只有 34% 的参与率（表 H1.3 - 1A）。

女性在文化/音美继续教育中占主导

　　在"主动参与型"活动中，如亲自参加公共演出、写文章以及形态塑造类活动，40 至 65 岁人群的参与率低于 19 至 40 岁人群，而"接受型"文化活动，如参观名胜古迹、看话剧和音乐会，则更受 40 至 65 岁年龄组人群追捧。业余大学数据统计ⓜ关于形态塑造类的课程参与情况调查中，性别和不同年龄组之间的差异更为明显（表 H1.3 - 2A）。从统计的时间跨度上来看，几个较大年龄组的参与率随着时间的推移呈上升趋势（表 H1.3 - 5web）。所有

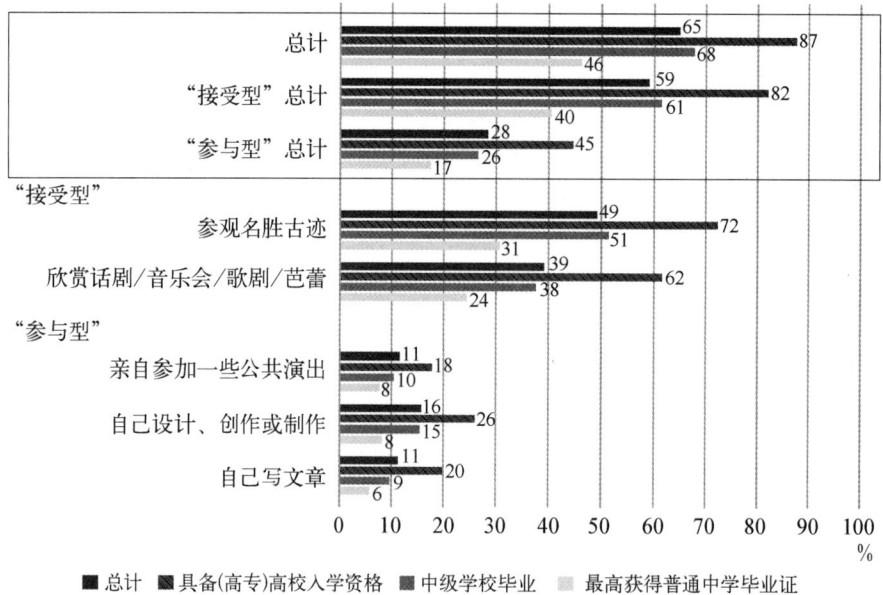

图 H1.3‑1　2007 年 19 至 65 岁人群参加"接受型"和"参与型"文化/
音美教育的情况，按普通教育水平分类（单位：%）*

* 可能存在重复计算

来源：TNS Infratest Sozialforschung，2007 年成人教育调查（AES），自己计算得出　→表 H1.3‑1A

活动领域都体现出了这一发展趋势，而"文化和形态塑造"领域最为明显。是否因为年龄和队列效应影响还无法证明。

"接受型"比"参与型"更能体现社会结构差异

　　就社会背景因素来看，"接受型"文化/音美活动在不同群体的差异大于"参与型"活动。特别是有移民背景的人群，它们参与"接受型"活动的比例特别低（表 H1.3‑1A）。这是因为，"接受型"活动带有更多的传统经典色彩，而"参与型"则包含丰富多彩的新形式。

普通教育背景对参与文化/音美活动的重要意义

　　成人教育调查Ⓜ数据显示，40 至 65 岁以下人群虽在"接受型"文化/音美活动中比 40 岁以下人群表现更为活跃，但在"参与型"活动中却明显表现较弱（表 H1.3‑6web）。同时，该调查也再一次印证了在任何一种类型中女性较男性更为活跃，无移民背景人群Ⓜ较有移民背景人群更活跃。普通教育背景在每一类活动中的差异体现也已不足为奇。而就业状况因素导致的差异只体现在"接受型"活动中（全职就业人员的参与率明显高于未就业人员），"参与型"活动中则未体现。

约三分之一较大年龄者艺术方面较为活跃

　　文化晴雨表 50＋Ⓜ的调查数据显示，29% 50 岁及以上人群会参加一项"参与型"活动（表 H1.3‑3A）。其中，三分之一选择"手工制作和形态塑造"类；约五分之一选择音乐类活动，如唱歌或乐器演奏，再次是"绘画、视觉艺术"类。"写故事/作诗、跳舞、演话剧"以及"设计、排版"类活动的参与率与前面几项相比差距较大。同样，该调查也显示了女性具有更高的参与率，但在乐器演奏和摄影这两项活动中除外。

退休后参与文化生活者的比率却显著下降

　　文化活动参与情况在 50 岁以上人群中的表现如下：总体来看，参与率在该群体中呈下降趋势，无论男女。但将这一群体分为两组，情况又有所不同。如果我们把上升和下降综合起来考虑，那么 50 至 65 岁以下的文化活动参与率下降较少。起决定性作用的转折点是在 65 岁及 65 岁以上人群中。其中，参与文化活动明显不似以前活跃或不再活跃的人数比超过了一半，只有五分之二的人员表示跟以前一样活跃或更活跃（表 H1.3 - 7web）。所以，认为退休后会更多地参与文化活动的想法是不符合实际的。

　　高校提供的音美文化活动对年长者的音美文化活动具有特殊意义，但仅局限于一小部分人群。在 2010/2011 冬季学期，超过 2 600 名 50 岁及 50 岁以上人员作为旁听生或正式学生报名"艺术、艺术科学"[Ⓜ]类专业学习（表 H1.3 - 8web）。越来越多的退休人员选择参加高校提供的心仪的音美教育活动（表 H1.3 - 9web）。

Ⓜ概念注释

针对家庭文化/音美教育活动的其他调查结果：

在德国青少年研究所进行的"成长在德国：日常世界"（DJI-Studie AID：A）这一项调查中，2009 年，约 5 000 名随机挑选的父母参与了针对他们 6 岁以下孩子的音美教育活动的问卷调查（H1.1 - 2A）。因该项调查采取抽样形式，且采样的孩童基数较大，所以它足以支撑一份按不同标准加以区分的有用报告结果。故本报告中主要借鉴"成长在德国：日常世界"这项调查的结果。其他调查研究也得出了类似的结果。

德国社会经济调查（SOEP）：2009 年德国社会经济调查报告显示，94% 的 5—6 岁孩子父母，87% 的 2—3 岁孩子父母表示，在过去的 14 天中经常给孩子读故事书或讲故事（案例数：483）。77% 的 2—3 岁孩子父母经常为孩子唱歌（5—6 岁孩子父母比例为：58%），68% 的父母会和孩子一起绘画和制作手工（5—6 岁孩子父母比例为：67%）。据父母表示，26.4% 的 3—6 岁孩童和 11.8% 的 3 岁以下儿童还会接触家庭之外的音乐方面的教育（艺术领域：6 岁以下的儿童占 4.3%）。参见：Schmiade, N./ Spieß, K.（2010）：Einkommen und Bildung beeinflussen die Nutzung frühkindlicher Angebote außer Haus. Wochenbericht des DIW Berlin, 77（45），15 - 21。

阅读基金会的朗读调查：根据 2007 年阅读基金会的朗读调查报告显示，68% 的 3—6 岁孩子父母表示会经常朗读。调查对象是 1 000 名 14 岁以下孩子的家长。2010 年的最新朗读调查显示，75% 的具有移民背景的家长会为他们 2—8 岁的孩子至少每周朗读一次（被调查者的案例数为 501）。这表明，随着孩子早期教育越来越受到重视，在过去几年中朗读在家庭中的重要性也显著增强。

"成长在德国：日常世界"调查：参见 C1 部分的概念注释。

文化/音美教育活动（"接受型"与"参与型"）：

MediKuS 调查：该项调查包括了调查对象在中小学和职业学校教学大纲之外的常见文化/音美教育活动，十分全面地涵盖了学生在课外接受艺术创新类的教育内容，如：全日制学校提供的课程。该项目的调查方式与文化研究中心的"青年文化晴雨表"调查项目完全不同。后者的调查对象为 14—24 岁的青年，调查内容分为他们自发的业余艺术创新活动（爱好）以及在校期间学校提供的技术创新活动。MediKuS 调查项目则囊括了 20 多个不同领域的文化活动（表 H1.2 - 1A），提供了一个全面的有关文化活动类型和地点的纲要。

HISBUS 调查：该项目的调查内容为 18 个文化/音美领域的最新和早期的活动情况（表 H1.2 - 8A）。调查得出的最新和早期的活动参与率在数量级上与"青年文化晴雨表"2011 年的调查结果以及 MediKuS 的调查结果一致，但调查的活动领域并不一致，且 HISBUS 调查还包括 24 岁以上的调查对象。

　　HISBUS 调查还使用了另一种活动概念。有关当时或者早期的活动设置的中心过滤性问题只针对单个领域。针对当前的活动则列出了许多不同的活动形式，其中也包括"接受型"的活动方式。调查对象在回答完过滤性问题（主动还是非主动?）之后如果都只选择"接受型"的活动，该调查对象则被视为积极的接受者（听者、观赏者），被归入主动者一类（表 H1.2 - 8A）。

AES（成人教育调查）：在该项调查中，"接受型"基于参加观赏类文化活动（表 H1.3 - 1A），使用了回答归类的方式（表 H1.3 - 1A），这些类别体现的是对"主动参与型"较为狭义的定义。

文化晴雨表 50＋："主动参与型"在该项调查中指的是那些调查对象近期在业余时间正在参与的活动（表 H1.3 - 3A）。

MediKuS 调查："青年媒体（Medien）、文化（Kultur）和体育（Sport）"调查是德国青少年研究所和德国国际教育研究所（DIPF）针对 2009 年参与"成长在德国：日常世界"调查的 9—25 岁青少年进行的电话采访。该项调查的主要内容是德国青少年参与媒体、文化和体育活动的情况以及他们表现活跃的环境。2011/2012 年的调查对象人数近 5 000 人。

移民背景：

AID：A 和 MediKuS 调查： 这两项调查中对移民背景的定义与词汇表中有所区别。这里包括至少父母一方在国外出生的孩子。此外，还有一个更为广义的概念，包括祖父母/外祖父母为移民（第三代），父母或父母一方为移民（第二代）以及自己为移民儿童（第一代）。

HISBUS： 在该项调查中，移民背景指下列情形：自己是移民；至少父母一方是移民或拥有外国国籍，但在国外获得德国大学就读资格的人员（所谓的国外外籍生源，参见 F1 部分的概念注释）除外。

AES： 该项调查中对移民背景的定义与词汇表中有所区别，这里指：拥有非德国国籍、在国外出生或者母语非德语。

HISBUS -大学生问卷调查： HISBUS -大学生问卷调查是一项针对德国在读高校生的网上在线调查。参加该项调查的学生每年会多次收到填写在线调查问卷的邀请。问卷主题与高校和教育政策相关。问卷参与者通过笔试问卷调查的方式招募。为了确保调查结果具有一定的代表性，该项调查与 ZUMA 合作制定了一套操作程序，使调查结果在全德范围内都具有代表性。2011 年夏季学期共有 8 220 名学生参加了该项调查项目中关于高校文化生活的调查。

业余大学数据统计： 德国经济研究所针对业余大学的数据统计分为六大板块，2010 年这六大板块的课时比例如下："政治、社会、环境"（11%），"健康教育"（34%），"语言"（28%），"工作和职业"（10%），"中小学基础教育"（2%），"文化和形态塑造"（15%）。课程的设置又体现了参与者的选择。统计包含了参与者的数量，但无法避免重复计算。历时性的分析应考虑到因兼并不断减少的业余大学数量（1995：1004，2010：933）。

成人教育调查（AES）： 参见 G1 部分的概念注释。在 2007 年的成人教育调查中，被调查者被问及过去 12 个月的业余活动情况，其中包含了文化/音美活动情况。这一项在 2010 年的调查中未涉及。

文化晴雨表 50＋： 该项调查对研究大龄人群参与文化活动的情况极具代表性。2007 年约 2 000 名 50 岁以上人员参与了调查。

艺术和艺术科学类专业（大学专业领域和专业方向）： 艺术和艺术科学类专业是高校数据统计中所分的九大类专业组中的一组，其下又分五大专业领域，共包含 30 个专业方向：

（1）艺术和艺术科学概况领域：艺术教育、艺术史、艺术科学以及修复学

（2）视觉艺术领域：视觉艺术/版画艺术、绘画、雕塑/雕塑艺术、新媒体

（3）形态设计领域：应用艺术、版画设计/视觉传达设计、工业设计/产品设计、纺织品设计、宝石和饰品设计，创作教育

（4）表演艺术、电影、电视、话剧理论领域：表演艺术/舞台艺术/导演、电影和电视、舞台剧、舞蹈教育学、话剧理论

（5）音乐和音乐理论领域：指挥、声乐、乐器类音乐、爵士和流行乐、教堂音乐、音乐教育、作曲、音乐理论/音乐史、乐团音乐、韵律节奏、电影录音师

H2 教育机构中文化/音美教育活动的开设情况

在德国，许多地方的不同载体提供了多样的学习和体验文化/音美活动的机会，包括公共教育机构以及数量上占多数的其他公共载体，如公益性社团、基金会和协会、工商业领域的提供者以及私人载体等。特别在音乐领域，形式教育外的各种活动形式的开展也是风生水起。公共音乐学校和私人音乐学校、外行音乐协会和私人音乐教师等互为补充。此外，

诸如乐团和歌剧院之类的文化团体也提供音乐教育活动。在视觉和表演艺术领域主要有：公共艺术学校、博物馆、国家或城市剧院、青少年剧院以及外行话剧协会等。当然，许多其他公益性和工商业团体以及私人在这两个领域也较为活跃，其中也不乏艺术创作者本人。数量众多的博物馆、展览馆和演出场所成为了各种特定教育内容的载体，它们——包括其他提供音美教育活动的载体——都遵循着一个坚定的目标：增加民众（特别是社会弱势群体）接触和体验文化的机会。图书馆、社会文化中心、文化协会、教堂和宗教组织也都以同样的方式将该领域的教育视为己任。此外，印刷和电子新媒体也不能忽略。它们通过报刊文章、文化传播和网络文化等不同形式为文化/音美教育提供了多样化的平台和内容。

虽然文化教育活动的内容和形式非常丰富多彩，但本小节内容仅局限于有数据支持的形式教育机构及它们与其他机构合作的情况。这样一个侧重点的选择主要是基于本章内容的调查目标，但也是因为缺乏能够支持其他不同载体活动情况的数据，所以无法对这一领域进行全面、正确的描述。本小节放弃介绍多样的创新活动、试点方案以及各种项目，也是因为调查结果无法形成系统化的文献资料。

与其他文化机构和非正式教育类型相比，形式教育机构对于个人的音美学习和教育过程只起到准备性的支持作用。但它能够让所有的孩子和青少年都接触到基本的文化/音美教育，并发挥自己的创造性，从这一点来说，该类型的教育机构具有特别重要的意义。因此有必要对以下问题进行考察：相应的教育内容如何与不同人生阶段相挂钩，规模如何，涉及到哪些艺术领域——如果可能的话——都有哪些想要达到的目标。此外，教育机构开设的内容与其他载体提供的文化/音美活动之间如何相互衔接，形成互补。

2.1　幼托机构的婴幼儿教育

儿童可以在家庭内、家庭外的文化活动中获得与艺术美学表现形式相关的文化体验积累，但也可以在幼托机构中获得。它们的教育目标是：启发、形成以及促进儿童的美学感受能力、表现力和形态塑造能力。音乐艺术学校和其他组织开设的文化活动的使用情况体现了社会选择机制的作用（H1.1），而幼托机构的大门则向所有学龄前的儿童敞开（参见C3）。由此，儿童可以不受家庭方面的影响，在幼儿时期就可以开始与文化/音美教育有亲密接触。

初级阶段（指包括幼儿园及学龄前的初级教育领域）的文化/音美教育

2004年举行的文教部长和青年/家庭事务部长会议通过了"关于各州幼托机构早期幼儿教育的共同框架协定"，将文化/音美教育定义为六大教育领域之一。该协定认为，在各州制定的教育计划中，提升幼托机构的文化/音美教育应成为一项重要的教育目标。具体体现在：音乐早教作为一门独立的教育领域（表 H2.1 - web）；美学和视觉形态领域在教学计划中的地位也有所提升。通过这一方式，不仅要达到调动儿童感官和情感的目的，更应起到促进其想象力、创造力以及推动他们个人、社会、主观能动性和认知能力发展的作用。

各州均将文化/音美教育写入教学大纲

文化/音美教育是早期幼儿教育纲领的基本以及有机组成部分。学习过程贯穿于日常生活中,且通常涵盖多个主题,并未细分为不同领域。例如:音乐可以提升幼儿的节奏感,同时也可以提高他们的语言学习能力。诸如:"音乐曲目转化成运动"或"按音乐绘画"之类的活动也促进了儿童不同方面能力的发展。教育计划的真正实现程度我们无法考量,所以,针对幼托机构的文化/音美教育成效也没有一种权威的说法。阅读基金会ᴹ的一项研究表明,接受调查的87%的幼托机构会为儿童提供创新活动或者(朗读)阅读书库,以促进他们的语言和阅读能力(图H2.1-2web)。其常见的活动有:朗读、主题日和参观图书馆。

幼托机构与其他文化教育提供者之间的合作

约11%的幼托机构与公共音乐学校有合作

越来越多的地方性幼托机构开展了与音乐艺术学校以及图书馆的合作。后者开设的文化/音美活动对幼托机构起到补充作用。2010年,公共音乐学校为6岁以下儿童的音乐早教制定了学习大纲,①其中也包括早期儿童教育的教学计划。据德国音乐学校联合会表示,目前约有5400所幼托机构与公共音乐学校有合作关系,占所有幼托机构的11%(图H2.1-2web)。基础音乐教育的专业人员会与幼托机构的相关人员展开合作,共同促进儿童的音乐教育活动。

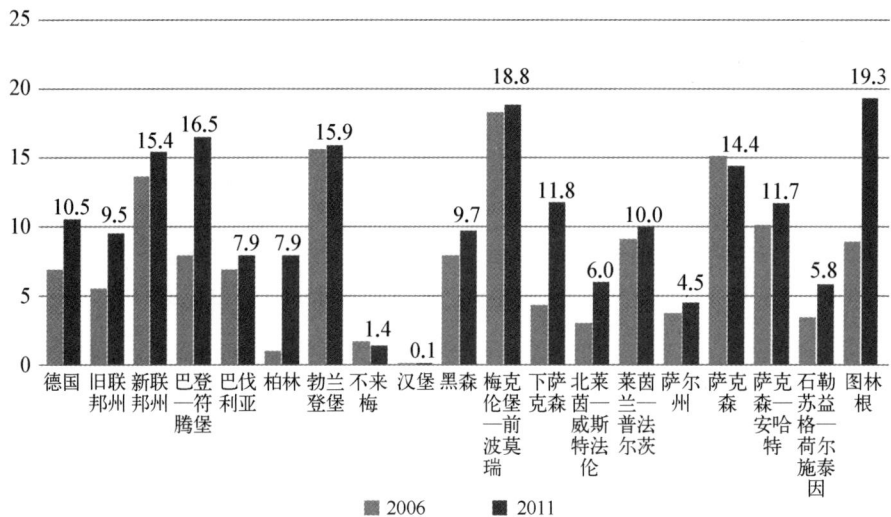

图 H2.1-1 2006 和 2011 年与公共音乐学校有合作关系的
幼托机构比例,按不同联邦州分类(单位:%)

来源:德国音乐学校联盟,VDM-统计数据;联邦及各州统计局,儿童和青少年援助数据统计,自己计算得出

→表 H2.1-2web

新联邦州与公共音乐学校有合作关系的机构比例明显高于旧联邦州

旧联邦州与公共音乐学校合作的幼托机构比例仅有10%,而在新联邦州则高达15%(表H2.1-2web)。2006年以来,多数联邦州中与公共音乐学校的地方性合作明显增长。合作比例较低的州则越来越倾向于和私立机构或其他组织建立联系,其中市州在这方面的表现尤为积极。因此,幼托机构与音乐教育者之间总体的实际合作比例应该更高。② 就全德范围

① 参见:Verband deutscher Muskschulen (VdM) (2010), Bildungsplan Musik für die Elementarstufe/Grundstufe. - Bonn.
② 2010年为儿童促进法—报告所做的一次问卷调查显示:在1 700所接受调查的幼托机构中有26%指出,每月至少1次与音乐教育家或音乐学校展开合作。约4%的机构至少每月都会与艺术教育家展开合作,参见 BMFSFJ (2010), Zweiter Zwischenbericht zur Evaluation des Kinderförderungsgesetztes (KiföG)- Berlin/Bonn, S. 41。

来看,还存在青年艺术学校以及艺术家们与幼托机构的合作关系,但具体规模还无法量化。

2.2　中小学作为文化/音美教育的提供者

　　作为基本教育的核心传递者,(普通教育)中小学开设的文化/音美教育类型可以覆盖到那些无法从父母或其他途径获得相应教育内容的孩子。针对这一任务,本小节将考察中小学文化/音美教育的目标和内容、主题资源、与教学大纲的形式整合以及课程设置以外的活动类型,也将分析文理中学高年级阶段相应课程的参与情况。此外还会涉及普通教育学校与其他文化/音美教育提供者之间的合作情况。

课程设置

　　分析欧盟国家关于艺术课程或艺术学习领域的教学大纲[①]可以得出德国在该领域的教育目标:获得相关专业能力、为从事不同艺术和媒体领域的工作打下基础、发展艺术能力、获取相关知识、在艺术表达上获得愉悦、培养对艺术文化的终生兴趣。此外,还涉及促进对艺术文化的理解力和美学判断力的发展。除了这些与课程相关的目标之外,艺术类课程还应在个人品格的形成以及自身社会交际能力的培养等方面做出贡献。最后,通过参与文化活动,应让青少年了解到德国乃至欧洲文化的多样性以及德国的文化传统。

> 专业能力培养、个性形成和文化参与作为教学目标

　　在所有的欧盟国家中都设置有艺术类的必修课程。其中,一半国家(也包括德国)会按照不同的艺术领域分开设置。在德国的所有联邦州中,艺术类必修课程有:艺术或艺术教育、艺术和形态以及音乐。有些联邦州还设有其他课程——表演剧、纺织品设计或手工(表H2.2－1A)。诸如舞蹈或大多数联邦州都开设的话剧表演等课程在有些州是作为选修课或其他课程(如体育、德语或外语类课程)的组成部分。必修课之外的艺术领域课程能够为孩子提供补充内容。

> 文化/音美教育内容的专业教授:所有联邦州将音乐和视觉艺术列入教学大纲的必修部分

课时量

　　教学大纲[M]规定的课时量可以体现该课程与其他课程相比的重要性。从教学计划上来看,艺术课程在德国的重要性超过许多其他欧洲国家:在 9 至 11 岁孩子中,艺术类课时占总课时量的 14%,在 12 至 14 岁学生中占 9%。[②] 从艺术类课程的总学时数来看,德国又在 9 至 11 岁年龄组中位列前茅,在 12 至 14 岁年龄组中处于欧洲国家中游水平,相关数据参见(表 H2.2－10web,表 H2.2－11web)。

> 艺术类课目的平均学时达到或超过欧洲国家平均水平

　　通过对德国各州普通教育学校课程表的分析可以发现,各州在文化/音美课程的设置上相对灵活,州与州之间也存在较大差异。在部分州,不同年级可以选择或者轮换上相关的必修课;部分州为不同年级的学生设置了不同的必修艺术课程。有些联邦州还专门规定了必修艺术类课程总课时数,而在有些州则将必修课时数草草地并入了多种课程的总学时

---

①　参见:Eurydice (2009),Kunst-und Kulturerziehung in Europa,S. 17－34.
②　许多国家的 1 至 9 岁儿童不同课程的周学时数可查(参见 D2)。

数中(表 H2.2‐1A),或与体育等其他课程捆绑在一起。课时分配的灵活度一方面能够为跨学科的课程设置或为新的艺术表达形式的处理提供更多的可能性,但另一方面,在课程设置方面过多的随意性也会事与愿违,无法保障所有学校能够为所有学生定期开设艺术方面的课程。

在德国各州的四年小学阶段,学生需参加艺术类课程的最低周学时数在 12 至 16 之间,约有 13%至 17%的小学会选择规定的最低周学时数(参见表 D2‐5A 的第一列)。到了中等教育第一阶段,该类课程的供应情况明显发生变化。无论是课时量还是在规定的最低周学时数中所占的比例相比于小学阶段而言都明显下降。在中等教育第一阶段的 6 年时间,到中级学校毕业,设置了另外 12 至 22 课时的必修课(参见图 H2.2‐2web,表 H2.2‐1A)。此外,还提供了从不同课程组选择的不同数量的选修和必选课,但艺术类不是必须要顾及的课程。

在中等教育第二阶段,音美类的必修课程只存在于普通教育学校中。在职业学校,除了艺术类的职业教育专业之外就几乎没有其他艺术类课程。部分职业学校的课程表虽将艺术类课程考虑在内,但只是作为选修或必选课,不是作为必修课。在文理学校的高年级阶段,所有联邦州的学生必须从艺术类课组——音乐、艺术或表演剧中——选择一门,如果是基础水平的课程,每周至少上满 2 学时,如果是较高水平的课程,每周至少 4 学时。

文理中学高年级阶段艺术类课目的必修课程　　因文理中学改革,在有些联邦州核心课程(德语、数学和外语)的必修学时数量有所增加,这又不利于其他课程。因此,对于萨尔州的学生来说,上一门较高水平的艺术课已经无法实现(表 H2.2‐12web)。2010/2011 学年,仅柏林有超过 2%的学生参加音乐类的高级或进阶课程(图 H2.2‐1),艺术课程的比例比大部分州都稍高。造成州与州之间不同差异的部分原因在于,在七个州(巴伐利亚、汉堡、黑森、梅克伦堡—前波莫瑞、萨克森、萨克森—安哈特和图林根)开设进阶课程以及艺术类的高要求课程需要另外获得国家学校监督局的

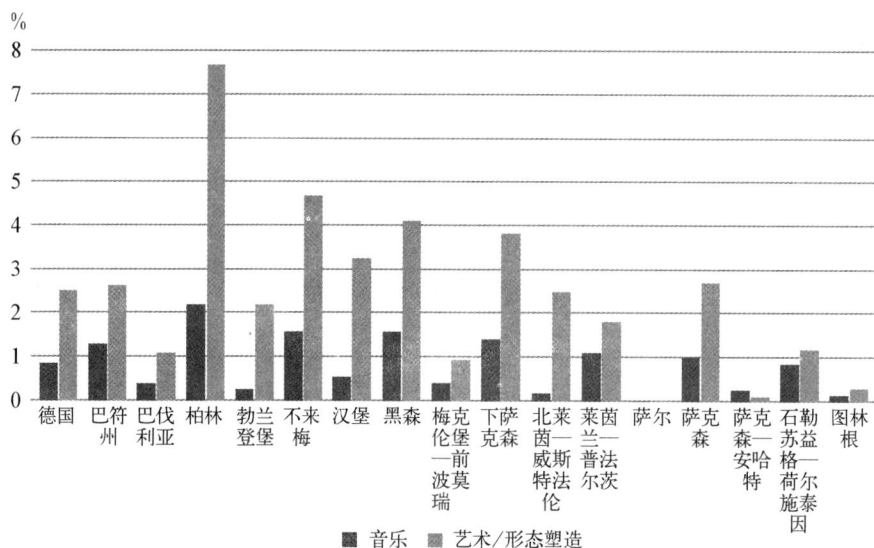

图 H2.2‐1　2010/11 学年,文理中学高年级阶段参加音乐和艺术类
进阶课程的学生比例,按联邦州分类(单位：%)

来源：联邦德国文化部长常务委员会秘书处,文理中学高年级阶段的课程设置,内部资料,自己计算得出

→表 H2.2‐13web

批准,或者只有那些音乐方面相对成熟的学校才有资格开设此类课程。

艺术类课程的实际设置情况

艺术类必修课的实际上课情况(实现了的教学计划)不同于教学大纲中规定的课时量。在 2011 年进行的一项面向学校管理层的问卷调查[M]中,需要被调查对象给出学校取消上课的一些信息,是指因为缺乏师资而无法开课的情况,并不包含因为授课教师生病或者参加培训而取消课程的情况。调查结果显示,艺术类课程被取消的数量并未明显多于所有课程的平均量。在这一方面目前暂无其他可靠的、具有代表性的数据可用。

该调查同时也给出了学校针对艺术课程的教室配备情况和学生的满意度。大部分被调查学校指出,学校至少有一间音乐教室(83%)和一间艺术教室(73%);超过半数学校表示具备带舞台的大礼堂。值得一提的是,在文理中学学生和含高中阶段的综合中学中,42% 的学校配备有影棚或者艺术和印刷工作室、照相工作室(34%)或者话剧排练室(26%)。在所有的学校类型中,文理中学和有高中生的综合中学平均来看在教室配备中表现最好(表 H2.2－2A)。

学校艺术类课目的教学场地和配套设施达到令人满意的水平

学校在艺术课程硬件配备情况上的自身满意度也较高。42%(普通中学对于艺术课程的满意度)至 68%(实科中学对于音乐课程的满意度)的学校认为在音乐和艺术方面的硬件配备方面做得非常令人满意或者满意(表 H2.2－3A)。小学联合普通中学、普通中学、实科中学以及诸如文理中学和含高中阶段的综合中学等包含不同教育层次的学校在艺术课程(主要是音乐课)中的表现满意度甚至超过所有课程的平均线。同时,也有不小比例的学校在音乐艺术课上的表现差强人意或者更差,不同学校类型间也存在着差距。

课堂外的文化/音美教育和学校与其他提供者之间的合作情况

除艺术课的常规课程外,对于学生来说课堂外的文化/音美活动也起到了很好的补充作用。国际学生评估项目(PISA)给出的调查结果证明了多样化课堂外活动的重要性。据该调查显示,与其他经合组织国家相比,德国在这方面的活动主要集中于音乐(主要有校园乐队、乐团、合唱团)和视觉艺术(如:艺术兴趣小组)领域(表 H2.2－14web)。约 66% 至 78% 的德国学校为 15 岁青少年开设了此类活动。在国际比较中,德国学校在阅读俱乐部(19%)或参与学校年鉴或班报制作(57%)类型的活动中参与比例较低。这些课堂外的活动形式也体现了艺术必修课课程设置的重点。

课堂外的学校音美活动是相关课目的重要补充

学校管理层问卷调查结果也可以证明上述结论。绝大部分接受调查的学校(93%)表示,他们会至少设一个文化/音美类学习小组——平均每个学校 6 个(表 H2.2－4A)。在各类学校中,乐器演奏类的活动最为常见:50% 的小学以及小学之后的 63%(小学联合普通中学)至 94%(文理中学和含高中阶段的综合中学)的普通教育学校至少开设一种该类型的活动(表 H2.2－5A)。位列第二的活动是歌咏/合唱,但在普通中学中第二名却是舞蹈/杂技/马戏团。大部分课余补充活动主要限于艺术或音乐领域,只有少数会涉及其他艺术领域。特别值得注意的是新的艺术表现形式。在媒体实践领域,开设相应活动的文理中学和含高中阶段的综合中学的比例达 60%,而普通中学以及小学联合普通中学中的开设比例分

课堂外的学校音美活动重点在音乐领域

不同学校类型在提供课堂外活动方面的差别

别仅有 27% 和 14%(表 H2.2 – 15web)。

文学领域的课余活动从总体上来说处于较低水平,且不同学校类型间的差距也较大:文理中学和含高中阶段的综合中学中的开设比例为 28%,而普通中学以及小学联合普通中学中分别仅有 9% 和 7%;小学中的开设比例为 17%(表 H2.2 – 15web)。被调查学校中的三分之二有学校图书馆:职业学校中为 48%,特殊教育学校为 53%,普通中学为 57%,小学和综合中学为 71%,文理中学和含高中阶段的综合中学为 81%(表 H2.2 – 2A)。

在音乐领域常有合作,主要与音乐学校合作

为了更好地实现相关课余活动的开设,约 50% 的学校表示它们有校外的合作伙伴。41% 的学校至少在音乐领域有这样一项合作。其中,超半数与一家音乐学校合作(54%),超六分之一与一家文化协会合作,十分之一与教区合作(表 H2.2 – 16web)。德国音乐学校联盟(VdM)的统计数据也体现了这一较高的合作比例:约 20% 的学校与德国音乐学校联盟中的公共音乐学校有合作关系。根据音乐学校的数据显示,合作数量从 2006 年的 14% 上升到了 20%,但各州之间和不同学校类型间存在较大差距(表 H2.2 – 17web)。

全日制学校提供的活动数量更多、更丰富

学校管理层调查显示,全日制学校[①]在文化/音美课余活动开设方面的表现具有特殊意义(参见 D3)。这些学校往往比其他学校开设更多的活动,平均供应数量也较高(表 H2.2 – 5A),且与校外合作的频率也更高(表 H2.2 – 18web)。与半日制学校一样,继小学之后的全日制普通教育学校中,乐器演奏(79%)、歌咏/合唱(60%)、话剧/音乐剧(57%)以及视觉艺术(54%)类活动类型较为常见。除了这些主要类型外,全日制学校的活动类型比半日制学校更具多样性。区别主要体现在摄影/设计/排版以及纺织品设计/手工活/手工制作这些领域(表 H2.2 – 4A)。

2.3 职业教育和高等教育中的文化/音美教育情况

职业教育中相关活动的开设情况

高校层面之下的职业教育开设的文化/音美课程应分为两类:第一类指的是在职业专科学校或双元制培训体系中面向属于职业分类号 83(表 H2.3 – 2web)的艺术类培训专业;第二类是双元制和学校职业教育体系中面向全体培训生作为专业补充的课程。

0.7% 的双元制培训新生选择与艺术相关的职业

艺术类以及与艺术相关类职业的课程设置情况可以通过职业专科学校学生数或者相应的培训生数量(包含所有年级的培训生)来说明。2010/11 学年,职业专科学校约有相关专业学生 15 000 人,占所有该类学校培训生的 6.6%,双元制中相关专业的培训生人数为 10 500 人,占所有双元制培训生的 0.7%(图 H2.3 – 1)。职业专科学校中相关专业的学生数量自 2002 年以来增长了约 50%,而在双元制学校中却处于停滞状态。前者在旧联邦州的增长率高于新联邦州,男性学员增长率高于女性学员(表 H2.3 – 1A)。2007 年以来,无论是艺术类相关的职业培训岗位的供应量还是申请者的兴趣(需求)都有所回落(图 H2.3 – 2,表 H2 –3 – 3web),其中,需求量(减少 17%)回落幅度大于供应量(减少 7%)。但从广义

---

① 文献资料显示,开放式全日制学校和义务式全日制学校在提供的课余文化教育活动方面存在较大差距。——参见:Lehmann-Wermser, A. et al.(2010),Musisch-kulturelle Bildung an Ganztagsschulen. Empirische Befunde,Chancen und Perspektiven,Weinheim)。但学校领导层的抽样调查结果却显示,不同全日制类型学校间无差别。

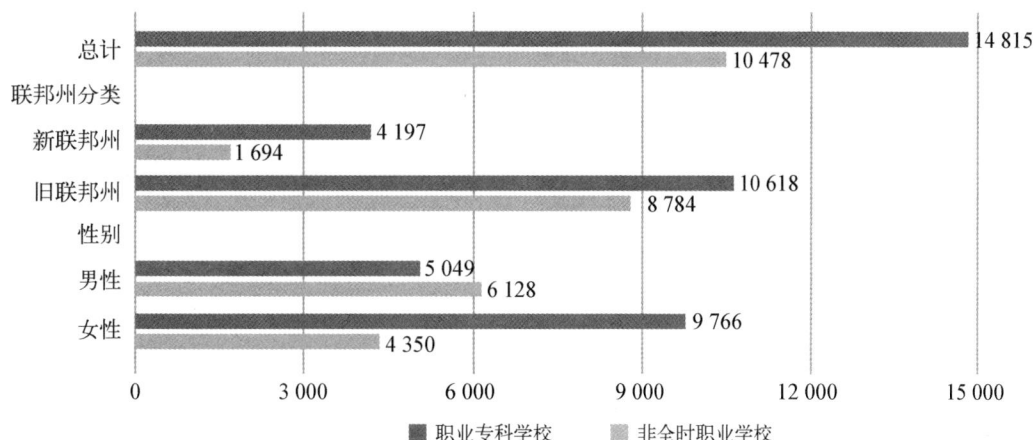

图 H2.3 - 1 2010/11 学年，职业专科学校和双元制体系中选择代码为 83(职业分类)
职业分类组的学生数，按地区和性别分类(数量)

来源：联邦统计局和各州统计局，2010 年学校数据统计   →表 H2.3 - 1A，表 H2.3 - 2web

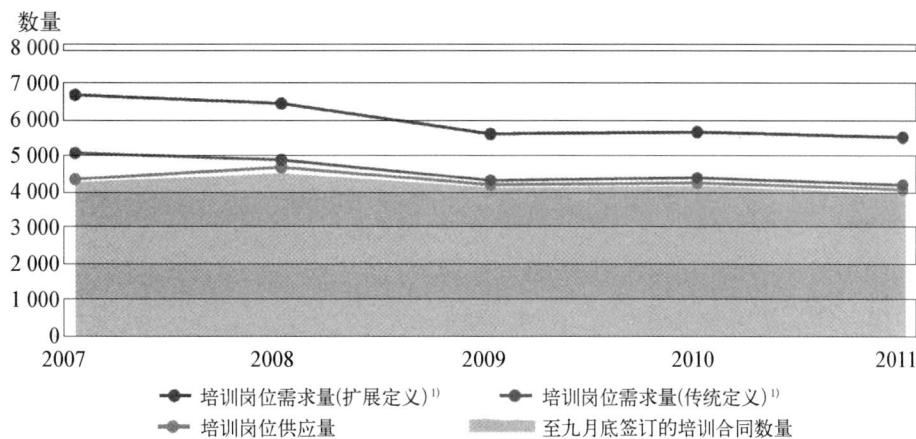

图 H2.3 - 2 2007 至 2011 年* 双元制教育体系中，艺术及相关类职业
签订的合同数、培训岗位的供应和需求情况(数量)*

* 截止日期均为 9 月 30 日。不含居住地在国外的申请者以及联邦就业局无法进行地区归类的空缺培训岗位。
1) 新签订合同数量加未得到岗位的申请者以及有其他选择(如：进入更高一级的学校，选择职业准备课程)但仍希望获得岗位的申请者数量

来源：联邦就业局，培训市场的统计结果(未包括授权的乡镇中介机构)，统计截止日期 9 月 30 日，联邦职业教育研究所对新签订的培训合同的调查结果，截止日期 9 月 30 日；自己计算得出   →表 H2.3 - 3web，表 H2.3 - 4web

的需求定义来看，2011 年的相关培训岗位还存在 26% 的缺口，供应量十分不足。

与艺术类相关职业情况不同的是，在其他中等专业人员领域的职业培训中并未有相关系统的、稳定的活动。但这并不意味着专业人员的职业培训中不存在音美活动：

- 一方面，职业学校在其他非专业课程领域的课程(主要是德语/交际，英语/交际)设置上有很大的灵活性，这就允许它们把文化/音美方面的学习内容融入到授课中(例如：不同主题的展览、音乐会或话剧表演)。至于这些活动的频率以及是否系统性地进行则由每个学校自己决定，所以无法获得相关统计资料。

- 另一方面，针对企业能力的发展调查已显示，企业——特别是大型企业——对培训生的文化活动持支持态度。为了让新生能够更好地融入企业，它们还会自发地组织相关活动。但也没有相关的资料记录这些活动。

职业学校提供艺术活动的情况尚未掌握

个别职业/职业群的授课大纲包含美学教育元素

在一项关于单个职业的授课计划的抽样调查中可以得到些许信息，被调查者指出的专业课程的组成部分中，有些可以归入文化/音美领域。但这些内容仅是整个职业教育过程的组成部分，是为专业服务，不含音美教育目的。这些内容无法在不同职业领域间进行比较，且这些内容的教授过程即便是对单个的培训职业来说也不明朗。

高校教育中相关活动的开设情况

约有 1 500 个艺术和文化类专业

德国高校提供的艺术、美学以及文化类专业可谓是丰富多彩，且它们的专业分类也越来越明晰。高校指南[M]指出，2012 年 4 月德国共有艺术、音乐以及文化类本科专业 815 个，本科以上专业 760 个，此外在师资培养中还有相关的 259 个基础专业以及 83 个硕士及以上专业（表 H2.3-4web）。这些占所有专业数的十分之一。

不同高校类型在艺术和文化领域各有其特点

艺术和音乐学院是一类专门的艺术教育院校。德国 56 所艺术和音乐学院是艺术和艺术科学类专业[M]最重要的提供者。2010 年，约一半的大学和三分之一的应用技术大学也能够提供除了教师专业之外的艺术和艺术科学类专业供学生选择。广义上来看，数量众多的人文、语言和文学类专业也属于高校的文化教育课程，但本小节对此不再赘述。

大学是培养学校艺术类课目教师的主要基地

高校中还设有许多文化方向的专业。现有共 360 个文化学方向专业，其中，180 个硕士专业，160 个学士专业。[①] 这些专业毕业的学生大多在文化交流、文化以及文化理论研究、教育和媒体领域以及文化领域内的管理岗位就职。在应用技术大学中占主导地位的主要是形态塑造学领域[M]，如：制图或产品设计，同时也提供文化管理类专业。有些（少数）私立应用技术大学也会提供或仅提供艺术和艺术科学类的专业。艺术类教师的培养主要集中在 31 所大学和 7 所师范类院校。2010 年，又有 28 所艺术和音乐院校也设有艺术类教师专业。

总体来看，高校的艺术类专业体现了很大的不均衡性：一方面大部分专业的教授配备充足，如音乐专业有约 1 500 名教授；另一方面也有部分"小专业"[②]总共才拥有不到 170 个教授职位。除了两个专业之外，其他艺术类"小专业"均能够保持其教授配备量，有些还有所增长（表 H2.3-5web；H3.2）。

除了这些常规的专业设置之外，高校同时也是一个提供各种非形式和非正式文化实践的场所（H1.2）。它们会提供有组织的相关活动或为学生自发组织的活动创造条件。其中，学生会在这方面的作用功不可没（表 H2.3-6web）。

2.4　成人文化/音美活动的开设情况

文化教育历来都是已经机构化的成人继续教育的有机组成部分，在当今成人学习领域中占据重要地位。但机构化的继续教育仅是成人实际音美教育活动中的一个有限组

---

① 出处："Studium Kultur und der Arbeitsmarkt für Kulturvermittelnde und interkulturelle Tätigkeitsfelder"项目的数据库。参见：Blumenreich, U. (Hrsg.), Studium — Arbeitsmarkt — Kultur (2012), Bonn/Essen.

② "小专业"这一概念的定义较为模糊。这里采用波茨坦大学"小专业研究中心"的定义：小专业是指一个专业点最多只有三个教授职位或开设此专业的德国大学数少于全德大学数的 10%。

成部分。① 与文化/音美相关的继续教育机构集中在少数几类："继续教育显示器
（wbmonitor）"ⓜ的调查显示，业余大学在所有机构中以五分之二的比例荣登榜首，其他诸
如教堂、党派、工会以及私立机构和大学等机构起到的作用较小（图 H2.4‑1）。业余大学
在文化/音美领域提供了多样化的主题，而其他诸如教堂/工会以及私立机构更多地局限于
某些特定的主题（表 H2.4‑2web）。

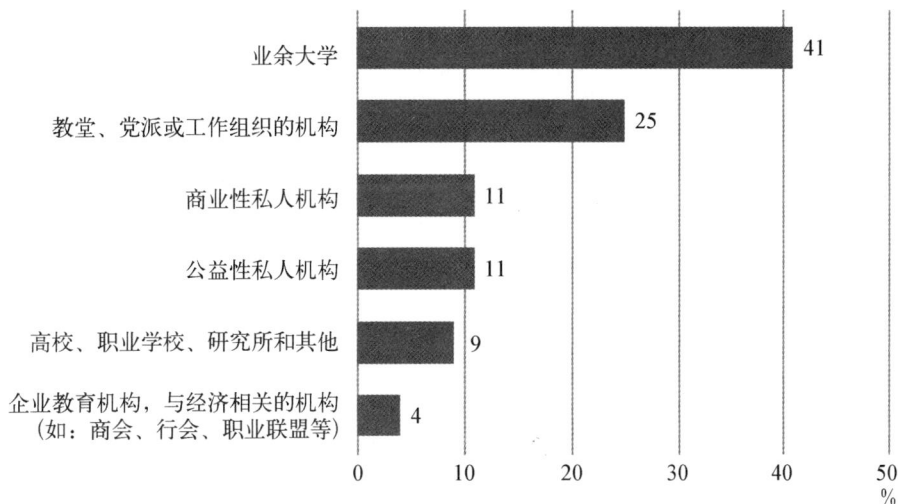

业余大学　　　　　　　　　　　　　　　　41
教堂、党派或工作组织的机构　　　　　25
商业性私人机构　　　11
公益性私人机构　　　11
高校、职业学校、研究所和其他　9
企业教育机构，与经济相关的机构
（如：商会、行会、职业联盟等）　4

0　　10　　20　　30　　40　　50 %

图 H2.4‑1　2010 年文化/音美继续教育的开设机构，按机构类型分类（单位：%）

来源：2011 年联邦职业教育研究所/德国成人教育研究所名为"继续教育探测器"（wbmonitor）的问卷
调查，联邦职业教育研究所的计算　　　　　　　　→表 H2.4‑2web

　　所以，以下分析主要集中于业余大学统计ⓜ的业余大学课程项目：一方面关注课程类
型，另一方面考察学员的参与情况（图 H2.4‑2）。业余大学的课程主题多样化，"文化和形
态"也是其中重要的一项，但就近 10 年来该类型的课程设置和学员参与情况来看，其重要
性有所下降。

［侧注：文化/音美课程的参与率与往年相比呈下降趋势］

　　1995 至 2010 年，"文化和形态"领域的学员数和课时数各回落了 22 和 25 个百分点，但
所有课程的总体参与人员数量却有所上升，课时数持平（表 H2.4‑3web）。1995 年每 5 个
学员中有 1 个会参加"文化和形态"类课程，15 年之后这一比例变成了七分之一（图 H2.4‑
2）。在整个调查时间段内，"文化和形态"领域的参与率都低于该类课程的开设率，课时比
例则更低。这些比例差表明，参加该类课程的平均学员人数较低，平均课时数也低于其他
领域的课程。显然，该领域开设的课程历时相对较短。

［侧注：业余大学在文化/音美教育方面提供的课程相对减少，参与率和耗时也相对下降］

　　2010 年约 965 600 名学员参加"文化和形态"领域的课程。其中大部分主要集中在"绘
画/素描/印刷技术、雕塑"类专业领域，其次是"舞蹈"，"手工、纺织品制作，纺织品相关知
识/时装/缝纫"和"音乐、音乐类实践"（表 H2.4‑1A）。随着时间的推进，主要课程内容也
有所变化。在学员人数和课时数上回落最明显的是"手工、纺织品制作，纺织品相关知识/
时装/缝纫"，2010 年的水平还不到 1995 年的一半。而"媒体、媒体实践"类课程则越来越受

［侧注：在较大年龄人群中也存在兴趣点转向"媒体/媒体实践"的现象］

① "继续教育显示器（wbmonitor）"调查提供了继续教育机构中文化/音美相关课程的开设情况。借助业余大学的统计数据可以调查业余大
　学——作为该领域最重要的提供者的课程开设和学员参与情况。

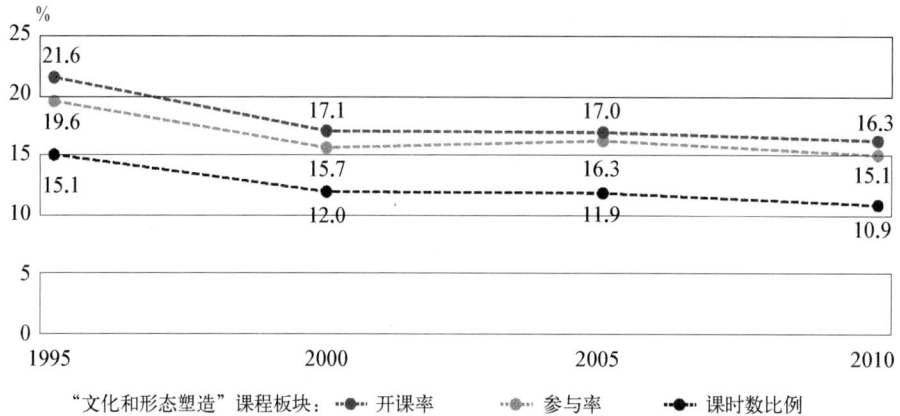

图 H2.4‑2　1995 至 2010 年业余大学"文化和形态塑造"这一领域的
课程开设和参与率(单位:%)

来源:德国成人教育研究所,业余大学数据统计,自己计算得出

追捧,参与人数增加了 14 300,即 30%,但课时数未变。可见,媒体领域不仅受青少年以及大学生(H1)的欢迎,对成人也一样具有吸引力。

　　按地区类型Ⓜ来看,核心城市和高人口密度区县与乡村区县和农村地区之间在课程设置方面的差距有限。但如果考虑到人口,核心城市每 10 000 居民参与相关课程的人数高出乡村地区好几倍(表 H2.4‑4web)。同时也应考虑到,不同地区的课程设置与一个地区的文化设施之间有很大的关联,如有没有剧院、博物馆等。在媒体实践类课程上,核心城市的课程数明显较高,这有可能与年龄和社会结构相关。对于与个人活动相关的课程(如手工;纺织品制作;纺织品相关知识/时装/缝纫;舞蹈、音乐类实践以及绘画/素描)来说,地区因素显然无太大影响。课程参与情况(表 H2.4‑5web)和课程设置也存在类似的地区差异。

Ⓜ概念注释

德国"校外阅读能力培养"调查: 2009 年,该项阅读基金会的调查项目就促进语言和阅读能力发展活动在全德范围内对 5 901 所幼托机构展开书面调查(也可参见 Ehmig. S. C./Reuter, T. (2010),Außerschulische Leseförderung in Deutschland. Strukturelle Beschreibung der Angebote und Rahmenbedingungen in Bibliothek,Kindertageeinrichtungen und kultureller Jugendarbet.‑Mainz)。

课程大纲: 学校数据统计中没有关于参加艺术课程学生的相关信息。在各联邦州,一年级至 9 年级的艺术类周学时是基于学生数和课程表参照国际制定的。因此,课程大纲作为替代项,但它与实际的上课情况肯定有出入,比如它不会考虑到课程取消的情况。

最低周学时: 最低周学时指一学年每周课时数。这一数字是所有年级相加之和。例如:1 至 4 年级艺术课的最低周学时为 8,那就是每一学年学时为 2。如果学科给出了学时数,那么最低周学时数就是指规定的最低值。

学校管理层调查: 2010/11 学年,德国国际教育研究所(DIPF)就文化/音美活动方面的学校管理情况做了一次网上调查,随机抽取学校样本,按照学校类型分类。2 550 所公立学校的管理人参与了此次调查,问卷的反馈率为 40.7%(表 H2.2‑19web)。学校是否给予反馈,与学校的大小和类型均无关。

艺术和艺术科学类专业的专业领域和专业方向: 参见 H1 部分的概念解释和说明。

大学校长会议(HRK)的高校指南: 这一数据库(www.hochschulkompass.de)包含所有德国高校设置的专业。高校指南主要为想要上大学的人提供信息资源,但也可以用来数据统计。它按照学科领域进行专业分类,但与高校数据统计的大学学科分类只有部分吻合。部分专业归入多个学科领域,故可能存在少量重复计算。

　　继续教育显示器(wmmonitor):"继续教育显示器"调查项目每年进行一次,调查对象为能够提供定期继续教育培训的组织。2011年增加了各机构在文化/音美领域的课程提供情况。该调查由德国继续职业教育研究所(BIBB)和德国成人教育研究所(DIE)共同负责,共有1 700个相关机构参与其中。

　　业余大学数据统计:参见H1部分的概念注释。

　　参与率、课时比例、课程设置率:这三个比例分别是"文化和形态"领域课程占所有课程的比例。

　　区域类型:本报告将联邦建设和区域规划局(BBSR)所划定的居住结构区域类型进行整合,分为四大类:核心城市(人口超过10万不属专区管辖的城市)、高人口密度区县、乡村区县和低人口密度的农村地区。

H3 文化/音美教育的师资及其建设

　　文化/音美教育依赖于具备专业素养师资的传授、指导和促进。目前,艺术分类丰富多样。在幼托机构和学校,除必修课之外,对授业人员有着专项的特别业务要求的补充科目设置存在缺口。这又对师资提出了特别要求。此外,面向成人的教育机构中也应该配备相应的师资,以满足不同人群对艺术教育的不同需求。

　　不同师资类型也是文化/音美教育的一大特点。第一类是受过艺术类基础教育或教学法培训的人员,他们凭借着专业能力活跃在形式和非形式教育机构的文化教育和文化传播领域。该类群体包括获得相应学位的大学毕业生(主要是艺术类师范专业,但也包括其他文化教育类专业的毕业生,如:艺术/音乐/话剧教育,博物馆教育等),也有未获得学位的(如:音乐类早教)。第二类为艺术家,包括有或没有其他教育培训经历者,以全职或兼职形式活跃在形式和非形式教育领域的人员。第三类为跨专业型教育家。该类人员在受教育过程中也参加了音美类课程的学习,在一些跨科目的课程或活动中也承担形式和非形式的艺术学习类授课任务。第四类是通过非形式教育获得相应职业能力的人群,包括因兴趣自学而成者或参加继续教育者,他们都参与过与传授文化教育课程相关的培训(如:非专业文化工作者)。

　　不同结构的师资都需面临以下教学任务要求:在儿童、青少年和成人的文化能力培养和发展过程中提供支撑作用,特别需要促进他们自主参与音美实践。从这点出发,参考之前的四大师资分类,本小节将首先介绍幼儿教育(H3.1)和中小学教育领域(H3.2)在文化/音美教育内容传授过程中的师资情况。

　　教育体系同样也致力于艺术类和文化传播类职业人员的专业化培养。值得注意的是,传统教育和文化机构之外的职业领域越来越多。本小节的第三部分(H3.3)将专门介绍高校领域提供艺术类职业培训机会的情况,主要涉及相关专业需求、对各类社会群体的接收情况以及学业成绩和艺术类职业学生去向。由于缺乏相应的数据支持,本报告无法涉及文化/音美领域师资参加高校层面以下的多样化的业务深造情况。

3.1 婴幼儿时期文化/音美教育中的最新师资情况

与中小学的文化教育不同,在幼托机构音乐和艺术类课程没有配备专门的相关专业的师资。但按照每个州各具特色的教育计划,幼师也应参加文化/音美培训(H2)。

为了能够传授给儿童文化/音美方面的内容,幼师不仅需要会一门相应的技能(如:会唱歌,有乐感),也需要具备与拓展儿童此方面能力相关的教学法方面的知识。幼师的相关能力主要在各自的教学培训中获得。

音乐创新塑造是幼师培训的固定内容…

近71%的幼师受过专业培训(参见C4)。文教部长联席会议框架协定认为幼师的培训应该是通才培训,以适应不同社会教育行动领域的工作要求。[1] 新的培训条例中所有的联邦州达成一致:自2000年起该类师资的培训分为六大领域,其中一项定义为"音乐创新的塑造"。该项自然成为幼师培训的固定培训内容之一。

…但还无法给出具体的培训时数

但各州的培训课程设置因学习模块和学习内容的数量而各不相同。音乐教育与其他单个科目一起归为一个培训专业或者学习领域(表H3.1-1web),如:在黑森州归入"活动、塑造、音乐、表演"学习领域,在巴伐利亚州为"音乐和活动教育"。同样,各州规定的培训课时数也视该学习领域或培训专业的主题宽度而定,在2400个最低学时中该类培训的课时数介于100至800之间。因此,无法准确计算出文化/音美领域在培训过程所占的份额。但幼师们还是在他们的职业培训生涯中为幼托机构中的文化/音美教育做好了充分的准备。

高校新开的早教类专业也包括文化/音美教育

幼儿保育员在全德幼托所教育师资中占14%。他们的培训课程设置中,"美学艺术塑造"这一主题也是职业行动领域或学习领域的组成部分。此外,近几年在高校新开的早教类专业中,音美教育和创造力以及相应的教学法都囊括在教学计划中。因此,我们可以说,文化/音美教育类的学习内容已经在相关专业人员的培训课程中固定下来,能保障其在幼托机构的教育工作。

幼教师资对他们能够把在培训中获得的相应内容运用到实际教学中的把握如何?对此,相关问卷调查给出了答案。被调查的幼师需指出他们对40项日常教学中任务和要求的胜任程度(图H3.1-1)。

仅有约57%的教师对自身在音美教育方面的教授能力较有把握

针对与3至6岁以下儿童接触的幼教对自己能力的评估调查显示,大部分幼教对自己的能力感觉良好。在儿童的创造性艺术表达(包括绘画、搭建和手工)上给予帮助这一点上,约88%的相关师资表示有把握。但在儿童的音乐和表演的表达上给予帮助这一项中,也就是在音乐和节奏、舞蹈和话剧表演领域,仅57%的师资认为自己对此有把握,[2]约超三分之一者认为仅有部分把握,约8%认为没有把握。所以,个人在培训中所学的有多少能够真正转化到幼托机构的工作中去,存在主题内容上的差别。起决定性作用的是高质量的课

---

① 参见:Janssen,R. (2010),Die Ausbildung Frühpädagogischer Fachkräfte an Berufsfachschulen und Fachschulen. Eine Analyse im Ländervergleich. - München.

② 2009年,MIKA项目对150所幼托机构领导层以及150名师资进行的一项问卷调查也得出了类似的结果。45%的被调查师资认为他们在音乐领域所受的教育程度仅为中等。幼托所的领导也认为师资在音乐领域的培训最为迫切(参见:Cloos, P./Ohelmann, S. /Brinker, P. /Sitter, M. /Manning-Chlechowitz, Y. (2010),Musik in der Qualifizierung für Kindertageseinrichtungen in Nordrhein-Westfalen)。

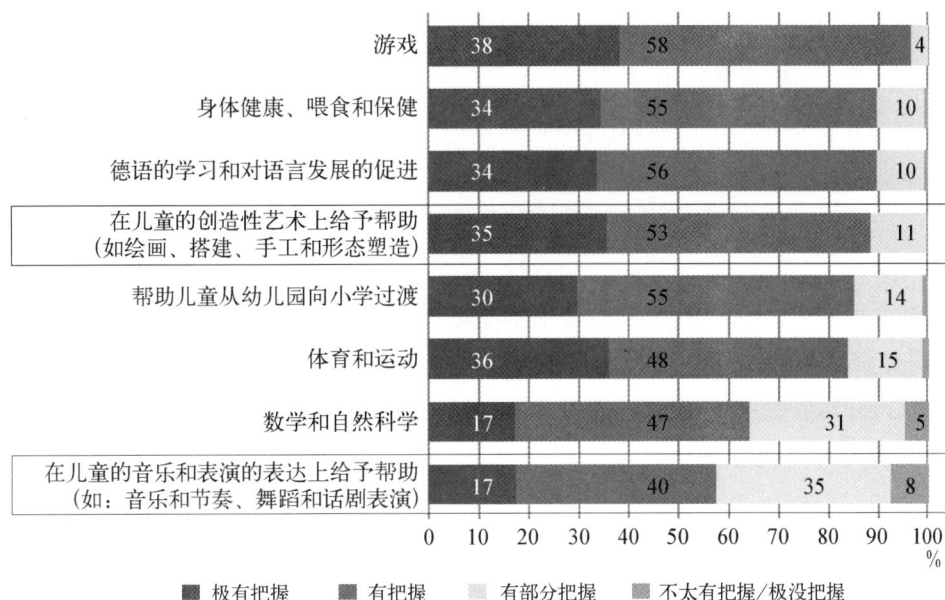

图 H3.1‑1　2010 年与 3 至 6 岁以下儿童接触的幼教对自身能力的
评估*,按不同的任务类型分类(单位:%)

* 问题设置如下:"以下列举出的是幼托机构中您所面临的不同任务和要求,请您评价,您自己对这些要求
的把握程度,从"极有把握"到"极没把握"共五个程度标准。"

来源:德国青年研究所(DJI),2010 年 WIFF——专职人员问卷调查^M　　　　　→表 H3.1‑2web

程设置,因为几乎所有这一年龄段的儿童是通过这些课程接触到音美内容。师资力量在音乐和表演艺术上的不自信反映出了师资培训过程中在这方面存在的问题。与校外专业人士的合作——这一现象目前已非常普遍(H2)——和与多专业人才团队的合作都能为学生在音乐和表演艺术领域的学习输送新鲜血液。

3.2　中小学教育中文化/音美教育类师资的培训情况

中小学教育中音美类科目的授课师资在获得相应的师范类专业录取通知书之前,需通过一项艺术资格考试。所以,想要获得相应专业的大学学习名额会相应受到限制,同时也是因为艺术类教师专业的师生比例比较低(H3.3)。

现有的数据还不足以支持全面考察这一培训现状对学校音美科目教师业务素质起到何种影响作用。许多联邦州对小学授课教师的要求是,艺术类相关专业毕业并且教所学专业的科目。在其他州,教师在给学生上相关课程之前,需先获得相应的授业资格。它可以通过相关大学专业学习获得,也可以在入职以后参加进修班获得。

许多联邦州小学的艺术和音乐课程由班主任兼带

通过对当前艺术类科目师资情况的分析可以发现,各类学校的艺术和音乐课程师资比例存在较大差距(表 H3.2‑1A)。从课程表来看,艺术课和音乐课所占的课时比例相差无几,但相应的艺术课教师比例却明显高于音乐课教师,仅文理中学例外,两类师资所占比例相当(6.5%比 6.4%)。需要注意的是,在有些联邦州,文理中学的老师需要给一门综合性艺术课授课(所谓的"双科教师")。

艺术科目的师资培训情况优于音乐科目

所配备的师资是否能够满足教学计划中规定课程的需要,这一点只能进行大致估算(H2.2)。例如:至中等教育第一阶段结束,艺术和音乐课占所有必修课时的比例约为6%至7%,且每个教师原则上需教两门课,那么音乐教师只能教音乐课,这样音乐必修科目才能保证全部由音乐老师来上,而艺术课的情况就好得多。

需要注意的是,部分教艺术和音乐课的教师并没有修过相关的基础课程,而是在参加一些进修课程后,通过相应的考试而获得授业资格。2001至2010年,仅4.8%通过第二次教师国家考试的毕业生申请获得艺术科目的授业资格,音乐科目的仅为4.2%(表H3.2-4web)。综合2002年之前的类似情况来看,许多艺术科目的授课教师并没有获得相应科目的学士学位,而是通过在职进修的方式获得了相关科目的授业资格。

为了确保艺术类必修课程,学校常聘请艺术家为外聘教师

为了提高音美类课程的教学质量,学校除了配备本校的师资外,还会聘请艺术家。根据学校管理层调查显示,14%的学校表示他们至少会聘请一名外聘教师来担任音乐和艺术或者其他艺术类科目的任课教师。其中,音乐课的外聘教师(10%)多于艺术课(7%)(表H3.2-2A)。但请外聘教师的学校比例因学校类型不同而有所差别:在小学和中等教育第一阶段中含有多种教育阶段的学校中,聘请外聘教师的比例较低,职业学校和文理中学的比例则特别高(表H3.2-5web)。外聘教师主要由艺术类职业人员(11%的学校聘请该类人员)和艺术专业的教育人员(8%)组成,但他们的正职并非教师(表H3.2-6web)。

尽管存在将课分给非专业老师的情况,但学校对相关师资配备的评价达到平均至较高满意度

通过学校管理层调查项目,我们可以更清楚地了解学校艺术类专业师资如何发挥其作用。在接受调查的学校中,11%学校的艺术课和8%学校的音乐课都交给了没有相应授业资格的老师负责。另一方面,60%学校中的音乐课和48%学校的艺术课只交给有相应授业资格的老师负责。小学、普通中学和特殊学校似乎更缺少相关的师资。不过,大部分学校对艺术课师资配备情况的满意度高于所有科目的平均水平。就音乐课而言,各学校的满意度在平均线上徘徊,只有在文理中学中的满意度明显高于其他科目的平均值(表H3.2-3A)。本报告呈现的学校艺术类科目的师资情况并不带有批评的动机,因为其他科目中也存在非专业师资授课的情况,且人员比例上也相差无几。[①]

课堂外的音美活动通常由外聘教师负责

学校通过外聘教师来补充教育师资的不足对相关课余活动来说意义非凡,且他们的存在使活动更加丰富多彩(表H3.2-A):约半数学校至少聘请一位外聘教师来带领文化/音美活动。全日制学校的这一比例高达三分之二,而半日制学校仅为三分之一。舞蹈/杂技/马戏团,乐器音乐和纺织品制作/手工/搭建组装类活动聘请外聘教师的机率最高。综合中学在相关课余活动中招聘外聘老师的比例最高(80%),而职业学校最低(33%)(表H3.2-5web)。

以中小学教师为职业目标的大学生

2010年,在艺术与艺术科学类专业组中,约4 000名第一学期的大学新生想要毕业之

[①]　至少北莱茵—威斯特法伦州的有关中等教育阶段无授课资格教授上课科目的数据调查能够印证此评论(参见:Ministerium für Schule und Weiterbildung des Landes Nordrhein-Westfalen:Das Schulwesen in Nordrhein-Westfalen aus quantitativer Sicht 2010/11. Statistische Übersicht 373 - 2. Auflage, S. 97)。

后从事教师行业(表 H3.2－7web),与 2005 年相比增长 20%。但与所有师范类专业的增长率(25%)相比却较低。

2010 年,艺术类专业约 3 350 名毕业生申请教师毕业类型(表 H3.2－7web),其中音乐和艺术的比例接近。这一数字在近两年保持稳定,虽然选择教师毕业类型的学生总数增长较快。本小节开篇中提到的对于艺术师范生的种种条件也限制了艺术和音乐领域教师培养的发展。目前还未能获得艺术类的在职进修、师资的艺术进修项目以及外聘艺术家教育教学法方面进修的相关信息。但可以预见的是,所有提及的师资使用方式都将继续存在于学校之中。

近几年艺术类专业毕业的师范毕业生数目保持稳定

3.3　高等教育中文化/音美专业的培养情况

艺术与艺术科学类专业的学生

艺术类大学专业的特点是需要参加艺考,①这成为了该类专业学生毕业的最大障碍。一些艺术科学类专业(如艺术史或音乐理论),高校承担了大部分的培养任务。而在其他领域中,学业和专业艺术从事活动之间的联系却并不紧密。如:德国约有 40 所私立戏剧学校并无大学身份资质。学校教育的艺术类师资培养只能在高校进行。

随着高校新生数量的上升(参见 F1),艺术与艺术科学Ⓜ专业的新生比例在过去几年中保持稳定,约占 3.4%(即 15 300 名学生,表 H3.3－1A)。与 1995 至 2003 年期间不同的是,大学专业扩容并没有对艺术与艺术科学类专业造成不利影响。2003 年以来,艺术和音乐学院(37%),特别是应用技术大学(90%)的相关专业设置大大扩容,但大学中相关专业的新生数量却下滑了 15%(图 H3.3－1)。

艺术与艺术科学类专业的新生比例保持稳定

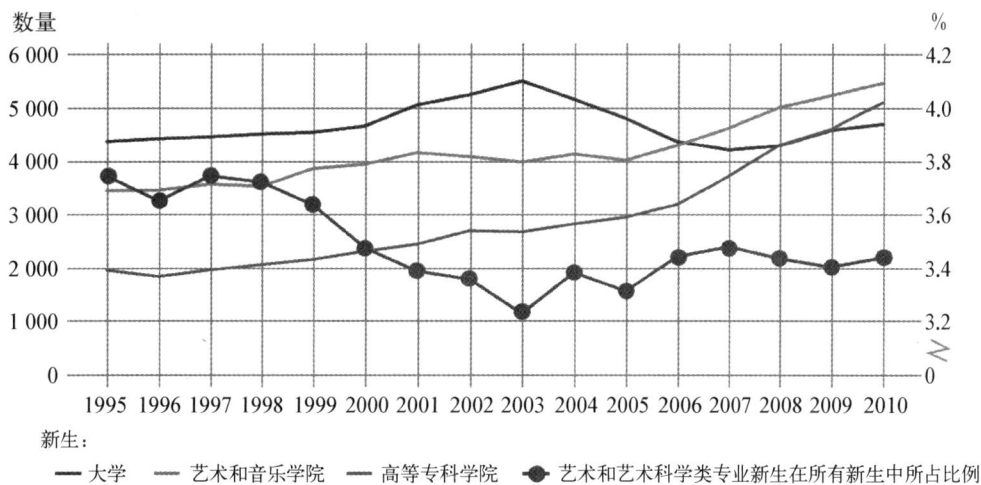

图 H3.3－1　1995 至 2010 年,按高校类型分类的艺术和艺术理论专业组的新生数　　　　　　　　　(高校第一学期)以及该类新生在所有新生中所占的比例

来源:联邦及各州统计局,高校数据统计　　　　　　　　　　　　　→表 H3.3－1A

---

①　多数与艺术相关的教师专业也需要通过该项考试。

应用技术大学的"形态设计"专业招生人数增多

　　大学新生的专业选择也体现了高校艺术和文化类专业的培养特点(H2.3)(表 H3.3 - 1A,表 H3.3 - 2web)。在大学的相关专业中,艺术和音乐理论专业的学生数最多,而应用技术大学则是形态塑造类。这一专业在过去几年中扩招最明显,主要是因为对新媒体专业人员的需求越来越多。在艺术和音乐学校中占主导地位的是音乐类专业,2005 年以来,该类高校的新生数量也呈上升趋势。

　　在艺术与艺术科学类专业中,新生的比例接近三分之二,远高于平均线(表 H3.3 - 3web)。读本科的新生占 66%,略低于平均水平(表 H3.3 - 4web)。其中,部分专业还可以通往艺术类毕业方式ⓜ。这种毕业方式将来还是有它的存在价值,特别是对视觉艺术类专业,因为许多艺术学院不希望将艺术教育转变层次分明的结构。

艺术与艺术科学专业的外籍学生比例远超平均水平

　　德国艺术与艺术科学类专业的一大特征是,几乎所有专业中,外籍学生的比例均高于平均水平ⓜ(图 H3.3 - 2)。外籍学生数量多一方面表明德国高校受到国际学生的欢迎,但另一方面也有批评声音指出,这给国内的申请者设置了更高的障碍。特别是德国的音乐学院吸引着来自世界各地的学生,其中多数来自东亚(表 H3.3 - 6web)。

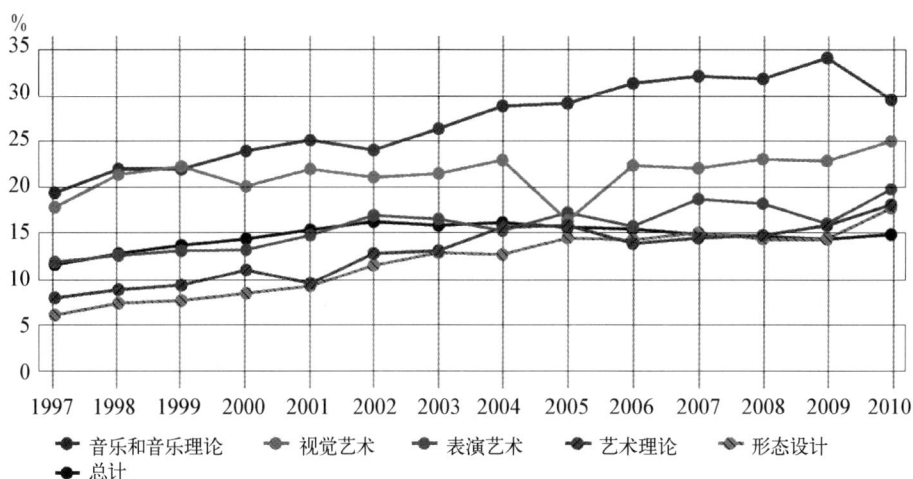

图 H3.3 - 2　1997 至 2010 年,艺术和艺术科学类专业外籍新生的比例,按专业领域进行分类(单位:%)

来源:联邦及各州统计局,高校数据统计　　　　　　　　　　→表 H3.3 - 5web

　　多年来面向艺术与艺术科学类专业新生的问卷调查呈现了一组相对稳定和清晰的数据:学生选择专业主要是内因驱使,如对学科的兴趣、偏好以及个人性格发展等排在前列,而与其他专业组相比对未来就业市场的考虑这一因素所起的作用非常小。①

艺术与艺术科学专业的毕业率超平均水平,学业中断率较低

　　2010 年,约 118 000 名毕业生在艺术与艺术科学专业组获得第一专业学位(表 H3.3 - 8web),占德国所有高校第一专业学位毕业生总数的 4%。考虑到该专业组在过去几年中的新生比约为 3.5%,4% 的毕业率则说明了在该类专业成功获得毕业证的比率高于平均水平,一部分应该归功于筛选考试。学业期间,其他专业的外籍学生比例逐渐减少,而该类专业的外籍毕业生比例反而与当初的新生比例保持一致。

① 参见:Willich,J. et al.(2011),Studuenanfänger im Wintersemester 2009/10. Wege zum Studium,Studien-und Hochschulwahl,Situation bei Studienbeginn,HIS Forum Hochschule 6/2011,S. 152,164.

　　正如毕业生调查结果所呈现的,艺术类专业毕业之后的职业去向与语言和文化类专业一样成问题,不如其他专业。有相当一部分毕业生在毕业一年之后还未就业或去从事一项与专业不对口的职业。艺术类专业毕业生成为自由职业者或独立经营者的比例高于平均水平(表H3.3-9web),而且收入相对较低。[1] 但该领域的师范类毕业生的情况却好得多,绝大部分都进入了教师行业。

艺术与艺术科学专业的专业师资情况

　　2010年,高校艺术与艺术科学类专业的教师数量约为3 500人,占所有教师数量的8.5%,其中约三分之二就职于艺术和音乐学院。该类专业的教师数量多于医学类(3 252),与物理、化学和生物专业的教师总和(3 596)相当。就教师数量增长率来看,该类专业的增长速度名列前茅(11%),仅低于法学和社会学(23%)。艺术类专业的一大特点是师生之间的联系比较紧密("师徒关系")。音乐和音乐理论类专业领域的兼职老师比例高达60%,而科研和艺术类教师的数量较少(表H3-10web),第三方师资基本没有。

　　就艺术与艺术科学专业学生和老师之间的配备比例来看,艺术和音乐学院为每8位学生1位全时等量教师ⓜ,情况较为理想(表H3.3-11web)。大学中不同专业领域存在较大的差距。在音乐类艺术课程中(有时音乐类还有单独授课),约5至10个学生拥有一个全时等量教师,而艺术科学类专业的生师比却高达29∶1,比语言和文化类专业(24∶1)更为糟糕。应用技术大学中拥有最高生师比的专业为形态设计(25∶1)。

艺术与音乐学院
的师生配备比例
较高

ⓜ概念注释

　　WIFF-专职人员调查:在德国DJI调查框架中,关于"早教人员的进修"情况调查于2010年3月至9月进行,以电话和书面调查的形式对4 619名专业教职人员展开了调查(参见:Beher, K./Walter, M. (2012), Qualifikation und Weiterbildung frühpädagogischer Fachkräfte. - München)。

　　艺术与艺术科学类专业的专业领域和专业方向:参见H1部分的概念注释。

　　艺术类专业毕业方式:艺术和音乐学院的毕业方式除了艺术学校的毕业文凭外,还包括例如舞台/音乐会/歌剧毕业生考试、音乐私教考试、教堂音乐考试A和B,在更高学历的毕业方式中还有独奏考试或大师学生毕业。

　　外籍学生:参见F1部分的概念注释。

　　学生和老师的配备比例:在计算时,由第三方资助的高校艺术和理论研究人员(换算成全时等量)也包含在内。

　　全时等量:一名全时、全职在岗人员即为一个全时等量,全职、部分时间在岗乘以系数0.5,兼职人员乘系数0.2。

前景

　　与其他教育内容相比,文化/音美教育渗入了一个社会的文化传统和价值观。所以在

---

[1]　据艺术家社会福利基金调查显示:2011年,自由职业艺术家的年收入约为13 700欧元。参见:Enquete-Kommission Kultur in Deutschland (2007), Schlussbericht. Bundestagsdruchsache 16/7000, S. 240, 289.

社会化理论视角下,这类教育既是对所处社会文化适应过程的重要组成部分,也对个人身份发展和自我实现有着重要作用。国家坚定的政策方针为:音美教育是普通教育不可分割的一个领域。通过该类教育,儿童、青少年和成人既能获得和发展他们富有表现力的形态塑造需求,也能够提升他们在经济、社会和政治等日常生活交流中对美的感知能力。本章内容以此为出发点,从三个角度进行深入调查:第一,个人不同人生阶段的音美实践活动,因为个人主动性是音美教育的重要基础;第二,不同人生阶段中文化/音美教育机构所起的作用;第三,承担着引导和组织音美教育过程的师资及其职业化过程。虽然在调查这三方面内容时遇到了数据不足的问题,但还是总结出了一些具有重要意义的论断,对未来该主题调查研究有一定帮助。

不同人生阶段的文化活动

个人不同时期的音美活动体现了两个共同点,可以为政府机构的教育过程设置提供重要的依据:其一,从婴幼儿时期至高龄阶段,文化活动的积极性一直都很好;其二,这些活动的主要发生地在家庭和团体这些非正式地点,较少在机构性组织中进行。

婴幼儿时期的文化音美活动融入到了日常生活交际、玩耍类的活动和一般的社会化过程之中。有节奏的移动、歌唱、声音游戏和押韵、视觉类和手工搭建以及角色扮演这些活动几乎发生在每一个小孩的成长过程中。如果家长对这方面特别注意的话(绝大部分家庭都会这么做),也是儿童健康发展必要的组成部分。只有当涉及到在该阶段已经被家长送去家庭外的音美教育培训(主要为音乐教育)时,才会显现出民族和社会差异。

孩童时期(至13岁)较高的音美活动参与率虽然随着年龄的增长有所回落,但参加活动之间的界限却越来越明显,且新媒体(特别是网络)发挥了其重要作用。青年时期(至25岁)的音美活动也维持在一个较高的水平(青年从业者除外)。其中,中小学生最高,职业教育培训生和大学生之间没有明显差别。直到更高年龄阶段,主动参与音美活动的积极性才有所减少,远远低于"接受型"活动的参与率。该阶段也体现出了社会结构方面对参与机会的较大影响。

因为儿童和青年时期的音美活动质量无法测量,所以我们不应该对总体和单个领域较高的参与率给予过高评价。但有一点较为明确:不管他们的社会背景如何,他们对音美活动的兴趣是以教育为目的的幼托所、学校和其他培训地点的教育活动的基础,因为这些机构可以、应该且必须为该类活动起到引导、培养和反思音美日常文化的作用。正是在这一点上才能体现国家的特殊责任:为了这一教育任务须保障必要设施。

另一音美活动的特点也体现了这一点:青少年时期,非正式的和非形式的活动地点(不管是协会还是其他交流组织)远比学校和培训机构重要。教育机构与非形式组织在这方面的合作在增强。通过对原本个人的、随意性较大的活动进行整合、反映和共同处理,使之成为个性发展和集体经验的媒介,这也对音美教育起到加强作用。学校提供的补充活动——不管是在全日制学校内还是外——也能够为此作出贡献。越多的媒介加入到为青少年创造一个属于自己的音美体验和活动世界中来,他们与系统的形式教育学习过程的联系才会越紧密。

文化教育中形式和非形式机构的作用

　　与个人音美活动的情况相类似,文化教育活动的提供者不仅仅局限于教育机构,也囊括了多种多样的公立、半公立和私立机构。这些机构以各具特色的文化活动伴随着个人的每一个人生阶段。为了符合本教育报告的定位,本章的分析主要关注形式教育机构以及他们与校外音美活动提供者的合作情况。

　　无论是幼托机构还是所有普通教育学校都让儿童和青少年有机会了解音美方面的内容并使其参与其中,而不论孩子的出身和地位。在职业培训、大学和成人教育中,教育机构提供的文化活动比例和频率虽然有很明显的回落,但由青少年和成人自己组织开发的活动以及(特别是)形式教育机构之外的活动则受到追捧。

　　从有限的数据中还是能够推断出,不论是早教机构之间还是普通教育学校之间,艺术领域的教学计划和必修课时存在差别。在这一前提下,艺术科目的实际授课情况也呈现了一种随意状况——不论是一种学校之内还是不同学校类型之间,例如前几年的文理中学改革导致了在个别联邦州学生学习艺术类进阶科目的机会减少。

　　根据学校管理者的自我评价,大部分学校在艺术科目方面的设施和师资配备并不比其他专业差,但不同学校类型之间还存在着显著的差异:一般来看,文理中学、含文理高中阶段的综合中学、实科中学和含多种教育阶段学校的情况好于小学、特殊学校和普通中学。因为在中等教育第一阶段,不同的学校类型体现了学生的文化和民族背景(参见 D1),这一社会背景不同的机会结构也会对文化领域的教育产生一定的影响。今后应更多地关注文化/音美教育领域的结构选择效应。

　　学校的课余音美活动是一个很有发展前景的方面,它为必修课目提供了很好的补充活动。越来越多的学校在这些补充活动中展开与其他文化教育机构的合作。在全日制学校增加相关活动供应的同时,也提供了许多加强、加深、稳固合作并使之持续发展的可能性。"高层次音乐教育的突出之处在于,学校与学校外的艺术领域社会机构之间存在紧密的合作",[①]同时也是因为,非形式教育机构对儿童和青年在艺术、表演和音乐活动方面所起的作用大于学校。

文化实践传授过程中的职业化

　　学校和校外文化教育机构更紧密的合作也会反过来促进艺术类师资的专业化过程。就目前的数据来看,大学中艺术类基础学位专业学生数量和毕业情况良好,而且学习条件也不错,但就艺术师范类基础学位来看,情况却不那么乐观。所以,可以把更多的关注点放在以下两点:在大学学习过程中提供更多的补充学习内容;为艺术岗位的工作者创造更多教育学和心理学方面继续深造的机会。

待解决的问题

　　还有一系列问题尚待进一步研究和进行数据论证——一部分是本章开头就已经提出

---

① 　出自:Bamford 2006,S. 90f. 原文为英文。

的与特别主题相关的问题，一部分是在研究探讨提高音美教育过程中感觉亟待解决的问题。还不是特别明了，需要进行数据论证的问题有：幼托机构和普通教育学校中高要求的艺术教育大纲和教学计划如何落实到实际中；面对日常环境中日益增多的美学类型，人们在实现艺术美学体验、创造性形态塑造兴趣以及自我定位和美学批评方面所设立的不同目标的实现程度如何。对此还缺少能够得出结论的相关研究。该类研究同时也需要关注，针对在多元文化环境下长大的儿童和青少年，幼托机构和学校是怎样考虑他们的输出条件并付诸行动的。

儿童、青少年和成人的非形式类和非正式音美活动的收益调查意义非凡，但却缺少相应的数据支撑。所以，本报告不得不放弃对文化/音美教育活动开销情况的调查，因为既没有家庭在这方面的花销信息，也没有教育机构与其他文化机构合作产生的费用信息。针对这方面的资金需求结构和量的调查值得期待，以便能更好地促进更多合作形式的产生。

不仅在非形式和非正式领域的活动内容和收益群体这两方面缺少完整信息，该类活动的影响也无足够的数据支持，且所有年龄组都有这一问题。如果与时俱进的高品质文化教育并不仅仅依赖于教育机构与校外文化机构间的逐项合作，而是需要与其他不同的机构类型组建成一张合作网，那么就十分有必要对这样网式组合的条件和获得成功的要点进行分析。

I 教育的影响和收益

教育领域对一个社会的经济增长、繁荣昌盛及社会凝聚力的增强至关重要。多样化的教育投资能给社会和个人带来诸多收益：一方面是其对国民经济的影响，它以满足劳动市场需求、支持科技进步和繁荣国民经济为目标；另一方面是教育对社会的影响，多项研究表明，教育对促进社会团结和稳定具有积极作用。受教育程度越高，对政治的兴趣和投身社会活动的热情越大。此外，健康意识也与教育相挂钩。以上列举的影响效果并不是直接能够得出，而是通过对错综复杂的实际情况进行分析得出的结论。研究表明，教育确实是一个对社会和个人有实质性影响的因素。

因此，本章 I 关注的是教育产生的长期性影响，主要有以下三大方面：发展个人调节能力、保障劳动力需求；促进社会创新潜力、促进社会参与；机会均等。

2006、2008 和 2010 年的教育报告分别从不同角度指出了国家的教育投入给整个社会带来的收益。2006 年探讨的是教育与经济增长的关系，2008 和 2010 年报告的重点则在于满足劳动力需求。最后提及的这一方面也将在本报告中进行深入探讨，这是因为，鉴于人口发展以及与知识和就业人员联系紧密的就业领域结构的改变，某些行业和地区会出现合格劳动力不足的情况。因此，本章 I1 小节将有区别地进行探讨，教育系统在面对从业人员下降及产业结构调整时，将如何成功保障劳动力的质量。

I2 部分关注教育给受教育人员个人带来的收益。对个人来说，更高的教育水平首先意味着更好的就业机会、更好的职业发展机会和更高的收入。因此，本小节将考察通过职业定位得以体现的教育与收入的基本关系，同时也将讨论与收入无关的影响，主要有：教育对个人自主行使民主权利的影响以及与之相关的机会、社会发展参与情况的影响。

改善所有群体（不论社会和民族出身）享受平等教育的机会，是教育系统面临的主要挑战。所以，I3 小节将作出总结，从所有教育领域综合审视到目前为止为消除教育差别所取得的成果。最后对家长和孩子代际间教育变动情况的分析也可以让我们了解变动障碍对不同群体的影响程度。

I1 教育、经济与劳动市场

一个社会的经济成就与教育事业之间存在着千丝万缕的关系。一方面它影响着教育事业的可用资源，另一方面教育也是经济发展的一个决定性因素。社会希望教育系统可以

教育是国民经济
的重要资源

向其提供训练有素的能够创造出效益的人员,以满足劳动市场对从业人员质和量的需求,并为社会创新能力做出贡献。2010 年教育报告中指出,对高素质和受过高等教育人才的需求将一直存在,而面向低职业水平人员的就业岗位则呈现下降趋势。[①] 从职业结构来看,服务类和以知识为基础的职业需求继续上升,这势必导致就业方向的转变,并对从业人员的职业资质提出了更高要求(参见 A2)。

就人口发展趋势来看,需制定相应的规划,将业务资质合格但并未从业的就业适龄人员纳入到就业系统中来。该类人员包括具备高职业资质的女性以及相对年长的人群。

就不同教育背景的人才在就业市场的融入情况来看,过去十年的就业模式基本稳妥:应用技术大学或大学毕业者以及至少专业学校毕业者的就业情况最好。从 1999 年至 2010 年,这两类人群的就业水平相当。未受过从业教育的人群最难融入劳动市场,自 1999 年以来该类人员的就业比例一直低于 60%(图 I1 - 1,表 I1.1A)。

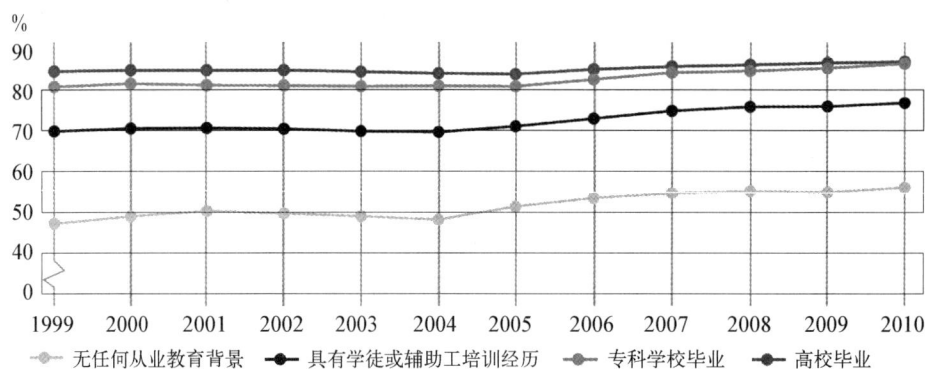

图 I1 - 1 1999 至 2010 年,25 至 65 岁以下公民中从业人员所占比例,按从业教育类型分类(单位: %)

来源:联邦及各州统计局,2010 年微型人口普查   →表 I1 - 1A

从总体来看,自 2005 年以来所有不同教育水平人群的就业率呈上升趋势,这表明经济处于发展状态。但是,不同教育背景的从业人员的就业率却一直存在显著差异。如不考虑从业人员的职业资质,则相关的雇佣关系数量呈增长趋势,但在不同的从业状态之间存在一定的变化。未受过从业教育的人群(ISCED1 至 2)处于非典型性就业状态的比例过大,而在同一时间段内,该人群中普通就业状态者的数量却有所回落(参见 A2,表 A2 - 8web)。2004 年,该类人群中相关就业状态的比例为 68%,但在 2010 年却下降至 59%。不过在同一时间段内,该类人群中从事零散工作者的比例却从 14%上升至 19%。新增的还有临时就业状态,在 2010 年,其在未受过从业教育人群中所占比例为 4%。在中等职业资质(ISCED3 至 4)和较高职业资质(ISCED5 至 6)的人群中,普通就业状态者的比例仅略微下滑。与较低职业资质的人群不同,从事零散工作者的比例在该两类人群中甚至有所下降,在中等职业资质和较高职业资质的人群中,临时就业状态者分别只占 2.7%和 1.2%。从两方面来看,未受过从业教育者的情况较成问题:第一,该类人群的就业率明显低于受过从业教育的人群;第二,打零工和临时就业状态者在该类人群中所占比例过高。因此,该类人

在良好的经济发展带动下,不同教育背景的从业者比例均略有上升

在无职业教育背景的人群中,从业率也有所上升…

…但同时,正常就业关系数量呈下降走势,且非典型就业方式增长

---

① 参见: Autorengruppe Bildungsberichterstattung (Hrsg.) (2010), Bildung in Deutschland 2010. - Bielefeld,S. 159ff.

群比具备中等或较高教育水平人群更容易面临贫困的威胁(参见 A3,I2)。

未受过从业教育人群相比接受过从业教育的人群,不仅在失业率上高出 1 倍,未就业人员比也高出 1 倍(图 I1 - 2,表 I1 - 2A)。如果与受过高等教育的人群相比,这一差距又进一步拉大。

无教育背景人员的失业率和未就业比例是有从业教育背景人员的两倍

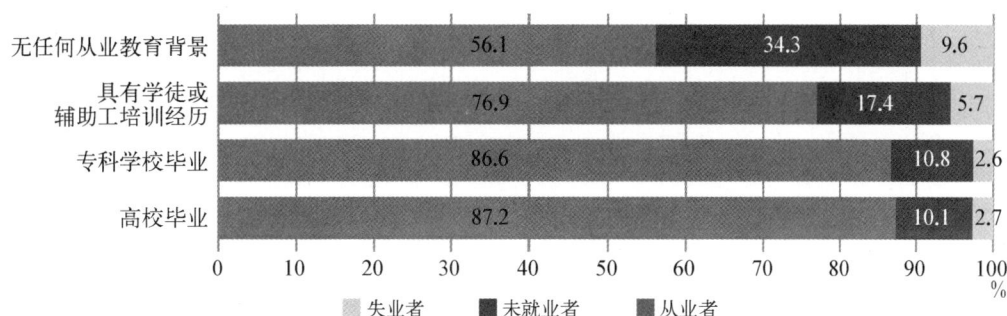

图 I1 - 2

教育背景	从业者	未就业者	失业者
无任何从业教育背景	56.1	34.3	9.6
具有学徒或辅助工培训经历	76.9	17.4	5.7
专科学校毕业	86.6	10.8	2.6
高校毕业	87.2	10.1	2.7

图例: 失业者　未就业者　从业者

图 I1 - 2　2010 年,25 至 65 岁以下人口中从业者、失业者和未就业者所占比例,按从业教育背景分类(单位: %)

来源: 联邦及各州统计局,2010 年微型人口普查　　　　　　　　→表 I1 - 2A

有移民背景的人群相比无移民背景的人群而言就业机会较差,且前者的失业率和未就业率均更高。在受过从业教育的人群中,移民背景带来的差距相对较小,但在具备较高职业资质的人群中,有移民背景的人群在劳动市场中仍处于劣势(表 I1 - 11web)。

有移民背景人员在就业市场明显处于劣势

教育背景、年龄与就业状况

公众对年龄较大的雇员以及对他们在劳动市场的处境讨论较为深入。就 55 至 65 岁以下人群来看,是否具有职业资格导致了最大的差距:在 55 至 65 岁以下无职业资质的人群中,半数为未就业人员(约 54%),仅 40% 为从业人员。相反,该年龄段的最高职业资质人群中,四分之三为从业人员,五分之一为未就业者,少量为失业者。在高年龄段人群中,与有从业教育经历的人群相比,未受过从业教育者(无论男女)融入职场的比例明显更低(表 I1 - 2A)。

教育是决定较大年龄者工作的一个重要因素

不同国家间较大年龄者的就业水平不一,且也受到教育背景这一因素的制约。在高职业资质者(ISCED5 至 6)中,德国处于欧盟 15 国和欧盟 27 国的平均线之上;在低职业资质者中,德国处于欧盟平均水平。在图 I1 - 3(表 I1 - 5web,表 I1 - 6web,表 I1 - 7web)所显示的国家中,大龄低职业资质者的就业率明显低于大龄高职业资质者。所有欧盟国家的高职业资质人群就业率均超过了里斯本战略中至少 50% 的目标,但就低职业资质者来看,仅少数国家能够达到目标。

在大多数欧盟国家,具有较高教育水平的 55 岁及 55 岁以上人群能更好地融入职场…

导致这一现状的原因尽管十分多样,决定大龄人群的从业、失业和未就业状态的因素尽管十分复杂,但通过教育能够获得更好的职业机会这一点是显而易见的。未受过从业教育的大龄人群通常已经错过了进入一个稳定职业生涯的机会,所以对他们来说,想要在之后进入一个职业稳定期就更为不易。

…在国际教育标准分类(ISCED)等级中,5 至 6 级人员与 0 至 2 级人员之间差距巨大

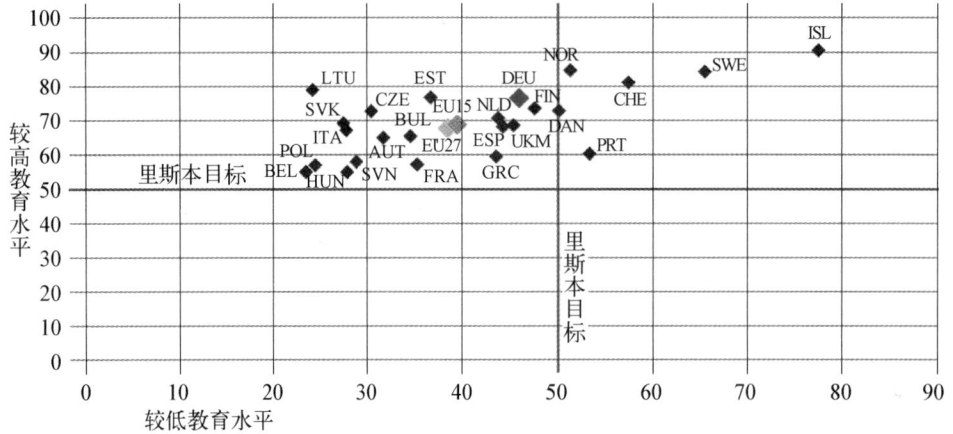

图 I1 - 3　2010 年，55 至 65 岁以下人群的就业率，按不同教育水平分类，多国间进行比较（单位：%）*

*阅读示例：在立陶宛，55 至 65 岁以下人群中具有较高教育水平者（ISCED 5 - 6）的就业率达 79%，而同年龄段教育水平较低者（ISCED 0 - 2）仅为 24%。

来源：欧洲统计局主页，2010 年欧洲劳动力调查　　　　　　　　　　　→表 I1 - 5web，表 I1 - 6web，表 I1 - 7web

教育背景、性别与就业状况

女性虽有较高的教育背景，但在职场却不受重用

　　过去几十年中，就教育背景来看，女性与男性居于同等地位，且在年轻人队伍中，女性大学生的比例还高于男性，且未受从业教育的女性也少于男性（参见 B5）。职业结构的发展导致了服务业领域的劳动力需求增加，特别是与人相关的服务业，这也给女性带来了更好的就业环境（参见 A2）。但这些利好因素并未在女性的劳动市场融入状况中体现出来（参见 A3）。比如，在应用技术大学与大学毕业的人群中，男性的就业比例比女性高出 8 个百分点（表 I1 - 2A）。

无从业教育背景女性的未就业率或失业率为有从业教育背景女性的两倍

　　不单看就业比例，如将工作量按照全时和非全时进行区分的话，则性别差异更明显。在所有不同职业资质的人群中，全时工作的女性比例均低于男性。在大学毕业的男性中，84% 为全时就业，而女性仅为 54%（图 I1 - 4，表 I1 - 8web）。造成不同工作时间的原因是多方面的，但家庭和事业难以兼顾是其中一个重要的原因。A3 部分已经就这一情况进行了论证，主要指出了需要照顾 6 岁以下孩童（参见 C2）和低学龄儿童（参见 D3）的情况。但新旧联邦州之间有孩女性的就业状况一直存在差异，主要是由不同的但却十分稳定的生活规划所导致。

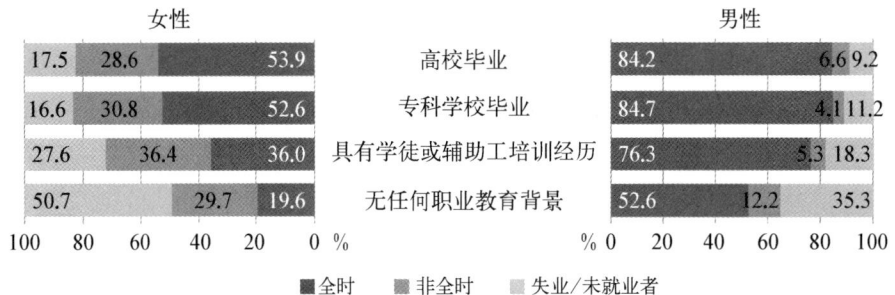

图 I1 - 4　2010 年，25 至 65 岁以下人口中从业者的比例，按性别、从业教育背景和工作时间分类（单位：%）

来源：联邦及各州统计局，2010 年微型人口普查，自己计算得出　　　　　　→表 I1 - 8web

在参加学徒工或辅助工培训的人群中，无全时职位的女性数量是男性的 3 倍，且该类女性人群中非全时就业者比例最高。在应用技术大学毕业的人群中，无全时职位的女性人数是男性的 6 倍(图 I1‑8web，表 I1‑8web)。

面向具备职业资质女性的全时工作岗位的供应量小于需求

在增加婴幼儿托管的可能性以及学校提供全日制项目方面所做的努力并未使女性的就业率和从业时间得到明显改善(参见 A3)。自 2005 年以来，应用技术大学和大学毕业的男性就业率一直呈上升趋势，而女性的就业率则增长缓慢，且高职业资质女性在 2010 年的全时就业水平还不及 2000 年(图 I1‑9web，表 I1‑9web)。

具有较高教育背景的全时工作女性比例约等于无从业教育背景的男性全时工作比例

读写能力与就业状况

不单是教育背景，国民的语言能力也是对国家经济发展起重要作用的关键因素。[1]对于个人来说，他们的语言精通程度意味着职场中不同机会的赢得和个人经济独立的保障。而具备较低语言能力的人群所面临的状况是比较成问题的。B2.5 小节中已经指出，就业适龄人员中，功能性文盲的比例为 14.5%。与读写语言能力较高的人群相比，该类人群往往未受过从业教育(表 B5‑8web)。同样，他们在融入劳动市场时也会遇到困难。功能性文盲人群与其上一档能力等级人群(α 等级 4)相比，非从业者比例更高，失业者比例为后者的两倍(图 I1‑5，表 I1‑3A)。

功能性文盲的失业率为较高能力等级者的两倍

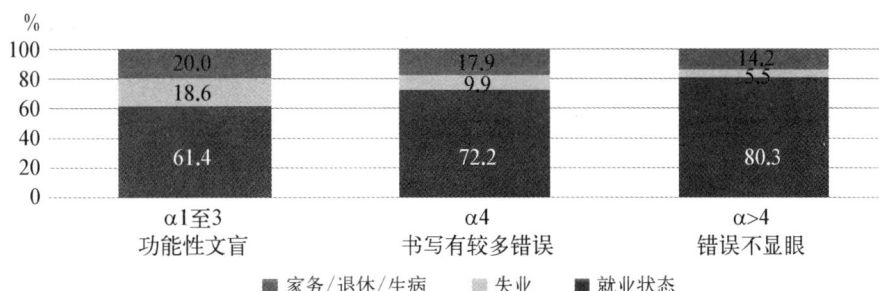

图 I1‑5　2010 年 18 至 65 岁以下人口的就业状况，按读写能力等级分类(单位：%)

来源：Level‑One Studie,[M] leo.‑Zusatzerhebung 2010；自己计算得出　　→表 I1‑3A

功能性文盲所从事的工作类型主要是辅助工人，其次还有设备和机器操作工人、农业类和手工业职业(表 I1‑4)。从总体上来看，适合该类群体的工作类型有限，主要是一些不需要太多读写能力的工作，但具有较大的波动性和不稳定性。此外，这些工作很少能够提供职业继续深造的机会或无法在这些工作中提高自身的职业能力。

功能性文盲主要从事对阅读和书写能力要求不高的简单工作

较低教育人群在劳动市场中的风险远高于其他人群，因此，由于不充分教育对社会造成的后续成本主要适用于该类人群。后续成本囊括内容多种多样，从调拨费用到用于保障生计的费用，再到免去的税收和保险费用，此外还有其他的附加费用，如参加职业资质培训课程的费用。根据德国社会福利法典第三卷，未受从业教育且需缴纳社会保险的从业人员中，超过半数以上获得补充救济金。约 4% 的无技术且需缴纳社会保险的从业人员(不含职业培训生)的基本生活保障需依赖救济金。相比较而言，该类需依赖救济金的人群在受过

---

[1]　OECD/Statistics Canada(2000)，Literacy in the Information Age. Final Report of the International Adult Literacy Survey.‑Paris.

从业教育的职工(包括受过大学教育者)中仅占 1%。[1]

Ⓜ概念注释

Leo(Level-One)-Studie：**关于能力水平较低的成人读写能力等级情况调查**[2]：该调查分析内容是经加权平均之后的数据库。第一次加权阶段修正了与原始家庭比例样本调查存在的偏差。方法是：按地区特征进行(联邦州、地区、BIK-乡镇类型、县、乡镇和城市区)数据分类。例如，新联邦州家庭的过高比例就可以通过此方式得以修正。在每一个所选家庭中只选择其中一人作为调查对象，不论相关家庭中属于基础总数据的人数有多少。因此，私人家庭中被选中作为调查对象的机率与属于基础总数据的家庭人数成反比。参见：TNS Infratest (2011). Leo.-Level-One Studie. Literalität von Erwachsenen auf den unteren Kompetenzniveaus. Methodenbericht.

I2 个人的教育收益

个人从教育中获得的收益涉及到不同的生活和行动领域。首先它以多样的形式体现在个人职场生活中：随着受教育程度的提升，个人的职业稳定性以及在就业市场的自主选择机会大大提升，相应职位的收入与教育程度也存在一定联系。但个人从教育中获得的收益不仅仅局限于工作和金钱方面，其作用也显现在其他生活领域。因此，本章内容也将呈现个人教育背景与个人参与社会、政治和文化生活之间的关系，此外还将探讨教育与健康生活方式之间的联系。

教育与收入

有关教育经济研究的大量结果已经表明，所获得的教育水平与职业地位以及收入息息相关。下图分析表明，不同教育水平的调查者之间的毛收入Ⓜ存在明显的差距(图 I2-1)。

高校毕业男性的收入中位数高出同类女性 40%

具有相同教育背景的男女之间一直存在较大收入差距。不同职业和行业的薪资结构虽是导致这一差距的主要原因，但相同行业领域中的性别差距并未消失。[3] 特别在高校毕业人群中，全时工作的男女毛收入中位数差距达 1 300 欧元，高校毕业的男性中等收入比相同学历的女性高 40%。高校毕业全时工作的女性收入中位数甚至低于具备应用技术大学入学资格的男性，与完成职业培训的男性收入中位数相当。在从事辅助性工作者和无技术从业人员中，男女之间的显著收入差使女性处于劣势。

在所有教育水平等级中，从事非全时工作人群的毛收入均低于从事全时工作人群(表 I2-2A)，这点在高校毕业人群中最为显著。可能受到非等值工作[4]的影响，但也是因为同

---

① 参见：Bundesagentur für Arbeit (2010)，Grundsicherung für Arbeitsuchende：Erwerbstätige Arbeitslosengeld Ⅱ-Bezieher：Begriff，Messung，Struktur und Entwicklung.-Nürnberg.

② Grothüschen，A. /Rieckmann，W. (2011)，leo-level-one-studie. Die Literalität von Erwachsenen auf den unteren Kompetenzenniveaus，Pressheft.-Hamburg.

③ 参见：Leuze，K/Strauß，S. (2009)，Lohnungleichheiten zwischen Akademikerinnen und Akademikern. Der Einfluss von fachlicher Spezialisierung，frauendominierten Fächern und beruflicher Segregation. In：Zeitschrift für Soziologie，Jg. 38，H. 4，S. 262-281.

④ 参见：Konsortium Bildungsberichterstattung (2006)，Bildung in Deutschland.-Bielefeld，S. 186.

大学毕业	3 211 / 4 500	

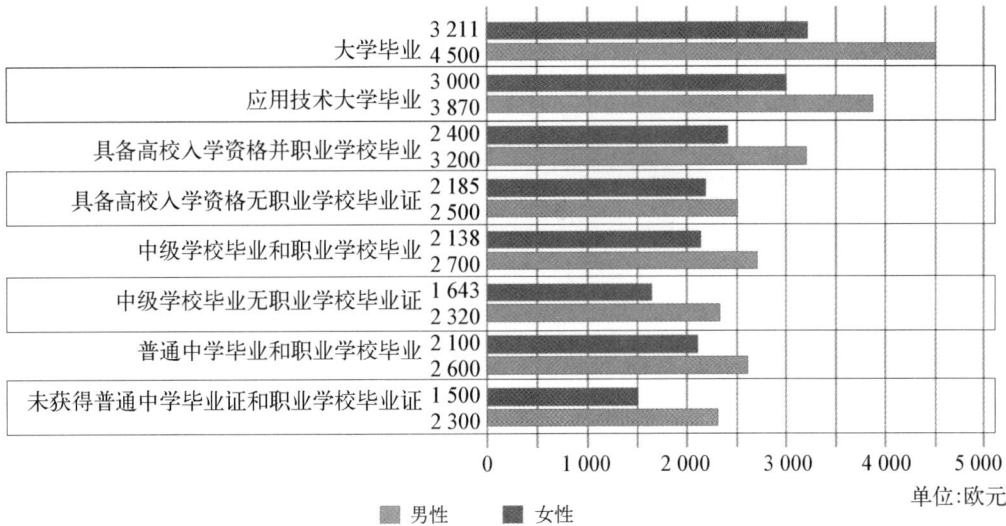

图 I2-1　2010 年,25 至 65 岁以下全时工作者的中间月毛收入,按普通教育、
从业教育背景以及性别分类(中位数据单位为欧元)

来源:德国经济研究所,2010 年社会经济调查,自己计算得出　　　　　　　→表 I2-1A

一教育水平下从事的职业位置较低。

　　放眼国际,在所有的经合组织国家中,较高教育水平的从业者所获得的收入高于较低教育水平的从业者。所以,个人投资教育将获得收益,在所有经合组织国家中,高等教育毕业者享有很大的优势。[①]

非全时工作的每小时毛收入更低,特别是在高校毕业人群中差距更大

教育与贫困风险

　　受到贫困威胁的人群参与社会文化生活的频率少于其他人群,同时也面临着被社会排斥的威胁。总体来说,贫困风险[M]随着教育水平的提高而降低。过去 5 年中,中高教育水平人群面临的贫困风险基本保持不变,而对于低教育水平者(国际教育标准分类 0—2 等级)来说,该风险却飞速上涨:男性从 25% 上升至 34%,女性从 21% 上升至 30%(图 I2-2,I2-7web)。不仅该类人群自身受到贫困的威胁,同时还会波及他们的孩子。如果孩子父母双方的教育水平均未超过中等教育第二阶段,那么孩子的成长往往会遭遇到经济窘迫的境况(参见 A3)。

教育水平较低人员面临的贫困风险与日俱增

教育、社会参与与生活方式

　　社会参与属于教育影响中的非经济因素且较难衡量的一个方面,主要通过以下一些荣誉性活动来体现:加入党派、政治和社会组织;参加利益集团;对民主权利的意识以及参与选举。未受过学校教育或职业培训的人群中参与荣誉性活动的比例低于具有一定教育水平的人群,且前者的政治积极性也较低,较少成为协会或组织的成员(图 I2-3)。

无学校教育背景的人员在重要社会领域的参与率较低

　　在公民权利意识上也体现出了不同教育水平人群之间的显著差距。例如:在上一次联邦议会选举中,无学历人员的参与度仅是最低获得普通中学学历者的一半。参与度最高

[①]　参见:OECD (2011), Bildung auf einen Blick. - Paris, S. 173.

女性　　　　　　　　　男性

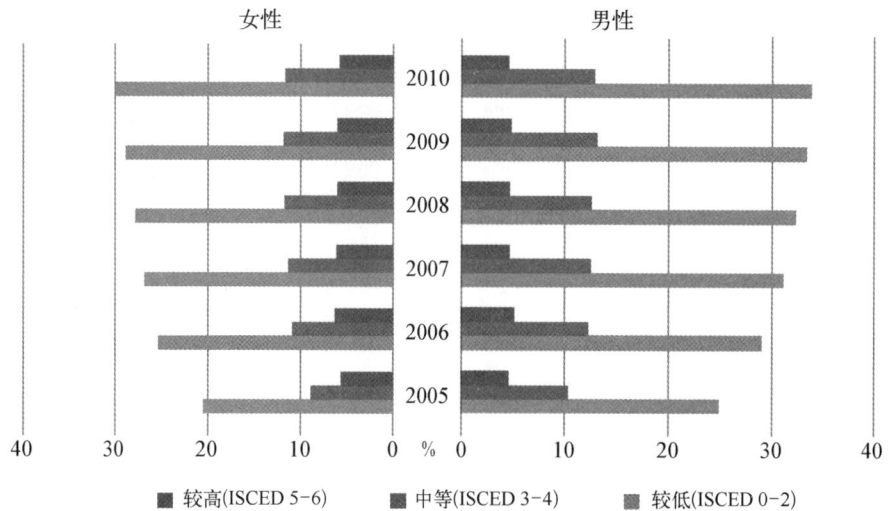

| | 较高(ISCED 5-6) | 中等(ISCED 3-4) | 较低(ISCED 0-2) |

图 I2‐2　2005—2010 年,德国的贫困率,按教育水平和性别分类(单位:%)

来源:2010 年微型人口普查,柏林—勃兰登堡统计局(2011),柏林—勃兰登堡地区 2011 年社会报
告,表 A1b II
→表 I2‐7web

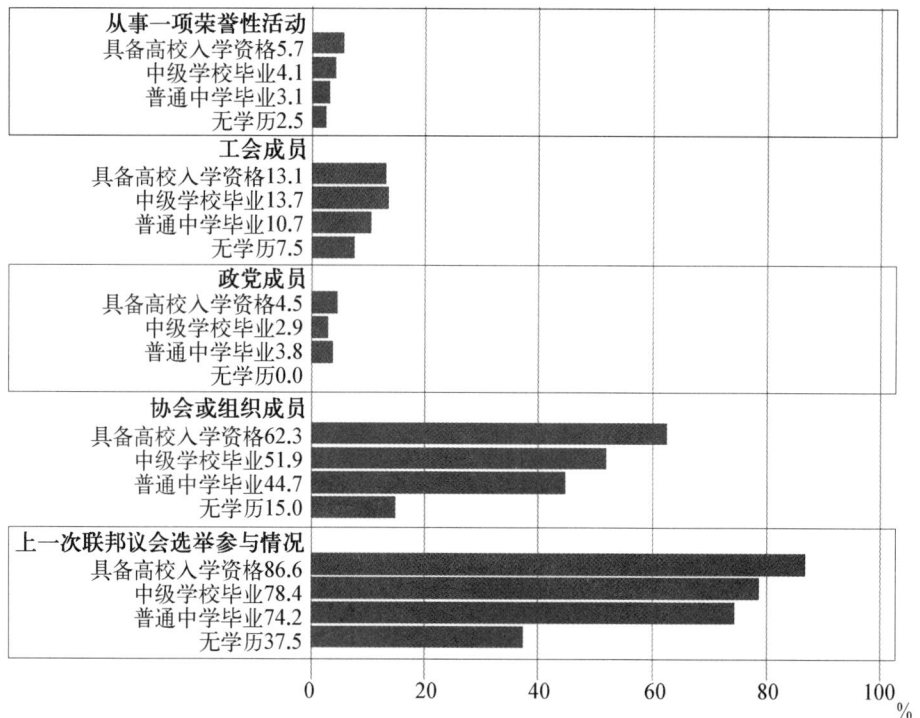

从事一项荣誉性活动
具备高校入学资格5.7
中级学校毕业4.1
普通中学毕业3.1
无学历2.5

工会成员
具备高校入学资格13.1
中级学校毕业13.7
普通中学毕业10.7
无学历7.5

政党成员
具备高校入学资格4.5
中级学校毕业2.9
普通中学毕业3.8
无学历0.0

协会或组织成员
具备高校入学资格62.3
中级学校毕业51.9
普通中学毕业44.7
无学历15.0

上一次联邦议会选举参与情况
具备高校入学资格86.6
中级学校毕业78.4
普通中学毕业74.2
无学历37.5

图 I2‐3　2010 年人们的社会参与情况,按普通教育背景分类(单位:%)

来源:德国综合社会调查(GESIS),2010 年社会科学一般人口调查(ALLBUS2010),自己计算得出
→表 I2‐3A

的为具备高校入学资格的人群,约 87%。

德国调查得出的不同教育水平的人群在参与社会政治生活方面体现的部分显著差异
符合所有的经合组织国家的情况:具有较高教育水平的人群参与荣誉性活动更为活跃,且较具有中等或较低教育水平人群而言,他们的政治兴趣更为浓厚。[1]

教育与健康

　　教育的影响力不仅体现在参与文化、社会和政治活动中,也体现在个人生活的各个领域,其中健康的生活方式以及身体健康是一个重要方面。当然,教育背景和健康状况之间不能简单地建立因果关系,因为这中间还有其他因素带来复杂的交互影响,如:收入、就业状况和职业地位等。尽管如此,研究显示:教育水平越高,对健康生活方式、疾病预防以及对健康存在的风险和威胁这些方面的关注度就越高。调查结果表明:集许多社会不利条件于一身的群体所面临的健康风险最大。[2]

　　2006 年的教育报告就已经探讨了健康和教育之间存在的联系。在 2009 年,由罗伯特—科赫—研究所(Robert-Koch-Institut)负责的德国健康实时调查研究(GEDA-Studie)[M]再次证明:较低教育水平的人群相比中等和较高教育水平的人群更易受不健康生活方式的影响(图 I2 - 4)。例如:在较低教育水平人群中偏胖和肥胖者的比例是更高教育水平者的 3 倍。

高教育水平带来更健康的生活方式…

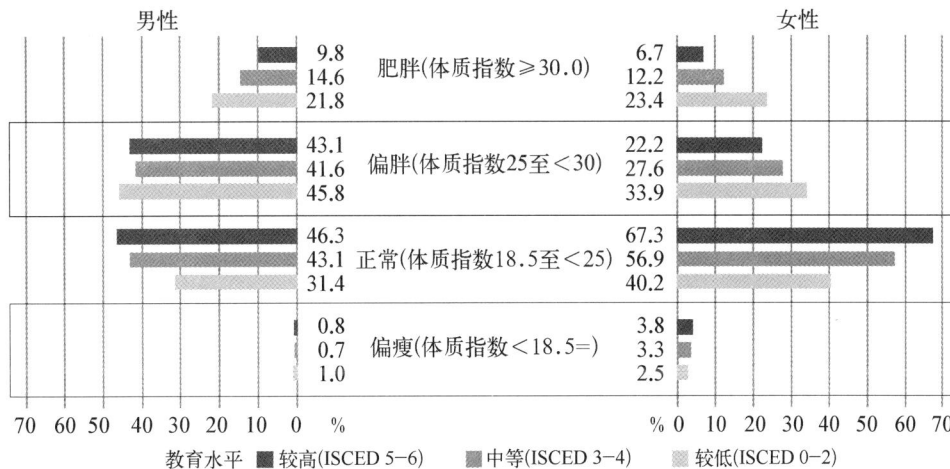

图 I2 - 4　**2009 年公民体质指数(世卫组织体质指数分类[M]),按性别和教育水平分类(单位:%)**
来源:罗伯特—科赫—研究所,2009 年德国健康实时调查,自己计算得出　　　　　→表 I2 - 4A

　　较低教育水平者患"大众疾病"的比例也高于中等和较高教育水平者,这类疾病包括心血管疾病、中风或 II 型(真性)糖尿病(表 I2 - 5web)。

…心血管疾病的发病率也较低

　　较好的健康状况不仅会对每个人的生活状况产生积极影响,而且还会由此衍生出许多其他方面的收益。正如 2008 年教育报告根据儿童和青少年健康研究(KiGGS)得出的结果,父母有健康意识的行为也会对孩子的健康生活方式产生积极的影响。[3] 此外,整个社会也能够从公民健康中获益:可以缓解医疗卫生系统的压力;员工病假少,企业也可以节

在所有经合组织国家中,教育水平越高的人群对健康状况的主观意识越强

---

[1]　参见:OECD (2011),Bildung auf einen Blick. - Paris, S. 234.

[2]　参见:Geyer,S. (2008),Empirie und Erklärung gesundheitlicher Ungleichheiten:Die Praxis empirischer Forschung zu gesundheitlichen Ungleichheiten und ihre theoretischen Implikationen. In:Bauer,U./Bittlingmayer,U. H. /Richter,M. (Hrsg.),Health inequalities. Determinanten und Mechanismen gesundheitlicher Ungleichheit. - Wiesbaden, S. 125 - 142.

[3]　参见:教育报告编写组(2008),2008 年德国教育双年度报告,比勒菲尔德,第 204 页。

约成本等。

身体健康和教育之间存在的联系已经成为一个国际性的话题。不同教育水平人群对自身健康状况的评价存在显著差异。例如：在几乎所有的经合组织国家，相同年龄和收入人群中具备较高教育水平者相比较低教育水平者而言，认为自身的健康状况更好。[1]

Ⓜ概念注释

基于社会经济调查(SOEP)的月毛收入： 本章关于月毛收入的数据来源于 2010 年社会经济调查。该调查询问受调查从业人员的月收入。调查结果以中位数方式呈现。被调查者为 25 至 65 岁以下人群。

贫困风险： 25 至 65 岁以下人口中，收入处于全德贫困线以下的人数比例，根据国际教育标准分类，按不同普通教育背景和从业教育背景对调查对象进行分组，贫困线为等量收入中位数的 60%。

罗伯特—科赫—研究所(RKI)的德国健康实时调查研究(GEDA-Studie)： 该调查中，从 2008 年 7 月至 2009 年 6 月，罗布特—科赫—研究所的调查对象数量为 21 262 名。调查随机挑选全德范围内 18 岁以上的人群，采用电脑控制的电话采访形式(参见：Robert-Koch-Institut[2011]：Beiträge zur Gesundheitsberichterstattung des Bundes, GEDA 2009, Daten und Fakten: Ergebnisse der Studie „Gesundheit in Deutschland aktuell 2009")。

加权： 数据分析基于经加权平均的数据记录。样本加权根据被调查者数量在总样本中相叠加(参见：GEDA 2011, Dokumentation des Datensatzes)。

体质指数(BMI)： 体质指数是用体重公斤数除以身高米数平方得出的数字，该数字与身体总脂肪量密切相关。世界卫生组织(WHO)将该指数结果分为偏瘦、正常、偏胖和肥胖这几类，具体范围如下(参见：GEDA 2009, S. 100)：

偏瘦：体质指数低于 18.5

正常：体质指数 18.5—24.9

偏胖：体质指数 25.0—29.9

肥胖：体质指数 30.0 及以上

I3 机会均等

能够让所有人(不论其移民背景或性别特征)都能够按照他自己的条件、喜好和兴趣得到最佳发展机会是教育系统的核心目标之一。但在现实中，不同儿童和青年的成长条件有很大差异，特别是不同家庭对孩子的激励内容存在差异，所以，教育系统就承担了缩小差异、创造均等机会的重要任务。在成人教育阶段，教育系统也在缓和教育机会不均以及个人能力获得方面起到了重要的作用。本章将呈现的内容是所有教育领域在缩小差距和扩大教育系统的普及面等方面所取得的成就。

性别差异

年轻女性受教育的成果…

对女性而言，过去几十年教育系统的发展无疑是一部成功史，且还将继续往前书写。在较大年龄组中，女性的教育水平还较低，而如今这一状况得到了巨大改变。30 至 35 岁以

---

[1] 参见：经合组织(2011)，教育概览，巴黎，图表 A 11.1。

下女性人群组中，42%为大学毕业生，这一数字比 60 至 65 岁以下女性人群组高出一倍之多（20%）。同时，近年来女性的高校毕业率高于男性（参见 B5）。

…在与时俱进

　　具体哪些因素会对女性的教育生涯产生实质性的影响还无法确定，但最新研究结果表明：在婴幼儿时期，女孩在家庭中获得了更好的条件。家长经常会与她们一起朗读、唱歌和演奏音乐（参见 C1）。学龄前女孩较少需要参加语言促进项目，与男孩相比，她们中能够提前上学者的比例更高，而推迟上学的比例更低（参见 C5）。在读书期间，女孩能够继续发扬她们在阅读能力方面的优势。在 15 岁学生组中，男孩在两个较低能力等级中占多数，而女孩在两个较高能力等级中的比重为男孩的 2.5 倍（参见 D6）。

在儿童时期，女孩在家庭中得到的教育促进已优于男孩

　　女孩或年轻女性辍学的比例（5.3% 比 7.8%）以及仅普通中学毕业的比例（22.6% 比 30.3%）低于男孩，且她们达到中级学校水平以及通过文理中学考试的比例比男孩更高（37.8% 比 29.4%）（参见 D7）。

女孩的学校毕业率高于男孩…

　　近年来，年轻女性通过文理中学毕业考试或达到应用技术大学入学资格的比例超过了二分之一，所以符合攻读大学学业条件的女性比例超过了男性（参见 F1）。然而，决定上大学的女性却少于男性。可以用来解释她们不喜欢上大学的一个原因可能是：存在许多对女性极具吸引力又无需大学毕业学历的职位。例如在经济、管理、医疗卫生和教育领域就有部分职业实际上只要求应聘者通过文理中学考试即可。在继续教育领域，女性也比男性表现更为积极，特别是高学历女性，她们参加继续教育的比例高于男性（68% 比 60%）（参见 G3）。

…但升入大学的比例却较低

　　然而，从劳动市场的总体情况来看，女性较高的学历水平却未能得以全部体现。与男性相比，在不同职业资质组中，女性的就业率均更低，且从事全时工作类型的女性较男性更少（参见 A3，I1）。但在不同的职业资质组中，男女之间在就业状态方面的显著差异能够保持不变确实是出乎意料，因为事实上，职业结构的发展给女性就业带来了不利的影响（参见 A3）。在劳动市场中，教育领域是女性能够一直成功发挥其更多优势的地方。

尽管女性的教育背景较高，但她们在劳动市场却处于劣势

家庭背景差异

　　国际和国内的多项调查足以证明：在德国，移民背景特征、教育参与情况以及能力和证书的获得之间存在着联系。这一关联可以根据本教育报告获取的现有数据得以呈现。

　　就儿童和青年的家庭社会化条件来看，还有相当一部分人成长在风险状况中。在过去几年中，父母未受教育或教育水平低的孩子比例虽有所下降，但受贫困威胁（18%）以及父母失业的孩子（10%）比例却居高不下。对于具有移民背景的孩子来说，这一状况更成问题，因为他们中的不少人都面临着社会和经济地位低以及父母教育水平低的风险。其中，同时处于这三方面风险中的比例为 7%，是无移民背景孩子的两倍（参见 A3）。

儿童和青少年的成长环境已改善…

…但具有移民背景孩子的成长还是面临较高的风险

　　这些风险状态还包括家庭教育过程中不同的机会结构。许多出身于父母教育水平较低家庭的孩子在成长期间，家庭较少开展对其发展有促进作用的一些活动，父母一方为移民的孩子也是如此（参见 C1）。父母教育水平较高家庭的孩子所具有的优势还体现在其参加幼托所和日托机构的情况。这些小孩中上幼儿园和日托所的比例更高，且年龄更小。显然，主要是让父母教育水平较低和具有移民背景的孩子能够通过机构性教育尽可能早地得

父母教育水平较低和具有移民背景家庭的孩子早期在阅读方面得到促进较少

到各项能力的提升这一目标尚未达成。但小学生阅读能力调查结果显示，几年的幼儿园学习对于在家庭教育中无法获益的孩子帮助极大（参见 C1）。

父母教育水平较低的孩子中约 29%语言能力发展较慢。在家庭语言非德语的孩子中，这一比例达 39%。这一情况会涉及跟家庭相关的不同发展机会以及特定的风险状况（参见 C5）。

家庭收入较低和有移民背景的孩子中留级者的比例超过了平均水平，即便是在相同的经济状况下，移民背景也还是一个影响因素（参见 D2）。

能力发展的社会差异有所缩小，但在这方面仍需更加努力

过去几年中，对具有移民背景青年的帮助措施可能在一些核心能力领域取得了进步，例如，该类青年群体的能力相比 2000 年国际学生评估项目（PISA）而言已经得到了提升。但是，他们中较低阅读能力者的比例仍是无移民背景青年的两倍（参见 D6）。就社会经济状况来看，也体现了类似情况。这些进步的取得，使最低和最高社会群体之间的平均能力差距得以缩小（参见 D6），但在 2009 年，父母未受过从业教育的孩子中，在阅读能力方面较弱的孩子比例是父母处于较高社会等级孩子的 3 倍。

有移民背景青年的学校毕业情况有所改善，但与其他人群还存在较大差距

与前几年相比，外来青年的学校毕业率应该得到了改善，但其仍有很大一部分辍学。相反，外来学生能够达到高校入学资格的可能性明显低于德国学生，即便他们成绩合格。

较低学校教育背景的青年和具有移民背景的青年在进入职业培训时也遇到较大困难……

辍学或者具有较低学校毕业证书的青年能够选择的培训职业也较少，且较中级学校毕业或具有更高教育背景的青年而言，他们往往更容易进入过渡教育体系。其中，外来青年的过渡过程尤为成问题，特别是他们中的最高只获得普通中学毕业证者。中级学校毕业的外来青年与其他青年相比在进入职业培训方面存在的差异减少，直至具备高校入学资格的青年组差异消失（参见 E1）。

……且在职业培训过程中困难持续存在

在培训过程中，最高获得普通中学毕业证的青年与外来双元制的培训生相比其他青年而言也会遇到更多的问题，主要体现在较高的解约率上（参见 E4）。

青年如果达到了高校就读资格，那么德国青年和有移民背景的青年之间在大学录取方面未体现差异（参见 F1）。

继续教育中也延续着社会身份不同而导致的差异

在成人继续教育中，相比其他社会群体，具有较低教育背景人群和具有移民背景人群的活跃度也较低。在过去几年，具有移民背景人群的继续教育参与率一直停滞不前，特别是在企业继续教育中（参见 G1）。

代际间教育变动情况

对教育系统的开放性和机会均等的支持力度不能仅仅联系社会结构性生源来源，得从教育参与情况、学生能力获得情况及毕业情况这几方面来评价，同时还需要考察代际间的变动性。代际间教育变动情况⑩是社会变动的一种特殊方式，可以由此观察父母和孩子两代人的地位转换。在给定的时间点上，该变动方式在一个社会中上升和下降均有可能。

教育代际变动性作为考察教育系统普及性的一项指标，对此的分析显示：在德国，新联邦州的总体变动率⑩高于旧联邦州。进一步考察父母的教育背景和他们孩子获得的教育程度（表 I3－2web，表 I3－3web)可以发现：无论是在旧联邦州还是新联邦州，上升率均远超下降率；无论是上升率还是下降率，新联邦州均稍高于旧联邦州；但两个地区的上升率之间的差距较少,而新联邦州的下降幅度则相对较大(表 I3－1)。对于后者而言,主要原因在于其统一后教育结构的改变。

表 I3－1　2008 年新旧联邦州代际间教育变动情况(单位:%)

变 动 类 型	旧联邦州	新联邦州
	%	
变动率总计	52.9	58.0
其中上升	40.4	42.4
其中下降	12.5	15.6
结构性变动	25.5	31.0
循环变动	27.4	27.0

来源:2008 年社会经济调查(SOEP);Holtmann,D./Buchheister,C.(2010),Die Sozialstruktur der Bundesrepublik Deutschland im internationalen Vergleich

　　父母无学校教育证书和最高仅获得业余大学或普通中学毕业证的孩子面临着较大的教育水平变动障碍,他们中大部分也是无学校教育证书或最高仅普通中学毕业:旧联邦州该类人群的比率过半(51.8%),新联邦州为 37.8%。与之相比:约半数高校毕业者(新联邦州 45.6%;旧联邦州 52.2%)出自父母至少一方也是高校毕业的家庭。由此可见,旧联邦州高教育水平状况的"继承性"似乎与低教育水平相当,而新联邦州的低教育水平"继承性"却得到了控制,且在高校毕业这一领域也仅略低于旧联邦州。

教育水平的高低受社会出身的影响较大

　　欧洲社会调查(ESS)ᴹ的结果呈现了父母的教育水平和被调查者的教育水平之间的联系程度。该调查选取了不同年代的人群,按新旧联邦州和不同国家进行分类考察,教育水平仅分为高校毕业和其他毕业类型两大类。图 I1－3 呈现了比率关系(尤拉 Q 系数)ᴹ,从中可以看出父母和孩子教育水平之间的联系。

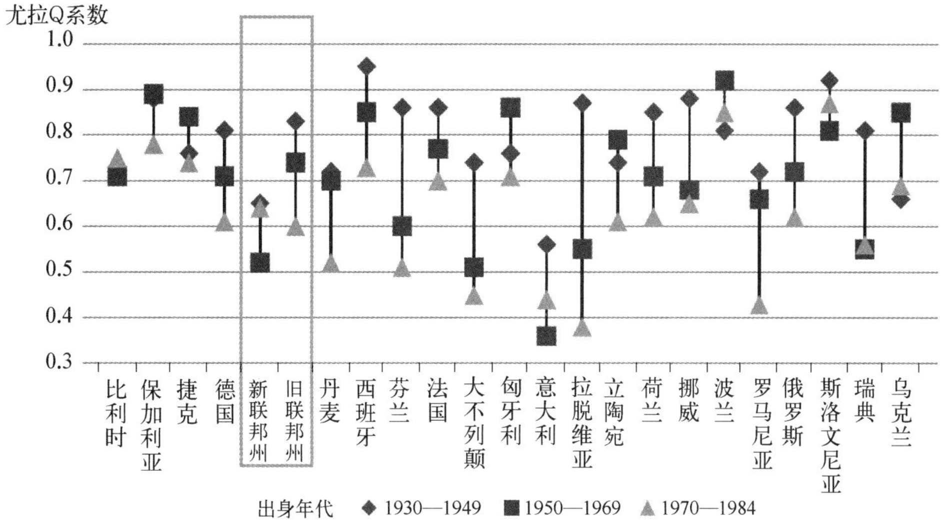

图 I3－1　父母的教育水平和受访者教育水平之间存在的联系,按国家和出生年代分类

来源:2008 年和 2010 年欧洲社会调查(ESS)

→ 表 I3－4web

　　年龄最小组的教育背景与父母教育背景之间的联系在图中大多数国家和地区都低于年龄最大组,一些后社会主义国家除外(波兰、捷克共和国和匈牙利),丹麦也在其列。就德国而言,旧联邦州体现出了联系紧密度下降的趋势,而新联邦州的年龄最小组(1970 至1984)相比年龄中间组(1950 至 1969)却体现出了更高的联系紧密度。在年龄最小组中,统一后的新旧联邦州无明显差距。在两个较大的年龄组中,新联邦州的联系紧密度明显较低,原因可能是原东德政府对高校入学的录取条件的控制。而对最小年龄组而言,他们是在统一后获得高校毕业证,所以与父母教育背景的联系紧密度上升,接近旧联邦州水平。

Ⓜ概念注释

　　教育变动:代际间的教育变动是社会变动的一种特殊形式,可以由此观察父母和孩子两代人的地位转换。代际间变动可以通过"汇入"和"分流"两个角度来评价。汇入角度主要考察某一群体的组成,询问成员的国籍成分;分流角度主要考察地位归属性的继承。此处,主要考察不同国籍来源的孩子的机会均等情况。

　　变动率:变动率是发生变动的数量除以被调查者数量而得出的商。上升是指教育水平高于父母,下降是指教育水平低于父母。结构性变动是指因结构变化导致的变动比例;循环变动是指总变动量减去结构性变动的差。

　　欧洲社会调查(ESS):欧洲社会调查是一项社会学的问卷调查,面向超过 30 个欧洲国家,调查其公民的社会和政治态度。本章所作的分析是基于第 4 和第 5 次(2008 和 2010)调查。

　　尤拉 Q 系数(Yule's Q):尤拉 Q 系数能够表明两个变量之间的联系紧密度。根据该统计方法,+1 表示两个变量间为最强正相关关系,-1 为最强负相关,0 为无数据关联。Q 系数体现了比值的标准化,系数值区间为[-1,+1]。

表格附件

对教育报告中的所有数据会进行定期检测和审核。因在重新统计特征数的过程中会再进行审核或者纳入其他数据源,所以新的结果会与之前的报告存在偏差(修正值)!

- －＝无
- 0＝数值大于零,但小于单位值的一半
- ／＝因数值不确切,暂无说明
- (n)＝因抽样范围小,所得值意义有限
- ·＝无可用数据
- ×＝类别不适用
- ×( )＝数据已含于此表另一类别或另一栏中

因部分数值化整,总数会存在一定偏差。

表A1-1A　2010年人口移民状况及出身地区*

移民状况	总数	土耳其		其他原客籍劳工国[2]		其他欧盟27国[3]		其他欧洲国家		世界其他地区		无数据	
		单位:千	单位:%	单位:千	单位:%	单位:千	单位:%	单位:千	单位:%	单位:千	单位:%	单位:千	单位:%
无移民背景的德国人	65 970	×	×	×	×	×	×	×	×	×	×	×	×
有移民背景人员	15 746	2 935	18.6	3 136	19.9	3 282	20.8	1 913	12.1	3 126	19.9	1 354	8.6
其中外国人	7 147	1 772	24.8	2 240	31.3	1 336	18.7	514	7.2	1 248	17.5	37	0.5
…第1代	5 577	1 155	20.7	1 630	29.2	1 188	21.3	478	8.6	1 098	19.7	28	0.5
…第2/3代	1 570	616	39.3	610	38.8	149	9.5	36	2.3	151	9.6	9	0.6
其中德国人	8 598	1 163	13.5	896	10.4	1 945	22.6	1 399	16.3	1 878	21.8	1 318	15.3
…第1代	5 013	342	6.8	288	5.8	1 323	26.4	1 079	21.5	1 218	24.3	764	15.2
(后迁进者[1])	1 631	6	0.4	23	1.4	380	23.3	254	15.6	219	13.5	748	45.9
入国籍者[1]	3 383	336	9.9	265	7.8	943	27.9	825	24.4	999	29.5	16	0.5
…第2代	3 585	821	22.9	608	17.0	623	17.4	320	8.9	660	18.4	554	15.4
入国籍者	399	215	53.8	78	19.5	32	8.1	7	1.7	58	14.6	9	2.3
…单方有移民背景	1 543	107	6.9	274	17.8	379	24.6	77	5.0	232	15.0	474	30.7
…双方有移民背景	1 642	500	30.4	256	15.6	211	12.9	236	14.4	369	22.5	70	4.3
其中:按照出生地原则	439	227	51.7	141	32.1	15	3.4	8	1.8	46	10.6	/	/

出身地区（出身地）

* 出身地区：目前的首个外国公民身份或入德国国籍前的公民身份

1) 此处(后)迁进者指所有迁入德国的德国人

2) 波斯尼亚-黑塞哥维那、前南斯拉夫、希腊、意大利、克罗地亚、葡萄牙、塞尔维亚和门的内哥罗、科索沃、斯洛文尼亚、西班牙、摩洛哥、突尼斯、马其顿

3) 比利时、保加利亚、捷克共和国、丹麦、爱沙尼亚、法国、塞浦路斯、匈牙利、马耳他、立陶宛、卢森堡、拉脱维亚、罗马尼亚、荷兰、波兰、奥地利、斯洛伐克共和国、芬兰、瑞典、英国

来源：联邦及各州统计局，2010年微观型人口普查

表 A1‑2A　1980—2010 年不同州组的出生情况发展及 2035 年前预测结果*

年　份	出　生　人　数			总和生育率[1]
	总　计	西　部	东　部	
	数　量			
1980	865 789	620 657	245 132	·
1981	862 100	624 557	237 543	·
1982	861 275	621 173	240 102	·
1983	827 933	594 177	233 756	·
1984	812 292	584 157	228 135	·
1985	813 803	586 155	227 648	·
1986	848 232	625 963	222 269	·
1987	867 969	642 010	225 959	·
1988	892 993	677 259	215 734	·
1989	880 459	681 537	198 922	·
1990	905 675	727 199	178 476	1. 454
1991	830 019	722 250	107 769	1. 332
1992	809 114	720 794	88 320	1. 292
1993	798 447	717 915	80 532	1. 278
1994	769 603	690 905	78 698	1. 243
1995	765 221	681 374	83 847	1. 249
1996	796 013	702 688	93 325	1. 316
1997	812 173	711 915	100 258	1. 369
1998	785 034	682 172	102 862	1. 355
1999	770 744	664 018	106 726	1. 361
2000	766 999	655 732	111 267	1. 379
2001	734 475	607 824	98 027	1. 349
2002	719 250	594 099	96 350	1. 341
2003	706 721	581 367	96 631	1. 340
2004	705 622	577 292	98 884	1. 355
2005	685 795	560 092	96 727	1. 340
2006	672 724	546 691	96 406	1. 331
2007	684 862	553 892	99 796	1. 370
2008	682 514	549 232	101 346	1. 376
2009	665 126	533 380	99 642	1. 358

（续表）

年　份	出　生　人　数			总和生育率[1]
	总　计	西　部	东　部	
	数　量			
2010	677 947	542 345	102 209	1.393
2011	659 000	·	·	·
2012	658 000	·	·	·
2013	659 000	·	·	·
2014	660 000	·	·	·
2015	661 000	·	·	·
2016	662 000	·	·	·
2017	662 000	·	·	·
2018	662 000	·	·	·
2019	661 000	·	·	·
2020	659 000	·	·	·
2021	654 000	·	·	·
2022	648 000	·	·	·
2023	641 000	·	·	·
2024	633 000	·	·	·
2025	624 000	·	·	·
2026	615 000	·	·	·
2027	606 000	·	·	·
2028	597 000	·	·	·
2029	588 000	·	·	·
2030	580 000	·	·	·
2031	573 000	·	·	·
2032	566 000	·	·	·
2033	560 000	·	·	·
2034	553 000	·	·	·
2035	547 000	·	·	·

＊ 直到 2000 年,数据显示的是旧联邦州包括西柏林、新联邦州包括东柏林的情况。自 2001 年起由于区域改革,数据显示的是新联邦州不包含东柏林和旧联邦州不包含西柏林的情况。东部和西部的新生儿数量总和与总出生人数之间的差距便是柏林新生儿的数量。从 2013 年起的数据使用的是第 12 次人口预算,但是估算的只是 0 到 1 岁人口的数量。这一数值与新出生人口的差距可以忽略不计。

1) 生育频率或总和生育率(英文 TFR：Total Fertility Rate)：对于所有 50 岁以下的妇女来说,总和生育率的孩子数量是一个平均的累计值。它表示一个女人如果像其他 15 到 49 岁的妇女那样进行生育行为的话,她应该达到的生育孩子的数量。这一平均生育值与现实情况往往有所出入。最终的数值取决于 1960 年之前出生的女性,因为她们已经超过 50 岁了。

来源：联邦及各州统计局,2012 年出生人口统计;第 12 次人口预测

表 A1‑3A   15—55 岁女性的文化水平(按年龄和 2008 年是否为母亲划分)

年龄	有孩子的女性			没有孩子的女性		
	ISCED 0‑2	ISCED 3‑4	ISCED 5‑6	ISCED 0‑2	ISCED 3‑4	ISCED 5‑6
	数　量					单位：千
15	/	/	/	362	/	/
16	16	16	16	16	16	16
17	/	/	/	391	5	/
18	18	18	18	18	18	18
19	12	/	/	266	132	/
20	19	5	/	138	246	6
21	19	11	/	87	281	10
22	26	24	/	58	277	20
23	34	29	/	36	274	27
24	29	40	/	31	253	45
25	34	59	(4)	25	241	61
26	39	78	10	19	201	79
27	44	91	17	18	176	83
28	44	108	21	16	151	91
29	43	115	26	15	121	78
30	45	134	36	12	106	83
31	46	135	43	12	86	66
32	52	149	47	12	88	62
33	51	156	50	13	74	48
34	55	167	56	12	72	45
35	55	187	66	10	70	37
36	57	214	75	12	71	42
37	65	242	80	12	76	38
38	65	255	87	12	75	34
39	68	276	91	12	82	36
40	71	294	102	12	75	39
41	68	309	105	13	72	34
42	78	330	94	12	79	37
43	73	331	103	14	69	29
44	77	332	103	13	74	33
45	76	313	100	12	57	29
46	77	301	89	15	57	28
47	79	293	99	16	54	23

年龄	有孩子的女性			没有孩子的女性		
	ISCED 0－2	ISCED 3－4	ISCED 5－6	ISCED 0－2	ISCED 3－4	ISCED 5－6
	数　　量					单位：千
48	77	312	90	16	51	24
49	77	289	94	12	49	21
50	75	281	91	11	50	22
51	71	272	90	11	50	21
52	75	265	89	13	48	21
53	77	257	88	11	49	21
54	78	261	86	12	43	18
55	81	261	79	14	46	19

来源：联邦及各州统计局，2008 年微型人口普查（特别调查）

表 A1－4A　2000 年、2010 年就业人口的年龄和性别差异

年龄	2000						2010					
	总　计		其　　中				总　计		其　　中			
			男　性		女　性				男　性		女　性	
	数量	百分比	数量	百分比	数量	百分比	数量	百分比	数量	百分比	数量	百分比
15	25	2.8	15	3.2	10	2.3	35 044	4.4	19 520	4.7	15 524	4.1
16	100	11.0	58	12.5	43	9.5	95 336	12.0	56 559	13.5	38 777	10.2
17	277	30.4	161	34.1	116	26.5	208 415	24.5	121 658	27.6	86 757	21.3
18	436	45.6	250	51.5	186	39.6	349 847	39.4	199 416	43.8	150 431	34.7
19	543	55.7	316	62.9	228	48.0	473 791	50.5	266 713	55.2	207 078	45.6
20	604	64.4	347	69.8	256	58.2	561 775	58.0	307 687	61.3	254 088	54.5
21	588	65.5	318	68.3	271	62.5	619 270	62.8	322 008	64.8	297 262	60.7
22	587	65.6	315	68.5	272	62.6	647 921	63.3	338 024	63.9	309 897	62.7
23	575	67.1	305	70.1	270	64.0	646 817	66.4	340 660	68.2	306 157	64.5
24	592	68.2	316	70.4	276	65.9	651 194	67.8	334 314	69.1	316 880	66.5
25	607	71.4	320	74.4	286	68.3	674 332	70.9	345 115	72.0	329 217	69.8
26	616	72.5	328	76.2	288	68.6	720 116	73.9	379 282	75.5	340 834	72.3
27	704	76.3	386	82.2	318	70.2	757 948	75.3	391 119	78.2	366 828	72.5
28	804	77.3	446	83.7	358	70.5	781 522	77.9	419 230	82.0	362 292	73.7
29	871	79.2	483	86.1	388	72.0	808 688	78.7	440 152	83.9	368 536	73.3
30	931	79.1	520	88.0	411	70.2	790 988	78.8	425 143	84.9	365 846	72.7
31	1 018	80.5	570	89.4	448	71.4	756 945	79.2	413 744	86.0	343 202	72.3
32	1 055	79.7	601	89.8	454	69.4	773 658	79.8	428 004	86.1	345 654	73.2

（续表）

年龄	2000						2010					
	总　计		其　中				总　计		其　中			
			男　性		女　性				男　性		女　性	
	数量	百分比	数量	百分比	数量	百分比	数量	百分比	数量	百分比	数量	百分比
33	1 061	80.9	597	89.9	464	71.6	767 774	80.8	428 541	89.0	339 233	72.5
34	1 106	80.2	645	89.6	461	70.0	751 218	80.3	415 526	88.3	335 691	72.2
35	1 129	80.6	644	89.6	485	71.0	737 451	81.0	409 065	88.7	328 386	73.1
36	1 136	81.5	648	90.3	488	72.1	762 225	80.2	415 342	87.8	346 883	72.7
37	1 105	81.3	625	90.4	481	71.8	793 207	81.9	433 012	89.1	360 195	74.7
38	1 085	81.1	625	89.6	460	71.8	901 424	82.3	494 262	89.0	407 162	75.4
39	1 083	81.5	616	90.1	467	72.3	986 863	82.9	534 467	88.3	452 396	77.4
40	1 068	81.3	587	89.2	482	73.3	1 053 170	84.1	562 087	89.5	491 083	78.8
41	1 024	82.3	562	90.0	462	74.5	1 109 190	84.3	601 590	89.9	507 600	78.5
42	995	82.1	547	88.7	448	75.3	1 163 353	84.7	627 647	89.2	535 705	80.0
43	988	82.2	539	89.4	448	75.0	1 210 134	85.5	649 979	90.3	560 156	80.5
44	972	81.3	533	88.1	439	74.4	1 268 559	84.7	689 412	89.0	579 146	80.2
45	961	81.9	523	88.3	438	75.3	1 168 490	84.2	632 912	88.9	535 578	79.3
46	921	81.0	494	88.2	427	73.9	1 210 529	85.0	645 316	89.1	565 213	80.7
47	913	80.8	497	88.2	415	73.4	1 139 326	83.7	603 993	88.0	535 333	79.3
48	887	79.6	486	86.7	401	72.4	1 113 066	83.6	589 319	87.4	523 747	79.6
49	910	78.5	497	86.7	413	70.5	1 114 773	83.3	588 402	87.3	526 371	79.3
50	895	77.3	493	85.6	403	69.2	1 067 124	81.8	549 961	85.9	517 162	77.9
51	832	76.1	474	85.4	359	66.5	1 018 746	81.6	536 347	85.9	482 399	77.4
52	738	73.9	419	83.2	319	64.5	973 294	79.6	509 345	83.8	463 949	75.5
53	692	71.7	401	82.7	292	60.6	953 037	79.8	500 285	83.9	452 752	75.8
54	505	69.2	288	78.4	217	59.8	895 856	77.9	471 575	82.8	424 281	73.1
55	632	66.3	355	76.1	276	56.9	862 534	76.0	458 753	81.8	403 780	70.3
56	661	62.2	387	72.3	273	51.9	818 532	73.4	440 084	79.7	378 448	67.2
57	629	59.9	369	69.0	260	50.4	787 678	72.3	424 146	78.1	363 532	66.6
58	642	52.9	389	62.8	254	42.6	741 711	69.1	395 865	76.1	345 846	62.5
59	542	44.5	326	53.5	216	35.5	693 559	65.3	387 087	72.7	306 472	57.9
60	398	29.4	277	41.1	122	17.8	571 790	54.3	329 218	63.2	242 572	45.5
61	306	24.2	214	34.3	91	14.3	475 174	47.2	281 714	56.5	193 460	38.0
62	231	19.9	166	28.7	65	11.1	370 729	40.7	222 800	49.1	147 929	32.4
63	141	12.7	90	16.7	51	9.0	270 686	30.3	158 214	37.1	112 473	24.1
64	110	10.3	71	13.4	39	7.2	165 289	24.3	102 428	30.3	62 861	18.3
65	72	6.9	49	9.8	23	4.2	92 373	11.5	52 302	13.4	40 071	9.7

年龄	2000						2010					
	总 计		其 中				总 计		其 中			
			男 性		女 性				男 性		女 性	
	数量	百分比	数量	百分比	数量	百分比	数量	百分比	数量	百分比	数量	百分比
66	48	5.6	31	7.4	17	3.9	92 887	9.7	57 162	12.4	35 725	7.2
67	41	5.1	25	6.7	16	3.7	75 492	8.4	48 107	11.1	27 385	5.9
68	32	4.0	22	6.1	10	2.3	73 633	7.3	45 283	9.3	28 350	5.4
69	33	3.9	22	5.7	11	2.3	69 785	6.4	40 330	8.0	29 455	5.0
70	28	3.4	18	4.7	10	2.2	59 017	5.2	36 528	6.8	22 489	3.7
71	22	2.8	15	4.2	7	1.7	39 048	3.7	24 827	5.1	14 221	2.5
72	18	2.4	12	3.6	7	1.5	33 059	3.3	21 932	4.7	11 127	2.1
73	14	2.0	9	3.0	5	1.3	26 240	2.8	17 248	4.1	8 992	1.8
74	14	2.0	8	2.9	6	1.5	22 544	2.6	14 236	3.6	8 308	1.8
75	10	1.6	6	2.7	4	0.9	19 304	2.3	12 271	3.2	7 034	1.6

来源：联邦及各州统计局，2000、2010 年微型人口普查

表 A1-5A 2010、2025、2035 年个别年龄段人口及 2010 年按移民背景(MHG) 划分的人口规模

年 龄 段	总 计	其 中		人口比例	依赖比例[1]
		男 性	女 性		
	数量 单位：千			单位：%	
2010					
总计	81 715	40 059	41 657	100	
0—19	13 995	7 200	6 795	17.1	
19—61	47 085	23 759	23 327	57.6	
其中 19—30	10 811	5 512	5 299	13.2	0.74
30—50	23 627	11 979	11 648	28.9	
50—61	12 647	6 267	6 380	15.5	
61 岁及以上	20 635	9 101	11 535	25.3	
2025 年预测					
总计	78 794	38 698	40 096	100	
0—19	12 601	6 470	6 131	16.0	
19—61	40 713	20 589	20 124	51.7	
其中 19—30	8 726	4 438	4 288	11.1	0.94
30—50	19 399	9 819	9 580	24.6	
50—61	12 588	6 332	6 256	16.0	
61 岁及以上	25 480	11 639	13 841	32.3	

年　龄　段	总　计	其　中		人口比例	依赖比例[1]
		男　性	女　性		
	数量 单位：千			单位：%	
2035 年预测					
总计	75 694	37 121	38 573	100	
0—19	11 756	6 037	5 719	15.5	
19—61	36 349	18 370	17 979	48.0	
其中 19—30	7 917	4 026	3 891	10.5	1.08
30—50	17 933	9 090	8 843	23.7	
50—61	10 499	5 254	5 245	13.9	
61 岁及以上	27 589	12 714	14 875	36.4	
2010 年有移民背景人员				在全部有移民背景 人员中所占百分比	
总计	15 746	7 921	7 825	100	
0—19	4 298	2 220	2 077	27.3	
19—61	9 438	4 719	4 720	59.9	
其中 19—30	2 520	1 279	1 241	16.0	0.67
30—50	4 928	2 470	2 458	31.3	
50—61	1 991	970	1 021	12.6	
61 岁及以上	2 010	982	1 028	12.8	
2010 年无移民背景人员				在全部无移民背景 人员中所占百分比	
总计	65 970	32 138	33 832	100	
0—19	9 697	4 979	4 718	14.7	
19—61	37 647	19 040	18 607	57.1	
其中 19—30	8 292	4 234	4 058	12.6	0.75
30—50	18 699	9 509	9 190	28.3	
50—61	10 656	5 297	5 359	16.2	
61 岁及以上	18 626	8 119	10 507	28.2	

1) 依赖比例是指就业人员与经济不独立者之间的数值关系。例如该比例为 0.51 表示 100 位就业人员面对 51 位经济不独立者。
来源：联邦及各州统计局，2010 年人口统计，第 12 次人口预测；2010 微型人口普查

表 A2‑1A　1995—2011 年各州和不同性别的失业率*（单位：%）

州	1995	2000	2005	2006	2007	2008	2009	2010	2011
	单位：%								
总　计									
德国	9.4	9.6	11.7	10.8	9.0	7.8	8.1	7.7	7.1
巴登—符腾堡	6.6	5.4	7.0	6.3	4.9	4.1	5.1	4.9	4.0
巴伐利亚	6.0	5.5	7.8	6.8	5.3	4.2	4.8	4.5	3.8

（续表）

州	1995	2000	2005	2006	2007	2008	2009	2010	2011
					单位：%				
柏林	12.4	15.8	19.0	17.5	15.5	13.8	14.0	13.6	13.3
不来梅	12.9	13.0	16.8	14.9	12.7	11.4	11.8	12.0	11.6
勃兰登堡	13.4	17.0	18.2	17.0	14.7	12.9	12.3	11.1	10.7
汉堡	9.5	8.9	11.3	11.0	9.1	8.1	8.6	8.2	7.8
黑森	7.6	7.3	9.7	9.2	7.5	6.5	6.8	6.4	5.9
梅克伦堡—前波莫瑞	15.3	17.8	20.3	19.0	16.5	14.1	13.5	12.7	12.5
下萨克森	9.8	9.3	11.6	10.5	8.8	7.6	7.7	7.5	6.9
北莱茵—威斯特法伦	9.7	9.2	12.0	11.4	9.5	8.5	8.9	8.7	8.1
莱茵兰—普法尔茨	7.6	7.3	8.8	8.0	6.5	5.6	6.1	5.7	5.3
萨尔	10.7	9.8	10.7	9.9	8.4	7.3	7.7	7.5	6.8
萨克森	13.6	17.0	18.3	17.0	14.7	12.8	12.9	11.8	10.6
萨克森—安哈特	15.7	20.2	20.2	18.3	15.9	13.9	13.6	12.5	11.6
石勒苏益格—荷尔斯泰因	8.1	8.5	11.6	10.0	8.4	7.6	7.8	7.5	7.2
图林根	14.1	15.4	17.1	15.6	13.1	11.2	11.4	9.8	8.8
男　　性									
德国	8.5	9.2	11.7	10.5	8.5	7.4	8.3	7.9	7.1
巴登—符腾堡	6.5	5.0	6.7	5.9	4.4	3.7	5.2	4.9	3.9
巴伐利亚	5.8	5.2	7.6	6.4	4.8	3.9	4.9	4.5	3.7
柏林	12.6	16.9	20.5	18.9	16.7	15.0	15.2	14.7	14.3
不来梅	13.5	14.0	17.5	15.5	12.9	11.5	12.4	12.6	12.1
勃兰登堡	9.2	15.4	18.6	17.0	14.3	12.8	12.8	11.7	11.1
汉堡	10.6	9.8	12.0	11.6	9.6	8.5	9.4	8.9	8.4
黑森	7.5	7.2	9.6	8.9	7.1	6.2	6.8	6.4	5.7
梅克伦堡—前波莫瑞	11.2	16.5	21.0	19.1	16.2	14.0	14.4	13.7	13.3
下萨克森	9.4	9.0	11.6	10.1	8.2	7.2	7.8	7.6	6.8
北莱茵—威斯特法伦	9.6	9.1	12.1	11.2	9.0	8.1	9.1	8.8	8.1
莱茵兰—普法尔茨	7.3	6.9	8.7	7.6	6.0	5.3	6.2	5.8	5.2
萨尔	11.1	9.9	10.5	9.4	7.7	6.8	7.8	7.6	6.7
萨克森	8.6	15.3	18.0	16.3	13.6	12.1	13.2	12.1	10.7
萨克森—安哈特	11.6	18.2	20.0	17.7	14.8	13.1	13.8	12.7	11.7
石勒苏益格—荷尔斯泰因	8.2	8.9	11.9	9.9	8.1	7.5	8.2	7.9	7.5
图林根	9.6	13.4	16.5	14.5	11.7	10.2	11.2	9.9	8.7

（续表）

州	1995	2000	2005	2006	2007	2008	2009	2010	2011
	单位：%								
女　　性									
德国	10.6	10.0	11.7	11.0	9.6	8.2	7.9	7.5	7.0
巴登—符腾堡	6.9	5.7	7.4	6.8	5.6	4.6	5.0	4.9	4.2
巴伐利亚	6.4	5.7	8.1	7.3	6.0	4.5	4.7	4.4	3.9
柏林	12.2	14.5	17.4	15.9	14.1	12.6	12.7	12.3	12.1
不来梅	12.1	11.4	16.0	13.9	12.4	11.3	11.1	11.2	11.1
勃兰登堡	18.0	18.6	17.7	17.0	15.2	13.1	11.7	10.5	10.3
汉堡	8.2	7.5	10.5	10.2	8.7	7.7	7.8	7.5	7.2
黑森	7.6	7.2	9.7	9.4	8.0	6.9	6.7	6.4	6.0
梅克伦堡—前波莫瑞	19.8	19.1	19.7	19.0	16.8	14.1	12.6	11.6	11.7
下萨克森	10.4	9.4	11.7	10.9	9.5	8.1	7.6	7.4	7.0
北莱茵—威斯特法伦	9.9	9.0	11.8	11.5	10.1	8.9	8.7	8.5	8.1
莱茵兰—普法尔茨	8.0	7.5	8.9	8.3	7.1	6.0	6.0	5.7	5.4
萨尔	10.2	9.4	11.0	10.3	9.2	7.8	7.6	7.4	6.9
萨克森	19.0	18.6	18.6	17.9	15.9	13.5	12.5	11.5	10.6
萨克森—安哈特	20.1	22.1	20.7	19.1	17.1	14.8	13.3	12.1	11.5
石勒苏益格—荷尔斯泰因	8.0	7.9	11.2	9.9	8.7	7.7	7.4	7.1	6.9
图林根	19.1	17.3	17.9	16.9	14.7	12.4	11.5	9.8	9.0

＊ 失业者在所有可以工作的人中（职员、个体就业者、帮忙的家庭成员）所占的百分比，参照 A2 部分的解释

来源：联邦劳动局 2012 年统计数据

表 A2－2A　1995—2010 年联邦、各州和乡镇在税收分配前的税收收入（单位：百万欧元）

税　收　形　式	1995	2000	2002	2004	2006	2008	2009	2010
	单位：百万欧元							
总税收	416 337	467 177	441 628	442 761	488 444	561 182	524 000	530 587
其中								
基本法第 106 条第三款规定的共享税	296 128	333 253	303 291	296 470	329 302	396 472	370 676	372 857
联邦税收	68 547	75 504	83 494	84 554	84 215	86 302	89 318	93 426
关税	3 639	3 394	2 896	3 059	3 880	4 002	3 604	4 378
州税收	18 714	18 444	18 576	19 797	21 729	21 937	16 375	12 146
乡镇税收	29 308	36 583	33 372	38 882	49 319	52 468	44 028	47 780

来源：联邦及各州统计局，税收统计

表 A3－1A　2006、2010 年不同年龄层、移民背景和地区的德国人口生活形式

特　征	总人口	有孩子的家庭						夫妻	生活伴侣	单身者
		夫　妻		同　居		单　亲				
		父母	孩子	父母	孩子	父母	孩子			
	单位：千	单位：%								
2006										
德　国										
总人口[1]	81 690.4	22.0	19.0	1.8	1.3	3.3	4.5	23.7	4.1	20.2
年龄段										
25 岁以下	21 003.5	0.9	68.1	0.5	5.1	0.5	14.6	0.9	2.4	7.0
25—35	9 777.1	27.8	9.8	4.8	0.2	3.8	2.8	10.0	11.9	29.0
35—45	13 665.5	52.3	1.6	4.8	/	6.7	1.4	9.3	5.0	19.0
45—55	11 886.4	46.1	0.4	1.9	/	5.9	1.0	24.4	3.6	16.7
55—65	9 649.9	18.8	0.1	0.4	/	2.5	0.4	56.1	2.8	19.0
65 岁及以上	15 707.9	4.1	/	0.1	0.0	2.1	0.0	54.8	1.9	37.0
其中 45 岁以下	44 446.1	22.6	34.8	2.8	2.5	3.1	7.9	5.5	5.3	15.5
其中 45 岁及以上	37 244.2	21.3	0.1	0.7	/	3.4	0.4	45.5	2.7	25.8
旧联邦州										
总人口[1]	65 170.0	23.0	20.3	1.4	1.0	3.1	4.3	23.2	4.1	19.5
年龄段										
25 岁以下	17 138.6	1.0	71.5	0.4	3.9	0.4	13.6	1.0	2.3	6.1
25—35	7 808.7	29.9	9.9	3.1	0.2	3.3	2.7	11.1	12.2	27.8
35—45	10 987.5	53.7	1.6	3.7	/	6.1	1.4	9.9	5.2	18.5
45—55	9 297.0	48.6	0.4	1.7	/	5.8	1.1	22.8	3.5	16.1
55—65	7 591.3	20.5	0.1	0.4	0.0	2.6	0.4	54.7	2.8	18.7
65 岁及以上	12 346.9	4.3	/	0.1	0.0	2.2	0.0	54.5	1.9	37.0
其中 45 岁以下	35 934.8	23.4	36.7	2.0	1.9	2.8	7.5	5.9	5.3	14.6
其中 45 岁及以上	29 235.2	22.6	0.2	0.7	/	3.4	0.5	44.5	2.6	25.6
新联邦州										
总人口[1]	16 520.4	18.0	13.9	3.6	2.5	4.0	5.2	25.7	4.1	22.9
年龄段										
25 岁以下	3 864.9	0.7	53.1	1.2	10.8	0.9	19.0	0.5	3.1	10.8
25—35	1 968.5	19.6	9.4	11.3	/	6.1	3.2	5.5	11.1	33.6

（续表）

特 征	总人口	有孩子的家庭						夫 妻	生活伴侣	单身者
		夫 妻		同 居		单 亲				
		父母	孩子	父母	孩子	父母	孩子			
	单位：千	单位：%								
35—45	2 678.0	46.6	1.6	9.4	/	8.9	1.4	7.0	4.2	20.9
45—55	2 589.4	37.0	0.4	2.6	/	6.1	0.9	30.2	3.8	19.0
55—65	2 058.6	12.6	/	0.4	/	2.2	0.3	61.2	3.1	20.1
65 岁及以上	3 361.0	3.0	0.0	/	0.0	1.9	/	56.0	2.1	36.9
其中 45 岁以下	8 511.4	19.5	26.8	6.1	4.9	4.6	9.8	3.7	5.3	19.2
其中 45 岁及以上	8 009.0	16.5	0.1	1.0	/	3.3	0.4	49.0	2.9	26.8
有移民背景										
总人口[1]	15 092.8	28.2	30.3	1.0	1.0	2.9	4.6	16.3	2.4	13.4
年龄段										
25 岁以下	5 638.9	2.0	76.6	0.2	2.6	0.3	10.7	1.9	1.2	4.3
25—35	2 551.1	43.7	8.6	2.2	/	3.7	2.3	13.6	5.5	20.2
35—45	2 393.8	64.7	1.0	2.3	/	6.3	0.6	8.8	2.4	13.9
45—55	1 880.2	54.1	/	1.2	0.0	5.9	0.3	23.0	2.1	13.2
55—65	1 390.2	26.9	/	/	0.0	3.3	/	49.2	1.7	18.4
65 岁及以上	1 238.6	6.5	0.0	/	0.0	1.9	/	55.1	2.0	34.5
其中 45 岁以下	10 583.8	26.2	43.1	1.2	1.4	2.5	6.4	6.3	2.6	10.3
其中 45 岁及以上	4 509.0	32.6	0.1	0.6	0.0	4.0	0.2	39.9	1.9	20.7
无移民背景										
总人口[1]	66 457.8	20.7	16.4	2.0	1.4	3.3	4.5	25.4	4.5	21.8
年龄段										
25 岁以下	15 279.4	0.5	65.1	0.6	6.0	0.5	16.0	0.5	2.8	8.0
25—35	7 187.5	22.3	9.9	5.7	0.2	3.9	2.9	8.7	14.2	32.2
35—45	11 262.0	49.7	1.6	5.3	/	6.8	1.5	9.4	5.5	20.1
45—55	10 002.7	44.6	0.4	2.1	/	5.8	1.1	24.7	3.8	17.4
55—65	8 258.4	17.4	/	0.4	/	2.4	0.4	57.3	3.0	19.1
65 岁及以上	14 467.9	3.8	/	0.1	0.0	2.1	0.0	54.8	1.9	37.2
其中 45 岁以下	33 728.9	21.6	32.1	3.3	2.8	3.3	8.4	5.2	6.1	17.2
其中 45 岁及以上	32 729.0	19.7	0.2	0.8	/	3.3	0.5	46.2	2.8	26.6

（续表）

特 征	总人口	有孩子的家庭						夫妻	生活伴侣	单身者
		夫　妻		同　居		单　亲				
		父母	孩子	父母	孩子	父母	孩子			
	单位：千	单位：%								
2010										
德　国										
总人口[1]	80 969.4	20.5	17.8	2.0	1.4	3.3	4.6	24.3	4.6	21.5
年龄段										
25 岁以下	19 869.3	0.7	66.4	0.5	5.6	0.4	15.6	0.7	2.6	7.6
25—35	9 753.5	24.0	9.7	5.3	0.2	3.7	2.9	9.4	13.3	31.5
35—45	11 925.9	50.2	1.6	5.1	/	6.8	1.3	9.1	5.3	20.5
45—55	12 902.1	44.0	0.5	2.4	/	6.2	1.0	22.6	4.3	18.9
55—65	9 960.5	18.9	0.1	0.5	/	2.8	0.5	53.3	3.2	20.6
65 岁及以上	16 558.1	3.6	/	/	/	1.9	0.0	56.4	2.1	35.8
其中 45 岁以下	41 548.7	20.4	34.5	3.0	2.7	3.0	8.5	5.1	5.9	16.9
其中 45 岁及以上	39 420.7	20.7	0.2	0.9	/	3.5	0.5	44.6	3.1	26.4
旧联邦州										
总人口[1]	64 808.4	21.7	19.2	1.5	1.1	3.1	4.5	23.6	4.5	20.8
年龄段										
25 岁以下	16 429.9	0.7	69.7	0.4	4.3	0.4	14.6	0.7	2.4	6.9
25—35	7 739.6	25.8	9.9	3.8	0.2	3.2	2.8	10.4	13.4	30.5
35—45	9 665.1	52.0	1.6	3.9	/	6.2	1.3	9.4	5.4	20.1
45—55	10 226.2	47.1	0.5	2.2	/	6.2	1.1	20.6	4.1	18.2
55—65	7 811.2	20.7	0.1	0.5	/	3.0	0.5	51.9	3.1	20.2
65 岁及以上	12 936.3	4.0	/	0.1	/	2.0	0.0	56.2	2.1	35.6
其中 45 岁以下	33 834.7	21.1	36.6	2.2	2.1	2.7	8.1	5.4	5.8	16.1
其中 45 岁及以上	30 973.7	22.4	0.2	0.9	/	3.6	0.5	43.4	3.0	26.0
新联邦州										
总人口[1]	16 161.0	15.7	12.1	3.7	2.6	3.8	5.1	27.5	4.9	24.5
年龄段										
25 岁以下	3 439.4	0.4	50.5	1.0	11.9	0.8	20.4	0.4	3.8	10.8
25—35	2 013.9	17.3	8.5	11.4	0.4	5.6	3.1	5.4	13.1	35.2

（续表）

特 征	总人口	有孩子的家庭						夫 妻	生活伴侣	单身者
		夫 妻		同 居		单 亲				
		父母	孩子	父母	孩子	父母	孩子			
	单位：千	单位：%								
35—45	2 260.8	42.6	1.4	10.6	/	9.0	1.3	7.9	4.8	22.3
45—55	2 675.8	32.3	0.5	3.2	/	6.2	0.9	30.2	4.9	21.9
55—65	2 149.3	12.4	/	0.6	/	2.4	0.4	58.4	3.7	22.1
65 岁及以上	3 621.8	2.4	/	/	/	1.6	/	57.5	2.2	36.2
其中 45 岁以下	7 714.0	17.2	25.2	6.5	5.4	4.5	10.3	3.9	6.5	20.5
其中 45 岁及以上	8 447.0	14.4	0.2	1.2		3.2	0.4	49.1	3.5	28.1
有移民背景										
总人口[1]	15 704.6	26.4	29.1	1.2	1.2	3.2	5.1	16.5	2.5	14.8
年龄段										
25 岁以下	5 623.7	1.2	76.1	0.3	3.3	0.3	12.4	1.3	1.0	4.1
25—35	2 478.0	38.4	9.8	2.9	/	3.8	2.6	12.5	6.2	23.6
35—45	2 509.5	62.1	1.3	2.5	/	7.0	0.7	8.1	2.7	15.4
45—55	2 100.2	52.4	0.3	1.5	/	6.4	0.5	20.9	2.5	15.5
55—65	1 534.5	23.6	/	0.4	/	3.8	0.3	49.3	2.1	20.5
65 岁及以上	1 458.8	6.8	/	/	/	2.1	/	56.0	1.6	33.4
其中 45 岁以下	10 611.1	24.3	42.9	1.4	1.8	2.7	7.4	5.5	2.7	11.3
其中 45 岁及以上	5 093.5	30.6	0.1	0.8	0.0	4.4	0.3	39.5	2.1	22.1
无移民背景										
总人口[1]	65 264.8	19.1	15.1	2.2	1.5	3.3	4.5	26.2	5.1	23.2
年龄段										
25 岁以下	14 245.6	0.4	62.5	0.6	6.5	0.5	16.8	0.4	3.3	8.9
25—35	7 275.5	19.1	9.6	6.2	0.2	3.7	3.0	8.3	15.7	34.1
35—45	9 416.5	47.1	1.7	5.8	/	6.7	1.4	9.4	6.0	21.9
45—55	10 801.9	42.4	0.5	2.6	/	6.1	1.1	22.9	4.7	19.6
55—65	8 426.0	18.1	0.1	0.6	/	2.7	0.5	54.1	3.4	20.6
65 岁及以上	15 099.3	3.3	/	0.1	/	1.9	0.0	56.5	2.2	36.0
其中 45 岁以下	30 937.6	19.0	31.5	3.5	3.1	3.1	8.9	5.0	7.0	18.8
其中 45 岁及以上	34 327.2	19.2	0.2	1.0	/	3.4	0.5	45.3	3.3	27.1

1）主要居住地的不同家庭/生活方式人口

来源：联邦及各州统计局，2006、2010 年微型人口普查

表 A3－2A　1996、2010 年 65 岁以下女性的就业情况（按照家庭中未满 18 岁且未婚孩子的数量划分）（单位：%）

就业类型	总　数	家庭中未满 18 岁且未婚孩子的数量					
		0	1	2	3	4	5 个及以上
		单位：%					
1996							
总计	100	100	100	100	100	100	100
全时就业	36.9	42.5	34.8	24.6	16.2	14.0	10.1
非全时就业	18.6	14.7	23.5	27.0	21.9	14.0	7.1
未就业	44.5	42.7	41.7	48.3	61.9	72.1	82.2
2010							
总计	100	100	100	100	100	100	100
全时就业	36.9	45.1	27.5	16.1	10.5	6.6	/
非全时就业	32.9	25.8	44.9	51.0	41.0	26.5	16.5
未就业	30.2	29.1	27.5	32.9	48.5	66.9	78.2

来源：联邦及各州统计局，1996、2010 年微型人口普查

表 A3－3A　2005、2007、2009 和 2010 年个别家庭形式及有移民背景的未满 18 岁的孩子的危机状态*（单位：%）

特　征	总计	其　中							
		父母双方均在	单亲	有移民背景	有移民背景的德国人	土耳其出身	其他原客籍劳工国	其他欧盟 27 国	其他欧洲国家
		单位：%							
面临父母文化水平不高的危机		文化水平低于 ISCED 3							
2005	13.5	11.1	26.4	30.1	21.3	60.3	38.6	11.0	23.4
2007	12.5	10.2	24.7	28.3	21.0	57.1	34.7	9.6	24.0
2009	12.0	9.6	24.0	26.4	20.7	50.7	33.5	12.8	17.7
2010	11.6	9.2	23.9	25.6	20.5	51.7	32.7	9.1	15.6
社会危机		无　业							
2005	12.3	7.4	38.6	18.9	15.3	22.0	18.5	12.9	27.8
2007	10.6	6.0	34.8	16.6	14.0	20.5	14.4	11.5	21.2
2009	10.6	5.8	34.6	16.4	14.2	19.3	13.6	13.4	20.9
2010	10.1	5.3	33.5	15.2	13.0	18.7	14.0	10.1	19.8
经济危机		家庭等值收入低于平均收入水平的 60%							
2005	19.5	15.8	39.5	32.8	26.7	40.1	34.6	19.5	46.6
2007	18.3	14.5	38.5	31.1	25.9	39.7	31.8	21.4	41.2
2009	18.6	14.4	39.8	31.0	26.9	39.6	30.5	24.0	38.5
2010	18.1	14.0	38.4	30.0	26.3	40.6	28.6	21.1	36.4

（续表）

特　征	总计	其　中							
		父母双方均在	单亲	有移民背景	有移民背景的德国人	土耳其出身	其他原客籍劳工国	其他欧盟27国	其他欧洲国家
		单位：%							
总计		三种危机全有							
2005	4.0	2.3	13.3	8.3	5.5	14.5	8.8	4.1	8.0
2007	3.5	2.0	11.6	7.3	5.1	12.9	7.6	3.2	7.4
2009	3.5	2.0	11.5	7.0	5.3	11.6	7.2	4.3	5.8
2010	3.4	1.8	11.4	6.7	5.1	11.5	7.5	2.8	/
总计		至少一种危机							
2005	32.4	26.4	65.5	54.0	44.7	75.5	61.3	31.7	64.3
2007	29.8	23.7	61.8	50.8	43.0	73.1	55.2	32.5	59.2
2009	28.4	22.2	59.4	48.3	42.1	69.4	52.5	34.4	52.7
2010	28.6	22.5	58.4	48.0	42.3	70.7	52.6	30.5	50.6

* 普通学校学历，就业情况和等值收入情况（在全德国境内等值家庭收入的基础上换算得出）

来源：联邦及各州统计局，2005、2007、2009、2010 年微型人口普查

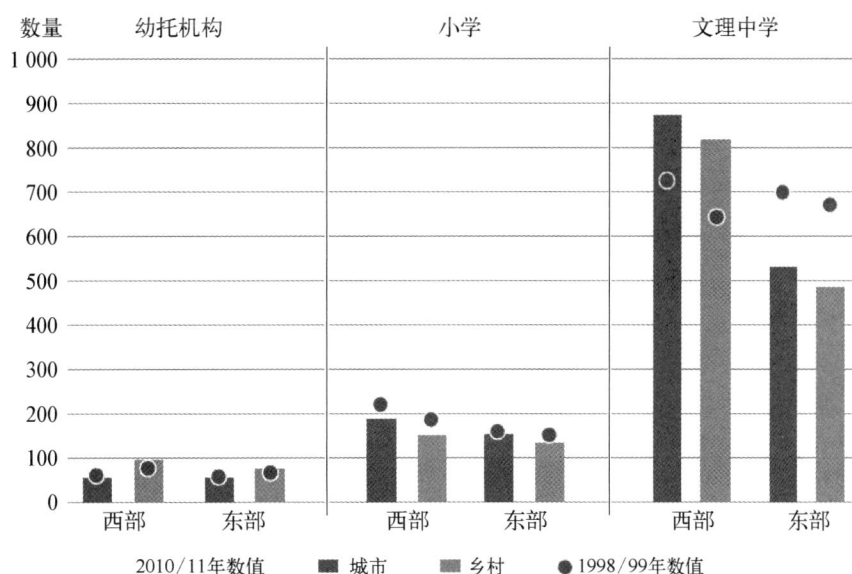

图 B1‑2A　1998/99 和 2010/11 学年德国东西部个别教育领域和区域类型*中各教育机构的教育参与者（数量）

* 城市概括了"核心城市"和"密集周边"两种区域类型，乡村概括了"乡村周边"和"乡村地区"两种区域类型。

来源：联邦及各州统计局，儿童和青少年福利中心数据统计，学校数据统计，高校数据统计，人口统计，自己计算得出

表 B1–1A　1998/99 和 2010/11 学年不同教育领域和各州教育机构的教育参与者数量

数量　2010/11

州	幼托机构[1]	普通教育学校						职业教育学校		高等学校	总计
		总计	小学	普通中学	实科中学	文理中学	提供多种教育的学校类型/IGS	总计	其中 职业学校		
德国	3 122 700	8 796 894	2 837 737	703 525	1 166 509	2 475 174	955 622	2 687 974	1 697 868	2 217 294	16 824 862
旧联邦州[2]	2 280 933	7 466 087	2 358 413	695 415	1 150 987	2 144 731	640 379	2 245 391	1 416 894	1 762 335	13 754 746
新联邦州[2]	716 577	1 006 201	378 404	—	159	252 385	264 592	349 698	223 457	307 929	2 380 405
巴登—符腾堡	389 657	1 227 748	388 632	151 731	245 352	345 998	4 211	415 166	210 031	290 286	2 322 857
巴伐利亚	469 918	1 390 141	445 333	220 001	265 723	387 761	2 038	389 577	285 106	287 432	2 537 068
柏林	125 190	324 606	100 920	8 110	15 363	78 058	50 651	92 885	57 517	147 030	689 711
勃兰登堡	151 502	216 358	76 192	—	—	48 877	39 812	55 831	39 983	50 941	474 632
不来梅	22 853	68 183	20 674	58	—	23 441	19 497	27 133	19 590	31 848	150 017
汉堡	75 946	179 516	51 249	1 976	1 944	53 167	51 076	60 302	42 697	80 115	395 879
黑森	233 930	663 949	209 767	26 291	85 817	209 921	71 595	192 804	119 988	196 545	1 287 228
梅克伦堡—前波莫瑞	91 004	129 444	48 776	—	159	26 576	42 844	44 454	31 614	39 562	304 464
下萨克森	273 058	927 446	296 538	81 286	187 756	274 092	39 920	282 742	169 536	149 899	1 633 145
北莱茵—威斯特法伦	545 772	2 141 044	662 965	188 382	311 045	596 863	238 043	613 260	399 090	535 454	3 835 530
莱茵兰—普法尔茨	142 108	451 008	145 693	9 403	15 679	138 882	122 517	129 098	81 145	113 069	835 283
萨尔	31 251	98 173	31 304	265	1 333	27 209	31 944	37 441	23 063	25 343	192 208
萨克森	259 035	311 993	121 863	—	—	82 571	84 405	123 727	71 701	109 761	804 516
萨克森—安哈特	131 615	175 319	65 644	—	—	47 015	48 307	60 355	41 089	54 078	421 367
石勒苏益格—荷尔斯泰因	96 440	318 879	106 258	16 022	36 338	87 397	59 538	97 868	66 648	52 344	565 531
图林根	83 421	173 087	65 929	—	—	47 346	49 224	65 331	39 070	53 587	375 426

（续表）

1998/99　数量

州	幼托机构[1]	普通教育学校						职业教育学校		高等学校	总　计
		总计	小学	其中				总计	其中 职业学校		
				普通中学	实科中学	文理中学	提供多种教育类型的学校类型/IGS				
德国	3 104 441	10 107 641	3 602 000	1 097 978	1 247 635	2 223 398	934 193	2 600 918	1 791 140	1 800 651	17 613 651
旧联邦州[2]	2 300 481	7 805 173	2 919 921	1 056 356	1 041 621	1 707 040	413 124	2 002 333	1 344 292	1 474 515	13 582 502
新联邦州[2]	662 191	1 888 308	552 612	25 444	174 658	431 517	467 076	507 419	378 895	194 361	3 252 279
巴登—符腾堡	451 675	1 276 629	486 737	207 386	216 465	279 141	3 888	355 314	209 882	188 512	2 272 130
巴伐利亚	417 648	1 415 980	540 457	318 536	170 577	312 040	3 105	369 855	290 252	233 116	2 436 599
柏林	141 769	414 160	129 467	16 178	31 356	84 841	53 993	91 166	67 953	131 775	778 870
勃兰登堡	163 387	376 863	95 478	—	23 071	69 439	107 798	80 640	63 278	27 531	648 421
不来梅	22 959	74 815	26 166	5 047	6 648	14 916	4 018	24 951	18 377	25 978	148 703
汉堡	54 255	175 776	54 632	13 474	8 978	45 432	35 187	55 117	37 776	65 141	350 289
黑森	224 390	696 753	258 510	36 939	86 490	168 256	65 747	181 258	130 061	148 907	1 251 308
梅克伦堡—前波莫瑞	93 753	264 068	78 747	14 738	75 685	62 077	16 705	72 125	57 986	23 900	453 846
下萨克森	247 626	958 635	364 864	86 244	115 324	153 461	25 595	253 965	176 487	153 641	1 613 867
北莱茵—威斯特法伦	597 732	2 281 429	827 580	273 214	305 251	529 621	207 039	523 571	309 855	515 678	3 918 410
莱茵兰—普法尔茨	160 261	481 727	187 878	71 698	65 941	109 642	27 388	120 694	86 013	80 418	843 100
萨尔	37 543	121 600	46 417	3 178	9 591	28 393	28 684	34 869	24 129	21 063	215 075
萨克森	228 004	568 299	173 383	—	75 902	145 431	218 147	168 202	123 533	76 678	1 041 183
萨克森—安哈特	97 800	353 912	107 922	10 706		68 371	2 415	93 230	68 558	32 894	577 836
石勒苏益格—荷尔斯泰因	86 392	321 829	126 680	40 640	56 356	66 138	12 473	82 739	61 460	42 061	533 021
图林根	79 247	325 166	97 082	—	—	86 199	122 011	93 222	65 540	33 358	530 993

（续表）

州	幼托机构[1]	普通教育学校						职业教育学校		高等学校	总　计
		总　计	其中：小学	中				总计	其中：职业学校		
				普通中学	实科中学	文理中学	提供多种教育的学校类型/IGS				
		1998/99—2010/11 变化			数		量				
德国	18 259	-1 310 747	-764 263	-394 453	-81 126	251 776	21 429	87 056	-93 272	416 643	-788 789
旧联邦州[2]	-19 548	-339 086	-561 508	-360 941	109 366	437 691	227 255	243 058	72 602	287 820	172 244
新联邦州[2]	54 386	-882 107	-174 208	-25 444	-174 499	-179 132	-202 484	-157 721	-155 438	113 568	-871 874
巴登—符腾堡	-62 018	-48 881	-98 105	-55 655	28 887	66 857	323	59 852	149	101 774	50 727
巴伐利亚	52 270	-25 839	-95 124	-98 535	95 146	75 721	-1 067	19 722	-5 146	54 316	100 469
柏林	-16 579	-89 554	-28 547	-8 068	-15 993	-6 783	-3 342	1 719	-10 436	15 255	-89 159
勃兰登堡	-11 885	-160 505	-19 286	—	-23 071	-20 562	-67 986	-24 809	-23 295	23 410	-173 789
不来梅	-106	-6 632	-5 492	-4 989	-6 648	8 525	15 479	2 182	1 213	5 870	1 314
汉堡	21 691	3 740	-3 383	-11 498	-7 034	7 735	15 889	5 185	4 921	14 974	45 590
黑森	9 540	-32 804	-48 743	-10 648	-673	41 665	5 848	11 546	-10 073	47 638	35 920
梅克伦堡—前波莫瑞	-2 749	-134 624	-29 971	-14 738	-75 526	-35 501	26 139	-27 671	-26 372	15 662	-149 382
下萨克森	25 432	-31 189	-68 326	-4 958	72 432	120 631	14 325	28 777	-6 951	-3 742	19 278
北莱茵—威斯特法伦	-51 960	-140 385	-164 615	-84 832	5 794	67 242	31 004	89 689	89 235	19 776	-82 880
莱茵兰—普法尔茨	-18 153	-30 719	-42 185	-62 295	-50 262	29 240	95 129	8 404	-4 868	32 651	-7 817
萨尔	-6 292	-23 427	-15 113	-2 913	-8 258	-1 184	3 260	2 572	-1 066	4 280	-22 867
萨克森	31 031	-256 306	-51 520	—	—	-62 860	-133 742	-44 475	-51 832	33 083	-236 667
萨克森—安哈特	33 815	-178 593	-42 278	-10 706	-75 902	-21 356	45 892	-32 875	-27 469	21 184	-156 469
石勒苏益格—荷尔斯泰因	10 048	-2 950	-20 422	-24 618	-20 018	21 259	47 065	15 129	5 188	10 283	32 510
图林根	4 174	-152 079	-31 153	—	—	-38 853	-72 787	-27 891	-26 470	20 229	-155 567

1) 幼托机构指的是1998年可用名额的总数。
2) 新旧联邦州不包含柏林
来源：联邦及各州统计局、儿童和青少年福利中心数据统计、学校数据统计、高校数据统计

表 B1－2A　1998/99 和 2010/11 学年不同教育领域和各州各教育机构的教育参与者情况（数量）

州	幼托机构[1]	普通教育学校						职业教育学校		高等学校
		总计	其中					总计	其中	
			小学	普通中学	实科中学	文理中学	提供多种教育的学校类型/ IGS		职业学校	
					数　量					
2010/11										
德国	61	255	174	189	478	799	382	303	574	3 974
旧联邦州[2]	56	271	179	189	486	862	555	327	622	4 079
新联邦州[2]	83	182	141	—	32	505	225	207	378	3 581
巴登—符腾堡	47	213	153	141	502	771	1 404	273	455	3 262
巴伐利亚	56	294	184	207	600	939	1 019	390	1 250	4 290
柏林	63	237	233	189	233	697	289	300	639	3 676
勃兰登堡	86	150	151	—	—	509	211	332	1 025	3 396
不来梅	53	239	205	58	—	361	238	399	933	3 981
汉堡	72	220	235	43	41	782	393	347	502	3 483
黑森	59	226	176	100	310	734	702	304	474	4 368
梅克伦堡—前波莫瑞	88	181	151	—	32	369	207	269	632	4 945
下萨克森	58	240	164	163	373	932	624	299	494	4 051
北莱茵—威斯特法伦	58	351	209	294	552	953	1 058	377	626	4 697
莱茵兰—普法尔茨	59	274	149	154	475	951	530	315	644	4 038
萨尔	67	282	194	265	444	777	463	201	259	4 224
萨克森	93	208	145	—	—	558	249	167	242	3 326
萨克森—安哈特	76	184	119	—	—	553	261	215	571	3 380
石勒苏益格—荷尔斯泰因	57	293	186	433	3 303	832	243	321	1 960	3 490
图林根	63	188	139	—	—	478	194	197	292	3 828
1998/99										
德国	64	239	204	187	360	705	432	302	539	3 889
旧联邦州[2]	62	248	214	201	416	712	666	306	539	4 018
新联邦州[2]	73	209	157	49	201	686	318	278	517	2 430
巴登—符腾堡	62	221	192	169	474	669	1 296	230	331	2 582
巴伐利亚	58	269	225	192	434	782	1 035	353	1 225	4 317
柏林	68	226	259	197	356	668	750	391	686	8 236
勃兰登堡	83	219	174	—	300	668	410	576	2 109	2 294
不来梅	57	177	267	123	158	216	365	324	497	5 196
汉堡	61	199	240	89	145	622	445	298	444	6 514
黑森	61	226	219	117	305	599	739	281	471	3 818

(续表)

州	幼托机构[1]	普通教育学校						职业教育学校		高等学校
		总计	其　中					总计	其中	
			小学	普通中学	实科中学	文理中学	提供多种教育的学校类型/ IGS		职业学校	
					数　量					
梅克伦堡—前波莫瑞	84	176	161	66	216	653	101	368	716	3 983
下萨克森	66	199	194	160	262	581	692	278	512	3 201
北莱茵—威斯特法伦	64	314	240	363	583	853	963	435	591	5 927
莱茵兰—普法尔茨	70	259	191	256	578	800	403	287	448	2 681
萨尔	75	227	172	—	457	767	305	182	265	3 511
萨克森	78	247	152	—	—	769	337	208	323	2 556
萨克森—安哈特	58	150	141			534	64	276	788	1 935
石勒苏益格—荷尔斯泰因	53	206	202	158	339	655	594	267	854	2 804
图林根	56	284	170	—	—	763	344	274	431	2 224
1998/99—2010/11 变化										
德国	− 4	16	− 30	1	118	94	− 50	1	35	85
旧联邦州[2]	− 6	23	− 35	− 12	70	151	− 111	21	83	62
新联邦州[2]	10	− 27	− 17	− 49	− 169	− 181	− 93	− 71	− 139	1 151
巴登—符腾堡	− 15	− 8	− 40	− 28	28	101	108	43	124	679
巴伐利亚	− 2	25	− 41	15	166	157	− 16	37	26	− 27
柏林	− 5	10	− 26	− 9	− 124	29	− 460	− 92	− 47	− 4 560
勃兰登堡	3	− 69	− 24	—	− 300	− 159	− 199	− 244	− 1 084	1 102
不来梅	− 4	62	− 62	− 65	− 158	144	− 128	75	436	− 1 215
汉堡	11	21	− 5	− 46	− 103	160	− 53	49	58	− 3 031
黑森	− 2	0	− 43	− 17	5	135	− 37	23	3	550
梅克伦堡—前波莫瑞	4	5	− 10	− 66	− 184	− 284	106	− 99	− 84	962
下萨克森	− 7	41	− 30	3	112	351	− 68	21	− 17	850
北莱茵—威斯特法伦	− 6	37	− 31	− 69	− 30	101	95	− 58	34	− 1 230
莱茵兰—普法尔茨	− 11	14	− 42	− 102	− 103	151	128	28	196	1 358
萨尔	− 8	55	23	265	− 12	10	158	20	− 6	713
萨克森	15	− 39	− 6	—	—	− 212	− 88	− 41	− 80	770
萨克森—安哈特	19	34	− 22	—	—	19	198	− 61	− 217	1 445
石勒苏益格—荷尔斯泰因	4	87	− 16	276	2 964	178	− 351	54	1 107	686
图林根	7	− 96	− 30	—	—	− 285	− 150	− 77	− 140	1 604

1) 幼托机构指的是 1998 年可用名额的总数。

2) 新旧联邦州不包含柏林

来源:联邦及各州统计局,儿童和青少年福利中心数据统计,学校数据统计,高校数据统计

表 B2‑1A　2009/10 年不同职能和联邦州的教育领域工作者

州	工作者总数		其　　中			
			科教工作者		其他工作者	
	数　量	VZÄ[1]	数　量	VZÄ[1]	数　量	VZÄ[1]
巴登—符腾堡	334 000	235 100	263 000	186 300	71 100	48 700
巴伐利亚	332 400	240 100	260 100	187 900	72 300	52 100
柏林	101 200	79 500	76 200	58 500	25 000	21 100
勃兰登堡	51 600	41 000	43 600	34 700	8 000	6 300
不来梅	18 600	13 900	15 300	11 300	3 300	2 600
汉堡	54 500	42 200	40 500	30 900	14 000	11 200
黑森	163 900	117 700	130 000	94 000	34 000	23 700
梅克伦堡—前波莫瑞	40 100	32 400	29 900	24 200	10 200	8 100
下萨克森	202 900	153 100	157 700	122 100	45 200	31 000
北莱茵—威斯特法伦	432 600	335 700	352 400	275 400	80 200	60 300
莱茵兰—普法尔茨	109 700	77 500	86 700	62 200	23 000	15 300
萨尔	21 600	16 900	18 000	14 400	3 600	2 500
萨克森	101 100	77 100	81 800	61 800	19 300	15 300
萨克森—安哈特	54 200	42 600	43 500	33 700	10 800	9 000
石勒苏益格—荷尔斯泰因	69 500	52 500	52 400	40 500	17 100	11 900
图林根	59 100	46 200	45 000	34 800	14 100	11 400
德国	2 147 000	1 603 500	1 696 100	1 272 900	450 900	330 600
其中						
幼托和保育机构	525 300	398 600	440 300	354 900	85 000	43 700
普通教育和职业教育学校	1 082 900	826 500	957 700	735 700	125 200	90 800
高等学校	538 900	378 400	298 200	182 300	240 700	196 100
其中						
教学	×	111 600	×	81 200	×	30 400
研发	×	105 300	×	74 600	×	30 700
医疗	×	102 200	×	25 400	×	76 800
服务[2]	×	59 300	×	1 100	×	58 200

　　1) VZÄ＝全时等量（参看：词汇表）。对保育人员考虑因对孩子的照管程度而产生的非全时因数。对幼托机构考虑精确的每周工作时长（全时＝38.5 小时）。对学校使用 KMK 全时教师标准。对高等学校计算主职非全时工作者时因数为 0.5，副职非全时工作者因数为 0.2。

　　2) 例如图书馆人员和管理人员

　　来源：联邦及各州统计局，2009/10 学年教育人员计算

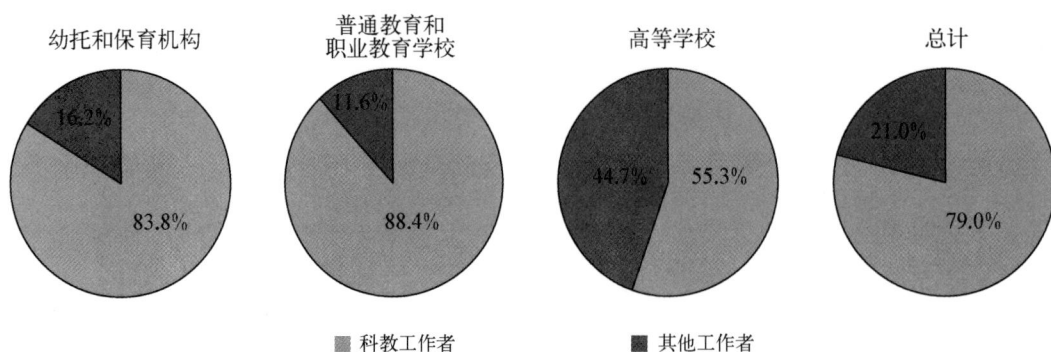

幼托和保育机构　普通教育和职业教育学校　高等学校　总计

16.2%　83.8%　　11.6%　88.4%　　44.7%　55.3%　　21.0%　79.0%

■ 科教工作者　　■ 其他工作者

图 B2 - 3A　2009/10 年不同职能和教育领域的教育工作者（单位：%）

来源：联邦及各州统计局,2009/10 学年教育人员计算　　　　　　　　参看：表 B2 - 1A

表 B2 - 2A　50 岁及以上人员* 在 2009/10 年不同教育领域的科教工作者中、2010 年各州所有就业者中所占比例（单位：%）

州	教育机构总计	其　中			就业者总计
		幼托和保育机构	普通教育和职业教育学校	高等学校	
		单位：%			
德国	38.1	24.5	49.0	23.2	29.3
巴登—符腾堡	37.0	21.4	47.7	25.3	29.7
巴伐利亚	35.6	18.9	46.8	21.3	28.6
柏林	39.4	25.2	56.5	25.2	26.7
勃兰登堡	41.0	36.4	47.2	28.0	32.0
不来梅	41.0	24.7	55.5	29.3	29.4
汉堡	34.7	23.7	49.6	20.6	24.9
黑森	36.7	22.0	47.4	25.4	28.6
梅克伦堡—前波莫瑞	39.9	38.2	47.2	24.1	31.1
下萨克森	38.5	22.9	49.3	21.8	29.3
北莱茵—威斯特法伦	40.3	22.6	53.2	20.2	28.7
莱茵兰—普法尔茨	36.6	24.2	44.9	24.6	30.0
萨尔	37.9	24.6	50.8	19.1	32.1
萨克森	36.9	33.4	44.0	23.4	30.8
萨克森—安哈特	39.5	40.1	41.9	29.1	31.8
石勒苏益格—荷尔斯泰因	37.6	20.9	47.5	26.0	30.3
图林根	42.7	37.1	52.0	21.3	32.0

*　年龄界定以出生年份为准

来源：联邦及各州统计局,2009/10 学年教育人员计算,2010 年微型人口普查

```
教育、研究和科学预算(A+B+C+D)¹⁾　2 248亿欧元—占BIP 9.5%
```

| 教育预算(A+B)²⁾
1 646亿欧元—占BIP 6.9% | 研发预算(C)³⁾
670亿欧元—占BIP 2.8% | 其他教育和科学基本设施(D)
51亿欧元—占BIP 0.2% |

实施考察²⁾
1 646亿欧元—占BIP 6.9%

国际界定教育支出(A)²⁾⁴⁾
1 450亿欧元—占BIP 6.1%

教育机构支出(A30—幼儿园、学校、职业教育、高等学校)
1 264亿欧元—占BPIP 5.3%

教育机构外的采购(A40—补习、学习用品及其他)
55亿欧元—占BIP 0.2%

教育参与者的资助(A50—BaföG成年教育参与者的子女补贴费)
131亿欧元—占BIP 0.6%

国家界定附加教育相关支出(B)
195亿欧元—占BIP 0.8%

企业继续教育支出(B10)
85亿欧元—占BIP 0.4%

继续教育机会支出(B20—托儿所、托管所、业余大学、青年工作)
97亿欧元—占BIP 0.4%

资助参与者继续教育(B30)
14亿欧元—占BIP 0.1%

财政考察
1 646亿欧元—占BIP 6.9%

经济、非营利组织、个人家庭、国外
347亿欧元—占BIP 1.4%

公共领域
1 298亿欧元—占BIP 5.5%

计算方法差异详见2011年教育财政报告第3章，图3

根据财政统计，联邦、各州和乡镇的教育支出
937亿欧元—占BIP 3.8%

幼托机构125亿欧元

学校528亿欧元

高校202亿欧元

教育资助44亿欧元

其他教育事业21亿欧元

青年工作和青年团工作18亿欧元

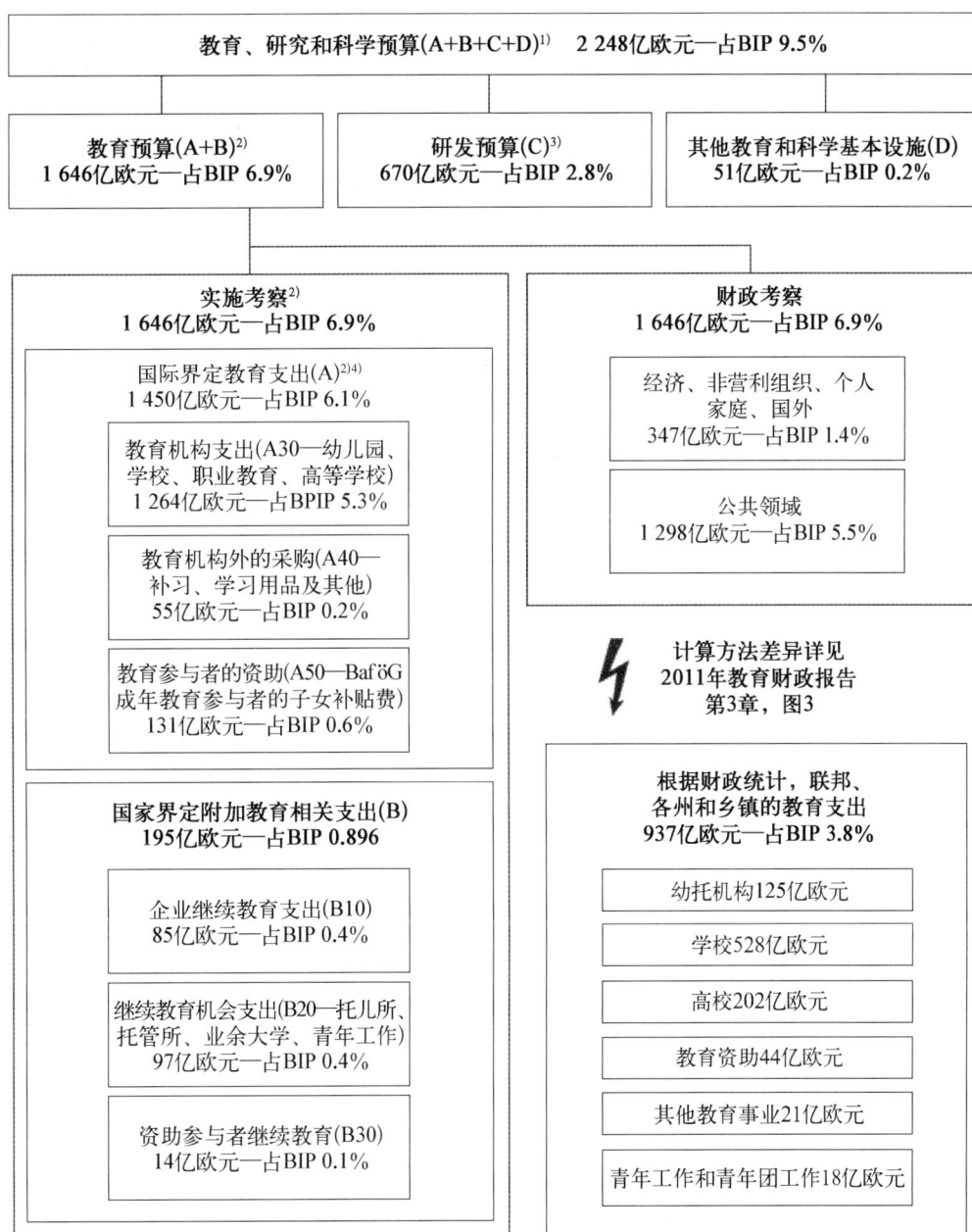

图 B3－3A　2009 年实施考察、财政考察中的教育、研究和科学预算以及 2008 年财政统计中的教育支出

总数可能因化整而略有偏差。
1）高校研发支出合并在内
2）包含高校研发支出 118 亿欧元
3）高校研发支出 118 亿欧元、企业和非大学科研机构的研发支出 552 亿欧元
4）ISCED 教育大纲

来源：联邦及各州统计局，2009/10 学年教育预算

表 B2‑3A　女科教工作者在 2009/10 年不同教育领域和各州所占比例以及 2010 年各州女就业者比例（单位：%）

州	教育机构总计	其　　中			就业者总计
		幼托和保育机构	普通教育和职业教育学校	高等学校	
		单位：%			
德国	68.4	96.7	65.7	35.1	46.3
巴登—符腾堡	64.0	97.3	62.1	32.0	46.2
巴伐利亚	66.2	97.9	63.2	34.2	46.3
柏林	66.9	94.9	70.4	37.0	48.2
勃兰登堡	78.9	96.3	77.1	35.2	47.3
不来梅	62.6	92.0	62.5	34.3	49.6
汉堡	64.7	91.5	64.4	36.8	47.3
黑森	68.0	94.8	63.9	35.9	46.3
梅克伦堡—前波莫瑞	78.1	97.9	78.7	37.7	47.0
下萨克森	68.9	96.3	64.5	37.9	46.1
北莱茵—威斯特法伦	68.4	97.3	65.2	35.6	45.2
莱茵兰—普法尔茨	68.8	96.8	63.4	35.0	45.9
萨尔	64.1	97.5	58.7	36.2	45.9
萨克森	74.5	96.8	75.0	35.5	47.1
萨克森—安哈特	78.2	98.3	77.8	35.3	47.1
石勒苏益格—荷尔斯泰因	69.7	94.9	65.1	36.8	46.6
图林根	74.0	98.3	75.3	36.3	47.2

来源：联邦及各州统计局，2009/10 学年教育人员计算，2010 年微型人口普查

表 B3‑1A　2009 和 2010 年不同教育领域和资助领域的教育预算*（创始资金）

	教育领域	支　　出									
		2009							2010	2009	2010
		公 共 领 域				私人领域	国外	国民经济			
		联邦	各州	乡镇	总计						
		单位：十亿欧元								占 BIP 的百分比	
A	根据 ISCED 分段的国际界定教育预算[1]	15.5	84.5	20.1	120.1	24.5	0.5	145.0	152.6	6.1	6.2
A30	公立和私立教育机构支出	10.0	78.2	18.9	107.0	18.9	0.5	126.4	133.1	5.3	5.4
A31	ISCED 0—学前教育阶段[2]	0.0	4.5	6.1	10.6	4.5	0.0	15.0	/	0.6	/
A32	ISCED 1—4—中小学和相关领域	4.7	51.6	12.5	68.8	9.8	0.0	78.5	/	3.3	/
	其中 普通教育模式	1.3	46.3	8.2	55.8	1.6	0.0	57.5	/	2.4	/
	职业教育模式[3]	1.0	4.9	1.9	7.8	0.2	0.0	8.0	/	0.3	/
	双元制教育中的企业培训[4]	2.5	0.3	0.2	3.0	7.9	0.0	10.9	/	0.5	/

（续表）

教育领域		支 出								2009	2010
		2009							2010		
		公共领域				私人领域	国外	国民经济			
		联邦	各州	乡镇	总计						
		单位：十亿欧元								占BIP的百分比	
A33	ISCED 5/6—高等教育阶段[5]	5.1	19.9	0.2	25.2	4.7	0.5	30.3	/	1.3	/
	其中 高校研发	2.7	6.9	0.0	9.6	1.7	0.5	11.8	/	0.5	/
A34	其他（不归入ISCED等级）[6]	0.1	2.2	0.2	2.5	0.0	0.0	2.5	/	0.1	/
A40	除教育机构外个人家庭用于教育的支出	0.0	0.0	0.0	0.0	5.5		5.5	5.7	0.2	0.2
A50	用于资助ISCED教育参与者的支出	5.5	6.4	1.2	13.1	0.0	0.0	13.1	13.8	0.6	0.6
B	国家界定教育相关附加支出	4.4	1.7	3.6	9.7	9.8		19.5	19.7	0.8	0.8
B10	企业继续教育[7]	0.3	0.5	0.3	1.2	7.3		8.5	8.6	0.3	0.3
B20	继续教育机会支出	2.8	1.2	3.3	7.2	2.5	0.0	9.7	10.0	0.4	0.4
	其中 托儿所和托管所	0.4	1.0	2.1	3.4	1.8	0.0	5.2	/	0.2	/
B30	资助参与者继续教育[8]	1.4	0.0	0.0	1.4	0.0	0.0	1.4	1.1	0.1	0.0
A+B	教育预算　总计	19.9	86.2	23.7	129.8	34.2	0.5	164.6	172.3	6.9	7.0
	其中 高校研发	2.7	6.9	0.0	9.6	1.7	0.5	11.8	/	0.5	/

* 财政计算考虑到各级法人（创始资金）间的支付往来，按照2009年计划界定，2010年数值为预测

总数可能因化整而略有偏差。

1）根据ISCED的划分来界定

2）幼儿园、学前班、学童幼儿园

3）不含专科学校、专科学院、职业学院、高等教育阶段的卫生学校

4）非职业学校的双元制教育中企业的、超企业的、非企业的培训支出，包含培训相关的联邦劳动局津贴

5）不含医疗支出，包含专科学校、专科学院、职业学院、高等教育阶段的卫生学校、高校研发、大学生服务的支出

6）其支出不归入任一ISCED等级（包含公务员培训、公共管理服务和大学生研讨的估计支出）

7）根据微型人口普查和欧洲职业继续教育调查（CVTS）所知每位就业者的继续教育平均费用来估计就业者（不含接受培训者）的内部和外部继续教育费用（不含参与者的人员费用）。在计算外部继续教育措施（例如在高校里）时可能存在的重复计数无法消除

8）联邦劳动局向职业继续教育参与者的付款；可能存在的重复计数（双元制培训、继续教育）无法消除

9）按照FuE统计方法计算（按照OECD报告/法城手册）

来源：联邦及各州统计局，2009/10学年教育预算

表 B3‑2A 各领域教育、研究和科学预算*以及在1995—2010年国内生产总值所占比例（单位：十亿欧元，%）

教育领域		支 出					
		1995	2009	2010	1995	2009	2010
		单位：十亿欧元			单位：占BIP的百分比		
A	根据ISCED分段的国际界定教育预算[1]	103.9	145.0	152.6	5.6	6.1	6.2
A30	公立和私立教育机构支出	94.8	126.4	133.1	5.1	5.3	5.4
A31	ISCED 0 — 学前教育阶段[2]	9.1	15.0	/	0.5	0.6	/

（续表）

教 育 领 域		支　出					
		1995	2009	2010	1995	2009	2010
		单位：十亿欧元			单位：占 BIP 的百分比		
A32	ISCED 1—4—中小学和相关领域	63.2	78.5	/	3.4	3.3	/
	其中：普通教育模式	45.9	57.5	/	2.5	2.4	/
	职业教育模式[3]	5.4	8.0	/	0.3	0.3	/
	双元制教育[4]	10.4	10.9	/	0.6	0.5	/
A33	ISCED 5/6 — 高等教育阶段[5]	20.5	30.3	/	1.1	1.3	/
	其中　高校研发	7.4	11.8	/	0.4	0.5	/
A34	其他（不归入 ISCED 等级）[6]	1.9	2.5	/	0.1	0.1	/
A40/50	国际界定的其他支出	9.2	18.6	19.5	0.5	0.8	0.8
B	国家界定教育相关附加支出	21.5	19.5	19.7	1.2	0.8	0.8
B10	企业继续教育[7]	8.9	8.5	8.6	0.5	0.4	0.3
B20	继续教育机会支出	7.3	9.7	10.0	0.4	0.4	0.4
B30	资助参与者继续教育[8]	5.3	1.4	1.1	0.3	0.1	0.0
A＋B	教育预算　总计	125.4	164.6	172.3	6.8	6.9	7.0
C	研发[9]	40.5	67.0	69.9	2.2	2.8	2.8
C10	经济	26.8	45.3	46.9	1.5	1.9	1.9
C20	国家研究机构	1.0	1.4	1.5	0.1	0.1	0.1
C30	私人非盈利研究机构	5.2	8.5	8.8	0.3	0.4	0.4
C40	高校（附加包含于 ISCED 5/6）	7.4	11.8	12.7	0.4	0.5	0.5
D	其他教育和科学基本设施	4.0	5.1	4.9	0.2	0.2	0.2
D10	科学性博物馆和图书馆、专业信息中心（不含研发）	0.5	0.7	/	0.0	0.0	/
D20	非科学性博物馆和图书馆	2.0	2.3	/	0.1	0.1	/
D30	非大学科学研究机构支出（不含研发）	1.6	2.1	/	0.1	0.1	/
A＋B＋C＋D	教育、研究和科学预算（高校研发合并在内）	162.5	224.8	234.5	8.8	9.5	9.5

＊ 实施考察，根据 2009 年计划界定，2010 年数值为预测
脚注参看表 B3－1A
来源：联邦及各州统计局，2009/10 学年教育预算

表 B4－1A　2010/2011 年各教育领域的教育参与者（数量），按不同年龄段和性别分类

年龄段	教 育 参 与 者					人　口
	总　计	其　中				
		学前幼托机构[1]	普通教育	职业教育	高等教育	
		数　量				
总　计						
0—3	516 345	516 345	—	—	—	2 038 965
3—6	1 940 815	1 927 626	13 189	—	—	2 060 656

(续表)

年龄段	教育参与者						人口
	总计	其中					
		学前幼托机构[1]	普通教育	职业教育	高等教育		
	数量						
6—10	2 866 177	238 371	2 627 806	—	—		2 877 844
10—16	4 658 010	—	4 626 218	31 717	75		4 744 805
16—19	2 371 754	—	1 284 644	1 073 255	13 855		2 468 800
19—25	2 926 714	—	225 750	1 490 810	1 210 154		5 886 516
25—30	865 202	—	13 676	199 144	652 382		4 950 586
30—35	236 194	—	5 510	32 591	198 093		4 842 566
35—40	85 804	—	—	19 070	66 734		4 966 844
40 岁及以上	76 001	—	—	—	76 001		46 914 020
不详	10 901	—	101	529	10 271		×
总计	16 553 917	2 682 342	8 796 894	2 847 116	2 227 565		81 751 602
男							
0—3	264 391	264 391	—	—	—		1 044 863
3—6	994 110	987 196	6 914	—	—		1 057 775
6—10	1 472 652	128 835	1 343 817				1 476 245
10—16	2 392 089	—	2 375 349	16 710	30		2 433 701
16—19	1 211 809	—	630 354	575 969	5 486		1 266 984
19—25	1 483 948	—	112 253	786 899	584 796		3 008 586
25—30	488 456	—	7 280	112 940	368 236		2 514 459
30—35	136 612	—	2 490	15 574	118 548		2 450 907
35—40	48 687	—	—	9 113	39 574		2 517 194
40 岁及以上	40 815	—	—	—	40 815		22 341 711
不详	6 320	—	46	385	5 889		×
总计	8 539 890	1 380 422	4 478 503	1 517 591	1 163 374		40 112 425
女							
0—3	251 954	251 954	—	—	—		994 102
3—6	946 705	940 430	6 275	—	—		1 002 881
6—10	1 393 525	109 536	1 283 989	—	—		1 401 599
10—16	2 265 920	—	2 250 869	15 006	45		2 311 104
16—19	1 159 945	—	654 290	497 286	8 369		1 201 816
19—25	1 442 766	—	113 497	703 911	625 358		2 877 930
25—30	376 746	—	6 396	86 204	284 146		2 436 127

（续表）

年龄段	总　计	教　育　参　与　者				人　口
		其　中				
		学前幼托机构[1]	普通教育	职业教育	高等教育	
		数　量				
30—35	99 582	—	3 020	17 017	79 545	2 391 659
35—40	37 117	—	—	9 957	27 160	2 449 650
40 岁及以上	35 186	—	—	—	35 186	24 572 309
不详	4 581	—	55	144	4 382	×
总计	8 014 027	1 301 920	4 318 391	1 329 525	1 064 191	41 639 177

1) 年龄界定基于出生年份

来源：联邦及各州统计局，2011 年儿童和青少年福利中心数据统计，2010/11 学年学校数据统计，2010/11 学年高校数据统计，2010 年人口统计

表 B4‑2A　1995/96—2010/11 年不同教育领域的教育参与者和教育机构的承办方类型（数量）

年　份	总　计	其　中						未归类
		学前教育阶段[1] ISCED 0	初等教育阶段 ISCED 1	中等等教育第一阶段 ISCED 2	中等等教育第二阶段 ISCED 3—4	高等教育阶段		
						ISCED 5B	ISCED 5A	
		数　量						
		总　计						
1995/96	16 599 419	2 332 924	3 804 887	5 279 835	2 980 839	286 263	1 857 906	56 765
1996/97	16 784 231	2 343 520	3 859 490	5 340 250	3 042 085	293 808	1 838 099	66 979
1997/98	16 850 908	2 283 308	3 865 724	5 463 321	3 070 779	311 756	1 785 938	70 082
1998/99	16 913 481	2 332 585	3 767 460	5 508 075	3 146 558	319 066	1 767 978	71 759
1999/00	16 847 079	2 297 821	3 655 859	5 560 251	3 206 690	312 604	1 742 234	71 621
2000/01	16 913 190	2 398 104	3 519 051	5 640 017	3 214 627	317 211	1 766 734	57 445
2001/02	16 863 525	2 352 829	3 373 176	5 683 280	3 226 696	324 150	1 835 558	67 837
2002/03	16 842 054	2 316 687	3 303 737	5 664 594	3 245 306	339 989	1 902 408	69 333
2003/04	16 821 659	2 238 270	3 305 386	5 585 642	3 290 667	349 084	1 981 373	71 237
2004/05	16 699 519	2 232 306	3 306 136	5 452 563	3 366 762	341 442	1 927 299	73 011
2005/06	16 837 084	2 443 550	3 329 349	5 285 381	3 414 050	335 961	1 953 504	75 289
2006/07	16 670 759	2 420 124	3 311 285	5 122 838	3 460 998	328 429	1 950 468	76 617
2007/08	16 475 459	2 410 081	3 236 158	5 008 352	3 501 956	330 050	1 915 088	73 774
2008/09[2]	16 370 235	2 385 856	3 150 822	5 017 872	3 300 166	440 540	1 998 060	76 919
2009/10	16 290 875	2 359 646	3 067 521	4 939 876	3 290 526	462 177	2 093 382	77 747
2010/11	16 205 283	2 362 441	2 989 678	4 824 957	3 283 815	478 975	2 187 786	77 631

（续表）

年份	总计	其中						未归类
		学前教育阶段[1] ISCED 0	初等教育阶段 ISCED 1	中等等教育第一阶段 ISCED 2	中等等教育第二阶段 ISCED 3—4	高等教育阶段		
						ISCED 5B	ISCED 5A	
		数　量						
公立教育机构								
1995/96	14 430 315	891 363	3 734 036	4 951 231	2 822 485	161 613	1 820 093	49 494
1996/97	14 764 615	1 078 419	3 786 655	5 003 725	2 873 438	164 701	1 799 388	58 290
1997/98	14 839 671	1 047 950	3 790 298	5 113 136	2 886 795	195 418	1 745 297	60 777
1998/99	14 845 910	1 066 714	3 689 362	5 147 670	2 952 686	202 773	1 724 699	62 006
1999/00	14 671 574	946 152	3 574 886	5 189 440	3 003 891	197 584	1 697 958	61 663
2000/01	14 653 426	984 040	3 435 078	5 256 774	3 005 491	203 850	1 718 912	49 281
2001/02	14 601 193	965 007	3 286 573	5 289 838	3 010 922	208 520	1 782 318	58 015
2002/03	14 573 317	954 170	3 213 893	5 262 209	3 019 238	220 202	1 844 489	59 116
2003/04	14 555 881	922 241	3 210 821	5 176 004	3 046 185	223 220	1 916 880	60 531
2004/05	14 395 929	916 122	3 203 000	5 040 022	3 099 760	219 150	1 855 985	61 890
2005/06	14 277 910	911 205	3 218 712	4 867 184	3 132 977	210 347	1 874 181	63 007
2006/07	14 081 183	884 613	3 200 758	4 705 912	3 170 310	206 207	1 863 416	49 967
2007/08	13 842 733	860 578	3 119 272	4 582 031	3 208 006	205 409	1 820 163	47 274
2008/09[2]	13 701 479	849 665	3 028 867	4 569 908	3 059 739	253 293	1 890 006	50 001
2009/10	13 593 389	830 243	2 941 460	4 487 087	3 047 002	264 462	1 972 680	50 454
2010/11	13 467 210	823 357	2 859 896	4 374 686	3 030 723	274 113	2 054 081	50 354
私立教育机构								
1995/96	2 169 104	1 441 561	70 851	328 604	158 354	124 650	37 813	7 271
1996/97	2 019 616	1 265 101	72 835	336 525	168 647	129 107	38 711	8 689
1997/98	2 011 237	1 235 358	75 426	350 185	183 984	116 338	40 641	9 305
1998/99	2 067 571	1 265 871	78 098	360 405	193 872	116 293	43 279	9 753
1999/00	2 175 505	1 351 669	80 973	370 811	202 799	115 020	44 276	9 957
2000/01	2 259 764	1 414 064	83 973	383 243	209 137	113 361	47 822	8 164
2001/02	2 262 332	1 387 822	86 602	393 442	215 774	115 630	53 240	9 821
2002/03	2 268 737	1 362 517	89 844	402 385	226 068	119 787	57 919	10 217
2003/04	2 265 778	1 316 029	94 565	409 638	244 482	125 864	64 493	10 706
2004/05	2 303 590	1 316 184	103 136	412 541	267 002	122 292	71 314	11 121

（续表）

年份	总计	其中						未归类
		学前教育阶段[1) ISCED 0	初等教育阶段 ISCED 1	中等等教育第一阶段 ISCED 2	中等等教育第二阶段 ISCED 3—4	高等教育阶段		
						ISCED 5B	ISCED 5A	
		数　量						
2005/06	2 559 174	1 532 048	110 637	418 197	281 073	125 614	79 323	12 282
2006/07	2 589 576	1 535 511	110 527	416 926	290 688	122 222	87 052	26 650
2007/08	2 632 726	1 549 503	116 886	426 321	293 950	124 641	94 925	26 500
2008/09[2)	2 668 756	1 536 191	121 955	447 964	240 427	187 247	108 054	26 918
2009/10	2 697 486	1 529 403	126 061	452 789	243 524	197 715	120 702	27 293
2010/11	2 738 073	1 539 084	129 782	450 271	253 092	204 862	133 705	27 277

1) 幼托机构使用 2004/05 年前微型人口普查结果,2005/06 年起使用儿童和青少年福利中心数据统计结果。
2) 因对各州职业教育的修正以及 ISCED 3 中 G8 的引入阶段造成时间顺序的断裂。
来源：联邦及各州统计局,微型人口普查,儿童和青少年福利中心数据统计,学校统计,高校统计

表 B5‐1A　2010 年不同普通教育文凭、年龄段和性别的人口（单位：%）

年龄段	总计[1)	尚处学校教育阶段	有普通教育文凭				
			普通中学文凭[2)	综合性科技高中文凭	中等文凭	高校入学资格[3)	未说明文凭类型
			单位：%				
总　计							
总计	100	3.5	37.0	7.1	21.7	25.8	0.4
15—20	100	56.1	12.8	—	20.1	5.5	0.2
20—25	100	2.0	19.1	—	33.0	42.1	0.3
25—30	100	0.2	19.9	—	31.6	44.3	0.4
30—35	100	/	21.6		32.3	41.5	0.3
35—40	100	/	23.6	10.3	26.1	34.8	0.4
40—45	100	/	25.5	12.7	26.0	31.3	0.4
45—50	100	/	28.9	14.4	23.9	28.0	0.4
50—55	100	/	34.1	14.7	21.1	25.5	0.4
55—60	100	/	39.8	15.4	16.8	23.6	0.3
60—65	100	/	48.4	10.9	15.7	19.6	0.3
65 岁及以上	100	/	66.3	2.5	12.4	13.1	0.4
男							
总计	100	3.7	36.8	7.1	19.5	28.2	0.4

（续表）

年龄段	总计[1]	尚处学校教育阶段	有普通教育文凭				
			普通中学文凭[2]	综合性科技高中文凭	中等文凭	高校入学资格[3]	未说明文凭类型
			单位：%				
15—20	100	54.7	15.2	—	19.8	4.5	/
20—25	100	2.1	23.2	—	32.8	37.7	0.3
25—30	100	/	23.7	—	30.7	41.4	0.4
30—35	100	/	25.5	—	29.8	40.3	0.3
35—40	100	/	26.4	10.3	22.9	35.6	0.5
40—45	100	/	29.0	12.6	21.4	32.7	0.4
45—50	100	/	32.1	14.5	19.2	29.3	0.4
50—55	100	/	35.8	14.4	17.5	27.7	0.4
55—60	100	/	39.0	14.8	14.0	28.2	0.3
60—65	100	/	46.6	10.4	13.0	24.9	0.3
65 岁及以上	100	/	62.1	2.6	10.8	19.5	0.4
女							
总计	100	3.4	37.2	7.1	23.7	23.5	0.4
15—20	100	57.6	10.1	—	20.5	6.5	/
20—25	100	1.8	14.8	—	33.3	46.7	0.3
25—30	100	/	16.1	—	32.6	47.3	0.3
30—35	100	/	17.7	—	34.8	42.7	0.3
35—40	100	/	20.7	10.3	29.4	34.0	0.4
40—45	100	/	21.8	12.8	30.8	29.7	0.4
45—50	100	/	25.6	14.3	28.7	26.6	0.4
50—55	100	/	32.3	15.0	24.7	23.3	0.4
55—60	100	/	40.5	16.0	19.5	19.2	0.4
60—65	100	/	50.1	11.5	18.3	14.5	0.3
65 岁及以上	100	/	69.4	2.4	13.6	8.2	0.5

1）包括未说明受过普通学校教育的 30.5 万人

2）包括公立学校文凭

3）包括应用技术大学入学资格

4）包括最多上 7 年学后的文凭

来源：联邦及各州统计局，2010 年微型人口普查

表 B5‑2A　2010 年不同从业教育文凭、年龄段和性别的人口（单位：%）

年龄段	总计[1]	有从业教育文凭				无从业教育文凭[5]
		培训/短期培训[2]	专科学校文凭[3]	高校文凭[4]	未说明文凭类型	
		单位：%				
总　计						
总计	100	50.2	7.6	13.6	0.2	27.8
15—20	100	2.5	—	—	/	97.3
20—25	100	38.1	2.4	2.4	0.1	56.7
25—30	100	52.1	5.9	16.6	0.2	25.1
30—35	100	52.2	7.2	22.5	0.2	17.7
35—40	100	54.7	8.2	19.9	0.2	16.6
40—45	100	57.1	9.8	18.0	0.3	14.5
45—50	100	57.9	10.3	16.2	0.3	14.9
50—55	100	57.4	9.9	16.5	0.3	15.5
55—60	100	57.6	9.5	16.9	0.3	15.4
60—65	100	57.1	8.7	15.0	0.3	18.4
65 岁及以上	100	50.5	7.9	9.6	0.2	30.3
男						
总计	100	50.6	9.5	16.1	0.2	23.1
15—20	100	2.4	—	—	/	97.4
20—25	100	39.7	1.6	1.7	/	56.6
25—30	100	53.1	5.5	14.2	/	26.7
30—35	100	52.3	7.6	22.1	0.2	17.5
35—40	100	53.4	9.1	21.3	0.3	15.5
40—45	100	54.6	11.3	20.2	0.3	13.2
45—50	100	56.3	11.9	18.2	0.3	12.9
50—55	100	56.2	11.3	18.9	0.4	12.8
55—60	100	56.2	11.6	20.8	0.3	10.7
60—65	100	55.5	11.6	20.2	0.3	11.8
65 岁及以上	100	55.8	12.8	15.9	0.2	14.3
女						
总计	100	49.8	5.9	11.1	0.2	32.2
15—20	100	2.5	—	—	/	97.2
20—25	100	36.4	3.2	3.1	/	56.9
25—30	100	51.0	6.2	19.0	/	23.4

（续表）

年龄段	总计[1]	有从业教育文凭				无从业教育文凭[5]
		培训/短期培训[2]	专科学校文凭[3]	高校文凭[4]	未说明文凭类型	
		单位：%				
30—35	100	52.0	6.7	22.9	0.2	17.9
35—40	100	56.1	7.1	18.6	0.2	17.7
40—45	100	59.7	8.2	15.7	0.3	15.8
45—50	100	59.6	8.6	14.1	0.3	17.0
50—55	100	58.6	8.5	14.1	0.3	18.1
55—60	100	58.9	7.4	13.1	0.3	19.9
60—65	100	58.6	6.0	10.1	0.2	24.7
65 岁及以上	100	46.4	4.2	4.9	0.2	42.4

1）包括未说明受过从业教育的 42.3 万人
2）包括等值的职业专科学校文凭或短期培训
3）包括师傅/技术员培训、卫生学校文凭和原东德专科学校文凭
4）包括应用技术大学文凭，高等工程技术学校文凭，管理应用技术大学文凭，教师培训以及博士学位
5）包括职业预备年和职业实习，因为通过这些无法获得职业资格文凭
来源：联邦及各州统计局，2010 年微型人口普查

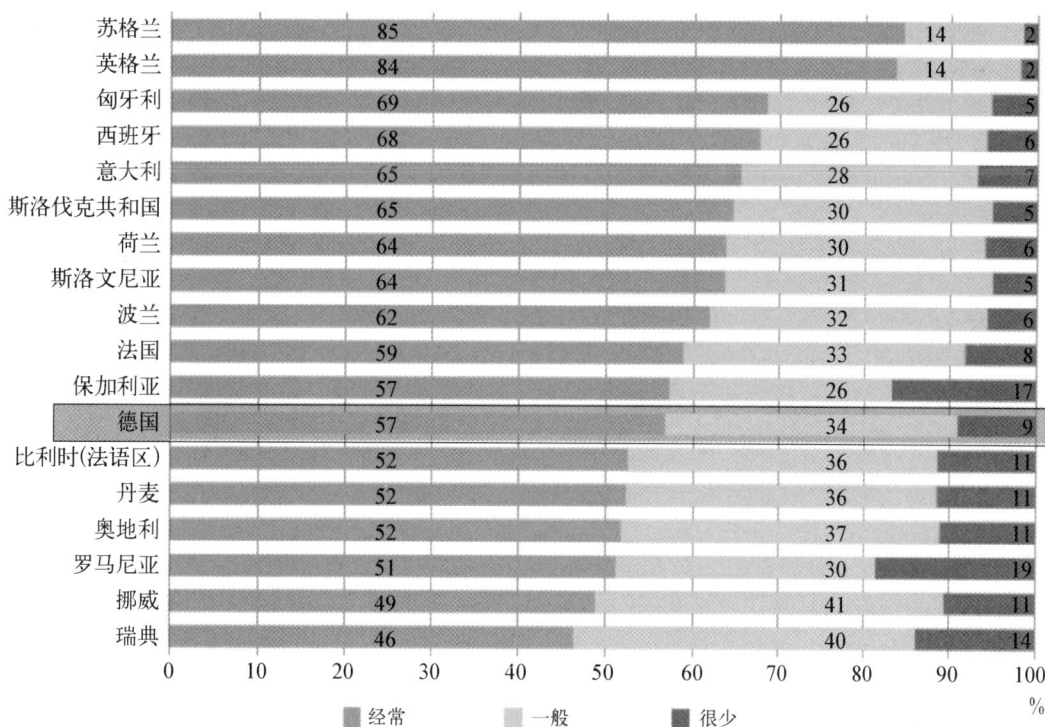

图 C1‑3A　2006 年个别国家学前家庭阅读促进活动*（单位：%）

* 向四年级学生的父母询问其在孩子入学前与他们进行阅读促进活动的频率
来源：IEA，2006 年 IGLU/PIRLS，自己计算得出　　　　　　　→表 C1‑7web

表 C1‑1A　2009 年两岁以下儿童及其父母对组织促进机会的利用情况,按照组织促进机会的类型、父母最高普通教育文凭、移民背景进行比较(单位:%)*

人　　群	总计	其　中		机　会　类　型		
		利用……				
		一种机会	多于一种机会	布拉格亲子课程(PE KiP)	婴儿母亲交流会	婴儿游泳
				单位:%		
总计	61.9	36.6	25.2	18.1	46.7	27.1
父母最高普通教育文凭[1]						
低	36.1	(23.1)	(12.4)	(3.6)	(32.7)	(12.2)
中	60.7	36.9	23.5	12.9	48.5	25.4
高	64.6	37.7	26.9	21.1	47.4	29.1
移民背景						
父母均非出生于国外	66.1	38.2	27.9	19.4	50.6	29.3
父母至少一方出生于国外	43.4	29.6	13.4	11.9	30.0	17.8

* 案例数量:$n = 1\,583$;括号中的数值因案例数量较小而无说服力。
1) 父母最高普通教育文凭:低 = 无文凭/普通中学文凭,中 = 中级学校文凭,高 =(应用技术)大学入学资格
来源:DJI,AID:A 2009

表 C2‑1A　2006、2008、2010 和 2011 年不同州组的儿童幼托机构类型

机　构　类　型	2006	2008	2010	2011	变化情况	
					2011 较之 2006	2011 较之 2010
	数　　量				单位:%	
德　国						
总计	45 252	46 543	47 412	47 929	+ 5.9	+ 1.1
3 岁以下儿童的幼托机构	605	1 006	1 386	1 486	+ 145.6	+ 7.2
2 至 8 岁以下儿童(不含学童)的幼托机构[1]	25 699	25 069	22 892	22 156	− 13.8	− 3.2
面向多种年龄段儿童的幼托机构[2]	18 948	20 468	23 134	24 287	+ 28.2	+ 5.0
旧联邦州						
3 岁以下儿童的幼托机构	516	928	1 299	1 390	+ 169.4	+ 7.0
2 至 8 岁以下儿童(不含学童)的幼托机构[1]	24 071	23 673	21 700	21 002	− 12.7	− 3.2
面向多种年龄段儿童的幼托机构[2]	11 726	12 925	15 248	16 290	+ 38.9	+ 6.8
合计	36 313	37 526	38 247	38 682	+ 6.5	+ 1.1
新联邦州						
3 岁以下儿童的幼托机构	89	78	87	96	+ 7.9	+ 10.3
2 至 8 岁以下儿童(不含学童)的幼托机构[1]	1 628	1 396	1 192	1 154	− 29.1	− 3.2

（续表）

机 构 类 型	2006	2008	2010	2011	变化情况	
					2011 较之 2006	2011 较之 2010
	数　量				单位：%	
面向多种年龄段儿童的幼托机构[2]	7 222	7 543	7 886	7 997	+ 10. 7	+ 1. 4
合计	8 939	9 017	9 165	9 247	+ 3. 4	+ 0. 9

1）因为真正合法要求的几个州中，在三岁前就开始，并向幼儿园群组一般接受更多的 2 岁儿童，以便向 3 岁以下儿童也同样提供更多照管，形成一种新的群组形式，其中主要为 3 岁以上儿童，但也接收 6 名以下 2 岁儿童。

2）其中包括面向 3 岁以下和 2、3 岁至入学前儿童提供明确分类教育的机构，以及 3 岁以下儿童和幼儿园儿童混合教育的机构。后者被称为混龄群组机构。

来源：联邦及各州统计局，儿童和青少年福利中心数据统计，自己计算得出

表 C2 - 2A　2011 年各州组保育机构的受照管儿童总数

州　组	总　计	受照管儿童数量				
		1	2	3	4	5 及以上
	数　量	单位：%				
德　国	42 697	27. 8	22. 9	16. 3	12. 5	20. 5
旧联邦州	36 574	30. 8	25. 0	16. 0	11. 1	17. 2
新联邦州	6 123	9. 5	10. 4	18. 5	21. 0	40. 6

来源：联邦及各州统计局，儿童和青少年福利中心数据统计 2011，自己计算得出

表 C2 - 3A　2006—2011 年各州幼托机构和保育机构[*]/[**] 的 3 岁以下儿童情况

国　家	2006	2007	2008	2009	2010	2011	2011 年相较 2006 年变化	
	数　量						数量	单位：%
德国	286 905	321 323	364 190	417 190	472 157	517 110	230 205	80. 2
旧联邦州	137 667	166 592	203 721	241 852	286 982	326 462	188 795	137. 1
新联邦州	149 238	154 731	160 469	175 338	185 175	190 648	41 410	27. 7
巴登—符腾堡	25 605	33 027	38 582	44 472	50 957	57 459	31 854	124. 4
巴伐利亚	27 308	35 117	42 807	50 556	59 623	65 783	38 475	140. 9
柏林	32 445	34 535	35 966	38 293	39 953	40 728	8 283	25. 5
勃兰登堡	22 488	23 993	24 903	27 305	29 286	29 905	7 417	33. 0
不来梅	1 488	1 696	2 078	2 243	2 652	3 205	1 717	115. 4
汉堡	9 798	10 457	11 027	12 538	14 133	16 081	6 283	64. 1
黑森	14 602	19 747	22 448	25 491	30 224	33 491	18 889	129. 4
梅克伦堡—前波莫瑞	16 507	16 737	16 920	19 038	19 745	20 453	3 946	23. 9
下萨克森	10 750	14 052	18 190	23 529	30 824	36 730	25 980	241. 7
北莱茵—威斯特法伦	30 710	31 997	42 632	52 508	62 699	70 759	40 049	130. 4

（续表）

国　家	2006	2007	2008	2009	2010	2011	2011 年相较2006 年变化	
	数　量						数量	单位：%
莱茵兰—普法尔茨	9 567	11 892	14 688	17 135	19 534	23 717	14 150	147.9
萨尔	2 335	2 717	3 123	3 281	3 794	4 309	1 974	84.5
萨克森	32 795	34 104	36 164	40 418	43 836	45 863	13 068	39.8
萨克森—安哈特	25 735	26 538	26 986	28 541	29 178	29 313	3 578	13.9
石勒苏益格—荷尔斯泰因	5 504	5 890	8 146	10 099	12 542	14 928	9 424	171.2
图林根	19 268	18 824	19 530	21 743	23 177	24 386	5 118	26.6

　　＊ 对既上幼托机构又上保育机构的儿童进行重复计数。2011 年德国有 2 626 名(0,1%)3 岁以下儿童既需要上幼托机构又需要上保育机构。

　　＊＊ B4 中因年龄划分不同而产生不同数据。

　　来源：联邦及各州统计局，儿童和青少年福利中心数据统计，自己计算得出

表 C2‐4A　2011 年幼托机构中 3 岁以下儿童情况，按不同州组分类*

州组	幼托机构	无固定群组结构的机构	只有 3 岁以下群组	其　中			
				混　龄　群　组			
				3 岁以下和以上群组		面向 2 岁儿童开设的幼儿园群组	
				只有 4 岁以下	含所有年龄段	有 1 或 2 名2 岁儿童	有 3 名及以上2 岁儿童
	总　数	单位：%					
德国[1]	400 412	7.0	41.7	22.8	14.1	6.3	8.1
旧联邦州	266 582	7.1	32.2	24.6	16.5	8.6	10.9
新联邦州[1]	133 830	6.7	60.5	19.2	9.2	1.6	2.7

　　＊ 群组形式发展参看 Fuchs-Rechlin，K.（2010）：Erkenntnispotenziale der neuen Kinder-und Jugendhilfestatistik：Kennziffern für den Personaleinsatz und die migrationsspezifische Bildungsbeteiligung. In：Autorengruppe Bildungsberichterstattung（Hrsg.）：Indikatorenentwicklung für den nationalen Bildungsbericht „Bildung in Deutschland", Bildungsforschung Band 33. – Berlin, S. 55 – 77.

　　1）不含柏林：在统计时，柏林几乎所有机构均被列为无固定群组结构的机构，即便机构中以某一固定的群组结构运行。因此无法得出 3 岁以下儿童采用哪种群组形式。

　　来源：联邦及各州统计局，儿童和青少年福利中心数据统计 2011，各州统计局的研究数据中心，自己计算得出

表 C3‐1A　2006、2008、2010、2011 年不同年龄和州组的儿童在幼托机构和保育机构**的教育参与率*（单位：%）

年 龄 段	2006			2008			2010			2011		
	总计[1]	其中……的儿童		总计[1]	其中……的儿童		总计[1]	其中……的儿童		总计[1]	其中……的儿童	
		幼托机构[1]	保育机构		幼托机构[1]	保育机构		幼托机构[1]	保育机构		幼托机构[1]	保育机构
	单位：%											
德　国												
3 岁以下	13.6	12.1	1.6	17.8	15.3	2.5	23.1	19.6	3.5	25.4	21.5	3.9
3 至 6 岁以下	87.6	87.1	0.5	91.6	90.9	0.8	93.2	92.3	0.9	94.0	93.0	1.0

（续表）

年龄段	2006			2008			2010			2011		
	总计[1]	其中……的儿童		总计[1]	其中……的儿童		总计[1]	其中……的儿童		总计[1]	其中……的儿童	
		幼托机构[1]	保育机构		幼托机构[1]	保育机构		幼托机构[1]	保育机构		幼托机构[1]	保育机构
单位：%												
1岁以下	2.3	1.5	0.8	2.4	1.6	0.8	2.4	1.6	0.8	2.6	1.7	0.9
1岁	11.6	9.6	2.1	16.4	12.9	3.5	22.7	17.8	4.9	25.9	20.2	5.6
2岁	26.6	24.7	1.9	34.4	31.2	3.2	43.5	38.8	4.7	47.2	42.0	5.2
3岁	76.7	76.0	0.7	82.9	81.8	1.1	86.6	85.2	1.3	88.0	86.4	1.5
4岁	92.0	91.5	0.5	95.5	94.8	0.7	95.3	94.5	0.8	96.4	95.6	0.9
5岁	93.4	93.0	0.4	96.5	95.9	0.6	97.3	96.6	0.6	97.3	96.6	0.7
旧联邦州												
3岁以下	8.0	6.8	1.2	12.2	10.0	2.2	17.4	14.2	3.2	20.0	16.3	3.7
3至6岁以下	86.8	86.2	0.5	91.0	90.2	0.8	92.8	91.8	1.0	93.6	92.5	1.1
1岁以下	1.5	0.8	0.7	1.7	1.0	0.7	1.9	1.1	0.8	2.1	1.2	0.9
1岁	5.4	3.9	1.5	9.5	6.6	2.9	15.0	10.5	4.4	18.1	12.9	5.2
2岁	16.7	15.3	1.4	25.2	22.4	2.8	34.8	30.4	4.4	39.2	34.2	4.9
3岁	74.0	73.4	0.7	80.8	79.7	1.1	84.9	83.5	1.4	86.5	84.8	1.6
4岁	91.9	91.4	0.5	95.3	94.6	0.7	95.3	94.5	0.8	96.5	95.5	1.0
5岁	93.4	93.0	0.4	96.7	96.1	0.6	97.5	96.8	0.7	97.6	96.8	0.7
新联邦州												
3岁以下	39.3	36.2	3.2	42.0	38.0	3.9	46.6	41.9	4.7	47.3	42.4	4.9
3至6岁以下	91.9	91.2	0.6	94.6	93.9	0.7	95.1	94.4	0.7	95.6	94.9	0.7
1岁以下	5.8	4.6	1.2	5.5	4.3	1.2	4.6	3.6	1.0	4.6	3.6	1.0
1岁	39.8	35.3	4.5	46.4	40.5	5.9	54.8	47.7	7.1	57.5	49.8	7.6
2岁	72.5	68.7	3.8	75.6	70.8	4.8	80.4	74.3	6.1	80.3	74.2	6.2
3岁	89.5	88.5	1.0	92.4	91.3	1.2	93.8	92.7	1.1	94.4	93.3	1.2
4岁	92.7	92.2	0.5	96.2	95.6	0.6	95.1	94.6	0.5	96.2	95.7	0.5
5岁	93.3	93.0	0.4	95.2	94.8	0.4	96.4	96.0	0.4	96.1	95.8	0.3

    ＊ 在计算各年龄教育参与度比例时采用的是之前一年12月31日在幼托机构和保育机构中的相应年龄层的儿童数量。在B4中由于采用不同的年龄界线，所以得出不同的数值。

    ＊＊ 对既上幼托机构又上保育机构的儿童实行两次计数。2011年德国有2 626名（0.1%）3岁以下、10.358名（0.5%）3—6岁以下儿童既需要上幼托机构又需要上保育机构。

    1）3岁到6岁儿童的比例中，在学前机构就读和上小学的儿童也被考虑在内。5岁儿童的比例中，主要考虑的是在学前机构和小学就读的儿童。在3岁和4岁儿童的比例中，不能将就读于学前机构的儿童考虑在内，因为没有针对学龄前儿童该年龄层的精确划分。此划分仅仅有可能针对巴登—符腾堡州，该州数据只将5岁的学前教育机构中的儿童考虑在内。2006年3月15日时还没有关于就读学前机构的5岁儿童的特别规定。

    来源：联邦及各州统计局，儿童和青少年福利中心数据；学校数据统计；人口统计，自己计算得出

表 C3‑2A　2011 年不同州幼托机构和保育机构中的 3 岁以下儿童[*]/[**]

州	3 岁以下儿童	教育参与			教育参与率		
		总　计	其　中		总　计	其　中	
			幼托机构	保育机构		幼托机构	保育机构
	数　量				单位：%		
德国	2 038 965	517 110	437 390	79 720	25.4	21.5	3.9
旧联邦州	1 636 119	326 462	266 582	59 880	20.0	16.3	3.7
新联邦州	402 846	190 648	170 808	19 840	47.3	42.4	4.9
巴登—符腾堡	274 527	57 459	49 392	8 067	20.9	18.0	2.9
巴伐利亚	319 189	65 783	59 310	6 473	20.6	18.6	2.0
柏林	97 191	40 728	36 978	3 750	41.9	38.0	3.9
勃兰登堡	57 985	29 905	25 673	4 232	51.6	44.3	7.3
不来梅	16 320	3 205	2 564	641	19.6	15.7	3.9
汉堡	49 566	16 081	13 753	2 328	32.4	27.7	4.7
黑森	155 019	33 491	27 097	6 394	21.6	17.5	4.1
梅克伦堡—前波莫瑞	39 539	20 453	15 622	4 831	51.7	39.5	12.2
下萨克森	192 055	36 730	27 915	8 815	19.1	14.5	4.6
北莱茵—威斯特法伦	444 091	70 759	50 724	20 035	15.9	11.4	4.5
莱茵兰—普法尔茨	95 507	23 717	21 731	1 986	24.8	22.8	2.1
萨尔	21 236	4 309	3 899	410	20.3	18.4	1.9
萨克森	103 877	45 863	40 220	5 643	44.2	38.7	5.4
萨克森—安哈特	52 252	29 313	28 876	437	56.1	55.3	0.8
石勒苏益格—荷尔斯泰因	68 609	14 928	10 197	4 731	21.8	14.9	6.9
图林根	52 002	24 386	23 439	947	46.9	45.1	1.8

　　[*] B4 中因年龄划分不同而产生不同数据。

　　[**] 对既上幼托机构又上保育机构的儿童进行重复计数。2011 年德国有 2 626 名(0.1%)三岁以下儿童既需要上幼托机构又需要上保育机构。

　　来源：联邦及各州统计局，儿童和青少年福利中心数据 2011；人口统计 2010，自己计算得出

表 C3‑3A　2006—2011 年不同年龄残疾儿童[*]的教育参与率(单位：%)

年　龄	2006	2007	2008	2009	2010	2011
	单位：%					
3 岁以下	0.1	0.1	0.1	0.2	0.2	0.2
3 岁	0.9	1.0	1.1	1.2	1.3	1.3
4 岁	1.7	1.8	2.1	2.2	2.3	2.6
5 岁	2.1	2.4	2.7	2.9	3.0	3.3

　　[*] 获得儿童和青少年福利中心在适应幼托机构或保育机构照管方面的帮助的儿童，与相应年龄人口的比例。不含学校促进机构的儿童，因为无法按照年龄显示。

　　来源：联邦及各州统计局，儿童和青少年福利中心数据；人口统计，自己计算得出

表 C3－4A　2011 年不同照管形式和州组的幼托机构、保育机构及学校促进机构的残疾儿童*

州　组	保育机构中的残疾儿童	儿童和青少年福利中心机构或由学校承办仅针对残疾儿童的机构[1]	幼　托　机　构				公共保育机构
			仅含残疾儿童的群组	含 3 名以上残疾儿童的群组	含 1—2 名残疾儿童的群组	无群组结构的机构	
	数　量	单位：%					
德　　国	84 609	28.3	4.6	35.1	20.2	10.2	1.7
旧联邦州	65 279	35.1	4.7	33.8	21.8	2.5	2.1
新联邦州	19 330	5.2	4.1	39.4	14.8	36.0	0.5

* 获得儿童和青少年福利中心在适应幼托机构或保育机构照管方面帮助的儿童，或在促进学校幼儿园以及学前机构但还未上小学的儿童。

1) 仅面向残疾儿童的幼托机构中的儿童比例较之 2010 年教育报告有所下降，部分原因在于统计可信性测试。

来源：联邦及各州统计局，儿童和青少年福利中心数据 2011，各州统计局的研究数据中心；KMK 秘书处，1999—2010 年中小学的学生、班级、教师和毕业生情况；巴伐利亚州统计和数据处理局，2010/11 学年巴伐利亚特殊教育促进国民学校和病患学校

表 C3－5A　2011 年不同移民背景**、年龄段和州组的幼托机构和保育机构的儿童*教育参与率

州　组	3 岁以下				3 岁至 6 岁以下			
	总　计	其　中		百分点差额	总　计	其　中		百分点差额
		有移民背景	无移民背景			有移民背景	无移民背景	
	单位：%				单位：%			
德　　国	25	14	30	16	93	85	97	12
旧联邦州	20	13	23	10	92	86	96	10
新联邦州	47	24	52	28	95	76	99	23

* 只接受保育日托而不额外就读幼托机构或全日制小学的儿童。

** 德国有无移民背景的儿童的数量由微型人口普查的评定和根据日托数据的界定（"父母至少有一方是外国人"）而得到的人口统计数据而计算出。该界线与微型人口普查所用略有不同，因可能还有对有问询义务者的详细问卷调查。因此无法给出移民背景相关的其他结果的比较。

来源：联邦统计局：德国儿童和青少年福利中心—德国联邦统计局在线网址：URL：https://www.destatis.de/DE/ZahlenFakten/GesellschaftStaat/Soziales/Sozialleistungen/KinderJugendhilfe/Tabellen/Betreuungsquote.html?nn＝50842－Zugriff am 21.04.2012

表 C3－6A　2011 年幼托机构中来自非德语家庭的 14 岁以下儿童，按照在各机构中所有来自非德语家庭的儿童中的比例，旧联邦非市州和柏林来划分*

州	非德语家庭的儿童	其中：幼托机构中非德语家庭儿童的比重（%）							
		0—25		25—50		50—75		75—100	
	数　量	数量	单位：%	数量	单位：%	数量	单位：%	数量	单位：%
旧联邦州	432 108	131 180	30.4	157 126	36.4	103 485	23.9	40 317	9.3
巴登—符腾堡	79 378	24 708	31.1	29 921	37.7	17 675	22.3	7 074	8.9
巴伐利亚	72 492	23 747	32.8	24 361	33.6	17 095	23.6	7 289	10.1
柏林	34 267	6 885	20.1	8 904	26.0	9 149	26.7	9 329	27.2
不来梅	6 591	1 127	17.1	2 129	32.3	2 954	44.8	381	5.8
汉堡	17 332	3 650	21.1	6 697	38.6	5 234	30.2	1 751	10.1

（续表）

州	非德语家庭的儿童	其中：幼托机构中非德语家庭儿童的比重（%）							
		0—25		25—50		50—75		75—100	
	数　量	数量	单位：%	数量	单位：%	数量	单位：%	数量	单位：%
黑森	57 208	13 418	23.5	20 548	35.9	14 690	25.7	8 552	14.9
下萨克森	34 981	15 240	43.6	12 853	36.7	5 594	16.0	1 294	3.7
北莱茵—威斯特法伦	124 984	32 755	26.2	46 208	37.0	34 086	27.3	11 935	9.5
莱茵兰—普法尔茨	24 648	9 389	38.1	9 057	36.7	4 713	19.1	1 489	6.0
萨尔	4 525	2 087	46.1	1 707	37.7	648	14.3	83	1.8
石勒苏益格—荷尔斯泰因	9 969	5 059	50.7	3 645	36.6	796	8.0	469	4.7

* 新联邦州地区由于样本太小，无法得出结论或结论较局限，因此未在此列出。

来源：联邦及各州统计局，儿童和青少年福利中心数据 2011，各州统计局的研究数据中心，自己计算得出

表 C4‑1A　2002、2006、2010、2011 年不同州组幼托机构中的教育人员

年　份	德国	其　中		德　国	其　中	
		旧联邦州	新联邦州		旧联邦州	新联邦州
	教育人员总数			指数（2002＝100）		
2002	301 087	234 779	66 308	100	100	100
2006	317 237	248 235	69 002	105.4	105.7	104.1
2010	379 006	299 155	79 851	125.9	127.4	120.4
2011	393 558	309 154	84 404	130.7	131.7	127.3

来源：联邦及各州统计局，儿童和青少年福利中心数据，各州统计局的研究数据中心，自己计算得出

表 C4‑2A　2006—2011 年幼托机构教育人员的工作时长

年　份	总　计	其　中			
		每周工作38.5小时及以上	每周工作32小时至38.5小时以下	每周工作21小时至32小时以下	每周工作21小时以下[1]
	数　量	单位：%			
2006	317 237	40.0	15.3	29.3	15.4
2007	326 310	39.2	15.6	29.7	15.5
2008	341 327	39.2	16.1	29.0	15.7
2009	359 454	39.2	16.6	28.6	15.7
2010	379 006	39.8	16.3	28.2	15.6
2011	393 558	40.3	17.2	27.6	15.0

1) 2011 年以来兼职人员的数据不再单独列出，因而包含于在每周工作 20 小时及以下的人员中。

来源：联邦及各州统计局，儿童和青少年福利中心数据，各州统计局的研究数据中心，自己计算得出

表 C4－3A　2011 年不同文凭和州组的幼托机构教育人员

州　组	总计	其　中							
		社会教育学硕士	国家认定资质的教育人员	儿童保育员等	其他助理类和教育类职业	健康服务类职业	其他文凭	实习生	无培训
	数量	单位：%							
德　　国	393 558	3.2	71.4	13.9	1.8	1.2	2.5	2.3	3.7
旧联邦州	309 154	3.1	67.3	17.4	1.5	1.3	2.5	2.9	3.9
新联邦州	84 404	3.3	86.3	1.1	2.9	0.7	2.3	0.3	3.1

来源：联邦及各州统计局，儿童和青少年福利中心数据 2011，各州统计局的研究数据中心，自己计算得出

表 C4－4A　2006、2011 年按照教育资质的形式和范畴统计的保育人员数据（单位：%）

教育资质的形式和范畴	德　国		其　中			
			旧联邦州		新联邦州	
	2006	2011	2006	2011	2006	2011
	单位：%					
有教育类培训	12.3	8.2	12.0	8.1	14.0	8.7
低于 160 小时的教育培训和资质培训课程	12.6	13.6	12.5	14.6	13.3	8.1
160 小时及以上教育培训和资质培训课程	2.8	10.3	1.2	8.8	11.0	19.0
只有 160 小时及以上的资质培训课程	5.1	26.5	2.5	24.4	18.6	38.5
只有 160 小时以下的资质培训课程	34.3	32.8	34.6	34.9	33.1	20.5
无资质培训课程	32.9	8.6	37.3	9.2	10.0	5.2

来源：联邦及各州统计局，儿童和青少年福利中心数据，自己计算得出

表 C4－5A　2011 年不同群组类型* 和州的儿童相关人员配置情况（中位数）**

州	3 岁以下群组	混 龄 群 组		面向 2 岁儿童开设的幼儿园群组	
		仅含 4 岁以下儿童	含所有年龄段儿童	含 1—2 名 2 岁儿童	含 3 名及以上 2 岁儿童
		人员配置情况			
		中 位 数			
德国	4.7	4.9	6.9	8.2	7.4
旧联邦州	3.8	4.2	6.4	8.0	7.2
新联邦州	5.7	7.3	9.4	11.0	9.9
巴登—符腾堡	3.5	4.0	6.3	8.2	7.5
巴伐利亚	4.0	4.2	7.9	8.6	8.1

（续表）

州	3岁以下群组	混 龄 群 组		面向2岁儿童开设的幼儿园群组	
		仅含4岁以下儿童	含所有年龄段儿童	含1—2名2岁儿童	含3名及以上2岁儿童
	人员配置情况				
	中 位 数				
柏林[1]	×	×	×	×	×
勃兰登堡	6.2	7.4	9.4	10.7	10.1
不来梅	3.3	3.3	5.0	6.1	7.8
汉堡	5.1	5.4	7.9	8.0	7.7
黑森	3.9	4.1	6.9	8.7	8.1
梅克伦堡—前波莫瑞	5.2	6.6	10.1	12.7	11.2
下萨克森	4.1	4.4	6.4	8.1	7.5
北莱茵—威斯特法伦	3.6	3.9	5.6	7.4	6.9
莱茵兰—普法尔茨	3.4	4.3	6.0	7.6	6.9
萨尔	3.2	4.2	5.8	8.1	6.7
萨克森	6.0	7.3	10.1	11.7	10.9
萨克森—安哈特	6.1	7.8	9.3	10.9	10.4
石勒苏益格—荷尔斯泰因	3.7	4.0	6.0	8.2	7.1
图林根	4.9	7.0	8.3	9.2	9.1

* 未列出没有固定群组结构的机构,因为对他们来说,描述群体结构的人员配置是无意义的。

** 这里所给出的人员配置不能反映群体中实际的师生比例。准确的计算基础和人员配置情况参看 Fuchs-Rechlin, K. (2010): Erkenntnispotenziale der neuen Kinder-und Jugendhilfestatistik. In：Autorengruppe Bildungsberichterstattung (Hrsg.): Indikatorenentwicklung für den nationalen Bildungsbericht „Bildung in Deutsch 州"- Berlin, S. 55 - 77.

1) 柏林几乎所有的机构都算作是没有固定群体结构的机构,即使该机构里有固定的群体结构。出于该原因无法描述3岁以下的儿童在哪种群体形式里,以及各群体的人员投入是如何配置的。

来源：联邦及各州统计局,儿童和青少年福利中心数据2011,各州统计局的研究数据中心,自己计算得出

表 C4‑6A　2007/08 到 2012/13 学年,各州教育专业毕业生成为教师的情况(2010/11 学年以后为推算值)

州 组	……学年末培训文凭					
	2007/08	2008/09	2009/10	2010/11[1]	2011/12[1]	2012/13[1]
	总 数					
德 国	17 742	16 070	17 963	19 665	21 906	23 947
旧联邦州	15 012	12 804	13 944	14 755	15 859	16 920
新联邦州	2 730	3 266	4 019	4 910	6 047	7 027

1) 2010/11 学年和 2012/13 学年的结果是基于其在三年前的起始人数的动态变化进行预测的。

来源：联邦及各州统计局,职业教育数据统计；部分数据由各州统计局复查,自己计算得出

表 C5-1A　2012 年各州提高语言水平和额外语言促进的活动概况（数据已更新）*

州	测试方法[3]	测试方法种类	所有儿童[2]	入学前月数	需要提高的儿童比例[4] 单位：% 2008	2009	2010	额外促进措施时长 月数	小时数
巴登—符腾堡	HASE	筛查	+	15—24	13.4	25.2	x[5]	12	120 小时
	SETK 3-5	测试							
巴伐利亚	SISMIK（第 2 部分）	观察	-	18—24					
	"Kenntnisse in Deutsch als Zweitsprache erfassen"	筛查	-	6	75.7	80.9	76.1	18	240 小时
柏林	QuaSta	观察	+	15	16.5	17.1	17.0	12	15 小时/周
	Deutsch Plus 4	筛查					-		
勃兰登堡	WESPE	筛查							
	Meilensteine der Sprachentwicklung（2012 年起）	观察	+	12	19.7	19.7	18.4	mind.3	3—5 小时/周
	KISTE	测试							
不来梅	CITO	测试	+	12—24	Br.: 52.6 / Brhv.: 44.6	49.6 / 43.3	41.6 / 46.0	7—9	2—4 小时/周
汉堡	对 4,5 岁儿童进行介绍的记录表	观察	+	18	26.8	25.4	25.7	12	160 小时
	Bildimpulse	筛查							
黑森	KiSS	筛查	-	24	x[5]	32.3	30.9	12	10—15 小时/周
梅克伦堡—前波莫瑞	—[1]	-	-	-	-	-	-	-	-
下萨克森	Fit in Deutsch	筛查	+	15	(13, 0*)	(15, 7*)	(17, 0*)	12	1—12 小时/周

（续表）

州	测试方法³⁾	测试方法种类	所有儿童²⁾	入学前月数	需要提高的儿童比例⁴⁾ 单位：%			额外促进措施时长	
					2008	2009	2010	月数	小时数
北莱茵—威斯特法伦	Delfin 4	筛查	+	24	23.3	24.0	24.7	没有全州统一的规定	没有全州统一的规定
莱茵兰—普法尔茨	VER–ES	筛查	–	12	34.0	27.7	x⁵⁾	9	2—5小时/周
萨尔	"Früh Deutsch lernen"	观察	+	12	(12,6*)	(10,8*)	(13,1*)	7	5—10小时/周
萨克森	SSV	筛查	–	24	x⁵⁾	x⁵⁾	x⁵⁾	没有全州统一的规定	没有全州统一的规定
萨克森—安哈特	Delfin 4	筛查	+	24	x⁵⁾	10,9	x⁵⁾	12	k.A.
石勒苏益格—荷尔斯泰因	HAVAS-5	观察	–	9	8.8	x⁵⁾	x⁵⁾	6	max. 200小时
图林根	—¹⁾	–	–	–	–	–	–	–	–

* 因数据更新和修正，部分数据与纸质版报告有偏差。

1) 图林根和梅克伦堡—前波莫瑞不在整个州内进行语言水平测试。

2) "+"＝是，"-"＝否

3) 调查活动的缩写：

CITO: Centraal Instituut Tocts Ontwikkeling 荷兰国家教育测量研究院测试

HASE: Heidelberger Auditives Screening in der Einschulungsuntersuchung 海德堡入学入学调查中的听力筛查

HAVAS-5: Hamburger Verfahren zur Analyse des Sprachstands bei 5-jährigen 汉堡针对5岁儿童语言水平的分析

KiSS: Kindersprachscreening 儿童语言筛查

KISTE: Kindersprachtest für das Vorschulalter 针对学龄前儿童的语言测试

QuaSta: Qualifizierte Statuserhebung Sprachentwicklung 4-jähriger Kinder in Kitas 幼托所中4岁儿童语言发展能力情况的调查

SETK 3–5: Sprachentwicklungstest für 3- bis 5-jährige Kinder 3到5岁语言发展的测试

SISMIK: Sprachverhalten und Interesse an Sprache bei Migrantenkindern im Kindergarten 幼儿园中移民儿童的语言行为和对语言的兴趣

SSV: Sprachscreening im Vorschulalter 对学龄前儿童的语言筛查

VER–ES: Verfahren zur Einschätzung des Sprachförderbedarfs von Kindern im 旨在评估儿童在入学前一年的语言促进需求而进行的测试

WESPE: "Wir Erzieherinnen schätzen den Sprachstand unser Kinder ein". 我们作为老师评估孩子们的语言水平

4) 各个比例没有直接可比性，因为不是所有州的所有儿童都被测试。

5) 巴登—符腾堡: 2010年数据尚不可用，因为不具可比性；黑森: 无可用数据；莱茵兰—普法尔茨: 比例尚不可用，因非幼托儿童无法计算；石勒苏益格—荷尔斯泰因: 无法调查准确的数据；萨克森: 无法调查准确的数据；萨克森—安哈特: 2008年无调查；2010年无数据尚不可用。

来源: 2012年州部通过DJI进行的调查

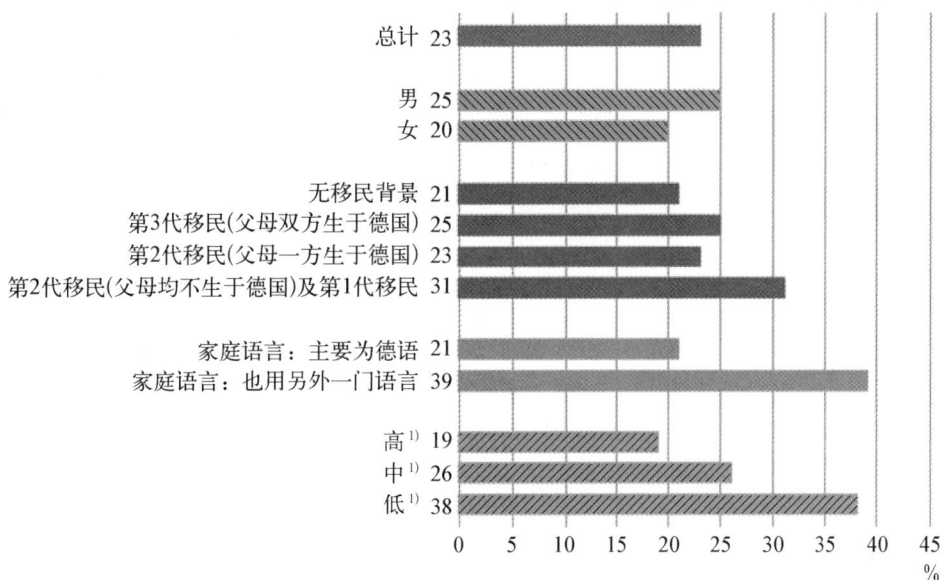

图 C5－2A 2009 年根据个人特征统计的在语言测试中被诊断为需要提高语言的 3 至 7 岁以下儿童的比例(单位：%)

1) 父母最高普通教育文凭：低＝无文凭/普通中学文凭,中＝中等文凭,高＝高校/应用技术大学入学资格

来源：DJI，AID：A 2009 　　　　　　　　　　　　　　　　→表 C5－8web

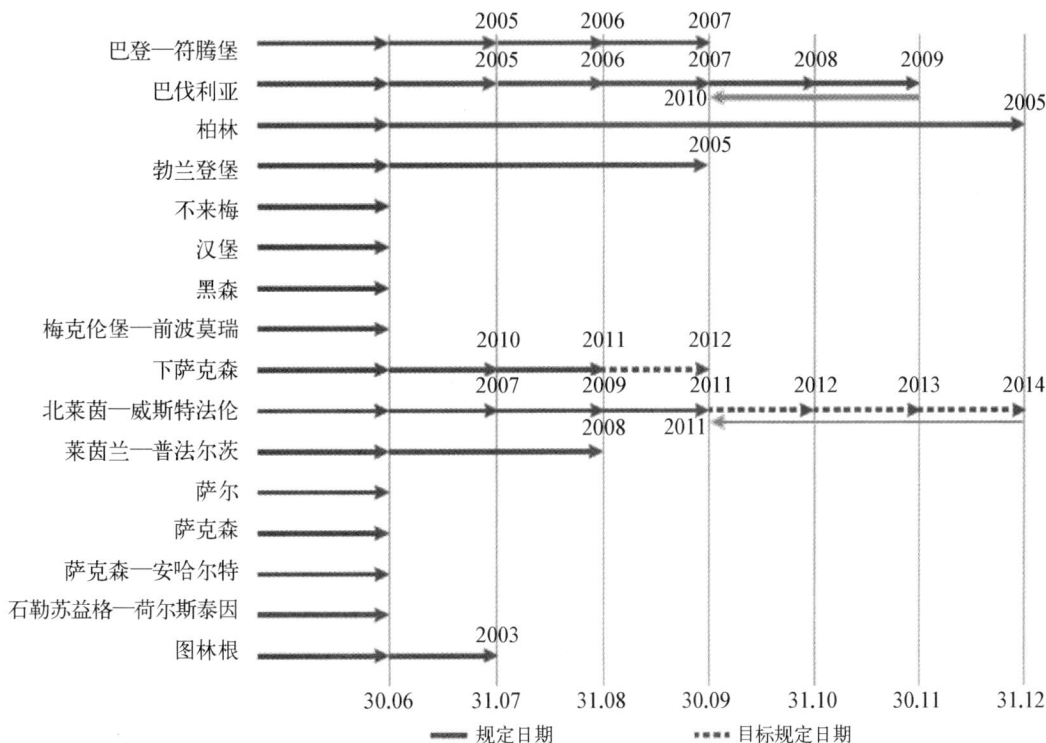

图 C5－3A 2003—2014 年各州正规义务教育的规定起始日期*

* 若儿童在规定日期那天满 6 岁,则在该年接受正规义务教育。

来源：各州入学时间信息及其变化一览表

表 C5‑2A 2000—2010 年各州组推迟入学者在所有入学者中所占比例(单位:%)

州 组	2000	2001	2002	2003	2004	2005	2006	2007	2008	2009	2010
	单位:%										
德国[2]	7.1	6.8	6.4	5.6	5.7	4.8	4.8	5.5	6.0	6.7	7.5
规定日期为 6 月 30 日的州	—	—	—	—	5.6	5.0	3.8	6.0	5.3	5.3	5.1
规定日期提前的州[1]	—	—	—	—	8.9	4.5	6.4	5.2	6.3	7.3	8.2
旧联邦州[2]	6.6	6.4	6.0	5.3	5.4	4.8	4.8	5.6	6.1	6.8	7.8
规定日期为 6 月 30 日的州	—	—	—	—	—	5.0	3.8	6.7	5.8	5.7	5.6
规定日期提前的州[1]	—	—	—	—	—	4.5	6.5	4.9	6.2	7.3	8.3
新联邦州[3]	10.4	9.1	8.4	7.2	7.3	4.6	5.1	5.1	5.5	5.8	5.9
规定日期为 6 月 30 日的州	—	—	—	—	7.0	4.6	4.0	3.5	3.9	4.1	4.4
规定日期提前的州[1]	—	—	—	—	8.9	4.6	6.2	6.8	7.1	7.4	7.5

1)2004:图林根
  2005 和 2006:巴登—符腾堡,巴伐利亚,柏林,勃兰登堡,图林根
  2007:巴登—符腾堡,巴伐利亚,柏林,勃兰登堡,北莱茵—威斯特法伦,图林根
  2008 和 2009:巴登—符腾堡,巴伐利亚,柏林,勃兰登堡,北莱茵—威斯特法伦,莱茵兰—普法尔茨,图林根
2)2001 年报告不含不来梅
3)2006 年,柏林推迟入学的情况被列为"其他和无数据"。

来源:联邦及各州统计局,学校数据统计

表 C5‑3A 2000—2010 年各州组提前入学者在所有入学者中所占比例(单位:%)

州 组	2000	2001	2002	2003	2004	2005	2006	2007	2008	2009	2010
	单位:%										
德国[2]	5.0	5.8	6.8	7.8	9.1	7.8	7.1	6.2	5.4	4.7	4.5
规定日期为 6 月 30 日的州	—	—	—	—	9.2	8.6	8.7	8.4	7.8	6.8	5.8
提前入学的州[1]	—	—	—	—	2.2	6.6	4.6	4.8	4.1	3.7	4.1
旧联邦州[2]	5.3	6.1	7.3	8.4	9.7	8.9	8.0	7.0	6.1	5.3	5.1
规定日期为 6 月 30 日的州	—	—	—	—	—	9.5	9.7	10.1	9.8	8.5	8.4
提前入学的州[1]	—	—	—	—	—	7.9	5.1	5.2	4.4	3.9	4.4
新联邦州	2.9	3.4	4.1	4.5	5.3	2.2	2.3	2.1	1.9	1.9	1.6
规定日期为 6 月 30 日的州	—	—	—	—	5.8	2.0	1.8	1.7	1.6	1.7	1.4
提前入学的州[1]	—	—	—	—	2.2	2.3	2.8	2.4	2.2	2.0	1.8

1)2004:图林根
  2005、2006:巴登—符腾堡,巴伐利亚,柏林,勃兰登堡,图林根
  2007:巴登—符腾堡,巴伐利亚,柏林,勃兰登堡,北莱茵—威斯特法伦,图林根
  2008、2009:巴登—符腾堡,巴伐利亚,柏林,勃兰登堡,北莱茵—威斯特法伦,莱茵兰—普法尔茨,图林根
2)2001 年报告不含不来梅

来源:联邦及各州统计局,学校数据统计

表 C5－4A　2003/04 至 2010/11 学年 6 岁初等教育阶段*学生在 6 岁儿童**中的比例,按性别和州组划分(单位:%)

州组/性别	学　年							
	2003/04	2004/05	2005/06	2006/07	2007/08	2008/09	2009/10	2010/11
	单位: %							
德国	51.9	56.8	56.6	57.9	59.4	59.9	62.2	61.1
男	48.7	50.0	53.2	54.8	56.1	56.5	59.2	58.2
女	55.2	56.8	60.2	61.2	62.9	63.4	65.5	64.1
旧联邦州	52.8	54.0	56.1	57.4	59.2	59.8	62.8	61.4
新联邦州	46.5	49.5	59.5	60.9	60.5	60.1	59.5	59.3

　* 按照 KMK 定义的初等教育阶段学生(不含促进学校),即入学当年为 6 岁。
　** 规定日期为每年 12 月 31 日
　来源:联邦及各州统计局,学校数据统计;人口统计;自己计算得出

表 C5－5A　2003—2010 年促进学校入学比例,按性别和州划分(单位:%)

州/性别	学　年								其中促进重点为智力发展
	2003	2004	2005	2006	2007	2008	2009	2010	
	单位: %								
德国	3.0	3.1	3.5	3.5	3.6	3.6	3.7	3.4	0.6
男	3.8	4.0	4.5	4.5	4.6	4.8	4.8	4.5	0.8
女	2.1	2.2	2.4	2.4	2.5	2.4	2.5	2.3	0.5
旧联邦州	2.9	3.0	3.5	3.4	3.6	3.7	3.8	3.5	0.6
新联邦州	3.7	3.8	3.4	3.5	3.4	3.4	3.3	2.9	0.8
巴登—符腾堡	3.3	3.4	3.6	3.8	4.1	4.3	4.5	4.5	0.6
巴伐利亚	4.2	4.1	4.2	4.4	4.4	4.6	4.6	4.4	0.7
柏林	4.5	4.3	2.8	3.2	3.0	3.2	3.2	2.9	0.8
勃兰登堡	2.8	2.8	2.8	1.7	1.9	2.3	2.4	2.4	0.8
不来梅	1.2	1.4	1.9	1.5	1.6	1.6	1.7	1.8	1.2
汉堡	3.4	3.6	3.5	3.5	3.4	3.0	3.3	3.2	0.4
黑森	1.7	1.6	2.0	1.9	2.5	2.6	2.7	2.6	0.6
梅克伦堡—前波莫瑞	4.5	4.3	4.6	4.8	4.8	4.6	4.5	2.5	0.8
下萨克森	2.2	2.9	3.4	3.5	3.7	3.9	3.9	3.2	0.8
北莱茵—威斯特法伦	2.9	2.8	4.0	3.6	3.7	3.6	3.8	3.5	0.5
莱茵兰—普法尔茨	2.0	2.2	2.3	2.3	2.5	2.6	3.0	2.8	0.7
萨尔	1.4	1.8	1.8	1.8	1.9	2.3	2.6	2.1	·
萨克森	3.5	4.2	3.8	3.9	3.8	3.9	3.8	3.8	0.6

(续表)

州/性别	学　　年								其中促进重点为智力发展
	2003	2004	2005	2006	2007	2008	2009	2010	
	单位：%								
萨克森—安哈特	3.6	3.9	3.9	4.6	3.9	4.2	3.6	3.3	1.0
石勒苏益格—荷尔斯泰因	2.3	2.3	2.3	2.4	1.8	1.9	1.4	1.4	0.8
图林根	3.1	3.0	3.4	3.3	3.3	2.6	2.2	1.8	0.8

来源：联邦及各州统计局，学校数据统计

表 D1－1A　2011 年各州提供两种或三种教育的学校类型概览

州	学校类型名称	教　育　模　式			
		普通中学	实科中学	文理中学	文理中学高级阶段
BW	一体化综合中学	7 年级起有毕业年级			（□）
	非教派学校（已规划）	一体的			（□）
BY	中学	7 年级起有毕业年级		—	—
	一体化综合中学	9 年级起有毕业年级			—
BE	一体化中等教育/非教派学校	一体的			（□）
	一体化综合中学（逐渐取消）	一体的			（□）
BB	高中	一体的 oder 7 年级起有毕业年级			—
	一体化综合中学（逐渐取消）	7 年级起有毕业年级			（□）
HB	高中	9 年级起有毕业年级			（□）
	一体化综合中学（逐渐取消）	7 年级起有毕业年级			（□）
HH	城区学校	一体的			（□）
	普通中学及实科中学（逐渐取消）	7 年级起有毕业年级		—	—
	合作式综合中学（逐渐取消）	7 年级起有毕业年级			（□）
HE	一体化综合中学	一体的		□	（□）
	合作式综合中学	7 年级起有毕业年级			（□）
MV	地区性学校	一体的或 7 年级起有毕业年级		—	—
	一体化综合中学	9 年级起有毕业年级			（□）
NI	高中	7 年级起有毕业年级		（□）	（□）
	一体化综合中学	7 年级起有毕业年级			（□）
	合作式综合中学	7 年级起有毕业年级			（□）
NW	普通中学＋实科中学分支	7 年级起有毕业年级		—	—
	实科中学＋普通中学分支	7 年级起有毕业年级		—	—
	一体化综合中学	一体的			□

（续表）

州	学校类型名称	教 育 模 式			
		普通中学	实科中学	文理中学	文理中学高级阶段
RP	升级版实科中学	一体的或 7 年级起有毕业年级			□ FHSR
	一体化综合中学	一体的			（□）
SN	中学	7 年级起有毕业年级		—	—
ST	中学	一体的 oder 7 年级起有毕业年级		—	—
	一体化综合中学	一体的		□（9 年级起）	（□）
	合作式综合中学	7 年级起有毕业年级			（□）
SL	扩展实科中学（逐渐取消）	7 年级起有毕业年级		—	—
	非教派学校	7 年级起有毕业年级			（□）
	一体化综合中学（逐渐取消）	7 年级起有毕业年级			（□）
SH	地区学校	7 年级起有毕业年级		—	—
	非教派学校	一体的或 5 年级起有毕业年级			—
TH	常规学校	一体的 oder 7 年级起有毕业年级		—	—
	一体化综合中学	7 年级起有毕业年级			（□）
	非教派学校	9 年级起有毕业年级			（□）
	合作式综合中学	7 年级起有毕业年级			（□）

□　适用
（□）　不是所有地方的学校都适用
—　不适用
来源：各州文化部；联邦及各州统计局，自己计算得出

表 D1－2A　2010/11 学年前一学年在上小学的 5 年级生* 在各州不同学校类型的分布

州	学生[1]	其 中						较之 2008/09 变化					
		OS	HS	RS	SMBG	GY	IGS	OS	HS	RS	SMBG	GY	IGS
	数量	单位：%						百分点					
D*	679 957	1.5	14.4	23.2	7.6	41.4	11.9	＋0.0	－1.9	－0.7	＋0.6	＋0.0	＋1.9
W	622 217	1.7	15.7	25.3	3.5	40.9	12.9	＋0.0	－2.9	－1.7	＋1.6	＋0.3	＋2.8
O*	59 643	×	0.0	0.0	53.4	45.3	1.4	×	－1.5	－4.2	14.9	－1.2	－7.9
BW	106 370	0.2	25.0	34.2	×	40.0	0.6	＋0.0	－0.4	－0.3	×	＋0.7	＋0.0
BY	121 773	0.3	31.3	28.3	×	39.9	0.3	＋0.0	－5.4	＋4.6	×	＋0.8	＋0.0
BE*	25 321	×	0.1	3.3	x(IGS)	51.0	45.7	×	－6.8	－15.6	x(IGS)	＋1.6	＋20.8
BB*	17 355	×	×	×	39.0	48.2	12.8	×	×	×	＋0.6	＋1.7	－2.4
HB	5 168	×	×	×	10.9	35.0	54.2	×	×	×	－11.2	－15.5	＋26.7
HH	11 903	7.5	×	×	x(IGS)	52.8	39.7	＋3.1	－17.0	×	x(IGS)	＋1.9	＋11.9
HE	54 904	16.3	2.9	16.0	×	45.7	19.2	－1.3	－0.2	－0.3	×	＋1.4	＋0.4

(续表)

州	学生[1]	其　中						较之 2008/09 变化					
		OS	HS	RS	SMBG	GY	IGS	OS	HS	RS	SMBG	GY	IGS
	数量	单位：%						百分点					
MV*	10 947	×	×	×	43.6	48.0	8.3	×	×	×	− 3.9	+ 4.7	− 0.8
NI	78 201	×	11.4	35.3	×	42.1	11.1	×	− 1.6	− 3.4	×	− 1.3	+ 6.2
NW	167 991	×	12.7	28.5	×	39.7	19.0	×	− 1.9	+ 0.0	×	+ 0.8	+ 1.1
RP	37 914	×	2.6	5.9	32.9	42.8	15.7	×	− 8.7	− 20.3	+ 18.9	+ 1.7	+ 8.4
SL	8 385	×	1.0	2.0	34.3	41.1	21.7	×	+ 0.1	− 0.1	− 0.7	+ 2.3	− 1.6
SN	28 483	×	×	×	54.3	45.7	×	×	×	×	+ 0.5	− 0.5	×
ST	15 683	×	×	×	51.7	45.1	3.2	×	×	×	+ 0.7	− 1.0	+ 0.3
SH	27 705	×	×	0.5	13.7	39.2	46.6	×	− 6.8	− 19.0	+ 6.4	+ 0.1	+ 19.4
TH	15 477	×	×	×	53.4	44.7	2.0	×	×	×	+ 0.3	− 0.3	+ 0.0

* 给出三个州中向 7 年级的过渡；德国和新联邦州的数值不包含这些州：

柏林和勃兰登堡中，除从小学 6 年级过渡以外，也包括从 6 年级向文理中学 7 年级的过渡，因而有些学生 2 年前(5 年级)已向中等教育第一阶段的基本文理中学过渡。

梅克伦堡—前波莫瑞州中，过渡数量与上一年小学生无关，因为自 2006/07 学年起 5、6 年级为定向阶段(主要在提供多种教育的学校)。因此 7 年级中观察从这种提供多种教育的学校类型以及那种 2 年前(5 年级)已向相应学校类型(体育和音乐文理中学或者一体化综合中学)过渡的学校类型。

1) 不含促进学校和私立华德福学校

来源：联邦及各州统计局，学校数据统计，自己计算得出

表 D1 - 3A　不同移民背景和社会经济状况 的 15 岁学生的学校类型分布* 和阅读能力**

社会经济状况**	学生总数	其　中							阅读能力
		HS	RS	SMBG	GY	IGS	FÖ	BS[1]	中等值（标准偏差）
	数量（未加权平均）	单位：%（加权平均）							能力点值
2000									
总　计[2]									
低	1 359	29.4	30.2	24.0	10.9	11.6	9.5	6.7	7.2	432 (110)
中	2 322	46.6	18.0	30.0	8.9	26.1	10.2	1.5	5.3	495 (97)
高	1 253	24.0	8.1	21.3	5.6	55.5	4.9	1.1	3.4	542 (96)
合计	5 073	100	19.2	26.1	8.7	28.9	8.7	2.9	5.4	484 (101)
无移民背景									
低	858	23.0	25.3	26.2	16.2	13.6	10.9	•	7.9	466 (89)
中	1 936	50.6	14.8	31.1	10.3	28.0	9.8	•	6.1	508 (88)
高	1 063	26.4	7.1	21.0	6.0	57.8	4.8	•	3.3	552 (86)
合计	3 909	100	15.2	27.3	10.5	32.5	8.7	•	5.8	509 (88)

（续表）

社会经济状况**	学生总数		其　中							阅读能力	
			HS	RS	SMBG	GY	IGS	FÖ	BS[1]	中等值（标准偏差）	
	数量（未加权平均）		单位：%（加权平均）							能力点值	
有移民背景（父母至少一方生于外国）											
低	456	46.9	45.2	25.4	2.5	10.7	9.0	·	7.2	413	（100）
中	355	35.4	35.4	27.6	2.8	19.3	13.0	·	1.9	460	（97）
高	181	17.7	12.8	25.3	3.4	48.2	6.1	·	4.2	516	（102）
合计	1 038	100	36.0	26.2	2.8	20.4	9.9	·	4.8	444	（99）
2009											
总　计[2]											
低	1 339	30.1	26.8	27.3	9.4	16.4	8.3	6.9	5.0	464	（93）
中	1 985	45.3	15.3	31.4	6.1	32.9	8.8	2.0	3.5	506	（87）
高	1 072	24.6	4.9	21.7	2.8	60.8	7.6	0.7	1.4	547	（83）
合计	4 979	100	16.8	26.8	6.6	33.5	8.7	3.7	4.0	497	（89）
无移民背景											
低	753	23.6	22.7	25.8	11.0	18.1	8.4	8.0	6.0	479	（91）
中	1 555	49.2	13.8	32.0	6.2	34.4	8.5	1.8	3.3	514	（84）
高	864	27.3	3.3	21.7	3.2	62.9	7.3	0.6	1.1	551	（79）
合计	3 290	100	13.3	27.4	6.9	37.8	8.2	3.2	3.3	514	（85）
有移民背景（父母至少一方生于外国）											
低	512	47.9	31.5	31.0	7.1	14.1	8.1	4.8	3.4	447	（90）
中	360	34.0	19.7	30.1	5.6	30.1	8.8	2.1	3.7	483	（89）
高	184	18.1	9.5	20.7	1.5	55.3	9.3	0.6	3.1	535	（95）
合计	1 141	100	24.1	28.2	5.7	25.9	8.8	3.5	3.8	470	（90）

＊ 不含私立华德福学校。

＊＊ 每位学生的家庭最高职业状态构成指数（HISEI）。25%的学生指数值为最高（高），50%为中等（中），25%为最低（低）。总数（合计）与HISEI四分位数总和并不相符，因为会额外加上没有有效 HISEI 数据的学生。

1）BS＝Berufliche Schulen，职业学校

2）包含没有移民背景数据的情况

来源：2000 年 PISA 和 2009 年 PISA（国际学生抽样特别调查）

表 D1–4A 促进学校和其他普通教育学校中有特殊教育促进需求的学生情况，2000/01 及 2010/11 学年各州的促进率*和促进学校就读率**（单位：%）

州	总　计	其　中		在其他普通教育学校的比例	总计（促进率*）	其　中	
		促进学校	其他普通教育学校			促进学校（促进学校就读率**）	其他普通教育学校
		数　量		单位：%		单位：%	
2000/01 学年							
D	479 940	420 587	59 353	12.4	5.3	4.6	0.7
BW	68 448	52 003	16 445	24.0	5.7	4.3	1.4
BY	71 965	63 233	8 732	12.1	5.3	4.7	0.6
BE	19 255	13 697	5 558	28.9	5.7	4.1	1.6
BB	19 295	15 834	3 461	17.9	6.5	5.3	1.2
HB	4 320	2 664	1 656	38.3	6.7	4.1	2.6
HH	8 844	7 429	1 415	16.0	5.8	4.9	0.9
HE	25 968	23 394	2 574	9.9	4.1	3.7	0.4
MV	15 181	14 328	853	5.6	7.1	6.7	0.4
NI	38 014	36 819	1 195	3.1	4.2	4.1	0.1
NW	103 424	95 234	8 190	7.9	5.0	4.6	0.4
RP	18 549	16 498	2 051	11.1	4.1	3.6	0.5
SL	4 667	3 694	973	20.8	4.2	3.3	0.9
SN	25 936	24 898	1 038	4.0	5.7	5.4	0.2
ST	20 328	20 130	198	1.0	7.1	7.0	0.1
SH	16 540	12 501	4 039	24.4	5.4	4.1	1.3
TH	19 206	18 231	975	5.1	7.4	7.0	0.4
2010/11 学年							
D	486 564	377 922	108 642	22.3	6.4	4.9	1.4
BW	73 239	53 175	20 064	27.4	6.8	5.0	1.9
BY	71 860	57 326	14 534	20.2	5.8	4.6	1.2
BE	20 419	11 458	8 961	43.9	7.5	4.2	3.3
BB	16 002	9 794	6 208	38.8	8.5	5.2	3.3
HB	4 200	2 468	1 732	41.2	7.5	4.4	3.1
HH	8 792	6 650	2 142	24.4	6.1	4.6	1.5
HE	29 631	25 259	4 372	14.8	5.2	4.4	0.8

（续表）

州	有特殊教育促进需求的学生						
	总 计	其 中		在其他普通教育学校的比例	总计（促进率*）	其 中	
		促进学校	其他普通教育学校			促进学校（促进学校就读率**）	其他普通教育学校
	数 量			单位：%		单位：%	
MV	13 246	9 699	3 547	26.8	10.9	8.0	2.9
NI	38 863	35 541	3 322	8.5	4.8	4.4	0.4
NW	117 399	98 483	18 916	16.1	6.5	5.5	1.0
RP	18 997	15 099	3 898	20.5	4.7	3.8	1.0
SL	5 924	3 787	2 137	36.1	6.8	4.4	2.5
SN	24 086	19 044	5 042	20.9	8.4	6.6	1.8
ST	15 502	12 888	2 614	16.9	9.7	8.0	1.6
SH	16 135	8 079	8 056	49.9	5.6	2.8	2.8
TH	12 269	9 172	3 097	25.2	7.8	5.8	2.0

* 促进率是指有特殊教育促进需求的学生在全日义务教育学生中的比例（1—10 年级和促进学校）。
** 促进学校就读率是指促进学校学生在全日义务教育学生中的比例（1—10 年级和促进学校）。
来源：KMK 秘书处（2010），1999—2008 年学校中的特殊教育促进；KMK 秘书处（2012），2001—2010 年学校中的特殊教育促进

表 D2‑1A 1950、1960、1970 及 1980 年 6—34 岁人员的相对就学情况*以及各教育领域的平均就学年数**

年龄	出生年份：1950			出生年份：1960			出生年份：1970			出生年份：1980		
	普通教育	职业教育	高等教育	普通教育	职业教育	高等教育	普通教育	职业教育	高等教育	普通教育	职业教育	高等教育
	单位：%											
6	30.1[1]	—	—	30.1	—	—	53.1	—	—	53.9	—	—
7	97.6	—	—	98.6	—	—	98.7	—	—	102.2	—	—
8	99.1	—	—	99.5	—	—	100.3	—	—	98.3	—	—
9	99.6	—	—	99.6	—	—	101.7	—	—	98.1	—	—
10	99.4	—	—	99.7	—	—	101.0	—	—	97.9	—	—
11	99.6	—	—	99.9	—	—	100.7	—	—	97.8	—	—
12	99.3	—	—	99.9	—	—	100.8	—	—	93.2	—	—
13	98.8	0.4	—	98.7	0.7	—	101.0	—	—	98.7	—	—
14	75.7	3.0	—	93.3	2.6	—	100.0	—	—	98.7	—	—
15	42.5	6.6	—	67.7	7.7	—	90.1	3.6	—	91.9	1.7	—

(续表)

年龄	出生年份：1950			出生年份：1960			出生年份：1970			出生年份：1980		
	普通教育	职业教育	高等教育	普通教育	职业教育	高等教育	普通教育	职业教育	高等教育	普通教育	职业教育	高等教育
	单位：%											
16	24.5	5.6	—	41.2	10.1	—	59.2	11.0	—	69.8	6.8	—
17	14.8	5.1	—	26.8	8.1	—	34.8	11.3	—	44.7	11.6	—
18	11.4	4.5	1.0	19.1	6.3	1.1	29.0	7.5	0.2	34.5	10.3	0.8
19	6.4	4.0	3.2	11.0	5.6	4.5	17.3	5.3	3.3	19.6	8.1	5.5
20	3.6	2.7	6.9	4.6	4.3	9.0	6.0	4.6	8.9	6.4	5.2	12.7
21	1.3	1.4	8.7	2.3	2.4	11.7	2.6	3.5	13.1	2.3	4.8	17.4
22	1.2	1.7	9.7	1.5	2.4	14.9	1.5	3.1	15.0	1.5	4.0	19.5
23	0.9	1.3	9.4	0.9	1.6	15.6	2.0	1.7	16.1	1.1	3.2	20.8
24	0.7	1.3	8.9	0.7	1.2	15.2	0.7	1.7	16.4	0.9	2.7	20.6
25	0.8	1.1	7.9	0.4	1.0	13.8	0.2	1.4	14.4	0.8	1.5	18.9
26	0.5	1.1	6.5	0.4	0.8	11.9	0.2	1.1	12.8	0.2	1.2	15.8
27	0.2	0.7	5.3	0.4	1.2	9.9	—	1.9	10.9	0.3	0.9	11.7
28	0.2	·	4.7	0.7	—	7.8	—	1.5	8.7	0.0	0.9	9.3
29	0.1	1.1	3.8	0.0	—	6.3	—	·	6.7	×	×	×
30	0.7	0.4	3.1	·	·	·	·	·	·	×	×	×
31	·	·	2.4	·	·	·	·	·	·	×	×	×
32	·	·	2.3	·	·	·	·	·	·	×	×	×
33	·	·	1.9	·	·	·	·	·	·	×	×	×
34	·	·	1.5	·	·	·	·	·	·	×	×	×
就学年数**	单位：年											
	9.1	0.4	0.9	10.0	0.6	1.2	11.0	0.6	1.3	11.1	0.6	1.5

　* 相对就学情况是指学生在同龄人中的比例(教育参与率)。1991年以前引用旧联邦州数据,1992年起为全联邦的教育参与率。由于人口补充统计的错误,数值可能超过100%。在计算就学年数时该数值修改为100%。

　** 计算某一出生年份的平均就学年数时,计算各年龄教育参与率的总和并除以100。

　1) 因数据有误,采用1960年数据。

　来源：Köhler, H. (1990), Neue Entwicklungen des relativen Schul-und 高 schulbesuches；Köhler, H. (1978), Der relative Schul-und 高 schulbesuch in der Bundesrepublik 德国 1952 bis 1975；联邦及各州统计局,2004—2009年居民教育水平和1982—2004年教育数值体现,自己计算得出

表 D2－2A　2010/11 学年不同学制阶段、学年*和学校类型的留级情况

阶段/年级	总计 数量	总计 %	GS 数量	GS %	OS 数量	OS %	HS 数量	HS %	RS 数量	RS %	SMBG 数量	SMBG %	GY(G9)¹⁾ 数量	GY(G9)¹⁾ %	GY(G8)¹⁾ 数量	GY(G8)¹⁾ %	IGS 数量	IGS %
初等教育阶段*	14 917	1.0	14 818	1.0	×	—	×	—	×	—	×	—	×	—	×	—	99	1.3
3 年级	10 453	1.4	10 398	1.4	×	—	×	—	×	—	×	—	×	—	×	—	55	1.3
4 年级	4 361	0.6	4 317	0.6	×	—	×	—	×	—	×	—	×	—	×	—	44	1.4
无数据	103	9.4	103	9.4	×	—	×	—	×	—	×	—	×	—	×	—	0	—
中等教育阶段 I	121 822	2.8	×	—	918	0.8	26 296	3.7	50 160	4.3	11 392	3.1	2 049	1.3	23 328	1.7	7 679	1.6
5 年级	15 574	2.1	×	—	517	1.0	1 937	1.9	9 328	5.6	959	1.5	80	0.4	2 335	0.9	418	0.5
6 年级	13 288	1.7	×	—	401	0.7	2 328	2.1	4 869	2.8	1 574	2.5	137	0.6	3 636	1.3	343	0.4
7 年级	20 354	2.6	×	—	×	—	4 099	3.3	8 543	4.3	1 730	2.6	259	1.2	4 854	1.7	869	0.9
8 年级	25 431	3.1	×	—	×	—	4 981	3.5	10 283	4.8	2 499	3.7	451	1.5	6 453	2.3	764	1.0
9 年级	32 989	4.2	×	—	×	—	10 508	6.9	10 299	4.9	3 268	4.9	430	1.6	6 050	2.4	2 434	3.1
10 年级	14 049	3.3	×	—	×	—	2 323	3.3	6 838	3.3	1 362	3.0	692	2.2	×	—	2 834	4.1
无数据	137	11.5	×	—	×	—	120	29.5	0	—	0	—	0	—	0	—	17	7.4
中等教育阶段 II	26 685	2.6	×	—	×	—	×	—	×	—	×	—	11 133	2.3	11 543	2.5	4 009	4.6
11 年级	6 132	4.2	×	—	×	—	×	—	×	—	×	—	4 223	3.8	×	—	1 909	5.7
12 年级	6 158	3.2	×	—	×	—	×	—	×	—	×	—	4 625	2.8	×	—	1 533	5.2
13 年级	2 852	1.2	×	—	×	—	×	—	×	—	×	—	2 285	1.0	×	—	567	2.4
入门阶段 E	5 606	2.4	×	—	×	—	×	—	×	—	×	—	×	—	5 606	2.4	×	—
培训阶段 Q1	5 186	3.5	×	—	×	—	×	—	×	—	×	—	×	—	5 186	3.5	×	—
培训阶段 Q2	751	1.0	×	—	×	—	×	—	×	—	×	—	×	—	751	1.0	×	—
总计	163 424	2.0	14 818	0.5	877	0.8	26 296	3.7	50 160	4.3	11 392	3.1	13 182	2.0	34 871	1.9	11 787	2.0

* 自 2008/09 学年起，1、2 年级一般不再有留级。在柏林和勃兰登堡，中等教育阶段 I 允许 5、6 年级的留级。
1) 在柏林，文理中学 G9 以下的所有留级都有记录。
来源：联邦及各州统计局，学校数据统计 2010/11

表 D2－3A　2009 年,在至今的学习生涯中至少留级过一次的 15 岁学生比例,按社会经济状况*和移民背景划分(单位:%)

社会经济状况*	总计[1]	其中	
		无移民背景	有移民背景(父母至少一方生于外国)
		单位:%	
低	26.6	21.9	33.2
中	19.3	16.9	27.2
高	14.5	13.0	19.2
总计	20.8	17.2	29.1

　　*　每位学生的家庭最高职业状态构成指数(HISEI)。25%的学生指数值为最高(高),50%为中等(中),25%为最低(低)。总数(合计)与 HISEI 四分位数总和并不相符,因为会额外加上没有有效 HISEI 数据的学生。

　　1)　包含没有移民背景数据的情况

　　来源:PISA 2009(国际学生抽样特别调查)

表 D2－4A　2002/03 和 2011/12 学年根据各州课时表所得每周最低时数*和总课时数**,根据教育模式划分

州	每周最低时数*				总课时数**			
	小学	普通中学教育	实科中学教育	文理中学教育 G8/ G9[1]	小学	普通中学教育	实科中学教育	文理中学教育 G8/ G9[1]
	……年级累计 周课时数				……年级累计 年课时数			
	1—4	5—9			1—4	5—9		
2002/03 学年								
巴登—符腾堡	98	140	140	143	2 793	3 990	3 990	4 076
巴伐利亚	102	143	147	145	2 907	4 076	4 190	4 133
柏林	91	143	143	143	2 594	4 076	4 076	4 076
勃兰登堡	87	150	152	153	2 480	4 275	4 332	4 361
不来梅	88	151	151	151	2 508	4 304	4 304	4 304
汉堡	108	128	127	127	3 078	3 648	3 620	3 620
黑森	90	148	145	147	2 565	4 218	4 133	4 190
梅克伦堡—前波莫瑞	92	154	148	157	2 622	4 389	4 218	4 475
下萨克森	88	148	146	151	2 508	4 218	4 161	4 304
北莱茵—威斯特法伦	87	150	150	150	2 480	4 275	4 275	4 275
莱茵兰—普法尔茨	86	143	147	149	2 451	4 076	4 190	4 247
萨尔	89	146	146	158	2 537	4 161	4 161	4 503
萨克森	93	153	153	157	2 651	4 361	4 361	4 475
萨克森—安哈特	90	148	148	150	2 565	4 218	4 218	4 261
石勒苏益格—荷尔斯泰因	89	150	148	145	2 537	4 275	4 218	4 133
图林根	100	145	145	151	2 850	4 133	4 133	4 304

（续表）

州	每周最低时数*				总课时数**			
	小学	普通中学教育	实科中学教育	文理中学教育 G8/ G9[1]	小学	普通中学教育	实科中学教育	文理中学教育 G8/ G9[1]
	……年级累计 周课时数				……年级累计 年课时数			
	1—4	5—9			1—4	5—9		
2011/12 学年								
巴登—符腾堡	98	149	149	152/×	2 793	4 247	4 247	4 332/×
巴伐利亚	104	150	150	160/×	2 964	4 275	4 275	4 560/×
柏林	92	155	155	161/156	2 622	4 418	4 418	4 589/4 446
勃兰登堡	91	158	158	161/156	2 594	4 503	4 503	4 589/4 446
不来梅	96	157	157	161/157	2 736	4 475	4 475	4 589/4 475
汉堡	100	146	164	170/164	2 850	4 161	4 674	4 845/4 674
黑森	92	149	146	160/147	2 622	4 247	4 161	4 560/4 190
梅克伦堡—前波莫瑞	94	158	158	160/160	2 679	4 503	4 503	4 560/4 560
下萨克森	94	149	149	158/149	2 679	4 247	4 247	4 503/4 247
北莱茵—威斯特法伦	94	157	157	163/157	2 679	4 475	4 475	4 646/4 475
莱茵兰—普法尔茨	102	150	150	162/150	2 907	4 275	4 275	4 617/4 275
萨尔	102	146	146	159/146	2 907	4 161	4 161	4 532/4 161
萨克森	95	155	155	164/×	2 708	4 418	4 418	4 674/×
萨克森—安哈特	94	159	159	162/160	2 679	4 532	4 532	4 617/4 560
石勒苏益格—荷尔斯泰因	92	154	154	163/154	2 622	4 389	4 389	4 646/4 389
图林根	100	160	160	163/×	2 850	4 560	4 560	4 646/×

　＊ 每周最低时数涉及一个学年中的每周课时总数。该每周时数按照相应教育模式的指定年级相加。

　＊＊ 总课时数涉及每学年的小时总数（数值由每周最低时数和一个有 38 学周的学年得出）。该每年时数按照相应教育模式的指定年级相加。

　1）2011/12 学年，分别为 8 年制（GY）和 9 年制文理中学教育（SMBG，IGS，部分 GY）预定课时。

　来源：Avenarius u.a.（2003），Bildungsbericht für Deutschland — Erste Befunde，S. 92ff.；各州学校规定和公告，自己计算得出

表 D2‑5A　2006 年各国 15 岁学生在课堂语言、数学和自然科学领域的每周学时（小时）和学习活动类型（单位：%）

国　家	每周学习时间				学习时间百分制划分		
	总　计	其　中			校内常规课程	校外额外或促进课程	个人学习时间
		校内常规课程	校外额外或促进课程	个人学习时间			
	平均值（标准偏差）单位：小时				平均值（标准偏差）单位：%		
OECD 平均值	17.9　(0.0)	10.6　(0.0)	2.4　(0.0)	4.9　(0.0)	61.8　(0.1)	11.8　(0.0)	26.4　(0.0)
澳大利亚	17.8　(0.1)	11.4　(0.1)	1.8　(0.0)	4.7　(0.1)	66.5　(0.2)	8.7　(0.2)	24.8　(0.2)

（续表）

国　家	每周学习时间				学习时间百分制划分		
	总　计	其　中			校内常规课程	校外额外或促进课程	个人学习时间
		校内常规课程	校外额外或促进课程	个人学习时间			
	平均值（标准偏差）单位：小时				平均值（标准偏差）单位：%		
比利时	15.4 (0.1)	9.7 (0.1)	1.3 (0.0)	4.4 (0.1)	64.3 (0.3)	7.8 (0.2)	27.9 (0.2)
丹麦	21.9 (0.1)	13.2 (0.1)	3.8 (0.1)	5.0 (0.1)	62.3 (0.3)	15.9 (0.2)	21.8 (0.2)
德国	18.4 (0.1)	10.6 (0.1)	1.9 (0.1)	5.9 (0.1)	59.5 (0.3)	9.3 (0.3)	31.2 (0.2)
芬兰	14.2 (0.2)	9.7 (0.1)	1.1 (0.0)	3.4 (0.1)	70.5 (0.3)	6.4 (0.2)	23.1 (0.2)
法国	17.5 (0.2)	10.7 (0.1)	2.2 (0.0)	4.6 (0.1)	63.4 (0.3)	12.1 (0.2)	24.5 (0.3)
希腊	21.5 (0.2)	9.8 (0.1)	5.8 (0.1)	5.8 (0.1)	48.1 (0.5)	25.7 (0.4)	26.2 (0.3)
爱尔兰	16.1 (0.2)	9.7 (0.1)	1.7 (0.0)	4.7 (0.1)	63.5 (0.4)	8.7 (0.2)	27.8 (0.3)
冰岛	18.1 (0.1)	12.2 (0.1)	1.5 (0.0)	4.4 (0.0)	69.7 (0.3)	7.2 (0.2)	23.1 (0.2)
意大利	21.1 (0.1)	11.3 (0.1)	2.2 (0.0)	7.5 (0.1)	54.9 (0.2)	9.9 (0.2)	35.2 (0.2)
日本	15.3 (0.2)	10.8 (0.1)	1.4 (0.1)	3.1 (0.1)	74.5 (0.5)	7.5 (0.3)	18.0 (0.4)
加拿大	20.6 (0.2)	12.9 (0.1)	2.3 (0.1)	5.3 (0.1)	64.0 (0.3)	11.0 (0.3)	25.1 (0.3)
韩国	22.5 (0.2)	12.8 (0.1)	4.7 (0.1)	4.9 (0.1)	61.4 (0.4)	18.4 (0.3)	20.3 (0.3)
卢森堡	16.0 (0.1)	9.7 (0.1)	1.9 (0.1)	4.3 (0.1)	63.2 (0.3)	10.7 (0.2)	26.1 (0.2)
墨西哥	20.4 (0.2)	10.8 (0.1)	3.3 (0.1)	6.4 (0.1)	53.7 (0.3)	14.7 (0.3)	31.6 (0.3)
新西兰	19.0 (0.1)	12.8 (0.1)	1.7 (0.1)	4.4 (0.1)	69.7 (0.4)	8.2 (0.3)	22.1 (0.3)
荷兰	13.8 (0.1)	8.0 (0.1)	1.9 (0.1)	4.0 (0.1)	60.0 (0.4)	12.3 (0.3)	27.8 (0.3)
挪威	16.8 (0.1)	9.6 (0.1)	3.1 (0.1)	4.1 (0.1)	60.4 (0.4)	17.0 (0.3)	22.6 (0.3)
奥地利	14.5 (0.2)	8.6 (0.1)	0.9 (0.0)	4.9 (0.1)	61.9 (0.4)	5.4 (0.2)	32.8 (0.3)
波兰	20.2 (0.1)	11.7 (0.1)	2.1 (0.1)	6.3 (0.1)	59.9 (0.3)	10.1 (0.3)	30.0 (0.3)
葡萄牙	17.9 (0.2)	10.1 (0.1)	2.0 (0.0)	5.8 (0.1)	58.3 (0.4)	10.2 (0.2)	31.5 (0.4)
瑞典	14.4 (0.1)	9.0 (0.1)	1.8 (0.1)	3.6 (0.1)	66.1 (0.5)	10.3 (0.4)	23.6 (0.4)
瑞士	15.7 (0.1)	9.9 (0.1)	1.6 (0.0)	4.2 (0.0)	64.3 (0.3)	8.9 (0.2)	26.8 (0.2)
斯洛伐克共和国	16.1 (0.2)	8.9 (0.1)	2.4 (0.1)	4.8 (0.1)	58.9 (0.4)	12.7 (0.3)	28.3 (0.3)
西班牙	18.1 (0.2)	10.1 (0.1)	2.2 (0.0)	5.6 (0.1)	59.0 (0.4)	11.2 (0.2)	29.7 (0.2)
捷克共和国	16.0 (0.2)	10.6 (0.1)	1.9 (0.0)	3.5 (0.1)	69.5 (0.4)	10.2 (0.2)	20.2 (0.3)
土耳其	21.9 (0.3)	10.7 (0.2)	5.2 (0.1)	6.1 (0.1)	51.4 (0.4)	21.6 (0.4)	26.9 (0.3)
匈牙利	17.9 (0.1)	9.0 (0.1)	3.6 (0.1)	5.3 (0.1)	52.4 (0.4)	18.7 (0.3)	28.9 (0.2)
美国	19.7 (0.2)	10.9 (0.1)	3.0 (0.1)	5.6 (0.1)	55.6 (0.5)	15.3 (0.4)	29.1 (0.2)
英国	18.2 (0.1)	11.9 (0.1)	1.7 (0.0)	4.5 (0.1)	67.8 (0.3)	8.2 (0.2)	24.0 (0.2)

＊ 15 岁被询问者关于其不同学习活动的时间范围的自主回答。

来源：OECD(2011)，学生的品质时间：校内外学习，第 94 页

表 D3－1A　2002、2010 年初等教育阶段和中等教育第一阶段的公立、私立全日制学校，以学校类型和组织模式划分

学校类型	年份	总　计	组织模式			总　计	组织模式		
			义务式	部分义务式	开放式		义务式	部分义务式	开放式
		数　量				占所有学校百分比			
GR	2002	1 757	82	76	1 599	10.3	0.5	0.4	9.4
	2010	7 207	273	765	6 169	44.2	1.7	4.7	37.9
HS	2002	618	199	138	281	11.5	3.7	2.6	5.2
	2010	2 145	543	596	1 006	57.5	14.6	16.0	27.0
RS	2002	288	44	30	214	9.6	1.5	1.0	7.1
	2010	1 034	194	113	727	42.4	8.0	4.6	29.8
SMBG	2002	329	4	18	307	19.2	0.2	1.0	17.9
	2010	1 057	162	321	574	71.3	10.9	21.6	38.7
GY	2002	386	87	33	266	12.2	2.8	1.0	8.4
	2010	1 531	269	182	1 080	49.4	8.7	5.9	34.8
IGS	2002	488	362	42	84	62.8	46.6	5.4	10.8
	2010	789	372	130	287	77.4	36.5	12.8	28.2
FÖ	2002	1 315	916	28	371	37.7	26.3	0.8	10.6
	2010	2 033	930	202	901	61.9	28.3	6.2	27.4

来源：KMK 秘书处(2008、2012 年)，联邦德国各州全日制普通教育学校

表 D3－2A　2006、2011 年** 各州幼托机构和全日制小学中的学童及教育参与率*

州	幼托机构/托管所中的 11 岁以下学童					全日就读小学的儿童[1]				
	2006	2011	教育参与率		2011 年相较 2006 年变化	2006	2011	教育参与率		2011 年相较 2006 年变化
			2006	2011				2006	2011	
	数　量		单位：%		指数 (2006＝100)	数　量		单位：%		指数 (2006＝100)
D	339 138	422 473	10.6	14.5	124.6	314 143	646 868	9.8	22.2	205.9
W	166 043	188 437	6.1	7.8	113.5	133 616	395 309	4.9	16.4	295.9
O	173 095	234 036	37.3	47.0	135.2	180 527	251 559	38.9	50.5	139.3
BW	19 534	26 522	4.2	6.5	135.8	9 666	30 454	2.1	7.5	315.1
BY	39 890	66 567	7.7	14.4	166.9	10 801	28 171	2.1	6.1	260.8
BE	82	0	0.1	0.0	0.0	61 218	75 553	58.0	70.4	123.4
BB	45 078	58 953	61.5	75.0	130.8	11 131	32 368	15.2	41.2	290.8
HB	3 791	3 407	16.0	16.1	89.9	2 543	4 791	10.7	22.6	188.4
HH	12 900	17 206	21.5	29.5	133.4	2 661	14 938	4.4	25.6	561.4
HE	24 117	28 795	9.9	13.1	119.4	11 432	31 360	4.7	14.2	274.3
MV	21 929	30 823	47.2	61.1	140.6	3 555	1 175	7.7	2.3	33.1

(续表)

州	幼托机构/托管所中的 11 岁以下学童					全日就读小学的儿童[1]				
	2006	2011	教育参与率		2011 年相较 2006 年变化	2006	2011	教育参与率		2011 年相较 2006 年变化
			2006	2011				2006	2011	
	数　量		单位：%		指数 (2006 = 100)	数　量		单位：%		指数 (2006 = 100)
NI	12 475	22 724	3.6	7.5	182.2	6 678	38 555	1.9	12.8	577.3
NW	37 999	5 596	5.1	0.8	14.7	64 318	189 995	8.6	28.8	295.4
RP	6 746	8 180	4.0	5.7	121.3	10 570	31 397	6.3	21.8	297.0
SL	2 315	1 966	6.0	6.1	84.9	3 275	9 758	8.4	30.3	298.0
SN	73 670	100 278	66.0	78.9	136.1	63 419	86 840	56.8	68.4	136.9
ST	30 696	42 665	47.8	63.0	139.0	2 833	2 315	4.4	3.4	81.7
SH	6 276	7 474	5.2	7.0	119.1	11 672	15 890	9.7	15.0	136.1
TH	1 640	1 317	2.6	2.0	80.3	38 371	53 308	61.1	79.4	138.9

　　* 不可能将学童在幼托机构和全日制小学的参与量简单相加,因为部分儿童同时处于两种统计数据中。即便在各州广泛的调查研究也无法完全界定所有州的这种重复计数的情况。

　　** 统计数据显示不同的规定日期：6.5—10.5 岁的儿童为 2005.12.31 和 2010.12.31,托管所的儿童为 2006.03.15 和 2011.03.01,全日制小学的儿童为 2005 年和 2010 年秋天。

　　1) 小学不含华德福学校和促进学校

　　来源：联邦及各州统计局,儿童和青少年福利中心数据,人口统计；KMK 秘书处(2011、2012 年),联邦德国各州全日制普通教育学校,自己计算得出

表 D4‐1A　2002、2006、2010 年普通教育学校和职业学校的全职教师*,按照学校类型、工作模式和性别划分

学校类型	2002			2006			2010		
	总计	其　中		总计	其　中		总计	其　中	
		男	女		男	女		男	女
全职工作者数量									
小学	188 463	27 471	160 992	193 032	25 263	167 769	197 878	25 975	171 903
中等教育学校类型[1]	250 169	96 437	153 732	224 504	83 208	141 296	210 140	71 456	138 684
文理中学	155 142	78 805	76 337	167 252	78 397	88 855	179 152	79 075	100 077
促进学校	69 619	18 588	51 031	71 176	18 027	53 149	72 915	17 348	55 567
职业学校[2]	116 800	69 569	47 231	123 617	69 332	54 285	124 712	66 225	58 487
总计	780 193	290 870	489 323	779 581	274 227	505 354	784 797	260 079	524 718
其中全时工作者									
数　量									
小学	86 348	22 904	63 444	89 591	20 797	68 794	103 096	21 449	81 647
中等教育学校类型[1]	163 435	81 539	81 896	139 668	67 735	71 933	132 531	58 216	74 315
文理中学	104 517	65 538	38 979	101 464	61 190	40 274	109 545	62 135	47 410
促进学校	48 006	16 097	31 909	46 784	15 083	31 701	48 288	14 662	33 626

(续表)

学校类型	2002			2006			2010		
	总计	其中		总计	其中		总计	其中	
		男	女		男	女		男	女
职业学校[2)]	86 186	59 975	26 211	87 136	57 912	29 224	84 716	54 345	30 371
总计	488 492	246 053	242 439	464 643	222 717	241 926	478 176	210 807	267 369
百 分 比									
小学	45.8	83.4	39.4	46.4	82.3	41.0	52.1	82.6	47.5
中等教育学校类型[1)]	65.3	84.6	53.3	62.2	81.4	50.9	63.1	81.5	53.6
文理中学	67.4	83.2	51.1	60.7	78.1	45.3	61.1	78.6	47.4
促进学校	69.0	86.6	62.5	65.7	83.7	59.6	66.2	84.5	60.5
职业学校[2)]	73.8	86.2	55.5	70.5	83.5	53.8	67.9	82.1	51.9
总计	62.6	84.6	49.5	59.6	81.2	47.9	60.9	81.1	51.0

*　不考虑下列学校类型的教师：夜校,补习学校,学前班,学童幼儿园,私立华德福学校,实科中学夜校,文理中学夜校。

1)　中等教育 I 学校类型包括：不限学校类型的定向阶段,普通中学,提供多种教育模式的学校类型,实科中学和一体化综合中学。

2)　职业学校包括：非全时职业学校(双元制体系),职业预备年,全时形式的职业基础教育年,职业特种中学,职业专科学校,专科高中,专科文理中学,职业高中/技术高中,专科学校和专科学院。

来源：联邦及各州统计局,学校数据统计·自己计算得出

表 D4‐2A　2010/11 普通教育学校和职业学校*中的教师,按照性别、工作模式和州划分

州	总计	其中	全 时		非全时		小时制		女性授课时数所占比例	全时工作者授课时数所占比例
		女	全时工作者在所有教师中的比例	其中女性在所有全时教师中的比例	非全时工作者在所有教师中的比例	其中女性在非全时教师中的比例	小时制工作者在所有教师中的比例	其中女性在小时制教师中的比例		
	数量	%								
D	920 159	66.6	52.7	55.9	34.0	83.8	13.3	65.3	65.9	64.0
W	764 453	64.8	52.4	52.3	33.5	84.0	14.1	65.6	63.5	63.8
O	155 706	75.5	54.6	72.7	36.1	83.0	9.3	63.0	77.5	64.9
BW	144 347	63.5	45.0	47.5	37.1	83.2	18.0	62.8	62.2	56.3
BY	147 016	64.1	47.5	48.9	28.0	87.3	24.5	67.1	62.1	60.8
BE	33 269	71.0	67.0	66.9	23.3	82.8	9.8	70.7	70.9	76.5
BB	21 243	78.1	57.9	76.5	37.2	83.0	4.9	59.8	80.0	64.0
HB	7 609	64.4	51.2	54.2	36.6	79.2	12.1	63.0	63.6	61.5
HH	18 820	66.1	50.3	53.2	39.3	80.4	10.4	74.4	64.2	59.2
HE	68 928	64.6	55.6	54.6	31.4	84.3	13.0	60.0	64.3	67.8
MV	13 752	78.8	37.5	79.0	52.9	81.2	9.6	64.8	81.9	44.7
NI	90 636	65.2	56.1	53.9	35.6	83.6	8.4	63.3	64.6	66.0

(续表)

州	总计	其中女	全时		非全时		小时制		女性授课时数所占比例	全时工作者授课时数所占比例
			全时工作者在所有教师中的比例	其中女性在所有全时教师中的比例	非全时工作者在所有教师中的比例	其中女性在非全时教师中的比例	小时制工作者在所有教师中的比例	其中女性在小时制教师中的比例		
	数量				%					
NW	198 489	66.2	58.2	55.1	33.5	83.8	8.3	73.1	64.2	68.1
RP	43 613	67.1	50.6	58.4	35.8	81.3	13.6	62.2	64.3	65.7
SL	9 039	59.9	71.3	51.3	23.5	90.2	5.3	42.2	60.1	78.7
SN	41 045	75.2	47.1	71.1	40.4	85.2	12.5	58.4	78.3	59.4
ST	21 525	78.7	62.5	77.9	32.1	82.8	5.4	63.5	80.9	74.3
SH	30 343	65.7	53.9	51.5	37.6	86.2	8.5	65.8	64.0	62.9
TH	24 872	75.4	50.3	73.9	39.2	80.7	10.6	62.6	77.9	61.7
	数 量									
D	920 159	613 010	485 325	271 282	312 376	262 708	122 458	79 927	×	×

* 职业学校和普通教育学校的所有教师均考虑在内,不论学校类型。

来源:联邦及各州统计局,学校数据统计 2010/11,自己计算得出

表 D4‑3A 2010/11 学年,普通教育和职业学校的全职教师*按教师资格考试,年龄段及性别分类

教师资格考试	性 别	总 计	年 龄 段				
			30 岁以下	30—40	40—50	50—60	60 岁及以上
		数 量	%				
总计	总计	794 920	5.8	20.3	26.1	36.1	11.7
	男	264 064	2.7	18.7	24.7	36.3	17.6
	女	530 856	7.4	21.1	26.8	36.0	8.7
	女性比例	66.8	84.7	69.4	68.6	66.6	49.8
小学及中等教育第一阶段[1]	总计	385 278	6.2	18.1	24.2	38.8	12.7
	男	87 787	2.6	15.5	20.8	39.8	21.2
	女	297 491	7.3	18.9	25.2	38.5	10.2
	女性比例	77.2	90.5	80.5	80.4	76.6	62.0
中等教育第二阶段:普通教育专业	总计	193 020	5.0	24.4	25.4	33.8	11.3
	男	87 774	2.5	21.8	23.3	35.4	17.0
	女	105 246	7.1	26.5	27.2	32.5	6.6
	女性比例	54.5	77.3	59.3	58.3	52.4	31.9
中等教育第二阶段:职业教育专业	总计	55 882	1.9	19.2	33.0	33.0	12.9
	男	33 330	0.7	16.2	30.4	34.1	18.6
	女	22 552	3.7	23.7	36.9	31.3	4.5
	女性比例	40.4	76.8	49.8	45.1	38.3	14.0

(续表)

教师资格考试	性别	总计	年龄段				
			30 岁以下	30—40	40—50	50—60	60 岁及以上
		数量	%				
专业教师[2]	总计	31 477	4.9	11.4	27.9	42.2	13.5
	男	9 648	3.0	14.2	32.5	36.2	14.1
	女	21 829	5.8	10.2	25.9	44.9	13.2
	女性比例	69.3	81.4	61.8	64.3	73.8	68.0
特殊教育	总计	53 046	6.5	29.6	27.1	30.6	6.1
	男	12 896	3.0	25.9	23.4	36.7	11.0
	女	40 150	7.6	30.8	28.3	28.7	4.6
	女性比例	75.7	88.7	78.8	79.0	70.9	56.7
无教师资格考试[3]	总计	50 764	10.6	20.4	30.9	30.1	8.0
	男	18 908	7.3	22.3	31.2	29.2	10.0
	女	31 856	12.6	19.3	30.7	30.7	6.8
	女性比例	62.8	74.4	59.3	62.3	63.9	53.4
无数据	总计	25 453	4.4	17.5	30.7	35.6	11.9
	男	13 721	2.1	17.4	31.3	33.6	15.6
	女	11 732	7.0	17.5	30.1	37.8	7.5
	女性比例	46.1	74.3	46.2	45.1	49.0	29.3

＊ 所有学校类型的全时及非全时教师。相较表 D4‐2A，教师总数因年龄数据缺失而低 2 781。
1) 包含所有或个别中等教育第一阶段学校类型的教师，主要是初等教育阶段和所有或个别中等教育第一阶段学校类型，有或无高校文凭的原东德教师资格。
2) 包含专业实践教师
3) 包括无原东德教师资格；包括无公认教师资格考试的转行入职者。转行入职者是按照州资格认证被授予教师职务的，归入其他类别。
来源：联邦及各州统计局，学校数据统计 2010/11

表 D4‐4A　2001—2011 年被安置到公共教员工作的求职者(人员)

年份	受雇求职者总计	通过第 2 次教师资格考试的受雇求职者	通过转行入职者获得的职位	通过转行入职者在受雇求职者中的比例	见习期服务的新毕业生	受雇求职者[1]与该年见习期服务的新毕业生的比例	受雇者占公共学校教师储备百分比[2]
	数量			%	数量	%	
2001	30 756	29 911	845	2.7	21 676	138.0	4.1
2002	26 863	25 721	1 142	4.3	20 384	126.2	3.7
2003	26 572	25 341	1 231	4.6	21 745	116.5	3.7
2004	23 597	22 564	1 033	4.4	20 306	111.1	3.2
2005	23 759	23 015	744	3.1	20 458	112.5	3.3
2006	26 452	25 704	748	2.8	21 281	120.8	3.7

(续表)

年份	受雇求职者总计	通过第2次教师资格考试的受雇求职者	通过转行入职者获得的职位	通过转行入职者在受雇求职者中的比例	见习期服务的新毕业生	受雇求职者[1]与该年见习期服务的新毕业生的比例	受雇者占公共学校教师储备百分比[2]
	数 量			%	数 量	%	
2007	22 984	22 454	529	2.3	22 675	99.0	3.3
2008	25 754	25 086	668	2.6	23 705	105.8	3.8
2009	30 422	28 624	1 798	5.9	23 769	120.4	4.4
2010	29 436	27 658	1 778	6.0	25 295	109.3	4.2
2011	30 601	29 164	1 437	4.7	27 344	106.7	4.4

1) 不含转行入职者
2) 全体全时教师

来源：KMK 秘书处（2012），2011 年教师雇用情况，表 1.1—1.3,1.6,自己计算得出

表 D4‐5A 教师和其他大学教师职业结束年龄,按照性别和职业状态划分(2010 年微型人口普查结果)

原职业活动（按照教育领域）	雇佣关系	职业结束年龄[1]							
		男				女			
		数量	中位数	平均值	标准偏差	数量	中位数	平均值	标准偏差
其他大学教师总计	公务员	164 908	63	62.5	3.6	26 764	63	61.4	4.0
	雇员	627 810	61	60.9	4.2	205 313	60	59.3	4.5
教师总计	公务员	109 831	63	61.8	3.3	128 445	61	60.1	3.9
	雇员	35 129	62	61.2	3.9	61 825	60	59.6	4.1
初等教育阶段	公务员	7 328	62	61.8	2.5	37 269	60	59.9	3.8
	雇员	1 768	62	60.8	4.2	9 896	60	59.8	4.9
中等教育第一阶段	公务员	47 461	62	61.3	3.6	60 438	61	60.0	3.9
	雇员	18 676	61	60.9	3.8	34 942	60	59.5	4.1
中等教育第二阶段	公务员	41 034	63	62.2	3.1	22 950	61	60.8	3.8
	雇员	6 671	62	61.8	4.0	10 581	60	59.8	3.8
促进教育领域	公务员	2 256	63	61.4	3.8	5 133	62	60.9	3.9
	雇员	1 463	61	59.9	4.4	1 734	60	59.9	3.2
职业教育领域	公务员	11 752	63	62.2	3.2	3 742	62	60.2	3.7
	雇员	6 551	62	62.1	3.4	4 672	60	59.7	4.1

1) 考虑到在调查当时 50 岁以上且已结束职业活动的大学教师。

来源：联邦及各州统计局,2010 年微型人口普查

表 D5‐1A 2009 年家庭对学校学习的支持以及接受校外辅导的 13 至 18 岁以下学生所占比例,按照年龄、性别、学校类型、移民背景、父母最高普通教育文凭和母亲职业划分(单位:%)*

人　群	家庭对学校学习的支持				接受校外辅导
	很经常	经常	很少	从不	
	%				%
总计	10.3	35.1	41.5	13.1	21.2
年　龄					
13 岁至 16 岁	12.2	38.3	39.8	9.8	21.5
16 岁至 18 岁	6.7	29.5	44.6	19.3	20.5
性　别					
男	10.6	35.6	40.6	13.2	20.1
女	10.0	34.7	42.4	13.0	22.2
学校类型					
普通中学	(15.8)	43.7	31.3	(9.2)	(14.3)
实科中学	12.4	41.0	34.3	12.4	26.4
文理中学	7.7	29.6	48.9	13.7	21.2
其他学校类型(IGS,SMBG)	15.2	44.2	29.1	11.4	19.5
父母最高普通教育中学学历[1]					
低	13.4	35.7	35.8	(15.2)	15.7
中	10.1	39.0	37.5	13.4	24.4
高	10.0	33.3	44.0	12.8	20.3
移民背景					
无移民背景	10.3	34.3	41.5	13.9	21.9
第 3 代移民(父母双方生于德国)	9.3	36.7	45.6	(8.5)	22.1
第 2 代移民(父母一方生于德国)	(13.6)	38.3	38.3	(9.9)	21.7
第 2 代移民(父母均不生于德国)及第 1 代移民	(9.0)	37.2	38.7	15.2	15.1
母亲职业					
无业	10.6	35.9	41.0	12.5	20.0
非全时工作	9.5	35.6	41.8	13.1	21.7
全时工作	11.8	34.7	40.2	13.3	22.6

* 案例数值:$n=2588$;括号内数值因案例数值较小而无法阐释。
1) 父母最高普通教育中学学历:低=无文凭/普通中学学历,中=中等学历,高=高校/应用技术大学就学资格。
来源:DJI,AID;A 2009

表 D5 - 2A   已接受过一次学校任务的 13 至 22 岁以下学生所占比例,按照任务类型和学校类型划分(单位:%)*

任务类型/学校类型	至今在学校的活动
	%
总计	80.3
任务类型	
班长	49.3
在学生会议中工作	18.4
辅导员或者监护人	23.3
争吵调解者	20.6
学生领路员	4.1
其他志愿任务	38.9
学校类型	
普通中学	69.3
实科中学	79.5
文理中学	82.0
其他学校类型(IGS,SMBG)	78.8

* 案例数值:$n = 3\ 200$

来源:DJI,AID:A 2009

表 D5 - 3A   2009 年 13 至 22 岁以下人员的志愿活动*,按照年龄段、中学学历、性别和移民背景划分(单位:%)**

人　　群	志 愿 活 动
	%
13 至 16 岁以下	
普通教育中学学历[1]	
低	22.0
中	30.2
高	29.8
性　　别	
男	29.3
女	27.9
移民背景	
无移民背景	29.8
第 3 代移民(父母双方生于德国)	30.5
第 2 代移民(父母一方生于德国)	27.3
第 2 代移民(父母均不生于德国)及第 1 代移民	19.4

（续表）

人　　群	志　愿　活　动
	%
16 至 22 岁以下	
普通教育中学学历[1]	
低	19.7
中	24.7
高	28.6
性　　别	
男	29.5
女	22.7
移民背景	
无移民背景	27.8
第 3 代移民（父母双方生于德国）	23.3
第 2 代移民（父母一方生于德国）	22.2
第 2 代移民（父母均不生于德国）及第 1 代移民	19.0

* 承担一项职责/职务
** 案例数值：$n = 5\,348$
1) 追求或已达到的中学学历：低＝无文凭/普通中学文凭，中＝中等学历，高＝高校/应用技术大学就学资格
来源：DJI，AID：A 2009

表 D5‐4A　2011/12 学年与联邦志愿服务（BFD）缔结协议情况，按照年龄段、性别和州划分

人　　群	与联邦志愿服务（BFD）缔结协议[1]	
	数　　量	%
总计	39 110	100
其中：提前终止的协议	4 580	11.7
年　　龄		
18 岁以下	2 312	6.5
18 岁至 27 岁以下	24 252	65.0
27 岁至 51 岁以下	6 305	15.6
51 岁至 66 岁以下	5 535	11.5
66 岁及以上	706	1.3
性别：18 岁以下		
男	973	42.1
女	1 339	57.9
性别：18 岁至 27 岁以下		
男	13 888	57.3
女	10 364	42.7

(续表)

人　　群	与联邦志愿服务（BFD)缔结协议[1]	
	数　量	%
州：27 岁以下		
德国	26 591	100
旧联邦州	22 431	84. 4
新联邦州	4 160	15. 6
巴登—符腾堡	3 908	14. 7
巴伐利亚	3 179	12. 0
柏林	727	2. 7
勃兰登堡	460	1. 7
不来梅	202	0. 8
汉堡	848	3. 2
黑森	1 531	5. 8
梅克伦堡—前波莫瑞	446	1. 7
下萨克森	2 907	10. 9
北莱茵—威斯特法伦	7 386	27. 8
莱茵兰—普法尔茨	1 018	3. 8
萨尔	337	1. 3
萨克森	1 383	5. 2
萨克森—安哈特	558	2. 1
石勒苏益格—荷尔斯泰因	1 115	4. 2
图林根	586	2. 2

1) 时间段：2011 年 7 月—2012 年 3 月

　来源：联邦家庭、老人、妇女与青年部

表 D5－5A　志愿服务参与者,受儿童和青少年计划(KJP)资金支持的职位以及 2002—2011 年民事服役者在志愿服务的服务情况

年　份	志愿社会年（FSJ)						
	进入志愿社会年[1]	其中每年受儿童和青少年计划(KJP)资金支持的职位			志愿社会年中民事服役者在志愿服务的情况[2]		
	总计	总数	国内	国外	总数	国内	国外
2002/03	15 985	13 277	13 120	157	1 218	1 009	209
2003/04	21 314	13 387	13 211	176	2 948	2 503	445
2004/05	25 934	13 624	13 442	182	3 413	2 713	700
2005/06	29 378	13 734	13 476	258	3 791	3 000	791
2006/07	32 481	16 010	15 694	316	4 550	3 577	1 006
2007/08	35 144	16 365	15 995	400	5 425	4 327	1 098

（续表）

| 年　份 | 志愿社会年（FSJ） | | | | | | |
| | 进入志愿社会年[1] | 其中每年受儿童和青少年计划（KJP)资金支持的职位 | | | 志愿社会年中民事服役者在志愿服务的情况[2] | | |
	总计	数量	国内	国外	数量	国内	国外
2008/09	37 748	16 420	16 001	419	5 991	4 755	1 236
2009/10	41 441	16 645	16 204	441	6 109	5 230	879
2010/11[3]	42 898	27 114	26 701	413	4 507	4 357	150

| 年　份 | 志愿经济年（FÖJ） | | | | | | |
| | 进入志愿经济年[1] | 其中每年受儿童和青少年计划（KJP)资金支持的职位 | | | 志愿经济年中民事服役者在志愿服务的情况[2] | | |
	总计	数量	国内	国外	数量	国内	国外
2002/03	1 675	1 631	1 631	—	44	44	—
2003/04	1 835	1 709	1 709	—	126	126	—
2004/05	1 995	1 790	1 764	26	205	202	3
2005/06	2 101	1 871	1 841	30	230	225	5
2006/07	2 413	2 128	2 092	36	285	276	9
2007/08	2 547	2 248	2 211	37	299	287	12
2008/09	2 468	2 170	2 138	32	298	287	11
2009/10	2 532	2 230	2 195	35	302	290	12
2010/11[3]	2 605	2 333	2 301	32	272	264	8

1) 在志愿社会年有由儿童和青少年计划资助的职位、无资助的职位以及由联邦资助的给有民事服役义务者的志愿社会年职位。在志愿经济年中所有职位或者由儿童和青少年计划资助，或者由联邦资助(给有民事服役义务者的志愿经济年职位)。

2) 计算基础：一个职位适用自资助年份开始的 12 个参与月(8 月至次年 7 月)。

3) 民事服役者的志愿服务仅至 2010 年 12 月 31 日。仅对这一时间之前的志愿服务提供资助。

来源：联邦家庭、老人、妇女与青年部；联邦家庭和公民社会责任部；联邦志愿社会年工作圈

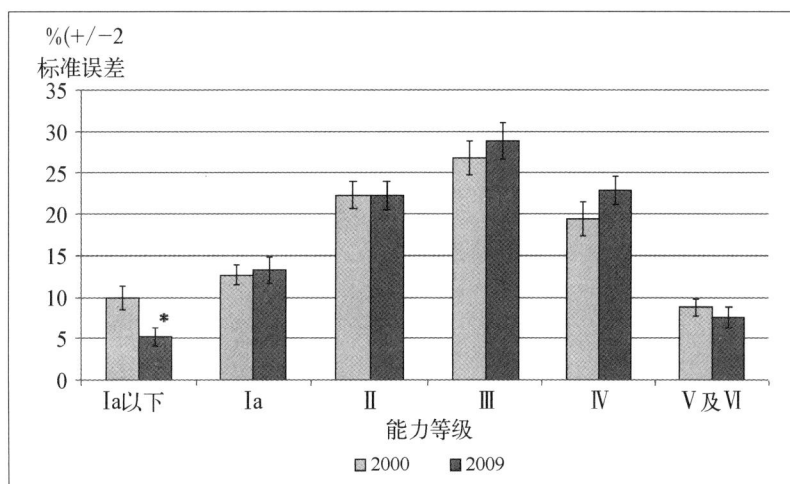

图 D6－4A　2000 年和 2009 年 15 岁人员的阅读能力，按能力等级划分(单位：%)

* 统计方面显著变化（$p<0,05$)

来源：德国 PISA 联合组织（2010），PISA 2009，自己描述　　　　参看 表 D6－15web

表 D6－1A 个别国家 2009 年 15 岁人员的阅读能力参数

国 家	平均值（标准误差）	标准偏差（标准误差）	能力等级[1]			
			Ia 以下	Ia	II—IV	V 及 VI
			单位：%（标准误差）			
OECD 平均值	493 (0.5)	93 (0.3)	5.1 (0.0)	12.1 (0.0)	74.1 (0.0)	8.7 (0.0)
澳大利亚	515 (2.3)	99 (1.4)	4.3 (0.3)	10.0 (0.4)	73.0 (0.8)	12.8 (0.8)
比利时	506 (2.3)	102 (1.7)	5.8 (0.6)	11.9 (0.6)	71.1 (1.0)	11.2 (0.6)
丹麦	495 (2.1)	84 (1.2)	3.5 (0.3)	11.7 (0.7)	80.1 (0.8)	4.7 (0.5)
德国	497 (2.7)	95 (1.8)	5.2 (0.6)	13.3 (0.8)	73.9 (1.2)	7.6 (0.6)
芬兰	536 (2.3)	86 (1.0)	1.7 (0.2)	6.4 (0.4)	77.4 (0.7)	14.5 (0.8)
法国	496 (3.4)	106 (2.8)	7.9 (0.8)	11.8 (0.8)	70.7 (1.5)	9.6 (1.0)
意大利	486 (1.6)	96 (1.4)	6.6 (0.4)	14.4 (0.5)	73.2 (0.6)	5.8 (0.3)
日本	520 (3.5)	100 (2.9)	4.7 (0.8)	8.9 (0.7)	73.0 (1.3)	13.4 (0.9)
加拿大	524 (1.5)	90 (0.9)	2.4 (0.2)	7.9 (0.3)	77.0 (0.6)	12.8 (0.5)
韩国	539 (3.5)	79 (2.1)	1.1 (0.3)	4.7 (0.6)	81.3 (1.2)	12.9 (1.1)
卢森堡	472 (1.3)	104 (0.9)	10.4 (0.5)	15.7 (0.6)	68.3 (0.6)	5.7 (0.5)
荷兰	508 (5.1)	89 (1.6)	1.9 (0.3)	12.5 (1.4)	75.9 (1.4)	9.8 (1.1)
挪威	503 (2.6)	91 (1.2)	4.0 (0.4)	11.0 (0.7)	76.6 (0.9)	8.4 (0.9)
奥地利	470 (2.9)	100 (2.0)	10.1 (0.9)	17.5 (1.0)	67.5 (1.3)	4.9 (0.5)
波兰	500 (2.6)	89 (1.3)	3.7 (0.4)	11.3 (0.7)	77.8 (0.9)	7.2 (0.6)
瑞典	497 (2.9)	99 (1.5)	5.8 (0.5)	11.7 (0.7)	73.5 (0.9)	9.0 (0.7)
瑞士	501 (2.4)	93 (1.4)	4.8 (0.4)	12.1 (0.6)	75.1 (1.0)	8.1 (0.7)
捷克共和国	478 (2.9)	92 (1.6)	6.3 (0.7)	16.8 (1.1)	71.8 (1.3)	5.1 (0.3)
土耳其	464 (3.5)	82 (1.7)	6.4 (0.7)	18.1 (1.0)	73.6 (1.3)	1.9 (0.4)
美国	500 (3.7)	97 (1.6)	4.5 (0.5)	13.1 (0.8)	72.5 (1.0)	9.9 (0.9)
英国	494 (2.3)	95 (1.2)	5.1 (0.4)	13.4 (0.6)	73.5 (0.7)	8.0 (0.5)

1) 对能力等级的定义参看表 D6－3web

来源：德国 PISA 联合组织（2010），PISA 2009，第 35 页，第 45 页

表 D6－2A 2000 年和 2009 年 15 岁人员的阅读能力：平均值（能力点值）以及能力等级为 Ia 或以下、V 或以上的学生所占比例，按照社会经济状况（EGP 等级*）划分

EGP 等级*	阅读能力	能力等级为 Ia 或以下	能力等级为 V 或以上
	平均值（标准误差）	学生比例（标准误差）	
	能力点值	单位：%	
PISA 2000			
高服务等级（Ⅰ）	538 (3.4)	9.0 (0.6)	16.5 (1.3)
低服务等级（Ⅱ）	531 (4.0)	9.9 (0.6)	15.7 (1.5)

（续表）

EGP 等级*	阅读能力	能力等级为 Ia 或以下	能力等级为 V 或以上
	平均值（标准误差）	学生比例（标准误差）	
	能力点值	单位：%	
例行服务,贸易和管理（Ⅲ）	470　（6.4）	26.1　（1.3）	5.7　（1.1）
自由职业者（Ⅳ）	480　（5.2）	20.2　（1.0）	7.3　（1.3）
专业工人/有工作职责的工人（Ⅴ，Ⅵ）	459　（4.4）	29.0　（0.9）	4.2　（0.7）
（未）经过训练的工人/农业工人（Ⅶ）	432　（3.9）	38.6　（0.9）	2.8　（0.5）
PISA 2009			
高服务等级（Ⅰ）	534　（3.7）	9.9　（1.3）	14.2　（1.8）
低服务等级（Ⅱ）	519　（3.3）	11.2　（1.2）	9.2　（1.1）
例行服务,贸易和管理（Ⅲ）	508　（5.3）	15.3　（2.2）	8.5　（1.8）
自由职业者（Ⅳ）	490　（5.2）	20.4　（2.2）	5.9　（1.3）
专业工人/有工作职责的工人（Ⅴ，Ⅵ）	475　（4.1）	23.4　（2.0）	3.6　（0.8）
（未）经过训练的工人/农业工人（Ⅶ）	459　（4.3）	29.1　（2.0）	3.0　（0.7）

＊ EGP 模式总结了基于职业说明、职务和等级命令权限的类似社会地位;参看 D6 概念注释。
1) 突出相较于 PISA 2000 的统计显著比例差异（$p < 0.05$）
来源：德国 PISA 联合组织（2010）,PISA 2009,特别报告

表 D7‑1A　2004—2010 年普通教育和职业教育学校毕业生,按文凭类型划分（在同类居民中的百分比）*

文　凭　类　型	2006		2008		2010	
	数量	%*	数量	%*	数量	%*
无普通中学文凭	76 249	8.0	64 880	7.4	53 041	6.5
包括职业教育学校	×	×	×	×	×	×
有普通中学文凭	237 495	22.7	204 241	23.5	173 848	21.4
包括职业教育学校	276 646	26.5	238 560	26.9	208 416	25.2
有中等文凭	394 925	38.3	371 628	41.9	349 137	42.6
包括职业教育学校	478 524	46.2	462 078	50.6	444 118	52.9
有高校就学资格	14 256	1.5	14 057	1.4	13 295	1.4
包括职业教育学校	129 638	13.4	131 541	13.5	142 409	15.2
有普通高校就学资格	244 018	25.3	266 250	27.2	267 850	28.8
包括职业教育学校	285 629	29.6	310 195	31.7	315 913	33.9
毕业生总计	966 943	×	921 056	×	857 171	×
包括职业教育学校	1 246 686	×	1 207 254	×	1 163 897	×

＊ 相较于之前的教育报告,毕业生率的计算方式有所改变:毕业生数不再与典型毕业年龄的人口相关。因为大多数州掌握毕业生的出生年份,可以直接利用同类居民按照比例总和算法算出。

来源:KMK 秘书处（2012）,学校的学生、班级、教师和毕业生 2001—2010

表 D7‑2A 2004—2010 年普通教育和职业教育学校毕业生,按文凭类型和学校类型划分

文凭类型/学校类型	2004		2006		2008		2010	
	数量	%	数量	%	数量	%	数量	%
有普通中学文凭	**288 124**	**100.0**	**274 197**	**100.0**	**244 957**	**100.0**	**214 305**	**100.0**
普通中学	168 583	58.5	159 596	58.2	142 911	58.3	116 356	54.3
提供多种教育的学校类型	22 020	7.6	18 965	6.9	15 053	6.1	14 942	7.0
实科中学	9 768	3.4	10 403	3.8	9 336	3.8	8 906	4.2
文理中学（G8）	•	•	•	•	179	0.1	3 559	1.7
文理中学（G9）	2 868	1.0	2 313	0.8	2 086	0.9	772	0.4
一体化综合中学	26 930	9.3	26 897	9.8	22 466	9.2	17 940	8.4
私立华德福学校	359	0.1	342	0.1	405	0.2	330	0.2
促进学校	9 487	3.3	10 451	3.8	9 949	4.1	8 897	4.2
普通中学夜校	510	0.2	620	0.2	543	0.2	410	0.2
实科中学夜校	1 166	0.4	1 494	0.5	1 503	0.6	1 702	0.8
文理中学夜校	2	0.0	—	—	3	0.0	4	0.0
补习学校	15	0.0	2	0.0	—	—	1	0.0
校外考生（校外考试）	4 529	1.6	6 164	2.2	5 947	2.4	5 934	2.8
专科文理中学	4	0.0	2	0.0	5	0.0	1	0.0
非全时职业学校（双元制体系）	13 821	4.8	12 165	4.4	12 433	5.1	13 047	6.1
职业预备年	18 949	6.6	17 782	6.5	15 699	6.4	15 501	7.2
职业基础教育年	6 705	2.3	4 329	1.6	3 827	1.6	3 343	1.6
职业专科学校	2 408	0.8	2 672	1.0	2 612	1.1	2 660	1.2
有中等文凭	**499 140**	**100.0**	**481 850**	**100.0**	**468 531**	**100.0**	**446 071**	**100.0**
普通中学	45 977	9.2	48 199	10.0	46 231	9.9	42 153	9.4
提供多种教育的学校类型	62 333	12.5	56 958	11.8	40 647	8.7	38 164	8.6
实科中学	215 671	43.2	220 095	45.7	213 414	45.5	201 242	45.1
文理中学(G8)	•	•	•	•	2 967	0.6	8 065	1.8
文理中学(G9)	47 852	9.6	25 178	5.2	25 507	5.4	17 973	4.0
一体化综合中学	40 622	8.1	38 730	8.0	35 434	7.6	33 774	7.6
私立华德福学校	1 743	0.3	1 694	0.4	1 795	0.4	1 763	0.4
促进学校	881	0.2	1 099	0.2	978	0.2	893	0.2
实科中学夜校	3 438	0.7	4 276	0.9	4 376	0.9	4 906	1.1
文理中学夜校	75	0.0	182	0.0	245	0.1	123	0.0
补习学校	101	0.0	288	0.1	239	0.1	131	0.0
校外考生(校外考试)	1 097	0.2	1 477	0.3	1 670	0.4	1 669	0.4
专科文理中学	12	0.0	18	0.0	18	0.0	27	0.0

(续表)

文凭类型/学校类型	2004		2006		2008		2010	
	数量	%	数量	%	数量	%	数量	%
职业高中/技术高中	32	0.0	96	0.0	59	0.0	243	0.1
非全时职业学校(双元制体系)	28 026	5.6	27 111	5.6	28 898	6.2	29 447	6.6
职业预备年	138	0.0	95	0.0	124	0.0	16	0.0
职业基础教育年	3 346	0.7	3 688	0.8	4 437	0.9	5 110	1.1
职业特种中学	503	0.1	413	0.1	394	0.1	423	0.1
职业专科学校	43 791	8.8	48 951	10.2	58 768	12.5	52 944	11.9
专科学校	3 502	0.7	3 302	0.7	2 330	0.5	7 005	1.6
有高校就学资格	**123 396**	**100.0**	**129 507**	**100.0**	**131 814**	**100.0**	**142 633**	**100.0**
文理中学(G8)	•	•	•	•	1 012	0.8	899	0.6
文理中学(G9)	7 838	6.4	9 539	7.4	8 047	6.1	7 593	5.3
一体化综合中学	1 808	1.5	2 587	2.0	2 673	2.0	2 438	1.7
私立华德福学校	395	0.3	432	0.3	412	0.3	450	0.3
促进学校	2	0.0	4	0.0	1	0.0	4	0.0
实科中学夜校	17	0.0	10	0.0	—	—	4	0.0
文理中学夜校	963	0.8	919	0.7	1 078	0.8	1 082	0.8
补习学校	648	0.5	744	0.6	850	0.6	835	0.6
校外考生(校外考试)	—	—	25	0.0	106	0.1	150	0.1
专科高中	49 540	40.1	51 295	39.6	51 879	39.4	55 197	38.7
专科文理中学	1 773	1.4	1 534	1.2	2 127	1.6	2 616	1.8
职业高中/技术高中	3 879	3.1	5 360	4.1	5 632	4.3	7 250	5.1
非全时职业学校(双元制体系)	1 133	0.9	1 094	0.8	1 291	1.0	1 504	1.1
职业专科学校	34 055	27.6	37 052	28.6	39 767	30.2	44 661	31.3
专科学校	20 493	16.6	18 024	13.9	15 806	12.0	16 666	11.7
专科/职业学院	840	0.7	888	0.7	1 133	0.9	1 284	0.9
有普通高校就学资格	**263 509**	**100.0**	**285 619**	**100.0**	**310 417**	**100.0**	**316 223**	**100.0**
文理中学(G8)	•	•	•	•	34 567	11.1	26 659	8.4
文理中学(G9)	202 162	76.7	216 288	75.7	202 890	65.4	212 388	67.2
一体化综合中学	16 098	6.1	18 566	6.5	19 724	6.4	20 288	6.4
私立华德福学校	2 373	0.9	2 451	0.9	2 699	0.9	2 829	0.9
促进学校	62	0.0	82	0.0	75	0.0	68	0.0
文理中学夜校	2 445	0.9	2 840	1.0	2 775	0.9	2 569	0.8
补习学校	3 010	1.1	3 458	1.2	3 501	1.1	3 049	1.0
校外考生(校外考试)	245	0.1	333	0.1	319	0.1	344	0.1

（续表）

文凭类型/学校类型	2004		2006		2008		2010	
	数量	%	数量	%	数量	%	数量	%
专科高中	611	0.2	951	0.3	1 273	0.4	2 940	0.9
专科文理中学	28 896	11.0	31 244	10.9	38 323	12.3	40 365	12.8
职业高中/技术高中	2 926	1.1	3 931	1.4	4 176	1.3	4 653	1.5
非全时职业学校（双元制体系）	—	—	18	0.0	—	—	0	0.0
职业专科学校	4 630	1.8	5 402	1.9	30	0.0	30	0.0
专科/职业学院	51	0.0	55	0.0	65	0.0	41	0.0

来源：联邦及各州统计局，学校数据统计，自己计算得出

表 D7‐3A　2010 年各州无（普通教育学校）普通中学文凭离校情况及 2010 年在促进学校中的比例

州	无普通中学文凭离校										
	2008		2010		其中在促进学校中						
					总　计		其　　中				
							有以学习为促进重点的文凭		有以智力发展为促进重点的文凭		
	数量	%[1]	数量	%[1]	数量	%[2]	数量	%[2]	数量	%[2]	
D	76 249	7.4	53 041	6.5	30 302	57.1	18 185	34.3	6 878	13.0	
BW	6 883	5.6	6 240	5.2	3 950	63.3	2 707	43.4	889	14.2	
BY	9 043	6.4	7 579	5.6	4 135	54.6	2 265	29.9	1 117	14.7	
BE	3 127	10.6	2 730	10.5	758	27.8	211	7.7	229	8.4	
BB	2 448	11.8	1 629	9.8	1 089	66.9	648	39.8	285	17.5	
HB	530	8.4	415	6.7	173	41.7	129	31.1	—	—	
HH	1 349	8.8	1 224	8.3	700	57.2	—	—	—	—	
HE	4 478	7.0	3 863	6.2	2 277	58.9	1 591	41.2	372	9.6	
MV	2 063	15.8	1 434	13.8	1 054	73.5	686	47.8	240	16.7	
NI	6 780	7.3	5 218	5.9	2 842	54.5	1 719	32.9	434	8.3	
NW	14 254	6.8	11 925	6.0	6 641	55.7	4 437	37.2	1 654	13.9	
RP	3 342	7.2	2 565	5.8	1 479	57.7	902	35.2	342	13.3	
SL	760	6.7	566	5.4	335	59.2	79	14.0	63	11.1	
SN	3 134	10.5	2 341	9.5	1 597	68.2	905	38.7	369	15.8	
ST	2 573	13.6	1 844	12.6	1 319	71.5	786	42.6	310	16.8	
SH	2 690	8.3	2 202	7.1	1 174	53.3	785	35.6	299	13.6	
TH	1 426	8.0	1 266	8.6	779	61.5	335	26.5	275	21.7	

　1）相较于之前的教育报告，计算方式有所改变。毕业生数不再与典型毕业年龄的人口（15 岁至 17 岁以下）相关。因为目前已掌握毕业生的实际出生年份，可以直接利用同类居民按照比例总和算法算出。

　2）涉及 2010 年所有无普通中学文凭的离校情况。

　来源：联邦及各州统计局，学校数据统计；KMK 秘书处（2012），学校的学生、班级、教师和毕业生 2001—2010

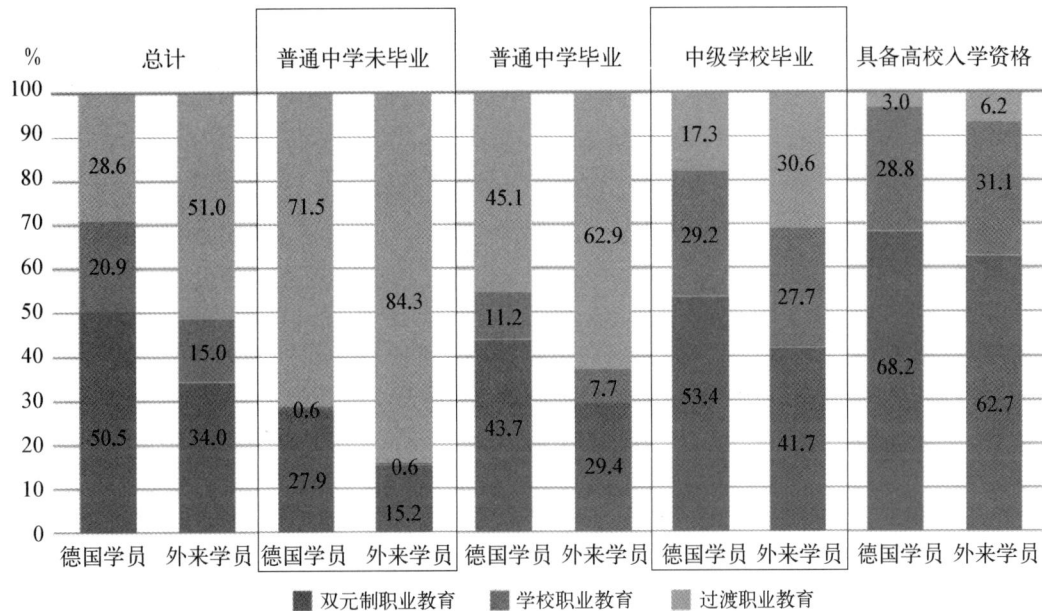

图 E1-5A 从前期教育背景和国籍看 2010 年新学员在三大职业教育体系的分配情况(单位：%)*

* 不含获得其他类型毕业证的新学员和不清楚是否获得毕业证的新学生,参见 E1 和表 E1-1A 的说明。

来源：联邦及各州统计局;基于学校数据统计的计算结果;联邦劳动局,社会福利法典规定的部分劳动力市场政策举措的参与者构成

→表 E1-5web,表 E1-6web

表 E1-1A 2000 年和 2005 至 2011 年进入职业教育系统的新学员(数量)*

类　别	2000	2005	2006	2007	2008	2009	2010	2011[1]
					数　量			
普通教育学校毕业生	933 616	958 485	969 598	965 044	929 531	893 561	865 316	·
高校新生	314 539	355 961	344 822	361 459	396 800	424 273	444 719	516 891
双元制教育[2]总计	582 416	517 341	531 471	569 460	558 501	512 517	509 901	524 946
其中：有合作关系的基础职业教育年的学员数量	·	·	·	·	·	21 306	20 859	21 552
学校职业教育总计	175 462	215 874	215 226	214 782	210 552	209 523	212 364	210 054
职业教育法/手工业条例规定职业的职业专科学校	9 379	11 454	11 886	9 795	8 613	6 708	6 117	5 973
职业专科学校,职业教育法/手工业条例规定之外职业的完全合格培训	88 547	×	×	×	×	×	×	×
职业教育法/手工业条例规定职业外完全合格培训的职业专科学校(不包括社会服务类、教育类和医疗卫生类)	×	32 532	31 359	29 652	25 320	23 352	20 676	19 428
职业教育法/手工业条例规定职业外完全合格培训的职业专科学校：社会服务类、教育类和医疗卫生类	×	61 608	59 718	59 937	58 371	61 107	62 553	61 491
卫生学校[3]	42 736	51 912	54 207	54 918	54 480	58 833	61 269	61 113

（续表）

类　　别	2000	2005	2006	2007	2008	2009	2010	2011[1]
	数　　量							
专科学校，专科学院，只包括初级培训[4]	34 800	29 193	26 559	28 290	29 559	33 900	36 027	37 695
专科完全中学，HZB[5] 和学校职业教育	—	2 385	2 742	2 847	3 015	2 952	3 421	3 591
职业专科学校，HZB[5] 和学校职业教育	×	26 790	28 752	29 343	31 194	22 671	22 297	20 760
过渡职业教育总计（包括重复计算）	460 107	461 964	452 976	429 300	397 278	382 947	352 620	321 414
过渡职业教育总计（不包括重复计算）	•	•	•	•	•	348 234	320 172	294 294
全日制学校的职业基础教育年	35 373	48 582	46 446	44 337	42 543	32 472	30 621	28 149
不能提供完全合格职业教育毕业证的职业专科学校	141 420	155 907	155 100	155 160	145 152	141 561	130 128	121 347
职业预备年（BVJ）/一年期的职业预备年	53 500	71 439	66 246	56 592	50 250	41 973	40 662	38 967
不签订职教合同的职业学校	26 317	71 949	72 660	67 266	59 628	29 844	25 995	22 488
教师职业教育的学前实习	•	3 525	3 561	3 390	3 531	3 723	3 855	3 822
其他培训项目[6]	43 975	×	×	×	×	×	×	×
联邦劳动局的职业准备培训举措（数据统计截止日期12月31日）[7]	98 613	91 811	86 171	79 935	77 729	77 949	69 933	63 369
初级培训（EQ）（数据统计截止日期12月31日）	×	18 751	22 793	22 619	18 444	20 712	18 984	16 152
青年应急计划（数据统计截止日期12月31日）[8]	60 909	×	×	×	×	×	×	×
补充：德国劳工部门在职业学校的一些培训举措[9]	x( )	x( )	x( )	x( )	x( )	34 713	32 448	27 120
公法培训关系中的职业教育（公务员中级岗位培训）	•	5 949	4 866	4 662	5 631	6 441	7 314	7 317
职业教育总计（包括重复计算）	1 217 985	1 201 128	1 204 539	1 218 204	1 171 962	1 111 428	1 082 199	1 063 731
职业教育总计（不包括重复计算）	•	•	•	•	•	1 076 715	1 049 751	1 036 611

　　＊ 这里部分数值按三的倍数化整，因此计算总额会跟实际情况存在一定偏差；联邦劳动局的职业准备培训举措、青年应急计划和初级培训的数据显示的新生数不具备可比性。因此，这里采用截止12月31号的数据；与2005年之前数据的可比性有限。

　　1）初步统计结果

　　2）包括有合作关系的基础职业教育年，不包括未签订培训合同的学生

　　3）部分为第一学年的学生，2000的数据未包括黑森州

　　4）医疗卫视、公共事业和教育中初级培训阶段的新学员，不包括进修阶段的学员（如：师傅/技工）

　　5）HZB＝高等教育入学资格

　　6）包括针对职业教育弱势群体的一些促进措施（在双元制框架外的），为没有职业和失业的学生提供的特殊培训举措以及德国劳工部门在职业学校提供的培训项目和举措；因为改进了分类方式，所以2005年后取消了这项分类。

　　7）2005年之前联邦劳动局的职业准备培训举措包含很多帮助学生恢复工作能力的举措。

　　8）不含第四条：企业外培训

　　9）2009年之前，德国劳工部门在职业学校提供的培训项目归入"职业学校——学员不签订培训合同"和"职业预备年（BVJ）/一年期的职业预备年"这两大分类。2009年起，这一项内容的数据被视为重复计算。

　　来源：联邦及各州统计局；基于学校数据统计的计算结果；联邦劳动局，社会福利法典规定的部分劳动市场政策举措的参与者构成

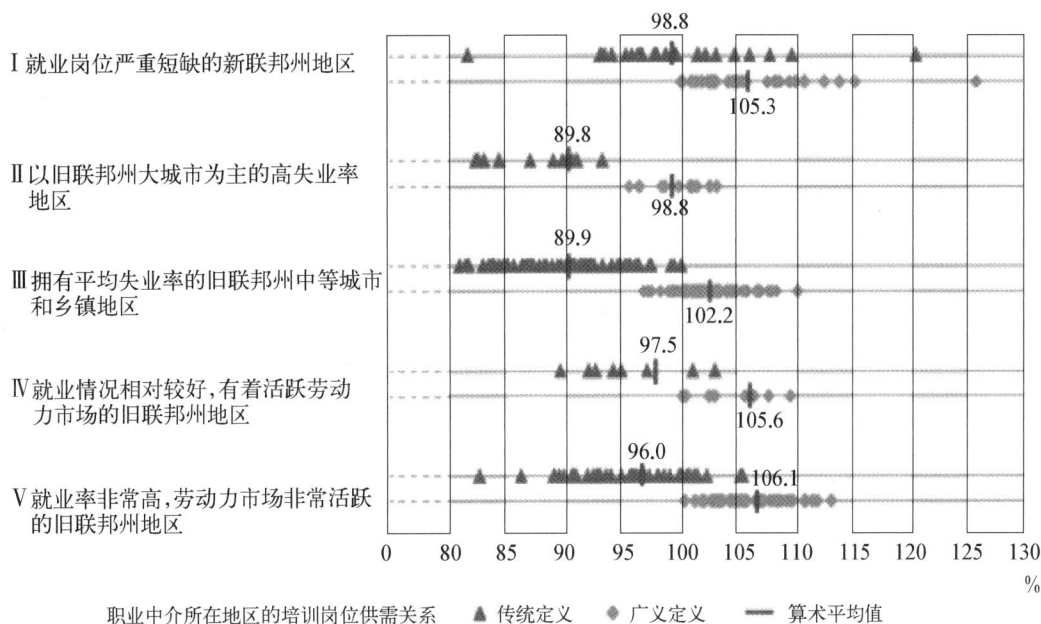

图 E2－3A 2011 年 9 月 30 日双元制体系中培训岗位供需情况，按职业中介的地区性结构类型分类(单位：%) *

* 不含居住在国外的申请者；不含联邦就业局无法划分区域的空缺培训岗位。

来源：德国联邦就业局关于培训市场的统计结果(不含授权的乡镇中介机构的数据)，统计截止日期为 9 月 30 日；德国职业教育研究所关于至 9 月 30 日新签订职业培训合同的调查结果

→表 2－4web，表 2－5web，表 2－6web，表 2－7web

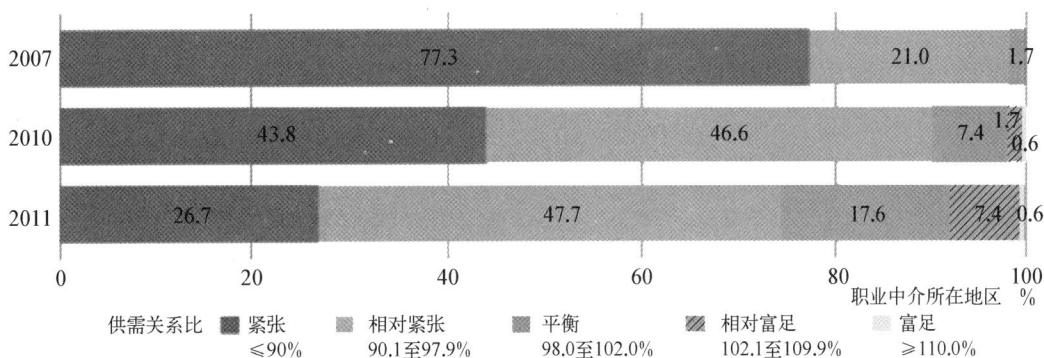

图 E2－4A 2007 年、2010 年和 2011 年职业中介所在地区的培训岗位供需情况，按供需关系比分类(单位：%) *

* 紧张≤90%，相对紧张 90.1% 至 97.9%，平衡 98.0% 至 102.0%；相对富足 102.1% 至 109.9%，富足≥110.0%；不含居住在国外的申请者；不含联邦就业局无法划分区域的空缺培训岗位

来源：德国联邦就业局关于培训市场的统计结果(不含授权的乡镇中介机构的数据)，统计截止日期为 9 月 30 日；德国职业教育研究所关于至 9 月 30 日新签订职业培训合同的调查结果

→表 2－5web，表 2－6web

表 E2‑1A　1995 年至 2011 年双元制体系中签订的培训合同和培训岗位的供需情况(数量)

年份	9 月底统计的新签订职业培训合同	培训岗位供应量[1]	培训岗位需求量(传统定义)[2]	培训岗位需求量(广义定义)[3]
	数　量			
1995	572 774	616 988	597 736	611 846
1996	574 327	609 274	612 785	630 674
1997	587 517	613 382	634 938	654 941
1998	612 529	635 933	648 204	678 259
1999	631 015	654 454	660 380	690 552
2000	621 693	647 383	645 335	678 225
2001	614 236	638 771	634 698	670 145
2002	572 323	590 328	595 706	636 891
2003	557 634	572 474	592 649	639 352
2004	572 980	586 374	617 556	665 928
2005	550 180	562 816	590 668	637 896
2006	576 153	591 540	625 606	·
2007	625 885	644 028	658 472	756 486
2008	616 342	635 758	630 847	712 588
2009	564 307	581 447	573 904	647 306
2010	559 960	579 457	569 218	639 534
2011	570 140	599 702	579 293	642 426

1) 包括新签订的培训合同数量以及至 9 月 30 日为止在联邦劳动局登记的尚空缺岗位数量。
2) 包括新签订的培训合同数量和在德国联邦劳动局登记的还尚未签约的申请者数量。
3) 包括新签订的培训合同数量、在德国联邦劳动局登记的还尚未签约的申请者数量以及有进入职业培训领域的愿望但也有其他选择可能性(例如：进高一级学校继续求学,去职业培训准备班)的申请者数量(1997 年之前,最后一组人员数量只包括旧联邦州和西柏林)。
来源：德国联邦劳动局关于培训市场的统计结果(不含授权的乡镇中介机构的数据),统计截止日期为 9 月 30 日;德国职业教育研究所关于至 9 月 30 日新签订职业培训合同的调查结果

表 E2‑2A　2009 年和 2011 年双元制职业教育体系中的培训岗位供求比例(ANR),按所选职业群分类*

职业群(职业代码)	2009			2011			
	需求量(传统定义)	供求比例(传统定义)	供求比例(广义定义)	需求量(传统定义)		供求比例(传统定义)	供求比例(广义定义)
	数量	%		数量	与2009年相比的变化%	%	
园艺类职业(05)	8 058	100.1	84.5	6 985	-13.3	100.5	86.8
印刷及印刷加工类职业(17)	5 684	97.6	79.5	5 745	1.1	98.7	80.0
金属切削塑形类职业(22)	6 077	99.7	87.9	6 911	13.7	101.9	94.0
金属行业(25—30)	78 670	100.1	88.7	81 323	3.4	101.6	92.7

（续表）

职业群（职业代码）	2009			2011			
	需求量（传统定义）	供求比例（传统定义）	供求比例（广义定义）	需求量（传统定义）		供求比例（传统定义）	供求比例（广义定义）
	数量	%		数量	与2009年相比的变化%	%	
电力职业（31）	33 028	100.7	92.3	35 591	7.8	101.8	94.9
面包师、糕点师和肉食加工者（39—40）	9 560	107.2	98.7	8 215	−14.1	114.2	106.1
厨师（41）	15 733	106.6	97.9	12 922	−17.9	114.1	107.0
建筑类职业（地上建筑和地下建筑）（44—48）	20 477	101.2	92.7	21 330	4.2	103.5	97.1
粉刷匠，油漆工及其他相关职业（51）	14 175	99.6	84.6	13 030	−8.1	101.4	88.4
质检、包装类职业（52）	6 418	98.9	84.3	6 323	−1.5	99.8	84.0
技术工人及其他相关职业（62—63）	4 189	99.9	90.2	4 188	−0.0	100.1	88.6
销售人员（66）	39 071	103.8	91.0	38 990	−0.2	111.9	98.4
批发和零售业的采购人员（67—68）	54 199	100.9	86.0	56 166	3.6	104.9	92.3
银行、建房互助储金信贷及保险业的相关专员（69）	20 979	101.9	97.7	21 542	2.7	102.1	96.9
其他服务业的服务商和所属职业（70）	16 498	99.6	89.0	18 627	12.9	99.7	90.2
会计专员，计算机信息处理员（77）	12 019	101.6	91.9	13 426	11.7	101.1	92.4
办公室事务员，职员 a. n. g.[1]（78）	73 479	99.5	86.7	74 942	2.0	99.8	87.8
其他医疗服务行业（85）	27 926	100.9	88.3	28 908	3.5	101.3	88.5
身体护理类职业（90）	16 046	100.8	84.3	13 201	−17.7	105.4	92.7
酒店、餐饮类职业（91）	25 652	109.0	102.7	22 104	−13.8	117.8	112.4

* 所选职业群根据职业分类标准（KldB 92）进行归类。表中的职业群囊括了 2011 年双元制体系中 84% 的岗位需求（传统定义）。
1) 无其他类别

来源：德国联邦劳动局关于培训市场的统计结果（不含授权的乡镇中介机构的数据统计），统计截止日期为 9 月 30 日；德国职业教育研究所关于至 9 月 30 日新签订职业培训合同的调查结果

表 E2‑3A 2009 至 2011 年双元制体系中的培训岗位供需关系，按培训领域分类（单位：%）

培训领域[1]	供求比例（传统定义）			供求比例（广义定义）		
	2009	2010	2011	2009	2010	2011
	%			%		
工业和贸易	101.2	101.6	103.7	89.3	90.0	92.9
手工业	101.8	102.8	104.4	90.5	92.1	95.4
公共服务业	99.6	99.5	100.2	90.7	90.2	90.7
农业	100.8	100.9	101.2	91.3	91.5	92.8

（续表）

培训领域[1]	供求比例（传统定义）			供求比例（广义定义）		
	2009	2010	2011	2009	2010	2011
	%			%		
自由职业	100.9	100.8	101.2	90.4	89.8	90.5
家政	101.0	100.8	101.1	93.5	93.2	93.0
总计[2]	101.3	101.8	103.5	89.8	90.6	93.3

1）不含航海业
2）包括航海业
　　来源：德国联邦劳动局关于培训市场的统计结果（不含授权的乡镇中介机构的数据统计），统计截止日期为 9 月 30 日；德国职业教育研究所关于至 9 月 30 日新签订职业培训合同的调查结果

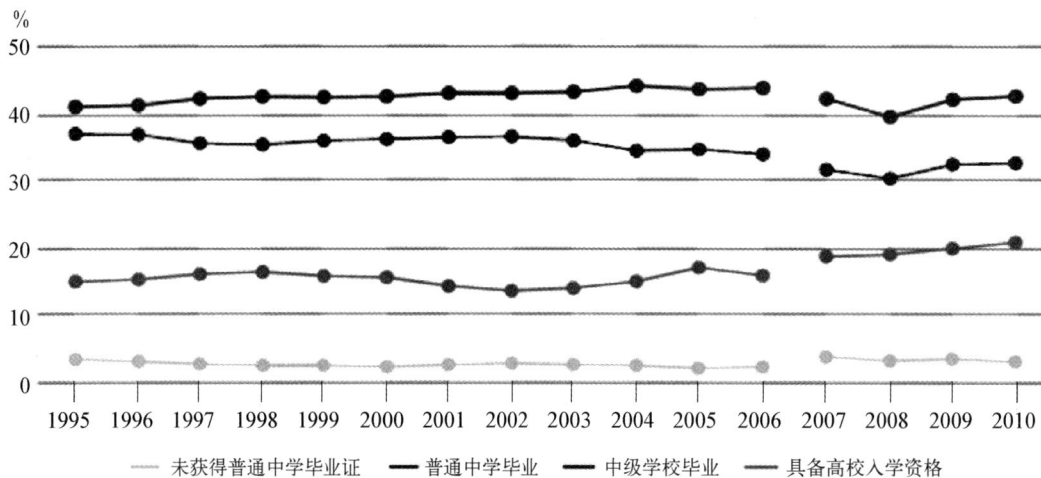

图 E3‐3A　1995 年至 2010 年新签订的职业培训合同中具有不同前期教育背景的学员比例*（单位：%）

* 2006 年之前，只考察了部分学员的前期学校教育背景；因为 2006 年之后统计方式的改变，所以 2007 之后的统计结果跟之前的不存在较大的可比性；估算方法见表 E3‐2A 的说明。
来源：联邦及各州统计局；职业教育数据统计；自己计算得出

表 E3‐1A　1995 年至 2010 年新签订的职业培训合同，按前期教育背景和性别分类*

年　份	总　计	其中	其　中				
		女学员	未获得普通中学毕业证	普通中学毕业	中级学校毕业	具备高校入学资格	其他毕业类型及不详毕业类型
	数　量	%					
1995	578 583	41.4	3.4	37.0	41.1	15.0	3.4
1996	579 375	41.7	3.1	36.9	41.3	15.3	3.4
1997	597 801	41.9	2.7	35.6	42.3	16.1	3.3
1998	611 832	41.9	2.5	35.4	42.6	16.4	3.2
1999	635 559	42.9	2.5	36.0	42.5	15.8	3.1
2000	622 968	43.2	2.3	36.2	42.6	15.6	3.3
2001	609 576	43.1	2.6	36.5	43.1	14.3	3.6

（续表）

年 份	总 计	其中	其 中				
		女学员	未获得普通中学毕业证	普通中学毕业	中级学校毕业	具备高校入学资格	其他毕业类型及不详毕业类型
	数 量	%					
2002	568 083	42.9	2.8	36.6	43.1	13.6	3.9
2003	564 492	41.9	2.6	36.0	43.3	14.0	4.0
2004	571 977	41.5	2.5	34.5	44.2	15.0	3.8
2005	559 062	41.5	2.1	34.7	43.7	17.1	2.4
2006	581 181	41.1	2.3	34.0	43.9	15.9	3.8
2007	624 177	41.3	3.8	31.7	42.3	18.8	3.4
2008	607 566	41.9	3.2	30.4	39.6	19.1	7.7
2009	561 171	42.6	3.5	32.5	42.2	20.0	1.9
2010	559 032	41.8	3.1	32.7	42.7	20.9	0.7

* 数值按三的倍数化整；只考察了部分学员的前期学校教育背景；因为2006年之后统计方式的改变，所以2007年及之后的统计结果跟之前的不存在较大的可比性。估算方式见表E3-2A的说明部分。

来源：联邦及各州统计局；职业教育数据统计；自己计算得出

表 E3-2A 1995年至2010年，新旧联邦州新签订的职业培训合同，按前期教育背景和性别分类*

年 份	总 计	其中	其 中				
		女学员	未获得普通中学毕业证	普通中学毕业	中级学校毕业	具备高校入学资格	其他毕业类型及不详毕业类型
	数 量	%					
新联邦州							
1995	143 649	40.1	5.7	23.8	55.4	12.5	2.5
1996	144 648	40.6	5.3	25.9	52.8	14.0	2.0
1997	146 796	41.2	4.5	24.4	54.2	15.1	1.9
1998	143 517	41.0	3.7	25.3	54.1	15.0	1.9
1999	151 869	42.0	3.6	27.9	53.0	13.8	1.8
2000	140 055	41.7	3.1	28.8	52.7	13.3	2.2
2001	134 814	41.1	3.8	29.3	52.6	11.5	2.8
2002	126 183	41.3	3.5	30.3	51.7	11.4	3.0
2003	127 620	40.4	3.3	30.8	50.9	12.0	3.1
2004	126 420	40.4	3.1	29.3	51.2	13.5	2.8
2005	121 611	39.6	2.8	30.8	49.6	14.8	2.0
2006	122 736	39.4	2.7	29.3	48.8	15.6	3.6
2007	125 901	39.6	5.8	25.6	48.3	17.8	2.5

（续表）

年　份	总　计	其中	其　中				
		女学员	未获得普通中学毕业证	普通中学毕业	中级学校毕业	具备高校入学资格	其他毕业类型及不详毕业类型
	数　量	%					
2008	112 506	40.9	4.9	23.4	44.7	20.0	7.0
2009	97 851	42.0	5.6	25.5	45.9	21.7	1.4
2010	89 163	41.4	4.9	26.2	46.3	22.1	0.5
旧联邦州							
1995	434 934	41.8	2.7	41.4	36.4	15.8	3.7
1996	434 727	42.1	2.4	40.5	37.5	15.8	3.9
1997	451 005	42.1	2.1	39.3	38.5	16.5	3.7
1998	468 315	42.2	2.1	38.5	39.0	16.8	3.6
1999	483 690	43.2	2.2	38.6	39.2	16.5	3.5
2000	482 913	43.6	2.1	38.3	39.7	16.2	3.6
2001	474 762	43.7	2.3	38.5	40.4	15.0	3.8
2002	441 897	43.4	2.6	38.4	40.6	14.3	4.2
2003	436 872	42.3	2.4	37.6	41.1	14.6	4.2
2004	445 560	41.8	2.3	36.0	42.2	15.5	4.1
2005	437 451	42.0	1.9	35.8	42.1	17.7	2.5
2006	458 445	41.5	2.2	35.3	42.6	16.0	3.9
2007	498 276	41.7	3.3	33.3	40.8	19.0	3.6
2008	495 063	42.1	2.8	32.0	38.4	18.8	7.9
2009	463 320	42.7	3.0	34.0	41.4	19.6	2.0
2010	469 869	41.9	2.7	33.9	42.0	20.7	0.7

* 数值按三的倍数化整;2006 年及之前,只有 15% 学员的前期教育背景可以根据他们在就读基础职业教育年、职业预备年和职业专科学校资料获得,所以 2007 年及之后的统计结果跟之前的不存在较大的可比性。

来源:联邦及各州统计局;职业教育数据统计;自己计算得出

表 E3 - 3A　2010 年新签订的职业培训合同,按不同职业档、职业和职业组以及前期教育背景和性别分类*

指定培训领域的职业和职业群	新签订合同总计		女性	其　中				
				新签订合同数量不含其他类型和不详类型(＝100%)[1]	未获得普通中学毕业证	普通中学毕业	中级学校毕业	具备高校入学资格
	数量	%		数量	%			
高档	**72 366**	**52.1**		**71 940**	**0.7**	**2.9**	**34.5**	**61.9**
银行商务人员及其他类似职业[2]	23 130	55.7		23 028	0.5	1.7	30.9	66.9

（续表）

指定培训领域的职业和职业群	新签订合同总计		其　中				
		女性	新签订合同数量不含其他类型和不详类型（＝100％）[1]	未获得普通中学毕业证	普通中学毕业	中级学校毕业	具备高校入学资格
	数量	％	数量	％			
税务专员	6 129	74.2	6 078	0.1	2.3	39.2	58.4
工业方面的商务专员	17 985	62.4	17 937	0.5	2.0	35.6	61.9
信息处理专员及其他类似职业[3]	10 269	7.6	10 182	1.4	4.2	37.5	56.9
市场营销专员及其他类似职业[4]	5 832	68.0	5 784	1.1	4.5	28.8	65.6
运输物流专员	5 271	41.0	5 229	0.8	5.2	41.3	52.8
数码和打印方面的媒体设计	3 753	55.9	3 705	1.5	5.6	34.6	58.4
中高档	**145 896**	**57.2**	**144 831**	**0.9**	**14.5**	**58.5**	**26.1**
管理和社会保障专员,就业促进专员	8 610	71.6	8 610	0.1	0.8	51.2	47.9
化学实验员,化学药剂师	3 228	36.5	3 216	0.3	4.1	56.9	38.6
律师和公证员助理及其他类似职业[5]	6 219	95.3	6 183	0.3	5.4	58.0	36.3
机电技术人员	6 699	5.8	6 660	0.4	5.9	68.5	25.1
大宗贸易和对外贸易专员	14 751	42.4	14 658	0.9	6.3	47.7	45.1
电子工程师（工业控制设备、电器和系统）	7 752	5.6	7 722	0.7	8.5	71.7	19.1
建筑绘图员,技术制图员	4 341	43.9	4 326	0.9	8.7	56.7	33.7
商务管理人员（从事商务管理和处理文件往来）	21 093	72.4	20 943	1.4	13.8	57.0	27.8
办公室通讯专员	12 804	78.2	12 720	1.7	14.8	52.4	31.1
旅店专员	11 307	74.6	11 148	1.2	20.9	51.0	26.9
医疗助理、牙医助理和兽医助理	26 817	98.8	26 460	0.9	21.7	63.2	14.2
工业机械师及其他类似职业[6]	22 275	4.7	22 182	0.8	23.5	64.4	11.3
中低档	**88 794**	**30.6**	**88 191**	**1.7**	**36.1**	**50.7**	**11.4**
零售业和汽车行业商务人员	36 789	55.2	36 465	1.7	32.8	50.0	15.5
自动化电子工程人员	12 522	2.2	12 501	1.1	34.1	54.6	10.2
结构机械师	3 030	2.3	3 000	2.2	36.8	54.4	6.7
餐馆专员,连锁餐饮专员	7 887	62.8	7 785	2.9	38.0	47.3	11.8
机动车机电一体化人员	18 681	3.2	18 651	1.4	40.2	50.9	7.5
仓储物流专员	9 885	10.0	9 786	2.1	41.2	50.0	6.7

（续表）

指定培训领域的职业和职业群	新签订合同总计			其 中			
		女性	新签订合同数量不含其他类型和不详类型（＝100%）[1]	未获得普通中学毕业证	普通中学毕业	中级学校毕业	具备高校入学资格
	数量	%	数量	%			
低档	**153 318**	**37.7**	**152 334**	**5.6**	**59.9**	**30.0**	**4.5**
农场经营者	3 741	11.2	3 741	3.2	45.0	39.0	12.9
卫生设备、暖气、空调设备机修师，制冷设备机电师	11 367	1.0	11 352	2.1	53.5	39.9	4.5
细木工，屋面工，房屋建造工	14 958	5.9	14 937	2.9	54.3	34.3	8.5
厨师，助理厨师，负责部分烹饪环节的厨师	15 972	25.2	15 684	7.1	52.3	34.1	6.5
售货员	27 438	61.1	27 108	3.9	56.9	34.8	4.3
园艺工人及其他类似职业[7]	7 269	20.7	7 182	13.5	49.2	28.2	9.2
金属制作师	7 347	1.4	7 341	3.7	63.0	30.4	2.9
美发师，美容师	14 613	88.6	14 586	3.6	63.4	30.0	3.0
糕点师，面包师，肉类加工师傅	8 679	26.9	8 655	4.6	66.1	25.0	4.3
手工食品销售专员	11 286	91.3	11 271	2.7	71.3	24.7	1.3
仓库管理专员	6 300	8.4	6 219	8.0	67.8	22.6	1.5
酒店专员和助手	3 777	63.8	3 708	11.6	64.6	22.0	1.9
泥瓦工，粉刷和油漆工，汽车喷漆工	16 260	9.5	16 242	6.1	70.9	21.0	2.0
家政作业人员，家政作业协助人员及其他类似职业[8]	4 317	92.0	4 305	26.8	58.3	13.4	1.4
其他职业	**98 658**	**27.7**	**97 956**	**5.5**	**37.4**	**39.3**	**17.8**
总计	559 032	41.8	555 249	3.1	32.9	42.9	21.0

* 数值按三倍数化整；关于职业归类和档次划分参见书中 E3 部分的说明。

1) 自 2007 年起职业教育统计中不设"缺失"这一项，因为这一项自 2007 年被归入"国外毕业，无法归类"这一项，所以此表中的称谓为"其他类型和不详类型"

2) 银行及储蓄商务人员，不动产相关专员，投资理财专员，保险和金融专员，医疗卫生事业商务专员

3) 信息处理专员，计算机专员，数学和技术方面的软件开发人员，系统计算机专业人员

4) 市场营销专员，视听媒体相关专员，对话营销专员，数码和打印媒体专员，活动专员

5) 律师和公证员助理，律师助理，公证员助理，专利律师助理

6) 工业机械师，设备机械师，工具机械师，切削机械师

7) 园艺工人，36 个月园艺(蔬菜、花卉、果树等种植)工作者/园艺工作助理(职业教育法第§66条)，园艺专员((职业教育法第§66条)

8) 家政作业者，家政作业协助人员(职业教育法第§66条)，家政技术操作助手(职业教育法第§66条)，家政中服务业类助手(职业教育法第§66条)

来源：联邦及各州统计局，职业教育数据统计；自己估算和计算得出

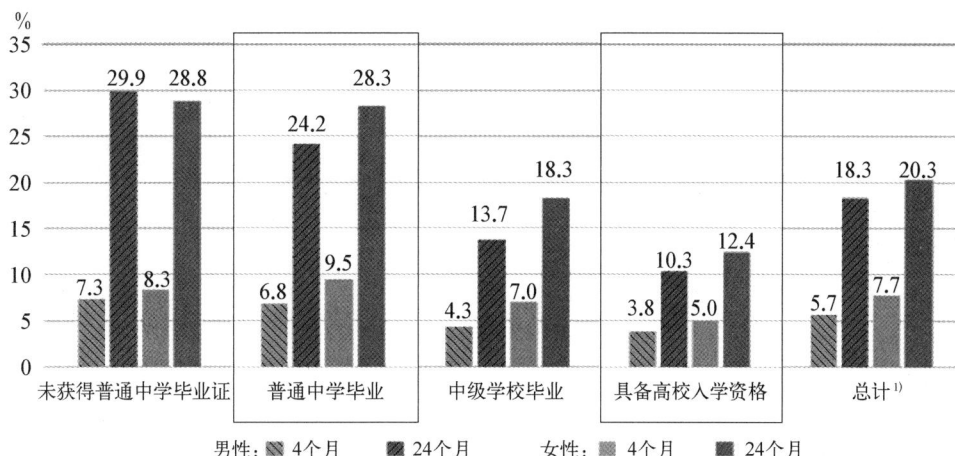

图 E4-4A **2008 年新缔结的培训关系在开始后 4 个月及 24 个月内的解约率，按前期学校教育背景和性别分类(单位：%)**

1) 含其他和无法归类的毕业类型

来源：联邦及各州统计局，职业教育统计数据

表 E4-1A **在所给职业群中，2008 年新培训关系开始后 24 个月之内的解约率*，按学员前期教育背景分类**

所选职业群	解约合同总计		按照学员前期学校教育背景				
			未获得普通中学毕业证	获得普通中学毕业证	获得中等教育水平	具备高校入学资格	其他以及无法归类的毕业类型
	数量	%	%				
总计	125 475	19.2	29.5	25.6	15.7	11.4	53.7
未选职业群	33 390	24.6	30.1	28.9	21.1	15.6	62.5
所选职业群合计	92 085	17.7	29.3	24.5	14.5	10.6	50.7
其中							
农业、畜牧业和园艺种植	3 264	18.4	23.7	19.9	15.9	13.1	37.3
化学品和合成材料行业	537	9.4	17.5	13.5	7.6	6.2	45.6
印刷和印后加工职业	1 155	16.2	19.1	23.0	15.2	13.0	52.3
金属类职业	15 255	15.0	28.8	19.1	10.8	11.3	46.1
电子行业	4 524	11.9	20.4	21.8	9.4	8.1	33.0
食品行业	11 151	32.7	33.7	34.2	27.9	25.4	70.5
建筑行业	4 707	20.6	31.9	22.2	14.0	11.6	41.7
粉刷、油漆及相关职业	4 914	27.9	35.8	28.6	20.8	11.1	23.5
销售人员，批发以及零售商务专员	21 930	20.7	28.8	26.6	16.5	11.3	49.9
银行、储蓄及保险行业专员	1 773	8.6	25.0	27.3	9.9	7.0	53.9
其他服务业商务专员及相关职业	3 561	17.4	26.6	33.3	18.4	13.8	52.3
财会类专员，计算机专员	1 758	12.4	18.4	27.4	14.0	9.1	45.0

（续表）

所选职业群	解约合同总计		按照学员前期学校教育背景				
			未获得普通中学毕业证	获得普通中学毕业证	获得中等教育水平	具备高校入学资格	其他以及无法归类的毕业类型
	数量	%	%				
办公室类职业,商务类职员,a.n.g.[1]	11 760	14.2	23.9	28.0	14.5	9.2	53.3
其余医疗卫生服务业职业	5 793	19.5	31.7	22.7	18.0	19.9	25.3

* 绝对数据按三的倍数化整,因此可能导致总数计算中的偏差。
1) 其他未指出类型
来源:联邦及各州统计局,职业教育数据统计

表 E4-2A　2008 年新培训关系开始后 24 个月之内的解约率,按学员的国籍、前期教育背景和性别分类*

国　　籍	总　计	总　计	按性别		按前期学校教育背景		
	2008年开始培训关系的培训合同	其中 24 个月之内的解约率	女性	男性	获得/未获得普通中学毕业证	获得中等教育水平	具备高校入学资格
	数　量	%	24 个月之后的解约率(%)				
总计	654 825	19.2	20.3	18.3	26.0	15.7	11.4
德国	620 733	18.9	20.1	18.0	25.8	15.6	11.3
土耳其	13 968	22.8	22.4	23.2	25.6	17.1	14.7
其他客籍劳工来源国	10 494	23.9	23.7	24.1	28.9	18.0	13.4
其他欧盟 15 国	876	28.1	26.6	29.4	36.6	23.8	17.3
曾经的苏联国家和东欧改革国家	3 066	24.6	24.1	25.4	30.6	19.6	19.7
其他国家	4 527	29.0	28.3	29.5	32.1	23.0	21.8
无数据/不详	1 161	25.3	27.1	23.7	27.2	22.3	21.8

* 表中所给出的数据显示的是 2008 年初的情况,可根据 2008 至 2010 年的调查结果算出。绝对数据按三的倍数化整。
来源:联邦及各州统计局,职业教育数据统计

表 E4-3A　2008 年新培训关系开始后 24 个月之内的最高和最低合同解约率,按所选职业群、学员前期职业培训背景、前期学校教育背景和性别分类(单位:%)

学　员　组	手工操作类型职业		服务类职业	
	较低解约率:化学品和合成材料行业,电子行业	较高解约率:食品行业,粉刷、油漆及相关职业	较低解约率:银行、储蓄及保险行业专员,财会类专员,计算机专员	较高解约率:销售人员,批发以及零售商务专员
	%			
总计	11.5	31.1	10.1	20.7
职业准备培训经历或者职业基础教育				
没有	11.1	30.6	10.0	20.3
有	16.3	33.9	13.2	24.1

(续表)

学员组	手工操作类型职业		服务类职业	
	较低解约率：化学品和合成材料行业，电子行业	较高解约率：食品行业，粉刷、油漆及相关职业	较低解约率：银行、储蓄及保险行业专员，财会类专员，计算机专员	较高解约率：销售人员，批发以及零售商务专员
	%			
前期职业培训				
没有	11.1	31.3	9.7	22.3
有	19.2	30.1	17.1	12.8
其中（含重复计算）				
双元制职业教育培训，圆满完成	14.1	25.3	14.4	6.5
双元制职业教育培训，未圆满完成	21.3	32.0	23.0	23.6
纯学校职业教育培训（完全职业培训），圆满完成	12.7	29.1	12.3	17.7
获得的最高普通教育学校毕业类型—总计				
未获得普通中学毕业证	20.0	34.7	20.2	28.8
普通中学毕业	20.5	32.0	27.4	26.6
中等教育水平	9.2	26.4	11.7	16.5
具备高校入学资格	7.9	23.6	7.7	11.3
其他以及无法归类的毕业类型	36.0	69.0	48.4	49.9
获得的最高普通教育学校毕业类型—女性				
总计	11.3	31.7	8.8	20.9
未获得普通中学毕业证	9.5	31.2	17.9	28.5
普通中学毕业	24.8	32.6	28.3	26.0
中等教育水平	9.9	28.3	10.5	16.8
具备高校入学资格	10.0	26.6	7.0	11.8
其他以及无法归类的毕业类型	16.7	76.0	52.0	48.4
获得的最高普通教育学校毕业类型—男性				
总计	11.6	30.9	10.9	20.3
未获得普通中学毕业证	20.4	35.5	20.7	29.3
普通中学毕业	20.4	31.9	27.1	27.8
中等教育水平	9.1	25.7	12.4	16.0
具备高校入学资格	7.6	22.1	8.3	10.6
其他以及无法归类的毕业类型	37.6	66.5	47.2	51.8

来源：联邦及各州统计局，职业教育数据统计

表 E4‑4A 2008 年新培训关系开始后 24 个月之内的解约率,按学员前期职业准备培训经历或者职业基础教育* 和前期学校教育背景分类**

前期职业准备培训经历或者职业基础教育	总 计		按照前期学校教育背景				
	2008年开始培训关系的培训合同	其中 24 个月之内的解约率	合计[1]	未获得普通中学毕业证	获得普通中学毕业证	获得中等教育水平	具备高校入学资格
	数 量	%					
没有职业准备培训经历	584 727	18.7	18.2	29.1	25.4	15.6	11.4
有职业准备培训经历	70 098	23.1	22.5	30.5	26.5	17.5	11.5
其中(有重复计算)							
企业培训项目[2]	9 828	22.2	21.9	34.2	27.8	17.9	10.6
职业准备培训项目	15 417	30.2	29.8	30.0	32.1	23.7	15.6
职业预备年(BVJ)	11 427	31.0	29.8	31.0	31.5	21.6	19.3
基础职业教育年(BGJ)	12 669	21.4	21.0	30.6	23.3	16.5	15.3
职业专科学校中不能获得完全合格证书的职业培训[3]	24 129	16.6	15.6	28.2	17.9	15.6	11.2

* 已完成的职业准备资格培训(至少持续 6 个月)。

** 表中所给出的数据显示的是 2008 年初的情况,可根据 2008 至 2010 年的调查结果算出。绝对数据按三的倍数化整。

1) 不含其他及无法归类的毕业类型

2) 初级培训(EQ/EQJ),模块培训,企业实习

3) 勃兰登堡州:包括合作模式

来源:联邦及各州统计局,职业教育数据统计

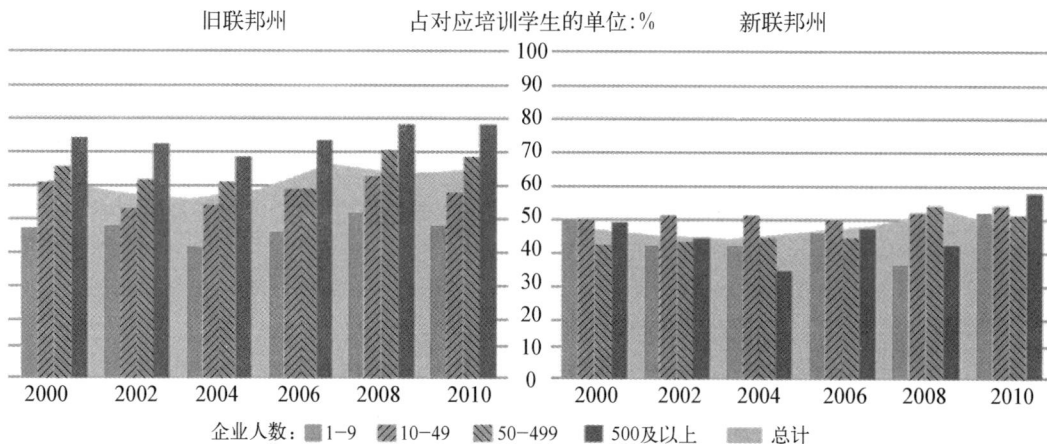

图 E5‑4A 2000 至 2010 年企业的接受率*,按新旧联邦州和企业大小类型分类(单位:%)

* 参见书本 E5 部分的概念注释

来源:德国就业研究所,2000—2010 调查企业,德国就业研究所的计算

→表 E5‑7web

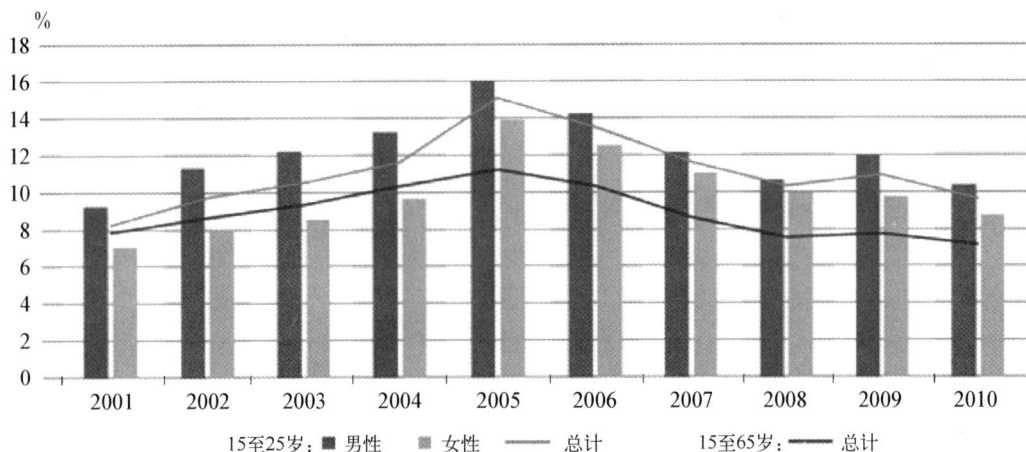

图 E5‑5A　2001 至 2010 年失业率*，按不同年龄组和性别分类（单位：%）

* 根据国际劳工组织的相关规定计算

来源：经济合作与发展组织，就业前景

→表 E5‑12web

表 E5‑1A　2006 年毕业的职业培训生毕业后 1 个月、12 个月和 36 个月的就业状况，按性别分类

职业培训结束后的时间点	性别	总计	按就业情况			
			有职业的（全时和非全时）[1]	打零工或其他就业形式[1]	与业绩相关的就业类型，求职阶段，参加就业培训项目	剩余不详
			数　　量			
1 个月	总计	387 827	241 323	18 439	107 798	20 267
	男性	216 228	132 094	9 350	62 313	12 471
	女性	171 599	109 229	9 089	45 485	7 796
12 个月	总计	387 827	275 124	16 488	45 916	50 299
	男性	216 228	144 313	8 554	27 738	35 623
	女性	171 599	130 811	7 934	18 178	14 676
36 个月	总计	387 827	266 247	21 550	37 622	62 408
	男性	216 228	143 782	11 073	22 275	39 098
	女性	171 599	122 465	10 477	15 347	23 310
		%				
1 个月	总计	100	62.2	4.8	27.8	5.2
	男性	100	61.1	4.3	28.8	5.8
	女性	100	63.7	5.3	26.5	4.5
12 个月	总计	100	70.9	4.3	11.8	13.0
	男性	100	66.7	4.0	12.8	16.5
	女性	100	76.2	4.6	10.6	8.6
36 个月	总计	100	68.7	5.6	9.7	16.1
	男性	100	66.5	5.1	10.3	18.1
	女性	100	71.4	6.1	8.9	13.6

1) 只含在社保处登记的从业人员

来源：劳动市场与职业研究所，整编成册的就业经历（9.01 版本）；劳动市场与职业研究所的计算结果，自己计算得出

表 E5-2A 2006 年毕业的职业教育培训生 36 个月之后所从事职业与专业的对口程度,按国籍和性别分类

国籍/性别	总计	其 中		总计	其 中	
		对口	不对口		对口	不对口
	数 量			%		
总 计						
总计	287 797	170 852	116 945	100.0	59.4	40.6
男性	154 855	80 635	74 220	100.0	52.1	47.9
女性	132 942	90 217	42 725	100.0	67.9	32.1
德 国 人						
总计	277 585	165 169	112 416	100.0	59.5	40.5
男性	148 989	77 867	71 122	100.0	52.3	47.7
女性	128 596	87 302	41 294	100.0	67.9	32.1
外 国 人						
总计	10 212	5 683	4 529	100.0	55.7	44.3
男性	5 866	2 768	3 098	100.0	47.2	52.8
女性	4 346	2 915	1 431	100.0	67.1	32.9

来源:劳动市场与职业研究所,整编成册的就业经历(9.01 版本);劳动市场与职业研究所的计算结果,自己计算得出

表 E5-3A 2008 年毕业的职业教育培训生 12 个月之后的就业状况,按所选职业类型和性别分类*

性别/职业组	总计	有职业的(全时和非全时)	打零工或其他就业形式	与业绩相关的就业类型	求职阶段,参加就业培训项目
	数量	%			
总 计					
总计	195 750	83.6	4.9	9.6	1.8
金属加工(切削)	3 167	88.7	2.6	7.7	1.0
钳工,工具制作者	15 976	85.8	3.3	9.4	1.5
汽修工	11 589	75.1	6.2	16.0	2.7
电工	14 478	86.5	4.9	6.9	1.8
手工食品行业	5 398	77.7	5.7	13.3	3.3
厨师	7 614	67.5	8.0	20.5	4.0
泥瓦工和房屋建造工	5 868	72.5	5.0	19.0	3.5
粉刷工和细木工	11 366	65.7	6.2	24.3	3.9
批发和零售业商务专员	15 465	82.0	6.0	9.9	2.0
银行和保险业商务专员	10 993	92.3	3.6	2.6	1.5

(续表)

性别/职业组	总计	有职业的(全时和非全时)	打零工或其他就业形式	与业绩相关的就业类型	求职阶段,参加就业培训项目
	数量	%			
财会专员及其他类似职业	52 089	85.9	4.9	7.8	1.5
病人护理及其他类似职业	16 338	95.0	2.6	1.8	0.6
身体护理	7 766	78.0	7.4	12.2	2.4
医疗类助理	17 643	89.0	4.7	5.6	0.7
男　　性					
总计	102 418	80.1	5.3	12.1	2.6
金属加工(切削)	3 048	/	/	7.6	1.0
钳工,工具制作者	15 599	/	3.3	9.5	/
汽修工	11 321	75.2	6.2	15.9	2.7
电工	13 789	86.2	4.9	7.0	1.8
手工食品行业	4 118	77.8	5.3	13.1	3.9
厨师	5 624	68.3	7.8	19.4	4.6
泥瓦工和房屋建造工	5 826	72.6	/	19.0	/
粉刷工和细木工	10 514	66.2	5.8	24.0	4.0
批发和零售业商务专员	7 453	79.6	6.7	11.1	2.7
银行和保险业商务专员	4 490	89.2	4.5	3.5	2.8
财会专员及其他类似职业	17 545	83.4	5.8	8.5	2.4
病人护理及其他类似职业	2 415	93.5	3.6	2.0	0.9
身体护理	558	72.2	8.4	15.1	4.3
医疗类助理	118	/	11.0	11.9	/
女　　性					
总计	93 332	87.4	4.5	7.0	1.0
金属加工(切削)	119	/	/	10.9	0.0
钳工,工具制作者	377	/	4.0	6.4	/
汽修工	268	72.8	6.7	17.9	2.6
电工	689	91.4	3.9	4.1	0.6
手工食品行业	1 280	77.4	7.2	13.8	1.6
厨师	1 990	65.2	8.7	23.7	2.4
泥瓦工和房屋建造工	42	59.5	/	23.8	/

（续表）

性别/职业组	总计	有职业的（全时和非全时）	打零工或其他就业形式	与业绩相关的就业类型	求职阶段，参加就业培训项目
	数量	%			
粉刷工和细木工	852	58.5	10.7	28.8	2.1
批发和零售业商务专员	8 012	84.3	5.4	8.9	1.4
银行和保险业商务专员	6 503	94.5	2.9	2.0	0.6
财会专员及其他类似职业	34 544	87.2	4.4	7.4	1.0
病人护理及其他类似职业	13 923	95.3	2.4	1.8	0.6
身体护理	7 208	78.5	7.3	12.0	2.2
医疗类助理	17 525	/	4.7	5.6	/

* 本表所选职业包括 396 421 人中的 195 750 人。根据数量关系，以下职业按照联邦就业局的归类方式进行分类：金属加工（切削）：22，钳工，工具制作者：27，29，汽修工：281，电工：31，321，手工食品行业：39，40，厨师：411，泥瓦工和房屋建造工：44，45，粉刷工和细木工：50，51，批发和零售业商务专员：681，682，银行和保险业商务专员：69，财会专员及其他类似职业：77，78，病人护理及其他类似职业：853，854，身体护理：90。

来源：劳动市场与职业研究所，整编成册的就业经历（9.01 版本）；劳动市场与职业研究所的计算结果，自己计算得出

表 E5 - 4A　2006 年毕业的职业教育培训生毕业后 1 个月、12 个月和 36 个月的就业状况*，按新旧联邦州和性别分类

职业培训结束后的时间点	性别	总计	按就业情况			
			有职业的（全时和非全时）[1]	打零工或其他就业形式[1]	与业绩相关的就业类型，求职阶段，参加就业培训项目	剩余不详
旧联邦州						
数　量						
1 个月	总计	312 774	205 633	14 288	75 852	17 001
	男性	171 984	111 688	7 204	42 845	10 247
	女性	140 790	93 945	7 084	33 007	6 754
12 个月	总计	312 774	229 407	13 438	30 219	39 710
	男性	171 984	119 507	7 096	18 157	27 224
	女性	140 790	109 900	6 342	12 062	12 486
36 个月	总计	312 774	219 495	17 596	24 919	50 764
	男性	171 984	116 933	9 023	14 781	31 247
	女性	140 790	102 562	8 573	10 138	19 517
%						
1 个月	总计	100	65.7	4.6	24.3	5.4
	男性	100	64.9	4.2	24.9	6.0
	女性	100	66.7	5.0	23.4	4.8

(续表)

职业培训结束后的时间点	性别	总计	按就业情况			
			有职业的(全时和非全时)[1]	打零工或其他就业形式[1]	与业绩相关的就业类型,求职阶段,参加就业培训项目	剩余不详
12 个月	总计	100	73.3	4.3	9.7	12.7
	男性	100	69.5	4.1	10.6	15.8
	女性	100	78.1	4.5	8.6	8.9
36 个月	总计	100	70.2	5.6	8.0	16.2
	男性	100	68.0	5.2	8.6	18.2
	女性	100	72.8	6.1	7.2	13.9
新联邦州						
数　量						
1 个月	总计	75 053	35 690	4 151	31 946	3 266
	男性	44 244	20 406	2 146	19 468	2 224
	女性	30 809	15 284	2 005	12 478	1 042
12 个月	总计	75 053	45 717	3 050	15 697	10 589
	男性	44 244	24 806	1 458	9 581	8 399
	女性	30 809	20 911	1 592	6 116	2 190
36 个月	总计	75 053	46 752	3 954	12 703	11 644
	男性	44 244	26 849	2 050	7 494	7 851
	女性	30 809	19 903	1 904	5 209	3 793
%						
1 个月	总计	100	47.6	5.5	42.6	4.4
	男性	100	46.1	4.9	44.0	5.0
	女性	100	49.6	6.5	40.5	3.4
12 个月	总计	100	60.9	4.1	20.9	14.1
	男性	100	56.1	3.3	21.7	19.0
	女性	100	67.9	5.2	19.9	7.1
36 个月	总计	100	62.3	5.3	16.9	15.5
	男性	100	60.7	4.6	16.9	17.7
	女性	100	64.6	6.2	16.9	12.3

* 见报告书中 E5 部分的概念解释和说明。

1) 只含在社保处登记的从业人员

来源:劳动市场与职业研究所,整编成册的就业经历(9.01 版本);劳动市场与职业研究所的计算结果,自己计算得出

表 E5－5A **2006 年毕业的职业教育培训生 36 个月之后所从事职业与专业的对口程度,按性别和新旧联邦州分类**

新旧联邦州/性别	总计	其 中		总计	其 中	
		对口	不对口		对口	不对口
	数 量			%		
总计	287 797	170 852	116 945	100	59.4	40.6
男性	154 855	80 635	74 220	100	52.1	47.9
女性	132 942	90 217	42 725	100	67.9	32.1
旧联邦州						
总计	237 091	145 990	91 101	100	61.6	38.4
男性	125 956	68 335	57 621	100	54.3	45.7
女性	111 135	77 655	33 480	100	69.9	30.1
新联邦州						
总计	50 706	24 862	25 844	100	49.0	51.0
男性	28 899	12 300	16 599	100	42.6	57.4
女性	21 807	12 562	9 245	100	57.6	42.4

来源:劳动市场与职业研究所,整编成册的就业经历(9.01 版本);劳动市场与职业研究所的计算结果,自己计算得出

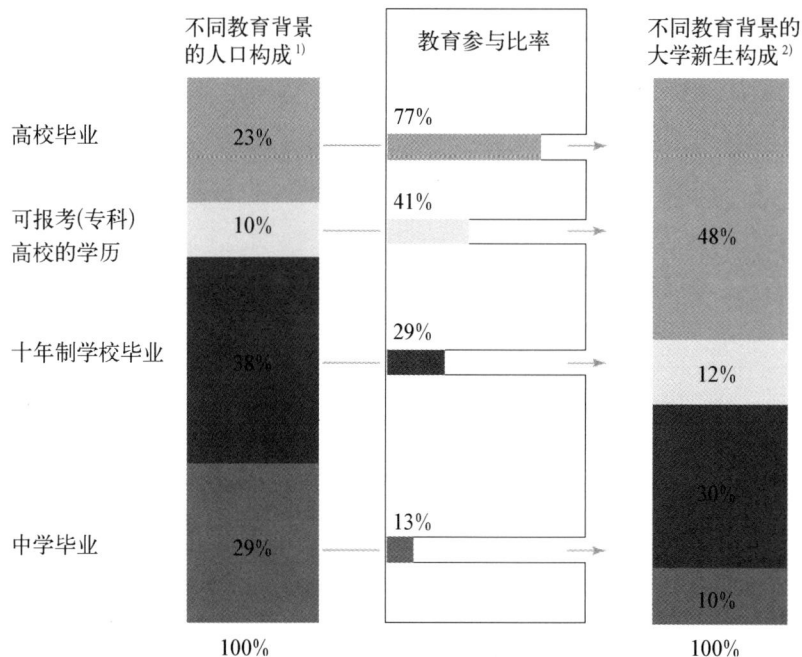

图 F1－4A **2009 年不同教育背景*的教育参与情况(单位:%)***

* 仅限德国人,教育背景按照父母双方的最高学校或大学学历统计。

** 辅助阅读:18—25 岁的德国居民中,有 38% 的父母最高学历为十年制学校毕业。这 38% 中有 29% 开始了大学学业。这一社会群体在大学新生中所占比例为 30%。

1)按照父母双方的最高学校或大学学历统计所有 18—25 岁人员的社会构成(数值凑整)

2)综合性大学、师范和神学高校、艺术高校、高等专科学校及管理应用技术大学的德国新生(数值凑整)

数据基础:联邦和各州统计部门、人口统计、高校统计、微观调查;HIS2009/10 大学新生调查

数据来源:Middendorff,E/Buck,D.(2012):2003—2009 社会群体的教育参与,社会群体的教育参与比率(BBQ)和教育参与指数(BBI),HIS 高校论坛,汉诺威 2012(准备中)

表F1－1A　1980至2010年不同州、性别、高校入学资格类型和移民背景的高校入学率（单位：%）

州/性别/高校入学资格类型/移民背景	升学率¹⁾ 大学招生年度²⁾ 单位：%															预测值³⁾⁴⁾	
	1980	1985	1990	1995	1996	1997	1998	1999	2000	2001	2002	2003	2004	2005	2006	2008	2010
德国	87.1	78.5	84.4	76.7	76.8	74.2	73.9	76.0	78.7	77.3	77.8	77.2	74.4	72.5	69.9	71－78	71－78
州																	
巴登－符腾堡⁴⁾	86.0	/	82.2	79.3	80.6	78.0	78.6	79.4	82.6	79.9	78.4	78.7	75.7	73.7	71.8	78－84	74－80
巴伐利亚	89.1	/	87.9	85.4	86.2	83.3	88.7	83.4	86.3	86.7	87.2	86.1	84.7	82.1	79.9	83－87	82－86
柏林	99.1	/	108.8	89.1	86.9	86.9	90.4	89.0	93.1	92.0	89.9	87.0	83.7	80.1	76.1	65－75	73－78
勃兰登堡	×	×	×	63.1	60.6	60.1	60.3	60.8	64.1	65.9	65.8	67.0	64.4	61.2	60.7	68－75	59－67
不莱梅	74.7	/	81.4	95.5	97.0	91.3	101.2	69.5	91.6	93.4	90.7	86.1	82.5	77.1	76.5	74－85	70－78
汉堡	75.0	/	69.5	78.8	73.7	73.4	74.2	79.6	72.1	85.3	89.9	90.9	79.0	82.8	78.9	77－85	78－87
黑森	86.4	/	78.3	76.9	82.3	76.7	68.0	77.6	81.5	79.1	81.3	79.6	79.9	75.9	73.3	77－83	77－84
梅克伦堡－前波莫瑞	×	×	×	66.1	65.3	67.5	67.6	69.9	72.4	81.3	76.8	78.5	76.2	72.4	69.2	73－80	69－74
下萨克森	86.0	/	79.8	77.2	82.7	80.7	76.7	76.0	74.5	76.1	77.5	77.6	73.9	71.6	68.0	65－74	67－76
北莱茵－威斯特法伦	82.1	/	72.4	71.3	68.8	65.8	64.1	71.0	72.0	68.0	68.9	67.3	64.7	62.8	60.3	65－72	67－75
莱茵兰－法耳次	87.3	/	83.4	82.9	80.2	72.3	73.1	72.3	79.3	74.7	75.6	76.4	75.9	78.9	77.8	79－84	69－74
萨尔	93.0	/	93.3	73.8	73.4	71.0	74.6	74.9	79.0	78.0	74.2	74.8	72.4	71.3	70.4	(68－76)	65－71
萨克森	×	×	×	66.3	67.0	66.0	69.9	70.8	73.5	74.6	75.6	76.8	73.3	71.2	69.7	67－72	68－75
萨克森－安哈特	×	×	×	67.6	67.8	69.1	69.9	71.5	71.5	71.1	75.3	77.2	74.1	71.6	68.8	64－74	63－71
石勒苏益格－荷尔斯泰因	88.5	/	82.2	58.0	74.5	76.3	78.7	78.9	77.6	79.6	78.6	78.3	72.1	74.0	67.9	70－79	66－73
图林根	×	×	×	68.8	68.1	68.0	69.2	69.1	81.6	72.5	72.4	75.3	72.3	73.2	67.3	68－73	59－64
性别																	
男	94.3	89.8	92.5	84.8	84.4	80.7	80.7	83.7	86.6	84.1	83.9	83.1	80.3	78.1	75.2	78－84	76－82
女	78.4	66.0	75.1	68.9	69.7	68.2	67.9	69.2	71.9	71.4	72.4	71.9	69.0	67.4	65.1	66－73	67－74

（续表）

单位：%

州/性别/高校入学资格 类型/移民背景	升学率[1] 大学招生年度[2]															预测值[3)4)]	
	1980	1985	1990	1995	1996	1997	1998	1999	2000	2001	2002	2003	2004	2005	2006	2008	2010
高校入学资格类型																	
普通高校入学资格	91.9	84.7	91.9	82.1	82.6	81.7	82.1	85.7	87.7	88.8	89.8	88.9	86.4	84.9	82.1	78—84	78—85
应用技术大学入学资格[5]	71.7	57.7	64.4	59.4	57.7	49.8	49.4	47.0	53.0	49.7	49.9	51.0	48.7	46.5	42.8	52—60	54—61
性别及高校入学资格类型																	
具有普通学校入学资格的男性	97.4	73.5	99.0	89.4	/	/	/	/	94.0	94.0	95.2	93.4	91.6	90.3	86.5	83—88	81—87
具有应用技术大学入学资格的男性[5]	85.9	75.8	78.2	72.7	/	/	/	/	67.9	63.1	62.0	63.6	60.6	57.4	53.7	66—72	66—71
具有普通学校入学资格的女性	85.8	75.3	84.5	75.8	/	/	/	/	82.5	84.5	85.4	85.2	82.2	80.5	78.4	74—80	76—82
具有应用技术大学入学资格的女性[5]	49.6	32.0	41.8	41.8	/	/	/	/	37.7	35.6	36.1	36.5	34.7	33.5	30.6	38—49	41—51
移民背景[6]																	
无	•	•	•	•	•	•	•	•	•	•	•	•	70—76	•	67—74	71—78	71—77
有	•	•	•	•	•	•	•	•	•	•	•	•	75—82	79—83	72—78	73—80	74—81
其中：																	
来自客籍劳工国[7]	•	•	•	•	•	•	•	•	•	•	•	•	•	•	•	81—88	78—84

1) 联邦及各州统计部门所得升学率；至1992年夏季学期开始统计升学率，之后含德国人和国内外籍生源。

2) 自1992/93年冬季学期开始包含新联邦州。

3) 基于HIS具有大学就学资格者调查的预测值（最低与最高升学率度）；中学毕业离高校后半年进行问卷调查。这种方式为未考虑未几年的就读高校决定。因此基于高校数据数据统计数据所得过去较久的高校招生年度的比率也有所提高。根据经验，几年后它们会位于预测值上限。对于大部分具有大学就学资格的入学情况视为预测值下限的州，其比率略有低估。

4) 2008和2010年度巴登－符腾堡双元制应用技术大学元制应用技术大学2009年才变为高校。若不计职业学院人学情况，2008年巴登－符腾堡升学率跨度为67%—72%，州平均值将降至68%—75%。若不计巴登－符腾堡双元制应用技术大学升学率为69%—76%。萨尔也有一所职业学院转变为高等专科学校。但该高校仅有较少新生，因而不改变升学率。

5) HIS预测值包含具有高等专科学校入学资格的中学毕业生。

6) 移民背景影响的升学率只能通过对HIS具有大学就学资格者调查证明。HIS具有大学就学资格者调查格有移民背景的具有大学资格的定义为：持外国或双重国籍，或者父母至少一方生于外国，或者父母家庭不说德语或说德语及另一种语言。根据这一限定，2008年度16%的具有大学就学资格者有移民背景。

7) 原客籍劳工国：葡萄牙、西班牙、意大利、南斯拉夫、希腊、土耳其。

来源：联邦及各州统计局，高校数据统计，HIS具有大学就学资格者调查

表 F1－2A　1995 至 2010 年各入学资格类型*的具有大学就学资格者人数和比率，按性别分类

年份¹⁾	具有大学就学资格者数	其中	其中	具有大学就学资格者总比例	其中	其中	排除 G8 影响的数值²⁾ 具有大学就学资格者人数	其中	其中	具有大学就学资格者总比例	其中	其中
	数量	具有普通高校入学资格	具有应用技术大学入学资格	单位：%	具有普通高校入学资格	具有应用技术大学入学资格	数量	具有普通高校入学资格	具有应用技术大学入学资格	单位：%	具有普通高校入学资格	具有应用技术大学入学资格
总　计												
1995	307 772	76.3	23.7	36.4	27.7	8.6	×	×	×	×	×	×
2000	347 539	73.2	26.8	37.2	27.6	9.6	×	×	×	×	×	×
2005	399 372	67.8	32.2	42.5	28.8	13.7	×	×	×	×	×	×
2006	414 764	68.8	31.2	43.0	29.6	13.4	×	×	×	×	×	×
2007	433 997	69.6	30.4	44.4	30.9	13.5	426 336	69.2	30.8	43.6	30.2	13.4
2008	441 804	70.2	29.8	45.2	31.7	13.5	436 716	69.9	30.1	44.7	31.2	13.5
2009	449 044	70.0	30.0	46.5	32.5	14.0	446 538	69.9	30.1	46.2	32.2	14.0
2010	458 362	68.9	31.1	49.0	33.9	15.2	453 844	68.6	31.4	48.5	33.4	15.1
男												
1995	150 636	72.6	27.4	34.7	25.2	9.5	×	×	×	×	×	×
2000	161 162	71.3	28.7	33.8	24.2	9.6	×	×	×	×	×	×
2005	189 648	63.1	36.9	39.4	24.9	14.6	×	×	×	×	×	×
2006	196 259	65.0	35.0	39.8	25.9	13.9	×	×	×	×	×	×
2007	202 513	66.4	33.6	40.6	26.9	13.7	200 275	66.2	33.8	40.1	26.5	13.6

（续表）

女

年份[1]	具有大学就学资格者人数（数量）	其中 具有普通高校入学资格资格（单位:%）	其中 具有应用技术大学入学资格（单位:%）	具有大学就学资格比例（单位:%）	其 具有普通高校入学资格资格	中 具有应用技术大学入学资格	排除G8影响的数值[2] 具有大学就学资格者人数（数量）	其 具有普通高校入学资格资格	中 具有应用技术大学入学资格	具有大学就学资格者总比例（单位:%）	其 具有普通高校入学资格资格	中 具有应用技术大学入学资格
2008	205 673	67.4	32.6	41.1	27.7	13.5	203 488	67.1	32.9	40.7	27.2	13.4
2009	210 467	67.0	33.0	42.5	28.4	14.0	209 711	66.9	33.1	42.3	28.3	14.0
2010	216 332	65.7	34.3	45.0	29.6	15.3	214 280	65.4	34.6	44.5	29.2	15.3
1995	157 136	79.9	20.1	38.1	30.5	7.7	×	×	×	×	×	×
2000	186 377	74.8	25.2	40.9	31.2	9.7	×	×	×	×	×	×
2005	209 724	72.0	28.0	45.6	32.8	12.8	×	×	×	×	×	×
2006	218 505	72.2	27.8	46.4	33.5	12.8	×	×	×	×	×	×
2007	231 484	72.5	27.5	48.5	35.2	13.4	226 061	72.0	28.0	47.4	34.1	13.3
2008	236 131	72.6	27.4	49.5	36.0	13.5	233 228	72.4	27.6	48.9	35.4	13.5
2009	238 577	72.7	27.3	50.7	36.8	13.9	236 827	72.5	27.5	50.3	36.4	13.9
2010	242 030	71.8	28.2	53.3	38.3	15.0	239 564	71.6	28.4	52.8	37.8	15.0

* 普通高校入学资格包含与专业相关的高校入学资格。
1) 自2006年起不计具有大学就学资格的校外考生
2) 不计G8高中的毕业生
来源：联邦及各州统计局·高校数据统计

表 F1-3A　2003/04、2006/07 及 2009/10 冬季学期不同性别的高校选择动机(单位：%)*

动　机	冬　季　学　期								
	2003/04			2006/07			2009/10		
	总计	男	女	总计	男	女	总计	男	女
	单位：%								
高校内部条件									
高校名气	56	58	53	54	55	54	61	61	60
主要专业教师名气	32	33	32	32	32	32	35	35	35
课程多样性	52	50	54	51	46	56	49	47	51
装备优良	57	59	55	56	55	57	60	61	59
一目了然的情况	51	49	53	46	43	50	46	45	48
课程符合专业兴趣	84	85	83	90	89	91	86	85	87
高校排名结果靠前	30	31	27	36	39	32	35	37	33
高校选择限制									
因入学限制未能进入原定高校	16	13	20	18	15	21	17	14	19
仅该校有此专业	28	27	29	23	22	25	33	32	34
无学费	—	—	—	43	41	44	44	43	46
高校选择文化动机									
业余时间	33	31	35	26	24	28	30	27	32
高校周边氛围	50	49	52	47	47	47	49	46	51
学业指导信息	22	20	25	24	20	27	21	19	24
高校所在地情况									
靠近家乡	66	66	66	65	65	64	65	63	66
经济原因：我不能到离父母远的地方上学	22	22	23	22	23	21	22	22	22
生活条件优惠	49	47	52	50	49	51	49	46	51
男友/女友在这所高校上学或住在学校所在地	20	17	24	19	16	21	17	16	19
父母/亲戚/朋友住在学校所在地	30	28	32	26	24	27	27	26	28
我对该校所在地熟悉	37	37	36	32	32	32	33	35	31

　* 按照等级 1="很重要"到 5="不重要/不符合情况"划分,表中为选择等级 1 和 2 的比例。单位：%

　来源：Willich, J./Buck, D./Heine, C./Sommer, D.(2011), Studienanfänger im Wintersemester 2009/10, HIS Forum Hochschule 6/2011, 第 206 页

表 F1-4A　1975 至 2011 年不同性别的大学新生*人数、女性份额、高等专科学校份额和新生比例

学年[1]	大学新生			大学新生比例[2]				
	总计	女	高等专科学校份额	总计	男	女	总计,排除 G8 影响	总计,不计外国高校入学资格
	数量			单位：%				
原联邦区								
1975	163 447	36.9	26.2	·	·	·	·	·

(续表)

学年[1]	大学新生			大学新生比例[2]				
	总计	女	高等专科学校份额	总计	男	女	总计,排除 G8 影响	总计,不计外国高校入学资格
	数量			单位：%				
1980	189 953	40.4	27.2	19.5	22.6	16.2	·	·
1985	206 823	39.8	30.1	19.3	22.6	15.8	·	·
1990	277 868	39.4	28.8	30.4	36.1	24.5	·	·
德　国								
1995	261 427	47.8	31.2	26.8	26.6	27.0	·	·
1998	271 999	48.5	31.3	29.2	29.3	29.2	·	·
1999	290 983	49.4	31.4	31.3	30.9	31.7	·	·
2000	314 539	49.2	31.3	33.5	33.4	33.6	·	28.6
2001	344 659	49.4	31.3	36.1	35.9	36.3	·	·
2002	358 792	50.6	32.0	37.1	35.9	38.3	·	·
2003	377 395	48.2	32.2	38.9	39.5	38.3	·	·
2004	358 704	48.8	33.2	37.1	37.2	37.1	·	·
2005	355 961	48.8	33.1	37.0	37.1	36.9	·	31.0
2006	344 822	49.4	34.0	35.7	35.5	35.9	·	30.1
2007	361 360	49.8	35.2	37.1	36.6	37.6	36.8	31.5
2008	396 610	49.6	38.4	40.3	39.9	40.8	40.0	34.1
2009	424 273	49.9	39.1	43.0	42.2	43.8	42.7	36.5
2010	444 608	49.5	38.7	45.2	44.7	45.8	44.9	38.1
2011[3]	515 833	46.6	38.5	55.3	57.3	53.2	·	·

* 高校第一学期新生,包含管理应用技术大学。

1) 学年 = 夏季学期 + 随后的冬季学期

2) 按照经合组织算法计算,包含管理应用技术大学;
   1986—1989:18—22 岁平均值为参考数值

3) 暂时数据

来源:联邦及各州统计部门,高校数据统计

表 F1 - 5A　1995 至 2010 年不同就学资格类型和高校类型的德国大学新生构成(单位:%)

大学就学资格类型	总　计						综合性大学						应用技术大学					
	1995	2000	2005	2008	2009	2010	1995	2000	2005	2008	2009	2010	1995	2000	2005	2008	2009	2010
	单位：%																	
完全中学,专科完全中学,综合中学	77.1	81.6	76.9	77.9	76.9	75.7	90.0	93.4	92.1	91.4	91.5	90.1	44.6	55.2	46.0	55.8	53.3	52.1

(续表)

大学就学资格类型	总　　计						综合性大学						应用技术大学					
	1995	2000	2005	2008	2009	2010	1995	2000	2005	2008	2009	2010	1995	2000	2005	2008	2009	2010
	单位：%																	
(职业)专科学校，专科学院	3.3	3.2	5.4	5.4	5.7	5.9	1.2	1.0	1.9	1.6	1.6	1.6	8.6	8.0	12.4	11.7	12.4	12.8
专科高中	11.9	9.4	11.2	9.2	9.5	9.9	1.9	1.0	1.2	1.2	1.6	2.0	37.2	28.2	31.6	22.5	22.4	23.0
第二教育途径[1]	3.8	2.6	3.3	3.3	3.4	3.6	3.3	1.8	2.1	2.1	2.1	1.9	5.2	4.4	5.6	5.1	5.6	6.3
第三教育途径[2]	0.5	0.7	1.0	1.1	1.4	2.1	0.4	0.5	0.6	0.6	0.6	1.9	0.5	1.1	1.9	1.8	2.5	2.5
艺术/音乐资格考试	0.3	0.2	0.2	0.2	0.1	0.1	0.4	0.3	0.2	0.2	0.2	0.2	0.1	0.0	0.0	0.0	0.0	0.1
外籍大学就学资格（包含大学预科班）	0.9	1.0	1.1	1.1	1.1	1.1	1.0	1.1	1.2	1.2	1.4	1.4	0.8	0.7	1.0	0.8	0.8	0.7
其他	2.1	1.4	0.9	1.9	1.8	1.5	1.7	0.9	0.7	1.7	1.0	0.9	2.9	2.4	1.5	2.2	3.0	2.6

＊ 冬季学期，不计管理应用技术大学。
1) 完全中学夜校，补习高中
2) 无传统大学就学资格、通过英才考试或由于职业培训注册入学的大学新生
来源：联邦及各州统计部门，高校数据统计

表 F2‑1A　2000—2009 年高校各职责领域的经费支出*（单位：千欧元）

标　　志	2000	2005	2007	2008	2009	2009/2000 变化
	单位：千欧元					单位：%
高校支出(lt. HFS)[1]	27 509 353	30 973 982	33 477 743	36 341 740	38 858 819	41.3
＋附加项	2 016 130	2 270 049	2 060 502	2 381 926	2 415 661	19.8
＝ 高校支出总额	29 525 483	33 244 031	35 538 245	38 723 665	41 274 479	39.8
－ 疾病救治支出	9 512 872	10 550 732	11 810 112	12 684 632	13 407 838	40.9
＝ 教学和科研支出[2]	20 012 611	22 693 299	23 728 133	26 039 034	27 866 641	39.2
－ 科研支出	8 146 059	9 221 084	9 907 781	11 112 283	11 808 154	45.0
其中：第三方经费科研	2 998 518	3 838 749	4 353 865	4 956 253	5 456 410	82.0
其中：基本经费科研	5 147 541	5 382 335	5 553 916	6 156 030	6 351 744	23.4
＝ 教学支出	11 866 552	13 472 215	13 820 352	14 926 750	16 058 488	35.3
其中：持续教学支出	10 019 088	11 190 158	12 067 492	12 585 165	12 960 644	29.4
冬季学期大学生（总数）	1 796 006	1 975 934	1 938 105	1 998 031	2 119 123	18.0
用于每位学生的教学和科研支出	11.14	11.48	12.24	13.03	13.15	18.0
用于每位学生的教学支出	6.61	6.82	7.13	7.47	7.58	14.7

(续表)

标　志	2000	2005	2007	2008	2009	2009/2000 变化
	单位：千欧元					单位：%
用于每位学生的持续教学支出	5.58	5.66	6.23	6.30	6.12	9.6
实际数值(国内生产总值消胀指数,2000年为底数)						
高校支出(lt. HFS)	27 509 353	29 352 621	31 038 610	33 348 002	35 173 585	27.9
＋ 附加项	2 016 130	2 151 221	1 910 377	2 185 709	2 186 568	8.5
＝ 高校支出总额	29 525 483	31 503 842	32 948 987	35 533 711	37 360 153	26.5
－ 疾病救治支出	9 512 872	9 998 444	10 949 646	11 639 705	12 549 612	31.9
＝ 教学和科研支出	20 012 611	21 505 398	21 999 340	23 894 006	24 810 540	24.0
－ 科研支出	8 146 059	8 738 398	9 185 916	10 196 882	10 688 310	31.2
其中：第三方经费科研	2 998 518	3 637 806	4 036 650	4 547 970	4 938 943	64.7
其中：基本经费科研	5 147 541	5 100 592	5 149 266	5 648 912	5 749 367	11.7
＝ 教学支出	11 866 552	12 766 999	12 813 424	13 697 124	14 122 231	19.0
其中：持续教学支出	10 019 088	10 604 399	11 188 275	11 548 432	11 731 502	17.1
冬季学期大学生(总数)	1 796 006	1 975 934	1 938 105	1 998 031	2 119 123	18.0
用于每位学生的教学和科研支出	11.14	10.88	11.35	11.96	11.71	5.1
用于每位学生的教学支出	6.61	6.46	6.61	6.86	6.66	0.9
用于每位学生的持续教学支出	5.58	5.37	5.77	5.78	5.54	－0.8

*　对于联邦和各州对各职责领域统一的资金分配,联邦统计局采用多层级的计算方法(参见联邦统计局,高校统计金融参数,2008,第10页及以下几页)。根据国际教育科研报告方法,高校医院的疾病救治支出不计入高校支出,因而被消去。

科研与发展支出和科研与发展系数的计算方法基于"基本经费科研"与"第三方经费科研"分离。第三方经费支出归入科研总值,而基本装备的科研与发展支出借助科研与发展系数算出。其余高校支出视作教学支出。(不包括疾病救治支出和科研支出)。

1) 自2006年报告起津贴计入高校支出
2) 包含研究生资助和大学生服务

数据来源：联邦及各州统计局,高校财政统计

表 F2‑2A　2009年各职责领域和各州的高校经费支出*(单位：千欧元)

州	支出(根据高校财政统计)	附加项[1]	总计	教学	科研 总计	科研 基本经费	科研 第三方经费[2]	疾病救治	教学	科研	疾病救治
	单位：千欧元								单位：%		
德国	38 858 819	2 415 661	41 274 479	16 058 488	11 808 154	6 351 744	5 456 410	13 407 838	38.9	28.6	32.5
巴登—符腾堡	5 767 806	420 669	6 188 474	2 375 873	1 848 104	937 424	910 680	1 964 497	38.4	29.9	31.7

（续表）

州	支出								支出比例		
	支出（根据高校财政统计）	附加项[1]	总计	教学	科研			疾病救治	教学	科研	疾病救治
					总计	基本经费	第三方经费[2]				
	单位：千欧元								单位：%		
巴伐利亚	5 722 606	377 940	6 100 546	2 292 265	1 766 568	960 322	806 246	2 041 713	37.6	29.0	33.5
柏林	2 540 779	139 839	2 680 618	948 741	851 810	391 378	460 432	880 067	35.4	31.8	32.8
勃兰登堡	426 315	51 886	478 201	301 453	176 748	80 739	96 008	—	63.0	37.0	—
不莱梅	402 018	44 337	446 355	257 244	189 111	86 527	102 584	—	57.6	42.4	—
汉堡	1 609 942	74 039	1 683 982	591 167	444 697	291 140	153 558	648 117	35.1	26.4	38.5
黑森	3 068 711	150 065	3 218 776	1 371 917	856 574	487 496	369 078	990 285	42.6	26.6	30.8
梅克伦堡—前波莫瑞	850 942	40 312	891 253	289 964	181 356	97 616	83 740	419 934	32.5	20.3	47.1
下萨克森	3 090 197	184 689	3 274 886	1 449 085	1 036 190	595 720	440 470	789 611	44.2	31.6	24.1
北莱茵—威斯特法伦	8 043 490	504 252	8 547 743	3 385 060	2 559 120	1 418 535	1 140 585	2 603 563	39.6	29.9	30.5
莱茵兰—普法尔茨	1 506 499	104 395	1 610 895	744 572	406 195	251 211	154 984	460 127	46.2	25.2	28.6
萨尔	570 754	19 230	589 983	157 033	107 931	57 644	50 287	325 019	26.6	18.3	55.1
萨克森	2 077 708	124 366	2 202 074	777 668	636 621	286 042	350 579	787 785	35.3	28.9	35.8
萨克森—安哈特	1 045 220	57 174	1 102 394	394 220	219 470	120 295	99 175	488 704	35.8	19.9	44.3
石勒苏益格—荷尔斯泰因	1 241 688	47 604	1 289 292	340 473	259 556	145 953	113 602	689 263	26.4	20.1	53.5
图林根	894 143	74 865	969 007	381 752	268 104	143 701	124 403	319 151	39.4	27.7	32.9

＊ 参看表 F2－1A 注释。
1) 包含研究生资助，照料，大学生服务及相关项目
2) 包含研究生资助
数据来源：联邦及各州统计局，高校财政统计

高校支出[1]	389 亿欧元
持续支出[1]	
人事支出[1]	216
持续物品开支[1]	132
投资支出[1]	41

高校财政统计国际参数
总支出 　第三方经费[1]（53 亿欧元） 　管理收入[1]（139 亿欧元） ＝基本经费（196 亿欧元）
持续支出 　第三方经费[1]（53 亿欧元） 　管理收入[1]（139 亿欧元） ＝基本经费（155 亿欧元）

＋

附　加　项	24 亿欧元
在职高校公职人员养老金	10
博士（后）资助	1
大学生服务及相关项目	13

＝

高校支出总额	413 亿欧元

疾病救治支出 134 亿欧元	高校教学与科研支出 279 亿欧元

按照经合组织限定（EAG） （ISCED 5A/6）的高校支出 277 亿欧元	管理应用技术大学（ISCED 5）[3] 2 亿欧元

高校科研与发展支出[2] 118 亿欧元 其中： 基本经费科研 64 亿欧元 第三方经费科研[2] 55 亿欧元	教学及相关支出 159 亿欧元

原有教育劳务 146 亿欧元	附加劳务[4] 13 亿欧元

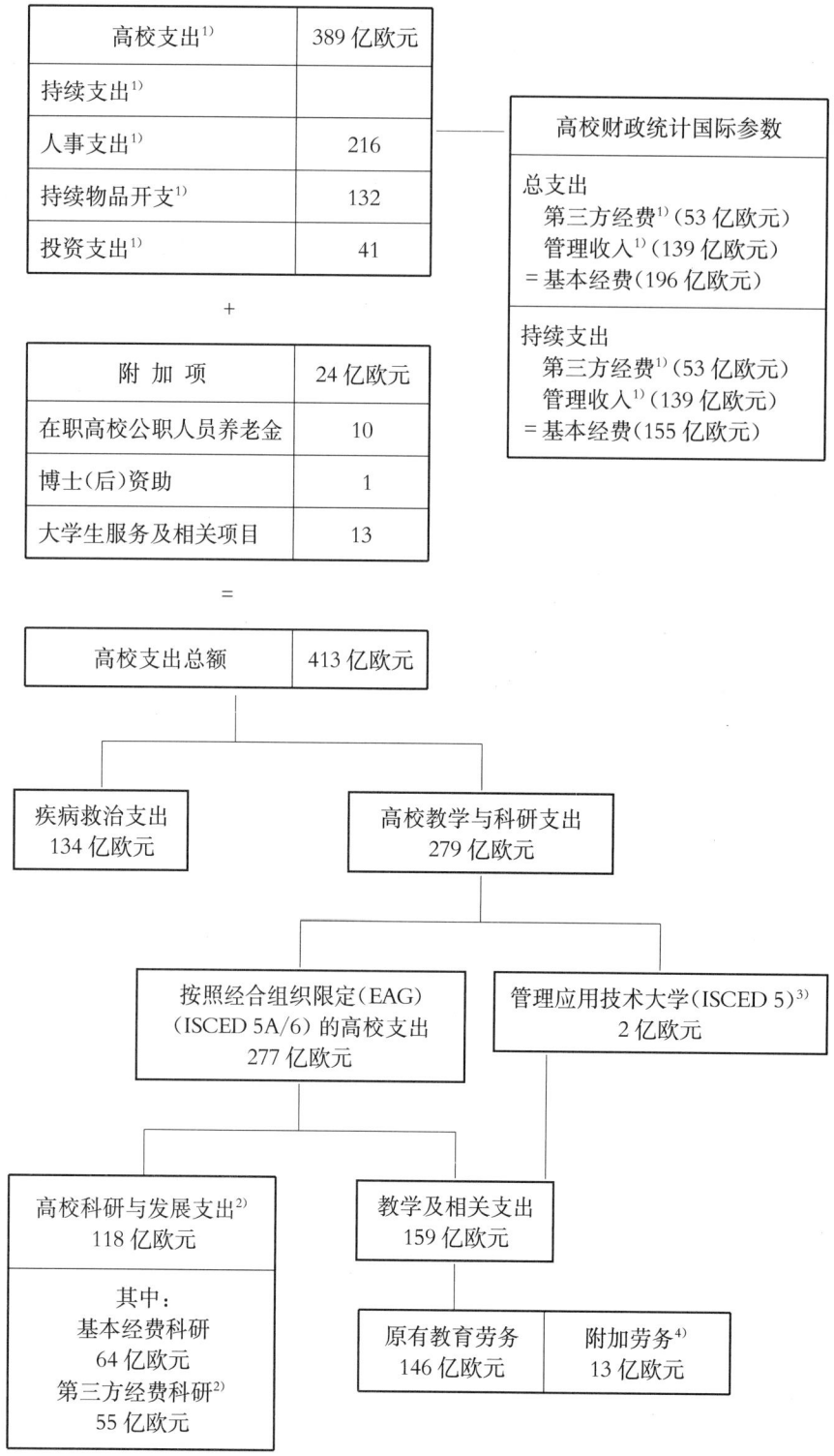

图 F2-3A　2009 年高教领域财政统计划分概况

1）根据高校财政统计
2）包括博士（后）资助
3）专科学校、卫生学校之类也属于 ISCED 5B
4）大学生服务

数据来源：联邦及各州统计部门，高校财政统计

表 F3-1A　2010 年综合性大学和高等专科学校肄业率，按性别、专业方向和学位类型统计(单位：%)

高校类型/科类/专业方向	本　科			工程硕士/文科硕士/(国考)		
	总计	男	女	总计	男	女
单位：%						
所有综合性大学	35	38	32	24	28	20
语言和文化学,体育	32	36	31	33	40	30
语言和文化学	39	/	/	/	/	/
教育学,体育	19	/	/	/	/	/
心理学	24	27	21	14	19	8
法学,经济和社会学	27	/	/	20	/	/
经济学	18	/	/	/	/	/
社会学	39	39	38	25	27	22
数学,自然科学	55	/	/	40	/	/
数学	47	/	/	32	/	/
信息学	39	/	/	33	/	/
物理,地理学	43	/	/	/	/	/
化学	20	/	/	/	/	/
生物	13	/	/	/	/	/
地理	33	38	30	35	42	32
农学,林业学和营养科学	48	49	42	29	32	16
工程技术学	53	/	/	37	/	/
机械制造	53	/	/	45	/	/
电气工程	51	/	/	20	/	/
土木工程	×	×	×	11	14	9
建筑学	×	×	×	26	23	29
所有国家资格考试	×	×	×	9	5	10
法学国考	×	×	×	6	12	4
医学国考	19	23	13	21	25	14
教师国考	8	7	5	10	11	9
所有应用技术大学	11	/	/	15	/	/
数学,自然科学	30	28	37	22	22	22
信息学	27	/	/	23	/	/
健康科学	20	20	20	32	42	28
农学,林业学和营养科学	21	20	20	29	32	26
工程技术学	30	31	28	30	31	25

（续表）

高校类型/科类/专业方向	本　科			工程硕士/文科硕士/(国考)		
	总计	男	女	总计	男	女
机械制造	32	/	/	30	/	/
电气工程	36	/	/	36	/	/
土木工程	36	/	/	30	/	/

＊ 涉及 2010 届毕业生；其中最重要的大学新生届别为本科学位的 2006 和 2007 年，工程硕士、文科硕士、国考的 2004 至 2006 年。此外其他的新生届别也被纳入分析中。

数据来源：HIS－HF 2012 年大学生肄业情况调查

表 F3－2A　2008 至 2011 年不同性别、高校类型和科类在学习质量方面的满意度(单位：%)＊

年份	总计	其中		其中		综合性大学								应用技术大学			
		男	女	综合性大学	高等专科学校	文化学	法学	社会科学	经济学	自然科学	医学	工程技术学	教师资格1)	社会福利与教育事业	经济学	自然科学	工程技术学
单位：%																	
教师指导																	
2008	52	56	50	46	61	50	46	45	38	51	46	49	40	57	59	63	59
2009	55	59	53	50	65	52	48	50	42	55	48	51	49	66	62	70	64
2010	56	59	53	53	65	59	48	53	41	60	57	54	51	67	61	69	66
2011	61	65	58	56	69	59	67	54	50	64	59	59	47	65	71	71	67
课程的专业质量																	
2008	71	73	69	71	70	67	81	72	75	76	71	73	69	62	73	71	73
2009	69	71	67	69	69	65	78	66	66	76	69	73	67	60	70	75	70
2010	73	75	72	74	70	70	81	69	71	82	79	78	71	64	69	71	74
2011	74	76	72	75	73	68	86	65	76	83	81	78	68	64	76	77	73
教学材料的科学传授																	
2008	42	44	41	38	48	41	53	40	38	39	36	28	31	44	52	50	45
2009	43	45	41	39	49	41	55	39	33	39	42	41	33	46	49	52	47
2010	45	46	43	42	52	48	51	44	39	44	50	41	36	52	50	51	54
2011	49	51	48	47	53	48	69	48	48	48	52	44	37	48	58	55	50
学程的设置与结构																	
2008	42	45	40	39	47	35	53	45	49	41	38	42	32	37	55	49	48
2009	40	42	38	37	44	30	50	38	41	36	42	41	34	35	48	49	43
2010	44	45	39	41	52	36	58	41	42	45	49	42	33	37	49	49	47
2011	48	51	46	45	52	37	61	47	49	47	52	49	36	44	60	57	49

（续表）

年份	总计	其中		其中		综合性大学								应用技术大学			
		男	女	综合大学	高等专科学校	文化学	法学	社会科学	经济学	自然科学	医学	工程技术学	教师资格[1]	社会福利与教育事业	经济学	自然科学	工程技术学
课堂的学生数量																	
2008	50	56	45	38	67	32	38	33	28	61	52	57	20	43	68	70	68
2009	52	47	58	42	68	35	53	36	35	66	53	57	23	48	67	76	70
2010	47	52	43	41	65	42	37	39	27	65	55	45	29	50	66	72	67
2011	57	62	51	47	70	44	60	37	35	69	53	63	26	54	70	76	71
客观的空间配置																	
2008	52	58	47	44	62	39	49	50	51	52	52	54	28	42	67	69	60
2009	54	58	50	47	63	43	56	48	52	60	59	49	30	54	66	70	63
2010	55	60	51	52	66	49	51	50	53	64	65	56	40	56	70	74	65
2011	62	65	58	56	70	50	59	49	55	68	64	62	44	61	73	75	68
高校服务与咨询																	
2008	40	44	37	36	46	34	41	36	42	44	35	39	26	41	49	49	48
2009	41	44	38	36	48	31	44	32	41	42	35	43	29	51	50	53	48
2010	46	48	45	44	52	41	46	45	46	50	52	45	38	49	53	56	52
2011	49	51	47	45	55	41	58	42	46	46	50	49	37	54	57	57	52
总体学习条件																	
2008	55	58	51	50	62	47	62	48	60	52	54	51	38	53	66	66	61
2009	52	56	48	47	59	39	63	45	48	51	58	49	38	57	61	64	58
2010	56	60	52	54	61	50	63	55	48	61	69	59	47	58	64	64	62
2011	62	65	59	58	67	53	72	55	58	65	69	64	46	60	74	69	64
您喜欢在您的大学学习吗？																	
2008	71	72	71	71	72	69	80	71	70	73	72	66	67	69	75	76	71
2009	69	70	68	68	71	62	77	67	64	72	73	71	65	73	73	76	69
2010	72	72	72	72	74	71	76	71	65	76	80	71	70	76	73	75	75
2011	74	74	74	74	76	67	83	68	72	77	85	76	71	73	79	79	73

＊ 问题："总而言之：您对……满意度如何？"，记录按评分标准上给出 4 分和 5 分的百分比。评分标准从 1 到 5，1 ＝ 完全不满意，5 ＝ 非常满意。

1）2010 和 2011 年指国家资格考试和以教师资格为目标的本科；2009 年仅限国家资格考试

数据来源：高等教育研究集团/HIS 高校学习质量监控

表 F4‑1A 1995 至 2010 年不同高校学位类型和性别的第一学位毕业生人数和毕业生率*(单位:%)

考试年份[1]	毕业生	毕业生率	理工科硕士(综合性大学)及相应学历[3]	博士		本科(综合性大学)[4]	硕士(综合性大学)[5]6)	应用技术大学文凭	本科(应用技术大学)	硕士(应用技术大学)[6]
	数量					单位:%				
总　计										
1995	197 015	·	51.5	0.2	11.4	—	—	36.9	—	—
1996	202 042	·	52.3	0.2	11.4	—	—	36.1	—	—
1997	201 073	16.4	51.5	0.2	11.6			36.7		
1998	190 886	16.4	51.1	0.2	12.3	—	—	36.4	—	—
1999	185 001	16.8	50.8	0.1	12.5	—	—	36.6		—
2000	176 654	16.9	50.5	0.1	12.8	0.1	0.0	36.5	—	—
2001	171 714	17.0	50.0	0.1	12.4	0.1	0.1	37.3	0.0	0.0
2002	172 606	17.4	50.4	0.1	11.7	0.4	0.2	37.1	0.1	0.0
2003	181 528	18.4	49.1	0.1	10.6	0.8		38.7	0.5	0.0
2004	191 785	19.5	47.5	0.0	10.2	2.0	0.5	38.7	1.1	0.1
2005	207 936	21.1	45.9	0.0	10.2	3.3	0.7	38.2	1.4	0.3
2006	220 782	22.2	45.0	0.0	10.6	4.7	1.0	36.3	2.0	0.4
2007	239 877	24.1	44.0	0.0	10.7	6.0	1.2	34.0	3.7	0.5
2008	260 498	26.2	40.4	0.0	11.3	8.7	1.5	31.0	6.4	0.7
2009	288 875	29.2	36.6	0.0	11.3	11.6	2.0	24.7	13.1	0.8
2010	294 881	29.9	33.2	0.0	10.4	18.1	0.1	18.6	19.6	0.0
男										
1995	115 752	·	53.7	0.2	5.1	—	—	41.0	—	—
2000	96 020	17.5	51.5	0.1	6.9	0.1	0.0	41.3	—	—
2001	91 036	17.3	50.5	0.1	6.5	0.1	0.1	42.5	0.0	0.0
2002	89 606	17.5	50.4	0.1	6.4	0.4	0.2	42.3	0.1	0.0
2003	91 589	18.2	49.1	0.1	5.5	0.8	0.3	43.6	0.6	0.1
2004	96 121	19.2	47.5	0.0	5.2	1.9	0.6	43.3	1.2	0.1
2005	102 383	20.5	45.8	0.0	4.8	3.0	0.9	43.4	1.7	0.4
2006	106 809	21.3	44.8	0.0	5.1	3.9	1.2	42.1	2.3	0.5
2007	115 623	23.0	43.7	0.0	5.3	5.2	1.3	39.8	4.1	0.7
2008	124 515	24.7	39.8	0.0	5.8	7.4	1.5	37.5	7.1	0.8
2009	139 480	27.8	36.1	0.0	6.1	10.2	2.1	30.0	14.6	1.0
2010	141 681	28.3	33.0	0.0	5.7	16.3	0.1	22.8	22.0	0.0

（续表）

考试年份[1]	毕业生	毕业生率	高校学位类型[2]							
			理工科硕士(综合性大学)及相应学历[3]	博士		本科(综合性大学)[4]	硕士(综合性大学)[5][6]	应用技术大学文凭	本科(应用技术大学)	硕士(应用技术大学)[6]
	数量		单位：%							
女										
1995	81 263	·	38.6	0.2	20.5	—	—	31.1	—	—
2000	80 634	16.2	44.5	0.1	19.9	0.1	0.0	30.6	—	—
2001	80 678	16.6	46.4	0.1	19.0	0.1	0.0	31.3	0.0	0.0
2002	83 000	17.2	48.0	0.1	17.5	0.5	0.0	31.4	0.1	0.0
2003	89 939	18.7	49.4	0.1	15.7	0.8	0.1	33.8	0.4	0.0
2004	95 664	19.7	49.8	0.0	15.3	2.0	0.3	34.0	0.9	0.0
2005	105 553	21.6	50.8	0.0	15.5	3.5	0.6	33.1	1.2	0.2
2006	113 973	23.2	51.9	0.0	15.8	5.5	0.8	30.8	1.7	0.2
2007	124 254	25.2	52.1	0.0	15.8	6.8	1.0	28.5	3.3	0.3
2008	135 983	27.7	52.9	0.0	16.4	9.8	1.4	25.1	5.8	0.5
2009	149 395	30.6	52.3	0.0	16.2	13.0	1.9	19.7	11.7	0.6
2010	153 200	31.5	52.3	0.0	14.7	19.7	0.1	14.8	17.4	0.0

　＊全国范围内毕业生率：毕业生在相应年龄人口中所占比例。先计算各年龄的比例再求和（比例求和法）。
　1) 考试年份：夏季学期和之后的冬季学期
　2) 包含 管理应用技术大学
　3) 包含 艺术类和其他文凭
　4) 包含 本科(KH)
　5) 包含 硕士(KH)
　6) 至 2009 年夏季学期
　(含)高校数据统计中将后继硕士文凭统计为第一学历。由此产生第一学历重复计数的问题，但因为至今硕士文凭数量较少而影响不大。自 2009/10 学年冬季学期开始将后继硕士文凭统计为第二学业/历。

　来源：联邦及各州统计部门，高校数据统计

表 F4-2A　1995、2000 及 2005 至 2009 年高等教育阶段 A＊＊ 的毕业率＊、符合博洛尼亚进程的学程份额和博士毕业生率＊ 的国际比较＊＊＊（单位：%）

国　家	高等教育阶段 A(ISCED 5A)的毕业率							符合博洛尼亚进程的学程份额		博士毕业生率(ISCED 6)					
	1995	2000	2005[1]	2006[2]	2007[3]	2008[4]	2009[5]	2008	2009	2003[6]	2005[7]	2006[8]	2007[9]	2008[10]	2009[10]
	单位：%														
OECD 平均值	20	28	35	36	38	38	38	68	73	1.3	1.3	1.4	1.5	1.4	1.5
澳大利亚	·	36	50	50	49	49	·	69	69	1.5	1.7	1.8	1.9	1.9	1.9
奥地利	10	15	20	21	22	25		32	38	1.9	2.0	1.9	1.8	1.9	2.0
捷克	13	14	23	29	35	36	38	66	74	1.0	1.2	1.2	1.4	1.4	1.4
加拿大	27	27	29	31	35	37	·	·	·	·	·	0.9	1.0	1.1	1.2

（续表）

国　家	高等教育阶段 A(ISCED 5A)的毕业率							符合博洛尼亚进程的学程份额		博士毕业生率(ISCED 6)					
	1995	2000	2005[1]	2006[2]	2007[3]	2008[4]	2009[5]	2008	2009	2003[6]	2005[7]	2006[8]	2007[9]	2008[10]	2009[10]
	单位：%														
丹麦	25	37	46	45	47	47	47	100	100	1.1	1.2	1.2	1.3	1.5	1.6
芬兰	20	41	47	48	48	63	44	56	92	1.9	2.0	2.1	2.9	2.3	2.5
法国	·	·	·	·	·	·	·	87	86	1.2	·	1.2	1.4	1.4	1.5
德国	14	18	20	21	23	25		14	19	2.0	2.4	2.3	2.3	2.5	2.5
希腊	14	15	25	21	18	·	·	·	·	·	0.7	0.9	1.4	0.9	·
匈牙利	·	·	32	30	29	30	30	3	22	0.8	0.7	0.7	0.7	0.7	0.9
冰岛	20	33	56	63	63	57	51	100	100	0.1	0.4	0.2	0.5	0.7	
爱尔兰	·	30	38	39	45	46	47	100	100	1.1	1.2	1.3	1.4	1.3	1.4
意大利	·	19	41	39	35	33	33	85	90	0.5	1.0	1.2	1.3	·	·
日本	25	29	37	39	39	39	40	·	·	0.8	0.9	1.0	1.1	1.1	1.1
荷兰	29	35	42	43	43	41	42	96	98	1.3	1.5	1.5	1.6	1.6	1.6
新西兰	33	50	51	52	48	48	50	56	52	0.9	1.1	1.1	1.3	1.4	1.4
挪威	26	37	41	43	43	41	41	100	100	1.0	1.2	1.3	1.5	1.8	1.6
波兰	·	34	47	47	49	50	50	100	99	1.0	0.9	1.0	1.0	0.9	0.8
葡萄牙	15	23	32	33	43	45	40	57	73	2.4	2.6	3.3	3.7	3.0	2.7
斯洛伐克共和国	15	·	30	35	39	57	61	95	96	2.5	1.3	1.5	1.6	1.9	2.2
西班牙	24	29	30	30	30	27	27	4	6	1.1	1.0	1.0	0.9	0.9	1.0
瑞典	24	28	38	41	40	40	36	·	91	2.8	2.2	2.2	3.3	3.0	3.0
瑞士	9	12	27	30	31	32	31	26	33	2.5	3.1	3.1	3.3	3.3	1.9
土耳其	6	9	11	15	m	20	21	·	100	0.2	0.2	0.2	0.3	0.3	0.4
英国	·	42	47	47	46	48	48	77	86	1.8	2.0	2.2	2.1	2.0	2.1
美国	33	34	34	36	37	37	38	100	100	1.2	1.3	1.4	1.5	1.5	1.6

　　* 毕业生率和博士毕业生率(也被称为毕业率)可以按总比例计算,即高等教育阶段 A 中取得第一学历的毕业生在典型毕业年龄人口中的比例。在德国学程较短(3 年至 5 年以下)的情况计算 25 岁人员在人口中的比例,学程较长(5、6 年)则计算 26 岁人员。净比例是通过毕业生与相应年龄人口的比例计算得出。然后将比例值相加为总比例。这一方法也常被称作 OECD 计算方法(比例求和法)。只要可用,各国报告的都是净比例。

　　* * 高等教育阶段 A(ISCED 5A):高校(不含管理应用技术大学)中的学程。

　　* * * 未考虑持续缺少数据的国家。

1) 捷克、加拿大、希腊、匈牙利、爱尔兰、意大利、日本、波兰、西班牙、大不列颠净比例

2) 匈牙利、爱尔兰、意大利、日本、西班牙、土耳其、美国净比例

3) 匈牙利、爱尔兰、日本、西班牙、土耳其、美国净比例

4) 加拿大、匈牙利、爱尔兰、日本、西班牙、土耳其、美国净比例

5) 爱尔兰、日本、土耳其、美国净比例

6) 意大利、日本、荷兰、大不列颠、美国净比例

7) 爱尔兰、意大利、日本、荷兰、波兰、大不列颠、美国净比例

8) 法国、爱尔兰、意大利、日本、荷兰、波兰、大不列颠、美国净比例

9) 法国、希腊、爱尔兰、意大利、日本、荷兰、波兰、美国净比例

10) 法国、爱尔兰、日本、荷兰、波兰、美国净比例

来源:OECD,不同年份的教育概览

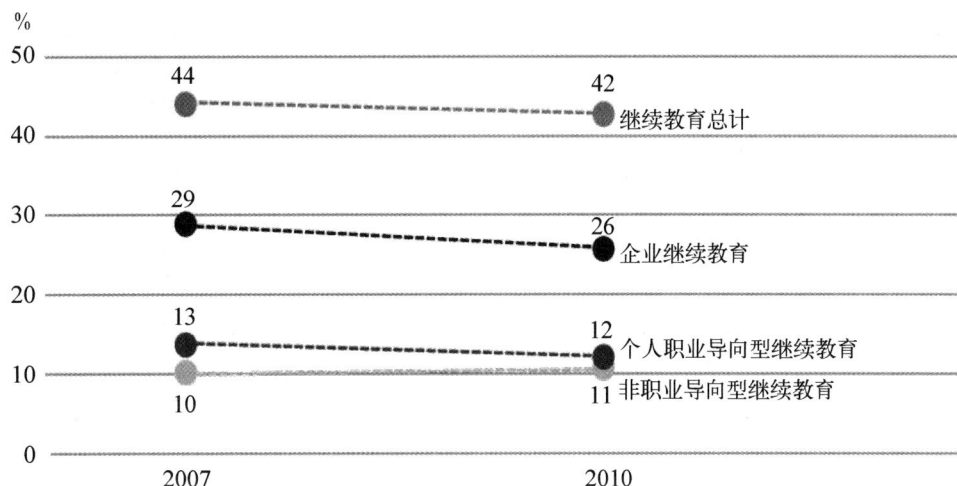

图 G1-3A　2007 年和 2010 年继续教育的参与情况,按继续教育类型分类(单位:%)[*]

* 调查对象为 18(2010 年成人教育调查)或 19(2007 年成人教育调查)至 65 岁以下人员

来源:TNS Infratest Sozialforschung,成人教育调查;自己计算得出　　　　　→表 G1-2A

表 G1-1A　1991 年至 2010 年继续教育的参与情况,按新旧联邦州地区、不同年龄组、就业状况、前期从业教育背景和性别分类(单位:%)[*]

统计类型	继续教育报告体系						成人教育统计	
	1991	1994	1997	2000	2003	2007	2007	2010
	%							
总计	37	42	48	43	41	43	44	42
按 地 区								
旧联邦州	36	43	48	43	42	43	43	43
新联邦州	38	37	49	43	38	44	47	41
按年龄组								
19 至 35 岁	44	49	53	47	46	46	48	40
35 至 50 岁	40	47	54	49	46	47	48	48
50 至 65 岁	23	28	36	31	31	34	34	38
按就业状况								
从业人员	41	50	57	52	48	49	52	49
非从业人员	28	29	34	27	26	29	28	29
按从业教育背景[1]								
未获得职业培训毕业证	18	19	24	20	23	23	28	32
学徒/职业专科学校	33	39	45	40	38	40	43	38
师傅学校/专科学校	48	52	58	54	55	53	57	60
应用技术大学/高校毕业	59	64	69	63	62	62	62	63

(续表)

统计类型	继续教育报告体系						成人教育统计	
	1991	1994	1997	2000	2003	2007	2007	2010
	%							
按 性 别								
男性	39	44	49	45	42	44	46	43
女性	35	40	47	40	40	42	42	41

* 因为统计系统由继续教育报告体系(BSW)转换成成人教育(AES)统计,所以会产生细微误差。BSW和AES都包含了很大程度上类似的,且较为多样的继续教育组织活动(培训班,课程学习,讲座)。

1) 2010年起,职业技能水平的分类有所改变:"师傅学校/专科学校"包含2—3年的卫校(之前包含在"学徒/职业专科学校");"应用技术大学/高校毕业"包含管理应用技术大学(以前属于"师傅学校/专科学校"这一类)。

来源:TNS Infratest Sozialforschung,成人教育调查,继续教育报告体系,自己计算得出;von Rosenbladt, B./Bilger, F.(2007), Weiterbildungsverhalten in Deutschland, S. 226 - 229

表 G1 - 2A　2007 年和 2010 年继续教育的参与情况,按继续教育类型、不同年龄组、性别、普通教育背景和新旧联邦州分类(单位:%)*/**

统计类型	继续教育总计		企业继续教育		个人职业导向型继续教育		非职业导向型继续教育	
	2007	2010	2007	2010	2007	2010	2007	2010
	%							
总计	44	42	29	26	13	12	10	11
按不同年龄组								
18、19 至 35 岁	48	40	27	20	16	14	15	13
35 至 50 岁	48	48	34	33	14	13	10	10
50 至 65 岁	34	38	23	23	10	10	8	10
按性别和不同年龄组								
男性	46	43	33	28	13	12	8	9
18、19 至 35 岁	51	42	32	20	15	15	13	12
35 至 50 岁	51	48	40	37	14	10	(6)	(7)
50 至 65 岁	35	38	26	25	10	10	(5)	7
女性	42	41	25	23	13	13	12	14
18、19 至 35 岁	45	39	25	19	16	13	13	13
35 至 50 岁	46	47	30	28	14	15	13	14
50 至 65 岁	32	38	20	22	10	11	11	14
按普通教育背景								
获得/未获得普通中学毕业证	29	27	19	15	7	7	7	6
中级学校毕业	49	45	34	29	13	13	9	10
具备高校入学资格	60	56	38	35	23	17	15	16

（续表）

统计类型	继续教育总计		企业继续教育		个人职业导向型继续教育		非职业导向型继续教育	
	2007	2010	2007	2010	2007	2010	2007	2010
	%							
按性别和普通教育背景								
男性	46	43	33	28	13	12	8	9
获得/未获得普通中学毕业证	33	31	25	19	7	9	6	6
中级学校毕业	50	45	37	32	13	12	7	7
具备高校入学资格	61	55	43	37	22	15	11	12
女性	42	42	25	23	13	13	12	14
获得/未获得普通中学毕业证	23	21	13	10	6	5	8	7
中级学校毕业	47	45	32	27	13	13	11	12
具备高校入学资格	59	58	34	33	23	21	20	20
按新旧联邦州和普通教育背景								
旧联邦州	43	43	29	26	13	12	10	12
获得/未获得普通中学毕业证	29	27	20	15	6	7	7	6
中级学校毕业	50	46	36	29	13	13	10	11
具备高校入学资格	60	58	38	37	23	17	15	17
新联邦州	47	41	30	25	15	13	10	9
获得/未获得普通中学毕业证	26	27	14	12	9	9	5	7
中级学校毕业	47	43	32	29	13	12	9	7
具备高校入学资格	61	50	40	28	22	17	15	13

* 年龄在 18(AES 2010)或 19(AES 2007)至 65 岁以下的人口。与表 G1-5web 有所不同,这里的企业继续教育培训率普及到了所有参与调查的人员,虽然事实上几乎只有从业人员才(能)参加企业培训。

** 括号内数值表示 40 至 80 个之间未经加权平均的案例数。

来源:TNS Infratest Sozialforschung, AES,自己计算得出

表 G1-3A　2007 年和 2010 年继续教育的参与情况,按继续教育类型、前期从业教育背景和就业状况分类(单位:%)**

从业教育背景	继续教育总计		企业继续教育		个人职业导向型继续教育		非职业导向型继续教育	
	2007	2010	2007	2010	2007	2010	2007	2010
	%							
总　计								
未获得职业培训毕业证	28	32	13	11	9	13	11	12
学徒/职业专科学校	43	38	31	25	11	9	9	8
师傅学校/专科学校	57	60	43	44	17	13	(9)	14
应用技术大学/高校毕业	62	63	44	43	24	21	12	15

（续表）

从业教育背景	继续教育总计		企业继续教育		个人职业导向型继续教育		非职业导向型继续教育	
	2007	2010	2007	2010	2007	2010	2007	2010
	%							
从业人员								
未获得职业培训毕业证	31	33	20	19	(8)	(10)	(8)	(6)
学徒/职业专科学校	51	44	40	33	12	9	9	7
师傅学校/专科学校	64	66	52	53	(18)	(14)	/	(13)
应用技术大学/高校毕业	69	69	52	51	26	22	11	15
非从业人员								
未获得职业培训毕业证	25	32	×	×	(9)	15	13	17
学徒/职业专科学校	24	22	×	×	9	8	10	10
师傅学校/专科学校	/	(34)	×	×	/	/	/	(21)
应用技术大学/高校毕业	36	36	×	×	(15)	/	(17)	(20)

　＊ 2010 年起，职业技能水平的分类有所改变：“师傅学校/专科学校”包含 2—3 年的卫校（之前包含在“学徒/职业专科学校”）；“应用技术大学/高校毕业”包含管理应用技术大学（以前属于“师傅学校/专科学校”这一类）。

　＊＊ 括号内数值表示 40 至 80 个之间未经加权平均的案例数。

　来源：TNS Infratest Sozialforschung，AES，自己计算得出

表 G1－4A　2007 年和 2010 年继续教育参与情况，按继续教育类型、移民背景、普通教育背景和就业状况分类（单位：%）＊

移民背景/普通教育背景	继续教育总计		企业继续教育		个人职业导向型继续教育		非职业导向型继续教育	
	2007	2010	2007	2010	2007	2010	2007	2010
	%							
总　计								
无移民背景	47	45	32	28	14	13	10	12
获得/未获得普通中学毕业证	30	28	21	17	7	7	7	6
中级学校毕业	51	47	37	31	13	13	9	11
具备高校入学资格	62	59	40	38	24	18	16	16
有移民背景	33	32	19	15	9	11	9	9
获得/未获得普通中学毕业证	25	23	(14)	(11)	/	/	/	/
中级学校毕业	35	33	(20)	(17)	/	/	/	/
具备高校入学资格	49	46	(30)	(22)	/	(15)	/	(16)
从业人员								
无移民背景	55	52	43	39	16	13	9	10
有移民背景	36	37	25	24	(10)	(11)	/	(7)

（续表）

移民背景/普通教育背景	继续教育总计		企业继续教育		个人职业导向型继续教育		非职业导向型继续教育	
	2007	2010	2007	2010	2007	2010	2007	2010
	%							
非从业人员								
无移民背景	28	31	×	×	12	13	13	16
有移民背景	28	25	×	×	/	(11)	13	(13)

* 括号内数值表示 40 至 80 个之间未经加权平均的案例数

来源：TNS Infratest Sozialforschung，AES，自己计算得出

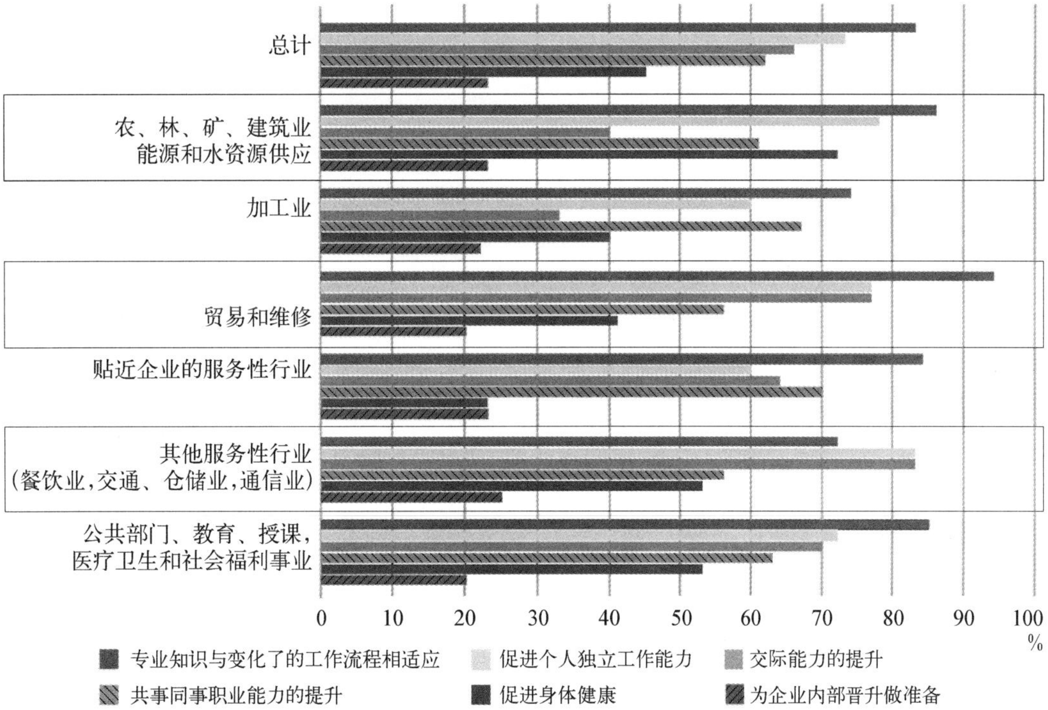

图 G2 - 3A　2010 年继续教育活跃型企业中被视为"极其重要/很重要"的培训目标*，按行业分类（单位：%）

* 所提问题："就您所在的企业或者服务岗位 2010 年所采取的继续教育措施来看，您认为下列继续教育培训目标的重要性如何？"答案在给出的 5 个等级中选择（"极其重要"到"根本不重要"）。

来源：联邦职业教育研究所 2011 年职业技能调查；联邦职业教育研究所的计算；自己计算得出　　　→表 G2 - 9web

表 G2 - 1A　2001 年至 2010 年能提供继续教育机会的企业比例（单位：%）*

企业比例	2001	2003	2005	2007	2008	2009	2010
	%						
总计	36	37	40	43	45	41	41

* 提供继续教育的企业比例涉及到的是短期继续教育（内部/外部的课程培训班）。

来源：IAB 的企业调查，IAB 的计算，自己计算得出

表 G2－2A　2009 年和 2010 年能提供继续教育机会的企业比例，按企业大小分类(单位：%)

企业大小	2009	2010
	%	
总计	41	41
1 至 9 名员工数	33	32
10 至 49 名员工数	58	59
50 至 249 名员工数	80	81
250 及以上员工数	96	98

来源：IAB,企业调查,自己计算得出

表 G2－3A　2010 年能够提供继续教育机会的企业比例，按继续教育类型*和企业大小分类(单位：%)

继续教育类型	总计	其中按企业大小(员工数)			
		1 至 9 名	10 至 49 名	50 至 249 名	250 名以上
		%			
外部培训班,课程,研讨课	81	78	82	88	96
内部培训班,课程,研讨课	50	41	58	73	97
在岗培训	50	44	55	67	86
参加报告、大会等	47	43	50	62	90
换岗	4	2	5	10	28
借助媒体自主学习	18	16	19	22	45
品管圈,车间社	9	5	12	21	32
其他继续教育类型	9	8	10	16	30

* 可能存在重复计算。

来源：IAB,2010 年企业调查,自己计算得出

表 G2－4A　2008 年给大龄员工提供培训机会的企业比例，按企业大小和不同行业分类(单位：%)*

企业大小/行业	2008
	%
不为大龄员工提供继续教育机会的企业比例	83
	17
其中按企业大小类型	
1 至 9 名员工	8
10 至 49 名员工	23
50 至 249 名员工	56
250 名及以上员工	93
其中按行业类型	
农业、林业、矿业、能源和水资源	16

（续表）

企业大小/行业	2008
	%
加工业	20
建筑业	12
贸易和维修行业	13
交通和通信行业	21
信贷和保险业	46
经济、科学以及自由职业方面的服务行业	12
其他服务业（包括餐饮、教育和医疗卫生）	17
公共部门	44

＊ 只含 50 岁以上员工少于总员工数的企业；2009 年和 2010 年，劳动市场和职业研究所所做的企业调查未对大龄企业员工的培训情况进行调查。

来源：IAB，2008 年企业调查，自己计算得出

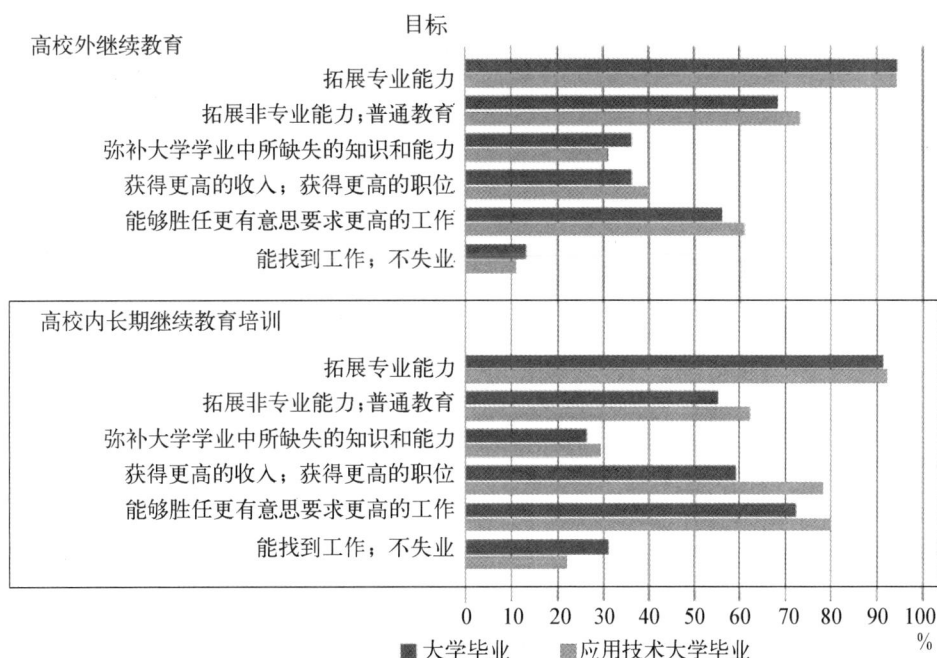

图 G3‐3A　2005 届***高校毕业生**参加的高校外继续教育和高校内长期继续教育培训的目标*（单位：%）

＊ 所提问题：您认为下列高校外的继续教育培训目标的重要程度如何？答案在给出的"非常重要"、"重要"等 5 个等级中选择。

＊＊ 只包含传统的毕业类型（大学理工科硕士 Diplom U，文科硕士，国家考试，艺术类毕业，高等专科理工科硕士），不含本科（Bachelor）和硕士（Master）的分类

＊＊＊ 基准期：从毕业时算起；可能存在重复计算

来源：2012 年高校信息系统毕业生调查（2005 届毕业生的第二次调查）　→表 G3‐2A，表 G3‐9web

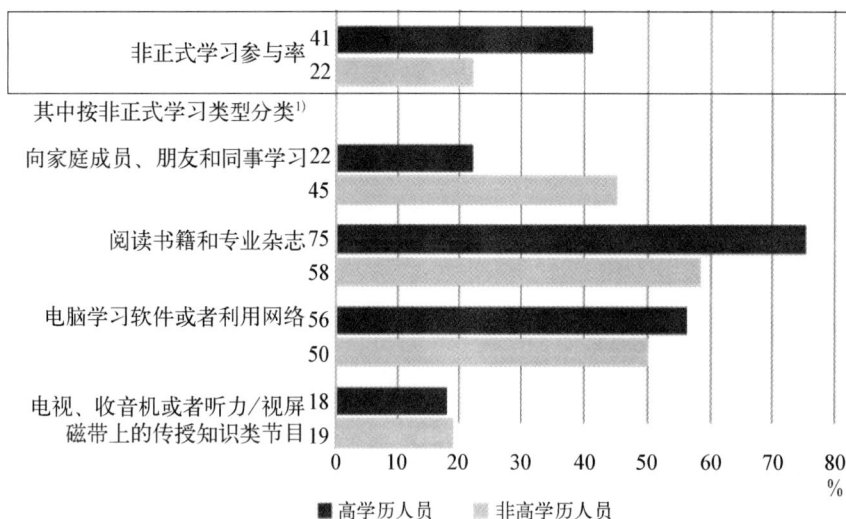

图 G3‑4A　2010 年高学历人员和非高学历人员参与非正式学习的情况（单位：%）

1）可能存在重复计算

来源：TNS Infratest Sozialforschung，2010 年成人教育调查，自己计算得出　　→表 G3‑5web

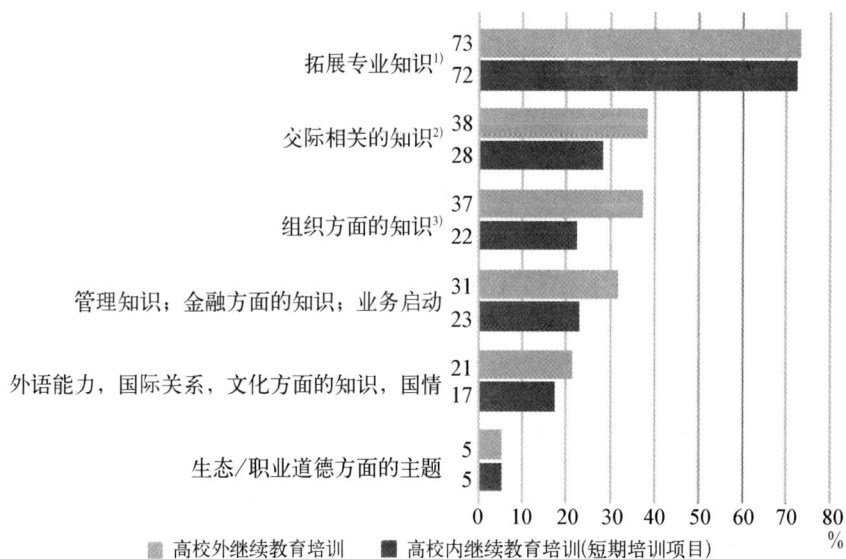

图 G3‑5A　2005 届高校毕业生* 在高校外和高校内的继续教育主题（单位：%）**

*　只包含传统的毕业类型（大学理工科硕士 Diplom U，文科硕士，国家考试，艺术类毕业，高等专科理工科硕士），不含本科（Bachelor）和硕士（Master）的分类

**　基准期：从毕业时算起；可能存在重复计算

1）工程科学，自然科学，社会科学，人文科学，教育/心理学方面的主题；医学类专业；信息技术专业知识；国内/国际法律

2）领导力/员工发展；交际/互动培训

3）管理，组织，销售培训；计算机应用；员工健康，职业安全

来源：2012 年领导力/个人发展；通讯/互动培训（针对 2005 届毕业生的第二次调查）

　　　　　　　　　　　　　　　　　　　　　　　　　→表 G3‑6web，表 G3‑7web

表 G3‑1A　2010 年高学历人员和非高学历人员的继续教育参与情况，按继续教育类型、性别和不同年龄组分类（单位：%）*

性别/不同年龄组	继续教育总计	企业继续教育	个人职业导向型继续教育	非职业导向型继续教育
	%			
高学历人员				
总计	64	43	21	16
按性别分类				
男性	60	44	(16)	(11)
女性	68	42	29	21
按不同年龄组分类				
25 至 65 岁以下	64	43	22	16
25 至 40 岁以下	62	46	(21)	(15)
40 至 65 岁以下	65	42	22	16
按不同年龄组分类				
18 至 50 岁以下	68	49	21	17
50 至 65 岁以下	57	34	22	14
非高学历人员				
总计	38	23	10	10
按性别分类				
男性	40	26	10	7
女性	37	21	10	12
按不同年龄组分类				
25 至 65 岁以下	38	25	9	9
25 至 40 岁以下	39	24	11	8
40 至 65 岁以下	38	25	9	10
按不同年龄组分类				
18 至 50 岁以下	41	24	11	10
50 至 65 岁以下	34	21	8	9

* 括号内数值表示 40 至 80 个之间未经加权平均的案例数

表 G3‑2A　2005 届高校毕业生 参加的高校外继续教育的目标*，按高校类型和专业方向分类（单位：%）*****

高校种类/专业方向	拓展能力			改善职位		稳固工作状态
	拓展专业能力	拓展非专业能力；普通教育	弥补大学学业中所缺失的知识和能力	获得更高的收入；获得更高的职位	能够胜任更有意思要求更高的工作	能找到工作；不失业
	%					
总计[1]	94	70	34	38	58	12
按高校类型分类						
应用技术大学	94	73	31	40	61	11
大学	94	68	36	36	56	13

(续表)

高校种类/专业方向	拓展能力			改善职位		稳固工作状态
	拓展专业能力	拓展非专业能力;普通教育	弥补大学学业中所缺失的知识和能力	获得更高的收入;获得更高的职位	能够胜任更有意思要求更高的工作	能找到工作;不失业
	%					
按所选专业分类						
农业学,食品学	95	76	50	35	57	23
建筑设计,空间设计	96	63	50	26	53	15
土木工程,测绘	95	62	30	39	60	16
电气工程学	93	70	24	37	66	5
机械工程,工艺流程学	92	72	23	42	67	7
数学、计算机	92	65	25	40	58	5
工商管理	89	90	21	48	60	6
经济学	93	71	26	51	61	10
自然科学[2]	91	69	32	28	58	14
人类医学	100	53	39	38	66	2
心理学	95	48	37	56	66	28
教育学,社会福利学	98	77	38	28	55	14
社会学,政治学,行政学[4]	(94)	(72)	(31)	(38)	(52)	(32)
法学[4]	(92)	(58)	(23)	(49)	(54)	(24)
人文科学[3]	91	76	32	36	57	21
小学教育教师,特殊学校教育教师,实科中学第一阶段教师	97	78	54	22	49	10
文理中学第二阶段教师,职业学校教师	98	76	36	19	40	4
艺术、艺术科学[4]	(86)	(76)	(51)	(37)	(57)	(29)

* 所提问题:您认为下列高校外的继续教育培训目标的重要程度如何? 答案在给出的"非常重要"、"重要"等5个等级中选择。

** 只包含传统的毕业类型(大学理工科硕士 Diplom U,文科硕士,国家考试,艺术类毕业,高等专科理工科硕士),不含本科(Bachelor)和硕士(Master)的分类

*** 基准期:从毕业时算起;可能存在重复计算

1) 包括未在表格中列出的专业方向

2) 物理、化学、生物、地球科学、药学

3) 语言学、文化学、神学、图书馆学、哲学、历史学

4) 括号内数值表示 50 至 99 个之间未经加权平均的案例数

来源:2012 年高校信息系统毕业生调查(2005 届毕业生的第二次调查)

%
1个月后

%
6个月后

→● 缴纳法定社会保险的从业人员　→● 其他非失业人员　→● 失业人员

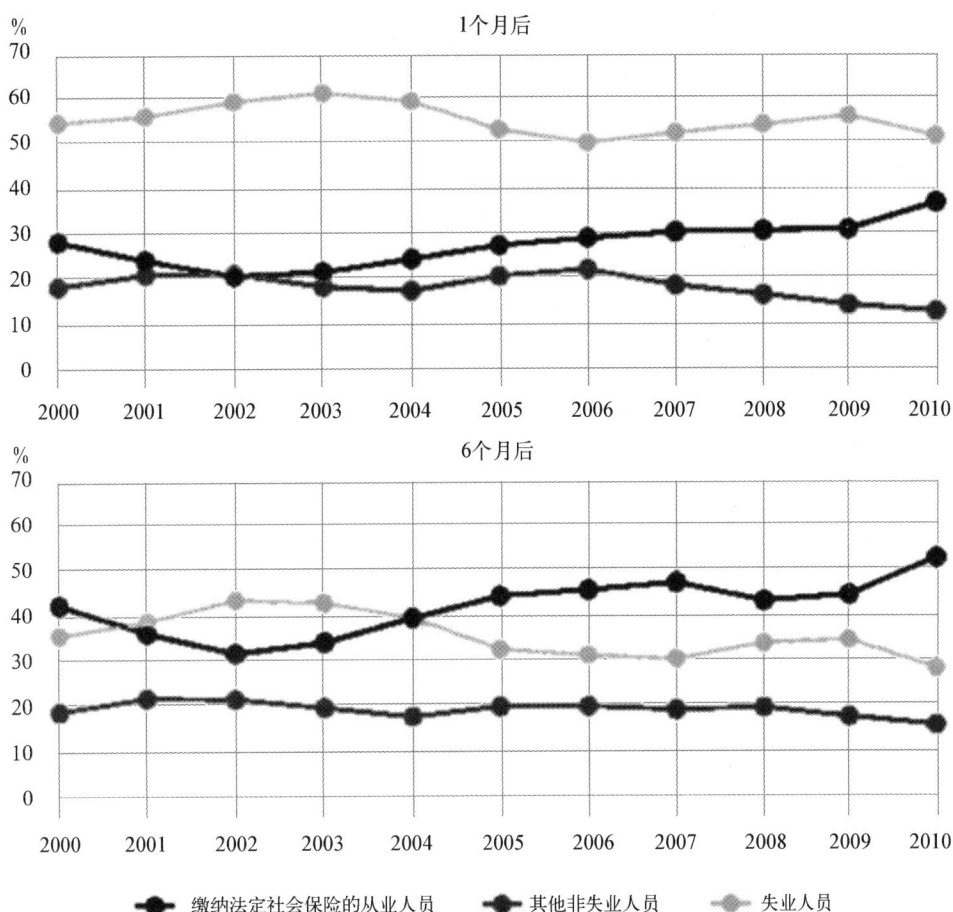

图 G4‑3A　2000 年至 2010 年参与促进职业继续教育项目人员在培训结束 1 个月和 6 个月后的去向情况(单位:%)*

* 至 2009 年的数据在重新审核后会跟之前报告中的数据存在少量偏差。

来源:联邦就业局促进措施数据统计,自己计算的得出

→表 G4‑10web

表 G4‑1A　2007 年和 2010 年继续教育活动的认证情况,按证书类型分类*(单位:%)

书 面 证 明	2007	2010
	%	
总计	100	100
未获得书面证明	43	42
获得书面证明	56	57
按书面证明种类		
获得国家承认的相关证书	5	6
商会考试证书	2	3
只在联邦州内有效的证书	19	24
成绩证明(写有分数或者评价)	9	9
参与证明	63	58
其他	2	1

* 针对 100% 的缺失值暂无信息

来源:TNS Infratest 社会研究,成人教育调查,自己计算得出

表 G4‑2A 2007 年和 2010 年继续教育活动的认证情况,按所给出类型分类(单位:%)*

所 分 类 型	总 计	未获得书面 证明	获得书面 证明	其 中	
				证明、证书、 成绩单	参与证明, 其他
	%				
2010					
总计	100	42	57	41	59
继续教育类型[1]					
企业继续教育	100	43	57	36	63
个人职业导向型继续教育	100	38	60	47	53
非职业导向型继续教育	100	48	52	45	55
年 龄 组					
18 至 35 岁以下	100	39	59	51	48
35 至 50 岁以下	100	42	57	38	62
50 至 65 岁以下	100	45	55	34	66
就业状况					
全职就业	100	41	58	41	59
半职就业	100	43	56	27	72
失业	100	37	62	61	(38)
未就业人员	100	51	47	(30)	70
培训中	100	39	58	63	37
普通教育毕业类型					
有/没有普通中学毕业证	100	39	60	44	56
中级学校毕业	100	40	59	43	57
具备高校入学资格	100	44	53	37	63
2007					
总计	100	43	56	35	65
继续教育类型[1]					
企业继续教育	100	44	56	30	69
个人职业导向型继续教育	100	38	62	37	62
非职业导向型继续教育	100	51	48	42	59
年 龄 组					
19 至 35 岁以下	100	42	58	41	59
35 至 50 岁以下	100	42	58	34	66
50 至 65 岁以下	100	48	51	27	73

(续表)

所 分 类 型	总 计	未获得书面证明	获得书面证明	其 中	
				证明、证书、成绩单	参与证明，其他
	%				
就业状况					
全职就业	100	43	57	32	68
半职就业	100	44	56	31	69
失业	100	40	58	49	51
未就业人员	100	51	48	(44)	55
培训中	100	39	60	53	47
普通教育毕业类型					
有/没有普通中学毕业证	100	45	55	36	63
中级学校毕业	100	45	55	35	65
具备高校入学资格	100	41	59	33	67

* 100%中的缺失值：暂无信息；括号内数值表示 40 至 80 个之间未经加权平均的案例数。

1）可能存在重复计算

来源：TNS Infratest 社会研究，成人教育调查，自己计算得出

表 G4-3A　2010 年参加促进职业继续教育项目学员 6 个月后的去向状态，按性别和年龄组分类

性别	年龄组	可调查的完成继续教育培训的学员数	其中按学员的下落状态分类（6 个月后）			再就业率[1]	失业率
			缴纳法定社会保险的再就业学员	其他非失业人员	失业人员		
		数　目				百分比 %	
总计	总计	460 757	245 656	79 116	135 985	53.3	29.5
	30 岁以下	118 705	64 183	22 869	31 653	54.1	26.7
	30 至 45 岁	202 968	107 145	34 074	61 749	52.8	30.4
	45 岁及以上	139 084	74 328	22 173	42 583	53.4	30.6
男性	总计	268 386	152 671	41 392	74 323	56.9	27.7
	30 岁以下	73 351	41 971	12 603	18 777	57.2	25.6
	30 至 45 岁	117 535	67 099	17 213	33 223	57.1	28.3
	45 岁及以上	77 500	43 601	11 576	22 323	56.3	28.8
女性	总计	192 371	92 985	37 724	61 662	48.3	32.1
	30 岁以下	45 354	22 212	10 266	12 876	49.0	28.4
	30 至 45 岁	85 433	40 046	16 861	28 526	46.9	33.4
	45 岁及以上	61 584	30 727	10 597	20 260	49.9	32.9

1）参见 G4 部分的概念注释

来源：联邦劳动局 2010 年就业促进措施数据统计，自己计算得出

表 G4－4A　2008 年参加促进职业继续教育项目学员 24 个月之后的去向状态,按所给出的类别分类

统计类别	可调查的完成继续教育培训的学员数	其中按学员的下落状态分类(24 个月后)			再就业率[1]	失业率
		缴纳法定社会保险的再就业学员	其他非失业人员	失业人员		
		数　目			%	
总计	399 105	200 168	90 166	108 771	50.2	22.6
按项目持续时间分类						
6 个月以下	332 663	167 318	74 612	90 733	50.3	22.4
6 至 12 个月	47 893	21 874	12 025	13 994	45.7	25.1
12 个月以上	18 549	10 976	3 529	4 044	59.2	19.0
按国籍分类						
德国	354 752	180 643	78 608	95 501	50.9	22.2
国外	43 902	19 313	11 488	13 101	44.0	26.2
按学校教育背景分类						
未获得普通中学毕业证	30 311	10 692	10 249	9 370	35.3	33.8
普通中学毕业	131 134	59 632	35 033	36 469	45.5	26.7
中级学校毕业	132 471	69 830	28 229	34 412	52.7	21.3
具备高校入学资格	77 645	40 935	14 751	21 959	52.7	19.0
暂无信息	27 544	19 079	1 904	6 561	69.3	6.9
按从业教育背景分类						
无从业教育背景	2 110	1 227	398	485	58.2	18.9
企业/学校职业教育毕业	2 809	2 048	339	422	72.9	12.1
应用技术大学/高校毕业	250	175	26	49	70.0	10.4
暂无信息	393 936	196 718	89 403	107 815	49.9	22.7
参加过程中是否有过中断						
有	61 341	29 228	14 449	17 664	47.6	23.6
没有	337 764	170 940	75 717	91 107	50.6	22.4
参加项目前是否失业						
之前未失业	86 245	49 588	14 794	21 863	57.5	17.2
之前已失业	312 860	150 580	75 372	86 908	48.1	24.1
其中非长期失业人数	252 172	132 038	51 977	68 157	52.4	20.6
其中长期失业人数	60 688	18 542	23 395	18 751	30.6	38.5

1) 参见 G4 部分的概念注释

来源:联邦劳动局 2008 年促进措施数据统计,自己计算得出

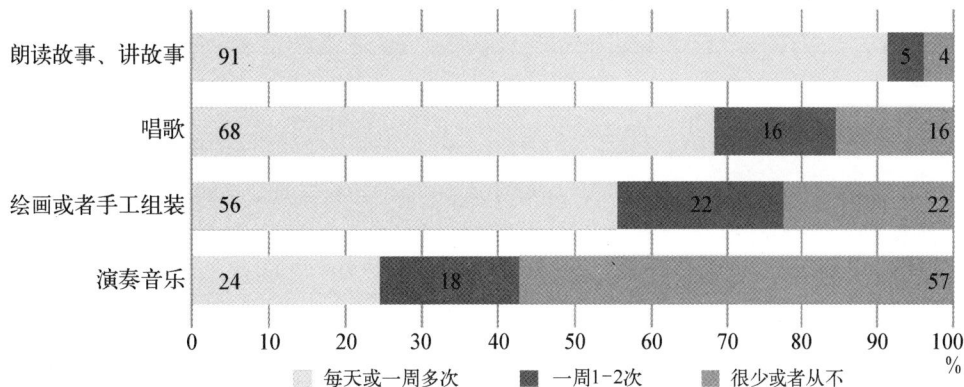

图 H1.1‐2A　2009 年,6 岁以下儿童家庭的文化/音美活动情况(单位：%)

来源：德国青少年研究所的"成长在德国：日常世界"2009 年调查项目(DJI, AID：A 2009)　→表 H1.1‐3web

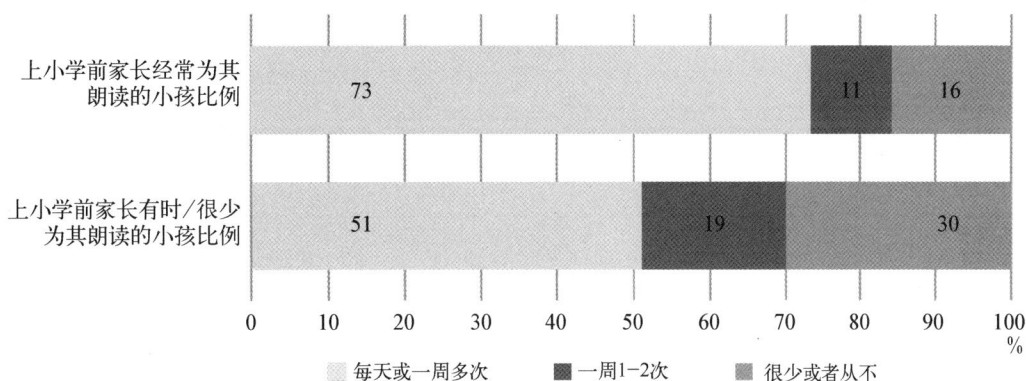

图 H1.1‐3A　2009 年 6 至 9 岁以下儿童读书的频率,按上小学前家长的朗读频率分类(单位：%)*

* 针对 6 至 9 岁以下儿童父母就其为孩子朗读的频率提问,案例数 N = 1 388。

来源：德国青少年研究所的"成长在德国：日常世界"2009 年调查项目(DJI, AID：A 2009)

表 H1.1‐1A　2009 年 6 岁以下儿童家庭中的文化/音美活动情况,按年龄、性别、父母的受教育水平、移民背景、父母的就业情况以及家庭收入分类(单位：%)*

活动类型/人群组	活 动 频 率		
	每天或一周多次	一周 1—2 次	很少或从来不
	%		
一起演奏音乐			
儿童年龄			
3 岁以下	31.2	18.9	50.0
3 至 6 岁以下	17.9	17.9	64.2
性　别			
男性	23.9	18.0	58.2
女性	25.0	18.8	56.1
父母最高普通教育等级[1]			
较低	25.9	17.2	56.8

活动类型/人群组	活　动　频　率		
	每天或一周多次	一周1—2次	很少或从来不
	%		
中等	20.1	15.2	64.7
较高	25.9	19.7	54.5
移民背景			
没有移民背景	22.1	18.9	59.0
第三代（父母双方均在德国出生）	26.0	18.6	55.3
第二代（父母一方在德国出生）	29.2	17.3	53.6
第二代（父母双方均未在德国出生）和第一代	33.2	15.9	50.9
就业状况[2]			
双方均未就业	30.2	13.5	56.4
一方就业	26.5	17.9	55.7
双方均就业	20.4	20.0	59.6
家庭收入[3]			
第二卷德国社会法典涉及到的家庭（包含有工作，但仍领取补助的家庭）	28.2	13.4	58.4
少于70%（不含第二卷德国社会法典涉及到的家庭）	26.0	17.6	56.4
70至低于100%	23.8	19.0	57.3
100至低于130%	24.1	19.2	56.8
130%及以上	22.5	20.3	57.2
一起唱歌			
儿童年龄			
3岁以下	77.3	10.3	12.4
3至6岁以下	59.5	22.0	18.6
性　别			
男性	63.9	17.2	18.8
女性	72.8	15.1	12.1
父母最高普通教育等级[1]			
较低	53.1	17.4	29.5
中等	62.8	19.0	18.2
较高	71.8	15.1	13.2
移民背景			
没有移民背景	69.6	16.6	13.8
第三代（父母双方均在德国出生）	73.3	13.4	13.3

(续表)

活动类型/人群组	活动频率		
	每天或一周多次	一周1—2次	很少或从来不
	%		
第二代（父母一方在德国出生）	64.8	14.4	20.8
第二代（父母双方均未在德国出生）和第一代	57.5	18.4	24.0
就业状况[2]			
双方均未就业	60.4	16.0	23.6
一方就业	70.2	13.9	15.9
双方均就业	66.7	19.8	13.6
家庭收入[3]			
第二卷德国社会法典涉及到的家庭（包含有工作，但仍领取补助的家庭）	55.7	17.8	26.5
少于70%（不含第二卷德国社会法典涉及到的家庭）	63.6	18.5	17.9
70至低于100%	69.6	14.9	15.4
100至低于130%	72.0	15.7	12.3
130%及以上	72.7	16.5	10.8
绘画或手工制作			
儿童年龄			
3岁以下	44.4	17.9	37.8
3至6岁以下	66.5	25.9	7.6
性　别			
男性	50.5	24.3	25.2
女性	60.9	19.5	19.6
父母最高普通教育等级[1]			
较低	63.7	16.1	20.3
中等	56.2	21.6	22.2
较高	54.6	22.7	22.8
移民背景			
没有移民背景	54.3	22.6	23.2
第三代（父母双方在德国出生）	57.9	19.2	22.9
第二代（父母一方在德国出生）	53.6	23.4	22.9
第二代（父母双方均未在德国出生）和第一代	63.4	19.7	16.9
就业状况[2]			
双方均未就业	58.7	17.0	24.3
一方就业	52.4	19.6	28.1
双方均就业	59.9	26.4	13.7

活动类型/人群组	活 动 频 率		
	每天或一周多次	一周 1—2 次	很少或从来不
		%	
家庭收入[3]			
第二卷德国社会法典涉及到的家庭(包含有工作,但仍领取补助的家庭)	61.2	21.5	17.3
少于 70%(不含第二卷德国社会法典涉及到的家庭)	58.2	20.1	21.8
70 至低于 100%	55.1	21.4	23.5
100 至低于 130%	53.1	23.9	23.0
130% 及以上	54.3	24.3	21.5
朗读故事、讲故事			
儿童年龄			
3 岁以下	89.2	4.9	5.9
3 至 6 岁以下	93.4	4.6	2.0
性　　别			
男性	90.5	5.4	4.1
女性	92.2	4.1	3.8
父母最高普通教育等级[1]			
较低	81.8	(8.9)	9.4
中等	88.0	7.4	4.6
较高	93.4	3.4	3.2
移民背景			
没有移民背景	92.8	4.2	3.1
第三代(父母双方均在德国出生)	92.9	(3.8)	(3.2)
第二代(父母一方在德国出生)	88.2	(5.5)	6.3
第二代(父母双方均未在德国出生)和第一代	82.9	9.0	8.1
就业状况[2]			
双方均未就业	85.5	(6.3)	(8.2)
一方就业	89.6	5.3	5.1
双方均就业	94.9	3.6	(1.5)
家庭收入[3]			
第二卷德国社会法典涉及到的家庭(包含有工作,但仍领取补助的家庭)	85.0	(6.8)	8.2
少于 70%(不含第二卷德国社会法典涉及到的家庭)	86.6	7.6	5.8
70 至低于 100%	90.7	5.0	4.3

（续表）

活动类型/人群组	活动 频 率		
	每天或一周多次	一周 1—2 次	很少或从来不
	%		
100 至低于 130%	95.9	(2.4)	(1.7)
130% 及以上	95.2	(3.0)	(1.8)

* 案例数：n = 4 939；括号中的数值因为案例数太小而无法分析。
1) 父母最高普通教育等级：较低　= 最高获得普通中学毕业证，中等　= 中级学校毕业，较高 = 具备高校入学资格
2) 目前主要从事的工作；有工作的单亲家庭归入"双方均就业"一栏
3) 家庭收入的百分比是基于等价中位收入
来源：德国青少年研究所名为"成长在德国：日常世界"的 2009 年调查项目（DJI，AID：A 2009）

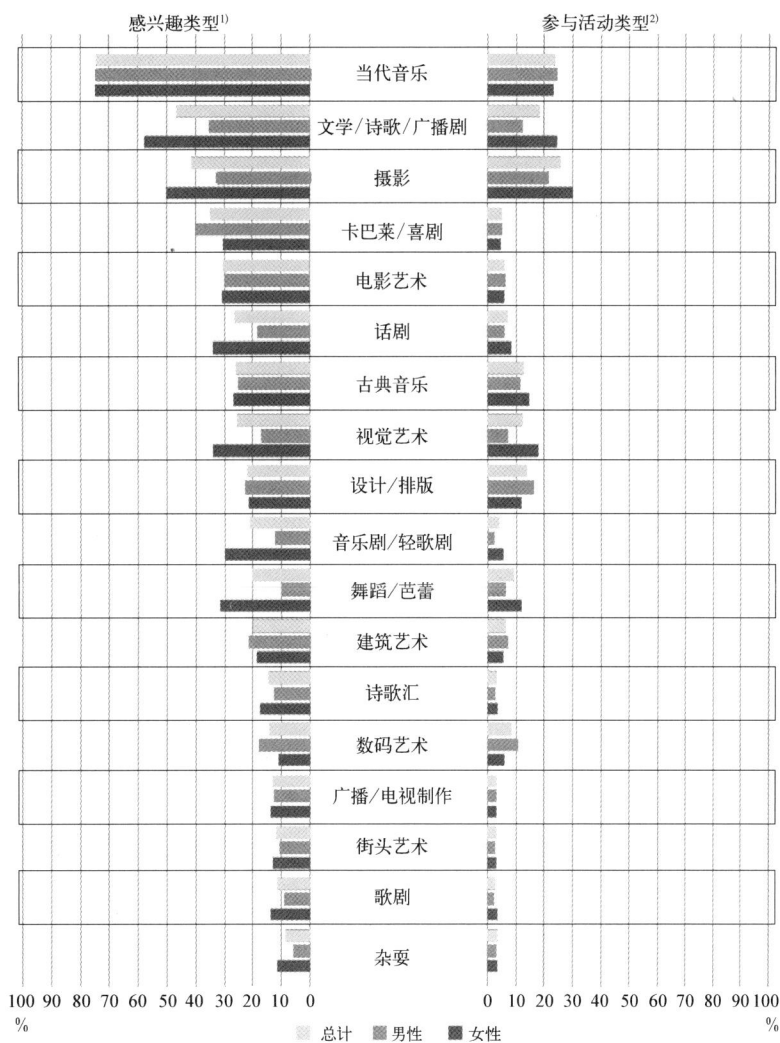

图 H1.2‑6A　大学生在文化/音美方面的兴趣和相关活动情况*，按性别分类（单位：%）**

* 问题设置如下："刚刚我们已经询问了您的业余活动。现在我们将范围限定在艺术和文化领域。针对琳琅满目的艺术文化活动，您能否告诉我们：a）您对您所说的领域感兴趣程度如何以及 b）您目前或者以前在哪个领域表现较为活跃？"
** HISBUS 调查案例数：n = 8 220。
1) 数值 5 个等级：从 1 = 毫无兴趣　至　5 = 有着浓厚的兴趣，本图所显示的百分比为选择 4 至 5 等级的人数比例　单位为%
2) 调查当时活跃者的比例，单位为%
来源：2011 年 HIS，HISBUS 针对大学生的"文化生活"调查　　　　　→表 H1.2‑20web

表 H1.2‑1A　2011 年 9 至 25 岁以下青少年的文化/音美活动情况*，按活动类型和不同年龄组分类（单位：%）**

活 动 类 型	总计	其中不同按年龄组分类，从…至…岁以下					
		9—13		13—18		18—25	
	%	数量	%	数量	%	数量	%
文化活动							
文化活动总计	82.0	1 436	88.1	1 774	84.6	1 699	73.8
音乐活动							
音乐类活动总计	50.0	1 434	60.9	1 781	51.2	1 708	39.6
乐器演奏	34.3	1 439	43.9	1 784	35.6	1 708	24.7
唱歌	20.5	1 439	26.5	1 784	18.8	1 708	17.4
玩电子乐/音乐采样	5.4	1 427	6.5	1 780	6.0	1 708	3.9
饶舌/口头节奏	3.0	1 430	3.5	1 784	3.1	1 708	2.3
作为 DJ 放音乐[1]	4.2	—	—	1 781	4.4	1 708	3.9
作曲[1]	6.8	—	—	1 783	7.2	1 708	6.4
视觉艺术							
视觉艺术类活动总计	65.9	1 435	73.8	1 783	69.0	1 706	56.0
绘画/素描	42.0	1 436	59.7	1 784	41.5	1 707	27.6
组装搭建/手工制作	27.8	1 438	47.6	1 784	20.0	1 707	19.2
电脑制图	20.8	1 438	20.7	1 784	24.0	1 708	17.6
艺术摄影	18.6	1 435	19.4	1 783	19.4	1 708	17.2
视频/电影制作	12.6	1 439	13.2	1 784	16.0	1 708	8.5
时装/视频制作	7.5	1 439	12.8	1 784	6.3	1 708	4.2
陶器/造型/雕塑品制作	3.6	1 439	7.2	1 784	2.6	1 708	(1.6)
喷涂/涂鸦	2.3	1 421	3.3	1 784	2.5	1 708	(1.4)
纺织品设计[1]	6.0	—	—	1 782	6.6	1 708	5.3
表演艺术							
表演艺术类活动总计	25.7	1 439	32.8	1 756	26.7	1 690	18.8
舞蹈/芭蕾	16.3	1 439	19.3	1 784	17.0	1 708	13.1
演员/话剧表演	9.2	1 439	14.8	1 784	9.1	1 708	4.4
杂耍	3.9	1 439	6.7	1 784	3.3	1 708	2.1
喜剧/卡巴莱小品剧[1]	1.0	—	—	1 782	(1.2)	1 708	(0.7)
诗歌汇[1]	(0.3)	—	—	1 752	(0.2)	1 686	(0.4)

* 可能存在重复计算。

** 案例数：$n = 4\,923$；在 9 至 13 岁以下年龄组中按最大潜在数量分类。括号中的数值因为案例数太小而无法分析。

1) 此类活动的调查对象仅为 13 至 25 岁以下年龄组人群。

来源：德国青少年研究所 2011 年 Medikus 调查项目(DJI，MediKuS 2011)

表 H1.2－2A 2011 年 9 至 25 岁以下人群的文化/音美活动情况*，按活动类型、移民背景、社会经济定位以及父母的音乐艺术活动情况分类（单位：%）**

活动类型	移民背景[1]		社会经济地位[2]			父母的音乐艺术活动情况	
	无	有	较低	中等	较高	至少父母一方较为积极	任何一方都不积极
	%						
文化活动总计	81.7	83.0	81.9	83.1	88.6	87.8	77.7
音乐类活动							
音乐类活动总计	49.8	51.0	46.8	52.1	63.0	60.5	42.5
乐器演奏	34.9	31.2	26.7	37.4	52.4	46.3	25.7
唱歌	20.0	23.2	22.4	21.7	20.2	24.3	17.8
玩电子乐/音乐采样	5.1	7.0	5.7	5.8	5.7	6.3	4.8
饶舌/口头节奏	2.2	6.4	4.7	2.7	(2.5)	3.2	2.7
作为 DJ 放音乐[3]	3.9	5.3	(3.9)	3.5	(3.0)	3.5	4.7
作曲[3]	6.6	8.0	5.4	6.4	9.0	8.8	5.4
视觉艺术							
视觉艺术类活动总计	65.6	67.5	67.3	67.2	69.2	71.5	62.0
绘画/素描	41.4	44.9	45.5	45.3	44.9	47.0	38.5
手工制作	27.5	29.2	31.6	27.9	28.2	31.1	25.4
电脑制图	20.0	24.4	23.1	21.3	19.4	23.1	19.2
艺术摄影	18.7	18.5	18.0	19.0	21.0	21.8	16.3
视频/电影制作	12.5	12.8	12.0	14.1	15.1	13.6	11.9
时装/视频制作	7.4	8.0	7.0	7.9	8.8	9.0	6.4
陶器/造型/雕塑品制作	3.6	3.8	4.2	3.6	3.7	4.4	3.0
纺织品设计[3]	6.2	4.9	7.2	4.9	(7.5)	8.7	4.2
喷涂/涂鸦	2.0	3.9	(2.2)	2.5	(2.6)	2.5	2.3
表演艺术							
表演艺术类活动总计	25.5	26.8	24.9	28.4	30.8	28.8	23.6
舞蹈/芭蕾	16.0	18.0	16.4	17.6	17.4	17.8	15.3
演员/话剧表演	9.4	8.2	8.2	11.4	12.5	11.1	7.8
杂耍	3.8	4.0	4.1	3.9	5.4	4.4	3.5

* 可能存在重复计算。

** 案例数：*n* = 4 931。

1) 有移民背景的人指的是至少父母一方不在德国出生。

2) 社会经济地位按照最高职业地位国际社会经济指标（HISEI）进行计算（参见词汇表：HISEI）。

3) 此类活动的调查对象仅为 13 至 25 岁以下年龄组人群。

来源：德国青少年研究所 2011 年 Medikus 调查项目（DJI，MediKuS 2011）

表 H1.2‑3A　2011 年普通教育学校 13 至 21 岁以下学生的文化/音美活动情况*，按活动种类、不同年龄组和地点分类（单位：%）**

活动种类/地点	总　计	其中按年龄组分类，从…至…岁以下	
		13—16	16—21
	占活跃学生的百分比 %		
文化/音美活动总计			
学校活动小组	34.6	35.4	33.5
协会/团体/其他组织	54.8	55.4	54.0
自己组织，非正式	96.2	96.8	95.5
只自己安排	32.8	32.4	33.2
音乐类活动总计			
学校活动小组	25.1	24.5	25.9
协会/团体/其他组织	63.5	64.8	61.7
自己组织，非正式	90.8	90.8	90.8
只自己安排	29.1	27.4	31.5
其中：乐器演奏			
学校活动小组	16.5	16.8	16.0
协会/团体/其他组织	78.2	83.0	71.7
自己组织，非正式	88.2	87.5	89.1
只自己安排	19.1	14.0	25.9
视觉艺术类活动总计			
学校活动小组	18.3	20.1	16.0
协会/团体/其他组织	12.5	11.8	13.3
自己组织，非正式	97.7	98.1	97.1
只自己安排	73.7	73.5	74.0
其中：绘画			
学校活动小组	11.3	10.9	11.9
协会/团体/其他组织	7.2	5.1	10.3
自己组织，非正式	98.3	98.4	98.1
只自己安排	83.0	85.7	79.2
表演艺术类活动总计			
学校活动小组	32.2	33.1	31.3
协会/团体/其他组织	68.5	67.3	70.0
自己组织，非正式	62.3	67.6	56.3
只自己安排	13.6	14.3	12.7

(续表)

活动种类/地点	总　计	其中按年龄组分类,从…至…岁以下	
		13—16	16—21
	占活跃学生的百分比 %		
其中:跳舞			
学校活动小组	11.6	(13.6)	(9.3)
协会/团体/其他组织	84.4	83.0	86.1
自己组织,非正式	66.4	68.8	63.6
只自己安排	10.7	(11.4)	(9.9)

＊ 在活动种类和地点中可能存在重复计算。
＊＊ 文化活动积极参与者的案例数：$n = 1\,573$。
来源：德国青少年研究所 2011 年 Medikus 调查项目(DJI, MediKuS 2011)

表 H1.2‑4A　**2011 年普通教育学校 13 至 21 岁以下学生的文化/音美活动情况**＊,**按活动种类、地点、移民背景和社会经济地位分类(单位：%)**＊＊

活动种类/地点	移民背景[1]		社会经济地位[2]		
	无	有	较低	中等	较高
	占活跃学生的百分比 %				
文化/音美活动总计					
学校活动小组	34.5	35.2	29.1	34.1	37.1
协会/团体/其他组织	56.3	48.4	43.5	58.7	64.4
自己组织,非正式	96.1	96.7	96.0	96.5	95.7
只自己安排	31.9	36.3	42.6	30.5	25.7
音乐类活动总计					
学校活动小组	25.5	23.6	(18.3)	25.1	30.2
协会/团体/其他组织	65.7	54.0	48.7	66.3	74.4
自己组织,非正式	90.5	92.0	92.8	90.7	89.1
只自己安排	27.3	37.0	41.8	27.2	19.4
视觉艺术类活动总计					
学校活动小组	17.3	23.2	19.4	17.0	14.0
协会/团体/其他组织	12.4	(13.0)	15.4	12.2	10.5
自己组织,非正式	97.7	97.3	97.4	97.9	98.5
只自己安排	74.7	68.6	71.1	74.6	79.8
表演艺术类活动总计					
学校活动小组	32.2	(32.5)	(26.4)	32.9	33.3
协会/团体/其他组织	69.9	61.5	69.0	71.3	69.4

（续表）

活动种类/地点	移民背景[1]		社会经济地位[2]		
	无	有	较低	中等	较高
	占活跃学生的百分比 %				
自己组织，非正式	61.3	67.5	66.7	60.8	59.2
只自己安排	12.2	(20.7)	(16.3)	(10.9)	(9.0)

* 在活动种类和地点中可能存在重复计算。
** 文化活动积极参与者的案例数：$n = 1573$。
1) 有移民背景的人是指至少父母一方不在德国出生。
2) 社会经济地位按照最高职业地位国际社会经济指标(HISEI)进行计算(参见词汇表：HISEI)。
来源：德国青少年研究所 2011 年 Medikus 调查项目(DJI，MediKuS 2011)

表 H1.2－5A　13 至 25 岁以下青少年在文化/音美活动中的场景归属情况，按不同的活动种类分类*(单位：%)**

场景归属情况	总计	其中			
		在文化活动方面活跃	在音乐方面活跃	在视觉艺术方面活跃	在表演艺术方面活跃
		%			
无场景归属	87.5	78.2	43.8	61.5	22.5
有一个场景归属	12.5	86.4	56.2	69.3	23.0
其中归属于一个音乐场景	7.4	88.5	60.2	68.4	28.2
其中归属于一个其他场景	5.1	83.3	50.6	70.7	(15.6)

* 可能存在重复计算。
** 案例数：$n = 3400$。
来源：德国青少年研究所 2011 年 Medikus 调查项目(DJI，MediKuS 2011)

表 H1.2－6A　2011 年 16 至 25 岁以下青少年的文化/音美活动情况*，按最常见的活动类型和学习、就业状况分类(单位：%)**

活动种类	培训、就业状况					
	总计	培训	中学	大学	就业	其他未就业状况
	%					
音乐类活动						
乐器演奏	27	20	33	33	18	(19)
演唱	18	15	20	17	17	(22)
视觉艺术类活动						
绘画/素描	30	30	37	25	24	27
手工制作	18	18	16	16	24	23
电脑制图	19	20	21	17	17	(14)
艺术摄影	18	17	19	17	17	(16)
视频/电影制作	11	10	15	(6)	(7)	(9)

（续表）

活动种类	培训、就业状况					
	总计	培训	中学	大学	就业	其他未就业状况
	%					
表演艺术类活动						
舞蹈/芭蕾	14	13	17	14	12	(7)

* 可能存在重复计算。

** 案例数：$n = 2\,457$；括号中的数值因为案例数太小而无法分析。

来源：德国青少年研究所 2011 年 Medikus 调查项目（DJI，MediKuS 2011）

表 H1.2‑7A **2011 年不同就业状况下 16 至 25 岁以下青年的文化/音美活动情况*，以及在职业教育中该组人群的活动情况，按活动类型、性别、学校类型、前期教育背景、社会经济地位和职业类别分类（单位：%）****

人群组	文 化 活 动			
	总 计	音乐类	视觉艺术类	表演艺术类
	%			
就业状况				
培训	74.4	37.8	59.6	16.5
中小学	81.4	47.4	64.3	27.5
大学	73.5	42.4	50.9	20.9
就业	70.9	36.0	53.9	14.6
其他未就业状况	68.8	34.9	55.8	(9.4)
其中参加职业教育青年的情况				
总计	74.4	37.8	59.6	16.5
按性别分类				
男	66.8	34.1	50.9	13.3
女	84.1	42.5	70.9	20.5
按培训类型分类				
学徒/企业职业教育	73.2	37.6	58.2	16.7
学校职业教育	81.0	38.8	67.5	(15.4)
按前期教育背景分类				
最高获得普通中学毕业证	69.2	33.0	57.8	(14.2)
中级学校毕业	79.5	38.7	63.0	18.8
具备高校入学资格	70.6	39.7	57.9	(16.8)
按社会经济地位分类[1]				
较低	71.3	35.9	54.7	(12.3)
中等	75.4	40.7	60.7	(17.3)
较高	(77.8)	(30.0)	(45.0)	(33.3)

（续表）

人群组	文 化 活 动			
	总　计	音乐类	视觉艺术类	表演艺术类
	%			
按职业类别分类				
建筑类职业	(64.7)	(34.3)	(48.6)	(14.7)
食品类职业(含旅店住宿类职业)	(72.2)	(29.7)	(54.1)	(22.2)
生产制造类职业	74.2	33.8	61.9	(12.2)
医疗卫生类职业	85.4	48.3	64.0	(23.9)
商务类职业	72.6	36.8	60.6	(17.2)
其他职业	69.5	40.7	54.2	(13.6)

* 可能存在重复计算。
** 案例数：$n = 2\,457$；括号中的数值因为案例数太小而无法分析。
1) 社会经济地位按照最高职业地位国际社会经济指标(HISEI)进行计算(参见词汇表：HISEI)
来源：德国青少年研究所 2011 年 Medikus 调查项目(DJI, MediKuS 2011)

表 H.1.2‑8A　文化/音美活动的开始和持续状况概貌，按性别分类(单位：%)*

活动类型	活动类型的开始和持续状况												从未活跃		
	大学前以开始，大学期间继续			大学期间才开始			大学前积极投入，大学期间放弃			大学期间开始，后又放弃					
	I[1)	M[1)	F[1)	I	M	F	I	M	F	I	M	F	I	M	F
	%														
摄影	20	16	24	6	6	6	12	11	13	1	1	1	61	67	56
当代音乐	21	21	21	3	3	2	23	20	25	1	1	1	53	56	51
文学/诗歌/广播剧	16	10	23	2	2	2	10	8	13	1	1	1	70	79	62
设计/排版	8	10	6	6	6	6	9	11	7	2	2	2	75	71	80
古典音乐	11	10	13	2	1	2	25	19	31	1	1	0	62	70	54
视觉艺术	11	6	16	1	1	2	21	14	28	1	1	1	65	78	53
舞蹈/芭蕾	6	3	9	3	2	3	20	10	30	2	2	2	69	82	56
数码艺术	5	6	3	4	4	3	6	8	4	1	1	2	84	80	89
话剧	6	4	7	1	1	2	22	17	28	1	1	1	69	77	62
建筑艺术	4	4	3	3	3	2	4	4	4	1	1	1	89	89	90
电影艺术	4	4	3	2	2	2	7	9	5	2	2	2	85	84	87
卡巴莱/喜剧	4	4	4	1	1	1	4	4	4	1	1	1	91	90	91
音乐剧/轻歌剧	3	2	5	1	1	1	9	6	12	0	0	1	87	91	82
杂耍	2	2	2	1	1	1	8	5	10	1	1	1	88	91	85

（续表）

活动类型	活动类型的开始和持续状况												从未活跃		
	大学前以开始，大学期间继续			大学期间才开始			大学前积极投入，大学期间放弃			大学期间开始，后又放弃					
	I[1]	M[1]	F[1]	I	M	F	I	M	F	I	M	F	I	M	F
	%														
街头艺术	2	2	2	1	1	1	3	4	3	1	1	1	93	93	93
诗歌汇	1	1	1	2	1	2	1	1	1	1	1	2	95	96	94
广播/电视制作	2	2	2	1	1	1	5	6	5	2	2	2	90	90	90
歌剧	2	1	2	1	1	1	3	2	5	0	0	1	94	96	91

* 案例数：$n = 8\,220$。

1) I = 总计，M = 男性，W = 女性

来源：2011 年 HIS，HISBUS 针对大学生的"文化生活"调查

表 H1.3 - 1A　2007 年 19 至 65 岁以下人群参加"接受型"* 和"参与型"** 文化/音美活动的情况，按普通教育水平、不同年龄组、性别和移民背景分类（单位：%）***

普通教育背景/不同年龄组/性别/移民背景	总计	"接受型"文化/音美活动				"参与型"文化/音美活动			
		总计	参观名胜古迹	欣赏话剧、音乐会、歌剧和芭蕾		总计	亲自参加一些公共演出	自己设计、创作或制作	自己写文章
	%								
总计	65	59	49	39		28	11	16	11
按普通教育背景分类									
最高为普通中学毕业	46	40	31	24		17	8	8	6
中级学校毕业	68	61	51	38		26	10	15	9
具备高校入学资格	87	82	72	62		45	18	26	20
按不同年龄组分类									
19 至 40 岁以下	64	56	46	35		33	13	20	13
40 至 65 岁以下	66	62	52	42		24	10	12	9
按性别和普通教育背景分类									
男性	61	55	47	34		25	10	13	9
最高为普通中学毕业	43	38	31	21		15	(7)	(7)	/
中级学校毕业	65	56	48	30		22	9	12	(8)
具备高校入学资格	87	81	71	59		41	16	24	17
女性	69	63	51	44		32	13	18	13
最高为普通中学毕业	49	43	30	28		20	(9)	(10)	(8)
中级学校毕业	73	66	54	44		30	11	18	11
具备高校入学资格	88	83	74	64		48	19	27	22

（续表）

普通教育背景/ 不同年龄组/ 性别/ 移民背景	总计	"接受型"文化/音美活动			"参与型"文化/音美活动			
		总计	参观名胜古迹	欣赏话剧、音乐会、歌剧和芭蕾	总计	亲自参加一些公共演出	自己设计、创作或制作	自己写文章
		%						
按性别和不同年龄组分类								
男性	61	55	47	34	25	10	13	9
19 至 40 岁以下	59	51	43	31	30	12	17	12
40 至 65 岁以下	63	59	51	37	21	9	10	7
女性	69	63	51	44	32	13	18	13
19 至 40 岁以下	69	60	48	40	37	13	24	15
40 至 65 岁以下	68	64	53	47	27	12	13	12
按移民背景分类								
无移民背景	68	63	52	43	30	12	17	11
有移民背景	50	43	36	23	21	7	11	10

* 参观文化古迹（如：历史纪念碑，博物馆，美术馆）；欣赏看话剧、音乐会、歌剧或芭蕾。

** 亲自参加一次演出（音乐、话剧、舞蹈）；自己绘画、雕塑；制作印刷品、电脑绘图或设计网页；自己创作文章、诗歌或短篇小说。

*** 可能存在重复计算；括号内数值含 40 至 80 个未经加权平均的案例数。

来源：TNS Infratest 社会研究，2007 年成人教育调查（AES），自己计算得出

表 H1.3‑2A　2010 年业余大学"文化和形态塑造"类课程的参与比例*以及所有课程类型的参与情况，按不同年龄组和性别分类（单位：%）

性　别	25 岁以下	25 至 35 岁以下	35 至 50 岁以下	50 至 65 岁以下	65 岁及以上
	%				
所有类别总计					
总计	100	100	100	100	100
女性	64.8	76.4	78.7	77.7	73.4
男性	35.2	23.6	21.3	22.3	26.6
"文化、设计制作"类课程					
总计	100	100	100	100	100
女性	73.4	83.1	82.6	81.9	79.6
男性	26.6	16.9	17.4	18.1	20.4

* 对性别和年龄的合并调查覆盖了 59% 的业余大学和 45% 的参与者。

来源：德国经济研究所，业余大学数据统计，德国经济研究所的统计结果，自己计算得出

表 H1.3‑3A　2007 年 50 岁及 50 岁以上人群在文化/音美领域的主要活动,按性别和不同年龄组分类(单位: %)*

文化/音美领域的 主要活动(当前)	总计	其中按性别分类		其中按不同年龄组分类	
		男性	女性	50 至 65 岁以下	65 岁及以上
		%			
总计	29	26	31	28	29
主要活动					
手工制作、塑造	32	24	38	35	29
摄影	21	28	15	29	(14)
乐器演奏	20	28	14	22	18
唱歌,个人/在合唱团/在乐队等	20	21	19	16	23
绘画,视觉艺术	16	(10)	21	(18)	(15)
写故事、诗歌、文章等	10	(9)	(11)	(13)	(8)
跳舞/芭蕾/爵士舞	9	/	(11)	(11)	(7)
用摄影机和数码相机工作	(8)	(13)	/	(12)	/
演话剧	(7)	/	(7)	(9)	/
设计,排版	(5)	/	/	/	/
其他艺术创新类爱好	(12)	(11)	(13)	(14)	(11)

　* 可能存在重复计算;括号内数值包含 20 至 50 个未经加权平均的案例数。
　来源:文化研究中心(ZfKf),"文化晴雨表 50＋"调查项目(Kulturbarometer 50＋), ZfKf 的统计结果,自己计算得出

表 H2.2‑1A　初等教育领域和中等教育第一阶段中艺术类必修科目和累计最低周学时数,按学校类型和不同联邦州分类(周
　　　　　学时数)*

联邦州	艺术类必修科目	小学	普通 中学	实科 中学	含多种教 育阶段的 学校	一体化 综合 中学	文理中学
巴登—符腾堡[1]	音乐、视觉艺术、纺织品制作;在普通中学:音乐、视觉艺术、纺织品制作/家政	13	26	22	×	×	18
巴伐利亚[1]	音乐、艺术教育、纺织品制作/手工;在文理中学:音乐、艺术	× ×[2]	24	13 或 15			18
柏林[3]	音乐、艺术;在中等教育第一阶段:音乐、视觉艺术	24	×	×	×	8	11
勃兰登堡[3]	音乐、艺术	20			6	6	6
不来梅	音乐、艺术,表演类	× ×[4]	×	×	12	×	10[5]
汉堡	音乐、视觉艺术、话剧	16			18		18
黑森	音乐、艺术;在小学还包括:手工,纺织品制作	14	12	12	16[6]	16	14
梅克伦堡—前波莫瑞	音乐、艺术、手工;在中等教育第一阶段:音乐、艺术和形态塑造	14			14	15	14 或 17

（续表）

联邦州	艺术类必修科目	小学	普通中学	实科中学	含多种教育阶段的学校	一体化综合中学	文理中学
下萨克森	音乐、艺术、手工塑造、纺织品制作；在一体化综合中学和文理中学中：音乐、艺术、表演类	14	11	13	×	19	19
北莱茵—威斯特法伦	音乐、艺术；在普通中学和实科中学中还有纺织品制作	15	16	16		16	14
莱茵兰—普法尔茨	音乐、视觉艺术；在小学还有：纺织品制作、手工	××[7]	×	×	16	17	16(G8)；20(G9)
萨尔	音乐、视觉艺术	14			14至16	16	20
萨克森	音乐、艺术教育、手工；在中等教育第一阶段中：音乐、艺术	12或15	×	×	12或14	×	13或15
萨克森—安哈特	音乐、形态设计；在中等教育第一阶段中：音乐、艺术教育；在实科中学班级和以实科中学毕业和普通中学毕业为导向的混合班级中还有：手工	12	14		12	12	16
石勒苏益格—荷尔斯泰因	美学教育（音乐、艺术、表演类）				××[8]		
图林根	艺术、音乐、手工；在文理中学中：艺术、音乐	××[9]	×	×	19	19	22

　＊ 有音乐特长教育的特殊班级学校(如：音乐文理中学)未包含在内。
　1) 巴伐利亚和巴登—符腾堡州只包含 5 至 9 年级。巴伐利亚州的中级进阶班(M-Zug)包括 5 至 10 年级(30 个必修学时)；巴登—符腾堡州的中级进阶班(Werkrealschule)包括 5 至 10 年级(29 个必修学时,包含在音乐—体形态科目组中(音乐包含舞蹈,体育包括定向运动、视觉艺术、生物、技术和纺织品制作)。
　2) 在前两个学年中,必修学时包含在基础学科科目组(德语、数学、常识课、音乐教育和艺术教育)中 。
　3) 在柏林和勃兰登堡州包括 1 至 6 年级,在其他州为 1 至 4 年级。
　4) 美学教育(音乐、体育)以及常识课包括纺织品制作、手工技术制作。
　5) 仅获得 5 至 9 年级的相关信息。
　6) 在有合作综合学校的文理中学班级中。
　7) 与体育归在一个科目组。
　8) 与体育归在一个科目组,小学中还会与技术教育归在一起(纺织品学、技术)。
　9) 与家乡/常识课以及校园活动归在一个科目组。
　来源：各州的学校规定,自己整理呈现

表 H2.2‑2A　教室配备情况＊,按学校类型分类(单位：%)

学 校 类 型	至少有一个…						
	音乐教室	艺术教室	有舞台的大礼堂	摄影棚/艺术-/印刷工作室	话剧教室	影印室	校图书馆
	%						
总计	83.5	73.1	53.3	20.7	12.9	12.8	66.4
特殊学校	68.7	59.7	39.6	17.2	10.4	3.0	53.4
小学	67.6	29.1	37.1	15.7	8.4	1.0	70.8

（续表）

学 校 类 型	至少有一个…						
	音乐教室	艺术教室	有舞台的大礼堂	摄影棚/艺术-/印刷工作室	话剧教室	影印室	校图书馆
	%						
小学联合普通中学	88.3	56.9	47.7	14.8	6.7	6.0	64.1
普通中学	85.4	72.8	54.4	11.7	7.5	13.8	57.2
实科中学	94.4	92.4	58.6	17.8	8.2	13.5	63.8
中等教育第一阶段含多种教育阶段的学校（不含文理高中阶段）	93.6	87.7	48.8	14.9	12.0	6.4	67.9
综合中学（不含文理高中阶段）	90.0	94.8	67.1	20.8	21.2	16.5	71.4
文理中学和含文理高中阶段的综合中学	97.1	95.0	73.6	42.4	26.2	33.8	81.2
可以获得普通教育学校毕业证的职业学校	34.1	46.2	35.8	23.1	10.4	10.4	47.4

＊ 面向学校领导层的问题为：学校共有哪些相应的教室配备，数量为多少。
来源：学校管理层调查，自己计算得出

表 H2.2－3A　对学校硬件配备的满意度＊，按普通教育学校类型分类（满意度为"非常满意"或"满意"，单位：%）

学 校 类 型	对学校硬件设施的满意程度		
	艺术类科目	音乐类科目	所有科目的平均线
	非常满意/满意 %		
总计	50.2	58.2	50.1
特殊学校	46.9	47.4	46.9
小学	42.8	57.5	50.3
小学联合普通中学	47.6	62.0	53.0
普通中学	42.0	49.8	39.5
实科中学	58.1	67.8	52.4
中等教育第一阶段含有多种教育阶段的学校（不含文理高中阶段）	53.2	59.6	49.8
综合中学（不含文理高中阶段）	53.8	58.0	51.2
文理中学和含文理高中阶段的综合中学	59.3	65.8	52.5

＊ 面向学校领导层提出的问题，他们如何评价学校的硬件设施，给出 6 个等级：从很好至很差。
来源：管理层成就调查，自己计算得出

表 H2.2－4A　文化/音美教育领域中课余活动的设置情况

提供的活动类型	至少提供 1 项的学校比例	提供活动的平均数	所有学生的平均参与率	其　　中	
				全日制学校	半日制学校
	%	数量	%		
总计	93.2	6	26.5	97.3	91.8
乐器音乐	68.1	2.4	7.3	78.9	64.5

（续表）

提供的活动类型	至少提供1项的学校比例	提供活动的平均数	所有学生的平均参与率	其　中	
				全日制学校	半日制学校
	%	数量	%		
歌咏/合唱	54.7	1.6	10.0	59.6	59.5
话剧/音乐剧	50.6	1.4	6.6	56.8	48.2
视觉艺术	43.1	1.6	6.5	53.8	31.5
舞蹈/杂技/马戏团	40.1	1.6	6.7	50.8	33.2
媒体实践	33.1	1.3	3.4	44.2	24.8
纺织品制作/手工制作/组装	28.7	1.6	7.1	38.8	16.1
摄影/设计/排版	18.0	1.1	2.8	25.3	13.1
文学	15.6	1.3	4.6	18.2	10.7
理论和分析	2.1	1.5	2.7	2.3	1.7
其他提供的活动	7.0	2.7	16.4	7.8	5.9

来源：学校管理层调查，自己计算得出

表 H2.2‑5A　课余相关活动的提供情况，按学校类型以及全日制/半日制学校分类

学校类型	所有学校		其　中			
			全日制学校		半日制学校	
	至少提供一项活动的学校比例	平均提供量	至少提供一项活动的学校比例	平均提供量	至少提供一项活动的学校比例	平均提供量
	%	数量	%	数量	%	数量
特殊学校	82.9	4.0	94.3	5.5	72.9	2.6
小学	88.9	4.2	94.2	6.1	85.8	2.9
小学联合普通中学	91.5	4.4	95.5	5.6	88.5	3.5
普通中学	94.7	4.8	95.7	5.4	90.6	2.8
实科中学	97.5	6.0	98.5	6.4	96.4	5.6
中等教育第一阶段含有多种教育阶段的学校（不含文理高中阶段）	97.4	5.7	97.7	6.3	96.3	4.0
综合中学（不含文理高中阶段）	95.7	8.2	97.1	8.4	81.8	7.1
文理中学和含文理高中阶段的综合中学	99.7	10.1	99.5	10.6	100.0	9.2
职业学校	73.9	2.2	100.0	3.7	70.4	2.1

来源：学校管理层调查，自己计算得出

表 H2.3‑1A 2002 至 2010 年职业教育法/手工业条例之外的职业专科学校和双元制职业学校参加代码为 83 的职业群学习的学生数，按新旧联邦州和性别分类

学　年	总计	其中		其中		总计	其中		其中	
		旧联邦州	新联邦州	男性	女性		旧联邦州	新联邦州	男性	女性
	数　　量					占所有学生的百分比				
职业专科学校										
2002/03	9 765	6 378	3 387	2 640	7 125	5.1	5.2	4.9	4.7	5.3
2003/04	11 996	7 722	4 274	3 652	8 344	5.6	5.6	5.5	5.8	5.5
2004/05	12 939	8 343	4 596	4 263	8 676	5.7	5.8	5.5	6.1	5.5
2005/06	13 286	8 347	4 939	4 450	8 836	5.6	5.6	5.5	6.0	5.4
2006/07	14 026	8 811	5 215	4 775	9 251	5.8	5.7	5.9	6.2	5.6
2007/08	14 438	9 219	5 219	4 895	9 543	6.2	6.2	6.2	6.7	6.0
2008/09	14 552	9 544	5 008	4 939	9 613	6.4	6.3	6.5	6.9	6.2
2009/10	15 144	10 440	4 704	5 217	9 927	6.7	6.8	6.5	7.3	6.4
2010/11	14 815	10 618	4 197	5 049	9 766	6.6	6.8	6.2	7.1	6.4
2010/11 学年相比 2002/03 学年的变化	5 050	4 240	810	2 409	2 641	+ 1.5	+ 1.6	+ 1.3	+ 2.4	+ 1.1
双元制中的职业学校										
2002/03	10 735	8 872	1 863	5 428	5 307	0.7	0.7	0.5	0.6	0.8
2003/04	10 022	8 415	1 607	5 205	4 817	0.6	0.7	0.5	0.5	0.7
2004/05	8 480	6 688	1 792	4 652	3 828	0.5	0.5	0.5	0.5	0.6
2005/06	8 758	6 890	1 868	5 047	3 711	0.6	0.6	0.6	0.6	0.6
2006/07	9 004	7 041	1 963	5 252	3 752	0.6	0.6	0.6	0.5	0.6
2007/08	9 898	7 948	1 950	5 687	4 211	0.6	0.6	0.6	0.6	0.7
2008/09	10 431	8 455	1 976	6 143	4 288	0.6	0.6	0.6	0.7	0.7
2009/10	10 632	8 771	1 861	6 246	4 386	0.7	0.7	0.6	0.7	0.7
2010/11	10 478	8 784	1 694	6 128	4 350	0.7	0.7	0.7	0.7	0.7
2010/11 学年相比 2002/03 学年的变化	− 257	− 88	− 169	700	− 957	+ 0.0	− 0.0	+ 0.1	+ 0.1	− 0.1

来源：联邦及各州统计局，学校数据统计

表 H2.4‑1A 1995 至 2010 年业余大学"文化和形态"类课程的参与情况以及学时数，按不同专业分类

专业领域	1995	2000	2005	2010	1995 至 2010 的变化		1995	2000	2005	2010
	数量				数量	%	占所有领域的百分比			
课程参与人数										
总计[1]	1 253 772	1 073 611	1 052 727	965 571	− 288 201	− 23.0	100	100	100	100
文学/ 话剧；剧院工作/ 言语训练	90 664	96 173	81 393	87 079	− 3 585	− 4.0	7.2	9.0	7.7	9.0

（续表）

专业领域	1995	2000	2005	2010	数量	%	1995	2000	2005	2010
	数量				1995 至 2010 的变化		占所有领域的百分比			
艺术/艺术史;视觉艺术	78 149	75 407	156 265	68 003	−10 146	−13.0	6.2	7.0	14.8	7.0
绘画/素描/印刷技术;雕塑	358 044	297 060	273 672	240 678	−117 366	−32.8	28.6	27.7	26.0	24.9
音乐;音乐类实践	123 022	121 272	112 035	127 830	+4 808	+3.9	9.8	11.3	10.6	13.2
舞蹈	173 021	174 221	174 027	183 939	+10 918	+6.3	13.8	16.2	16.5	19.0
媒体;媒体实践	47 053	49 337	39 351	61 362	+14 309	+30.4	3.8	4.6	3.7	6.4
手工;纺织品制作;纺织品相关知识/时装/缝纫	314 963	201 733	156 511	135 573	−179 390	−57.0	25.1	18.8	14.9	14.0
跨专业类/其他课程	68 690	58 237	59 473	61 107	−7 583	−11.0	5.5	5.4	5.6	6.3
课 时 数										
总计[1]	2 228 131	1 816 758	1 700 319	1 637 527	−590 604	−26.5	100	100	100	100
文学/话剧;剧院工作/言语训练	129 175	119 805	111 172	110 561	−18 614	−14.4	5.8	6.6	6.5	6.8
艺术/艺术史;视觉艺术	42 116	48 737	68 911	57 024	+14 908	+35.4	1.9	2.7	4.1	3.5
绘画/素描/印刷技术;雕塑	714 534	623 454	600 862	539 014	−175 520	−24.6	32.1	34.3	35.3	32.9
音乐;音乐类实践	311 650	298 090	266 119	277 662	−33 988	−10.9	14.0	16.4	15.7	17.0
舞蹈	230 535	232 330	238 782	246 346	+15 811	+6.9	10.3	12.8	14.0	15.0
媒体;媒体实践	77 283	73 701	60 486	79 661	+2 378	+3.1	3.5	4.1	3.6	4.9
手工;纺织品制作;纺织品相关知识/时装/缝纫	560 664	353 288	283 020	250 061	−310 603	−55.4	25.2	19.4	16.6	15.3
跨专业类/其他课程	162 010	67 180	70 967	77 198	−84 812	−52.3	7.3	3.7	4.2	4.7

1) 只囊括了以合同签订形式进行的经常开设的课程。

来源：德国成人教育研究所，业余大学数据统计，德国成人教育研究所的计算，自己计算得出

表 H3.2-1A　2010/11 学年,文化/音美领域具有授课资格的师资占所有师资的比例,按学校类型分类*

联邦州分类组	总　计	小学[1]	普通中学[2]	含多种教育阶段的学校	实科中学	一体化综合中学	文理中学	特殊学校[2]
				其　中				
	数量	%						
		视觉艺术						
全德	60 255	11.6	17.1	19.5	7.5	14.1	10.5	6.5	14
旧联邦州非市州	46 798	12.1	18	19.9	11.5	14.3	11.6	6.6	14.2
新联邦州非市州	10 507	11.6	19.9	—	6.1	—	6.2	6.1	15.6
市州	2 950	7.1	8.3	6.4	4.6	4.4	7.1	6.3	6.7

（续表）

联邦州分类组	总计	其中						
		小学1)	普通中学2)	含多种教育阶段的学校	实科中学	一体化综合中学	文理中学	特殊学校2)
	数量	%						
音　乐								
全德	37 817	7.3	10.7	6	5.4	6.9	6.6	6.4	6.5
旧联邦州非市州	26 152	6.8	8	6.1	6.9	7	6.9	6.5	5.2
新联邦州非市州	9 288	10.2	18.7	—	5	—	5.2	5.3	11.8
市州	2 377	5.7	6.5	3.5	2.9	3.4	5.4	6.3	3.8
表演艺术								
全德	1 112	0.2	0.1	0	0.2	0.5	0.2	0.2	0.1
旧联邦州非市州	677	0.2	0	0	0.2	0.5	0.1	0.2	0
新联邦州非市州	195	0.2	0.1	—	0.2	—	0.6	0.4	0.1
市州	240	0.6	0.4	0.4	0.1	1.1	0.5	0.9	0.5
总　计								
全德	99 184	19.1	27.9	25.5	13.1	21.5	17.3	13.1	20.5
旧联邦州非市州	73 627	19	26	26.1	18.6	21.8	18.7	13.3	19.5
新联邦州非市州	19 990	22.1	38.7	—	11.4	—	12.0	11.7	27.5
市州	5 567	13.4	15.2	10.4	7.6	8.9	13.1	13.4	11

　＊ 不含柏林、不来梅、黑森和萨克森州的私立学校的师资情况。
　1) 不含巴登—符腾堡，巴伐利亚，下萨克森，北莱茵—威斯特法伦和萨尔州
　2) 不含巴登—符腾堡，巴伐利亚州
　来源：联邦各州文教部长联席会议秘书处，各州文化部根据 2010/11 学年教师授课资格所做的人事数据特别评估；联邦及各州统计局，2010/11 学年的学校数据统计

表 H3.2 - 2A　2010/11 学年,学校(包括所有学校类型)外聘教师的比例*,学校管理层调查结果(单位：%)

授　课　类　型	总　计	其　中	
		含全日制学校授课情况	不含全日制学校授课情况
		%	
课目	13.7	14.1	12.0
其中			
音乐类	10.2	11.0	8.9
艺术类	7.2	7.5	5.9
其他音美领域类	5.1	6.3	2.9
课余活动设置	47.1	64.3	35.4

(续表)

授课类型	总计	其中	
		含全日制学校授课情况	不含全日制学校授课情况
		%	
其中			
乐器音乐	41.6	46.9	30.6
歌咏/合唱	14.6	15.7	12.4
话剧/音乐剧	20.3	25.5	11.3
视觉艺术	34.1	39.2	20.3
舞蹈/杂技/马戏团	43.3	48.6	26.6
媒体实践	18.5	21.7	8.4
纺织品制作/手工/搭建组装	40.1	44.6	20.8
摄影/平面设计/排版	24.3	26.8	12.8
文学	13.0	17.0	4.7
理论和分析	8.3	8.7	0.0
其他类型	43.2	26.5	53.8

＊ 课余活动设置：仅包含提供该类活动的学校。

来源：学校管理层调查,自己计算得出

表 H3.2－3A　对专业师资配备的满意度＊,按普通教育学校类型分类(满意度为"很满意"或"满意",单位：%)

学校类型	总计	对授课教师的满意度	
		艺术课	音乐课
		很满意/满意（%）	
特殊学校	40.1	43.3	37.0
小学	54.8	56.5	53.3
小学联合普通中学	48.5	48.5	49.6
普通中学	38.2	55.3	38.3
实科中学	56.2	61.7	56.5
中等教育第一阶段含有多种教育阶段的学校（不含文理高中阶段）	54.4	62.6	57.0
综合中学	43.6	52.6	45.3
文理中学和含文理高中阶段的综合中学	60.7	76.3	72.4

＊ 面向学校领导层的问题为,他们如何评价他们学校专业师资的配备情况。给出很好至很差 6 个选项。

来源：学校管理层调查,自己计算得出

表 H3.3‑1A　1995，2000，2003，2005 至 2010 年，艺术和艺术科学专业组的新生数（高校第一学期），按专业领域和高校类型分类

专业组/专业领域		学年[1]								
		1995	2000	2003	2005	2006	2007	2008	2009	2010
		所有高校总计								
所有专业组总计	数量	261 427	314 539	377 395	355 961	344 822	361 360	396 610	424 273	444 608
艺术和艺术科学		9 790	10 936	12 186	11 791	11 875	12 582	13 630	14 447	15 295
	百分比 %[2]	3.7	3.5	3.2	3.3	3.4	3.5	3.4	3.4	3.4
		大学(不含艺术和音乐学院)								
艺术和艺术科学	数量	4 375	4 669	5 513	4 812	4 375	4 219	4 300	4 591	4 706
	百分比%[2]	44.7	42.7	45.2	40.8	36.8	33.5	31.5	31.8	30.8
其中：										
艺术和艺术概况	数量	2 020	2 127	2 567	2 215	2 121	1 978	2 062	2 227	2 317
视觉艺术		100	158	157	142	121	108	98	100	79
形态设计		287	349	584	526	471	377	355	455	392
表演艺术,电影,话剧		565	587	644	589	508	568	531	620	624
音乐和音乐理论		1 403	1 448	1 561	1 340	1 154	1 188	1 254	1 189	1 294
		艺术和音乐学院								
艺术和艺术科学	数量	3 452	3 946	3 989	4 023	4 304	4 635	5 020	5 243	5 475
	百分比 %[3]	35.3	36.1	32.7	34.1	36.2	36.8	36.8	36.3	35.8
其中：										
艺术和艺术概况	数量	135	146	170	228	274	233	313	305	416
视觉艺术		357	408	429	446	476	564	548	649	763
形态设计		420	419	465	559	568	649	705	799	887
表演艺术,电影,话剧		391	380	472	414	548	550	536	516	556
音乐和音乐理论		2 149	2 593	2 453	2 376	2 438	2 639	2 918	2 974	2 853
		应用技术大学(不含管理类应用技术大学)								
艺术和艺术科学	数量	1 963	2 321	2 684	2 956	3 196	3 728	4 310	4 613	5 114
	百分比 %[3]	20.1	21.2	22	25.1	26.9	29.6	31.6	31.9	33.4
其中：										
艺术和艺术概况	数量	135	157	201	186	288	278	324	274	241
视觉艺术		33	107	202	344	333	409	335	479	431
形态设计		1 775	1 967	2 177	2 306	2 415	2 775	3 454	3 666	4 007
表演艺术,电影,话剧		11	51	22	51	80	147	125	158	213
音乐和音乐理论		9	39	82	69	80	119	72	36	222

1) 学年＝夏季学期和接下来的冬季学期
2) 艺术和艺术科学类专业学生占所有专业组学生的比例总计
3) 不同种类高校的艺术和艺术科学类专业学生数占所有艺术和艺术科学类专业学生数的比例

来源：联邦及各州统计局,高校数据统计

表 I1-1A 1999 至 2010 年,25 至 65 岁以下人口中从业人员所占比例,按从业教育类型分类(单位: %)

从业教育类型	从业状况	年 份											
		1999	2000	2001	2002	2003	2004	2005	2006	2007	2008	2009	2010
		%											
总 计													
具有学徒或辅助工培训经历[1]	从业者	69.9	70.6	70.7	70.5	69.9	69.7	71.1	73.0	74.9	75.9	76.0	76.9
	失业者	7.0	6.4	6.6	7.2	8.2	9.0	8.9	8.2	6.9	6.0	6.2	5.7
	未就业者	23.1	22.9	22.7	22.3	21.9	21.2	20.0	18.9	18.3	18.2	17.7	17.4
专科学校毕业[2]	从业者	80.9	81.7	81.3	81.2	81.0	81.1	81.0	82.7	84.4	84.8	85.5	86.6
	失业者	4.8	3.9	4.2	4.5	5.1	5.2	5.3	4.6	3.4	3.0	3.1	2.7
	未就业者	14.3	14.3	14.5	14.2	13.9	13.7	13.6	12.7	12.2	12.3	11.5	10.8
应用技术大学和高校毕业[3]	从业者	84.7	85.0	85.0	85.0	84.6	84.2	84.0	85.2	85.9	86.3	86.8	87.1
	失业者	4.1	3.4	3.3	3.5	4.2	4.4	4.5	4.1	3.4	2.9	3.0	2.8
	未就业者	11.3	11.6	11.6	11.5	11.1	11.4	11.5	10.7	10.6	10.8	10.1	10.1
无任何从业教育背景[4]	从业者	47.2	49.0	50.3	49.7	49.0	48.2	51.4	53.5	54.7	55.2	54.9	56.1
	失业者	8.8	7.7	7.6	8.8	10.4	11.5	12.0	12.1	10.8	9.9	10.0	9.5
	未就业者	44.1	43.4	42.2	41.6	40.6	40.3	36.7	34.3	34.4	34.9	35.2	34.3
男 性													
具有学徒或辅助工培训经历[1]	从业者	77.0	77.5	77.1	76.5	75.4	75.1	76.9	78.4	80.7	81.7	81.0	81.7
	失业者	7.3	6.7	7.1	8.0	9.3	10.4	9.9	9.0	7.4	6.4	7.1	6.6
	未就业者	15.7	15.8	15.8	15.6	15.3	14.6	13.1	12.6	12.0	12.0	11.8	11.7
专科学校毕业[2]	从业者	83.8	84.7	84.1	83.8	83.7	83.5	84.0	85.6	88.0	88.0	88.2	88.8
	失业者	4.3	3.6	3.9	4.2	4.7	5.2	5.3	4.4	3.0	2.7	3.1	2.7
	未就业者	11.8	11.7	11.8	11.8	11.4	11.1	10.7	9.9	9.1	9.3	8.7	8.5
应用技术大学和高校毕业[3]	从业者	88.2	88.6	88.7	88.5	88.1	87.5	87.7	88.6	89.6	90.0	90.4	90.8
	失业者	4.0	3.2	3.1	3.4	4.1	4.3	4.4	4.0	3.2	2.7	2.9	2.8
	未就业者	7.9	8.2	8.2	8.1	7.7	8.2	7.9	7.4	7.2	7.3	6.7	6.4
无任何从业教育背景[4]	从业者	59.7	61.6	62.3	60.9	59.2	58.0	60.7	63.1	64.1	64.8	63.5	64.7
	失业者	12.7	10.9	11.0	12.7	15.0	16.4	15.9	15.3	13.7	12.7	13.1	12.7
	未就业者	27.5	27.5	26.8	26.3	25.8	25.6	23.4	21.6	22.2	22.5	23.4	22.6
女 性													
具有学徒或辅助工培训经历[1]	从业者	62.9	63.8	64.4	64.7	64.5	64.5	65.5	67.6	69.2	70.2	71.1	72.4
	失业者	6.7	6.2	6.1	6.3	7.2	7.7	7.9	7.4	6.4	5.6	5.4	4.8
	未就业者	30.4	30.0	29.5	28.9	28.3	27.8	26.6	25.0	24.4	24.2	23.5	22.8
专科学校毕业[2]	从业者	76.0	77.1	76.6	77.2	76.8	77.5	76.7	78.3	79.5	80.2	81.7	83.4
	失业者	5.7	4.6	4.7	5.0	5.6	5.3	5.3	4.9	4.0	3.3	3.1	2.6
	未就业者	18.3	18.3	18.7	17.8	17.6	17.0	17.9	16.8	16.5	16.4	15.2	14.0

（续表）

从业教育类型	从业状况	年　份											
		1999	2000	2001	2002	2003	2004	2005	2006	2007	2008	2009	2010
		%											
应用技术大学和高校毕业[3]	从业者	79.0	79.2	79.4	79.8	79.5	79.5	78.9	80.5	81.1	81.4	82.3	82.5
	失业者	4.1	3.6	3.5	3.6	4.4	4.6	4.6	4.2	3.7	3.2	3.2	2.9
	未就业者	16.6	17.0	16.9	16.5	16.1	15.9	16.5	15.3	15.2	15.3	14.5	14.6
无任何从业教育背景[4]	从业者	39.4	41.1	42.7	42.4	42.2	41.5	44.6	46.3	47.8	47.9	48.2	49.3
	失业者	6.3	5.6	5.4	6.2	7.3	8.1	9.1	9.7	8.7	7.8	7.6	7.0
	未就业者	54.3	53.3	51.9	51.4	50.5	50.4	46.3	43.9	43.5	44.3	44.3	43.7

1）包括获得与职业专科学校同等的学历、公共事业管理中中级职位的预备服务、辅助工培训以及至2009年的职业准备年或职业实习
2）包括师傅培训/技工培训以及卫校毕业以及原东德的专科学校毕业
3）包括工程师学校毕业、教师专业和博士
4）自2010年起包括职业准备年和职业实习，培训生在这两项中无法获得相应的职业资格毕业证书

来源：联邦及各州统计局，微型人口普查

表 I1‐2A　2010年，25至65岁以下人口中从业者、失业者和未就业者所占比例，按从业教育背景和不同年龄组分类（单位：%）

年龄从…至…岁以下	其　中				
	总计[1]	学徒或辅助工培训[2]	专科学校毕业[3]	应用技术大学和高校毕业[4]	无任何从业教育背景[5]
	%				
总　计					
从　业　者					
25—35	77.6	82.1	90.1	87.3	54.3
35—45	83.4	85.0	92.9	90.4	63.9
45—55	82.2	82.5	92.1	92.0	64.5
55—65	57.5	55.8	68.6	75.8	40.1
25—65	76.0	76.9	86.6	87.2	56.1
失　业　者					
25—35	6.6	6.5	2.5	3.4	11.2
35—45	5.5	5.6	2.1	2.4	11.0
45—55	5.4	5.7	2.5	2.5	9.2
55—65	4.8	5.1	3.6	3.1	6.2
25—65	5.6	5.7	2.6	2.7	9.6
未就业者					
25—35	15.8	11.4	7.4	9.3	34.3
35—45	11.1	9.4	5.0	7.1	25.1

(续表)

年龄从… 至…岁以下	总计[1]	其中			
		学徒或辅助工 培训[2]	专科学校 毕业[3]	应用技术大学和 高校毕业[4]	无任何从业教育 背景[5]
			%		
45—55	12.4	11.8	5.4	5.5	26.3
55—65	37.7	39.1	27.8	21.1	53.8
25—65	18.5	17.4	10.8	10.1	34.3
男　性					
从 业 者					
25—35	82.6	87.0	94.7	91.3	61.6
35—45	89.2	89.4	96.0	95.8	73.7
45—55	86.5	85.9	93.9	94.8	70.6
55—65	64.7	61.7	70.8	79.4	48.0
25—65	81.5	81.7	88.8	90.8	64.7
失 业 者					
25—35	7.9	7.5	2.4	3.5	13.9
35—45	6.2	6.5	1.9	2.2	14.2
45—55	5.9	6.4	2.6	2.4	11.5
55—65	5.7	6.1	3.9	3.3	9.8
25—65	6.3	6.6	2.7	2.8	12.7
未 就 业 者					
25—35	9.6	5.4	2.8	5.1	24.5
35—45	4.7	4.1	2.1	2.0	12.1
45—55	7.7	7.6	3.5	2.8	17.9
55—65	29.6	32.2	25.3	17.3	42.2
25—65	12.1	11.7	8.5	6.4	22.6
女　性					
从 业 者					
25—35	72.5	77.0	85.2	83.6	46.2
35—45	77.5	80.7	88.5	83.7	55.2
45—55	77.9	79.2	89.7	88.2	60.0
55—65	50.4	50.3	65.0	69.7	36.1
25—65	70.4	72.4	83.4	82.5	49.3

（续表）

年龄从… 至…岁以下	总计[1]	其中			
		学徒或辅助工培训[2]	专科学校毕业[3]	应用技术大学和高校毕业[4]	无任何从业教育背景[5]
	%				
失业者					
25—35	5.4	5.5	2.6	3.4	8.2
35—45	4.8	4.7	2.5	2.6	8.3
45—55	4.9	5.0	2.4	2.7	7.5
55—65	3.9	4.1	3.1	2.7	4.4
25—65	4.8	4.8	2.6	2.9	7.0
未就业者					
25—35	22.1	17.6	12.2	13.0	45.5
35—45	17.7	14.5	9.0	13.6	36.5
45—55	17.2	15.8	7.9	9.1	32.5
55—65	45.7	45.6	31.9	27.6	59.5
25—65	24.9	22.8	14.0	14.6	43.7

1）包括未给出从业教育背景的人员
2）包括获得与职业专科学校同等的学历、公共事业管理中中级职位的预备服务以及占 0.3% 的辅助工培训
3）包括师傅培训/技工培训以及卫校毕业以及前东德的专科学校毕业
4）包括工程师学校毕业、教师专业和博士
5）包括职业准备年和职业实习，培训生在这两项中无法获得相应的职业资格毕业证书
来源：联邦及各州统计局，2010 年微型人口普查

表 I1‐3A　18 至 65 岁以下人口的就业状况，按读写能力等级分类*（单位：%）

就业状况	阿尔法等级[1]					
	α1	α2	α3	α1 至 3	α4	α>4
	%					
从业	54.5	56.7	63.7	61.4	72.2	80.3
失业	22.7	23.4	16.4	18.6	9.9	5.5
家务/退休者/生病	22.8	19.9	19.9	20.0	17.9	14.2
总计	100	100	100	100	100	100
数量	40	266	646	952	1 616	3 657

* 案例数 N = 6 225。
1）阿尔法等级 1：会读写单个的字母，阿尔法等级 2：会读写单个单词，阿尔法等级 3：会读写单个句子，阿尔法等级 1—3：功能性文盲，阿尔法等级 4：书写中有较多错误
来源：2010 年读写能力等级研究—成人教育调查及 2010 年读写能力等级研究—补充调查；Grotlüschen, A./Rieckmann, W.（2011），leo.- Level-One Studie. Die Literalität von Erwachsenen auf den unteren Kompetenzniveaus. Presseheft. Hamburg，自己计算得出

表 I.1－4A　18 至 65 岁以下人口的读写能力等级*，按职业地位分类（ISCO 分类类型）**（单位：%）***

阿尔法等级		ISCO									
		1	2	3	4	5	6	7	8	9	11
		%									
α1	最多能够读写单个字母	0.1	0.0	0.1	0.0	0.8	0.3	0.9	1.6	1.7	0.6
α2	最多能够读写单个单词	4.1	0.6	0.9	1.7	3.6	8.7	4.7	10.6	11.5	3.9
α3	最多能够读写单个句子	6.5	3.1	5.9	7.0	10.8	14.4	14.3	18.1	21.6	10.1
α1—α3	功能性文盲	10.7	3.7	5.9	8.7	15.2	23.4	19.8	30.4	34.7	14.6
α>4	书写中存在一定数量的错误	25.4	17.5	23.4	21.1	29.7	29.9	33.3	31.7	28.3	25.6
α5	书写中仅有个别不显眼错误	63.9	78.8	69.7	70.2	55.1	46.7	46.9	37.9	37.0	59.8
总计		100	100	100	100	100	100	100	100	100	100

　* 不包含在调查期间尚处于学校教育或培训期间的调查者。

　** ISCO-分组：0＝士兵；1＝领导人/有权限的管理人员；2＝科研人员；3＝技术工人；4＝办公室人员/商务人士；5＝服务类/销售；6＝农业/渔业专员；7＝手工行业；8＝设备/机器操作员，钳工；9＝辅助工人；11＝无法归类。

　*** 案例数 N＝5 863。

来源：leo.-AES；Grotlüschen，A./Rieckmann，W.（2011），leo.－Level-One Studie. Die Literalität von Erwachsenen auf den unteren Kompetenzniveaus. Presseheft. Hamburg，自己计算得出

表 I2－1A　2010 年，25 至 65 岁以下全时工作者的中间月毛收入，按普通教育和从业教育背景*以及性别分类（中位数单位为欧元）

教育背景		样本	加权总数	毛 收 入			
				第一四分位数（0—25%）	中位数	算术平均值	第三四分位数（75%—100%）
		数量		单位：欧元			
		男 性					
1ab：	未获得普通中学毕业证和职业学校毕业证	189	966 048	1 700	2 300	2 269	2 600
1c：	普通中学毕业和职业学校毕业	1 150	4 584 768	2 000	2 600	2 777	3 200
2a：	中级学校毕业和职业学校毕业	1 354	4 935 204	2 100	2 700	2 930	3 400
2b：	中级学校毕业	78	292 735	1 655	2 320	2 544	3 218
2c_allg.：	具备（高专）高校入学资格	75	237 633	1 501	2 500	2 717	3 600
2c_berufl.：	具备（高专）高校入学资格和职业学校毕业	377	1 403 705	2 400	3 200	3 501	4 001
3a：	应用技术大学毕业	440	1 483 551	2 800	3 870	4 393	5 000
3b：	高校毕业	917	2 642 556	3 300	4 500	5 024	5 915
		女 性					
1ab：	未获得普通中学毕业证和职业学校毕业证	83	391 775	1 200	1 500	1 653	1 878
1c：	普通中学毕业和职业学校毕业	297	1 427 743	1 515	2 100	2 241	2 681

（续表）

教育背景		样本	加权总数	毛 收 入			
				第一四分位数（0—25%）	中位数	算术平均值	第三四分位数（75%—100%）
		数量		单位：欧元			
2a：	中级学校毕业和职业学校毕业	807	2 888 239	1 700	2 138	2 324	2 780
2b：	中级学校毕业	58	224 109	1 500	1 643	1 909	2 342
2c_allg.：	具备（高专）高校入学资格	34	128 363	1 300	2 185	2 210	2 950
2c_berufl.：	具备（高专）高校入学资格和职业学校毕业	243	955 113	2 100	2 400	2 659	3 000
3a：	应用技术大学毕业	237	834 200	2 200	3 000	2 995	3 580
3b：	高校毕业	571	1 665 934	2 200	3 211	3 869	4 200

* CASMIN-分类。

来源：德国经济研究所，2010 年社会经济调查，自己计算得出

表 I2－2A　2010 年，25 至 65 岁以下从业者的月毛小时收入，按普通教育和从业教育背景*以及工作时间分类（中位数单位为欧元）

教育背景		样本	加权总数	小时毛收入			
				第一四分位数（0—25%）	中位数	算术平均值	第三四分位数（75%—100%）
		数量		单位：欧元			
非全时就业							
1ab：	未获得普通中学毕业证和职业学校毕业证	123	575 110	6.8	9.3	9.1	11.8
1c：	普通中学毕业和职业学校毕业	385	1 559 993	7.4	11.0	13.3	13.8
2a：	中级学校毕业和职业学校毕业	725	2 206 738	7.9	11.3	12.3	15.3
2b：	中级学校毕业	53	199 663	6.6	9.4	9.8	10.9
2c_allg.：	具备（高专）高校入学资格	47	169 907	9.4	13.6	14.2	20.9
2c_berufl.：	具备（高专）高校入学资格和职业学校毕业	209	742 854	9.5	13.2	14.1	17.3
3a：	应用技术大学毕业	147	407 569	11.6	15.8	16.2	19.7
3b：	高校毕业	347	989 802	11.6	16.4	17.0	21.5
全时就业							
1ab：	未获得普通中学毕业证和职业学校毕业证	266	1 315 713	8.7	11.3	11.6	14.3
1c：	普通中学毕业和职业学校毕业	1 404	5 830 531	10.5	13.7	14.6	17.3
2a：	中级学校毕业和职业学校毕业	2 122	7 632 874	10.0	13.6	14.9	17.5
2b：	中级学校毕业	128	492 576	8.7	11.6	12.6	15.5

(续表)

教育背景		样本	加权总数	小时毛收入			
				第一四分位数（0—25%）	中位数	算术平均值	第三四分位数（75%—100%）
		数量		单位：欧元			
2c_allg.:	具备(高专)高校入学资格	103	356 957	7.6	12.9	13.7	16.8
2c_berufl.:	具备(高专)高校入学资格和职业学校毕业	609	2 333 193	11.8	15.3	18.2	20.3
3a:	应用技术大学毕业	661	2 255 561	13.8	18.6	21.3	24.9
3b:	高校毕业	1 448	4 164 865	14.8	20.3	22.9	26.9

* CASMIN-分类

来源：德国经济研究所，2010年社会经济调查，自己计算得出

表 I2-3A　2010年人们的社会参与情况，按普通教育背景分类(单位：%)*

分类	无学历（案例数 $N=39$）	普通中学毕业（案例数 $N=930$）	中级学校毕业（案例数 $N=910$）	具备高校入学资格（案例数 $N=809$）
	%			
上次联邦议会选举参与情况				
是	37.5	74.2	78.4	86.6
否	62.5	25.8	21.6	13.4
协会或组织的成员[1]				
是,至少一个	15.0	44.7	51.9	62.3
否	85.0	55.3	48.1	37.7
政党成员				
是	0.0	3.8	2.9	4.5
否	100.0	96.2	97.1	95.5
工会成员				
是	7.5	10.7	13.7	13.1
否	92.5	89.3	86.3	86.9
从事一项荣誉性活动				
是,至少一项	2.5	3.1	4.1	5.7
否	97.5	96.9	95.9	94.3

* 案例数 $N=2688$

1) 该处指以下协会和组织的成员：文化协会、体育协会、其他兴趣协会、慈善协会、人权组织、自然保护组织、健康协会、家长组织、老年人协会、公民自发组织和其他协会。

来源：德国综合社会调查(GESIS)，2010年社会科学一般人口调查(ALLBUS2010)，自己计算得出

表 I2 - 4A　2009 年公民体质指数[*],按性别和教育水平分类(单位：%)[**]

教育水平[1)]	样本	遗漏值	偏瘦 (BMI < 18.5)	正常(18.5 ≤ BMI < 25)	偏胖(25 ≤ BMI <30)	肥胖 (BMI ≥ 30)
数　量			%			
总　计						
较低	7 431	146	1.7	36.0	39.6	22.7
中等	10 513	225	2.1	50.5	34.1	13.3
较高	2 840	34	2.0	54.6	34.8	8.6
男　性						
较低	3 565	·	1.0	31.4	45.8	21.8
中等	4 901	·	0.7	43.1	41.6	14.6
较高	1 713	·	0.8	46.3	43.1	9.8
女　性						
较低	3 866	·	2.5	40.2	33.9	23.4
中等	5 612	·	3.3	56.9	27.6	12.2
较高	1 127	·	3.8	67.3	22.2	6.7

[*] 世卫组织定义的体质指数(BMI),按照受访者自己给出的数据。

[**] 案例数 N = 21 189

1) 较低 = 国际教育标准分类(ISCED) 0—2;中 1= 国际教育标准分类(ISCED) 3—4;较高 = 国际教育标准分类(ISCED) 5—6

来源：2009 年德国健康实时调查,罗伯特－科赫－研究所,自己计算得出